Otto Fürst von Bismarck

Die politischen Reden

Otto Fürst von Bismarck

Die politischen Reden

ISBN/EAN: 9783744679787

Hergestellt in Europa, USA, Kanada, Australien, Japan

Cover: Foto ©Suzi / pixelio.de

Weitere Bücher finden Sie auf **www.hansebooks.com**

Die politischen Reden

des

Fürsten Bismarck.

Historisch-kritische Gesammtausgabe

besorgt von

Horst Kohl.

Fünfter Band. 1871 - 1873.

Stuttgart 1893.
Verlag der J. G. Cotta'schen Buchhandlung
Nachfolger

Die Reden

des Ministerpräsidenten und Reichskanzlers

Fürsten von Bismarck

im

Preußischen Landtage und im Deutschen Reichstage

1871—1873.

———

Kritische Ausgabe

besorgt von

Horst Kohl.

Stuttgart 1893.
Verlag der J. G. Cotta'schen Buchhandlung
Nachfolger.

Druck der Union Deutsche Verlagsgesellschaft in Stuttgart.

Inhalt.

II. Deutscher Reichstag.

16. October bis 1. December 1871. 139—182

III. Preußischer Landtag.

IV. Deutscher Reichstag.

I.

Deutscher Reichstag.

21. März bis 15. Juni 1871.

———

Durch Kaiserliche Verordnung aus Versailles vom 23. Januar 1871 wurde für die Wahlen zum Reichstage im ganzen Reiche der 3. März, für die Eröffnung des Reichstags dagegen der 9. März angesetzt. Der letztere Termin erfuhr durch eine Verordnung vom 26. Februar eine Abänderung dahin, daß der Reichstag berufen wurde, am 21. März in Berlin zusammenzutreten. Die Eröffnung desselben, als des ersten Deutschen Reichstags seit der Aufrichtung des Kaiserthums, war von besonderem Glanze begleitet. „Nach beendigtem Gottesdienste" -- so schildert der amtliche Bericht das Ceremoniell — „begaben sich die Allerhöchsten und Höchsten Herrschaften nach der Rothen Sammetkammer, das Gefolge derselben blieb in der davor gelegenen alten Capelle zurück, die obersten Hof=, die Oberhof= und die Hofchargen, sowie die zum Tragen der Reichsinsignien befohlenen Personen versammelten sich in der Bildergalerie, wohin schon vorher durch Escorte von zwei Officieren und vier Mann der Gardes-du-corps die gedachten Insignien geleitet worden waren, die Mitglieder des Bundesraths in dem neben der Bildergalerie belegenen Grünen Salon.

„In dem Weißen Saale, in welchem die Generale unter den Arcaden nach der Lustgartenseite, die Wirklichen Geheimen Räthe, die Räthe erster Classe und die vortragenden Räthe in den Ministerien in der zweiten Abtheilung der Nischen unter der Tribüne auf der Capellenseite, die Abgeordneten zum Reichstage dem Throne gegenüber Aufstellung nahmen, waren rechts und links vom Throne Hauts-pas und hinter dem ersten eine Tribüne für Ihre Majestät die Kaiserin und Königin, für Ihre Kaiserliche und Königliche Hoheit die Kronprinzessin, für die anwesenden durchlauchtigsten fürstlichen Damen und die Prinzessinnen des Königlichen Hauses, mit einem Eingang vom Königinnengemach, aufgeschlagen. Für das diplomatische Corps war die Tribüne auf der Capellenseite bestimmt; dasselbe wurde von dem ersten Ceremonienmeister v. Röder empfangen.

„Sobald die Aufstellung vollendet und der Bundesrath unter Vortritt des Bundeskanzlers, Grafen Bismarck=Schönhausen, seine Plätze in der ersten Abtheilung der Nische unter den Tribünen auf der Capellen seite eingenommen hatte, wurde Sr. Majestät dem Kaiser und Könige durch den Bundeskanzler davon Anzeige gemacht.

„Se. Majestät geruhten darauf Allerhöchstlich unter Vortritt der obersten Hof-, der Oberhof- und Hofchargen und gefolgt von den General- und Flügeladjutanten nach dem Weißen Saal zu begeben. Den Zug eröffneten die Hoffouriere, ihnen folgte der Oberceremonien= meister, dann paarweise, die dem Patent nach jüngsten voran, die Hof= und Oberhofchargen, der Oberhof- und Hausmarschall, der Oberst= marschall mit dem großen Stabe, begleitet vom Oberstschenk und vom Obersttruchseß, und endlich unmittelbar vor Sr. Majestät dem Kaiser und Könige die Träger der Reichsinsignien paarweise. Dem General der Infanterie, Grafen Moltke, welcher das entblößte Reichsschwert aufrecht trug, ging zur rechten Seite der General der Infanterie v. Peucker mit dem Reichsapfel auf einem Kissen von drap d'argent: dem General der Infanterie und Kriegsminister v. Roon mit dem Scepter auf einem Kissen von drap d'or ging zur rechten Seite der Oberstkämmerer Graf Redern, der die Krone auf einem Kissen von drap d'or trug; zunächst Sr. Majestät schritt der Generalfeldmarschall Graf Wrangel mit dem Reichspanier voraus, geleitet von den General= lieutenants v. Ramele und v. Podbielski.

„Auf Se. Majestät den Kaiser und König folgten Se. Kaiserliche und Königliche Hoheit der Kronprinz, die anwesenden regierenden deut= schen Fürsten, die Prinzen des Königlichen Hauses, sowie die anwesenden Erbprinzen und nachgeborenen Prinzen aus anderen souveränen Häusern mit dem Allerhöchsten und Höchsten Gefolge.

„Sobald der Weiße Saal erreicht wurde, bildeten die Hofchargen Spalier, und nur die drei obersten Hofchargen, welche den Reichs= insignien unmittelbar vorangeschritten waren, gingen bis an den Thron vor und ordneten sich in der Weise, daß zur Rechten desselben der Oberstmarschall und der Oberstschenk, zur Linken der Obersttruchseß Stellung nahmen. Der Generalfeldmarschall Graf Wrangel mit dem Reichspanier trat rechts, der General der Infanterie Graf Moltke mit dem Reichsschwert links hinter dem Thronsessel auf die mittlere Thron= stufe, während der Oberstkämmerer Graf Redern die Krone auf das rechts vom Thronsessel zunächst stehende Tabouret, der General der Infanterie v. Roon das Scepter auf das links stehende Tabouret, und der General der Infanterie v. Peucker den Reichsapfel auf das andere rechts stehende Tabouret legten und sich auf die unterste Thronstufe den betreffenden Reichsinsignien zur Seite stellten. Die Generale, welche das Reichspanier begleitet hatten, traten rechts auf die unterste Thronstufe in der Nähe des Reichspaniers.

„Se. Majestät der Kaiser und König . . . nahmen auf dem Throne Platz, während Se. Kaiserliche und Königliche Hoheit der Kronprinz zu dessen Rechten auf die mittlere Thronstufe trat.

„Die anwesenden regierenden deutschen Fürsten nahmen auf dem Haut-pas zur Rechten des Thrones vor der Tribüne Ihrer Majestät der Kaiserin und Königin, die Prinzen des Königlichen Hauses, sowie die anwesenden Erbprinzen und nachgeborenen Prinzen aus anderen souveränen Häusern auf dem Haut-pas zur Linken des Thrones ihre Stellung.

„Das Gefolge der Allerhöchsten und Höchsten Herrschaften blieb unter den Arcaden auf der Lustgartenseite zurück, nur der dienstthuende Generaladjutant Sr. Majestät trat zur Rechten, der dienstthuende Flügeladjutant zur Linken des Thrones.

„Hierauf verlasen Se. Majestät der Kaiser und König unbedeckten Hauptes die nachfolgende Thronrede, welche der Bundeskanzler Graf Bismarck-Schönhausen, vor den Thron tretend und sich verneigend, überreicht hatte"*):

Geehrte Herren!

Wenn Ich nach dem glorreichen, aber schweren Kampfe, den Deutschland für seine Unabhängigkeit siegreich geführt hat, zum ersten Mal den Deutschen Reichstag um Mich versammelt sehe, so drängt es Mich vor Allem, Meinem demüthigen Danke gegen Gott Ausdruck zu geben für die weltgeschichtlichen Erfolge, mit denen seine Gnade die treue Eintracht der deutschen Bundesgenossen, den Heldenmuth und die Mannszucht unserer Heere und die opferfreudige Hingebung des deutschen Volkes gesegnet hat.

Wir haben erreicht, was seit der Zeit unserer Väter für Deutschland erstrebt wurde: die Einheit und deren organische Gestaltung, die Sicherung unserer Grenzen, die Unabhängigkeit unserer nationalen Rechtsentwickelung.

Das Bewußtsein seiner Einheit war in dem deutschen Volke, wenn auch verhüllt, doch stets lebendig; es hat seine Hülle gesprengt in der Begeisterung, mit welcher die gesammte Nation sich zur Vertheidigung des bedrohten Vaterlandes erhob und in unvertilgbarer Schrift auf den Schlachtfeldern Frankreichs ihren Willen verzeichnete, ein einiges Volk zu sein und zu bleiben.

Der Geist, welcher in dem deutschen Volke lebt und seine Bildung und Gesittung durchdringt, nicht minder die Verfassung des Reiches und seine Heereseinrichtungen bewahren Deutschland inmitten seiner Erfolge**) vor jeder Versuchung zum Mißbrauche

---

*) StB. 2a.
**) S. 2b.

seiner, durch seine Einigung gewonnenen Kraft. Die Achtung, welche Deutschland für seine eigene Selbständigkeit in Anspruch nimmt, zollt es bereitwillig der Unabhängigkeit aller anderen Staaten und Völker, der schwachen wie der starken. Das neue Deutschland, wie es aus der Feuerprobe des gegenwärtigen Krieges hervorgegangen ist, wird ein zuverlässiger Bürge des europäischen Friedens sein, weil es stark und selbstbewußt genug ist, um sich die Ordnung seiner eigenen Angelegenheiten als ein ausschließliches, aber auch ausreichendes und zufriedenstellendes Erbtheil zu bewahren.

Es hat Mir zur besonderen Genugthuung gereicht, in diesem Geiste des Friedens inmitten des schweren Krieges, den wir führten, die Stimme Deutschlands bei den Verhandlungen geltend zu machen, welche auf der durch die vermittelnden Bestrebungen Meines Auswärtigen Amtes herbeigeführten Conferenz in London ihren befriedigenden Abschluß gefunden haben.

Der ehrenvolle Beruf des ersten Deutschen Reichstags wird es zunächst sein, die Wunden nach Möglichkeit zu heilen, welche der Krieg geschlagen hat, und den Dank des Vaterlandes Denen zu bethätigen, welche den Sieg mit ihrem Blut und Leben bezahlt haben; gleichzeitig werden Sie, geehrte Herren, die Arbeiten beginnen, durch welche die Organe des Deutschen Reiches zur Erfüllung der Aufgabe zusammenwirken, welche die Verfassung ihnen stellt: „Zum Schutze des in Deutschland gültigen Rechts und zur Pflege der Wohlfahrt des deutschen Volkes".

Die Vorarbeiten für die regelmäßige Gesetzgebung haben leider durch den Krieg Verzögerungen und Unterbrechungen erlitten; die Vorlagen, welche Ihnen zugehen werden, leiten sich daher unmittelbar aus der neuen Gestaltung Deutschlands ab.

Die in den einzelnen Verträgen vom November v. J. zerstreuten Verfassungsbestimmungen sollen in einer neuen Redaction der Reichsverfassung ihre geordnete Zusammenstellung und ihren gleichmäßigen Ausdruck finden. Die Betheiligung der einzelnen Bundesstaaten an den laufenden Ausgaben des Reiches bedarf der gesetzlichen Regelung. Für die von der Königlich bayerischen Regierung beabsichtigte Einführung norddeutscher Gesetze in Bayern wird Ihre Mitwirkung in Anspruch genommen werden. Die Verfügung über die von Frankreich zu leistende Kriegsentschädigung 21. 3. 1871. wird nach Maßgabe der Bedürfnisse des Reiches und der berechtigten Ansprüche seiner Mitglieder mit Ihrer Zustimmung getroffen, und die Rechenschaft über die zur*) Kriegführung verwendeten Mittel Ihnen so schleunig vorgelegt werden, als es die Umstände gestatten.

Die Lage der für Deutschland rückerworbenen Gebiete wird eine Reihe von Maßregeln erheischen, für welche durch die Reichsgesetzgebung die Grundlagen zu schaffen sind. Ein Gesetz über die Pensionen der Officiere und Soldaten und über die Unterstützung ihrer Hinterbliebenen soll für das gesammte deutsche Heer die Ansprüche gleichmäßig regeln, welche der gleichen Hingebung für das Vaterland an den Dank der Nation zustehen.

Geehrte Herren, möge die Wiederherstellung des Deutschen Reiches für die deutsche Nation auch nach Innen das Wahrzeichen neuer Größe sein, möge dem Deutschen Reichskriege, den wir so ruhmreich geführt, ein**) nicht minder glorreicher Reichsfrieden folgen, und möge die Aufgabe des deutschen Volkes fortan darin beschlossen sein, sich in dem Wettkampfe um die Güter des Friedens als Sieger zu erweisen.

Das walte Gott!

Nach Beendigung der Rede trat der Bundeskanzler Graf Bismarck-Schönhausen vor und verkündete die Eröffnung des Reichstags mit den Worten:

Auf Befehl Sr. Majestät des Kaisers erkläre ich im Namen der verbündeten Regierungen den Reichstag für eröffnet.

Zur Erinnerung an die denkwürdige Stunde, da mit der Eröffnung des ersten gesammtdeutschen Reichstags der Traum des deutschen Volks Erfüllung ward, erhob noch am nämlichen Tage der Kaiser und König den Grafen Bismarck in den Fürstenstand. Kaum hatte zur Verleihung dieser Würde ein geeigneterer Tag gefunden werden können: in dem großen weltgeschichtlichen Acte, welcher am 21. März 1871 im Weißen Saale des Königlichen Schlosses von Berlin sich voll

---

*) S. 3a.
**) S. 3b.

zog, durfte der Fürst-Reichskanzler die Frucht seines langjährigen politischen Denkens und Schaffens erblicken[1]).

9. Sitzung des Deutschen Reichstags
Sonnabend 1. April 1871.

Die Erweiterung des Norddeutschen Bundes zum Deutschen Reiche
durch den Eintritt der süddeutschen Staaten hatte eine Revision der
Bundesverfassung nothwendig gemacht. Sie war sowohl durch den
Reichstag des Norddeutschen Bundes als durch die Landtage der süddeutschen Staaten erfolgt. Ihr Ergebniß wurde dem ersten gesammtdeutschen Reichstage zur verfassungsmäßigen Beschlußfassung unterbreitet. In der 9. Sitzung, am 1. April 1871, gelangte der Gesetzentwurf, betreffend die Verfassung des Deutschen Reichs, zur
zweiten Berathung. Abschnitt I des Entwurfs führte die Ueberschrift:
„Bundesgebiet". Der Abg. Duncker beantragte, diesen Ausdruck durch
„Reichsgebiet" zu ersetzen und ebenso an allen weiteren Stellen der
Verfassung, namentlich also in Art. 1, 2, 35, 65, 68. Er rechtfertigte
diesen Antrag mit dem Hinweis auf die Einleitung, wonach der geschlossene Bund den Namen „Deutsches Reich" führen solle; consequenter
Weise müsse demnach an allen Stellen, wo fernerhin in der Verfassung
vom Bunde die Rede sei, der Ausdruck „Bund" durch den Ausdruck
„Reich", der Ausdruck „Bundesgebiet" durch „Reichsgebiet" ersetzt
werden. Er bat den Vorsitzenden des Bundesraths um Angabe der
Gründe, die für Beibehaltung der Ausdrücke „Bund" und „Bundesgebiet" maßgebend gewesen sein möchten. Fürst Bismarck kam dem
Wunsche nach durch folgende Erklärung*):

Ich erlaube mir nur, der vielleicht bestehenden Voraussetzung
entgegen zu treten, als ob die Wahl zwischen den Worten „Reich"
und „Bund" in der Ihnen vorgelegten Redaction eine willkürliche
oder zufällige gewesen wäre. Daß beide Ausdrücke nach wie vor
zulässig sind, geht meines Erachtens aus dem Eingange der Verfassung hervor, aus den Worten: „Dieser Bund wird den Namen
Deutsches Reich führen"[2]; — es ist also eine Fortdauer des

---

*) StB. 95a.
[1]) Vgl. den Leitartikel der „Provinzialcorrespondenz" vom 22. März 1871,
abgedruckt bei Hahn, Fürst Bismarck II 297.
[2]) Vollständig lautet die Einleitung: Se. Majestät der König von Preußen

Bundesverhältnisses als Grundlage gedacht. Die Fragen haben 1. 4. 1871.
meines Erachtens eine wesentliche, principielle Bedeutung nicht,
sondern nur eine sprachliche, und uns hat das Bestreben geleitet,
für den rechtlichen Begriff den angemessenen sprachlichen Ausdruck
zu finden. Wir sind davon ausgegangen, den Ausdruck „Reich"
nur da zu gebrauchen, wo von einem Inbegriff der staatlichen und
hoheitlichen Attribute die Rede ist, welche auf die Gesammtheit
übertragen worden sind, dem Ausdruck „Bund" dort seine Anwendung zu belassen, wo mehr die Rechte der einzelnen Staaten,
der Bundesglieder, in den Vordergrund treten.

Bei den Worten „Reichsgebiet" und „Bundesgebiet" gebe ich
gern zu, daß der Unterschied sich nicht nothwendig und scharf fühlbar
macht. Es kommt aber auf den sprachlichen Begriff an, den man
mit „Reich" und „Gebiet" verbindet. Wir haben geglaubt, daß
auch da, weil die Souveränität, die Landeshoheit, die Territorial-
hoheit bei den einzelnen Staaten verblieben ist, bei Bezeichnung des
Gesammtgebietes der Begriff des Bundesverhältnisses in den Vordergrund zu stellen sei. Schärfer stellt es sich meines Erachtens heraus
bei dem Ausdruck „Bundesrath" oder „Reichsrath". Das Wort
„Reichsrath" nach seinem bisherigen Gebrauch in Bayern und in
Oesterreich führt leicht auf ein Mißverständniß bezüglich des Be-
griffs und der Attributionen; ein Mißverständniß, was durch Nach-
lesung der Verfassung leicht aufgeklärt werden kann; indessen es
fragt sich, ob es ein sprachlich berechtigter Ausdruck für die Sache
sei. Die Reichsräthe in Bayern und in Oesterreich sind bekanntlich
parlamentarische Körper. Ich halte auch dort die sprachliche An-
wendbarkeit des Wortes nicht für ganz unbestreitbar. Ich würde
unter dem Reichsrath eher nach Analogie des Wortes „Staatsrath" die Behörde verstehen, die in einem Reich diejenigen Functionen ausübt, welche in einem einzelnen Staate der Staatsrath

---

im Namen des Norddeutschen Bundes, Se. Majestät der König von Bayern,
Se. Majestät der König von Württemberg, Se. Königliche Hoheit der Großherzog von Baden und Se. Königliche Hoheit der Großherzog von Hessen und
bei Rhein für die südlich vom Main belegenen Theile des Großherzogthums
Hessen schließen einen ewigen Bund zum Schutze des Bundesgebietes und
des innerhalb desselben gültigen Rechts, sowie zur Pflege der Wohlfahrt des
deutschen Volkes. Dieser Bund wird den Namen Deutsches Reich führen

1. 4. 1871. ausübt. Der Bundesrath ist nicht eigentlich eine Reichsbehörde, er vertritt das Reich als solches nicht; das Reich wird nach Außen durch Se. Majestät den Kaiser vertreten, das gesammte Volk wird durch den Reichstag vertreten, der Bundesrath ist nach unserer Auffassung recht eigentlich eine Körperschaft, in welcher die einzelnen Staaten zur Vertretung gelangen, die ich nicht als centrifugales Element, aber als die Vertretung berechtigter Sonderinteressen bezeichnen möchte, und wir halten diesem Berufe des Bundesraths gerade das Wort „Bundesrath" für entsprechend, während wir befürchtet haben, durch das Wort „Reichsrath" die staatsrechtliche Stellung dieser Corporation zu verdunkeln und nicht mit dem richtigen Namen zu bezeichnen; und ohne dieser Frage eine sehr wesentliche, principielle Bedeutung beizulegen, würde es den verbündeten Regierungen doch willkommen sein, wenn der Reichstag die entgegenstehenden Bedenken überwinden und sich die Auffassung der Regierungen aneignen wollte.

Der Abg. Wiggers nahm den in der Einleitung des Entwurfs stehenden und aus der Verfassungsurkunde des Norddeutschen Bundes wörtlich übernommenen Passus, daß das gültige Recht innerhalb des Bundesgebietes geschützt werden solle, zum Ausgangspunkte einer Rechtsverwahrung gegen den ablehnenden Bescheid, den eine größere Anzahl Mecklenburger auf eine Petition an den Reichstag, betreffend eine Intervention des Bundesraths zu Gunsten der Wiedereinführung einer constitutionellen Verfassung in Mecklenburg [1], von Seiten des Bundesraths empfangen hätte. Das „gültige" Recht sei offenbar im Gegensatz zu dem „factisch bestehenden" Recht gesagt, die rechtlich bestehenden Verfassungen und Gesetze sollten im Gegensatz zu den factisch bestehenden geschützt werden. Das aber sei die Aufgabe des Bundes in Mecklenburg, wo die zu Recht bestehende Verfassung durch den Freienwalder Schiedsspruch vom 11. September 1850 abgeschafft worden sei. Der Abg. Lasker sprach sich dagegen aus, die Debatte, die sich nur mit der Redaction eines Entwurfs zu befassen habe, auch auf den Inhalt der Verfassung und ihre Interpretation auszudehnen. Die Nation bedürfe nach den langen inneren und äußeren Kämpfen eines Ruhepunktes, und darum würden er und seine Freunde an keiner Stelle und an keinem Orte darauf eingehen, irgend eine materielle Aenderung in der Verfassung vorzunehmen, welche zu einem Streite im Reichstag Veranlassung geben könne. Dazu Fürst Bismarck[*]:

---

[*] StB. 95 b.
[1] Vgl. Bd. IV 220 ff.

Ich kann mich der soeben geäußerten Ansicht nur aus voller 1. 4. 1871. Ueberzeugung anschließen, nicht nur im eigenen Namen, sondern auch im Namen des Bundesraths, der dieselbe Ansicht in seinen Motiven bereits angedeutet hat, und ich habe nicht nöthig, nach den beredten Worten, mit denen dies soeben befürwortet worden ist, meinerseits noch Etwas beizufügen.

Der Abg. Hänel hielt es nach der Erklärung des Fürsten Bismarck, daß es Absicht der verbündeten Regierungen gewesen sei, das Wort „Reich" überall da einzuführen, wo es sich um Gegenstände handle, welche bisher den particularen Gewalten zugestanden hätten und nunmehr centralisirt worden seien, für nothwendig, in Art. 1 das Wort „Bundesgebiet" durch „Reichsgebiet" zu ersetzen. Indem hier die einzelnen Theile des Gebietes aufgeführt würden, müsse seiner Ueberzeugung nach „logisch und sprachlich" oder dem „sprachlichen Rhythmus" nach die Bezeichnung stehen, welche eben die Gesammtheit ausdrücke. Fürst Bismarck entgegnete*):

Ich appellire an bessere Kenner unserer sprachlichen Quellen und Zusammenhänge, wenn ich die Frage stelle: Ist das Wort „Reichsgebiet" überhaupt sprachlich hergebracht, ist es nicht eine Art von Tautologie, liegt nicht in dem Worte „Reich" schon die Bezeichnung des Bereichs und des Gebiets? Ich will es nur anregen, weil meinem sprachlichen Ohr das Wort „Reichsgebiet" widerstrebt, während das Wort „Bundesgebiet" gebräuchlicher ist. Ich würde dann lieber vorschlagen, an solchen Stellen, wo das Bedürfniß dazu vorhanden ist, das Wort „Deutschland" oder „Reich" zu gebrauchen, obschon man dann möglicher Weise in Unverständlichkeiten verfallen kann. Ich übersehe im Augenblick die einzelnen Texte nicht, ich habe nur das Bedürfniß, wiederholt zu constatiren, daß uns keine principiellen Ansichten scheiden, sondern nur sprachliche.

Bei der Abstimmung blieb der Antrag Duncker in der Minderheit.

Zu Art. 1 des Verfassungsentwurfs, der die Grenzen des unter dem Namen „Deutsches Reich" vereinigten Bundesgebietes bezeichnet, stellte der Abg. v. Zoltowski Namens der polnischen Fraction folgenden Antrag:

---

*) StB. 96 a.

Der Reichstag wolle beschließen:

In Erwägung, daß die Polen zu allen Zeiten auf den betreffenden Repräsentativversammlungen ihre nationalpolitischen Rechte durch Proteste gewahrt haben, und insbesondere

in Erwägung, daß am 18. März 1867 die Polen auf dem Reichstage des Norddeutschen Bundes gegen die Competenz des Reichstags protestirt haben, die ehemaligen polnischen Landestheile durch einseitigen Beschluß dem Norddeutschen Bunde einzuverleiben [1]),

in Erwägung, daß den unter preußischer Herrschaft stehenden polnischen Landestheilen, die übrigens auch zum ehemaligen Deutschen Bunde nicht gehört haben, durch die Wiener Congreßacte ihre nationale Sonderstellung Deutschland gegenüber feierlich gewährleistet ist,

in Erwägung, daß eine derartige, auf internationalen Verträgen gegründete Garantie weder von einem der contrahirenden Theile, noch durch Beschluß irgend einer Volksvertretung einseitig aufgehoben werden kann,

in Erwägung, daß Deutschland seine letzten großen Erfolge einer Politik verdankt, welche sich auf dem Nationalitätsprincipe und dem historischen Rechte gründet,

in Erwägung, daß die Achtung Deutschlands vor den Principien, die es für sich selbst in Anspruch nimmt, unmöglich gestatten kann, daß es anderen Nationalitäten gegenüber die Anwendung dieser Principien versagen könnte,

in Erwägung endlich, daß übereinstimmend damit die Thronrede vom 21. März 1871 folgende Worte enthält: „Die Achtung, welche Deutschland für seine eigene Selbständigkeit in Anspruch nimmt, zollt es bereitwillig der Unabhängigkeit aller anderen Staaten und Völker, der schwachen wie der starken",

zu erklären:

1. daß es nicht zur Competenz des Reichstags des Deutschen Reichs gehört, die ehemaligen polnischen Landestheile, die unter Preußens Herrschaft stehen, in das Deutsche Reich einzuverleiben, und folgerecht

2. im Art. 1 des Gesetzentwurfs, betreffend die Verfassung des Deutschen Reichs zwischen die Worte: „Preußen mit Lauenburg" und „Bayern" die Worte: „mit Ausschluß der unter preußischer Herrschaft stehenden polnischen Landestheile" aufzunehmen.

Auf die Begründung dieses Antrags, wie sie im Anschluß an die Erwägungsgründe in der 9. Sitzung der Abg. v. Zoltowski gab, erwiderte Fürst Bismarck*):

---

*) StB. 97 b.

[1]) Vgl. Bd. III 196 f.

Wir sind nicht zum ersten Male damit beschäftigt, die Prin= 1. 4. 1871.
cipienfrage zu erörtern, die der Herr Vorredner hier angeregt hat.
Ich darf mich deshalb wohl auf eine kurze Erwiderung und auf
die stenographischen Berichte früherer Sitzungen des Reichstags
sowohl wie des Preußischen Landtages [1] in Betreff des[*] Nach=
weises der Unrichtigkeit in dem vorliegenden Verbesserungsantrag
und in den Worten des Herrn Redners beschränken und mich hier
damit begnügen, die einzelnen dieser Unrichtigkeiten hervorzuheben
und in Bezug auf die Motivirung meiner Ansicht auf die früher
geltend gemachten Argumente zu verweisen.

Ich bestreite dem Herrn Vorredner und seinen Mitantragstellern
zunächst das Recht, sich hier auf die Worte der Thronrede zu be=
rufen. In der Thronrede ist die Rede von a n d e r e n Völkern
und Staaten, deren Selbständigkeit geschont werden soll. Die
Herren gehören zu keinem anderen Staate und zu keinem anderen
Volke als zu dem der Preußen, zu dem ich selbst mich zähle, und
können Posen und Westpreußen, langjährige Bestandtheile der
preußischen Monarchie, nicht zu denjenigen anderen Völkern und
Staaten zählen, welche in der Thronrede gemeint sind. Es ist das
eine der Fictionen, die den Blick trüben und das Urtheil fälschen.

Ich bestreite den Herren ferner das Recht, im Namen der
Bevölkerung irgend eines preußischen Landestheiles zu sprechen,
welches auch die Sprache dieser Bevölkerung sein mag. Ich will
nicht daran erinnern, daß Sie gesetzmäßig hier nur die Gesammt=
heit des Volkes und nicht einen einzelnen Landestheil vertreten und
keine Specialmandate haben können; ich will nur daran erinnern,
was ich Ihnen bei einer früheren Gelegenheit [2] gründlicher nach=
gewiesen habe, daß Ihre Wähler mit dem, was Sie hier angeblich
im Namen Ihrer Wähler erklären, nicht einverstanden sind, und daß
die Sache von solcher Notorietät ist, daß ich mich darüber jedes Be=
weises überhoben halten kann. Ihre Landsleute haben mit dem=
selben Muthe und mit derselben Hingebung für die Sache, welche
uns hier vereint, gestritten, wie die Bewohner jedes anderen Theils

---

[*] S. 98a.

[1] Vgl. die Reden Bismarcks zur polnischen Frage Bd. I 49, II 110 u.
114 ff. 151 ff. 207 ff., III 59 f. 196 ff.

[2] S. Bd. III 60, 198 f.

1. 4. 1871. von Preußen, und Ihre Landsleute, die Sie hier vertreten, sind für die Segnungen der preußischen Cultur gerade so dankbar, wie die Bewohner Schlesiens und anderer Provinzen.

(Lebhafte Zustimmung.)

Ich bestreite Ihnen ferner — und ich glaube, es geschieht von dieser Stelle schon zum zehnten Male — das Recht, sich auf einen Vertrag für Sonderstellung einzelner Provinzen im preußischen Staat zu berufen. — Sie haben es stets sorgfältig vermieden, diese Verträge ihrem vollen Wortlaute nach anzuführen. Ich habe im Preußischen Landtage an dieser Stelle Gelegenheit gehabt, dies wörtlich nachzuweisen[1]), und nur, weil Sie hier unrichtige Behauptungen wiederholen, muß ich auch meinen Widerspruch dagegen wiederholen. Es wäre die Existenz des Großherzogthums Posen und Westpreußens im preußischen Staat, wie sie seit einem halben Jahrhundert ist, nicht möglich gewesen, wenn etwas Derartiges, wie Sie stets wiederholt anführen, in den Verträgen stipulirt wäre.

Ich möchte Sie dann auch daran erinnern, uns mehr durch das Beispiel der Duldsamkeit als durch Ihre Worte zu belehren. Wie hat sich denn die polnische Nation zur Zeit, wo sie selbständig war, gegen die von ihr mit dem Schwert Unterworfenen verhalten? Wollen Sie uns das Benehmen, welches Sie gegen die Ruthenen, gegen die unter Ihrem Scepter lebenden Russen, gegen die Litthauer, ja gegen die Deutschen beobachtet haben, zum Muster empfehlen? Dann, meine Herren, würde Ihre Existenz in diesem Lande vollständig unerträglich werden, wenn wir Sie so behandeln wollten, wie Sie die durch Eroberung unterworfenen Deutschen behandelt haben.

Die Herren, die sich mit der Specialgeschichte von Westpreußen vertraut gemacht haben, werden sich erinnern, daß wir in diesen Tagen einen Gedächtnißtag für die Stadt Thorn haben feiern können[2]), wo die polnischen Herrscher es den Deutschen mit blutiger Schrift bewiesen haben, wie sie nationale Sonderbestrebungen zu

---

[1]) S. Bd. III 207.

[2]) Erinnerung an das Thorner Blutbad vom 7. December 1724, bei welchem auf Befehl der polnischen Regierung wegen Unruhen der protestantischen Bevölkerung der Bürgermeister Joh. Gottfr. Rößner mit neun Bürgern hingerichtet worden war.

behandeln entschlossen waren. Fürchten Sie nicht, meine Herren, 1. 4. 1871.
daß wir aus diesen historischen Reminiscenzen, zu denen Sie mich
wider meinen Willen zwingen, irgend ein Beispiel oder eine Empfindlichkeit übernehmen. Die verbündeten Regierungen und insbesondere Ihre Landesregierung, die Königlich preußische, wird fortfahren in den Bestrebungen, die Segnungen des Rechtsschutzes und
der Gesittung unter den Dankbaren und unter den Undankbaren
zu verbreiten, und glücklicher Weise sind die Dankbaren in der
Mehrheit auch bei Ihnen!

(Lebhaftes Bravo!)

Unter den folgenden Rednern der polnischen Fraction gebrauchte
der Abg. v. Niegolewski, indem er sich zur Beantwortung der gegen
den Antrag Zoltowski vorgebrachten Vorwürfe anschickte, die Wendung: „Es wird von dem Herrn Bundeskanzler uns das Recht zu
solchen Anträgen überhaupt nicht zuerkannt, und zwar aus dem Gesichtspunkte, weil wir kein Volk wären. Nun, meine Herren, das was
Gottes Werk ist, wird keine menschliche Kraft vernichten
können" 2c. Fürst Bismarck erwiderte*):

Meine Herren, ich fühle, daß ich den Erwartungen der Versammlung mehr entsprechen würde, wenn ich jetzt nicht das Wort
ergriffe. Ich thue es nur, um zu verhüten, daß eines jener Schlag-
wörter mehr in die Welt gesetzt werde, von denen ich an meiner
Stelle nicht selten durch das Wohlwollen meiner parlamentarischen
Gegner zu leiden gehabt habe, und so noch bis in die Tage des
jetzigen französischen Krieges hin an dem Worte des Grafen
Schwerin: „La force prime le droit, Gewalt geht vor Recht" [1],
was ich bekanntlich niemals gebraucht habe. Nun habe ich aus
der Betonung des letzten Herrn Redners vermuthet, daß auch er
sich ein neues Schlagwort vorbereitet: „Wir sind kein Volk".
Ja, damit kann man viel Mißbrauch treiben; es kommt darauf an,
was man unter dem „wir" versteht. In meinem Sinne verstehe
ich unter dem „wir" — und damit unterschreibe ich vollständig
den Satz — die etwa 20 Herren Abgeordneten die sich hier
als Volk geriren, und zwar als polnisches Volk. Sie, meine
Herren, Sie sind wirklich kein Volk, auch vertreten Sie kein Volk,

*) StB. 102a.
[1] Vgl. Bd. II 87.

1. 4. 1871. Sie haben kein Volk hinter sich, Sie haben nichts hinter sich als
Ihre Fictionen und Ihre Illusionen, und zu denen gehört unter
Anderem, daß Sie vom polnischen Volke hierher in den Reichstag
gewählt seien, um die polnische Nationalität zu vertreten. Ich
weiß auch Etwas davon, wozu Sie gewählt worden sind. Ich habe
es Ihnen schon bei früheren Gelegenheiten auseinandergesetzt [1]),
und kann Ihnen darüber auch jetzt nähere Specialitäten geben.
Sie sind gewählt, um die Interessen der katholischen Kirche zu vertreten, und wenn Sie das thun, sobald diese Interessen in Frage
kommen, so werden Sie Ihre Schuldigkeit gegen Ihre Wähler erfüllen. Denn dazu sind Sie ehrlich gewählt, dazu haben Sie das
volle Recht; aber hier das polnische Volk oder die polnische Nationalität zu vertreten, dazu haben Sie das Mandat nicht! Ein
solches Mandat hat Ihnen kein Mensch gegeben, und das Volk
im Großherzogthum Posen und in Westpreußen am allerwenigsten;
es theilt nicht die Fictionen, die Sie vertheidigen: daß die polnische Herrschaft gut gewesen wäre — oder nicht schlecht, wie der
Herr Vorredner sich ausdrückte [2]). Bei aller Unparteilichkeit und
bei aller Neigung, gerecht zu sein, kann ich Ihnen versichern, sie
war ganz herzlich schlecht, und darum wird sie niemals wieder-
kommen!

(Bravo!)

Der Abg. v. Dziembowski bemerkte persönlich: „Der Herr
Bundeskanzler hat sich geäußert, daß wir durch den Einfluß der clericalen Partei gewählt seien. Ich nehme ihm das nicht übel, wenn bei
seiner hohen Stellung der Herr Bundeskanzler solche Kleinigkeiten ...
nicht weiß. Ich gehöre aber zu denjenigen, gegen welche gerade die
Clericalen protestirt haben.“ Fürst Bismarck erwiderte*):

Der Herr Redner hat selbst in dieser Nähe eine große Fer-
tigkeit, mich nicht zu verstehen. Ich habe nichts Derartiges gesagt.

Der Antrag Zoltowski blieb in der Minderheit.

---

*) StB. 103 a.
[1]) S. Bd. III 198 f. 203.
[2]) Abg. v. Niegolewski: „Ich würde Ihnen ... Documente vorlesen
können, daß unsere Herrschaft über andere Gebietstheile nicht schlecht war, daß
man sich nach derselben gesehnt hat“ (StB. 100a).

Bei der langen Dauer der Sitzung machte sich eine große Er- 1. 4. 1871. müdung bemerkbar, und drei Anträge auf Vertagung wurden dem Präsidenten überreicht. Indem der Präsident dem Hause davon Mittheilung machte und gleichzeitig die Entscheidung über die Frage wegen der Ferien als einen Gegenstand der nächsten Sitzung bezeichnete, erhob sich der Bundeskanzler, was der Präsident als Meldung zum Wort auffaßte.

Präsident: Es scheint, der Herr Bundeskanzler will das Wort nehmen.

Bundeskanzler Fürst Bismarck*):

Ich glaubte, der Herr Präsident hätte die Absicht, es mir zu einer Mittheilung zu geben, die vielleicht, auch wenn die Beschlußnahme über den im Anfange der Sitzung angeregten Gegenstand[1] heute nicht erfolgt, doch willkommen sein wird, wenn sie heute gemacht wird.

Präsident: Ich bitte den Herrn Bundeskanzler, das Wort zu nehmen.

Bundeskanzler Fürst Bismarck**):

Die Vorlagen, welche von Seiten der Regierungen noch gemacht werden sollen, sind: erstens das Militärpensionsgesetz, zweitens der Nachtragsetat für 1871, drittens ein Gesetz wegen Vereinigung von Elsaß und Lothringen mit dem Deutschen Reiche,

(Bravo!)

viertens ein Gesetz, betreffend die Ausgabe von Inhaberpapieren mit Prämien.

Weniger klar liegt die Zukunft einer Gesetzesvorlage bezüglich der Rechtsverhältnisse der Reichsbeamten, weil im Bundesrath die Berathungen nicht so weit vorgeschritten sind, daß ich mit Sicherheit die Vorlage auch dann in Aussicht nehmen könnte, wenn im Reichstag das Bedürfniß, die Arbeiten früher zu schließen, vorhanden sein sollte.

Was uns außerdem an Berathungen des Reichstages die auswärtigen Verhältnisse bringen können, entzieht sich für den Augen

---

*) StB. 109 b.
**) StB. 109 b.
[1] Die Osterferien des Reichstags.

blick meinem Urtheil: wir müssen die Entwickelung in Frankreich[1] meiner Ueberzeugung nach noch eine kurze Zeit hindurch abwarten.

Die verbündeten Regierungen haben das Interesse und den Willen, der Regierung der französischen Republik, mit welcher sie den Präliminarfrieden in Versailles geschlossen haben, ihre Aufgaben zu erleichtern, soweit es irgend möglich ist, ohne durch Einmischung in die inneren Angelegenheiten Frankreichs sie zu erschweren. Die Grenze ist dabei schwer zu finden und mehr für ein französisches Auge erkennbar, als für einen Fremden, und es ist bisher die Absicht Sr. Majestät des Kaisers und der verbündeten Regierungen, sich nach wie vor jeder Einmischung in die inneren Angelegenheiten Frankreichs und jeder Bestimmung über die Zukunft eines großen Nachbarvolkes zu enthalten.

(Bravo!)

Daß dieser Entschluß nur bis zu der Grenze durchgeführt werde, wo die Interessen Deutschlands durch weitere Enthaltung gefährdet werden, wo namentlich die Ergebnisse des Präliminarfriedens in Frage gestellt werden können dadurch, daß eine factische Regierung in Frankreich, sei es die jetzige, sei es eine künftige, ich will nicht sagen den Willen, wohl aber die Macht nicht hätte, ihn auszuführen — wo diese Grenze eintritt, kann nur die Zukunft lehren. Sollte sie erreicht werden, nach der Ueberzeugung, die nur aus der Gesammtlage der Politik Europas sowohl, wie Frankreichs, ihre Elemente und die Gründe der Entschließung nehmen kann, — sollte sie erreicht werden, dann würden wir mit Bedauern, aber mit derselben Entschlossenheit, mit der wir bisher gehandelt haben, das Nachspiel dieses Krieges zu Ende führen.

(Lebhaftes Bravo! von allen Seiten.)

Der Reichstag beschloß, die Ferien auf acht Tage zu verkürzen, die letzte Sitzung vor den Ferien am 5., die erste nach den Ferien am 12. April zu halten.

---

[1] Den Verlauf des Communeaufstandes von Paris und seiner Bekämpfung durch die von der Nationalversammlung anerkannte Regierung.

18. Sitzung des Deutschen Reichstags
Mittwoch 19. April 1871.

In der 18. Sitzung des Reichstages, am 19. April, stand der 19. 4. 1871. Antrag des Abg. Braun (Hersfeld), betreffend die Errichtung eines monumentalen Parlamentshauses, zur Berathung. Derselbe lautete:

„Der Reichstag wolle beschließen:

1. zu erklären: die Errichtung eines monumentalen Parlamentshauses, würdig, die Erfolge des Jahres 1870 zu verherrlichen, ist ein Bedürfniß der deutschen Nation;

2. demnach dem Herrn Bundeskanzler gegenüber den Wunsch auszusprechen, daß die zur Ausführung erforderlichen Vorarbeiten alsbald in Gemeinschaft mit einer Commission des Reichstages vorgenommen werden mögen, daß jedoch bis zur Vollendung des Deutschen Parlamentshauses ein Umbau der provisorisch benutzten, gänzlich unzureichenden Räumlichkeiten oder die Bereitstellung anderer, dem Bedürfnisse mehr entsprechender Räumlichkeiten dringend nothwendig und noch im Laufe dieses Sommers in Ausführung zu bringen sei;

3. seine Bereitwilligkeit zu erklären, die zu den Vorbereitungen zum Bau des Parlamentshauses erforderlichen Geldmittel zur Verfügung zu stellen.“

An Stelle von Nr. 2 des Antrags Braun beantragte der Abg. v. Unruh die Annahme folgender Fassung:

2. demnach dem Herrn Reichskanzler gegenüber den Wunsch auszusprechen, daß zunächst die Ermittelung eines passenden Bauplatzes, die Aufstellung eines Programms und der Bedingungen für eine öffentliche Concurrenz durch eine Commission erfolge, welche aus Mitgliedern des Bundesraths, Mitgliedern des Reichstags, Commissarien der preußischen Regierung und Architekten zusammenzusetzen ist; ferner

den Herrn Reichskanzler zu ersuchen, bis zur Vollendung des Parlamentsgebäudes für ein ausreichendes provisorisches Gebäude zu sorgen.

Nr. 1 desselben Antrags wünschte der Abg. Hänel durch folgenden Passus ersetzt zu sehen:

1. zu erklären: die Errichtung eines den Aufgaben des Deutschen Reichstags entsprechenden und der Vertretung des Volks würdigen Parlamentshauses ist ein dringendes Bedürfniß.

Dem Hauptantrage Braun und den beiden vorerwähnten Unteranträgen gegenüber brachte der Abg. v. Bernuth folgenden Antrag

19. 4. 1871. ein, der sich als eine Zusammenfassung der von den verschiedenen An=
tragstellern geäußerten Wünsche darstellt:

„Der Reichstag wolle beschließen:

1. zu erklären: die Errichtung eines den Aufgaben des Deutschen
Reichstags entsprechenden und der Vertretung des deutschen Volkes
würdigen Reichstagshauses ist ein dringendes Bedürfniß;

2. demnach dem Herrn Reichskanzler gegenüber den Wunsch auszu=
sprechen, daß, unter Zuziehung des Beirathes von Sachverstän=
digen, zunächst die Ermittelung eines passenden Bauplatzes, die
Aufstellung eines Programms und der Bedingungen für eine
öffentliche Concurrenz durch eine Commission erfolge, welche aus
Mitgliedern des Bundesraths, Delegirten des Reichstags und
Commissarien der preußischen Regierung zusammenzusetzen ist;

3. den Herrn Reichskanzler zu ersuchen, bis zur Vollendung des
Reichstagsgebäudes auf thunlichste Beseitigung der Mängel des
gegenwärtigen provisorischen Zustandes Bedacht zu nehmen;

4. die Bereitwilligkeit des Reichstags zu erklären, die zu den Vor=
bereitungen zum Bau des Reichstagshauses erforderlichen Geld=
mittel zur Verfügung zu stellen.“

Der Abg. Braun zog in seiner, seinen Antrag begründenden
Rede in Nr. 1 die Worte: würdig die Erfolge des Jahres 1870
verherrlichend, zurück und adoptirte für Nr. 2 die von dem Abg.
v. Unruh vorgeschlagene Fassung. In Folge dessen nahm der Abg.
Hänel seinen Unterantrag zurück, zumal da derselbe wörtlich in dem An=
trag v. Bernuth Aufnahme gefunden habe. Der Abg. v. Unruh
befürwortete darauf in längerer Rede sein Amendement und die Ein=
setzung einer durch Mitglieder des Reichstags verstärkten Commission,
die über Bauplatz und Ausführung eingehend berathe. Während er
es vermied, über den Bauplatz concrete Vorschläge zu machen, widmete
der Abg. v. Blanckenburg dieser Seite der Frage den größeren Theil
seiner Rede. Er warnte zunächst den Reichstag, in denselben Fehler
zu verfallen, den das preußische Abgeordnetenhaus begangen habe, als
es den Vorschlag der Regierung, die Grundstücke der Porcellanmanu=
factur zum Bau des Landtagsgebäudes herzugeben, abgelehnt habe,
weil der Platz nicht würdig sei. In Folge des Widerspruchs des
Landtags sei die Sache bis jetzt unausgeführt geblieben. Nun empfahl
er gerade diesen Platz wegen seiner für die Geschäftsverwaltung gün=
stigen Lage für das Reichstagsgebäude und beklagte, daß die Regie=
rung von ihrer Absicht, Grundstücke der Porcellanmanufactur herzugeben,
abgegangen sei. Weiter machte er sich zum Fürsprecher eines in Par=
lamentskreisen aufgetauchten Planes: der Bund möge das neben einem
Bundesgrundstück gelegene Grundstück des preußischen Hausministeriums
erwerben und dort an der Wilhelmstraße, mit der Front nach der Jäger=
straße, das Parlamentshaus bauen. Tausche dann das Ministerium

des Hauses mit dem Ministerium des Auswärtigen, so würde dieses 19. 4. 1871. in unmittelbarer Nähe des Parlamentshauses zu liegen kommen. Fürst Bismarck ergriff nach ihm das Wort*):

Einige Aeußerungen des Herrn Vorredners lassen mich an= nehmen, daß es für die Debatte zweckmäßig ist, ihr die Unter= lage einer Aeußerung von dem Tisch der Regierungen zu geben, indem der Herr Vorredner von einigen thatsächlichen Mißverständ= nissen ausging.

Ich will das Hauptsächliche gleich vorwegnehmen, nämlich, daß die preußische Regierung auf den Plan verzichtet habe, die Landtagsgebäude auf das Grundstück in der Leipzigerstraße neben dem Herrenhause zu verlegen. Das ist keineswegs der Fall, sondern der Plan wird nach wie vor mit allem Eifer verfolgt. Er hat nur zur Vorbedingung, daß die Porcellanmanufactur in den Stand gesetzt sei, ihre Fabrications= und sonstigen Diensträume an den anderen Ort zu verlegen, auf welchem, seit ein Verständ= niß mit dem Preußischen Landtage wahrscheinlich geworden ist, unausgesetzt gebaut wird, und ich darf annehmen, daß im Frühjahr oder Sommer des Jahres 1872 der Bau der neuen Porcellan= manufactur so weit vollendet sein wird, daß das ganze Institut aus der Stadt hinaus verlegt werden kann, daß dann der Bau= platz, der aus den Grundstücken des Herrenhauses und der Por= cellanmanufactur gebildet wird, vollständig disponibel ist zum Zwecke parlamentarischer Bauten, und ich füge hinzu, daß noch heute die Absicht der Königlich preußischen Regierung besteht, dem Preußischen Landtage alsdann eine Vorlage in dieser Richtung zu machen.

Was ferner den Antrag in seiner Allgemeinheit betrifft, so glaube ich, daß über denselben weder in diesem Hause, noch im Schooße der verbündeten Regierungen im Princip eine wesent= liche Meinungsverschiedenheit stattfinden**) wird. Daß eine Aende= rung des gegenwärtigen Zustandes nothwendig sei, darüber ist kein Zweifel; daß die neue Einrichtung entsprechend der Größe der Be= deutung, die sie haben soll, daß sie würdig ausfalle, darüber wird auch kein Zweifel sein. Die Schwierigkeit ist nur, darüber ein

---

*) StB. 277 b.

**) Im StB. steht vor „stattfinden" ein pleonastisches „darüber".

Einverständniß zwischen den verschiedenen mitwirkenden Factoren herzustellen, in welchem Maße der einen oder anderen Richtung des Gesammtbedürfnisses mehr oder weniger Rechnung getragen werden soll, und vor allen Dingen über die Auswahl des Platzes. Nicht ohne Schwierigkeit ist es dahin gelangt, daß die Königlich preußische Regierung sich in der Lage befunden hat, die amtliche Behandlung der Frage im Schooße des Bundesraths anzuregen; sie ist indessen auch ihrerseits noch nicht im Stande gewesen, ihren Vorschlägen eine bestimmte Form, in der Richtung auf einen bestimmten Platz namentlich zu geben, sondern sie hat sich auch dort darauf be= schränken müssen, den Gegenstand im Bundesrathe zur Erörte= rung zu stellen, in ähnlicher Weise, wie er hier zur Erörterung steht. Die Schwierigkeiten, die sich bieten, gehen hervor, wie ich schon erwähnte, aus der Unsicherheit über das Maß der Rücksicht, welches man der einen oder der anderen Seite des Bedürfnisses gewähren soll. Es ist ja wünschenswerth, daß die Sache groß und schön, daß sie würdig ausfällt; aber je größer und schöner, desto später wird sie ins Werk gesetzt, desto länger ist die Bauzeit, desto längere Zeit wird nöthig sein, um die Verständigung zwischen den staatsrechtlich betheiligten Factoren und zwischen den Künstlern und Bautechnikern, die man ohne Zweifel wird hören müssen, herbeizuführen. Ich bemerke dabei, daß die Regierungen, so viel ich mir ein Urtheil über die Ansichten vorweg gestatten darf, bereit sein werden, aus ganz Deutschland die competenten Stimmen zu hören, sich keiner Art von Einseitigkeit in dieser Beziehung hinzu= geben, und ich habe gehört, daß wir, wie ich hoffe, in der Lage sein werden, Vorarbeiten, die in dieser Richtung in großem Um= fange und, wie ich glaube, mit großer Sachkunde in Oesterreich*) stattgefunden haben, durch die Gefälligkeit der benachbarten Kaiser= lichen Regierung auch für unsere Zwecke benutzen zu können und dadurch unseren Ermittelungen eine Grundlage zu geben. Ich beabsichtige in dieser Richtung ein Gesuch an die Kaiserlich öster= reichische Regierung zu richten.

Eine andere Seite ist die Frage: soll den geschäftlichen oder soll den ornamentalen Rücksichten mehr gefolgt werden. Ich habe

---

*) S. 278 a.

in meiner Stellung natürlich eine Vorliebe für die geschäftlichen 19. 4. 1871
Rücksichten;

(Sehr richtig!)

indessen das kann ja nicht maßgebend sein: die einzelne Persön
lichkeit ist vorübergehend, und die Einrichtung bleibt. Die Art
des Baues, die beabsichtigt wird, und die ich im Definitivum auch
für wünschenswerth halte, erfordert einen großen und breiten Platz.
In geschäftlicher Beziehung ist es wünschenswerth, daß der Sitz des
Reichstages nicht zu weit entfernt sei von dem Sitze des Bundes
raths und der Behörden, die mit demselben zu thun haben, des
Bundeskanzleramts und des Auswärtigen Amts, ja selbst nicht zu
weit von dem administrativen Centrum entfernt sei, welches sich
für die preußischen größeren Behörden, deren Hilfe und Mit=
arbeitung wir in allen unseren Geschäften bedürfen, in der
Wilhelmstraße und der Gegend gebildet hat. Da aber ist wieder
die Beiräthlichkeit [1]) des Platzes die Frage. Es wäre ja sehr nahe
liegend, daß der Bund auf dem Grundstück baut, was er einmal
eigenthümlich erworben hat, und was ihm gehört, und was er erworben hat, um es zu bebauen. Ich weiß indessen nicht und will
dem nicht vorgreifen, ob das Grundstück in sich ausreichenden Platz
gewährt. Auf beiden Seiten ist es begrenzt von Privatbesitz,
wenn ich den des Kronfideicommisses so nennen darf, und von
dem bekannten Grundstück des Herrn v. Decker; beide Grundstücke
sind weder im Ganzen noch theilweise zu haben. Es würde also
doch die Ausdehnung des Baues sich beschränken müssen auf das
jetzige Bundesgrundstück. Es ist das das Wohlfeilste und Einfachste.
Dieses Grundstück hat eine Länge von etwa 500 und eine Tiefe
von etwa 90 Schritt, würde also zu jeder Ausdehnung des Baues
den Raum bieten, wenn man sich entschließen kann, die Tiefe des
Grundstücks auch als Tiefe des Gebäudes anzusehen, mit anderen
Worten, die Giebel gegen die beiden Straßenfronten, die hier zur
Sprache kommen, zu stellen. Indessen ich kann darüber der Ent=
scheidung der verbündeten Regierungen nicht vorgreifen; es ist mein
Bedürfniß, nur Ihrer Discussion durch einige thatsächliche Angaben
eine Unterlage zu gewähren, weil ich annehme, daß die Delegirten,

---

[1]) D. h. Zweckmäßigkeit.

19. 4. 1871. welche den Reichstag vertreten, sich dort aus dieser Discussion ge=
wissermaßen ihre Instruction von Seiten des Reichstages entnehmen
werden.

Eine zweite Möglichkeit, die auch noch in der Entfernung keine
Schwierigkeiten bietet, wäre die, den Bau für den Reichstag zu
combiniren mit dem für den Preußischen Landtag auf dem Grund=
stück in der Leipzigerstraße, welches, wie ich es beiläufig schätze,
15 bis 20 Morgen groß ist und preußisch=fiscalische Grundstücke
in der Richtung nach der Königgrätzerstraße auch noch darbietet,
das Landwehrzeughaus, ein Quergrundstück, welches der Porcellan=
manufactur gehört und von dem südlichsten Ende des Porcellan=
manufacturgrundstücks sich nach der Königgrätzerstraße hineinstreckt;
ich glaube, es ist der Packhof der Porcellanmanufactur. Also
Räume würden sich dort bieten; es fragt sich nur: ist die Combi=
nation beiden Theilen wünschenswerth, und ist sie ausführbar in
der Zusammenstellung? Es würde ein Gebäude von erheblicher
Dimension an und für sich schon für den Landtag werden, es wird
noch bedeutender werden müssen, wenn darin auch für den Reichs=
tag ein Unterkommen gefunden werden soll, denn die Benutzung
desselben Locals für beide hat wohl ein Nothbehelf sein können,
ich glaube aber, Sie werden Alle mit mir einig sein, daß dies für
die Dauer nicht in Aussicht genommen werden kann.

Das Bedürfniß, wie es mir für den Reichstag vorschwebt,
übersteigt außerdem in seinen räumlichen Dimensionen das, was
hier erfüllt ist, sehr erheblich. Die Mängel, die ich genau kenne
von der Zeit, wo ich als Abgeordneter in diesen Räumen getagt
habe, und auch jetzt, sind solche, die unter allen Umständen ver=
mieden werden müssen. Die Art, wie die Herren sitzen, eng, in
der Unmöglichkeit, aufzustehen, ohne vier bis fünf ihrer Collegen
zu *) stören, ist an und für sich für die lange Dauer der Sitzungen,
mehrere Stunden hinter einander, fast unerträglich, und es ist un=
vermeidlich, daß die Abspannung, die aus diesem zellenartigen
Eingesperrtsein auf einem bestimmten Platz hervorgeht, nicht zum
Theil mitunter auf die Stimmung des Einzelnen mit einwirkt.
(Heiterkeit.)

---

*) S. 278 b.

Es ist ein dringendes Bedürfniß der Regierung, die Herren in 19. 4. 1871. möglichst wohlwollender Stimmung zu erhalten.

(Heiterkeit.)

Ich glaube also, daß Jeder oder wenigstens immer Zwei neben einander in der Lage sein müssen, ohne Belästigung eines Dritten ihren Platz zu verlassen; ich glaube, daß Sie, jeder Einzelne von Ihnen, räumlich so bequem sitzen muß, daß nicht das körperliche Leiden, welches man bei längeren Eisenbahnfahrten empfindet, hinzutritt zu der geistigen Abspannung. Ich glaube ferner, daß sehr viele bedeutende Nebenräume vorhanden sein müssen, theils für die Restaurationslocalitäten, wie sie mir in ihrer Ausdehnung und Ausstattung hier nicht recht würdig scheinen, zum Theil auch für unbeschäftigte Abgeordnete, und theils zu Conferenzzimmern. Jeder von Ihnen wird im Laufe der Sitzung das Bedürfniß gehabt haben, in seinen oder in Staatsgeschäften mit Fremden zu reden; da findet man in anderen Parlamenten schickliche Räumlichkeiten, die dazu eingerichtet sind, und wo man selbst einen Ausländer, ohne zu erröthen, kann warten lassen.

(Heiterkeit.)

Hier ist das doch nicht immer der Fall. — Auch für die Minister, für die Mitglieder des Bundesraths ist es ganz unentbehrlich, mehrere Conferenzzimmer zu haben, so daß immer mehrere der Herren gleichzeitig ihre Geschäfte hier abmachen und Vorträge hier entgegennehmen können. Ich bin genöthigt, Gesandte hier zu empfangen. Wir haben für den Aufenthalt der Mitglieder des Bundesraths, der Commissarien und für Alle, die hier etwa warten, ein einziges, den Herren bekanntes Zimmer, was nothwendig immer Durchgang bleiben muß; es ist ganz unmöglich, sich für ein Gespräch zu isoliren, wie ja Mehrere gleichzeitig dasselbe Bedürfniß haben können. Ich glaube also, daß wir einen sehr viel bedeutenderen Flächenraum in Aussicht nehmen müssen, als er hier vorhanden ist, um wirklich bequem und zweckmäßig darin wirthschaften zu können. Das wird wenigstens ein Element sein, um die Frage mit zu beantworten, ob sich die Geschäftsräume des Preußischen Landtages und des Reichstages in demselben Gebäude, auf demselben Grundstücke unterbringen lassen. Dringend

wünschenswerth ist eine nahe Verbindung zwischen den Beamten
des Reiches, die mit dem Reichstage zu thun haben, und deren
Bureaur. Die Herren könnten nur durch die Erfahrung einen der
Wahrheit nahe kommenden Eindruck davon gewinnen, welche Er-
schwerung aller Geschäfte in der Größe der Entfernung der Räumlichkeiten liegt, wie viel Zeit verloren geht, und vom Staate hoch
bezahlte Zeit, wenn die Sitzungen hier sind am Dönhofsplatze, im
Vergleich zu der Zeit, wo sie im Herrenhause sind, wo alle Ge-
schäftslocale in der Nähe sind. Sollte diese Entfernung noch ver-
größert werden — und das wäre bei einigen der in Aussicht genommenen Bauplätze der Fall —, so würden sich diese Uebelstände
in hohem Grade steigern, und es würde dann fast unvermeidlich
sein, daß Sie auf Ihrer Reise in eine entfernte Gegend mich
wenigstens mitnehmen, mit anderen Worten, daß die Geschäfts-
locale, wenigstens des Bundeskanzlers und des Ministers des Auswärtigen, auf dieselbe Stelle übertragen würden — unter Umständen —, auf der die Gebäude für den Reichstag aufgebaut
werden. Denn die Zeit — der Tag hat nur 24 Stunden — ist
nicht zu beschaffen mit dem vielen Hin- und Hergehen für die
Beamten, die nöthig mit ihm zu thun haben, für jedes Actenstück,
das gebraucht wird, und dessen Beschaffung vielleicht durch ein
mißverstandenes Telegramm noch verzögert wird. Dieser Uebel-
stand ist bei einigen sonst noch in Frage kommenden Grundstücken
gar nicht oder nur in geringem Maße vorhanden. Beispielsweise
das Grundstück, welches unter dem Namen der Artilleriewerkstätte
bekannt ist, und welches eingeschlossen wird von den Linden und
der Neuen Wilhelmstraße und durchschnitten durch die Dorotheenstraße*). Es ist das ein ziemlich großes Grundstück, namentlich,
wenn man die Häuser — die sehr wenig Tiefe haben —, die es
von der Neuen Wilhelmstraße abschneiden, hinzunimmt, und allenfalls das preußische Ministerium des Innern mit dazu in Aussicht
nimmt, was große Hinterräume und Garten hat. Die Form des
Grundstückes ist nicht ganz erwünscht. Die Dorotheenstraße durch-
schneidet es. Der schönste Theil ist der zwischen der Dorotheenstraße und der Spree gelegene, der größere Theil aber der südlich

---

*) S. 279a.

der Dorotheenstraße. Es wird das Alles Gegenstand weiterer 19. 4. 1871. technischer Ermittelungen sein.

Eine weitere Möglichkeit, die von preußischer fiscalischer Seite nicht erheblichen Anstand haben würde, wäre die Benutzung des Platzes, auf dem heut zu Tage das Academiegebäude steht, ein sehr ausgedehntes Grundstück. Ich bin noch nicht in der Lage, Ihnen heute mit Sicherheit sagen zu können, ob die Ausdehnung davon bis an die Dorotheenstraße reichen könnte, mit anderen Worten, ob die Marställe und Kasernengebäude, die sich dort befinden, mit einbegriffen werden können oder nicht. Mit und ohne diese ist es immerhin ein Grundstück von hinreichender Ausdehnung und hat eine für den monumentalen Zweck sehr günstige Lage. Die Entfernung von den Ministerialgebäuden ist dort freilich eben so groß, wie auf dem Dönhofsplatze. Eben so groß ist sie bei dem anderen Grundstück am Kupfergraben, bestehend aus der Artilleriekaserne und verschiedenen anderen fiscalischen Gebäuden, die westlich von der Artilleriekaserne bis zur Stallstraße sich befinden unter verschiedenen Namen. Es ist dort von der Stallstraße durchschnitten und von der Spree und Georgenstraße eingefaßt. Ein sehr ausgedehntes Grundstück zwar; dort ist aber die Entlegenheit für den geschäftlichen Verkehr schon so groß, daß ich wenigstens die Frage, ob nicht dann der ganze Bundesrath und das Bundeskanzleramt ebenfalls übertragen werden könnten, wenn dort gebaut würde, doch ernstlich zur Erwägung stellen möchte. Ein anderes, was ich übersehen habe, ist noch der Königsplatz, früher bekannt unter dem Namen „der Krollsche Platz", wo das Raczynskische Haus den östlichen Theil davon einnimmt, und wenn dieses Haus käuflich zu erwerben wäre, so böte sich dort ein wahrscheinlich Allen bekannter größerer Raum dar[1]).

Wenn die Regierungen voraussichtlich den Zweck des Antrages vollständig zu dem ihrigen machen und gerne bereit sind, jede Hilfe zu einer baldigen ausgedehnten und angemessenen Verwirklichung zu leisten, so ist die Frage, die angeregt wird durch die Uebelstände des jetzigen Locals, nämlich die des Provisoriums, eine

—

[1]) Auf diesem Platze, Angesichts der Siegessäule, ist in der That das neue Reichstagsgebäude errichtet worden.

viel schwerer zu erledigende. Die Gefahr, daß ein zu bequemes Provisorium sich leicht in ein Definitivum verwandle, davon ist dieses Haus[1]) ein Beispiel. Es ist zum großen Theil von Holz gebaut und war, wenn ich nicht irre, auf eine Dauer von sieben Jahren berechnet. Innerhalb dieser sieben Jahre hoffte man damals ein Landtagsgebäude hergestellt zu haben. Diese sieben Jahre sind bereits, glaube ich, um das Doppelte überschritten. Es steht 21 bis 22 Jahre, und die Klagen darüber sind in jedem Jahre dieselben gewesen; der gute Wille zur Abhilfe war stets vorhanden, aber es hat bisher immer an einer Verständigung über den Platz gefehlt. Wie dem Provisorium, dem Bedürfniß des Interimisticums abgeholfen werden soll, darüber bin ich außer Stande, Ihnen jetzt Auskunft zu geben, und die Nummer 3 des Abänderungsantrages des Herrn v. Bernuth und Genossen setzt mich in der That am meisten in Verlegenheit:

„den Herrn Reichskanzler zu ersuchen, bis zur Vollendung des Reichstagsgebäudes auf thunlichste Beseitigung der Mängel des gegenwärtigen provisorischen Zustandes Bedacht zu nehmen."

Ja, meine Herren, den Reichskanzler zu ersuchen ist leicht;

(Heiterkeit.)

aber Niemand thut mehr wie er kann. Die Abänderung so schnell zu bewirken, daß es Ihnen noch in dieser Session zu Gute kommen könnte, das haben wir auf mehreren Wegen versucht, z. B. dadurch, daß man diesem Saale eine — andere Form, will ich nicht sagen, gibt, aber denselben in einer anderen Form benutzt, indem beispielsweise die Präsidententribüne an die schmale Seite des Saales gelegt würde und dann die Sitze von dort aus aufsteigend hergestellt würden, wodurch nicht nur ein besseres Hören, sondern auch ein reichlicher Zuschuß von Plätzen gewonnen würde. Wir haben uns aber überzeugen müssen, daß die*) Arbeit, welche darauf verwandt werden müßte, doch so viel Zeit erfordern würde, daß wir Ihnen eine solche Unterbrechung der Sitzungen nicht zumuthen können.

Es ist ferner die Frage in Erwägung gezogen — und ich

---

*) S. 279 b.
[1]) Das Abgeordnetenhaus.

habe noch in diesen letzten beiden Tagen wieder technische Unter= 19. 4. 1871.
suchungen anstellen lassen —, ob dem Herrenhaussaal nicht eine
größere Ausdehnung zu geben möglich sei — dadurch, daß man
dort die Wand, an der der Sitz des Präsidenten sich befindet, zu=
rückrückt. Es sind nur hölzerne Wände, die sich hinter dem Prä=
sidentensitz befinden, und ich hatte gehofft, es würde nur eine Arbeit
von wenigen Tagen nöthig sein, wenn man diese Wände fortnähme,
die Conferenzzimmer des Präsidenten und der Minister für diese
Zeit opferte, eine Treppe höher ein unvollkommenes Surrogat dafür
fände, um uns aus diesem Ort der Qual erlösen zu können und
dort in behaglichere Räume überzusiedeln; aber selbst diese Arbeit
war doch umfangreicher, als daß sie, selbst mit den sehr tüchtigen
und schnellen Kräften, über die man hier in Berlin disponiren
kann, innerhalb weniger Wochen, wie man mir sagte, ausgeführt
werden könnte. Die Ermittelungen haben indes ergeben, daß im
Herrenhause, wenn man jeden Raum zu Rathe hält, 317 Plätze
zu finden sind; es reicht das zwar nicht, wenn der Reichstag voll=
zählig ist [1]), es hat sich aber statistisch constatiren lassen, daß die
höchste Zahl der Anwesenden bisher 305 erreichte. Also wenn wir
sicher wären, daß das Maß von Theilnahme an den Debatten
und von Gesundheit

(Große Heiterkeit.)

sich nicht wesentlich steigert in der Sitzungszeit, so glaube ich doch,
es mit 317 Plätzen versuchen zu können, namentlich da unter Um=
ständen ein Surrogat, wenn es auch an einer der Galerien wäre,
momentan gefunden werden könnte, falls man in die Nothwendig=
keit dazu käme. Es wird sehr enge mit 317 Plätzen — den Herren
sind ja die Räumlichkeiten dort bekannt —; man kann aber dort
mit Leichtigkeit in den Garten gelangen, die Jahreszeit ist dazu
geeignet,

(Heiterkeit.)

und man ist nicht genöthigt, anhaltend mehrere Stunden hinter
einander hier in den verschiedenen Abstufungen schlechter Atmo=
sphäre, welche die Räume darbieten, auszuharren. Ich möchte des=
halb diese Seite der Sache, nämlich das Provisorium, und die

---

[1]) Der Reichstag zählte damals 384 Mitglieder.

sofortige Verlegung in wenigen Tagen nochmals der Erwägung des Reichstages empfehlen, ob die hohe Versammlung geneigt ist, dieses Risico ihrerseits zu laufen, daß einmal eine Sitzung vorkommen könnte, in welcher einige Stehplätze

(Heiterkeit.)

auf kurze Zeit benutzt werden müßten. Es ist das die Erwägung des einen Uebels gegen das andere, und es kann diese nur von dem Reichstage ausgehen, denn das Bundeskanzleramt würde die Verantwortung dieser Zumuthung auf eigene Hand nicht gern übernehmen. Wie dem auch sei, meine Herren, so kann ich die Bereitwilligkeit der Regierung nach allen Seiten hin aussprechen, schon um sich selbst zu helfen — denn wir leiden ja auf den Plätzen, auf denen wir sitzen, nicht minder, wie Sie, von dem Zug — so rasch und so energisch wie möglich dem Uebel abzuhelfen, um in eine bessere Situation so bald wie möglich und in eine wirklich gute später zu gelangen. Ich bin überzeugt, daß die Berathungen des Reichstages fördernd und klärend auf die ferneren Arbeiten einwirken werden, und daß die Wahl der Reichstagsmitglieder für eine Commission gewiß das volle Entgegenkommen im Bundesrathe finden wird dadurch, daß der Bundesrath seinerseits die Commission vervollständigt und nachher Beschluß darüber faßt, wie sie außerhalb der beiden Reichskörper noch zu vervollständigen sei, und Ihnen die betreffenden Beschlüsse zu einer gemeinsamen Verständigung darüber mittheilt.

(Bravo!)

Der Abg. Frhr. v. Hoverbeck fand, daß Fürst Bismarck den in dem gestellten Antrag enthaltenen Begriff des Provisoriums etwas zu provisorisch aufgefaßt habe. Von einer Uebersiedelung in das Herrenhaus noch in gegenwärtiger Session könne keine Rede sein, dagegen verdiene der Antrag des Herrn v. Unruh Erwägung, das jetzige Herrenhaus durch einen wenig kostspieligen Bau im Laufe des Sommers so zu verändern, daß es für eine Herbstsession als Provisorium genügen würde. Fürst Bismarck erwiderte*):

Ich erlaube mir nur, an das Haus die Frage zu richten, ob die Herren, die zum Theil ja auch Mitglieder des Preußischen Landtags sind, es für indicirt halten würden, daß die Regierung, ohne

---

*) StB. 280b.

sich mit dem Preußischen Landtag zu benehmen, über ein Grund= 19. 4. 1871.
stück der einen Körperschaft des Preußischen Landtags disponirte,
ohne diese*) resp. den ganzen Landtag zu fragen. Ich würde
das kaum auf meine Verantwortung nehmen wollen, und ich weiß
nicht, ob die Herren, die hier die Ansprüche des Reichs überwiegend
geltend machen, mir auch mit derselben Energie als Landtagsmit=
glieder zur Seite stehen würden,

(Heiterkeit.)

wenn ich darauf einginge.

Wenn gesagt worden ist, ich habe diesen Plan als ein zu
dauerndes Provisorium bezeichnet, so habe ich daran nicht gedacht,
sondern ich habe zwischen zwei Provisorien unterschieden**), eines, das
mir sehr lieb wäre, wenn es erreichbar sein sollte für die Dauer
dieser Sitzung, also nur ein ganz kurzes Interimisticum, ein zweites
für die Dauer der Jahre, die vergehen werden, bis das definitive
Gebäude hergestellt sein wird, zu dem doch aber immer der Bund
ein Grundstück oder doch wenigstens das provisorische Nutzungsrecht
des Grundstücks würde acquiriren müssen, wenn er das in seinem
Besitze befindliche mit zu diesem Provisorium benutzen will. Aber
ich bin selbst Mitglied des Herrenhauses und würde mich anheischig
machen, dort für Alles, was der Reichstag gut geheißen hat, mein
Votum einzulegen; wie aber die Mehrzahl meiner Collegen sich
stellen wird, das weiß ich nicht und muß ich ihnen anheimstellen.

(Heiterkeit.)

Nach längerer Debatte wurde der Antrag v. Bernuth mit über
wiegender Mehrheit angenommen.

———

Die Condemnirung der Stettiner Handelsbark „Ferdinand Nieß"
durch die portugiesischen Behörden im Hafen von Praya (Cap Verdische
Inseln) 1863 war schon in der Frühjahrssession des Reichstages 1870
durch den Abg. Harkort auf dem Wege einer Interpellation zur
Sprache gebracht worden¹). In der 18. Sitzung am 19. April 1871
gelangte nunmehr ein Antrag des Abg. Harkort zur Verhandlung:

———

*) StB.: diesen.
**) StB.: entschieden.
¹) Vgl. Bd. IV 348.

„Der Reichstag wolle beschließen:

den Bundeskanzler aufzufordern,

bei der Königlich portugiesischen Regierung die erforderlichen Schritte zu thun, damit den Rhedern und Assecurateuren des Stettiner Barkschiffs „Ferdinand Rieß", welches am 3. Februar 1863 im Hafen von Praya von den portugiesischen Behörden gesetz- und rechtswidrig condemnirt und versteigert ist, die gebührende Entschädigung werde."

Der Abg. Mosle schlug eine andere Fassung vor mit folgendem Wortlaut:

„Der Reichstag wolle beschließen:

den Herrn Reichskanzler zu ersuchen, den Fall der Condemnirung wegen Seeuntüchtigkeit des preußischen Schiffes „Ferdinand Rieß" in Porto Praya (Hafen auf der Insel des Grünen Vorgebirges São João) am 3. Februar 1863, sowie den Gang des dieserhalb vor den portugiesischen Gerichten geführten Processes untersuchen zu lassen und das Resultat dieser Untersuchung dem Reichstage vorlegen zu wollen."

In der Sitzung selbst gab der Abg. Mosle seinem Antrage noch eine etwas andere Fassung, um gemachten Ausstellungen damit zu begegnen, indem er den letzten Theil also abänderte: „sowie den Gang des dieserhalb vor den portugiesischen Gerichten geführten Processes ferner beobachten zu lassen und über das Resultat dem Reichstage zu berichten."

Der preußische Bevollmächtigte zum Bundesrath, Ministerialdirector v. Philipsborn, antwortete auf die Reden der Abg. Harkort und Mosle. Er bat um Ablehnung des Antrags, da der Proceß noch schwebe und weitere Schritte erst nach Abschluß des Processverfahrens am Platze wären. Fürst Bismarck fügte hinzu*):

Ich habe den Auseinandersetzungen des Herrn Commissars, der soeben gesprochen hat, zur Sache nichts Wesentliches beizufügen. Auch ich kann die hohe Versammlung nur bitten, den Antrag abzulehnen, obschon es mir erwünscht war, daß er gestellt wurde, und daß diese Discussion stattgefunden hat; die portugiesische Regierung und ihre Behörden werden aus dieser Discussion ersehen, daß die Aufmerksamkeit Deutschlands und der Deutschen Volksvertretung auf**) diese Sache gerichtet ist; und an dem Entschluß Deutschlands und seiner Regierungen, die Rechte eines jeden

---

*) StB. 289,b.
**) S. 290 a.

Deutschen in fremden Ländern kräftig zu vertreten, wird man auch 19. 4. 1871. in Portugal nicht zweifeln.

(Bravo!)

Ich habe in der Hauptsache nur das Wort ergriffen, um dem Herrn Abgeordneten für Bremen auf die Bemerkung, die er im Allgemeinen über unsere diplomatische Vertretung machte[1], in kurzen Worten zu entgegnen, indem ich seinen Vorwürfen gegenüber in der Allgemeinheit, wie sie aufgetreten sind, die achtbaren Beamten, die die deutschen Interessen jenseits des Meeres — von denen sprach er vorzugsweise — vertreten, wahren muß. Wenn mir Anzeigen von Pflichtwidrigkeiten und von Nachlässigkeiten zugehen, so werde ich mit rascher Entschiedenheit dagegen einschreiten; solche liegen mir nicht vor, ich muß daher die allgemeinen Vorwürfe, die der Herr Abgeordnete für Bremen gegen eine ganze Beamtenclasse gerichtet hat, als unbegründet ablehnen; ich muß es aber als eine Pflicht des Herrn Abgeordneten für Bremen bezeichnen, mir specielle Mittheilung zu machen über die Fälle, die er auf der Tribüne nicht nennen wollte. Ich erwarte das von ihm! Dem Herrn Abgeordneten liegt auch ein Theil der Verantwortlichkeit dafür ob, daß unsere Geschäfte im Auslande gut gehen, und, was er kann, muß der Herr Abgeordnete meines Erachtens dazu beitragen. Sind also zur Kenntniß des Herrn Abgeordneten für Bremen, was nach der Handelsverbindung seiner Heimath ja leicht möglich ist, Specialitäten gekommen, die dem Auswärtigen Amte unbekannt sind, und die ein Verschulden oder eine Nachlässigkeit eines unserer Vertreter bekunden würden, so halte ich es für

---

[1] Abg. Mosle: „Sehr häufig finden wir, daß die Deutschen im Auslande sich lieber an die fremden Regierungen wenden, als an die Vertreter der eigenen Regierungen. Meine Herren, was hat das für einen Grund? Wohl will ich zugeben, daß die bisherige Zerrissenheit Deutschlands einen großen Theil dieser Schuld trägt, doch . . . liegt ein weiterer Grund darin, daß die bisherigen Vertreter Deutschlands im überseeischen Auslande nicht diejenige Thätigkeit entwickelt haben, die man wohl von ihnen fordern kann. Ich bin selbst Jahrzehnte lang Zeuge der Thätigkeit der Herren Gesandten in Amerika gewesen. Ich . . . bin der Ueberzeugung, daß die auswärtige Diplomatie, d. h. die überseeische Diplomatie Preußens und jetzt Deutschlands, bisher zu zaghaft und zu wenig rührig aufgetreten ist. Ich habe diese Ueberzeugung gewonnen, und ich kann eine Menge Fälle anführen, welche nicht gerade sehr zu Gunsten der Herren Gesandten sprechen. Ich will es unterlassen . . .“ 2c. (StB. 288a).

eine Pflicht des Herrn Abgeordneten, mir davon Mittheilung zu machen, und ich fordere ihn auf, diese seine Pflicht zu erfüllen!

(Lebhaftes Bravo!)

Der Reichstag beschloß hierauf nach dem Antrag des Abg. Schmidt (Stettin), „auf Grund der von dem Herrn Bevollmächtigten des Bundesraths und dem Herrn Reichskanzler abgegebenen Erklärungen dem Auswärtigen Amte die weiteren angemessenen Schritte und die Wahl des dafür geeigneten Zeitpunktes anheimzugeben".

Den nächsten Gegenstand der Verhandlung bildete der Antrag des Abg. Schulze-Delitzsch auf Gewährung von Reisekosten und Diäten an die Mitglieder des Reichstages. Derselbe Antrag hatte bereits früher den Reichstag des Norddeutschen Bundes mehrfach beschäftigt, er war wiedergekehrt von Sitzung zu Sitzung[1], er hatte so zu sagen eine Geschichte. War er auch stets verworfen worden, da er eine Verfassungsveränderung bedingte, zu der die verbündeten Regierungen ihre Hand nicht bieten mochten, so ließ sich der Abg. Schulze doch nicht abhalten, ihn bei jeder Session des Reichstags zu wiederholen. Er stützte sich dabei auf eine Aeußerung des Reichskanzlers selbst, die er bei Berathung des Wahlgesetzes zum constituirenden Reichstage im Abgeordnetenhause gethan hatte, daß die Entscheidung der Frage in das Deutsche Parlament gehöre (s. Bd. III 93). Nach dem Abg. Schulze als Antragsteller sprach zur Bekämpfung des vorgeschlagenen Gesetzentwurfs der Abg. Graf Rittberg; die folgenden Redner, Windthorst, Bebel, Bamberger, Völk, sprachen sich sämmtlich für die Bewilligung von Diäten aus. Ihnen Allen antwortete Fürst Bismarck[*]):

Der Herr Antragsteller hat daran erinnert, daß ich bei einer früheren Erörterung der Sache gesagt hätte, wenn das Deutsche Parlament sich der Sache bemächtige und bliebe dabei, so würde der Widerstand schwierig sein.

Ich weiß nicht, ob ich das gesagt habe; da es der Herr Antragsteller so angibt, so wird es wohl richtig sein, und ich kann dann nur sagen, daß ich damals eine ganz richtige Voraussicht bekundet hatte. Es wird schwierig sein; aber wir sind nicht in

[*]) StR. 297b.
[1]) Vgl. Bd. III 92. 261. 287, IV 11 ff.

der Lage, daß wir vor der Schwierigkeit unserer Aufgaben zurück= 19. 4. 1871.
schrecken dürften,

(Heiterkeit.)

und ich glaube, es wird auf der anderen Seite ebenso schwierig
sein, diese Verfassungsänderung, jetzt in diesem Stadium nament=
lich, und ich hoffe auch überhaupt, durch den Bundesrath zu bringen.

Ich höre heute zum ersten Male, daß von mehreren Seiten,
und gerade von den lebhaftesten Vertretern derselben[1], behauptet
wird, daß die Frage an und für sich gar nicht so bedeutend wäre,
daß sie in ihrer Wichtigkeit erheblich überschätzt werde; dann aber
weiß ich nicht, warum Sie in jedem Jahre mit einem Eifer, der
nach meinem Urtheil einer besseren Sache würdig wäre, darauf
zurückkommen und sie jedes Jahr grundsätzlich wieder auf die
Tagesordnung stellen, auch dann, wenn wir nach der ganzen Hal=
tung und Temperatur des Hauses glaubten voraussetzen zu dürfen,
daß Sie den Moment für einseitige Verfassungsänderungen nicht
für gekommen hielten, sondern der Verfassung Zeit lassen wollten,
sich festzuwurzeln.

Welche Einwirkung die Bewilligung oder Nichtbewilligung
von Diäten auf die Zusammensetzung dieses Hauses haben würde,
meine Herren, das ist eine, ich will nicht sagen Glaubenssache,
aber eine Schätzungssache, eine Vertrauenssache.   Ich will das mit
voller Sicherheit nicht entscheiden, daß, wenn Diäten gegeben
würden, diese Versammlung sehr viel anders zusammengesetzt sein
würde; aber wenn es doch der Fall wäre — es würde mir zu
schmerzlich sein, als daß ich auch nur den Versuch wagen sollte,

(Große Heiterkeit.)

es würde schwer wieder gut zu machen sein, man würde sich ver=
geblich nach der früheren, durch Gewohnheit und ihre Verdienste
lieb gewonnenen Versammlung zurücksehnen; ich wage den Ver=
such nicht.

---

[1] Abg. Bamberger: „Ich bin durchaus nicht durchdrungen von der
Ueberzeugung, daß der Ruf nach Diäten ein außerordentlich gut begründeter
sei; ich bin deßhalb vielmehr für die Sache, weil ich sie eigentlich für ziemlich
indifferent halte" (StB. 295a). — Abg. Völk: „Ich glaube, daß man die
Wirkung der Diäten sowohl nach der einen als nach der anderen Seite hin im
hohen Grade überschätzt" (StB. 296a).

19. 4. 1871   Ich habe soeben, in der Hoffnung, das Wort zu finden, welches
der Herr Antragsteller von mir anführte, in den früheren Verhandlungen nachgeschlagen, habe da aber aus meinen Aeußerungen
ersehen, daß ich mich weniger davor gefürchtet habe, daß die Zusammensetzung der Versammlung eine weniger zuverlässige für
Staatszwecke und für Innehaltung desjenigen Maßes im Fort-
schreiten, welches die Regierungen glauben festhalten zu sollen, sein
würde, sondern daß ich hauptsächlich die nützliche Wirkung auf
kurze Parlamente darin zu erblicken geglaubt habe. Dieser Gesichtspunkt ist, so viel ich mich erinnere, heute gar nicht hervorgehoben, und doch ist er ein ganz außerordentlich wesentlicher.

(Sehr wahr!)

Wenn*) die Volksvertretungen wirklich ein lebendiges Bild
der Bevölkerung zu geben fortfahren sollen, so müssen wir nothwendig kurze Parlamentssitzungen haben, sonst können alle diejenigen Leute, die noch etwas Anderes in der Welt zu thun
haben — und Gott sei Dank sind wir Deutsche der Art, daß Jeder
so ziemlich seinen Beruf hat, dem er sich nicht zu lange ent-
fremdet —, ich sage, sonst könnten diese Leute sich nicht bereitwillig
und mit voller Hingabe dazu herbeilassen, als Wahlcandidaten
aufzutreten. Nur kurze Parlamente machen es möglich, daß alle
Berufskreise, und gerade die Tüchtigsten und Treuesten in ihrem
bürgerlichen Beruf, sich die Zeit abmüßigen können, daß sie dem
Vaterlande auch hier an dieser Stelle ihre Dienste weihen.

Nun ist das, meine Herren, eine Erfahrungssache, daß diätenlose
Sitzungen immer kürzer sind als diejenigen, bei denen Diäten gegeben werden. Es ist das ganz ohne Frage, wir können im
Preußischen Landtage den Vergleich ziehen: das Herrenhaus hat
immer die Neigung, die Sitzungen abzukürzen, das Abgeordnetenhaus hat die Neigung, seine Thätigkeit noch weiter fortzusetzen.

(Heiterkeit.)

Ich bin weit entfernt, in den Diäten das allein Wirksame
zu sehen, ich glaube vielmehr, daß darin sich schon die Wirkung
fühlbar macht, die ich vorher als zu vermeiden charakterisirte. Es
gibt im Preußischen Abgeordnetenhause mehr Mitglieder, die es

---

*) S. 298 a.

zu ihrem Lebensberufe geradezu gewählt haben, ihrem Vaterlande 19. 4. 1871. in dieser Richtung vorzugsweise zu dienen und ihre anderen Ge= schäfte mehr in den Hintergrund treten zu lassen. Es gibt wenig= stens einen Kern von Abgeordneten, die nach der Thätigkeit, die sie ihrem Mandat als Abgeordnete widmen, nach den Vorstudien, die sie zu den Sitzungen machen, nach den gründlichen Prüfungen der Sachen, die sie vertreten, gar nicht im Stande sind, daneben etwas erhebliches Anderes zu thun, auch bei der größten Arbeits= kraft. Nun achte ich diese Hingebung für die parlamentarische Thätigkeit sehr hoch und würde es sehr bedauern, wenn dieses Element uns fehlte; daß es aber in den parlamentarischen Ver= sammlungen vorherrschend sei, das halte ich nicht für erwünscht, daß der — wenn ich mir den Ausdruck erlauben darf — aus der Volksvertretung einen Lebensberuf machende Abgeordnete vorherrscht, das halte ich nicht für gut; dann haben Sie keine wirkliche Volks= vertretung mehr, dann haben Sie eine Art von berufsmäßiger bureaukratischer Volksvertretung, eine andere Art von Beamten, die für die Arbeiten der Gesetzgebung zwar sehr nützlich sind, aber doch nicht immer im Sinne des Volkes und seiner augenblicklichen Stimmung, nicht immer in lebendiger Vertretung aller Berufs= classen wirken, weil diese Berufsclassen nicht immer die Zeit haben, sich ihrem Beruf so lange zu entziehen, wie langgedehnte Parlaments= sitzungen es unentbehrlich machen. Ich brauche die Beispiele nicht zu citiren. Wir haben Herren, die im Abgeordnetenhause sechs bis acht Monate gesessen haben, nachher ist man bei der Ueberlast der Arbeiten in ungesunder Luft des Locals in der Nothwendigkeit einer Erholung, einer Cur. Es ist total unmöglich, daß man daneben seine Geschäfte als Kaufmann, als Gutsbesitzer, als Advocat, als Arzt dann noch so treiben kann, daß man behaupten kann, der Abgeordnete sei nicht von diesem seinem ursprünglichen Beruf vollständig gelöst und sei zu dem des Volksvertreters über= gegangen.

Ich wage, bei der vorgerückten Zeit, über dieses Thema, über das sich vom psychologischen und politischen Standpunkte aus Bücher schreiben lassen, mich nicht weiter auszulassen, nur so viel versichere ich, daß meine Meinung von der Unannehmbarkeit des Antrages für die Regierung dieselbe geblieben ist.

19. 4. 1871.   Der Herr Vorredner sagte, er fände eine „Inconsequenz darin, wenn man auf dem Wege des allgemeinen Stimmrechts nur bis zu der diätenlosen Wahl ginge, er hielte den Weg erst vollständig zurückgelegt, wenn man durch die Gewährung der Diäten einen Jeden, auch den Bedürftigsten, in die Lage setzte, an der Volks= vertretung theilzunehmen [1]. Ich sehe das für keinen schlagenden Grund an. Jede Consequenz hat ihre Grenzen. Die Regierungen sind eben bisher nicht entschlossen; sagen Sie immerhin: sie wagen es nicht; denn es ist ein trauriger Muth, auf die Gefahr des öffentlichen Wohles hin Etwas zu wagen — also sagen wir immer= hin: sie wagen es nicht, in diesem Augenblick so weit zu gehen. Man kann nicht jeden Weg bis ans Ende gehen, man hat seinen Punkt, auf dem man Halt machen*) will, und wo man sagt, hier will ich jetzt nicht weiter vorgehen, sondern abwarten, wie sich die Sache gestaltet.

Ich wollte nur ein Wort noch über das Correctiv für eine diätenlose Versammlung sagen, welches der Herr Abg. Windthorst und der Herr Abg. Graf Münster in der Gestalt eines Zwei= kammersystems finden [2]. Ich muß zu meinem Bedauern sagen —

---

*) S. 298 b.

[1] Abg. Völk: „Wenn das allgemeine Stimmrecht einmal als eine Thatsache gegeben ist, so kann man um so weniger die Diätenlosigkeit auf= recht erhalten, als man, selbst wenn man darin ein Correctiv des allgemeinen Stimmrechts erkennen will, doch mit der einen Hand wieder zu nehmen ver= sucht, was man mit der anderen weggegeben hat" (StB. 296 a).

[2] Abg. Windthorst: „Namens eines großen Theiles meiner politischen Freunde erkläre ich, daß wir für den Antrag stimmen werden. Dabei aber ver= kennen wir nicht, daß das Correctiv, welches man gegenüber dem allgemeinen und directen Wahlrechte in der Diätenlosigkeit hat finden wollen . . ., einzig und allein gefunden werden kann in einem gehörig geordneten Zweikammer= system . . . Ich neige persönlich im Allgemeinen am meisten zu dem amerikani= schen System und halte dafür, daß ein Senat, wie er dort ist, mutatis mu- tandis für unsere Verfassung eine sehr nützliche Institution sein würde" (StB. 293 a, 293 b). — Graf Münster (bei Gelegenheit der Debatte über den An= trag, betreffend die Errichtung eines monumentalen Parlamentshauses): „Ich habe die Ueberzeugung, daß, je mehr unser Reich an Kraft zunimmt, es un= möglich sein wird, mit der jetzigen Verfassung auszukommen, daß Reformen der Verfassung nothwendig werden, und daß, wenn die Centralgewalt andere Organe bekommt . . ., wir zu einem Oberhause werden kommen müssen. Die Erfahrung aller Länder hat gezeigt, daß größere Staaten mit einer Repräsentativverfassung . . . ohne das Zweikammersystem nicht bestehen können" (StB. 276 a).

und ich gebe damit nicht jetzt, sondern ich habe früher schon Ueber= 19. 4. 1871.
zeugungen aufgegeben, die denen verwandt waren, und nicht ohne
Bedauern —: die politische Erfahrung hat mich überzeugt, daß
solche Versammlungen, wie der Herr Vorredner richtig ausführte,
den Zweck, ein Gegengewicht und einen Schutz zu gewähren gegen
die Gefahren, die das allgemeine Stimmrecht in seiner vollsten
Ausbeutung in sich bergen kann, nicht erfüllen können. Ich gehöre
ja selbst einer solchen Versammlung, dem Preußischen Herrenhause,
an, und Sie werden deshalb nicht von mir verlangen, daß ich
contra domum [1]) spreche; aber ich habe keinen Glauben an die
Stärke dieses Gegengewichts in den jetzigen Zeiten; wenn eine
frisch durch Wahlen legitimirte, den Anspruch einer Vertretung
des gesammten Volks in sich tragende Versammlung das Gegen=
theil votirt, dann brauche ich ein schwereres Gegengewicht. Das
haben wir im Bundesrathe. Ich weiß nicht, was die Herren be=
wegt, den Bundesrath in den gesetzgebenden Factoren nicht mit=
zuzählen; die Verfassung weist ihm die volle Gleichberechtigung an,
und wenn ich sage, er wiegt schwerer als ein gewöhnliches Erstes
Haus, so ist das, weil er zugleich ein Staatenhaus im vollsten
Sinne des Wortes ist, in viel berechtigterem Sinne, als was man
gewöhnlich Staatenhaus nennt, was z. B. in der Erfurter Ver=
fassung Staatenhaus genannt wurde. Dort stimmte im Staaten=
hause nicht der Staat, sondern das Individuum ab; es war Jemand
ernannt worden — ich weiß nicht, ob auf Lebenszeit oder auf
limitirte Dauer — aber ich erinnere mich genau, er stimmte nicht
nach Instructionen, sondern nach seiner Ueberzeugung ab. So
leicht wiegen die Stimmen im Bundesrathe nicht; da stimmt nicht
der Freiherr v. Friesen, sondern das Königreich Sachsen stimmt
durch ihn; nach seiner Instruction gibt er ein Votum ab, was
sorgfältig destillirt ist aus all den Kräften, die zum öffentlichen
Leben in Sachsen mitwirken; in dem Votum ist die Diagonale
aller der Kräfte enthalten, die in Sachsen thätig sind, um das
Staatswesen zu bilden; es ist das Votum der Sächsischen Krone,
modificirt durch die Einflüsse der sächsischen Landesvertretung, vor
welcher das sächsische Ministerium für die Vota, welche es im

---

[1]) Gegen das (Herren)Haus.

Bundesrath abgeben läßt, verantwortlich ist. Es ist also recht eigentlich das Votum eines Staates, ein Votum in einem Staatenhaus. Analog ist es — ich habe Ihnen dies Beispiel von Sachsen nur genannt — in den Hansestädten, in den republicanischen Gliedern: es ist das ganze Gewicht der Bevölkerung einer reichen, großen, mächtigen, intelligenten Handelsstadt, was sich Ihnen in dem Votum der Stadt Hamburg im Bundesrath darstellt, und nicht das Votum eines Hamburgers, der nach seiner persönlichen Ueberzeugung so oder so votiren kann: die Vota im Bundesrath nehmen für sich die Achtung in Anspruch, die man dem gesammten Staatswesen eines der Bundesglieder schuldig ist. Und das halte ich für außerordentlich schwerwiegend, und diese Bedeutung macht sich unbewußt ja in uns längst fühlbar. Einem Votum von fünfundzwanzig einzelnen Herren würden Sie nicht das Ansehen beimessen, dessen der Bundesrath sich glücklicher Weise erfreut; aber dem Votum von fünfundzwanzig Staaten, wo jeder der Herren hier einem derselben angehört, und von lauter Staaten, die sich einer freien parlamentarischen Verfassung erfreuen, —

(Ruf: Mecklenburg?)

wo die Abstimmungen der Einzelnen recht eigentlich den Ausdruck der Gesammtheit dessen, was man früher sagte, Völker, jetzt will ich nur sagen, Einwohnerschaften für sich haben, dem sind Sie Achtung schuldig in einer anderen Weise, und die zollen Sie ihm auch, und die Bevölkerung zollt sie ihm.

Ich halte deshalb jede Neuerung in unseren Institutionen, durch welche dieser meines Erachtens sehr glücklich gefundene Senat — Staatenhaus, Erstes Haus — des Deutschen Reiches in seiner Bedeutung abgeschwächt, gewissermaßen mediatisirt wird, für eine sehr bedenkliche Aenderung in der Verfassung. Ich glaube, daß der Bundesrath eine große Zukunft hat, indem er*) zum ersten Male den Versuch macht der monarchischen Spitze, ohne die Wohlthaten der monarchischen Gewalt — oder der hergebrachten republicanischen Obrigkeit — dem Einzelstaat zu nehmen, und in seiner höchsten Spitze als föderatives Collegium sich einigt, um die Souveränität des gesammten Reiches zu üben[1]), denn die Sou-

---

*) S. 299a.

[1]) Sinn des Satzes: „indem er zum ersten Male den Versuch macht, die

veränität ruht nicht beim Kaiser, sie ruht bei der Gesammtheit der 19. 4. 1871.
verbündeten Regierungen. Es ist das zugleich nützlich, indem die —
nennen Sie es Weisheit oder Unweisheit von fünfundzwanzig Regierungen unvermittelt in diese Berathungen hineingetragen wird,
eine Mannigfaltigkeit von Anschauungen, wie wir sie im Einzel-
staate niemals gehabt haben. Wir haben, so groß Preußen ist,
von den kleinen und kleinsten Mitgliedern doch Manches lernen
können; sie haben umgekehrt von uns gelernt. Es sind fünfundzwanzig Ministerien oder Obrigkeiten, von denen jede unverkümmert
in ihrer Sphäre die Intelligenz, die Weisheit, die dort quillt, an
sich saugt und im Bundesrath selbständig von sich zu geben berechtigt ist, ohne irgend eine Beschränkung, während der Einzelstaat
sehr viele Hemmnisse hat, die die Quellen auch da, wo sie fließen
möchten, stopfen. Es ist nur ein einziger Verschluß, der die
ganze Aeußerung der einzelnen Staatsgewalt hemmen oder freilassen kann, mag er nun in dem Majoritätsvotum eines Ministeriums bestehen oder mag er in dem Willen des Landesherrn
bestehen. Es ist das ein Verschluß, der der Minorität des Ministeriums, die nicht zur Geltung gekommen ist, oder demjenigen
Ministerium, welches sich mit dem Landesherrn für den Augenblick
nicht in Einklang zu setzen vermochte, den Mund schließt, während
hier fünfundzwanzig Oeffnungen sind, die offen bleiben, wenn sie
nicht fünfundzwanzigfach verschlossen werden.

Kurz, ich kann Ihnen aus meiner Erfahrung sagen, daß ich
glaube, in meiner politischen Bildung durch die Theilnahme an den
Sitzungen des Bundesraths, durch die belebende Friction der
fünfundzwanzig deutschen Centren mit einander, erhebliche Fortschritte gemacht zu haben und zugelernt zu haben. Deswegen möchte
ich Sie bitten, tasten Sie nicht den Bundesrath an! Ich sehe eine
Art von Palladium für unsere Zukunft, eine große Garantie für
die Zukunft Deutschlands gerade in dieser Gestaltung — es ist ja
möglich (man sieht nicht in die Zukunft), daß ich zu rosig sehe;
aber ich hoffe das Gegentheil!

(Lebhaftes Bravo! rechts.)

_____

Einzelstaaten, ohne ihnen die Wohlthaten der monarchischen Gewalt zu nehmen,
als föderatives Collegium zu einigen, um die Souveränität des gesammten
Reiches zu üben."

Die Debatte über den Antrag Schulze wurde vertagt und in der folgenden Sitzung am 20. April 1871 fortgesetzt, ohne daß der Bundeskanzler weiter daran Theil genommen hätte. Schließlich wurde der Antrag, nachdem verschiedene Anträge, ihn durch motivirte oder einfache Tagesordnung zu beseitigen, gescheitert waren, in namentlicher Abstimmung mit 185 gegen 138 Stimmen angenommen. Daß der Bundesrath ablehnte, darauf einzugehen, verdient kaum besonders her= vorgehoben zu werden. So oft der Antrag auch späterhin gestellt wurde, hatte er immer das gleiche Schicksal.

21. Sitzung des Deutschen Reichstags
Montag 24. April 1871.

Durch das Gesetz vom 29. November 1870, betreffend den ferneren Geldbedarf für die Kriegführung, hatte der Bundeskanzler die Er= mächtigung erhalten, 100 Millionen Thaler im Wege des Credits durch Aufnahme einer verzinslichen Anleihe flüssig zu machen. Man hoffte in den Kreisen der Regierung, mit diesem Betrage bis etwa Mitte Februar 1871 auszureichen, um welche Zeit man den Reichstag zu berufen gedachte. Der lange Widerstand, den Frankreich leistete, machte einen so frühen Zusammentritt des Reichstags unmöglich, und so konnte der Fall eintreten, daß zu der Zeit, wo die bewilligten Mittel er= schöpft sein mußten, das Deutsche Reich einer verfassungsmäßigen Ver= tretung entbehrte, die um eine Geldbewilligung hätte angegangen werden können. Die Verwaltung hatte demnach dafür zu sorgen, daß auch nur vorübergehend nicht eine Lage einträte, in welcher die Geld= mittel fehlten, um den Krieg, wenn nöthig, mit allem Nachdruck weiter zu führen. Sie wendete sich im Vertrauen auf eine nachträgliche Ge= nehmigung durch den Reichstag an die preußische Regierung mit dem Ersuchen, auf verfassungsmäßigem Wege durch einen Beschluß des ge= rade versammelten Preußischen Landtags der Bundesfinanzverwaltung die zur Bestreitung der Kosten der Kriegführung nöthigen Mittel als einen nebst Zinsen und Kosten zu erstattenden Vorschuß zur Verfügung zu stellen. Beide Häuser des Landtags kamen mit patriotischer Bereit= willigkeit der preußischen Regierung entgegen und eröffneten dem Nord= deutschen Bunde den Credit Preußens zu einer Anleihe bis zur Höhe von 50 Millionen Thalern für die Zwecke der Kriegführung. Inzwischen begann die Einzahlung der der Stadt Paris durch den Capitulations= vertrag auferlegten Contribution. Sie gewährte dem Bunde die Mittel, die laufenden Kriegsausgaben zu bestreiten, so daß vorläufig darauf

verzichtet werden konnte, von dem Credit Preußens Gebrauch zu machen,
und wenn die französische Regierung im Stande war, die pecuniären
Anforderungen Deutschlands, die der Präliminarfriede Frankreich auf-
erlegte, zu erfüllen, so war eine weitere Inanspruchnahme des Credits
überhaupt nicht nothwendig. Die Hoffnung auf französische Einzahlungen
aber minderte sich von Tag zu Tag, seitdem in Paris (18. März 1871)
der Aufstand der Commune entbrannt war und zu den Leiden der
Occupation durch ein starkes feindliches Heer noch ein Bürgerkrieg sich
gesellte, dessen Bewältigung die ganze Kraft der französischen Regierung
in Anspruch nahm.   Diese Lage erheischte es, die durch die Friedens-
präliminarien bedingten und sonst etwa erforderlich werdenden militärischen Maßnahmen von dem Eingange der französischen Zahlungen unabhängig zu machen.   Die verbündeten Regierungen legten deshalb am
17. April dem Reichstage einen Gesetzentwurf vor, betreffend die Beschaffung weiterer Geldmittel zur Bestreitung der durch den
Krieg veranlaßten außerordentlichen Abgaben, durch welchen
der Bundeskanzler ermächtigt wurde, auf dem Wege einer Anleihe einen
Betrag bis zur Höhe von 120 Millionen Thalern zu beschaffen. Der
Entwurf erfuhr am 20. April die erste, am 22. April die zweite Berathung und wurde hier mit überwältigender Mehrheit angenommen.
Die durch die Geschäftsordnung vorgeschriebene dritte Berathung, die
auf der Tagesordnung für die 21. Sitzung des Reichstags, den 24. April,
stand, leitete Fürst Bismarck mit folgender Rede ein[*]):

Da ich bei der letzten Verhandlung über diese Frage nicht anwesend sein konnte, so erlaube ich mir heute, einige Ergänzungen zu
den Motiven nachzuholen.   Die verbündeten Regierungen durften
bei Abschluß des Versailler Präliminarfriedens sich der Hoffnung
hingeben, daß sowohl die Ausführung dieses Vertrages, als auch
die Ergänzung desselben durch einen definitiven Friedensvertrag
wesentlichen Schwierigkeiten und Störungen nicht ausgesetzt sein
würde.   Sie glaubten deshalb, mit neuen financiellen Forderungen
in dieser Session nicht vor den Reichstag treten zu dürfen, indem
sie zu hoffen berechtigt waren, daß sowohl die Zahlungen der französischen Regierung für die Verpflegung der deutschen Truppen in
Frankreich regelmäßig, als auch die ersten Zahlungen auf die
Kriegsentschädigungen so rechtzeitig erfolgen würden, daß in den
deutschen Cassen ein Mangel nicht eintreten würde.

Wie ich äußerlich vernommen habe, waren auch kurz vor Aus-

---

[*]) StB. 316a.

bruch*) der Pariser Bewegung von Seiten der französischen
Regierung Veranstaltungen getroffen worden, die ersten zwei
Milliarden der Kriegsentschädigung in verhältnißmäßig kurzer Zeit
zu zahlen, und dadurch die bedeutende Verminderung der Occupation herbeizuführen, welche von den ersten Zahlungen abhängig
gemacht war, wenn auch, wie ich beiläufig bemerke, um einem
vielverbreiteten Mißverständniß zu begegnen, die bloße Zahlung
einer halben Milliarde von Seiten Frankreichs noch gar keine
Räumung, auch nicht die der Forts vor Paris, nach sich ziehen
würde;

(Hört! Hört!)

es gehört dazu noch eine andere Vorbedingung, nämlich der
definitive Friedensschluß, der vorher erfolgt sein muß. Ich erlaube
mir, auf den Artikel darüber — da ich auch in öffentlichen
Blättern vielfach Mißverständnisse darüber gefunden habe — ausdrücklich aufmerksam zu machen. Es ist im Art. 3 das zweite
Alinea: „L'évacuation des départements situés entre la rive
droite de la Seine et la frontière de l'Est par les troupes
allemandes s'opérera graduellement après la ratification du
traité de paix définitif et le paiement du premier demi-
milliard"[1]); indessen der Druck, der in dieser Bestimmung auf
einen baldigen Abschluß des definitiven Friedens liegen konnte,
erweist sich bisher als nicht wesentlich wirksam. Ich kann nicht
sagen, daß die Verhandlungen in Brüssel den raschen Fortgang
nehmen, den ich von ihnen unter diesen Umständen erwartet
hätte; ich kann mich im Gegentheil dem Eindrucke nicht versagen, als ob die französische Regierung sich der Hoffnung hin-
gebe, zu einer späteren Zeit, wo sie mehr erstarkt sein würde,
andere Bedingungen als jetzt zu erlangen.

(Hört! Hört!)

Auf Versuche, die Bedingungen des Präliminarfriedens abzu-

---

*) S. 346b.

[1]) Die Räumung der zwischen dem rechten Seineufer und der Ostgrenze
gelegenen Departements durch die deutschen Truppen wird stufenweise nach
der Ratification des definitiven Friedensvertrags und der
Zahlung der ersten halben Milliarde vollzogen werden

schwächen, würden wir uns in keiner Weise einlassen, nach welcher 24. 4. 1871
Richtung dieselben auch versucht werden möchten,

(Lebhaftes Bravo!)

sei es im territorialen, sei es im financiellen Theile der Ab=
machungen.

Eine andere Gefahr, die der ruhigen Entwickelung der Ver=
hältnisse drohen konnte, bestand in der Entlassung einer so großen
Zahl von Gefangenen, wie die es war, welche wir hier versammelt
hatten. Als Bürgschaft gegen die Gefahr, die sich aus einer über=
mäßigen Vergrößerung der französischen Armee durch Verbindung
der während des Winters zur Armee einberufenen Elemente und
der wieder entlassenen Kriegsgefangenen ergeben konnte, war von
unserer Seite zuerst vorgeschlagen worden, die sämmtlichen Kriegs=
gefangenen sollten — die Officiere auf ihr Ehrenwort, die übrigen
auf das Wort der französischen Regierung — verpflichtet sein, bis
zum definitiven Friedensschluß, resp. bis zu dessen Ausführung,
nicht in der französischen Armee Dienste zu nehmen. Diese Be=
dingung wurde von den französischen Unterhändlern abgelehnt,
indem sie dieselbe einerseits verletzend für die Armee fanden und
andererseits auch wohl schon damals glaubten, dieser Armee im
Inneren zu bedürfen und sie deshalb vollzählig erhalten zu müssen.
Es wurde deshalb von den französischen Unterhändlern, und nament=
lich von Herrn Thiers, als Ersatz für unsere Forderung und als
Garantie gegen die Gefahren, die wir besorgten, der Vorschlag
gemacht, daß die französische Armee bis zur Ratification des
definitiven Friedens hinter der Loire internirt bleiben sollte, so daß
zwischen der Seine und Loire ein breiter neutraler Strich zwischen
beiden Heeren gewesen wäre, der nicht überschritten werden durfte,
so daß die Ueberschreitung der Loire durch einen irgendwie be=
trächtlichen französischen Truppentheil sofort das Signal zur Er=
neuerung des Krieges, d. h. die Ankündigung der Absicht Seitens
der französischen Regierung, den Krieg zu erneuern, sein würde.
Wegen der besonderen Verhältnisse von Paris wurde eine Aus=
nahme stipulirt dahin, daß 40000 Mann französische Truppen
in Paris zur Aufrechterhaltung der Ordnung bleiben konnten. Die
Existenz einer französischen Armee zwischen der Seine und Loire, also
bei Versailles, ist an sich nach dem Präliminarfrieden nicht zulässig

Da indessen, nachdem die Unruhen in Paris ausgebrochen waren, und die französischen Truppen sich nicht stark und zuverlässig genug erwiesen hatten, sie zu unterdrücken*), die Regierung, mit der wir den Präliminarfrieden geschlossen hatten, zur Ausführung desselben nur im Stande blieb, wenn ihr gestattet wurde, sich wieder in den Besitz von Paris zu setzen, und da sie dazu einer Truppen= macht zwischen Seine und Loire bedurfte, und ohne Zweifel einer bedeutenderen als 40000 Mann, so haben wir gegen die Ab= weichung von den Stipulationen, die in einer Truppenansammlung bei Versailles liegt, keinen Einspruch erhoben. Aber es ist selbst= verständlich, daß in Folge des Verzichtes auf die Garantien, auf die Ausführung der Gegenbedingung auch unsere Verpflichtung zur Auslieferung der Gefangenen einstweilen erlischt, d. h. das Maß ihrer Erfüllung von unserer Erwägung der Verhältnisse abhängig bleibt, und unsere Verpflichtung voll erst dann wieder eintritt, wenn die französische Regierung ihrerseits in der Lage sein wird, die Gegenstipulation, zwischen der Seine und Loire keine Armee zu halten, zu erfüllen. Wir hatten von Hause aus, wie es unserer Verpflichtung entsprach, mit der Freilassung der Gefangenen im breitesten Maßstabe den Anfang gemacht; ich glaube, daß ungefähr zwischen einem Drittel und der Hälfte derjenigen, welche in unserer Gewalt waren, außer denjenigen, die wir nach Elsaß und Lothringen entlassen haben, bereits sich in Freiheit befinden werden. Diese Umstände machen aber nun leider einen weit erheblicheren financiellen Aufwand für uns nothwendig, als wir bei Abschluß der Friedens= präliminarien voraussehen konnten. Ich spreche nicht von der länger dauernden Verpflegung von immerhin 2= bis 300000 Ge= fangenen, sondern der zwingende Grund für die stärkere Ausgabe liegt in den inneren Verhältnissen von Frankreich. Wir sind durch die dort obwaltenden Verhältnisse genöthigt, eine sehr viel erheb= lichere Truppenmacht noch für die Dauer der Unruhen dort stehen zu lassen, als es damals bei Abschließung des Präliminarfriedens unsere Absicht sein konnte. Man schätzt die Armee der Regierung bei Versailles auf über 100000 Mann, ich weiß nicht, zu welchem Procent aus Linientruppen resp. aus Nationalgarden bestehend.

---

*) S. 347a.

Wenn die Regierung mit dieser Armee die Aufgabe, die sie sich 24. 4. 1871.
gestellt hat, durchführt, so vertrauen wir auf ihre Loyalität in
Ausführung des Friedens; wenn ihr aber die Aufgabe mißlingt,
so können wir unmöglich vorher übersehen, welche Agglomerationen
von Truppen, und unter welcher Führung, sich in Frankreich aus
den dort auf beiden Seiten vorhandenen Bestandtheilen bilden
können. Wir müssen also, wenn wir ganz sicher gehen wollen —
und nach so großen Opfern ist es Pflicht der Regierung, ganz
sicher zu gehen — so stark bleiben, daß wir jeder Eventualität,
jeder Combination von Streitkräften in unserer Stellung gewachsen
sind. Das bedingt erhebliche financielle Opfer, um so größer, als
die französische Regierung sich bisher nicht in der Lage gesehen
hat, auch nur die Zahlungen zu leisten, die für die Unterhaltung
der Truppen als Ersatz für unseren Verzicht auf Naturalrequi-
sitionen stipulirt wurden, nämlich 36 Millionen und einige Francs
im Monat; daneben läuft die Verzinsung eines erheblichen Theils
der Kriegscontributionen. Die Fälligkeitstermine im Monat März
und April sind nicht eingehalten worden; aber es ist uns die Zusage gegeben, daß am 25. d. M., also ich glaube morgen, alle
bisher aufgelaufenen Rückstände bezahlt werden sollen, und daß
am 1. Mai der dann fällige Termin regelmäßig gezahlt werden
würde. Wir sind überzeugt, daß die französische Regierung es
zahlen wird, wenn sie in der Lage ist,

(Heiterkeit.)

obwohl mir schwer begreiflich ist, wie sie es für diese kleine Summe
nicht sein könnte, da wir das Geld meistentheils in Frankreich
selbst ausgeben und daher nicht darauf bestehen, es in Metall zu
haben, sondern mit dem Erzeugniß der allezeit bereitwilligen Bank-
notenpresse vorlieb nehmen.

(Heiterkeit.)

Aber wenn dennoch die Regierung am 25. nicht im Stande
sein sollte, ihre Zusage zu erfüllen, so würde das für uns und
für das gegenseitige Verträgniß zwischen Truppen und Einwohnern
so sehr bedauerliche Verhältniß wieder eintreten, daß wir zu
Requisitionen von Naturalien schreiten müßten, da die Vorschüsse, die wir unsererseits zu diesem Behufe der den Fran-

zosen*) obliegenden Verpflichtung leisten können, doch ihre Grenzen haben.

Es wäre ja eine Möglichkeit für uns, die uns von Hause aus nahe getreten ist, und die wir sorgfältig erwogen haben, dem jetzigen Zustande in Frankreich durch Eingreifen von unserer Seite ein Ende zu machen; ich habe mich indessen nicht entschließen können, Sr. Majestät zu diesem Mittel zu rathen;

(Bravo!)

ich muß befürchten, daß eine unerbetene Einmischung in diese Verhältnisse alle Theile gegen uns, ich will nicht sagen einigen, aber doch einander nähern würde; man würde nach französischer Art rasch bereit sein, alle Uebel der Situation auf die Einmischung des Auslandes zu schieben

(Sehr richtig!)

und sich gegenseitig mit der Betheuerung: nous sommes Français! umarmen, oder, wenn das Wort zu weit geht, sich wesentlich einander näher rücken auf unsere Kosten, und außerdem möchte ich ungerne, daß wir von dem Programm, welches Se. Majestät der Kaiser aufgestellt hat, und nach dem wir zu handeln gedenken, von dem Programm der Nichteinmischung in die Angelegenheiten anderer Völker, uns entfernen,

(Hört! Hört!)

selbst in einem Falle, wo die Versuchung dazu uns so nahe gelegt ist, und wo unser eigenes finanzielles Interesse so sehr dazu zu drängen scheint.

(Bravo!)

Ob es wirklich damit gewahrt werden würde, wenn wir uns in die Sache einmischen und uns dadurch der Gefahr aussetzen, daß uns die moralische Verantwortlichkeit für die Regelung der Zukunft Frankreichs zufallen könnte, das lasse ich dahingestellt sein. Es kann sein, daß es uns gelänge, durch eine solche Einmischung die von uns anerkannte Regierung zu befestigen; es könnte aber auch sein, daß die Regierung entweder, nachdem sie Gegenstand fremder Unterstützung geworden ist, ihre Lage unhaltbar oder doch so unangenehm fände, daß sie den willkommenen Vorwand ergriffe, sich

---

*) S. 347b.

zurückzuziehen und sich der Verantwortlichkeit zu entlasten, und 24. 4. 1871.
dann würde es unsere Aufgabe sein, zunächst wieder eine neue
Spitze von Frankreich entweder zu machen oder zu finden.

(Heiterkeit.)

Ich bin daher der Meinung und habe bisher gefunden, daß
die öffentliche Meinung und, wie ich glaube, die Majorität dieser
Versammlung in dieser schwierigen Berechnung einer theils zu-
künftigen, theils auch in ihrer Gegenwart für uns nicht vollkommen
durchsichtigen Lage, daß sie in dieser Lage findet, daß die Regierung in ihrer bisherigen Enthaltung das Richtige getroffen hat.

(Bravo!)

Die Zusage einer Enthaltung um jeden Preis zu geben, halte ich
aber nicht für indicirt, es würde das unter Umständen eine Auf-
munterung, eine Zusage der Straflosigkeit, ein Verzicht sein können,
während wir jedenfalls das Recht und die Pflicht haben, uns vorzubehalten, daß wir da, wo wir unsere eigenen Interessen und
Rechte verletzt oder gefährdet finden, nicht Behufs Einmischung
in fremde Angelegenheiten, sondern Behufs Vertheidigung der
eigenen, eingreifen.

(Bravo!)

Nachdem noch der Abg. Bebel gegen, der Abg. v. Kardorff
für den Gesetzentwurf gesprochen hatten, wurde er mit allen „gegen
5 oder 6 Stimmen" angenommen.

―――

28. Sitzung des Deutschen Reichstags

Dienstag 2. Mai 1871.

In der 28. Sitzung des Reichstages am 2. Mai 1871 stand der 2. 5. 1871.
Gesetzentwurf, „betreffend die Vereinigung von Elsaß und Lothringen mit dem Deutschen Reich", zur ersten Berathung. Er
lautete:

§ 1.

Die von Frankreich durch den Art. I des Präliminarfriedens
vom 26. Februar 1871 abgetretenen Gebiete Elsaß und Lothringen
werden, unbeschadet der in diesem Artikel vorbehaltenen und

gultigen Bestimmung ihrer Grenze, mit dem Deutschen Reiche
für immer vereinigt.

§ 2.

Die Verfassung des Deutschen Reichs tritt in Elsaß und
Lothringen am 1. Januar 1874 in Wirksamkeit.

Durch Verordnung des Kaisers mit Zustimmung des Bundesraths können einzelne Theile der Verfassung schon früher eingeführt werden.

Die erforderlichen Aenderungen und Ergänzungen der Reichsverfassung werden auf verfassungsmäßigem Wege festgestellt.

§ 3.

Bis zum Eintritt der Wirksamkeit der Reichsverfassung wird
für Elsaß und Lothringen das Recht der Gesetzgebung in seinem
ganzen Umfange vom Kaiser mit Zustimmung des Bundesraths
ausgeübt.

Nach Einführung der Verfassung steht bis zu anderweiter
Regelung durch Reichsgesetz das Recht der Gesetzgebung auch
in den der Reichsgesetzgebung in den Bundesstaaten nicht unterliegenden Angelegenheiten dem Reiche zu.

Alle anderen Rechte der Staatsgewalt übt der Kaiser aus.

Die Debatte eröffnete Fürst Bismarck mit folgender Rede*):

Ich habe zur Einleitung des Ihnen vorliegenden Gesetzentwurfs nur wenige Worte zu sagen. Ueber das Detail desselben
wird die Discussion ja Gelegenheit geben, mich zu äußern; das
Hauptprincip desselben aber ist, glaube ich, einer Meinungsverschiedenheit kaum unterworfen, nämlich die Frage, ob Elsaß und
Lothringen dem Deutschen Reiche einverleibt werden sollen. Die
Form, in welcher es zu geschehen haben wird, die Form namentlich, in welcher es anzubahnen sei, wird ja Gegenstand Ihrer Beschlüsse sein, und Sie werden die verbündeten Regierungen bereit
finden, alle Vorschläge, die in dieser Beziehung abweichend von
den unserigen gemacht werden, sorgfältig zu erwägen.

In dem Principe selbst, glaube ich, daß eine Meinungsverschiedenheit um deshalb nicht vorhanden sein wird, weil sie schon
vor einem Jahre nicht vorhanden war und während dieses Kriegs-
jahres nicht zu Tage getreten ist. Wenn wir uns ein Jahr —
oder genauer zehn Monate — zurück versetzen, so werden wir uns

*) StB. 517 b.

sagen können, daß Deutschland einig war in seiner Liebe zum 2. 5. 1871.
Frieden; es gab kaum einen Deutschen, der nicht den Frieden mit
Frankreich wollte, so lange er mit Ehren zu halten war. Die-
jenigen krankhaften Ausnahmen, die etwa den Krieg wollten in der
Hoffnung, ihr eigenes Vaterland werde unterliegen, — sie sind
des Namens nicht würdig, ich zähle sie nicht zu den Deutschen!
(Bravo!)

Ich bleibe dabei, die Deutschen in ihrer Einstimmigkeit wollten
den Frieden. Ebenso einstimmig aber waren sie, als der Krieg
uns aufgedrängt wurde, als wir gezwungen wurden, zu unserer
Vertheidigung zur Wehr zu greifen, wenn Gott uns den Sieg in
diesem Kriege, den wir mannhaft zu führen entschlossen waren,
verleihen sollte, nach Bürgschaften zu suchen, welche eine Wieder-
holung eines ähnlichen Krieges unwahrscheinlicher und die Abwehr,
wenn er dennoch eintreten sollte, leichter machen. Jedermann erinnerte sich, daß unter unseren Vätern seit dreihundert Jahren
wohl schwerlich eine Generation gewesen ist, die nicht gezwungen
war, den Degen gegen Frankreich zu ziehen, und Jedermann sagte
sich, daß, wenn bei früheren Gelegenheiten, wo Deutschland zu den
Siegern über Frankreich gehörte, die Möglichkeit versäumt worden
war, Deutschland einen besseren Schutz gegen Westen zu geben,
dies darin lag, daß wir den Sieg in Gemeinschaft mit Bundesgenossen erfochten hatten*), deren Interessen eben nicht die unserigen
waren. Jedermann war also entschlossen, wenn wir jetzt, selbst-
ständig und rein auf unser Schwert und unser eigenes Recht ge-
stützt, den Sieg erkämpften, mit vollem Ernste dahin zu wirken,
daß unseren Kindern eine gesichertere Zukunft hinterlassen werde.

Die Kriege mit Frankreich hatten im Laufe der Jahrhunderte,
da sie vermöge der Zerrissenheit Deutschlands fast stets zu unserem
Nachtheile ausfielen, eine geographisch-militärische Grenzbildung
geschaffen, welche an sich für Frankreich voller Versuchung, für
Deutschland voller Bedrohung war, und ich kann die Lage, in der
wir uns befanden, in der namentlich Süddeutschland sich befand,
nicht schlagender charakterisiren, als es mir gegenüber von einem
geistreichen süddeutschen Souverän einst geschah, als Deutschland

---

*) S. 518a.

gedrängt wurde, im orientalischen Kriege für die Westmächte Partei zu nehmen, ohne daß es der Ueberzeugung seiner Regierungen nach ein selbständiges Interesse hatte, den Krieg zu führen. Ich kann ihn auch nennen — es war der hochselige König Wilhelm von Württemberg. Der sagte mir: „Ich theile Ihre Ansicht, daß wir kein Interesse haben, uns in diesen Krieg zu mischen, daß kein deutsches Interesse dabei auf dem Spiele steht, welches der Mühe werth wäre, deutsches Blut dafür zu vergießen. Aber wenn wir uns darum mit den Westmächten überwerfen sollten, wenn es so weit kommen sollte, zählen Sie auf meine Stimme im Bundestage*), bis zu der Zeit, wo der Krieg zum Ausbruch kommt. Dann aber nimmt die Sache eine andere Gestalt an. Ich bin entschlossen, so gut wie jeder Andere, die Verbindlichkeiten einzuhalten, die ich eingegangen bin. Aber hüten Sie sich, die Menschen anders zu beurtheilen, wie sie sind. Geben Sie uns Straßburg, und wir werden einig sein für alle Eventualitäten; so lange Straßburg aber ein Ausfallsthor ist für eine stets bewaffnete Macht, muß ich befürchten, daß mein Land überschwemmt wird von fremden Truppen, bevor mir der Deutsche Bund zu Hilfe kommen kann. Ich werde mich keinen Augenblick bedenken, das harte Brot der Verbannung in Ihrem Lager zu essen, aber meine Unterthanen werden an mich schreiben. Sie werden von Contributionen erdrückt werden, um auf Aenderung meines Entschlusses zu wirken. Ich weiß nicht, was ich thun werde, ich weiß nicht, ob alle Leute fest genug bleiben werden. Aber der Knotenpunkt liegt in Straßburg, denn so lange das nicht deutsch ist, wird es immer ein Hinderniß für Süddeutschland bilden, sich der deutschen Einheit, einer deutsch-nationalen Politik ohne Rückhalt hinzugeben. So lange Straßburg ein Ausfallsthor für eine stets waffenbereite Armee von 100 bis 150000 Mann ist, bleibt Deutschland in der Lage, nicht rechtzeitig mit ebenso starken Streitkräften am Oberrhein eintreten zu können — die Franzosen werden stets früher da sein[1].“

Ich glaube, dieser aus dem Leben gegriffene Fall sagt Alles — ich habe dem Nichts hinzuzufügen.

---

*) StB.: Bundesrathe.
[1] Vgl. Bd. II 276.

Der Keil, den die Ecke des Elſaß bei Weißenburg in Deutſch= 2. 5. 1871.
land hineinſchob, trennte Süddeutſchland wirkſamer als die politiſche
Mainlinie von Norddeutſchland, und es gehörte der hohe Grad
von Entſchloſſenheit, von nationaler Begeiſterung und Hingebung
bei unſeren ſüddeutſchen Bundesgenoſſen dazu, um ungeachtet dieſer
naheliegenden Gefahr, der ſie bei einer geſchickten Führung des
Feldzuges von Seiten Frankreichs ausgeſetzt waren, keinen Augen=
blick anzuſtehen, in der Gefahr Norddeutſchlands die ihrige zu ſehen
und friſch zuzugreifen, um mit uns gemeinſchaftlich vorzugehen.

(Bravo!)

Daß Frankreich in dieſer überlegenen Stellung, in dieſem vor=
geſchobenen Baſtion, welches Straßburg gegen Deutſchland bildete,
der Verſuchung zu erliegen jeder Zeit bereit war, ſobald innere Ver=
hältniſſe eine Ableitung nach Außen nützlich machten, das haben
wir Jahrzehnte hindurch geſehen.

(Sehr wahr!)

Es iſt bekannt, daß ich noch am 6. Auguſt 1866 in dem Fall ge=
weſen bin, den franzöſiſchen Botſchafter bei mir eintreten zu ſehen,
um mir mit kurzen Worten das Ultimatum zu ſtellen, Mainz an
Frankreich abzutreten, oder die ſofortige Kriegserklärung zu ge=
wärtigen.

(Hört! Hört!)

Ich*) bin natürlich nicht eine Secunde zweifelhaft geweſen über
die Antwort. Ich antwortete ihm: Gut, dann iſt Krieg[1]!

(Bravo!)

---

*) S. 518 b.

[1] Am 5. Auguſt 1866 überſendete Graf Benedetti dem Grafen Bismarck
den Entwurf eines Vertrags, welcher die von Frankreich geforderten Abtretungen
deutſchen und belgiſchen Gebiets näher bezeichnete. Am 6. Auguſt holte er ſich
perſönlich den Beſcheid, der bezüglich der Abtretung von Mainz und anderen
deutſchen Gebietstheilen ablehnend lautete. Daß ſich die Unterredung durchaus
in den Formen der diplomatiſchen Höflichkeit bewegte und weder von Benedetti
die Forderung als Ultimatum geſtellt, noch von Graf Bismarck in der oben
angegebenen Weiſe verweigert wurde, geht aus den diplomatiſchen Correſpon=
denzen Benedettis (Ma mission en l'russe 180 ff.) hervor; doch ſind Benedetti,
Gramont u. A. nicht berechtigt, den Fürſten Bismarck deshalb der Fälſchung
zu zeihen, denn „nichtsdeſtoweniger hat Bismarck den weſentlichen Vorgang voll=
kommen richtig beſchrieben" (v. Sybel, Die Begründung des Deutſchen Reiches
durch Wilhelm I., Bd. V 367); er hat hier nur draſtiſch und dem Laien ver=
ſtändlich geſagt, was bei der Unterredung ſelbſt unter Formen der diplomati=
ſchen Courtoiſie verhüllt war.

Er reiste mit dieser Antwort nach Paris; in Paris besann man
sich einige Tage nachher anders, und man gab mir zu verstehen,
diese Instruction sei dem Kaiser Napoleon während einer Krankheit
entrissen worden [1].

(Heiterkeit.)

Die weiteren Versuche in Bezug auf Luremburg und weitere Fragen
sind bekannt. Ich komme darauf nicht zurück. Ich glaube, ich
brauche auch nicht zu beweisen, daß Frankreich nicht immer charakter-
stark genug war, den Versuchungen, die der Besitz des Elsaß mit
sich brachte, zu widerstehen.

Die Frage, wie Bürgschaften dagegen zu gewinnen seien, —
territorialer Natur mußten sie sein, die Garantien der auswärtigen
Mächte konnten uns nicht viel helfen, denn solche Garantien haben
zu meinem Bedauern mitunter nachträglich eigenthümlich ab-
schwächende Declarationen erhalten.

(Heiterkeit.)

Man sollte glauben, daß ganz Europa das Bedürfniß empfunden
hätte, die häufig wiederkehrenden Kämpfe zweier großen Cultur-
völker inmitten der europäischen Civilisation zu hindern, und daß
die Einsicht nahe lag, daß das einfachste Mittel, sie zu hindern, dasjenige sei, daß man den zweifellos friedfertigeren Theil von beiden
in seiner Vertheidigung stärke. Ich kann indes nicht sagen, daß
dieser Gedanke von Haus überall einleuchtend gefunden wurde.

(Heiterkeit.)

Es wurde nach anderen Auskunftsmitteln gesucht, es wurde uns
vielfach vorgeschlagen, wir möchten uns mit den Kriegskosten und
mit der Schleifung der französischen Festungen in Elsaß und
Lothringen begnügen. Ich habe dem immer widerstanden, indem
ich dieses Mittel für ein unpraktisches im Interesse der Erhaltung
des Friedens ansehe. Es ist die Constituirung einer Servitut auf
fremdem Grund und Boden, einer sehr drückenden und beschwer-
lichen Last für das Souveränitäts-, für das Unabhängigkeitsgefühl
desjenigen, den sie trifft. Die Abtretung der Festungen wird kaum
schwerer empfunden, als das Gebot des Auslandes, innerhalb des

---

[1] Vgl. den Brief Napoleons III. an La Valette vom 12. August 1866,
durch welchen der Kaiser von seiner Compensationsforderung zurücktrat (Staatsarchiv von Aegidi u. Klauhold, XXI 161 Nr. 4551).

Gebietes der eigenen Souveränität nicht bauen zu dürfen. Die 2. 5. 1871. Schleifung des unbedeutenden Platzes Hüningen [1]) ist vielleicht öfter wirksam zur Erregung französischer Leidenschaft benutzt worden, als der Verlust irgend eines Territoriums, den Frankreich an seinen Eroberungen 1815 zu erleiden hatte. Ich habe deshalb auf dieses Mittel keinen Werth gelegt, um so weniger, als nach der geographischen Configuration des vorspringenden Bastions, wie ich mir erlaubte, es zu bezeichnen, der Ausgangspunkt der französischen Truppen immer gleich nahe an Stuttgart und München gelegen hätte, wie jetzt. Es kam darauf an, ihn weiter zurückzuverlegen.

Außerdem ist Metz ein Ort, dessen topographische Configuration von der Art, daß die Kunst, um es zu einer starken Festung zu machen, nur sehr wenig zu thun braucht, um dasjenige, was sie etwa daran gethan hat, wenn es zerstört würde, was sehr kostspielig wäre, doch sehr rasch wieder herzustellen*). Ich habe also dies Auskunftsmittel als unzulänglich angesehen.

Ein anderes Mittel wäre gewesen — und das wurde auch von Einwohnern von Elsaß und Lothringen befürwortet —, einen neutralen Staat, ähnlich wie Belgien und die Schweiz, an jener Stelle zu errichten. Es wäre dann eine Kette von neutralen Staaten hergestellt gewesen von der Nordsee bis an die Schweizer Alpen, die es uns allerdings unmöglich gemacht haben würde, Frankreich zu Lande anzugreifen, weil wir gewohnt sind, Verträge und Neutralitäten zu achten,

(Sehr gut!)

und weil wir durch diesen dazwischenliegenden Raum von Frankreich getrennt wären; keineswegs aber würde Frankreich an**) dem im letzten Kriege ja gehegten, aber nicht ausgeführten Plan gehindert sein, gelegentlich seine Flotte mit Landungstruppen an unsere Küsten zu schicken oder bei Verbündeten französische Truppen

---

*) StB.: wiederherzustellen wäre.
**) S. 519a.
[1]) Hüningen im Kreise Mülhausen war durch Ludwig XIV., der es 1680 durch Kauf erwarb, zu einer starken Festung ausgebaut worden. Als es am 26. August 1815 capituliren mußte, ließ Erzherzog Johann die Festungswerke schleifen, deren Wiederherstellung der zweite Pariser Friede den Franzosen untersagte.

zu landen und bei uns einrücken zu lassen. Frankreich hätte einen
schützenden Gürtel gegen uns bekommen, wir aber wären, so lange
unsere Flotte der französischen nicht gewachsen ist, zur See nicht
gedeckt gewesen. Es war dies ein Grund, aber nur in zweiter
Linie. Der erste Grund ist der, daß die Neutralität überhaupt
nur haltbar ist, wenn die Bevölkerung entschlossen ist, sich eine
unabhängige neutrale Stellung zu wahren und für die Erhaltung
ihrer Neutralität zur Noth mit Waffengewalt einzutreten. So hat
es Belgien, so hat es die Schweiz gethan; beide hätten uns gegen=
über es nicht nöthig gehabt; aber ihre Neutralität ist thatsächlich
von beiden gewahrt*) worden; beide wollen unabhängige, neu=
trale Staaten bleiben. Diese Voraussetzung wäre bei den neu zu
bildenden Neutralen, Elsaß und Lothringen, in der nächsten Zeit
nicht zugetroffen, sondern es ist zu erwarten, daß die starken fran=
zösischen Elemente, welche im Lande noch lange zurückbleiben wer=
den, die mit ihren Interessen, Sympathien und Erinnerungen an
Frankreich hängen, diesen neutralen Staat, welcher immer sein
Souverän sein möchte, bei einem neuen französisch=deutschen Kriege
bestimmt haben würden, sich Frankreich wieder anzuschließen, und
die Neutralität wäre eben nur ein für uns schädliches, für Frank=
reich nützliches Trugbild gewesen. Es blieb daher nichts Anderes
übrig, als diese Landesstriche mit ihren starken Festungen vollständig
in deutsche Gewalt zu bringen, um sie selbst als ein starkes Glacis
Deutschlands gegen Frankreich zu vertheidigen, und um den Aus=
gangspunkt etwaiger französischer Angriffe um eine Anzahl von
Tagemärschen weiter zurückzulegen, wenn Frankreich entweder bei
eigener Erstarkung oder im Besitz von Bundesgenossen uns den
Handschuh wieder hinwerfen sollte.

Der Verwirklichung dieses Gedankens, der Befriedigung dieses
unabweisbaren Bedürfnisses zu unserer Sicherheit stand in erster
Linie die Abneigung der Einwohner selbst, von Frankreich getrennt
zu werden, entgegen. Es ist nicht meine Aufgabe, hier die Gründe
zu untersuchen, die es möglich machten, daß eine urdeutsche Be=
völkerung einem Lande mit fremder Sprache und mit nicht immer
wohlwollender und schonender Regierung in diesem Maße anhäng=

*) StB.: geachtet.

lich werden konnte. Etwas liegt wohl darin, daß alle diejenigen 2. 5. 1871. Eigenschaften, die den Deutschen vom Franzosen unterscheiden, gerade in der Elsäßer Bevölkerung in hohem Grade verkörpert werden, so daß die Bevölkerung dieser Lande in Bezug auf Tüchtigkeit und Ordnungsliebe, ich darf wohl ohne Ueberhebung sagen, eine Art von Aristokratie in Frankreich bildete*); sie waren befähigter zu Aemtern, zuverlässiger im Dienst; die Stellvertreter im Militär, die Gensd'armen, die Beamten im Staatsdienst**) in einem die Proportion der Bevölkerung weit überragenden Verhältniß waren Elsäßer und Lothringer; es waren die 1 ½ Millionen Deutsche, die alle Vorzüge des Deutschen in einem Volke, das andere Vorzüge hat, aber gerade nicht diese, zu verwerthen im Stande waren und thatsächlich verwertheten; sie hatten durch ihre Eigenschaften eine bevorzugte Stellung, die sie manche gesetzliche Unbilligkeit vergessen machte. Es liegt dabei im deutschen Charakter, daß jeder Stamm sich irgend eine Art von Ueberlegenheit namentlich über seinen nächsten Nachbar vindicirt; hinter dem Elsäßer und Lothringer, so lange er französisch war, stand Paris mit seinem Glanze und Frankreich mit seiner einheitlichen Größe; er trat dem deutschen Landsmann gegenüber mit dem Gefühle: Paris ist mein, und fand darin eine Quelle für ein Gefühl particularistischer Ueberlegenheit. Ich gehe nicht auf die weiteren Gründe zurück, daß Jeder sich einem großen Staatswesen, welches seiner Fähigkeit vollen Spielraum gibt, leichter assimilirt, als***) einer zerrissenen, wenn auch stammverwandten Nation, wie sie sich früher diesseits des Rheins für einen Elsäßer darstellte. Thatsache ist, daß diese Abneigung vorhanden war, und daß es unsere Pflicht ist, sie mit Geduld zu überwinden. Wir haben meines Erachtens viele Mittel dazu; wir Deutsche haben im Ganzen die Gewohnheit, wohlwollender, mitunter etwas ungeschickter, aber auf die Dauer kommt es doch

---

*) StB.: bildeten.
**) Die Interpunction des StB. ist eine andere. Danach wären die Worte: „die Stellvertreter" bis „Beamten" als das an den Schluß gestellte Subject des Satzes: „sie waren befähigter zu Aemtern, zuverlässiger im Dienst" zu betrachten. Nach „Beamten" steht im StB. ein Semicolon (;), so daß mit den Worten „im Staatsdienst" ein neuer Satz begonnen wird. Sinngemäßer erscheint die im Texte gegebene Interpunction.
***) Der StB. hat nach „als" ein „in".

heraus, wohlwollender und menschlicher zu regieren, als es die französischen Staatsmänner thun;

(Heiterkeit.)

es ist das ein Vorzug des deutschen Wesens, der in dem deutschen[*]
Herzen der Elsässer bald anheimeln und erkennbar werden wird.
Wir sind außerdem im Stande, den Bewohnern einen viel höheren
Grad von communaler und individueller Freiheit zu bewilligen,
als die französischen Einrichtungen und Traditionen dies je ver-
mochten. Wenn wir die heutige Pariser Bewegung[1] betrachten,
so wird auch bei ihr eintreffen, was bei jeder Bewegung, die eine
gewisse Nachhaltigkeit hat, unzweifelhaft ist, daß neben allen un-
vernünftigen Motiven, die ihr ankleben und den Einzelnen bestimmen, in der Grundlage irgend ein vernünftiger Kern steckt; sonst
vermag keine Bewegung auch nur das Maß von Kraft zu erlangen, wie die Pariser es augenblicklich erlangt hat[**]. Dieser
vernünftige Kern — ich weiß nicht, wie viel Leute ihm anhängen,
aber jedenfalls die Besten und Intelligentesten von Denen, die augenblicklich gegen ihre Landsleute kämpfen — ich darf es mit einem
Worte bezeichnen: es ist die deutsche Städteordnung; wenn die
Commune diese hätte, dann würden die Besseren ihrer Anhänger
zufrieden sein, — ich sage nicht Alle. Wir müssen unterscheiden,
wie liegt die Sache: die Miliz der Gewaltthat besteht überwiegend
aus Leuten, die Nichts zu verlieren haben; es gibt in einer Stadt
von zwei Millionen eine große Anzahl sogen. repris de justice.
Leute, die man bei uns als unter polizeilicher Aufsicht bezeichnen
würde, Leute, die die Intervalle, die sie zwischen zwei Zuchthaus-
perioden haben, in Paris zubringen, und die sich dort in erheblicher Anzahl zusammenfinden, Leute, die überall, wo es Unord-
nung und Plünderung gibt, bereitwillig derselben dienen. Es sind
gerade diese, die der Bewegung den bedrohlichen Charakter für
Civilisation gegeben haben, durch den sie sich gelegentlich hervor-
that, ehe man die theoretischen Ziele näher untersuchte, und der im
Interesse der Menschlichkeit, hoffe ich, jetzt zu den überwundenen
gehört, aber freilich auch ebenso gut rückfällig werden kann. Neben

---

[*] S. 519b.
[**] StB.: hatten.
[1] Die Commune.

diesem Auswurf, wie er sich in jeder großen Stadt ja reichlich 2. 5. 1871. findet, wird die Miliz, deren ich gedacht, gebildet durch eine An= zahl von Anhängern der europäischen internationalen Republik. Mir sind die Ziffern genannt worden, mit welchen die fremden Nationalitäten sich dort betheiligen, von denen mir nur vorschwebt, daß beinahe 8000 Engländer sich zum Zwecke der Verwirklichung ihrer Pläne in Paris befinden sollen — ich setze voraus, daß es großen Theils irische Fenier sind, die mit dem Ausdrucke Engländer be= zeichnet werden*) —, ebenso eine große Anzahl Belgier, Polen, Garibaldiner und Italiener. Das sind Leute, denen die Commune und die französischen Freiheiten ziemlich gleichgültig sind, sie erstreben etwas Anderes, und auf sie war natürlich dieses Argument nicht ge= richtet, wenn ich sagte: es ist in jeder Bewegung ein vernünftiger Kern. (Heiterkeit.)

Solche Wünsche, wie sie ja in Frankreich bei den großen Gemein= den sehr berechtigt sind im Vergleich mit ihrer staatsrechtlichen Vergangenheit, die ihnen nur ein sehr geringes Maß der Bewegung zuläßt und nach den Traditionen der französischen Staatsmänner das Aeußerste dennoch bietet, was man der communalen Freiheit gewähren kann, machen sich ja bei dem deutschen Charakter der Elsässer und Lothringer, der mehr nach individueller und commu= naler Selbständigkeit strebt, wie der Franzose, in hohem Grade fühlbar, und ich bin überzeugt, daß wir der Bevölkerung des Elsaß auf dem Gebiete der Selbstverwaltung ohne Schaden für das ge= sammte Reich einen erheblichen freieren Spielraum lassen können — von Hause aus, der allmählich so erweitert wird, daß er dem Ideal zustrebt, daß jedes Individuum, jeder engere kleinere Kreis das Maß der Freiheit besitzt, was überhaupt mit der Ordnung des Gesammtstaatswesens verträglich ist. Das zu erreichen, diesem Ziele möglichst nahe zu kommen, halte ich für die Aufgabe jeder vernünftigen Staatskunst, und sie ist für die deutschen Einrich= tungen, unter denen wir leben, sehr viel erreichbarer, als sie es in Frankreich nach dem französischen Charakter und der unitarischen Verfassung von Frankreich jemals werden kann. Ich glaube des= halb, daß es uns mit deutscher Geduld und deutschem Wohlwollen gelingen wird, den Landsmann dort zu gewinnen vielleicht in

---

*) StB.: wurden.

2.5.1871. kürzerer Zeit, als man jetzt erwartet. Es werden aber immer Elemente zurückbleiben, die mit ihrer ganzen persönlichen Vergangenheit in Frankreich wurzeln, und die zu alt sind, um sich davon noch loszureißen, oder die durch ihre materiellen Interessen mit Frankreich nothwendig zusammenhängen und für das Zerreißen der Bande*), die sie an Frankreich knüpften, eine Entschädigung bei uns entweder gar nicht oder nur spät finden können. Also wir dürfen uns nicht damit schmeicheln, sehr rasch an dem Ziele zu sein, daß im Elsaß die Verhältnisse sein würden wie in Thüringen in Bezug auf deutsche Empfindungen; aber wir dürfen denn doch auch nicht verzweifeln, das Ziel, dem wir zustreben, unsererseits noch zu erleben, wenn wir die Zeit erfüllen, welche dem Menschen im Durchschnitte gegeben ist.

Wie nun dieser Aufgabe näher zu treten sei, in welcher Form zunächst, das ist die Frage, welche jetzt zuerst an Sie herantritt, meine Herren, aber doch nicht in einer entscheidenden und die Zukunft bindenden Weise. Ich möchte Sie bitten, bei diesen Berathungen sich nicht auf den Standpunkt zu stellen, daß sie etwas für die Ewigkeit Gültiges machen wollen, daß Sie jetzt schon sich einen festen Gedanken bilden wollen über die Gestaltung der Zukunft, wie sie nach mehreren Jahren etwa sein soll. Dahin reicht meines Erachtens keine menschliche Voraussicht. Die Verhältnisse sind abnorm; sie mußten abnorm sein — unsere ganze Aufgabe war es — und sie sind nicht nur abnorm in der Art, wie wir das Elsaß gewonnen haben, sie sind auch abnorm in der Person des Gewinners. Ein Bund, aus souveränen Fürsten und freien Städten bestehend, der eine Eroberung macht, die er zum Bedürfnisse seines Schutzes behalten muß, die sich also im gemeinsamen Besitz befindet, ist eine in der Geschichte sehr seltene Erscheinung, und wenn wir einzelne Unternehmungen von Schweizer Cantonen abrechnen, die doch auch immer nicht die Absicht hatten, sich die gemeinsam gewonnenen Länder gleichberechtigt zu assimiliren, sondern sie als gemeinsame Provinzen zum Vortheil der Eroberer zu bewirthschaften, so glaube ich kaum, daß sich in der Geschichte etwas Aehnliches findet. Ich möchte also glauben, daß

---

*) S. 520a.

gerade bei dieser abnormen Lage und abnormen Aufgabe die 2. 5. 1871.
Mahnung, den Fernblick des scharfsichtigsten Politikers in mensch
lichen Dingen nicht zu überschätzen, besonders an uns herantritt.
Ich wenigstens fühle mich nicht im Stande, jetzt schon mit voller
Sicherheit zu sagen, wie die Situation nach drei Jahren im Elsaß
und in Lothringen sein wird. Um das berechnen zu können,
müßte man in die Zukunft sehen. Es hängt das von Factoren
ab, deren Entwickelung, deren Verhalten und guter Wille gar nicht
in unserer Gewalt stehen und von uns nicht regiert werden können.
Es ist das, was wir Ihnen vorlegen, eben ein Versuch, den
richtigen Anfang einer Bahn zu finden, über deren Ende wir selbst
noch der Belehrung durch die Entwickelung, durch die Erfahrungen,
die wir machen werden, bedürftig sind. Und ich möchte Sie des
halb bitten, einstweilen denselben empirischen Weg gehen zu wollen,
den die Regierungen gegangen sind, und die Verhältnisse zu nehmen,
wie sie liegen, und nicht, wie sie vielleicht wünschenswerth wären.
Wenn man nichts Besseres an die Stelle zu setzen weiß für
Etwas, was Einem nicht vollständig gefällt, so thut man immer,
meiner Ueberzeugung nach, besser, der Schwerkraft der Ereignisse
ihre Wirkung zu lassen und die Sache einstweilen so zu nehmen,
wie sie liegt; sie liegt aber so, daß die verbündeten Regierungen
gemeinsam diese Länder gewonnen haben, daß ihr gemeinsamer
Besitz, ihre gemeinsame Verwaltung etwas Gegebenes ist, was
nach unseren Bedürfnissen und nach den Bedürfnissen der Be
theiligten in Elsaß und Lothringen modificirt werden kann. Aber
ich möchte dringend bitten, sparen Sie sich, ebenso wie es
die verbündeten Regierungen machen, das Urtheil über die Ge=
staltung, wie sie definitiv noch einmal werden kann, noch auf.
Haben Sie mehr Muth, die Zukunft zu präjudiciren, als wir
haben, so werden wir Ihnen bereitwillig entgegenkommen, da wir
unsere Arbeit ja doch nur gemeinschaftlich betreiben können, und
gerade die Vorsicht, mit der ich die Ueberzeugung der verbündeten
Regierungen kundgebe, mit der dieselben sich die Ueberzeugung ge
bildet haben, zeigt Ihnen zugleich die Bereitwilligkeit, in der wir
uns befinden, uns belehren zu lassen, wenn wir irgend einen besseren
Vorschlag erhalten, namentlich wenn er sich an der Hand der Er
fahrung, selbst einer kurzen Erfahrung, als der bessere bewahrt

haben sollte; und wenn ich unsererseits diesen guten Willen kundgebe, so bin ich sicher, daß er bei Ihnen ebenso vorhanden ist,
auf diesem Wege gemeinsam mit deutscher Geduld und deutscher
Liebe zu allen, besonders zu den neuesten Landsleuten, das richtige
Ziel zu finden und schließlich zu erreichen.

(Lebhaftes Bravo!)

Auf Antrag des Abg. v. Bernuth wurde der Gesetzentwurf
zur Vorberathung an eine Commission von 28 Mitgliedern verwiesen.

33. Sitzung des Deutschen Reichstags
Freitag 12. Mai 1871.

Die Verzögerung, die der Abschluß der in Brüssel geführten
Verhandlungen über den Definitivfrieden durch immer neue, von fran-
zösischer Seite erhobene Schwierigkeiten erfuhr, ließ es dem Fürsten
Bismarck räthlich erscheinen, die Verhandlung durch persönliches Eingreifen zu fördern. Er lud die französischen Bevollmächtigten J. Favre,
Pouyer-Quertier und Goulard zu einer Besprechung nach Frankfurt a. M. und begab sich selbst, begleitet von den Legationsräthen
Graf Hatzfeldt und Bucher und Legationssecretär Graf Wartens-
leben, am 5. Mai dahin. In dreitägigen Berathungen kam er zum
Ziele: am 10. Mai, Nachmittags 4 1⁄2 Uhr, konnte der Friede beider-
seitig unterzeichnet werden. Am 11. Mai nach Berlin zurückgekehrt,
machte der Reichskanzler[1] am 12. Mai dem Reichstage amtliche
Mittheilung, indem er, die Berathung des Postgesetzes unterbrechend,
folgende Worte an das Haus richtete[*]):

Ich bitte um Entschuldigung, daß ich die Discussion durch
einen heterogenen Gegenstand unterbreche; ich bin indes durch

---

[*] StB. 669 b.

[1]) Den Titel „Reichskanzler" führte Fürst Bismarck amtlich durch den
Erlaß des Kaisers vom 12. Mai; Fürst Bismarck unterzeichnete sich als Reichskanzler bereits unter einem Schreiben an den Reichstag vom 17. April 1871
(StB. Anl. Nr. 42 S. 113 b). König Wilhelm gebrauchte den Titel zuerst am
18. Januar 1871 in der Aufschrift eines Couverts, indem er die Adresse auf
einer an ihn gerichteten Sendung des „Bundeskanzlers": „An des Kaisers Majestät vom Bundeskanzler" bei der Rücksendung mit Durchstreichung des Wortes
„Bundes" umänderte in: „Von des Kaisers Majestät an den Reichskanzler",
vgl. Schneider, Aus dem Leben Kaiser Wilhelms, III 157.

dringende anderweitige Amtsgeschäfte genöthigt, das Haus zu verlassen, und habe deshalb den Herrn Präsidenten um die Erlaubniß gebeten, jetzt die Mittheilung zu machen, die ich beabsichtige.

Ich knüpfe an eine frühere Erwähnung unserer Friedensverhandlungen an, bei der ich mein Bedauern darüber aussprach, daß
diese Verhandlungen sich mehr, als wir erwartet hatten, in die
Länge zogen [1]. Wir hatten beim Abschluß des Präliminarfriedens
uns der Hoffnung hingegeben, daß in einem Zeitraum von vier
bis sechs Wochen diejenigen Verhandlungen, welche erforderlich
waren, um den Präliminarfrieden zu einem definitiven umzuwandeln und zu vervollständigen, beendigt sein könnten; wir hatten
darauf gerechnet, daß die Regierung, mit der wir den Frieden
geschlossen haben, sich der unbestrittenen Herrschaft in Frankreich
erfreuen würde. Diese Hoffnung hat sich bekanntlich nicht verwirklicht, und die Regierung hat mit einer schweren und noch
nicht überwundenen Insurrection in der Hauptstadt zu kämpfen.
Eine weitere Verzögerung der Verhandlungen mußte in uns die
Frage und die Befürchtung erwecken, ob das Land bei Fortdauer
seiner inneren Kämpfe und respective ob die an der Spitze stehende
Regierung oder diejenige, welche ihr folgen würde, Willens und
im Stande bleiben werde, den uns gegenüber eingegangenen Verpflichtungen zu genügen. Der Präliminarfrieden beschäftigt sich
mit den beiden wichtigsten Fragen des Friedensschlusses in einer
endgültigen Weise, nämlich mit der Territorialabtretung und mit
der Bezahlung der Kriegsentschädigung. In Bezug auf die erste
war das streitige Object in unseren Händen, und war es nicht
wahrscheinlich, daß die Ausführung der Bestimmung weiter inhibirt
und zweifelhaft werden konnte, oder vielmehr, daß die Dauer
unseres Besitzes gefährdet werden konnte. In Bezug aber auf
den zweiten Punkt griff die Befürchtung Platz, die ich vorhin erwähnt habe, in Bezug sowohl auf den Willen, als auf die Fähigkeit, ihn definitiv auszuführen. Es sind in der Geschichte die Fälle
nicht selten, daß ein Präliminarfrieden oder sonstiges Präliminar-
abkommen geschlossen worden ist, und daß es nicht gelungen ist,
sich über die unentbehrlichen Vervollständigungen, deren der defini

---

[1] S. o. S. 14.

tive Friede bedarf, rechtzeitig zu vereinigen, daß daher einer der
beiden vertragenden Theile, um nicht in eine nachtheiligere Lage zu
kommen, es vorgezogen hat, die Feindseligkeiten wieder zu eröffnen,
anstatt länger die Ausführung der Präliminarien in Ungewißheit
zu lassen. Ich war in der Besorgniß, daß wir nahe vor dieser
Eventualität standen, und da sie eine sehr ernste war, so lag das
Bedürfniß vor, vorher durch eine persönliche Besprechung mit
Mitgliedern der französischen Regierung sich darüber klar zu werden, ob eine solche Nothwendigkeit wirklich vorläge oder nicht. Es
wäre für uns immer noch nicht indicirt gewesen, wenn wir uns
nicht verständigten, sofort die Truppen der französischen Regierung
anzugreifen; aber meiner politischen Erwägung nach wären wir,
wenn wir uns jetzt nicht verständigten, wenn wir ernste Verletzungen
unserer Interessen mit der Verlängerung der Ungewißheit fürch-
teten, in der Lage gewesen, der Ungewißheit dadurch ein Ende zu
machen, daß wir Paris entweder durch Accord mit der Commune
oder durch Gewalt einnahmen und dann im Besitz dieses Pfandes
von der Versailler Regierung forderten, daß sie, den Stipulationen
des Präliminarfriedens entsprechend, ihre Truppen hinter die Loire
zurückzöge, und daß in dieser gegenseitigen Verfassung die weitere
Verhandlung über den Frieden fortgesetzt würde. Daß dies uns
in schwierige, wenn nicht für die Erfüllung der Friedensbedingungen
gefährliche Verhältnisse verwickelt haben würde, liegt auf der Hand.
Indessen solche Verhältnisse werden oft durch längeres Zuwarten
nicht[*]) besser, sondern schwieriger, und ich glaube, wir wären in
der Nothwendigkeit gewesen, mit Entschlossenheit vorzugehen, um
einen zweifellosen Zustand herzustellen, wenn es nicht gelungen
wäre, zu einem definitiven Abschluß mit Frankreich zu gelangen.

Ich war ursprünglich nicht in der Hoffnung nach Frankfurt
gegangen, daß es dort schon so weit würde kommen können, sondern
nur in der Absicht, einige noch schwebende Fragen — einige der
principiell wichtigeren — zur Entscheidung zu bringen und für die
Zahlung der Kriegscontribution eine Verkürzung der Fristen und
eine Verstärkung der Garantien zu erreichen und dann den weiteren
Abschluß der Verhandlungen den Bevollmächtigten in Brüssel zu

---

[*]) S. 670a.

überlassen; sobald sich indessen die Aussicht darbot, in Frankfurt 12. 5. 1871. sofort definitiv abzuschließen, hielt ich dies für einen großen Gewinn im Interesse beider betheiligten Länder, indem ich überzeugt bin, daß dadurch nicht nur für Deutschland die militärischen Lasten, welche wir uns noch auflegen müssen, wesentlich werden erleichtert werden, sondern daß auch dieser Abschluß zur Consolidirung der Verhältnisse in Frankreich wesentlich beitragen werde. Dadurch, daß die jetzige Regierung den definitiven Frieden abgeschlossen hat, ist sie diejenige, welche am leichtesten im Stande ist, den im Allgemeinen nach Frieden verlangenden Wünschen des französischen Volkes zu entsprechen. Jede Regierung, die sich durch Gewalt oder andere Mittel an ihre Stelle setzte, hätte das Bedenken gegen sich, daß für sie und ihr der Friede nicht so vollständig und unbedingt gesichert ist, wie für die jetzige Regierung. Ich glaube daher, daß, wenn meine Voraussetzung richtig ist, daß die Mehrheit der Franzosen den Frieden wünscht, es auch für die Consolidirung der jetzigen Zustände wesentlich wichtig und vortheilhaft gewesen ist, daß der definitive Friede abgeschlossen worden ist. Ich glaubte deshalb nicht, daß wir so rasch dazu gelangen würden, weil aus der Feststellung der Hauptbedingungen doch bei einem solchen Friedensschluß eine Anzahl von Nebengeschäften zu erledigen ist, die, wenn nicht sehr viel beiderseitiger guter Wille und ein sehr dringendes Bedürfniß des Friedens auf beiden Seiten vorhanden ist, sonst noch nicht in Wochen, ja selbst mitunter kaum in Monaten ihre Erledigung finden können. Es werden deshalb auch nachträgliche Ausführungsverhandlungen stattzufinden haben und ist Frankfurt als Ort derselben ausersehen worden; in der Hauptsache aber ist ein befriedigender und endgültiger Abschluß erreicht worden; die Zahlungsfristen sind verkürzt und schärfer definirt worden; anstatt daß die erste Zahlung erst im Laufe dieses Jahres zu erfolgen hatte, wird die Zahlung der ersten halben Milliarde schon innerhalb der dreißig Tage, die auf die Unterwerfung von Paris folgen werden, stattzufinden haben. Nach der militärischen Lage der Dinge dürfen wir hoffen, daß der Kampf vor und in Paris sich seinem Ende nähert; und sobald die Truppen der Regierung siegreich sein werden — wozu wir die Mittel jetzt, nachdem der defi

nitive Friede abgeschlossen ist, durch verstärkte Freilassung der Gefangenen bereitwillig gewähren werden — wird innerhalb dreißig
Tagen eine erste Zahlung von 500 Millionen Franken stattzufinden
haben.

Als Zahlungsmittel ist festgesetzt worden, daß nur Metallgeld
oder Noten von sicheren Banken, wie die englische, die nieder=
ländische, die preußische, die belgische, angenommen werden, oder
Wechsel erster Classe, d. h. solche, die so gut wie baar Geld sind,
und wenn sie es wider Erwarten nicht sein sollten, so trifft der
Ausfall nicht uns.

(Beifall.)

Die zweite Zahlung von 1000 Millionen Franken hat sodann
im Laufe dieses Jahres, wenn mein Gedächtniß mich nicht täuscht,
sogar bis zum 1. December[1]) stattzufinden. Erst nach dieser zweiten
Zahlung sind wir verpflichtet, die Befestigungen von Paris zu
räumen,

(Allseitiges Bravo!)

also nachdem 1½ Milliarden gezahlt sein werden. Es war diese
Bestimmung zu meinem Bedauern eine nothwendige Vorsichtsmaß-
regel gegen die Schwankungen, denen die inneren Zustände des
Landes noch ausgesetzt sein können, wenn wir zu früh von der
Hauptstadt uns zurückziehen, und so schwer es den[*]) französischen
Bevollmächtigten gewesen ist, hierin zu willigen, so habe ich doch
geglaubt, hierauf bestehen zu müssen.

(Bravo!)

Dann wird die vierte halbe Milliarde bis zum 1. Mai nächsten
Jahres, und nicht erst bis zu Ende nächsten Jahres zu zahlen sein.
In Bezug auf die drei letzten Milliarden bleiben die Bestimmungen
des Präliminarfriedens in Kraft — sie sind bis zum 1. März 1874[2])
vollständig abzuzahlen,

(Sehr gut!)

und was früher gezahlt wird, das scheidet natürlich aus der Ver=
zinsung, die Frankreich für diese drei Milliarden zu leisten hat,

---

*) S. 670 b.
[1]) Art. 7 des Definitivfriedens nennt ein bestimmtes Datum nicht.
[2]) Art. 7 nennt den 2. März 1874.

aus. Die französische Regierung hat die Ueberzeugung, ihrer Ver- 12. 5. 1871. pflichtung in der festgesetzten Zeit genügen zu können.

Eine andere sehr schwierige Frage war die der Handelsbeziehungen. Die französische Regierung scheint die Handelsverträge, die sie abgeschlossen hat, lösen zu wollen und den mit uns bestandenen nicht wieder ins Leben treten lassen zu wollen. Sie ist der Meinung, daß die gesteigerten Einnahmen, deren sie bedürfe, durch gesteigerte Zölle wesentlich gefördert werden würden. Es ist meines Erachtens nicht thunlich, im internationalen Verkehr zwischen großen Völkern einen Handelsvertrag zu einer durch Krieg erkämpften Bedingung zu machen, die der Souveränität eines großen Volkes und der Beschränkung seines Gesetzgebungsrechts auferlegt würde.

(Sehr gut!)

Ich habe deshalb auch nicht darauf bestanden und glaube nicht, daß die Maßregel praktisch gewesen wäre. Namentlich habe ich befürchtet, daß sie eine so starke Verletzung des Nationalgefühls enthielte, daß sie später den Frieden frühzeitig beeinträchtigen würde. Ich habe mich deshalb darauf beschränkt, zu fordern, daß wir nach dem Princip der meistbegünstigten Nationen uns gegenseitig in Zukunft zu behandeln hätten. Dieses Princip ist in Wesenheit angenommen. Es wurde gewünscht, daß es nicht so allgemein genommen würde, um nicht Verträge mit einzelnen Staaten, die der französischen Republik besonders nahe stehen und bei ihrer Kleinheit oder ihren Handelsbeziehungen weniger von Bedeutung sind, unmöglich zu machen — ich nenne beispielsweise Monaco mit drei Schiffen,

(Heiterkeit.)

oder Tunis und andere —, und dann auch vermuthlich deshalb wünschte dies die französische Regierung, weil der Handelsvertrag mit Italien noch länger läuft, als sie mit ihren Zollreformen zu warten beabsichtigt. Wir haben deshalb ausgemacht, daß die Nationen, unter denen wir mit den Begünstigten gleich zu behandeln sind, sich beschränken auf England, Belgien, die Niederlande, die Schweiz, Oesterreich und Rußland.

Demnächst ist die Grenzfrage einer erneuten Discussion unterworfen worden, insoweit sie offen geblieben war, namentlich in dem Punkte, den Rayon von Belfort zu bestimmen. Wir waren nach dem strengen Wortlaute wohl berechtigt, unter Rayon dasjenige zu verstehen, was unser amtlicher Sprachgebrauch darunter versteht, und was man im Französischen mit dem Ausdruck „rayon administratif des servitudes militaires" bezeichnet, d. h. eine Entfernung von 960 m von der äußersten Grenze der Befestigung. Es war indessen zweifellos, daß eine so stricte Auslegung des Wortes bei unserer Verabredung nicht zu Grunde gelegen hat, aber auf der anderen Seite auch eine nicht so ausgedehnte, wie sie von Frankreich in Brüssel beansprucht worden war, und wir haben uns deshalb dahin verständigt, daß der Halbmesser des Gebiets von Belfort gebildet wird durch die Entfernung, in welcher diese Festung von der Grenze gelegen haben würde, wenn die ursprüngliche Grenze bei Belfort die zwischen Elsaß und dem nächsten französischen Departement geblieben wäre, also vier bis fünf Kilometer. Darüber hinaus ist einstweilen definitiv keine Grenzabtretung erfolgt. Wohl aber war es für uns wünschenswerth, einige Gemeinden an der Nordgrenze bei*) Thionville, in welchen das Deutsche theils ausschließlich, theils überwiegend gesprochen wird, zu erwerben.

(Lebhafter Beifall.)

Die französischen Minister erklärten sich in der Unmöglichkeit, definitiv zuzustimmen, daß Gemeinden, die bisher französisch geblieben waren, aufhörten, es zu sein. Sie waren daher wohl bereit, eine anderweitige Rectification der französischen Grenze bei Belfort zu acceptiren, aber ohne Aequivalent. Ich habe deshalb vorgeschlagen, und der Vorschlag ist angenommen worden, daß sie dies, weil sie die Verantwortung dafür nicht tragen wollten, der ratificirenden Versammlung überlassen. Ich habe das Angebot einer ferneren Gebietscession vor Belfort gestellt für den Fall, daß man von französischer Seite aus die fraglichen Gemeinden in der Gegend von Thionville, von der Luxemburger Grenze bei Redingen bis gegen Moyeuvre abtrete.

Die übrigen Bedingungen werden die Herren ja binnen Kurzem aus der Veröffentlichung und einer amtlichen Mittheilung, die ich mir erlauben werde, an Sie zu richten, ersehen können.

---

*) S. 671 a.

Wir haben das Bedürfniß gehabt, die Bahnen, welche der
Gesellschaft der Ostbahn in Elsaß und Lothringen gehören, für eine
bestimmte Summe zu erwerben, indem es nicht thunlich erschien,
diese überwiegend französisch bleibende Gesellschaft, die nur etwa
ein Viertel ihres Eigenthums in Elsaß und Lothringen liegen hat,
im Besitz der dortigen Concession zu lassen, und indem wir, wenn
wir uns nicht vertragsmäßig darüber geeinigt hätten, in der Lage
gewesen wären, die Gesellschaft dort gesetzlich zu expropriiren, wo=
bei, da wir zugleich Partei und Gesetzgeber waren, die Frage der
Abschätzung des Werthes des Eigenthums immerhin eine uner=
wünschte gewesen wäre.

Für die Ratification, einerseits durch Se. Majestät den Kaiser,
andererseits durch die Versammlung in Versailles, ist eine Frist
von zehn Tagen vorbehalten, sie würde also bis zum 20. d. M.
zu erfolgen haben.

Ich kann nicht annehmen, daß diese Abmachungen jeden ein=
zelnen persönlichen Wunsch befriedigen werden, das ist indessen bei so
großen Abmachungen zwischen zwei Völkern überhaupt nicht möglich.
Trennung alter Verbindungen, Schließung neuer Verbindungen
sind ohne Verluste und geschäftliche Nachtheile niemals durchzu=
führen, aber ich glaube, daß hiermit dasjenige erreicht worden ist,
was wir von Frankreich vernünftiger Weise und nach den Tradi=
tionen, die anderen Friedensschlüssen zu Grunde liegen, verlangen
konnten. Wir haben unsere Grenzen durch die Landabtretung
gesichert, wir haben unsere Kriegsentschädigungen so weit gesichert,
wie es nach menschlichen Verhältnissen überhaupt möglich ist; denn
weiter ausgedehnte Sicherheiten zu nehmen, muß man sich gegen=
wärtig halten, wäre für uns mit erheblich größeren Kosten und
Anstrengungen verknüpft, wir würden nicht nur Geld opfern, sondern,
was viel schwerer empfunden wird, die Abwesenheit der Truppen
aus dem Lande und so mancher Arbeitskräfte würde*) auf die Dauer
schwerer empfunden werden. Indessen, ich habe das Vertrauen, daß
es die Absicht der gegenwärtigen französischen Regierung ist, den
Vertrag auch ohne solche Bürgschaften redlich auszuführen, und
ich habe die Ueberzeugung, wie die Herren sie selbst hatten, daß

---

*) StB.: würden.

die Kräfte dazu vorhanden sind, und daß die Behauptung, die Kriegsentschädigung wäre von einer unmöglich zu bezahlenden Höhe, eine unbegründete ist, die von den französischen Finanzmännern und Staatsmännern nicht getheilt wird.

Ich erlaube mir die Mittheilung mit dem Ausdruck der Hoffnung zu schließen, daß dieser Friede ein dauerhafter und segensreicher sein, und daß wir der Bürgschaften, deren wir uns versichert haben, um gegen einen etwa wiederholten Angriff gesichert zu sein, auf lange Zeit nicht bedürfen mögen!

(Lebhaftes Bravo!)

38. Sitzung des Deutschen Reichstags
Freitag 19. Mai 1871.

Die Annahme des Frankfurter Friedens durch die französische Nationalversammlung und den bevorstehenden Austausch der Ratificationsurkunden zeigte der Reichskanzler dem Reichstage in der 38. Sitzung am 19. Mai mit folgenden Worten an*):

Ich beehre mich, der hohen Versammlung mitzutheilen, daß nach einer mir heute zugegangenen amtlichen Anzeige der französischen Regierung die Nationalversammlung in Versailles den Friedensvertrag so, wie er bereits in der Oeffentlichkeit bekannt geworden ist, ratificirt hat, auch dem Gebietstausch, der von unserer Seite noch vorgeschlagen war, ihre Genehmigung ertheilt hat.

(Lebhaftes Bravo!)

Die Abstimmung über die Gesammtvorlage ist mit einer sehr großen Majorität der französischen Versammlung erfolgt, mit 443 gegen 98 Stimmen, und auch die Opposition der 98 Stimmen bezieht sich nach den mir gewordenen Aufklärungen nur auf den von uns angebotenen Austausch, nicht auf die Ratification des Friedens selbst, so daß ich annehmen darf, die Ratification des Friedens an sich würde, wenn sie diese Clausel nicht noch gehabt hätte, nahezu

---

*) StB. 811 b.

einstimmig erfolgt sein. Ich werde in Folge[*] dieser Nachricht auf
Allerhöchsten Befehl mich noch heute nach Frankfurt a. M. begeben,
um dort den Austausch der Ratification zu vollziehen und diejenigen
Besprechungen mit den dort ebenfalls erscheinenden französischen
Ministern einzuleiten, die unser jetziges Verhältniß zu Frankreich
und die Ausführung einzelner Paragraphen des Friedens noch
bedingen.

(Bravo!)

Am 20. Mai Nachmittags fand in Frankfurt a. M. der Austausch
der Ratificationen statt; am 21. Mai wurde in einer ergänzenden Convention eine Aenderung der Bestimmung des Friedensvertrags über
die Zahlung der ersten Rate der Kriegskosten vereinbart; am 22. Mai
kehrte Fürst Bismarck nach Berlin zurück.

43. Sitzung des Deutschen Reichstags
Donnerstag 25. Mai 1871.

Die mit der Vorberathung des Gesetzentwurfs, betreffend die
Vereinigung von Elsaß-Lothringen mit dem Deutschen Reiche betraute
7. Commission hielt in der Redaction desselben mehrere Aenderungen für nothwendig und machte bei der zweiten Lesung in der
39. Sitzung am 20. Mai 1871 dem Reichstag die entsprechenden Vorschläge. Durch die hierauf folgende Specialberathung erhielt der Entwurf unter theilweiser Berücksichtigung der zu dem Commissionsentwurf
gestellten Amendements folgende Fassung (die Abweichungen von der
Vorlage der verbündeten Regierungen sind durch den Druck hervorgehoben):

§ 1 gleich § 1 der Vorlage, s. o. S. 19.

§ 2.

Die Verfassung des Deutschen Reichs tritt in Elsaß und
Lothringen am 1. Januar 1873 in Wirksamkeit; Art. 3 derselben findet jedoch sofort Anwendung[1].

---

*) S. 812 a.

[1] Art. 3 der Reichsverfassung lautet in den Hauptpunkten: für ganz
Deutschland besteht ein gemeinsames Indigenat mit der Wirkung, daß der Angehörige eines jeden Bundesstaates in jedem anderen Bundesstaate als Inländer

Durch Verordnung des Kaisers mit Zustimmung des Bundes=
raths können einzelne Theile der Verfassung schon früher ein=
geführt werden.

Die erforderlichen Aenderungen und Ergänzungen der Ver=
fassung bedürfen der Zustimmung des Reichstags.

§ 3.

Die Staatsgewalt in Elsaß und Lothringen übt
der Kaiser aus.

Bis zum Eintritt der Wirksamkeit der Reichsver=
fassung ist der Kaiser bei Ausübung der Gesetz=
gebung an die Zustimmung des Bundesraths und bei
Gesetzen, welche Elsaß und Lothringen mit Anleihen
oder Uebernahme von Garantien belasten, auch an die
Zustimmung des Reichstags gebunden (Amendement von
Stauffenberg und Lasker).

Dem Reichstage wird für diese Zeit über die er=
lassenen Gesetze und allgemeinen Anordnungen und
über den Fortgang der Verwaltung jährlich Mittheilung
gemacht.

Nach Einführung der Reichsverfassung steht bis zu ander=
weitiger Regelung durch Reichsgesetz das Recht der Gesetzgebung
auch in den der Reichsgesetzgebung in den Bundesstaaten nicht
unterliegenden Angelegenheiten dem Reiche zu.

§ 4.

Die Anordnungen und Verfügungen des Kaisers
bedürfen zu ihrer Gültigkeit der Gegenzeichnung des
Reichskanzlers, der dadurch die Verantwortlichkeit
übernimmt.

Der Reichskanzler, durch die diplomatischen Verhandlungen über
den Friedensschluß mit Frankreich in Anspruch genommen, hatte weder
den Commissionsberathungen, noch der zweiten Lesung beiwohnen können.
Wohl aber erschien er zur dritten Berathung in der 43. Sitzung am
25. Mai 1871 im Reichstage, um für die Vorlage in ihrer ursprüng=
lichen Fassung einzutreten. Nachdem der Abg. v. Taczanowski die

---

zu behandeln und demgemäß zum festen Wohnsitz, zum Gewerbebetriebe, zu
öffentlichen Aemtern, zur Erwerbung von Grundstücken, zur Erlangung des
Staatsbürgerrechts und zum Genusse aller sonstigen bürgerlichen Rechte unter
denselben Voraussetzungen wie der Einheimische zuzulassen, auch in Betreff der
Rechtsverfolgung und des Rechtsschutzes demselben gleich zu behandeln ist. . . .
Dem Auslande gegenüber haben alle Deutschen gleichmäßig Anspruch auf den
Schutz des Reiches.

Stimmenthaltung der polniſchen Fraction begründet, der Abg. Bebel 25. 5. 1871. unter Lobpreiſung der Pariſer Commune entſchieden gegen die Annexion proteſtirt hatte, die er für ein Verbrechen gegen das Völkerrecht, für einen Schandfleck der deutſchen Geſchichte erklärte, nahm Fürſt Bismarck das Wort*):

Befürchten Sie nicht, meine Herren, daß ich dem Herrn Vorredner antworte; Sie werden**) Alle mit mir das Gefühl theilen, daß ſeine Rede in dieſem Saale einer Antwort nicht bedarf.

(Sehr richtig!)

Wenn ich an einen Theil der Entſtellungen, die wir dort gehört haben, anknüpfe, ſo geſchieht es, um einen Abweſenden und Fremden, der hier ſonſt keine Stimme hat, zu vertheidigen. Es iſt das der franzöſiſche oder die franzöſiſchen Miniſter, mit denen ich den Frieden geſchloſſen habe. Ich kann verſichern — und ich kann auch darauf rechnen, Glauben zu finden —, daß geheime Artikel in dem von uns geſchloſſenen Frieden nicht exiſtiren[1]); die abgeſchloſſenen liegen der Oeffentlichkeit vor; Jedermann kann leſen, was darin ſteht.

Ich habe außerdem das Bedürfniß, in der allgemeinen Discuſſion über die vorliegende Frage einige Worte zu ſagen, weil es mir nicht vergönnt geweſen iſt, mich in der erſten und zweiten Leſung an den Discuſſionen weiter zu betheiligen, ich meine namentlich auch an den Commiſſionsverhandlungen, ſo ſehr ich das Bedürfniß hatte, mich dort in vertraulicherer Weiſe, als es hier geſchehen kann, auszuſprechen. Ich war zu der Zeit in Frankfurt abweſend. Ich habe mich gefreut, aus dem Ergebniß zu erſehen, daß Sie der in der Commiſſion vielfach an Sie herantretenden Verſuchung widerſtanden haben, das Schickſal von Elſaß Lothringen in dem jetzigen Stadium und ohne Einwirkung der Einwohner dieſer Länder weiter feſtzulegen, als es in dieſem Momente abſolut noth

---

*) StB. 921 b.

**) S. 922 a.

[1]) Von Geheimartikeln des Friedensvertrags iſt in dem amtlichen ſtenographiſchen Berichte über die Rede des Abg. Bebel an keiner Stelle die Rede. Da nicht vorauszuſetzen iſt, daß Fürſt Bismarck einen unbegründeten Vorwurf erhoben habe, ſo iſt wohl anzunehmen, daß der Abg. Bebel, von dem ihm zuſtehenden Rechte der Correctur Gebrauch machend, den Paſſus geſtrichen habe.

25. 5. 1871. wendig ist. Die rechtliche Nothwendigkeit beschränkt sich im Augenblick darauf, den Bewohnern dieser Länder das staatsrechtliche
Bürgerthum in Deutschland zu sichern; alle Schritte darüber hinaus
halte ich für den Augenblick gewagt und der politischen Klugheit
nicht entsprechend. Letztere räth meiner Ueberzeugung nach in
unsicheren und unklaren Verhältnissen, die Schritte vorwärts auf
das nothwendige Maß zu beschränken, das Terrain zu recognosciren,
ich will nicht sagen, zu experimentiren, aber doch erst sich durch
die Betheiligten und durch die Dinge, die wir bisher nicht mit
voller Genauigkeit kennen, belehren zu lassen, was dort zu geschehen hat. Was wir den Elsässern jetzt also zu geben haben, ist
das deutsche Bürgerrecht, die Möglichkeit des freien Verkehrs innerhalb Deutschlands in Handels- und socialer Beziehung, nachdem
ihnen der freie Verkehr mit Frankreich abgeschnitten und verschlossen sein wird. Wir müssen uns daher nothwendig schlüssig
machen über die Form, in der wir ihnen dieses Bürgerrecht geben
wollen, gewissermaßen über die Thür, welche wir ihnen ins Reich
hinein öffnen. Es hat ja dabei ernsthaft nur in Frage kommen
können, ob das Elsaß und Lothringen einem der bestehenden Bundesstaaten ganz oder unter Vertheilung der Länder angeschlossen werden
soll, oder ob es zunächst ein unmittelbares Reichsland bleibt, bis
es selbst sozusagen in der deutschen Familie mündig geworden ist,
um über sein eigenes Geschick mitzuwirken. Ernsthaft ist wohl nur
in Frage gekommen: soll Elsaß und Lothringen zu Preußen gelegt
werden, oder soll es unmittelbares Reichsland sein? Ich habe
mich unbedingt für die letztere Alternative von Anfang an entschieden, einmal, um dynastische Fragen nicht ohne Noth in unsere
politischen zu mischen, zweitens aber auch darum, weil ich es für
leichter halte, daß die Elsässer sich mit dem Namen der „Deutschen"
assimiliren, als mit dem Namen der „Preußen".

(Sehr richtig!)

Die Elsässer haben sich in ihrer zweihundertjährigen Zugehörigkeit
zu Frankreich ein tüchtiges Stück Particularismus nach guter deutscher Art conservirt, und das ist der Baugrund, auf dem wir
meines Erachtens mit dem Fundamente zu beginnen haben werden;
diesen Particularismus zunächst zu stärken, ist im Widerspruch zu
den Erscheinungen, die uns in analoger Weise im Norden Deutsch-

lands vorgelegen haben, jetzt unser Beruf. Je mehr sich die Bewohner des Elsaß als Elsässer fühlen werden, um so mehr werden sie das Franzosenthum abthun. Fühlen sie sich erst vollständig als Elsässer, so sind sie zu logisch, um sich nicht gleichzeitig als Deutsche zu fühlen. Der Name „Preußen" ist nicht ohne Erfolg durch die künstlichen — ich kann wohl sagen — Intriguen der französischen Regierung in Frankreich verhaßt gemacht worden im Vergleich mit dem der Deutschen. Es war eine alte Tradition daselbst, nicht anzuerkennen, daß die Preußen Deutsche wären, stets den Deutschen als*) solchen zu schmeicheln, sie als Schützlinge Frankreichs Preußen gegenüber darzustellen. Und so ist es gekommen, daß der Name Prussien in Frankreich fast etwas Verletzendes hat, und überall, wo sie etwas Uebles von uns sagen wollen, da heißt es: le gouvernement Prussien oder les Prussiens. und wo sie Etwas anerkennen wollen, da sagen sie: les Allemands. Es ist kaum zu zweifeln, daß sich in dem Elsaß, so wenig wir uns gegenseitig kennen, diese ein Menschenalter hindurch fortgesetzte Verdächtigung des preußischen Namens von Seiten der französischen Regierung einigermaßen abgefärbt hat. Außerdem aber ist es, wie ich Ihnen vorhin schon erwähnte, den Elsässern leichter, sich ihrer Abstammung als Deutsche bewußt zu werden, als den Namen Preußen anzunehmen. Allein dieser Grund würde schon für mich entscheidend sein. Was später im Interesse des Reichs, im Interesse des Elsasses zu thun sein wird, darüber wollen wir vor allen Dingen, denke ich, die Elsässer und Lothringer selbst hören. Ehe wir weiter gehen, habe ich wenigstens das Bedürfniß — und ich muß sagen, daß es mir in den Debatten, die ich bisher gelesen habe, doch nicht mit hinreichender Anerkennung der berechtigten Unabhängigkeit eines jeden Volksstammes accentuirt worden ist — habe ich vor Allem das Bedürfniß, die Meinung der Elsässer selbst kennen zu lernen. Wenn das Gesetz ins Leben tritt, und soweit ich berufen sein werde, dabei Sr. Majestät einen Rath zu ertheilen und diesen Rath im Bundesrath geltend zu machen, so wird die erste Maßregel sein: die Anordnung der Communalwahlen im ganzen Elsaß, welche am 6. August v. J. stattzufinden hatten und nicht

*) S. 922 b.

stattgefunden haben. Die zweite Maßregel wird die sein, daß die
Generalräthe gewählt werden nach dem alten französischen Gesetze,
wonach für jeden Canton ein Generalrath gewählt wird, damit
wir in den Departements Versammlungen haben, die uns mit
mehr Sachkunde als unsere dorthin geschickten Beamten Auskunft
darüber geben können, wo die Leute der Schuh drückt, und was
sie für Bedürfnisse haben. Ich habe nicht das mindeste Bedenken,
so weit zu gehen, daß die Ernennung der Communalbeamten ebenfalls der Wahl übertragen werde. Ich würdige vollkommen die
Gefahren, die daraus entstehen können; ich fürchte mich aber noch
mehr vor den Gefahren, die daraus entstehen, wenn die Zahl der
Beamten, die wir dorthin schicken müssen, über das Allernoth-
wendigste hinaus vermehrt würde. Es ist ganz unvermeidlich, daß
ein Beamter, der fremd ins Land hineinkommt, wenn auch mit
dem dazu erforderlichen Bildungsgrade, doch vielleicht nicht mit der
breiteren Weltanschauung, die zu einer Reunission im neuen Lande
erforderlich ist, hinkommt, durch Mißgriffe Feindschaft, Verstimmung
hervorruft, die mit den Intentionen der Regierung, die er aus-
führen sollte, durchaus in keinem Zusammenhange stehen. Hat er
einmal sich geirrt, so liegt es der menschlichen Natur wiederum
zu nahe, dies nicht zuzugeben, sondern die Schuld in den Einwohnern zu suchen und nicht in sich selbst, man bekömmt gegenseitige Denunciationen und Verdächtigungen gegen den Beamten
auf der einen Seite und Beschwerden aus den Gemeinden auf
der anderen Seite. Ich fürchte viel weniger, daß die uns noch
abgeneigte Stimmung dazu führen könnte, daß die Communalbeamten, wenn sie von den Gemeinden gewählt werden, gefähr-
licher werden könnten, als ich unser eigenes Unvermögen fürchte,
dem Lande überall geeignete Beamte liefern zu können.

(Beifall.)

Sollte sich diese Hoffnung täuschen, so ist es der Vortheil einer
energischen und entschlossenen Regierung, daß sie kleine Feuer, die
irgendwie aufgehen könnten, nicht fürchtet. Wie weit man außerdem in der Selbstregierung des Landes durch sich selbst wird gehen
können, darüber getraue ich mich kaum, schon ein Urtheil auszusprechen, jedenfalls halte ich es rathsam, hier wie überall so weit

zu gehen, wie irgend mit der allgemeinen Sicherheit des Reiches   25. 5. 1871.
und des Landes verträglich sein wird.

(Beifall.)

Es ist das eine Aufgabe, vor die ich mich gestellt fühle, die mir
ja in meiner bisherigen Lebensthätigkeit neu ist, und eine beschwer-
liche, sehr schwierige, sehr verantwortliche Aufgabe, an die heran-
zutreten für mich nicht ohne Bedenken ist. Nachdem die Aufgabe,
die ich mir bei Uebernahme des preußischen Auswärtigen*) Ministeriums gestellt habe, oder, ich will sagen, die mir vorgeschwebt
hat: die Herstellung des Deutschen Reiches in irgend einer Gestalt,
in einer kürzeren Zeit, als ich nach menschlicher Berechnung erwarten konnte, und in vollerem Maße, als ich damals hoffte zu
erleben, sich erfüllt hat, kann ich meine politischen Verpflichtungen
meinem Vaterlande gegenüber einigermaßen als ausgelöst betrachten; und wenn ich in diesem Stadium bei abnehmender Gesundheit und abnehmender Arbeitskraft vor einer solchen Aufgabe
nicht zurückschrecke, so leitet mich dabei ein gewisses Gefühl der
Verantwortlichkeit für das Schicksal der Bewohner dieser Provinz,
wegen des Antheils, den ich an ihrer Loslösung von Frankreich
habe; ich fühle mich berufen, der Advocat in dem neuen Staatswesen, dem sie beitreten, so weit es mir gegeben ist, zu sein, und
ich möchte sie ungern im Stiche lassen.

(Bravo!)

Zur Durchführung dieser Aufgabe bedarf ich eines entgegen-
kommenden Vertrauens der Länder selbst, aber vor allen Dingen
bedarf ich des vollen Vertrauens der Reichsbehörden, des Reichs-
tags und des Bundesraths, die hinter mir stehen, und in deren
Namen ich dort zu handeln habe, und da bin ich genöthigt, der
Specialdebatte einigermaßen vorzugreifen. Den Ausdruck dieses
Vertrauens vermisse ich in zwei Bestimmungen, die Sie unserer
Vorlage hinzugefügt haben, ja ich finde in denselben einen deci-
dirten Ausdruck des Mißtrauens: das Eine ist die Verkürzung der
Frist, für welche Sie uns Vollmacht geben wollen und für welche
Sie die Dictatur einführen wollen. In anderthalb Jahren, meine

---

*) S. 923 a.

Herren, läßt sich viel Böses thun, aber nicht sehr viel Gutes schaffen.

(Zustimmung.)

Ich habe behaupten hören, daß Ersteres in den neuen preußischen Provinzen einigermaßen der Fall gewesen sei, hauptsächlich aus der Ueberhastung der Thätigkeit, mit der man vorgegangen ist; ich kenne die Verhältnisse nicht genau genug, um über die Berechtigung dieser Klagen zu urtheilen, aber ich erlaube mir, darauf aufmerksam zu machen, daß die Aufgaben ganz verschieden sind. Dort handelte es sich darum, eine auf dynastischem Boden gewachsene Selbständigkeit einem großen Gemeinwesen, wie es Preußen war, zu assimiliren und es dadurch vorzubereiten. Hier handelt es sich gerade darum, eine Selbständigkeit zu entwickeln, die bisher unter dem starken Druck einer Centralisation gelitten hat. Um sich über viele Fragen nicht nur selbst ein Urtheil zu bilden, sondern auch Ihnen und dem Bundesrath für die spätere Entscheidung ein Urtheil zu unterbreiten, ist der Termin von anderthalb Jahren, fürchte ich, zu kurz gegriffen. Ja, ich halte auch schon den Termin bis zum Jahre 1874, den wir selbst gestellt haben, für einen ziemlich willkürlich gegriffenen. Es kann ebenso gut dann das Bedürfniß vorhanden sein, diese Verwaltung, vor deren Anfang wir vielleicht stehen, zu verlängern, falls sie sich bewährt, wie ja auch das Bedürfniß eintreten kann — das gebe ich sehr gern zu —, Ihnen schon nach einem halben Jahre, nach einem ganzen Jahre zu sagen, die Sache sei so weit fertig, um in die Reichsverfassung aufzugehen, und daß wir dann weitere Schritte zu deren voller Anwendung thun können. Ich möchte Sie bitten, doch nicht dem Verdacht Raum zu geben, als ob in der Regierung — und ich kann hierbei nach meiner ganzen amtlichen Stellung meine Person einigermaßen in den Vordergrund stellen als ob in mir irgend ein Bestreben vorhanden wäre, diese schwerwiegende Verantwortlichkeit eine Stunde länger zu tragen, als durchaus sachlich nothwendig ist. Ich bin meiner ganzen Natur nach nicht regierungsbedürftig, das heißt passiv in hohem Grade,

(Heiterkeit.)

aber ich habe nicht das Bedürfniß zu regieren und lasse gern Anderen freie Bewegung. Also, meine Herren, die Befürchtung ist wirklich 25 5. 1871. nicht begründet, daß wir diese Verantwortlichkeit länger in der Hand würden behalten wollen, als dringend nothwendig ist zu den Aufgaben, die uns gestellt sind, und die vielleicht in so kurzer Zeit kaum erfüllbar sein werden, wie es anderthalb Jahre sind. Mit dem Beamtenpersonal geht es wie mit der Marine: man kann zwar Schiffe kaufen, aber so lange man keine Matrosen und keine zuverlässigen Seeleute*) hat, nützen die Schiffe allein nicht viel. So ist auch in diesem Lande meines Erachtens zunächst die Aufgabe, sich einen zuverlässigen Beamtenstand heranzuziehen, der, wenn es nach meinen Wünschen geht, so viel als möglich aus Eingeborenen bestehen muß, welchen wir trauen können, welche wir nach unseren Begriffen für befähigt halten. Das sind Alles Sachen von Bedeutung. Es ist auch möglich, daß wir zuerst in der Ernennung der höheren Beamten Mißgriffe machen, daß nicht gleich Alles gelingt und einschlägt, daß man Wochen und Monate verliert, ehe man auf den richtigen Weg kommt; unfehlbar ist Niemand, und auch eine von dem Reichstage stärker bevormundete Regierung würde immer dieser Gefahr verfallen. Es ist also möglich, daß wir Zeit verlieren. Wird ein definitiver Zustand geschaffen, dann muß auch die Beamtenschaft, die dort hingestellt ist, sich aller Garantien, auf denen die Zuverlässigkeit der deutschen Beamten beruht, erfreuen, dann muß das Versetzen, das Revocieren auf hören, und man muß den Leuten diejenigen Garantien für die Dauer ihrer Existenz geben, die die Beamten bei uns haben. Ich möchte Sie daher dringend bitten, lassen Sie die Befürchtung aus alter Zeit, von der ich wirklich sagen möchte: ich weiß nicht, was sie soll bedeuten! [1]) —

(Heiterkeit.)

lassen Sie die, und glauben Sie nicht, daß die Regierung das Bedürfniß hat, von ihrer Dictatur einen längeren Gebrauch zu machen, als es nothwendig ist, und sie wird sich bald genug diese Frage vorlegen. Es ist aber sehr viel schwerer zu sagen, wir wollen die Dictatur verlängern, und dadurch dem Lande ein Miß

---

*) S. 923 b.

[1]) Anspielung auf das vielgesungene Volkslied: Ich weiß nicht, was soll es bedeuten, daß ich so traurig bin.

trauensvotum von Seiten des Reichstags zu geben, während es leicht ist, zu sagen: wir wollen sie verkürzen.

Eine zweite Angelegenheit, bei der ich das Gefühl hatte, während meiner Abwesenheit ein Mißtrauensvotum bekommen zu haben, und die, ich muß sagen, mich persönlich schmerzlich berührt hat, ist die Frage wegen der Schulden, das Amendement der Herren Lasker und v. Stauffenberg. Ich weiß nicht, ob Sie sich den eigenthümlichen Eindruck zu vergegenwärtigen im Stande sind, den es mir machen mußte, als ich von den Friedensverhandlungen zu= rückkam, wo definitiv die Schuldenfreiheit des Elsaß sanctionirt war, und diese Creditloserklärung meiner Person mir entgegenkam. Ich überschätze meinen Antheil an der Herstellung des Friedens über= haupt nicht — er gebührt wesentlich unseren tapferen Kriegern, ich habe nur ihre Thaten zu registriren gehabt —; wenn ich aber an irgend Etwas einen persönlichen Antheil habe, ja das Resultat fast allein mir zuschreiben kann, so ist es das Ergebniß, daß Elsaß vollständig schuldenfrei ist, und es war das nicht leicht zu machen. Es hat mir außerdem dringend am Herzen gelegen, diesem Lande die Geldquellen, die ihm augenblicklich fehlen, wieder zu eröffnen; ich weiß nicht, ob Ihnen bekannt ist, daß noch heute bei Straßburg die Ruinen, der Schutt liegt, eben wie er nach dem Bombardement gelegen hat, daß aus Mangel an Mitteln, welche die Grundlage der amtlichen Anordnungen sind, aus Mangel an amtlichen Initia= tiven, welche dort leitend und fördernd eingreifen könnten, noch heute kein Stein aufgebaut ist; es stand zu befürchten, daß, wenn es so bleibe, den ganzen Sommer hindurch die Leute nicht unter Dach kommen, da ihnen Betriebscapital fehlt, und daß sie beim Eintritte des Winters sich in einer ähnlichen Lage befinden würden. Ich habe deshalb mein Augenmerk darauf gerichtet, aus den fran= zösischen Kriegscontributionen eine erhebliche Zahlung noch früher flüssig zu machen, als es bei dem Frieden bedingt war; ich habe dies dadurch erreicht, daß ich mich anheischig machte, einen Theil der ersten Zahlung in französischen Banknoten anzunehmen, welche in Elsaß und Lothringen und Frankreich vollständig pari stehen und als Zahlungsmittel für uns jeden Tag verwerthbar sind. Ich habe dies aber nur unter der Bedingung sofortiger Zahlung ge= than, weil wir jetzt den Cours der Banknoten kennen, für die Zukunft

ist das für uns eine unbekannte Größe. Mit Rücksicht auf die 25.5.1871.
Bedürfnisse unserer Truppen in Frankreich, aber auch im Elsaß,
habe ich stipulirt, daß heute über acht Tage die erste Rate von
40 Millionen Francs, sei es in Mülhausen, Straßburg oder Metz
ausgezahlt werde, um sie dort zur Disposition zu haben; acht Tage
später wieder 40 Millionen und am 15. Juni 45 Millionen, zu=
sammen 125 Millionen*) Francs, die, soweit wir sie in Frankreich
brauchen werden, in Rheims oder sonst wo bei unseren Truppen
einzuzahlen sind, soweit wir sie aber im Elsaß verwerthen können,
in Mülhausen oder Straßburg zahlbar sind. Um die Dispositions=
aussichten des Finanzministers über die erste Rate von 500 Millionen
nicht zu vermindern, habe ich mich zur Annahme von Banknoten
nur unter der Bedingung verstanden, daß von der zweiten Rate,
die erst am Ende dieses Jahres nothwendig fällig sein würde, ein
gleicher Betrag von 125 Millionen in den im Frieden stipulirten
Zahlungsmitteln bereits im Laufe dieses Sommers sechszig Tage
nach der Einnahme von Paris gezahlt werde. Wir sind dadurch
in die vortheilhafte Lage gekommen, für alle diejenigen Bedürfnisse,
die wir in französischen Banknoten decken können, sofort die Zahlungs=
mittel in der Hand zu haben.

Mit allem diesem in der Tasche und mit dem schuldenfreien
Elsaß komme ich nach Hause,

(Heiterkeit.)

und glaubte hierüber im Interesse des Elsaß zu einiger Anerken=
nung berechtigt zu sein, und was mir entgegenspringt, ist die Er=
klärung, wir schicken Euch diesen Kanzler, aber leiht ihm kein Geld,
wir stehen nicht gut für ihn!

(Heiterkeit.)

Ich werde wie ein leichtfertiger Schuldenmacher dem Lande gegen
über hingestellt!

Nun, meine Herren, die Sache ist in keiner Weise von er=
heblicher praktischer Bedeutung, mir wäre es nicht beigekommen,
daß mir auch nur das Recht beiwohnen würde, oder dem Bundes=
rath, für das Elsaß eine Schuld zu contrahiren, wenn wir die
Elsasser selbst nicht gefragt haben; — die sind die Erstberechtigten;

---

*) S. 924 a.

und ich möchte doch davor warnen, daß Sie sich dem Gedanken
ergeben, die Elsässer in ihren localen Interessen von hier aus be=
vormunden zu wollen, den Reichstag gewissermaßen als Elsässer
Landtag zu substituiren. Dabei dürsten die Elsässer meines Er=
achtens doch wohl zu kurz kommen. Alle anderen deutschen Volksstämme
besorgen ihre Geschäfte, soweit sie nicht der Reichscompetenz anheim=
fallen, unter eigener Mitwirkung; wie sollten die Elsässer dazu
kommen, bei Vertretung ihrer eigensten Angelegenheiten — mit
einer Vertretung*) von nur 16 unter 100 — dazu kommen, die
Pommern, Württemberger, Sachsen, Hannoveraner u. s. w. über
ihre engeren Landesverhältnisse abstimmen zu lassen? Ich habe
mit den Elsässer Deputirten, die noch vor Kurzem hier waren,
über diese Sache gesprochen, und die waren ihrerseits ebenfalls
erstaunt über diesen Mangel an Vertrauen, den man zu ihnen in
eigener Besorgung ihrer Geschäfte hätte. Sie sagten mir: wenn wir
nun das Bedürfniß haben, eine Universität zu gründen, ein Theater
zu bauen, eine Eisenbahn anzulegen, unser Wegenetz zu vervollstän=
digen, sollen wir dazu keine Departementsschulden machen können?
(Bewegung.)
Die Versuchung für die Regierung, dort auf das Elsaß nutzlose
Schulden zu contrahiren, — ich wüßte nicht, wozu die führen
sollte, was wir mit dem Gelde machen, zu welchem Zwecke wir
Schulden machen sollten, es sei denn, daß das Land selbst erklärt:
wir haben bestimmte Bedürfnisse, wir wollen zur Befriedigung der=
selben eine Anleihe machen — eine Freiheit, die ja Jedem gestattet
wird. Warum wir dieses Land, dessen Bewohner doch vollkommen
ausgetragene Kinder sind, (Heiterkeit.)
die ihre Geschäfte vollständig verstehen, warum wir dieses Land
gewissermaßen unter eine Reichsvormundschaft stellen wollen, das
kann ich nicht verstehen.

Ich kann Ihnen nur sagen, meine Herren, ich würde es im
höchsten Grade bedauern, wenn Sie bei diesem Amendement be=
harren würden; ich würde dann im Bundesrath den Antrag stellen,
der Vorlage eine neue Gestalt zu geben, bei welcher die persönliche
Mitwirkung des Bundeskanzlers ausgeschlossen ist. Es widerstrebt

---

*) StB.: Versammlung.

meinem persönlichen Ehrgefühl, unter dieser Creditloserklärung in 25. 5. 1871. die mir zugedachte Stellung einzutreten. Es*) läßt sich ja sehr leicht eine andere Einrichtung finden, Se. Majestät der Kaiser kann ja einen verantwortlichen Minister für Elsaß und Lothringen ernennen, der dies übernimmt; ich habe als Bundeskanzler eigentlich dazu keinen nothwendigen Beruf. Ich habe dazu mein Amt nicht übernommen, um diese Verantwortung für die Dictatur in diesem großen und bedeutsamen Moment und in diesem Lande zu tragen, wenn sie mir nicht so übergeben wird, daß ich vor das Land treten und sagen kann: ich komme mit dem vollen Vertrauen des Deutschen Reichs ausgerüstet. Hat man das Bedürfniß, mir Cautelen gegenüberzustellen, als ob man befürchtet, ich könnte mit den Schätzen dieses Landes irgend welchen Mißbrauch treiben, ... ich spreche von mir, denn so lange ich Kanzler bin, kann ohne meine Mitwirkung Nichts geschehen; die Sache ist gegen meine Person gerichtet, denn ich kann nach der Lage der Dinge in der Frage nicht majorisirt werden, ohne Zustimmung des Kaisers ist kein Gesetz möglich. — Ich bin sehr gern bereit, jeden Dienst zu leisten, den das Land noch aus mir ziehen kann; aber geben Sie mir die Möglichkeit, daß ich ein solches Amt mit Freudigkeit übernehme, und befreien Sie mich von diesem Votum, das ich nicht anders denn als Mißtrauen bezeichnen kann.

(Bravo! rechts. Bewegung links.)

Der Abg. Lasker bemühte sich, durch eine unumwundene Anerkennung der hohen Verdienste des Reichskanzlers, bei diesem das Mißverständniß zu beseitigen, als ob in dem von ihm und dem Abg. v. Stauffenberg gestellten Amendement irgend ein Vorhalt des Vertrauens gegen den Reichskanzler liege: schon bei Begründung des Antrags habe er hervorgehoben, daß er sich auf Departementsschulden nicht beziehe, und da der Reichstag mit Annahme des Antrags sich voraussichtlich auch dessen Begründung angeeignet habe, falle das Meiste von dem, was der Reichskanzler dagegen gesagt habe, in sich zusammen. Fürst Bismarck entgegnete**):

Ich ergreife zunächst das Wort, um einem Mißverständnisse entgegenzutreten, zu welchem meine Aeußerung über Anerkennung dem Herrn Vorredner Anlaß gegeben hat. Er schien zu glauben

---

*) S. 924 b.
**) StB. 929 a.

— und ich würde es beklagen, wenn sich diese Meinung festsetzte — daß ich mich über Mangel an Anerkennung meiner politischen Thätigkeit im Allgemeinen beklagt hätte; da wäre ich sehr unbescheiden, sie ist mir weit über mein Verdienst geworden, und ich fühle mich durch die Anerkennung meiner Mitbürger von vielen Seiten her in hohem Grade geehrt und befriedigt.

Die Anerkennung, von der ich gesprochen habe, und die ich hier vermisse, ist lediglich die Anerkennung meines Bestrebens, das Elsaß nicht mit unnöthigen Schulden zu belasten, und das hatte ich in einer mehr ornamentalen Redeweise ausgesprochen, daß ich geglaubt hatte, durch meine Bemühungen Vertrauen — das wäre das richtige Wort — zu erwerben, denn ich hätte ja leicht ein anderes Abkommen mit den Franzosen abschließen können, das uns diese Erörterungen erspart hätte. Daß ich dieses Vertrauen, welches ich glaubte mir erworben zu haben, hier nicht wiederfand, diesen Eindruck kann selbst eine so geschickte Interpretation und ein so gewandter Redner wie der Herr Vorredner mir nicht nehmen und nicht beseitigen. Es ist ja nicht das erste Mal, daß der Herr Vorredner und seine Parteigenossen mir erklärt haben, daß sie unbedingtes Vertrauen zu mir hätten, daß sie es aber in ihren Voten und Anträgen nicht zu bethätigen für gut befunden haben, und die Thatsache bleibt auch hier für mich bestehen, was auch erklärt sein mag: die Herren mögen Vertrauen zu mir nach anderen Richtungen*) haben, hier haben sie das Vertrauen zu mir nicht, sondern fühlen das Bedürfniß, dem Elsaß gegenüber mich und die Verwaltung zu binden und zu verhindern, daß wir nicht etwa Schulden machen; zugleich liegt darin eine sachliche Tendenz, dem Reichstage die Attributionen und Functionen eines elsässischen Landtages, der sehr wohl ins Leben treten kann, beizulegen. Es ist viel zu früh, sich darüber zu entscheiden. Wenn der Herr Vorredner zugibt, es könnten auf die Departements Schulden gemacht werden, so invalidirt er dadurch seinen Antrag; aber wenn der Antrag so stehen bleibt, so könnten auf die Departements keine Schulden gemacht werden; wenn aber Schulden auf die drei Departements gemacht werden, so haften sie auch auf dem ganzen

---

*) S. 929 b.

Lande; ob 300 Millionen auf Elsaß-Lothringen oder 100 Millionen 25. 5. 1871. auf jedem Departement dort übernommen werden, das kommt schließlich auf dasselbe hinaus.

Auf die anderen sachlichen Gründe, die meiner ganzen Anschauungsweise über das vorliegende Rechtsverhältniß, über die Folgen, die es haben kann, wenn das Gesetz nicht zu Stande kommt, zu Grunde liegen, will ich mich, weil ich principielle Streitigkeiten vermeide, wo ich sie vermeiden kann, nicht einlassen; ich kann nur meine reifliche und wohlerwogene Entschließung wiederholen: wenn dieser Artikel stehen bleibt, so kann ich das Mandat, das mir durch den § 4 dieses Gesetzes beigelegt werden soll, als Kanzler nicht übernehmen, sondern muß bitten, das zu streichen und auf diese Weise Sr. Majestät dem Kaiser die Freiheit zu lassen, einen für das Elsaß verantwortlichen Minister zu ernennen, der ich alsdann nicht sein würde; denn ich glaube nicht — so viel Vertrauen habe ich zu dem Vertrauen der Herren —, daß Sie beabsichtigen*), daß ich in dem Falle mein Amt als Reichskanzler niederzulegen haben würde, — ein Anderer wird dann vielleicht die Elsasser Verwaltung übernehmen, ich aber als Kanzler und auch als Minister nicht; ich müßte dann, wie schon gesagt, entweder bitten, daß hier in der Versammlung ein Antrag gestellt wird auf Streichung des Artikels und Substituirung eines anderen verantwortlichen Ministers außerhalb meiner Person, oder ich — würde diese Aenderung im Bundesrath geltend zu machen suchen.

Auf Antrag der Abg. v. Hennig und Fürst Hohenlohe-Schillingsfürst wurde der Gesetzentwurf „zu schleuniger Berichterstattung" an die 7. Commission zurückverwiesen.

Ihrer Sitzung, die noch am Abend des 25. Mai 1871 stattfand, wohnte auch Fürst Bismarck bei. Hauptgegenstand der Berathung bildete das in der Commission gestellte Amendement, wonach bei Anleihen und Garantieübernahmen für Elsaß und Lothringen, welche in der Dictaturperiode aufgenommen würden, die Zustimmung des Reichstags nur dann erforderlich sei, wenn dadurch irgend eine Belastung des Reiches herbeigeführt werde. Zur Begründung dieses Antrages wurde mit Rücksicht auf die Erklärungen des Reichskanzlers in der Sitzung des Reichstags und auf dessen Erklärungen in der Commission selbst hervorgehoben:

---

*) Der StB. hat vor „beabsichtigen" noch einmal „nicht".

25. 5. 1871.   Die Quelle der Anträge, welche dem Reichstage bei Schuld=
aufnahmen eine concurrirende Thätigkeit eröffnen wollten, könne in
keiner Weise in einem Mißtrauen gegen die Executive gefunden wer=
den, daran sei von keiner Seite gedacht worden. Durch diese Anträge
hätten auch Schuldaufnahmen Seitens der Communen und Departe=
ments in keiner Weise behindert werden sollen, wie dies sowohl in
den Commissionsberathungen als in denen des Reichstags ausgesprochen
worden sei. Solche Schuldaufnahmen habe man als Befugnisse von
Körperschaften, die aus dem bestehenden Verwaltungsrechte hervor=
gingen, betrachtet. Als Gegenstand der Gesetzgebung selbst sei nur
an Schuldaufnahmen für die Gesammtheit von Elsaß=Lothringen ge=
dacht worden, für welche eine bestimmte staatliche Form und eine Ver=
tretung nicht existire und für welche eine Landesverfassung nach offi=
cieller Erklärung nicht anders als durch ein Reichsgesetz gegeben werden
solle. Seitens des Herrn Reichskanzlers sei jetzt ausgesprochen, daß
er solche Schuldaufnahmen als eigenstes Interesse der Bewohner von
Elsaß und Lothringen auffasse, ohne deren Befragung sie nicht
stattfinden würden. Mit einer Erklärung dieser Art falle der eine
Grund hinweg, der den bestrittenen Zusatz hervorgerufen habe. Um
den zweiten Grund zu beseitigen, den, daß Anleihen und Garantie=
übernahmen für das Reichsland in irgend welcher Weise dem Reiche
selbst eine Verbindlichkeit auferlegen könnten, genüge es, diesen Fall,
wie die beantragte Fassung thue, besonders hervorzuheben und die Zu=
ständigkeit des Reichstags ausdrücklich dafür zu wahren.

Ferner wurde noch bemerkt, daß durch die Abtretung der Eisen=
bahnen in Elsaß und Lothringen an das Reich die Möglichkeit be=
seitigt sei, daß die Eisenbahnen an das Reichsland ohne Zustimmung
des Reichstags abgetreten würden. Wie dem Reichstage eine Mit=
wirkung bei Verwendung der Kriegscontributionen eingeräumt werde,
so werde ihm auch die Mitverfügung über diesen Theil des Reichs=
vermögens zustehen. Damit scheine der frühere Beschluß nicht mehr
nöthig, vorausgesetzt, daß die Eisenbahnfrage in der angedeuteten Weise
angesehen werde.

Fürst Bismarck erklärte darauf*):

daß er der Debatte keine weitgreifende principielle Bedeutung
gegeben zu sehen wünsche. Im ersten Stadium der Friedensver=
handlungen habe Frankreich dem Elsaß als Quote der französischen
Schuld 750 Millionen aufbürden wollen; dies sei abgewiesen wor=
den, und man habe dann über eine Antheilnahme der Schuld im
Verhältniß des Eisenbahnwerthes verhandelt. Später sei anders

_____

*) StB. Anl. Nr. 169 S. 427 b.

abgeschlossen worden, es sei aber leicht gewesen, zu bestimmen, daß 25. 5. 1871.
die Eisenbahnen gegen Uebernahme*) eines entsprechenden Schuld-
antheils an Elsaß und Lothringen abgetreten würden, und man
könne dies heute noch mit Frankreich abmachen.

Dem neuen Amendement könne er zustimmen. Ueberrascht
habe ihn eine Neigung der Mehrheit des Reichstags, sich an die
Stelle des Elsässer Landtags zu setzen; das Elsaß solle aber nicht
als Versuchsstation dienen. Der Reichskanzler habe im Elsaß eine
Vertrauensmission zu erfüllen, und könne das nur, wenn ihm
volles Vertrauen zu Theil werde. Nach seiner Ansicht seien durch
die Fassung des Abf. 2 auch Departementalschulden ausgeschlossen
worden. Ueber die Zweckmäßigkeitsfrage, ob die Eisenbahnen besser
für das Reich oder im Interesse der Elsässer zu bewirthschaften
seien, habe er noch keine feste Ansicht. Ihm habe bei den Schulden der Bau von Chausseen, Vicinaleisenbahnen u. dgl. vorgeschwebt, wovon die Elsässer selbst gesprochen hätten. Den Gedanken, aus Elsaß und Lothringen ein staatliches Gebilde zu schaffen,
habe er nicht, da er überhaupt noch nicht wisse, was die Bevölkerung wolle. Daher habe er nach jeder Richtung freie Hand gelassen; rechtlich existirten in den neuen Landen vorerst nur die drei
Departements. Ob man es nützlich finden werde, aus ihnen ein
organisches Ganzes zu schaffen, darüber lasse sich heute noch nicht
entscheiden. Metz mit seinem Gebiete verlange vielleicht eine Be-
handlungsweise, welche, auf die Gesammtheit angewendet, die Assi-
milirung der deutschen Lande erschwere. Möglich, daß man aus
den beiden Elsässer Departements ein Ganzes machen könne; ob
sich Theile von Deutsch-Lothringen dazu legen lassen, müsse man
abwarten. Man müsse als ersten Grundsatz festhalten, nicht vorzugehen ohne Fühlung mit der Bevölkerung. Deshalb sollten die
Communal- und Departementalwahlen ausgeschrieben werden.
Sollte übrigens aus der jetzigen Dreitheilung eine Zweitheilung
gemacht werden, so werde er auch eine Schuld, an welcher beide
Elsässer Departements Theil nähmen, als Departementalschuld auf-
fassen. Der Begriff des Reichslands sei mit dem eines selbstän-
digen Staatswesens nicht congruent.

---

*) S. 128 a.

Daß übrigens seine Ansicht dahin gehe, daß Schulden für die Gesammtheit von Elsaß und Lothringen nur mit Zustimmung einer Landesvertretung auferlegt werden könnten, habe er bereits erklärt, sogar in dem strengen Sinne, daß er den Zweifel ausgesprochen, ob die fehlende Zustimmung der Elsäßer durch die des Reichstags ersetzt werden könne.

Gegenüber der Einwendung, daß durch das jetzt gestellte Amende-ment der ganze Vorbehalt bedeutungslos werde, weil er nun nur etwas sage, was sich von selbst verstehe, wurde bemerkt, von großer Trag-weite sei schon das ursprüngliche Amendement nicht gewesen. Da man Departementalschulden nicht darunter habe begreifen wollen, so hätte durch Zusammenlegen der drei Departements derselbe wirkungslos gemacht werden können. Eine bestimmte Bedeutung liege aber immer noch darin, daß das Reich während der Dictaturperiode, während welcher dem Kaiser unter Zustimmung des Bundesraths das ganze Gesetzgebungsrecht in dem Reichsland übertragen sei, ausdrücklich von jeder moralischen oder juristischen Verbindlichkeit freigemacht werde.

Bei der Abstimmung wurde das neu in der Commission einge-brachte Amendement mit 16 Stimmen angenommen.

Die Commission schritt hierauf zur Berathung des Antrages, den Termin des Eintritts der Wirksamkeit statt auf den 1. Januar 1873 entsprechend der ursprünglichen Regierungsvorlage auf den 1. Januar 1874 festzusetzen.

Fürst Bismarck*):

Er befürwortete diesen Antrag. Ein zwingender Grund für den Termin 1874 oder für einen anderen lasse sich nicht angeben. Die Gefahr, daß man bei dem kürzeren Termine in Hast noch viele Dinge fertig zu bringen suchen müsse, werde durch den Ter-min von 1874 jeden Falls vermindert. Die Regierung selbst werde keine Stunde länger, als nothwendig sei, an der Dictatur fest-halten. Diese lasse sich aber, wenn sich dies zulässig zeige, leicht um ein Jahr verkürzen, aber schwer um ein Jahr verlängern. Eine solche Verlängerung stoße auch auf die Schwierigkeit, daß man sich erforderlichen Falls schon im Frühjahr 1872 darüber schlüssig machen oder im Herbst 1872 einen Reichstag ad hoc ein-berufen müsse. Uebrigens habe ihm der Gedanke vorgeschwebt, ob nicht die Elsäßer am Reichstage bald, an dem Bundesrathe durch berathende Mitglieder unverzüglich betheiligt werden könnten.

---

*) S. 428 a.

Für die Beibehaltung des in der zweiten Lesung angenommenen 25. 5. 1871
Termins wurde auf die bei der früheren Commissionsberathung geltend
gemachten Gründe verwiesen. Der kürzere Termin werde den Gegnern
Deutschlands in Elsaß und Lothringen ein großes Agitationsmittel aus
der Hand nehmen. Ende 1872 werde von der Reichsverfassung schwerlich Etwas übrig sein, was nicht in Elsaß-Lothringen eingeführt sei,
mit einziger Ausnahme der Vertretung. Gerade die Nichtbetheiligung
am Reichstage würde dort am schmerzlichsten empfunden werden. Auch
erscheine es wünschenswerth, daß die Vertreter der neuen Gebiete in
einen bereits festconstituirten und nicht in einen erst neu gewählten
Reichstag einträten, wie dies im Jahre 1871 der Fall sein würde.
Fehlgriffe in der ersten Wahl würden dann bei der späteren Wahl
von 1874 leicht corrigirt werden können. — Sollte übrigens, so wurde
von einer Seite noch bemerkt, durch die Zustände von Elsaß-Lothringen
eine Verlängerung des Termins erforderlich werden, so werde ja der
Reichstag seiner Zeit dazu bereit sein.

Dagegen wurde hervorgehoben, daß man, da anerkanntermaßen
hier ein principieller Gegensatz nicht vorliege, für die Zweckmäßigkeit
des Jahres 1873 sich auch kein durchgreifender Beweis führen lasse,
am besten dem Wunsche der Regierung entspreche, die den Zeitpunkt
nach den Umständen zu verkürzen den Willen habe. Das Jahr 1873
mache eine zweimalige Wahl, für 1873 und 1874, in kurzer Aufein-
anderfolge nothwendig, was keineswegs wünschenswerth erscheine. Am
besten sei es vielleicht, überhaupt keinen Termin zu fixiren.

Als ein weiterer Ausweg wurde noch der bezeichnet, Elsaß-Lothringen schon 1873 am Reichstage zu betheiligen, für die Landesgesetzgebung aber noch die Dictatur nach der Regierungsvorlage bis 1874
bestehen zu lassen. Ein Antrag wurde daran nicht geknüpft. Der
Reichskanzler Fürst Bismarck äußerte,

daß vielleicht im Plenum ein Compromiß gefunden werden
könne, dem dieser Gedanke zu Grunde liege.

Bei der Abstimmung wurde der Antrag, den Termin der Regierungsvorlage (1. Januar 1874) wiederherzustellen, mit 8 gegen
14 Stimmen verworfen und damit die Fassung des Absatz 1 des § 2
nach dem Beschlusse der zweiten Lesung beibehalten.

Hiernach schlug die Commission vor, den Gesetzentwurf zu fassen,
wie folgt (die Abweichungen von der ursprünglichen Vorlage sind durch
gesperrten Druck hervorgehoben):

§ 1

Die von Frankreich durch den Art. 1 des Präliminarfriedens
vom 26. Februar 1871 abgetretenen Gebiete Elsaß und Lothringen werden in der durch den Art. 1 des Friedensver-

trages vom 10. Mai 1871 und den dritten Zusatzartikel
zu diesem Vertrage festgestellten Begrenzung mit dem
Deutschen Reiche für immer vereinigt.

§ 2.

Die Verfassung des Deutschen Reiches tritt in Elsaß und
Lothringen am 1. Januar 1873 in Wirksamkeit.

Durch Verordnung des Kaisers mit Zustimmung des Bundesraths können einzelne Theile der Verfassung schon früher eingeführt werden.

Die erforderlichen Aenderungen und Ergänzungen
der Verfassung bedürfen der Zustimmung des Reichstags.

Art. 3 der Reichsverfassung tritt sofort in Wirksamkeit.

§ 3.

Die Staatsgewalt in Elsaß und Lothringen übt
der Kaiser aus.

Bis zum Eintritt der Wirksamkeit der Reichsverfassung ist
der Kaiser bei Ausübung der Gesetzgebung an die Zustimmung des Bundesraths und bei der Aufnahme
von Anleihen oder[1]) Uebernahme von Garantien für
Elsaß und Lothringen, durch welche irgend eine Belastung des Reiches herbeigeführt wird, auch an die
Zustimmung des Reichstags gebunden.

Dem Reichstage wird für diese Zeit über die erlassenen Gesetze und allgemeinen Anordnungen und
über den Fortgang der Verwaltung jährlich Mittheilung gemacht.

Nach Einführung der Reichsverfassung steht bis zu anderweitiger Regelung durch Reichsgesetz das Recht der Gesetzgebung
auch in den der Reichsgesetzgebung in den Bundesstaaten nicht
unterliegenden Angelegenheiten dem Reiche zu.

§ 4.

Die Anordnungen und Verfügungen des Kaisers bedürfen zu ihrer Gültigkeit der Gegenzeichnung des
Reichskanzlers, der dadurch die Verantwortlichkeit übernimmt.

---

[1]) Im Commissionsbericht, wie er in den Anlagen zu den StB. veröffentlicht ist, steht zwar „und", doch ist dies Druckfehler für „oder", s. die Berichtigung durch den Berichterstatter Dr. Lamey in der 48. Sitzung am 3. Juni
1871, StB. 995 b.

Im Auszug aus einer parlamentarischen Correspondenz (C. Z.) berichtet die National-Zeitung 27. 5. 1871 Nr. 241 Beiblatt 3 über den Verlauf dieser Commissionssitzung:

Der Sitzung wohnte Namens des Bundesraths außer dem Fürsten Bismarck auch Staatsminister Delbrück bei. Die Commission hatte auch über die in der Plenarsitzung gestellten Anträge zu berathen, also die bekannten Dunckerschen, welche aber kaum zur Debatte kamen, und den Antrag des Abg. Grafen Kleist auf Wiederherstellung der Regierungsvorlage. Die beiden Referenten der Commission, Abg. Lamey und Friedenthal, stellten den oben mitgetheilten Antrag („Alle Anleihen und Garantien, die das Reich belasten, bedürfen der Zustimmung des Reichstags"). Dr. Lamey führte zur Begründung desselben aus, daß der Reichskanzler die Sache nicht richtig aufgefaßt habe, wenn er diese Differenz als eine persönliche betrachte. Auf Departementalschulden sollte nach allseitigem Anerkenntniß der Commissionsbeschluß sich gar nicht beziehen, sondern nur auf die Schulden, welche für Elsaß und Lothringen als Gesammtheit etwa aufgenommen würden. Hierfür gebe es keine Vertretung, man habe noch kein fertiges Staatsgebilde vor sich und deswegen sei davon ausgegangen, daß eine derartige Schuldaufnahme ausgeschlossen werden solle. Uebrigens lasse sich auch nicht wohl denken, welche praktische Bedeutung die Frage haben könne, außer bei Erwerbung von Eisenbahnen.   Correferent Dr. Friedenthal trat diesen Ausführungen im Wesentlichen bei. Gegen Anleihen, welche sich im Rahmen des Communalwesens bewegen, habe er Nichts einzuwenden, und es könnte ja auch ein Provinzialrath gebildet werden.   Dagegen würde durch die Verwandlung von Elsaß und Lothringen in einen Staat das Provisorium verletzt. — Dr. Wigard wies auf die Stellung der Commission hin: die Zurückverweisung der Vorlage sei nur ein Mittel, um den Rückzug zu decken; er werde sich deshalb an der Discussion nicht betheiligen. — Abg. v. Bennigsen führte aus, der Beschluß des Reichstags sei nur gefaßt worden, um der Möglichkeit vorzubeugen, daß die elsässischen Eisenbahnen Elsaß und Lothringen nur gegen Uebernahme einer dem Werthe derselben entsprechenden Schuld überwiesen würden. In dieser Beziehung habe sich jetzt die Sache geändert, da die Eisenbahnen an das Reich übergegangen seien, so daß ohne Zustimmung des Reichstags darüber nicht disponirt werden könne. Eine andere Veranlassung zur Schuldenaufnahme lasse sich aber nicht denken. Auch der Reichskanzler scheine sich nicht für berechtigt zu halten, Schulden ohne Zustimmung einer Landesvertretung aufzunehmen. Spreche derselbe aus, daß es nicht in seiner Absicht läge, dem Lande Lasten aufzulegen, so lange dasselbe keine legale Vertretung habe, so werde die Absicht des Reichstags auch ohne Festhaltung an dem in der zweiten Lesung gefaßten Beschlusse erreicht. Fürst Bismarck äußerte sich etwa dahin

Die verbündeten Regierungen müßten Gleichstellung mit dem Reichstage in Anspruch nehmen. Principienfragen könne er erst erörtern, wenn Aussicht auf eine Verständigung vorhanden sei. Diese Aussicht finde er aber in den Ausführungen des Abg. v. Bennigsen nicht. Hätte er solche Streitigkeiten voraussehen können, so wäre die Sache leicht zu umgehen gewesen, und zwar durch eine entsprechendere Fassung des Friedensvertrags, und heute noch stände kein rechtliches Hinderniß im Wege, mit Frankreich andere Verträge abzuschließen. Es habe sich in der That darum gehandelt, Elsaß und Lothringen Schulden zuzuweisen, er habe dies bei den Verhandlungen abgewendet. Das aber wäre ihm nicht eingefallen, daß die verbündeten Regierungen nicht berechtigt sein sollten, die elsässischen Eisenbahnen gegen eine entsprechende Vergütung dem Lande zuzuweisen. Einer Dictatur des Reichstags unterwerfe er sich nicht. Das Amendement der beiden Referenten sei übrigens für ihn annehmbar. Bei der Fassung der zweiten Lesung würde der Reichstag aber in die Berechtigung der Elsässer eingreifen, über ihre eigenen Angelegenheiten mitzusprechen. Er müsse die Rechte der Letzteren vertheidigen, und zu diesen Rechten gehöre vor Allem, daß keine Schulden ohne ihre eigene Zustimmung gemacht werden könnten. Durch das Votum des Reichstags würde das Vertrauen, welches die Elsässer ihm (dem Reichskanzler) entgegenbrächten, erschüttert werden. Beharre der Reichstag auf seinem Beschlusse, so lehne er für seine Person die Besorgung der elsässischen Angelegenheiten ab. Man möge sie dann einem verantwortlichen Minister übertragen, es würden sich schon Leute finden, welche die Geschäfte unter solchen Bedingungen übernehmen würden. Es sei ihm übrigens nicht eingefallen, jetzt schon für Elsaß und Lothringen eine Verfassung zu geben; man müsse abwarten, wie sich die Dinge dort entwickelten, deswegen habe er auch den Gedanken, einen Statthalter, etwa in der Person eines Prinzen, dorthin zu schicken, bekämpft und beseitigt. Allein er lasse sich nicht unter Polizeiaufsicht stellen, wie dies bei dem Beschlusse des Reichstags der Fall sein würde; er lasse sich nicht einschränken, wie man etwa die Rinderpest einschränke. Er verharre in seiner Stellung ohnehin nur aus Pflichtgefühl, gäbe man ihm aber einen plausiblen Grund wegzugehen, so werde er denselben mit Vergnügen er-

greifen. Seine Absicht sei zunächst, die Gemeinde- und Depar-
tementswahlen vornehmen zu lassen, denn von Notabeln halte er
Nichts, dann habe er eine Vertretung der Bevölkerung, während
der Reichstag die Elsasser unter eine Vormundschaft stellen wolle,
die er als Vertreter dieser Länder zurückweisen müsse.

Graf Rittberg empfiehlt die Abänderung der Beschlüsse des
Reichstags, bei denen er volle Consequenz überhaupt vermißt. — Abg.
Lasker: Auf weitere Controversen, zu denen die Aeußerungen des
Fürsten Bismarck etwa Veranlassung geben könnten, wolle er sich
nicht einlassen. Als feststehend sehe er an, daß ohne ein Reichsgesetz
Elsaß und Lothringen keine Verfassung erhalten könnten. Er frage
nun, wie bei dieser Sachlage juridisch für das Land Schulden gemacht
werden könnten, ohne nothwendig auf das Reich selbst zurückzuwirken?
Könne man sich mit dem Reichskanzler nicht verständigen, so sei seiner
Ansicht nach für diesen das richtige Mittel: die Auflösung des Reichstags. Uebrigens halte er das Interesse des Reiches für gewahrt,
wenn die Regierungen erklärten, Anleihen für Elsaß und Lothringen
nur unter Zustimmung von Vertretern des Landes zu machen, und es
könne daher nur von solchen Anleihen die Rede sein, welche für Communalzwecke gemacht würden, wenn auch im weitesten Sinne des Wortes,
also auch für provinzielle Zwecke.

Fürst Bismarck antwortete:

er habe keine Collision gesucht, aber man dürfe ihm in Ausübung der verfassungsmäßigen Rechte des Bundesraths keine
Schwierigkeiten bereiten. In der Beseitigung solcher Schwierigkeiten würde er energisch vorgehen. Departementalschulden würden
durch den Beschluß der zweiten Lesung seiner Ansicht nach auch
ausgeschlossen. Ueber die elsässischen Eisenbahnen habe er noch
keinen Entschluß gefaßt; vorläufig hätte es ihm am natürlichsten
geschienen, wenn sie vom Elsaß selbst übernommen würden. Weitere
Absichten bezüglich der Schulden, als für Communalzwecke im
weitesten Sinne des Wortes, lägen nicht vor. An die Bildung
eines elsaß-lothringischen Staates habe er nicht gedacht; ein Reichsland sei etwas ganz Anderes.

Abg. Hölder: Von einer Verletzung der Gleichberechtigung des
Bundesraths und des Reichstags könne in einem Augenblicke gewiß
nicht die Rede sein, in welchem der Reichstag den Kaiser und den
Bundesrath für die Zeit des Provisoriums mit den weitgehendsten
Rechten ausstatte und auf seine Theilnahme an der Gesetzgebung ver-
zichte. Wenn er sich das Zustimmungsrecht für Anleihen vorbehalten

so sei das im Vergleich mit dem Gesetzgebungsrecht im Ganzen ein Minimum. Uebrigens betrachte er die ganze Frage als eine praktisch höchst unbedeutende. Einerseits werde zugegeben, daß Departemental-schulden gemacht werden könnten, und da sei es allerdings auch möglich, daß die Departements zusammen eine Schuld aufnähmen zu gemein-schaftlichen provinziellen Zwecken. Andererseits erkläre der Reichs-kanzler, daß er ohne Zustimmung von Vertretern des Landes keine Schulden machen werde, und auch abgesehen davon, sei gewiß Jeder überzeugt, daß mit dem Rechte, Schulden aufzunehmen, kein Mißbrauch werde getrieben werden. Rechtliche Bedenken gegen die Möglichkeit von Schuldaufnahmen habe er nicht, insofern, Kraft des dem Kaiser und dem Bundesrathe während des Provisoriums übertragenen Gesetz-gebungsrechts, dem Lande jedenfalls die juristische Persönlichkeit zur Erwerbung von Eigenthum und Aufnahme von Schulden verliehen werden könne. Eine objective und sachliche Berathung dieser an sich unbedeutenden Frage hätte den Reichskanzler gewiß gleichfalls zum Ziele geführt, es wäre nicht nothwendig gewesen, den Reichstag in eine Art Zwangslage zu versetzen. Gleichwohl könne er sich durch diese formelle Lage nicht bestimmen lassen — wegen einer praktisch uner-heblichen Frage — auf einen schweren Conflict einzugehen, und zwar um so weniger, als er mit dem, was der Reichskanzler über das Recht des Reichslandes auf eine eigene Vertretung und auf Besorgung der Landesangelegenheiten durch eine solche gesagt habe, vollkommen ein-verstanden sei. — Abg. Miquel acceptirt die Erklärung des Reichs-kanzlers, daß nur Communalschulden, wenn auch im weitesten Sinne des Wortes, aufgenommen werden können, und daß es nicht die Ab-sicht sei, der künftigen Verfassung des Landes vorzugreifen. Eine sachliche Meinungsverschiedenheit liege also nicht mehr vor, und es werde sich daher der Streit leicht erledigen lassen. — Abg. Reichen-sperger (Crefeld) erklärt, daß er in Consequenz seiner früheren Aus-führungen mit seinen Freunden für die Regierungsvorlage stimmen werde. — Abg. Duncker: Ihn und seine Freunde lasse dieser ganze Streit sehr kühl, da sie in der Commission gegen den jetzt beanstan-deten Beschluß gestimmt hätten und sie denselben für unerheblich be-trachteten. Allein die verbündeten Regierungen hätten den Reichstag selbst auf diesen Weg geführt. Formell stehe die Sache so, daß der Reichstag die Bestimmungen festzusetzen habe, unter welchen er den Regierungen die verlangten Vollmachten ertheilen wolle. Er werde daher von dem gefaßten Beschlusse nicht abgehen.

Fürst Bismarck bemerkt:

seine Ansicht, daß der Reichstag eine aggressive Haltung an-genommen habe, habe er nicht bloß aus diesem Fall geschöpft. Diesen Versuchen glaube er entgegentreten zu sollen.

Abg. Kiefer: Die wahre Bedeutung des von dem Referenten 25. 5. 1871 gestellten Amendements werde festgestellt werden, wenn der Reichs=kanzler bestimmt erkläre, daß Provinzialschulden nicht ohne Zustimmung einer elsässischen Volksvertretung gemacht werden sollen. Würde diese Erklärung nicht abgegeben, so würde er gegen das Amendement des Referenten stimmen.

Fürst Bismarck antwortet:

Er habe diese Erklärung ja längst und mehrfach gegeben. Nach seiner Ansicht könne auch nach Ablauf des Provisoriums die Zustimmung des Reichstags die mangelnde Zustimmung einer elsässischen Volksvertretung schwerlich ersetzen.

Bei der Abstimmung wurden die Amendements Duncker und Graf Kleist abgelehnt und das Amendement des Referenten Dr. La=mey angenommen.

Hierauf ging man zur Berathung der Dauer des Provi=soriums über. Abg. Graf Kleist hatte hierzu den Antrag gestellt, die Regierungsvorlage (1. Januar 1874) wieder herzustellen. In der sich hierüber erhebenden Debatte trat Fürst Bismarck für die Re=gierungsvorlage ein und wurde dabei durch den Abg. v. Blancken=burg unterstützt, wogegen der Beschluß des Reichstags — 1. Januar 1873 — von den Abg. Lasker, Miquel und v. Bennigsen ver=theidigt wurde. Allerseits wurde anerkannt, daß zur Zeit Niemand mit Sicherheit den richtigen Zeitpunkt bestimmen könne. Bei der Ab=stimmung wurde das Amendement des Grafen Kleist mit 14 gegen 8 Stimmen abgelehnt.

Mehr in Form eines Stimmungsbildes gehalten, doch als solches nicht ohne Werth, ist der Bericht der Correspondenz Oldenberg (National=Zeitung 27. 5. 1871 Nr. 244 Beiblatt 3):

Die Commission, an welche der Reichstag gestern das Gesetz, be=treffend Elsaß und Lothringen, zur schleunigen Berathung zurück ver=wiesen hatte, hielt noch gestern Abend eine bis lange nach Mitternacht dauernde Sitzung, in welcher es allerdings nach schweren Kämpfen gelang, die Ursachen der Differenz, welche zwischen dem Reichstage und dem Reichskanzler in einer Form und einem Umfange, die überraschen mußten, hervorgetreten war, so gut wie vollständig zu beseitigen. Beim Beginn der Sitzung ließ sich das freilich kaum hoffen; denn die Stimmung, welche die Rede des Reichskanzlers im Plenum in ihrer zweiten Hälfte beherrscht hatte, war bis zur Abend sitzung nicht nur nicht gewichen, sondern schien sich noch gesteigert und verschärft zu haben. Weniger noch als am Tage zeigte er sich den Vertretern des Einführungstermins der Reichsverfassung am 1. Januar

25. 5. 1871. 1873 und des Zustimmungsrechtes des Reichstags zu Anleihen und
Garantiebelastungen von Elsaß und Lothringen für einen Ausgleich
zugänglich. Diese Abänderungen der Vorlage schienen ihm
nur die Symptome eines tieferen Widerspruches zu sein,
der ihn von der Mehrheit des Reichstages trenne und sich
jeden Augenblick zu einem Conflict erweitern könne, von
dem er sich nicht überraschen lassen, dem er gerüstet entgegentreten wolle. Sie auch nur zu discutiren, ward ihm schwer.
Allmählich aber zeigte er sich bereit, die Beschlüsse des Hauses
ausschließlich in dem Sinne aufzufassen, wie sie gemeint waren. Zwar
gab er der Einführung der Reichsverfassung am 1. Januar
1873, an welcher die Commission festzuhalten beschloß, auch jetzt
noch nicht seine Zustimmung, aber nur deshalb nicht, weil
er jeden Termin, auch den von den Regierungen aufgestell-
ten von 1874, als willkürlich gegriffen bezeichnete, und ihm
als das Richtigste erschien, gar keinen Termin im Voraus zu fixiren,
da es nicht unmöglich sei, daß die Einberufung der Elsasser und Lothringer in den Reichstag früher erfolgen könne, als das Gesetz eventuell
bestimme. Die zweite und erheblichere Ursache der Differenz, der Zusatz wegen der Anleihen und Garantien, wurde dadurch weggeräumt,
daß ihm folgende Fassung gegeben wurde: „Alle Anleihen und Garantien, die das Reich belasten, bedürfen der Zustimmung des Reichstages". Diese Fassung acceptirte der Reichskanzler, indem er ausdrücklich erklärte, daß er Anleihen für die Departements nicht
ohne Zustimmung der gewählten Departementalräthe aufnehmen werde.

Ueber die weitere Entwickelung der Angelegenheit siehe unten zum
3. Juni 1871, S. 110 ff.

47. Sitzung des Deutschen Reichstags
Freitag 2. Juni 1871.

2. 6. 1871.   Während des letzten Krieges waren aus Frankreich und seinen
Colonien zahlreiche dort wohnhafte Deutsche auf Anordnung der französischen Regierung ausgewiesen worden. Diese Maßregel, die mit
den von Frankreich bei dem Ausbruche des Krieges öffentlich ausgesprochenen Absichten nicht im Einklange stand und in vielen Fällen
mit Härte ausgeführt wurde, hatte für einen großen Theil der davon
Betroffenen empfindliche Vermögensverluste zur Folge gehabt. Nicht
allein die Lebensstellung, die sie sich in Frankreich zu erwerben gewußt hatten, und in der sie ihren Unterhalt gewannen, war ihnen

durch die Ausweisung verloren gegangen, sondern sie waren auch des 2. 6. 1871. Besitzes ihrer Habe vielfach dadurch beraubt worden, daß ihnen weder zur Veräußerung, noch zur Fortschaffung derselben Zeit gelassen wurde. Zahlreiche Gesuche um Entschädigung oder Unterstützung waren von den auf diese Weise geschädigten, zum Theil in wirklicher Noth befindlichen Deutschen bei den Reichs- und Landesbehörden angebracht worden. Wenn nun auch ein Rechtsanspruch der Vertriebenen auf Gewährung solcher Entschädigung weder gegen Frankreich, noch gegen Deutschland als begründet anerkannt werden konnte, so sprachen doch Billigkeits-rücksichten dafür, den durch die Folgen des Krieges so hart betroffenen Deutschen wenigstens eine Beihilfe zur Erleichterung ihres ferneren Fortkommens zu gewähren. Zu diesem Zwecke waren bereits während des Krieges in den occupirten Gebieten Frankreichs speciell für die vertriebenen Deutschen bestimmte Contributionen ausgeschrieben und im Betrage von ungefähr 7 Millionen Francs eingezogen worden. Die Zahl der Vertriebenen war indes so groß und der von ihnen erlittene Schaden so beträchtlich, daß der gedachte Betrag eine zureichende Bei-hilfe zur Erfüllung des Zweckes nicht gewähren konnte. Die ver-bündeten Regierungen legten deshalb dem Reichstage ein Gesetz, be-treffend die Gewährung von Beihilfen an die aus Frankreich ausgewiesenen Deutschen, vor. Art. 1 des Entwurfs bestimmte zur Erhöhung des Betrages der durch die Contributionen erhaltenen Summe einen Betrag von 2 Millionen Thalern aus den bereiten Mitteln der von Frankreich zu zahlenden Kriegsentschädigung; Art. 2 überwies die aus der Contribution und den 2 Millionen Thalern be-stehende Gesammtsumme, je nach der Kopfzahl der jedem einzelnen deutschen Staate angehörenden Ausgewiesenen, den einzelnen deutschen Regierungen, und Art. 3 übertrug den Letzteren die Bemessung der Beihilfen für jeden einzelnen Fall und gab ihnen die Berechtigung, die von ihnen etwa geleisteten Vorschüsse in Abzug zu bringen [1].

Der Gesetzentwurf stand in der 47. Sitzung des Reichstags, am 2. Juni 1871, zur ersten Berathung. Nachdem der Abg. v. Cra nach Namens der Petitionscommission einige auf den Gegenstand der Berathung bezügliche Petitionen zur Kenntniß gebracht hatte, erging sich der Abg. v. Patow in einer Kritik des Gesetzentwurfs. Er fand die in Art. 1 ausgeworfene Summe viel zu gering im Vergleich zu der Höhe der gerechten Ansprüche und bezeichnete das in Art. 2 aufgestellte Vertheilungsprincip als durchaus unzulässig. Nach ihm er-griff Reichskanzler Fürst Bismarck das Wort [*]:

Es handelt sich nicht um eine Frage des gewöhnlichen Schutzes der Deutschen im Auslande, wie der Herr Vorredner im Anfang

---

[*] StB. 986 b.
[1] Vgl. die Motive, StB. Anl. Nr. 167 S. 124 b.

2. 6. 1871. seiner Rede nachweisen zu wollen schien, nicht um einen Schutz der Art, wie man ihn etwa durch Androhung eines Krieges oder sonst eines Gewaltactes ausüben kann, sondern es handelt sich um eine Maßregel, die ein Feind, mit dem wir bereits im Kriege uns befanden, mit der dieser Nation eigenthümlichen Grausamkeit und Gewaltsamkeit gegen die deutsche Nation ergriffen hat. Dafür Gerechtigkeit zu üben gegen Frankreich, ist nach dem ganzen Verlaufe dieses Krieges noch weniger als sonst in anderen Fällen unsere Sache. Jede Regierung hat Recht und Gerechtigkeit innerhalb ihrer Grenzen zu üben; gegen Verletzungen des Rechtes außerhalb hat sie das Mittel der Kriegführung. Der Krieg war hier schon im Gange; was darüber hinaus an Vergeltung gehört, das sollen wir, meine Herren, der Gerechtigkeit Gottes überlassen, und diese hat fürwahr nicht auf sich warten lassen. Es war meines Erachtens nicht unsere Aufgabe, deshalb, weil Frankreich sich besonders grausam gegen die vertriebenen Deutschen bewiesen hatte — von Fällen, wie sie der Herr Vorredner in Bezug auf eine unglückliche Frau angeführt hat[1]), könnte ich Ihnen Hunderte erzählen, und Sie kennen sie ja meistens aus den Zeitungen — es war also nicht unsere Aufgabe, sage ich, gerade aus diesem Titel Frankreich eine besondere Summe abzunehmen; sondern ich habe mich bei Feststellung der Kriegscontribution bemüht, diese Summe, die niemals die volle Schadloshaltung Deutschlands für alle Schäden, die wir durch den Krieg erlitten haben — denn so viel Geld

---

[1]) Abg. v. Patow: „An einen achtbaren Mann in Paris erging gleichzeitig wie an die Uebrigen der Befehl, das Land zu verlassen. Der Mann wies durch Zeugniß zweier geachteter Aerzte französischer Nationalität nach, daß seine Frau binnen wenigen Tagen ihrer Entbindung entgegensehe. Es gelang, einen 24stündigen Aufschub zu erhalten. Nach den 24 Stunden erschien die Polizei, mit der nöthigen Macht versehen, um die Ausweisung mit Gewalt durchzusetzen. Nicht die Bitten des Mannes, nicht die seiner Angehörigen bewogen sie, von der sofortigen Ausführung abzustehen, sondern eine Art Empörung unter den französischen Bewohnern des Hauses hinderte dieselbe. Momentan wich die Polizei zurück, an dem nächsten Tage kam sie wieder, um nun die Ausweisung auszuführen. Die erste Androhung hatte die Folge, daß die Frau durch eine frühzeitige Entbindung übereilt wurde, Zwillinge zur Welt brachte und starb. Am nächsten Tage wurde der Mann mit den 24 Stunden alten Zwillingen zur Eisenbahn geschafft und mußte die Leiche seiner Frau zurücklassen, ohne zu wissen, was aus ihr geworden ist" (StB. 985b).

hat Frankreich gar nicht, daß es uns vollständig entschädigen könnte —
(Sehr richtig!)

diese Summe so hoch in ihrer Gesammtzahl hinauszubringen, wie es nach der Leistungsfähigkeit Frankreichs und nach den Traditionen und der Kenntniß des Geldmarktes möglich war. Es hätte ja dem Gefühl mehr entsprochen, die Entschädigung für die gekaperten Schiffe und die Entschädigung der Ausgewiesenen den Franzosen direct zu überlassen. Es war dies aber nicht praktisch, die Titel würden uns viel höher angerechnet worden sein, als sie in Wirk lichkeit ins Gewicht fallen, und daran sind zum Theil die ganz exorbitanten Ansprüche der einzelnen vertriebenen Deutschen schuld.
(Zustimmung und Bewegung.)

Ich erschlaffte in meiner Theilnahme, als mir die Gesammt ansprüche in Belauf von einer Milliarde angemeldet wurden; ich erhielt schriftliche Vorlagen mit angesehenen corporativen Unter schriften, aus der Kriegsentschädigung einstweilen eine Milliarde vorweg zu nehmen für die Entschädigung dieser Deutschen; die richtige Summe entzog sich jeder Berechnung. Eine solche Summe aber, die sich jeder Berechnung entzieht, von Jemandem zu fordern, wird denjenigen, der sie zahlen soll, stets veranlassen, sie so hoch zu veranschlagen wie möglich, und die Franzosen haben, ebenso sehr wie ich und die Betheiligten selbst, sich eine noch viel höhere Vorstellung von dem allerdings sehr bedeutenden Schaden gemacht, den die sämmtlichen Vertriebenen*) erlitten haben. Es war also meines Erachtens praktisch, und wir kamen im Ganzen zu einem besseren Resultat, wenn wir von Frankreich eine runde, feste Summe forderten, und wenn wir die damals in keiner Weise auch nur annähernd bestimmbaren Summen der Entschädigung der Aus gewiesenen und der Rhederei direct übernahmen, weil wir außer Stande waren, sie bestimmt zu definiren. Ich wollte dies nur deshalb erwähnen, um die Debatte nicht auf das Gebiet gelangen zu lassen, auf das der Herr Vorredner meines Erachtens im Be griff war, sie zu führen, auf das des Gefühls, was ja in diesen Fragen mit Recht einer hohen Reizbarkeit noch heute unterworfen

*) S. 987 a.

sein darf nach den Grausamkeiten, die dort gegen unsere Lands=
leute begangen worden sind. Ich möchte die Frage nur behandeln
im trockenen, geschäftlichen Wege: wie können wir den Betheiligten
am praktischsten helfen, ohne die Auslagen des Reichs und seiner
einzelnen Bestandtheile größer zu machen, als die Lage der Dinge
mit sich bringt, oder mit anderen Worten, ohne unberechtigte An=
sprüche zu berücksichtigen. Eine volle Entschädigung kann ja der
Bürger eines Landes, der im Auslande Geschäfte treibt und durch
kriegerische Ereignisse zu Schaden kommt, niemals beanspruchen,

(Sehr wahr!)

er muß sich immer sagen, daß die Thätigkeit im Auslande mit
mehr Risico verbunden ist.

(Beifall.)

Das ist ein Grundsatz, den wir vielfach in weiter entlegenen
Ländern, wo der Rechtsschutz nicht so stark ist, wie in den central=
europäischen, haben geltend machen müssen; die Geschäfte sind in
der Fremde oft lucrativer, werfen stärkeren Gewinn ab, aber
bringen mehr Gefahren mit sich. Es handelt sich also meines
Erachtens nicht um eine Verpflichtung, die das Reich oder seine
Mitglieder erfüllen, sondern es handelt sich um eine Beihilfe, die
einer ungewöhnlichen Calamität einer bestimmten Classe von
deutschen Bürgern zugewandt wird bei einem Nothstand, der durch
den Krieg, den das Reich geführt hat, indirect veranlaßt worden
ist, und wo wir thatsächlich, ich will nicht sagen, in Mitschuld sind,
aber doch den Schaden mit verursacht haben dadurch, daß wir den
Krieg geführt haben, — es war ein Theil der Kriegsleiden. Aber
ebensowenig wie wir im Inlande Alle entschädigen können, die
durch den Stillstand ihrer Geschäfte gelitten haben, ebensowenig
und noch weniger können wir Denen, die seit 20 bis 30 Jahren mit
Deutschland keine weiteren Beziehungen haben, als daß sie den
gesandtschaftlichen Schutz in Anspruch nehmen, alle Verluste ent=
schädigen.

Nun fragt es sich, wie kommen wir am wohlfeilsten und ge=
rechtesten zu derjenigen Leistung, die wir uns überhaupt auferlegen
wollen,   und da sind die verbündeten Regierungen der Ueber=
zeugung gewesen, daß diese Entschädigungen in der Hauptsache
besser von den einzelnen Gliedern des Reichs würden getragen

werden aus derjenigen meiner Berechnung nach erheblichen und 2. 6. 1871. überwiegend erheblichen Quote, welche aus den französischen Contri= butionsgeldern, wenn sie, wie ich hoffe, alle eingehen, auf die einzelnen Staaten vertheilt werden wird, und daß die Aufgabe des Reiches sich darauf beschränkt, bis diese Vertheilung erfolgt ist und die Regierungen die Mittel dazu in Händen haben, einen erheblichen Vorschuß[1]) zu leisten, der, aus den gemeinsamen Mitteln herrührend, zugleich die Aufgabe hat, das nationale Interesse, was die Gesammtheit der Deutschen an dieser Sache nimmt, zu be= thätigen, damit nicht die Verzögerung der Entschädigung der Be= theiligten den Eindruck mache, als kümmere sich ihr Vaterland nicht in dem Maße um sie, wie ihre zum Theil sehr bedauerlichen Umstände und Leiden ihnen Anspruch darauf geben. Es ist dies einer von den Fällen, wo ich es für bedenklich halte, die Zah= lungen aus der allgemeinen Reichscasse zu machen, weil es meines Erachtens ganz unmöglich ist, die Begutachtung dessen, was zu zahlen sei, den Reichsbehörden zu übertragen. Der Begutachtende wird dabei mit seinen Interessen einer anderen Casse angehören als der Zahlende, und es tritt ja da zu leicht ein und ist auch nicht zu sehr zu tadeln, wenn Jeder aus dem gemeinschaftlichen Topfe sich verschafft, was er haben kann, und wenn der einzelne Localbeamte bei einem Anspruch, den er sonst zurückweisen würde, sich[*]) sagt: Nun, es wird ja vom Reiche bezahlt, und wir steuern dazu nicht nach Verhältniß bei.

Ich will damit Niemanden anklagen. Das ist ja zu mensch= lich natürlich, ich glaube, wir würden in unseren Kreisen zu Hause ebenso verfahren; wir sind etwas freigebiger, wenn es auf Kosten der Gesammtheit geht, als wir aus unserer eigenen Casse zu sein pflegen; (Heiterkeit.)

und deshalb glaube ich, daß die Begutachtung der Ansprüche und die Disposition über die Casse in einer und derselben Hand sein müssen. Begutachtet können diese Ansprüche meines Erachtens nur werden von den Localbehörden, von den Behörden der einzelnen

---

*) S. 987 b.
[1]) S. die Berichtigung dieses Ausdrucks unten S. 105.

Regierungen, die die Verhältnisse nach ihrer Kenntniß von dem ganzen Lebenslaufe und von der Stellung des einzelnen Mannes in Paris, in seiner Heimathsgemeinde viel leichter zu erheben vermögen, als wir hier im Mittelpunkte eines Reiches von 40 Millionen. Die Localbehörden sind die einzigen, die im Stande sind, sich ein einigermaßen der Wahrheit nahe kommendes Bild von den Billigkeitsansprüchen, die dem Manne zur Seite stehen, zu machen*). Dem Reiche fehlen auch hier die Organe dazu, und es bleibt nichts Anderes übrig, als zu recurriren auf die Landesbehörden.

Ich möchte die Herren bitten, hier nur die geschäftliche Frage ins Auge zu fassen: wird ein gern anerkannter Billigkeitsanspruch sicherer, zweckmäßiger und gerechter befriedigt von den einzelnen Regierungen aus der Quote der Contribution, die auf sie fallen wird, oder ist es nützlich, die volle Befriedigung und nicht bloß den Vorschuß auf das Reich zu übernehmen? Das Mitgefühl mit unseren Landsleuten, die Entschlossenheit, sie zu schützen, wenn sie ungerecht beeinträchtigt werden, sie zu entschädigen, insoweit die Billigkeit und das Gesetz dem Bürger einen Entschädigungsanspruch an sein Vaterland zuweist, ist in beiden Fällen und auf beiden Wegen dieselbe, und die verbündeten Regierungen sind sich dieser Pflicht und dieses Berufes ebenso bewußt wie der Herr Vorredner, sie wollen nur dieser Pflicht auf einem Wege genügen, der ihnen praktischer scheint, und ich möchte es im Interesse des Geschäfts selbst empfehlen, daß Sie sich an das System der Vorlage halten. Die Summen, die darin vorgeschlagen sind, sind ja der Kritik unterworfen, und was hier nicht gemeinsam gegeben wird, kann aus den einzelnen Landescassen gegeben werden. Die Contributionen, die in Frankreich zu Gunsten dieser Ausgewiesenen schon im Kriege erhoben worden waren, werden ihnen nach der Vorlage direct zugewiesen im Sinne des Vorschusses — nicht eines von Seiten der Regierungen zu erstattenden Vorschusses, sondern nur einer rascheren Leistung. Es waren dies ursprünglich sieben Millionen Francs. Wir hatten in Frankreich das System angenommen, auf jedes Departement, welches in unsere Gewalt gerieth, eine Million auszuschreiben zur Entschädigung für die ausgewiesenen

---

*) StB.: machen können.

Deutschen. Zur Zeit, wo dies ausgeschrieben wurde, hatten wir 2. 6. 1871. die Gewalt erst in sieben Departements in Händen; als man nachher sah, daß die Ansprüche, die zu erheben wären, durch irgend welche während des Krieges ausgeschriebene Contribution nie und nimmermehr erreicht werden würden — und auch im Laufe der kriegerischen Ereignisse, welche die ganze Aufmerksamkeit in Anspruch nahmen —, fand diese Maßregel eine weitere Durchführung nicht, und es blieb bei den sieben Millionen Francs, die einkamen, und die nun nach dem Vorschlage, den Ihnen die verbündeten Regierungen machen, um zwei Millionen Thaler, wenn ich nicht irre, erhöht werden sollen, um auf diese Weise den Antheil des Reiches an der Zahlung zu constituiren. Es waren jene sieben Millionen nicht sowohl eine Contribution, die man erhob, weil man ein Recht auf Entschädigung anerkannte, sondern es war eine Repressalie und Kriegsmaßregel, und ein Mittel, die Ruchlosigkeit des Verfahrens, welche vorlag, den Franzosen und der europäischen öffentlichen Meinung zur Anschauung zu bringen.

Ich erlaube mir, Ihnen nochmals die Annahme des Princips der Regierungsvorlage zu empfehlen.

Der Abg. Bamberger erklärte sich im Princip mit dem Gesetzentwurfe einverstanden, in den Erläuterungen des Reichskanzlers aber glaubte er einen Punkt nicht deutlich verstanden zu haben: nach seiner Ansicht sollte das Object mit der Vorlage erledigt sein, aus den Worten des Reichskanzlers aber glaubte er schließen zu müssen, „daß principiell anerkannt werde, die einzelnen Regierungen sollten aus den weiter noch aus der Kriegsentschädigung zufließenden Geldern andere Summen verwenden, je nachdem das Bedürfniß aus den noch anzustellenden Untersuchungen sich ergeben werde." Er gestand den einzelnen Regierungen das Recht zu, konnte aber in der Bemerkung des Reichskanzlers keine Beziehung zu dem Gesetze finden. Weiterhin befürwortete er die Einsetzung einer Centralbehörde zur Prüfung aller Entschädigungsforderungen und bat um Bescheid vom Bundesrathstische, ob die Regierungen einem darauf bezüglichen Amendement sich widersetzen würden. Fürst Bismarck erwiderte*):

Ich muß mich entschuldigen, wenn ich durch Ueberhäufung mit anderen Geschäften verhindert gewesen bin, die von uns vorgelegten Motive näher einzusehen. Nach Maßgabe der Berathungen

*) StB. 989 b.

2. 6. 1871. im Schooße des Bundesraths kann ich aber die Zweifel, die der
Herr Vorredner im Beginn seiner Aeußerungen anregte, dahin
feststellen, daß die Bundesregierungen allerdings von der Voraus=
setzung ausgingen, daß mit dieser Leistung des Reichs die Ent=
schädigungen*) und Unterstützungen nicht erschöpft sein würden,
daß sie aber das darüber hinausgehende Maß, was ich nach meinen
bisherigen Eindrücken als das größere ansehe, der Erwägung der
einzelnen Regierungen überlassen wollten, die mit den Verhält=
nissen der einzelnen Interessenten vertrauter sein dürften. Wir
würden wahrscheinlich die Summe etwas höher bemessen haben,
wenn wir der Meinung gewesen wären, daß es hiermit erschöpft
wäre, eine Richtung, in der ich persönlich nicht im Stande ge=
wesen sein würde, zu votiren.

Was nun die zu stellenden Amendements anlangt, so bin ich
außer Stande, heute schon mit einer bestimmten Aeußerung den
Ansichten der verbündeten Regierungen darüber vorzugreifen, und
vor allen Dingen müßte man den Wortlaut der Amendements
erst kennen. Ich möchte aber doch davon abrathen, die Geschäfte
der Centralbehörde des Reiches zu vermehren, wenn es nicht ab=
solut durch die Natur der Geschäfte nothwendig ist. Wir sind im
Augenblick in der Organisation unserer Centralbehörde nicht so weit
vorgeschritten, daß wir Arbeitskräfte übrig hätten; im Gegentheil,
das, was uns jetzt obliegt, namentlich durch die Verwaltung in
Elsaß=Lothringen obliegen wird, ist nach den vorhandenen Kräften
kaum zu leisten, und eine solche Aufgabe, die ihre Fäden über das
ganze Reich zu spinnen hat, würde doch ohne neuen Anspruch an
die Arbeitskräfte meiner vielbeschäftigten Mitarbeiter kaum zu ver=
wirklichen sein.

Der Abg. Miquel bedauerte, daß diese Finanzfrage durch die
Erklärung des Herrn Reichskanzlers seines Erachtens nicht viel klarer
geworden sei. Wenn er recht verstanden habe, so solle das, was das
Reich hier leiste, nicht als ein den einzelnen Staaten gewährter Vor=
schuß angesehen werden, der ihnen auf den aus der Kriegscontribution
ihnen zufallenden Betrag anzurechnen sei, sondern als ein Beitrag des
Reiches zu der für angemessen erachteten Entschädigung; nach den Er=
klärungen des Reichskanzlers — wie er sie gefaßt habe — hätte die

---

*) StB.: Beschädigungen.

weitere Entschädigung nach Ermessen der Einzelregierungen aus den 2. 6. 1871. ihnen übergebenen Quoten der Kriegscontribution zu erfolgen. Diesen Modus hielt er für bedenklich wegen der daraus resultirenden Ungleichheit der Behandlung, und aus diesem Grunde trat auch er für die Centralisation ein, indem er analog dem in dem Gesetz wegen Entschädigung der Rheder angenommenen Modus die Bildung einer Commission aus Mitgliedern des Bundesrathes vorschlug, der die Ermittelung der Thatsachen zu überweisen sei. Fürst Bismarck erwiderte*):

Der Herr Vorredner hat mit der Klage begonnen, daß meine Auseinandersetzungen keine Klarheit in die Sache gebracht hätten; er hat aber sofort den Beweis des Gegentheils geliefert, indem er — allerdings mit mehr Klarheit, als mir eigen gewesen ist — meine Meinung genau und correct wiedergegeben hat.

(Heiterkeit.)

Es ist allerdings meine Absicht gewesen, wie ich das auch schon, glaube ich, in meiner ersten Aeußerung hervorgehoben habe, hiermit nicht einen Vorschuß — habe ich den Ausdruck gebraucht, so ist es irrthümlich geschehen — von Seiten des Reiches zu leisten, sondern einen Beitrag zu leisten, gewissermaßen eine Abschlagszahlung, deren schleunige Prästirung dadurch bedingt wird, daß die einzelnen Staaten noch nicht in der Lage sind, die Aufgaben zu erfüllen, die wir ihnen zugedacht haben. Es ist auf diese Weise eine Theilung der Aufgabe der Unterstützung zwischen dem Reich und zwischen den einzelnen Staaten entstanden in dem System, wie der Bundesrath es sich gedacht hat, so daß ein Theil, und zwar der am raschesten zu bezahlende, vom Reich getragen, die Vertheilung aber den einzelnen Staaten überlassen würde, daß aber dasjenige, was die einzelnen Staaten für ihre Unterthanen nach ihrer näheren Kenntniß der Sache außerdem noch für nothwendig halten, von ihnen geleistet würde.

Ich halte dies auch für den bei Weitem zweckmäßigeren Weg, trotz der Ausführungen des Herrn Vorredners. Ich würde von Hause aus dafür gestimmt haben, die ganze Sache den einzelnen Staaten zu überweisen, wenn nicht der Vorgang mit den sieben Millionen Francs Contributionen von Frankreich vorgelegen hätte; die

---

*) StB. 990 b.

2. 6. 1871. hatten wir einmal für die Vertriebenen unter dem Titel erhoben,
sie waren gewissermaßen erworben für die Leute durch die Art, wie
sie ausgeschrieben wurden, und deshalb*) wollten wir sie ihnen nicht
wieder entziehen. Diese waren aber Reichsgeld und konnten
ihnen nur vom Reiche her zufließen, sie waren aber unzulänglich,
um den Zweck, den wir Alle haben — wir sind ja nur über
die Modalität der Ausführung verschiedener Meinung —, zu erfüllen. Ich hätte nun gewünscht, daß der ganze Ueberrest, der
nicht schon in die Casse des Reichs zu diesem Behuf eingezahlt
war, den einzelnen Regierungen zur Deckung und Feststellung überwiesen worden wäre. Von einzelnen Regierungen wurde aber der
Wunsch geltend gemacht, daß die Abschlagszahlung, die vom Reiche
ausgehen soll, etwas verstärkt werden möge, und wir sind den
Wünschen dieser Regierungen dadurch entgegengekommen, daß wir
sie auch verstärkten, und wenn ich auch nicht an der Geringfügig-
keit der Summe, welche das Reich leistet, das Interesse, welches
das Reich für seine Angehörigen hat, bemessen will, so wird doch
durch die Zahlung der Beweis geliefert, daß uns das Schicksal der
Leute nicht gleichgültig ist.

Ich möchte doch abrathen, dem Herrn Vorredner darin Glauben zu schenken, daß die Arbeit wirklich leichter ist, wenn sie centralisirt wird, denn die centralisirte Arbeit wird ja erst beginnen,
wenn die Arbeit im Einzelnen, die als Unterlage nöthig ist, geschehen sein wird; sie hat immer zur Unterlage die Arbeit, welche,
wenn die einzelnen Staaten das Geschäft besorgten, an sich genügen würde, denn diese muß vorhergehen der Centralisation und
der Schöpfung neuer Organe und Commissionen. Wir würden
gern die Sache übernehmen, wenn wir nicht das Gefühl hätten,
daß uns die Organe fehlen; und wenn wir sie uns aus der
Privatcommission[1] zu verschaffen suchten, so glaube ich, gerathen
wir auf die 25 Millionen-Thalerklippe[2]), die vorher schon ange-

---

*) S. 991 a.

[1]) In Berlin hatte sich bereits während des Kriegs ein aus Privaten
gebildetes Comité zur Unterstützung der ausgewiesenen Deutschen gebildet.

[2]) Das Berliner Comité nahm zur vorläufigen Entschädigung der aus
Paris ausgewiesenen Deutschen eine Summe von 25 Millionen Thalern in Aussicht; der Abg. Bamberger wies darauf hin, daß die Summe viel zu hoch

deutet wurde. Der Herr Redner widerlegt meine Klagen über 2. 6. 1871. Ueberarbeitung damit, daß wir ja außerdem schon recht erheblich mit der Rhederei zu thun haben und das noch obenein dazu nehmen könnten.

(Heiterkeit.)

Das finde ich nicht zutreffend. Gerade weil wir dieses umfangreiche Geschäft schon übernommen haben und übernehmen mußten, wie ich gleich nachweisen werde, ist eine Vermeidung weiterer Aufbürdung zu wünschen. Die Rhedereiangelegenheit kann der einzelne Staat nicht besorgen, dazu hat er die Organe nicht, dazu sind die Reichsconsuln und Agenten, die überseeischen Organe des Reiches unentbehrlich. Außerdem ist diese Aufgabe des Reiches dort viel leichter, weil die Grundsätze schon festgestellt sind, und sie macht nicht so viel Arbeit, wie diese zweite Aufgabe, wo bei Ermangelung festgestellter Grundsätze die Willkür und in Folge deren der Zweifel und stets erneute Prüfung einen sehr bedeutenden Spielraum haben. Im Uebrigen kommt es ja sachlich auf Eins heraus, und ich bedaure meinerseits, daß ich wiederholt schon Ihre Zeit in Anspruch genommen habe, gezahlt wird immer aus demselben Topf, und ich sage nur: die einzelnen Staaten haben sicherere und näher liegende Organe zur Feststellung und Erkundigung, um ein richtiges Urtheil zu gewinnen. Ich möchte daher nicht, daß der Beitrag des Reichs erhöht würde; den Entschließungen der einzelnen Staaten könnten wir nicht präjudiciren. Die Voraussetzung, in der der Bundesrath gehandelt hat, daß nämlich die einzelnen Staaten die unvollkommene Wohlthat noch vervollständigen würden, ist ja zur Kenntniß der Regierungen gelangt, da ihre hiesigen Organe die ganze Sache im Bundesrathe mit verhandelt haben.

Nach einer kurzen Bemerkung des Abg. v. Patow und einer Empfehlung ungeänderter Annahme des Gesetzes durch den Abg. Graf Kleist wurde die erste Berathung geschlossen: die Ueberweisung an eine Commission lehnte das Haus ab. Der Gesetzentwurf wurde in zweiter Berathung am 9., in dritter am 10. Juni angenommen: nach einem Antrage der Abg. Bamberger und v. Benda aber Art. 2 und 3 zu einem Artikel 2 zusammengezogen in folgender Fassung:

— —

gegriffen sei, wenn man die Lebensstellung der betreffenden Deutschen in Paris in Betracht ziehe.

2. 6. 1871.   Der Bundesrath ordnet die Vertheilung der im Art. 1 be
stimmten Mittel durch die einzelnen deutschen Regierungen an.
Die letzteren sind berechtigt, die von ihnen etwa geleisteten Vor=
schüsse in Abzug zu bringen.

———

Von ähnlichen Gesichtspunkten, wie bei dem Gesetzentwurf, be=
treffend die Gewährung von Beihilfen an die aus Frankreich aus=
gewiesenen Deutschen, gingen die verbündeten Regierungen bei dem
Gesetzentwurf, betreffend den Erfatz von Kriegsschäden und
Kriegsleistungen, aus. Während des letzten Krieges hatten im bis=
herigen Bundesgebiete die Orte Kehl, Altbreisach und Saarbrücken
durch Beschießung Seitens des französischen Heeres und in Elfaß=
Lothringen zahlreiche Ortschaften durch Beschießung von Seiten des
deutschen Heeres Schaden erlitten. Wenn sich auch aus völkerrecht=
lichen Grundsätzen eine Berechtigung zu einer Ersatzforderung nicht her=
leiten ließ, so glaubte die deutsche Regierung doch aus Gründen der
Billigkeit eine Vergütung aus der französischen Kriegscontribution ge=
währen zu sollen. Ebenso für Kriegsleistungen, welche von den Be=
wohnern von Elfaß=Lothringen im Laufe des letzten Krieges auf An
ordnung der deutschen Militärbehörden und gegen Anerkenntniß der=
selben ausgeführt worden waren. Der betreffende Gesetzentwurf stand
zur ersten Berathung in der 47. Sitzung am 2. Juni 1871 und fand
freundliche Aufnahme. Fürst Bismarck bemerkte dazu*):

Ich möchte mir noch ein Wort erlauben, es ist die Bitte
um möglichste Beschleunigung dieser Berathung. Wenn irgendwo
das Wort wahr ist: „bis dat, qui cito dat"[1], so trifft es hier zu.
Bei der Störung aller Verkehrsverhältnisse, namentlich bei der
gänzlichen Unterbrechung des Geldverkehrs ist es für die Betheilig=
ten außerordentlich schwer, sich durch Credit die Mittel zum Wieder=
aufbau zu verschaffen, und erst, wenn für die Mittel gesorgt ist,
wird an die Arbeit gegangen werden können. Es sind außerdem
noch manche Vorarbeiten erforderlich, ehe es zur wirklichen Ver=
theilung der Gelder kommen kann, namentlich die Prüfung der
Interessen der Hypothekengläubiger, damit nicht bei hochverschul=
deten Grundstücken der Fall eintritt, daß Hypothekengläubiger bei

———

*) StB. 992 b.
[1] Doppelt gibt, wer gleich gibt. Der lateinische Spruch ist verkürzt aus
einer Sentenz des Publ. Syrus: Inopi beneficium bis dat qui dat celeriter
= dem Armen erweist doppelte Wohlthat, wer schnell gibt.

zu niedriger*) Auszahlung ausfallen können. Es wird also immer, 2. 6. 1871.
wenn das Geld bewilligt sein wird, noch eine Zeitlang dauern,
ehe wir zur definitiven Ausschüttung gelangen, wir würden einst
weilen nur Vorschüsse zahlen können. Vorschüsse in kleinen Quan-
titäten aus Beständen, die sich in den dortigen Kriegscassen befanden, habe ich mir erlaubt in der Hoffnung auf die Indemnität,
die Sie mir darüber unter diesen Umständen gewähren werden,
schon anzuweisen auf bestimmte geringe Procentsätze der angemel-
deten und bereits oberflächlich geprüften Forderungen, wobei ich
erwähnen will**), daß die Summe von 57 000 000, die in den
Motiven steht [1], die Sache nicht erschöpft, indem die großen Zer-
störungen in der Umgegend von Metz, wo ganze Ortschaften ver-
schwunden sind, sich nicht darunter befinden. Der gänzliche Mangel
an Geldverkehr hat zu vielfachen Klagen aus Elsaß bereits Anlaß
gegeben, die Französische Bank hat dort ihre Functionen eingestellt
und nicht wieder aufgenommen, dem Privatcredit scheint es nicht
gelungen, die Lücke, welche die Französische Bank läßt, auszufüllen,
es ist deshalb in jenem Lande das Verlangen nach Hilfe, nach
Herstellung neuer, wenn auch nur provisorischer Geldinstitutionen
vielfach laut geworden; die Preußische Bank und ihre Interessenten
haben volle Bereitwilligkeit gezeigt, ihrerseits die Zustimmung dazu
zu geben, daß die Operationen der Bank vor der Hand in der
Weise ausgedehnt würden, daß sie die Lücken im Geldzufluß, die
sich in Elsaß-Lothringen fühlbar machen, deckten. Die preußische
Gesetzgebung stellt aber ein Hinderniß dem entgegen, indem wir
ohne ein besonderes Gesetz in Preußen nicht berechtigt sind, die
Operationen der Bank über die Landesgrenze auszudehnen. Es
ist deshalb der preußischen Regierung, — und ich erwähne das
hier, weil das Verhalten der preußischen Regierung von den Bedürfnissen des Reichslandes hier nicht zu trennen ist — der Gedanke nahe getreten, durch eine Verordnung mit Gesetzeskraft in
diesem Falle bei dem Nothstande, der zwar direct nur Elsaß betrifft,
aber indirect durch Hemmung des Geldverkehrs im Elsaß auf

---

*) StB.: hoher.
**) Fehlt im StB.
[1]) Nach den „Motiven" waren aus Straßburg, Schlettstadt, Breisach und
Thionville bisher 57 700 000 Frcs. liquidirt.

2. 6. 1871. Preußens Verhältnisse zurückwirken kann, — durch eine Verordnung mit Gesetzeskraft nach dem betreffenden Artikel der Preußischen Verfassung[1]) die Berechtigung der Bank zu einer Ausdehnung
ihrer Wirksamkeit zu ergänzen.

Auch bei dieser Vorlage wurde die Vorberathung durch eine Commission vom Reichstage abgelehnt; sie wurde in zweiter Lesung in der
52. Sitzung in amendirter Form vorläufig und in dritter Lesung in der
53. Sitzung nach den Beschlüssen der zweiten Berathung definitiv angenommen.

---

48. Sitzung des Deutschen Reichstags
Sonnabend 3. Juni 1871.

3. 6. 1871. Der Gesetzentwurf, betreffend die Vereinigung von Elsaß und
Lothringen mit dem Deutschen Reiche, gelangte auf Grund des
zweiten Berichtes der 7. Commission[2]) in der 18. Sitzung des Reichstages am 3. Juni 1871 zur Discussion. Nachdem Art. 1 des Gesetzentwurfs mit allen gegen zwei Stimmen angenommen worden war,
eröffnete der Präsident die Debatte über Art. 2. Zu diesem hatte
der Abg. Duncker den Abänderungsvorschlag eingebracht, anstatt der
Worte: „Durch Verordnung des Kaisers mit Zustimmung des Bundesraths" zu setzen: „durch Reichsgesetz". In seiner Rede ging er auf die
Rede des Reichskanzlers vom 25. Mai zurück, um zu versichern, daß
er sich mit deren erster Hälfte in einer so vollkommenen principiellen
Uebereinstimmung befinde, wie wohl noch nie mit einer Aeußerung
des Reichskanzlers. Denn die Selbständigkeit, die er für Elsaß-Lothringen fordere, die Befragung der Bevölkerung, die er in Aussicht
stelle, die Anknüpfung an den gesunden elsaß-lothringischen Particularismus, die er zugesagt habe — das Alles stimme mit den Wünschen
der Fortschrittspartei überein. Aber diese Anschauungen und Zu-
sicherungen dürften doch einen gesetzgebenden Körper nicht zum Verzicht
auf sein Gesetzgebungsrecht bestimmen, wie es dem Reichstage in diesem
Falle angesonnen werde. Politische Bedenken müßten den Reichstag
hindern, sich dem Willen des Reichskanzlers zu fügen, zumal der
Reichstag keine Garantien dafür hätte, daß es dem Reichskanzler vergönnt

---

[1]) Art. 106 Alinea 1 der Preußischen Verfassung: „Gesetze und Verord-
nungen sind verbindlich, wenn sie in der vom Gesetze vorgeschriebenen Form
bekannt gemacht worden sind."
[2]) S. o. S. 86 ff.

sein würde, während der ganzen Dauer der in Aussicht genommenen Dictaturperiode die Angelegenheiten von Elsaß-Lothringen zu leiten. Wenn
man sich der Vorgänge bei der zweiten Lesung erinnere und der Aeußerungen des Reichskanzlers im Hause und in der Commission — Aeußerungen, die selbst so weit gegangen seien, daß er eigentlich des Re-
gierens müde sei — mit welcher Sorge müsse man dann an die Zukunft denken. Wenn aber dem so sei, dann könne der Reichstag nicht
in dem Vertrauen auf eine einzelne Person so weitgehende Vollmachten austheilen, sondern habe die Pflicht, diese Vollmacht in gesetzliche Befugnisse einzuschränken.   Fürst Bismarck erwiderte*):

Ich freue mich zunächst, daß mir die seltene Genugthuung zu
Theil geworden ist, mich mit dem Herrn Vorredner in einigen
Punkten in Uebereinstimmung zu befinden. Es wäre mir sehr erwünscht, wenn das öfter der Fall sein könnte, und ich will versuchen, ob ich Etwas dazu beitragen kann.

Ich muß ihm zunächst widersprechen in der Ansicht, als ob
meinem Auftreten bei der letzten Verhandlung dieser Frage nichts
als eine Willkür — ich erinnere mich des Ausdrucks nicht mehr
eine gewisse Verhärtung des Willens, ein Eigensinn, zu Grunde
gelegen hätte. Ich habe vielleicht dem Princip, welches meinen
Anschauungen zu Grunde lag, keinen hinreichend klaren Ausdruck
gegeben, weil mir die Masse der Geschäfte nicht erlaubt, meine
Aeußerungen so vorzubereiten, wie es die Achtung vor dieser hohen
Versammlung unter anderen Umständen erfordern würde. Die
grundsätzliche Unterscheidung zwischen unseren Ansichten liegt hauptsächlich darin, daß ich finde, daß den Bedürfnissen und Wünschen
der Bevölkerung des Landes selbst nach der Art, wie die Sachen
im Reichstage behandelt worden, nicht in dem Maße Rechnung
getragen wird, wie ich es wünschen würde. Der Herr Vorredner
hat gesagt, wenn ich den Discussionen beigewohnt hätte, so würde
ich mich überzeugt haben, daß dies im hohen Maße der Fall
ist [1]. Ich kann mich nach den Discussionen nicht richten, ich kann

---

*) StB. 1001a.
[1] Abg. Duncker: „Wenn der Herr Reichskanzler in seiner Rede u. A.
gesagt hat, er hätte zu seinem Bedauern wahrgenommen, daß die Accentuirung
der Selbständigkeit von Elsaß-Lothringen in unseren Debatten nicht mit dem
gehörigen Nachdruck betont sei, so darf ich diese Bemerkung wohl nur dem Umstande zuschreiben, daß er unseren früheren Verhandlungen nicht beigewohnt
hat" (StB. 1000a).

mich nur nach den vorliegenden Beschlußformen richten. Es ist möglich, daß der Herr Vorredner und andere Mitglieder des Hauses demselben Gedanken, den ich vertrete, in der Discussion Worte gegeben haben, darüber werden die stenographischen Berichte Auskunft geben; aber in den Beschlüssen finde ich doch die Tendenz einer dauernden Bevormundung des Elsasser Landes durch die gesammte Reichsgesetzgebung. Meines Erachtens mißverstehen*) wir uns deshalb, weil wir nicht zwischen den beiden Gebieten der Gesetzgebung unterscheiden, um die es sich hier handelt: Reichsgesetzgebung oder Landesgesetzgebung. Sie wollen mehr Einmischung des Reichstags in die Landesgesetzgebung, wie ich erstrebe, — über das Maß läßt sich ja streiten; aber darin liegt der Unterschied: in Bezug der Theilnahme der Elsasser an der Reichsgesetzgebung gehe ich weiter, die könnte meines Erachtens heute eintreten, und jeden Falls glaube ich, wenn das Anklang im Reichstage findet, daß die Regierungen in der Lage sein werden, Ihnen schon zu einem früheren Termin, als selbst dem von 1873 — oder 1874, wie ich mich freuen würde, wenn er aus den Berathungen hervorginge — vorzuschlagen, daß die Elsasser an der Reichsgesetzgebung theilnehmen. Darin liegt keine Rechtsbeeinträchtigung für die übrigen Mitglieder des Reiches, sondern gewissermaßen ein einweihender Lehrcursus in deutsches Staatsrecht,

(Heiterkeit.)

den die Herren hier durchmachen würden. Ebenso ist es mein Wunsch, noch früher dahin zu gelangen, daß die verbündeten Regierungen im Bundesrathe Elsasser Mitglieder mit consultativem Votum zulassen; wir bedürfen dessen absolut, wenn wir uns mit Elsasser Geschäften durchgreifend befassen wollen. Die Tendenz der Beschlüsse geht doch meines Erachtens dahin, dem Reichstage die Landesgesetzgebung im Elsaß in weiterem Maße und auf unbestimmte Zeit hin vorzubehalten und die Theilnahme des Reichstages an der Elsasser Landesgesetzgebung womöglich noch früher eintreten zu lassen. Was mich zu der Vertheidigung dessen veranlaßt, was Sie Dictatur nennen, und der Verlängerung der Periode, in welcher sie ausgeübt werden soll, ist nur das dringende

---

*) S. 100 b.

Bedürfniß, die Landesinteressen des Elsaß und die Betheiligung 3. 6. 1871. seiner Bewohner an der gesetzgeberischen Behandlung dieser Landes= interessen zu vertreten. Ich erwarte kein Heil von einer dauernden Einrichtung, die dem Reichstage das Detail der Landesgesetzgebung übertragen soll, und würde es nebenher als eine große Ungerech= tigkeit und Rechtsbeeinträchtigung der Elsasser betrachten, daß, während alle übrigen deutschen Stämme den erheblichen Theil ihrer Angelegenheiten*), den die Reichsverfassung nicht berührt, selbständig behandeln, sie allein davon ausgeschlossen sein sollten, und in stärkerer Weise und von Abgeordneten, die sie ihrerseits nicht gewählt haben, bevormundet werden, als bei anderen der Fall ist; es würde dies eine Verschiedenheit der Behandlung der verschiedenen Stämme sein, welche gerade dort, wo das Ehrgefühl recht empfindlich ist, reizen und unangenehm berühren würde. Nun ist es vielleicht eine Ueberhebung oder eine Ueberschätzung, aber es ist meine Ansicht — ich würde mich gern durch den Erfolg widerlegen lassen — aber ich glaube, daß einstweilen wir, die Regierung, dieses jüngste Kind der deutschen Familie sorgfältiger und schonender behandeln würden, als die Reichstagsmajorität. Es wird sich ja, sei es nach 1873, sei es nach 1874, ermessen lassen, ob diese Befürchtung richtig ist. Es ist die Sorge vor Störung der kaum beginnenden Krystallisation deutscher Sympathien, die mich veranlaßt, die Geschäfte noch möglichst lange ungestört in der Hand behalten zu wollen; behandeln Sie die neu erworbenen Landestheile mit einer, ich will nicht sagen mütterlicheren, aber väterlicheren Sorgfalt und Schonung, als wir, so würde ich mich freuen, wenn die Ablösung eintritt, daß dies geschieht; aber ich fürchte einstweilen, daß es nicht geschieht, und ich möchte deshalb lediglich im Interesse der Länder selbst bei dem Wunsche ver= harren, daß Sie den längeren Termin für 1874 festhalten, was Ihnen namentlich dann um so leichter sein wird, wenn wir es erreichen, schon vor diesem Zeitpunkte Elsasser Abgeordnete in Ihrer Mitte zu haben, die jeder Beschwerde gegen die angebliche Dictatur hier Ausdruck geben können, die alle ihre Klagen an die größte Glocke in Deutschland zu hängen im Stande sein werden.

---

*) „ihrer Angelegenheiten" steht im StB. vor „selbständig"

Bismarcks politische Reden. V.

3. 6. 1871. Alles, was von der Dictatur gefürchtet wird, und auch was der
letzte Herr Redner Unheilvolles von der Dictatur sagt, das trifft
die Zeitfrage eigentlich gar nicht, sondern nur die Frage: ob?
Wenn alle Befürchtungen richtig sind, müssen Sie die Dictatur
gar nicht zulassen, Sie müssen dann heute schon die Sache in die
Hand nehmen und auch nicht 24 Stunden uns das gefährliche
Instrument der Gesetzgebung in der Hand lassen. Denn was
für eine Menge von Gesetzen kann man nicht in 24 Stunden in
die Welt setzen! Mit einer Minute souveräner*) Gesetzgebung
kann man gerade so viel Unheil anrichten, wie in vier Jahren,
aber, wie ich schon neulich erwähnte[1], sehr viel Gutes läßt sich
in einer so kurzen Zeit nicht stiften. Ich möchte also bitten, die
Frage aus dem Gesichtspunkt ins Auge zu fassen, ob Sie nicht
den Elsassern Schaden thun, wenn Sie zu früh mit dem Reichs-
tagsregiment eintreten. Ich bin der Meinung, daß, wenn auch
hier Elsasser Abgeordnete im Hause säßen, dennoch einstweilen die
Landesgesetzgebung in den Händen des Kaisers und Bundesraths
immer noch auf ein Jahr oder zwei verbleiben sollte, weil ein so
künstliches Netz von Combinationen bei den Aenderungen, die beabsichtigt werden, erforderlich ist, daß das Verwerfen eines einzigen
Paragraphen bei einer parlamentarischen Discussion das Ganze
verschiebt. Die Vielseitigkeit der Interessen, die dort berührt werden,
tritt uns im Augenblick beispielsweise bei Erwägung der Justiz-
organisation nahe, wo es die Absicht ist — aus Gründen, die,
glaube ich, Ihren Beifall haben würden, wenn es nicht zu weit
führte, sie hier auseinanderzusetzen —, anstatt der vielen kleineren
Gerichte einige größere, die andere Garantie nach verschiedenen
Richtungen hin bieten, zu bilden, wodurch natürlich die sämmtlichen
Gewohnheiten und Einrichtungen der französischen Rechtspflege auf
das Entschiedenste berührt werden. Die französischen Anwälte, die
Notare, die Greffiers, die Gerichtsvollzieher besitzen käufliche Aemter
im analogen Verhältniß, wie bei uns die Concessionen der Apo-
theken käuflich sind mit concurrirender Staatsprüfung. Die Interessen dieser Leute werden verletzt schon allein durch die Verlegung

---

*) S. 1002a.
[1]) S. o. S. 77 f.

eines der Gerichte von einem Ort, wo diese Personen häuslich 3. 6. 1871.
eingerichtet sind; man wird zu einer Abfindung dieser Beamten
schreiten müssen, weil man ihnen ihr wohlerworbenes Eigenthum
nicht ohne Entschädigung entziehen kann. Das berührt einen
anderen Punkt, über den wir streitig waren, nämlich die Schuld=
frage. Es werden dazu Geldmittel nöthig sein, die die Departe=
ments vielleicht nicht geneigt sein werden, in ihrem Interesse her=
zugeben.

Dieser eine Blick auf die Sache zeigt Ihnen, wie vielseitige
Interessen von Familien, Ständen und Individuen allein durch
eine einzige Maßregel berührt werden. Das Alles kann am grünen
Tische sorgfältig berechnet und combinirt werden, wie eine strate=
gische Operation, die gleichzeitig nach allen Richtungen hin vorgeht.
Wird aber ein einziger Punkt durch ein parlamentarisches Votum
abgeändert, so paßt das Ganze nicht mehr, und es würde in der
That eine außerordentlich schwierige Arbeit sein, wir würden eine
volle Jahressitzung mit Ihnen*) in Anspruch nehmen müssen, wenn
wir diese organisatorischen, diese umwandelnden Gesetze mit Ihnen
vornehmen wollten im Plenum. Also in Ihrem eigenen Interesse
lassen Sie der Regierung etwas länger freie Hand; es würde nicht
aus Rachsucht, sondern mit Bedauern sein, daß wir Sie zu langen
und häufigen Sitzungen berufen,

(Heiterkeit.)

wenn wir genöthigt wären, über alle diese Details, die dort ge=
ordnet werden müssen, parlamentarisch zu verhandeln, wenn Sie
uns nicht die Zeit lassen, sie mit Besonnenheit zu erledigen, so
daß wir entweder genöthigt sind, sie in der Zwischenzeit gar nicht
zu erledigen, oder sie im Reichstage zu behandeln, oder sie mit
einer Hast zu erledigen, bei der das Interesse des Landes leidet.

Der Herr Vorredner hielt mir vor, daß ich diese Fragen —
und ich schmeichle mir, ihn durch meine Worte jetzt überzeugt zu
haben, daß es doch nicht reiner Eigensinn ist, wenn ich mich seit
dafür einsetzte — daß ich diese Fragen zu erledigen gesucht hätte
durch den Druck einer Cabinetsfrage. Das trifft so ganz nicht
zu, ich habe nicht gesagt, wenn Sie so und so nicht votiren, will

*) StB.: ihnen.

3. 6. 1871. ich nicht mehr Bundeskanzler sein — da habe ich doch), ehe ich resignire, noch andere Pflichten als die gegen das Elsaß und Loth= ringen in Erwägung zu ziehen —, ich habe nur gesagt, wenn die Aufgabe, die Mission, die hier irgend einem Menschen gegeben werden soll — es kann ja auch für Elsaß ein verantwortlicher Minister sein —, so eingerichtet werden soll, dann wünsche ich von ihrer Uebernahme dispensirt zu sein, und man kann doch, ehe man ein Amt übernimmt, seine Bedingungen stellen, ohne daß darin ein unbilliger, ein außerhalb der Sache liegender Druck auf die Entschließung der Betheiligten gefunden werden könnte, und ich möchte die Herren dringend bitten*), aus der vielleicht nicht aus= reichend vorbereiteten Art, in der ich meine Meinung mitunter vertrete, und namentlich dort, wo ich nach einer längeren Ab= wesenheit, theils einer geographischen, theils einer sachlichen, nach einer längeren Nichtbetheiligung an Ihren Geschäften, aus der Art, wie ich in unvorbereiteter Lage eine Sache vertrete, nicht sofort Schlüsse auf tiefergehende Verstimmungen zu machen und einer Reizbarkeit unter Umständen etwas zu Gute zu halten,

(Bravo!)

ohne die ich andererseits nicht im Stande wäre, Ihnen und dem Lande Dienste zu leisten.

(Hört! Hört! — Bravo!)

Das Recht, etwas müde zu sein, wird mir auch der Herr Vorredner nicht bestreiten.

(Bravo!)

Der Abg. Lasker bemerkte, daß den Ausführungen des Reichs= kanzlers der Irrthum zu Grunde liege, als ob die Anträge des Abg. Duncker auf eine Mitwirkung des Reichstags bei der Dictatur über Elsaß-Lothringen durch den Reichstag angenommen worden seien. Im Gegentheil habe der Reichstag die Dictatur über Elsaß-Lothringen zu= rückgewiesen und dadurch gezeigt, daß er in gleicher Weise wie die Regierung und in schönem Wetteifer mit der Regierung für Elsaß= Lothringen die Gesetze so vorbereiten wolle, wie sie dem Lande am besten gedeihen, „damit nicht die entgegengesetzte Meinung in Elsaß= Lothringen Platz greife, als ob der Reichstag nicht ebenso warm die Interessen von Elsaß-Lothringen wahrnehmen wolle, wie ihr bester Freund in den Regierungen."

---

*) S. 1002 b.

Fürst Bismarck erwiderte*):

Ich habe, indem ich an die letzte Bemerkung des Herrn Vorredners anknüpfe, nicht an dem guten Willen des Reichstags gezweifelt, die Interessen der Elsasser ebenso warm und schonend wahrzunehmen, wie die Regierung, wohl aber an der Möglichkeit, daß eine Versammlung von nahezu 400 Mitgliedern mit sehr verschiedenen Meinungen und politischen Interessen, die sie bewegen, im Stande sein werde, es ebenso gut zu thun.

Ein anderes Mißverständniß, auf das ich schließe nach den Eingangsworten des Herrn Vorredners, möchte ich noch berichtigen: ich halte die Betheiligung von Elsasser Abgeordneten an dem Reichstage noch nicht identisch mit der Einführung der Reichsverfassung in Elsaß-Lothringen.

(Sehr richtig!)

Ich sprach ausdrücklich von einem Lehrcursus, von Bekanntwerden mit deutschen Verhältnissen, Vertrauengewinnen zu dem Boden, und von der Möglichkeit einer Beschwerdeinstanz über die Regierung. Im Gesetz selbst ist ja vorgesehen, daß einzelne Theile der Reichsverfassung im Elsaß eingeführt werden können, wenn die Zeit dazu gekommen erscheint; es könnte als ein solcher einzelner Theil das Wahlrecht und die Betheiligung an den Discussionen des Reichstags sehr wohl betrachtet werden, ohne daß deshalb die Gesetzgebung im Elsaß selbst schon an alle die parlamentarischen Formen, die die Einführung der Reichsverfassung mit sich brächte, gebunden würde, sondern indem die Gesetzgebung sodann noch dem unabhängigen Ermessen Sr. Majestät des Kaisers und des Bundesraths überlassen bliebe, obschon hier in diesem Hause die Elsasser Abgeordneten mittagten.

Der Abg. v. Kardorff erklärte sich bereit, für den 1. Januar 1871 als Endtermin der Dictatur in Elsaß-Lothringen zu stimmen, wenn der Reichskanzler die Versicherung abgeben würde, daß er seinen persönlichen Einfluß zu Gunsten eines baldigen Eintritts von Elsaß-Lothringern in den Reichstag geltend machen wolle. Fürst Bismarck erklärte**):

Ich werde sehr gerne bemüht sein — es entspricht meinen persönlichen Ansichten — und ich werde meinen Einfluß nach Kräften

---

*) StB. 1004 b.
**) StB. 1005 a.

dahin geltend machen, daß, sobald es von den anderen Regierungen
und Sr. Majestät dem Kaiser für zulässig erachtet wird, Elsasser
Abgeordnete in unserer Mitte erscheinen mögen,

(Bravo!)

was natürlich nicht ohne Zustimmung des Reichstags wird geschehen
können.

Art. 2 wurde in der Fassung der Commission angenommen. An
der Debatte über Art. 3 betheiligte sich Fürst Bismarck nicht. Doch
gab ihm die Bemerkung im Schlußwort des Referenten Lamey, daß
„das Reichsland und sein Begriff gerade durch das, was der Herr
Reichskanzler davon gesagt habe, keineswegs an Klarheit besonders
gewonnen habe", zu einer kurzen Aeußerung Veranlassung. Unmittel=
bar nachdem der Abg. Lamey geendigt, erhob sich Fürst Bismarck
mit der Frage*):

Darf ich zu einer persönlichen Bemerkung um das Wort
bitten?

Präsident: Der Herr Reichskanzler hat das Recht, zu jeder Zeit
und zu jeder Ausführung das Wort zu verlangen.

Fürst Bismarck**):

Der Herr Referent hat Klarheiten vermißt, die ich noch in
die Lage der Dinge bringen könnte. Ich glaube, was er dabei
vermißt, ist nur diejenige Erklärung, die, wenn wir überhaupt im
Stande wären, sie zu geben[1]), die ganze Vorlage unnöthig ge=
macht hätte. Wenn wir selbst so vollständig im Klaren wären
über das, was zu thun ist, so hätten wir Ihnen kein Provisorium,
sondern gleich ein Definitivum vorlegen können. Die Schuld des
Mangels an Klarheit trifft mich daher nicht.

Auch Art. 3 und Art. 4 wurden in der Fassung der Commission
angenommen, und damit das ganze Gesetz.

---

*) StB. 1014 b.
**) StB. 1014 b.
[1]) „Wann Elsaß=Lothringen als vollständig deutsches Land würde be
trachtet werden können."

55. Sitzung des Deutschen Reichstags

Dienstag 13. Juni 1871.

Des Ausbruch des Krieges hatte Hunderttausende von ihrer friedlichen Arbeit hinweg zur Abwehr eines von Deutschland nicht herrausgeforderten Angriffs zu den Waffen gerufen. Viele von diesen hatten ihre Hingebung für die Interessen des Vaterlandes mit ihrem Blute besiegelt: für sie und ihre Hinterbliebenen hatte das Vaterland durch Gewährung von Pensionen zu sorgen. Aber auch von vielen der Krieger, denen es vergönnt war, unverjehrt aus dem Kampfe an den heimischen Heerd zurückzukehren, hatte der Krieg mannigfache materielle Opfer gefordert, Opfer, die in nicht wenigen Fällen sogar bis zur Gefährdung der gesammten wirthschaftlichen Existenz sich gesteigert hatten[1]). Ihnen zur Wiederaufnahme ihrer bürgerlichen Thätigkeit zu verhelfen, hielten die verbündeten Regierungen für eine Pflicht der Dankbarkeit, deshalb brachten sie ein Gesetz, betreffend die Gewährung von Beihilfen an Angehörige der Reserve und Landwehr ein, dessen einziger Artikel also lautete:

„Den Bundesregierungen wird eine Summe von vier Millionen Thalern aus der von Frankreich zu zahlenden Kriegsentschädigung zur Verfügung gestellt, um aus derselben, soweit nach den Verhältnissen der einzelnen Länder sich ein Bedürfniß herausstellt, den durch ihre Einziehung zur Fahne in ihren Erwerbsverhältnissen besonders schwer geschädigten Officieren, Aerzten und Mannschaften der Reserve und Landwehr die Wiederaufnahme ihres bürgerlichen Berufs nach Möglichkeit zu erleichtern."

Fürst Bismarck leitete die Discussion in der 55. Sitzung des Reichstags am 13. Juni 1871 mit folgender Rede ein[*]):

Ich erlaube mir, über diesen Gegenstand, der das Haus schon in einer anderen Form beschäftigt hat, nur wenige erläuternde Worte zu jagen.

Ihr Einverständniß mit dem Princip und mit den Absichten, welche unserem Antrage zu Grunde liegen, hat sich bereits bei einer anderen Gelegenheit[2]) bekundet. Es wird sich nur um Specialitäten der Ausführung handeln. Die verbündeten Regierungen sind der Meinung gewesen, daß es sich hier um die Befriedigung eines

---

[*]) StB. 1171 a.
[1]) Vgl. die Motive, StB. Anl. Nr. 189 S. 474 a.
[2]) S. o. S. 108 ff.

Bedürfnisses handelt, welches nicht in allen Bundesstaaten über=
haupt, namentlich nicht in allen gleichmäßig auftritt. Es waren
deshalb von einigen unserer Bundesgenossen Bedenken dagegen
geltend gemacht worden, die Sache überhaupt auf dem Reichswege
zu behandeln. Diese Bedenken, auf statistische Nachweise basirt,
erschienen der Mehrheit der verbündeten Regierungen nicht unbe=
gründet, und es ist daher längere Zeit der Gegenstand der Er=
wägung der Regierungen gewesen, wie sich ein Modus finden ließe,
nach welchem das Bedürfniß da, wo es vorhanden war, befriedigt
und den Regierungen da, wo es nicht vorhanden war, die Opfer
nicht auferlegt wurden oder wenigstens nicht in ungleichem Maße
auferlegt wurden. Das Einfachste und Nahcliegendste war, diese
ganze Sache der Fürsorge der einzelnen Regierungen zu überlassen.
Es stand dem nur Eins entgegen, und das wurde von denjenigen
Regierungen, die das Bedürfniß mehr empfinden, namentlich wo
größere Städte und industrielle Bezirke heimisch sind, geltend ge=
macht; das Hinderniß war dieses, daß keiner der deutschen Land=
tage, ohne deren Bewilligung solche Mittel nicht aufgebracht werden
können, zur Zeit versammelt ist, und daß nach dem Stande der
Jahreszeit einige Zeit vergehen wird, ehe ein Landtag, und nament=
lich einer der größeren, versammelt werden kann. Es trat deshalb
an den Bundesrath die Aufgabe heran, der Abhilfe dieser Bedürf=
nisse gewissermaßen vorschußweise nahe zu treten und denjenigen
Regierungen, welche Mittel dazu verwenden wollen, aber keine
constitutionelle Möglichkeit haben, sich die Mittel im Augenblick zu
verschaffen, diese Mittel vorschußweise zu gewähren¹). In diesem
Sinne bitte ich unsere Vorlage aufzufassen; es ist nicht damit ge=
meint, daß durch diese Reichsbewilligung das vorhandene Bedürfniß
überall vollständig erschöpft und gedeckt werden soll, sondern es
ist darauf gerechnet, daß da, wo es mit besonderer Stärke auftritt,

---

¹) Vgl. die Motive: „Die verbündeten Regierungen gingen hierbei von
der Erwägung aus, daß die den Betheiligten zu gewährende materielle Hilfe
zwar an und für sich Sache der einzelnen Regierungen sein würde, daß aber
bei der Dringlichkeit der Lage und in Erwägung des Umstandes, daß die Landes=
vertretungen, an welche die bezüglichen Anträge um Bewilligung der erforder=
lichen Mittel eventuell zu richten sein würden, im gegenwärtigen Augenblick in
keinem Bundesstaat versammelt sind, es sich rechtfertige, den Weg der Reichs=
gesetzgebung zu betreten."

die einzelnen Regierungen aus der Quote der französischen Kriegs=
contribution, welche voraussichtlich auf sie vertheilt werden wird,
abhelfen werden. Daß die ganze französische Kriegscontribution
für Reichszwecke verwendet würde, wie neulich hier angedeutet
wurde, halte ich nicht für wahrscheinlich, jedenfalls halten die ver=
bündeten Regierungen in der Mehrheit es nicht für nützlich, sondern
glauben, daß dem allgemeinen Bedürfnisse besser gedient wird durch
Vertheilung eines größeren Theils der Gelder, auf deren Eingehen
wir mit Sicherheit rechnen, nach einem unter den einzelnen Re=
gierungen zu vereinbarenden Maßstabe, indem es nach unserer
Meinung Zwecke, welche auf Landeskosten ihre Befriedigung er=
warten, gibt, die ebenso dringlich, wenn nicht dringlicher sein
werden, als manche derjenigen Zwecke, die wir auf Reichskosten
noch befriedigen könnten, nachdem wir die dringlichsten davon ab=
solvirt haben.

Die verbündeten Regierungen legen ein Gewicht darauf, daß
alle Classen des Reserve= und Landwehrstandes in dieser Bewilligung
ihre Berücksichtigung finden, und halten es nicht für motivirt,
zwischen den verschiedenen Rangstufen des Heeres irgend welche
Scheidungslinie zu ziehen;

(Sehr gut!)

alle Officiere und Mannschaften haben die Gefahren und Kämpfe
mit gleicher Hingebung, mit gleichem gegenseitigen Vertrauen be=
standen, ohne daß sich im Felde irgend welche Scheidelinie zwischen
ihnen bemerkbar gemacht hätte.

(Lebhafter Beifall.)

Wir können mit Stolz sagen, daß unsere Armee sich vor Allem
ausgezeichnet hat durch die gegenseitige Hingebung der Mannschaften
für ihre Officiere und der Officiere für ihre Mannschaften.

(Lebhafter Beifall.)

Wir*) haben deshalb auch in diesem Antrage keine Grenzen
zwischen Beiden ziehen wollen, und ich erlaube mir darauf auf=
merksam zu machen, daß die Classe der Reserveofficiere in ihren
Gesellschafts= und Erwerbsverhältnissen mitunter zwar sehr weit,
mitunter aber auch durch keine sociale und vermögensmäßige

---

*) S. 1171b.

Scheidelinie von denen ihrer Untergebenen getrennt ist. Sie werden häufig den Fall finden, daß der Reichere und Wohlsituirte in Reihe und Glied steht, und daß der Reserveofficier sich in minder günstigen bürgerlichen Verhältnissen befindet. Ich habe unter den Reserveofficieren eine große Anzahl, namentlich solche in auffälligen Verhältnissen kennen gelernt, die dem Baufach angehörten, theils als Beamte, theils als Civilbauunternehmer. Uns Allen ist be- kannt, ein wie reiches und wie tapferes Contingent zu Reserveofficieren der Handelsstand und die Industrie gestellt haben, und das ge- wöhnlich nicht in denjenigen Spitzen des Geschäfts, die der Bei- hilfe entbehren können, sondern sehr häufig in den Personen, die durch den Krieg geradezu brotlos, für den Augenblick erwerbslos*) geworden sind.

Wir bitten Sie daher, die Vorlage in dieser Gestalt mit dem- selben Wohlwollen zu behandeln, welches Sie ihr in einer früheren Discussion, wo sie in einer anderen Gestalt vorgebracht war, ge- widmet haben, und nicht anzunehmen, daß nach Meinung der Re- gierungen hiermit das Bedürfniß überall erschöpft sei. Aber das Vorhandensein des Bedürfnisses wird von einzelnen Regierungen vollkommen geleugnet, und deßhalb ist die Fassung eine so lockere geblieben, daß die Regierungen selbst darüber zu befinden haben, inwieweit und welche Fälle sich zur Verwendung der durch das Gesetz gewährten Mittel eignen, und daß wir uns speciellerer Vor- schriften enthalten zu sollen geglaubt haben; aber ich hebe wieder- holt hervor, daß in einigen Ländern, namentlich im preußischen Lande meiner Ueberzeugung nach das billiger Weise zu berück- sichtigende Bedürfniß durch diese vorschußweise Gewährung nicht erschöpft sein wird.

Ueber den Antrag des Abg. v. Hennig, den Gesetzentwurf einer Commission zur Vorberathung zu überweisen, entspann sich eine längere Debatte, an der Fürst Bismarck sich nicht betheiligte. Wohl aber gaben ihm die Ausführungen des Abg. v. Bunsen zu einer persön- lichen Bemerkung Anlaß. Der Abg. v. Bunsen hatte in der 11. Sitzung am 23. Mai den dringlichen Antrag gestellt:

An den Herrn Reichskanzler das Ersuchen zu stellen, daß bei Ausarbeitung der Vorlage eines Gesetzes, die Verwendung

---

*) StB.: gewerbslos.

der franzöſiſchen Kriegskoſtenentſchädigung betreffend, auf Bildung eines Fonds Bedacht genommen werde, um daraus denjenigen Reſerviſten und Landwehrmännern, welche bei ihrer Heimkehr aus dem Kriege gegen Frankreich einer Aufhilfe zum Wiederantritt ihres bürgerlichen Berufs dringend bedürfen, dieſe Aufhilfe durch Darlehen, oder, wo es nöthig iſt, durch einmalige Gaben zu gewähren.

Der Antrag wurde, obwohl der Präſident des Reichskanzleramts, Miniſter Delbrück, ſich dagegen erklärte, mit großer Majorität angenommen und die Mittheilung des Beſchluſſes an den Reichskanzler beſchloſſen. Der Abg. v. Bunſen ſah in der Einbringung der Vorlage eine Wirkung ſeines Antrags und gab ſeiner Befriedigung darüber Ausdruck, daß die Reichsregierung, nachdem ſie damals entweder die Abhilfe nicht für ſo nothwendig oder die vorgeſchlagene Art der Abhilfe nicht für praktiſch gehalten habe, gegenwärtig das Erſtere unbedingt bejahe und in der zweiten Beziehung durchaus den Grundſätzen ſich anſchließe, welche bei der früheren Berathung im Reichstage zum Ausdruck gekommen ſeien. Es ſei das ein im politiſchen Leben ſeltener, aber um ſo höher anzuerkennender Fall, daß eine Anſchauung, die öffentlich bekämpft wurde, ebenſo öffentlich nachher anerkannt werde. Fürſt Bismarck proteſtirte gegen das Lob der Fügſamkeit in den Willen des Reichstags, das ihm der Abg. v. Bunſen ertheilte*):

Ich hatte nicht die Abſicht, in der rein geſchäftlichen Frage, ob Commiſſion, ob nicht Commiſſion, das Wort zu ergreifen; nun nöthigt mich der Herr Vorredner dazu, indem er, meines Erachtens ohne durch das Bedürfniß der geſchäftlichen Seite der Frage dazu gedrängt zu ſein, eine Erklärung gab, als hätten die Regierungen ihre Anſichten über den früher von ihm geſtellten Antrag weſentlich geändert**). Ich kann das Lob, was er unſerer Fügſamkeit in dieſer Beziehung ertheilt hat, nicht annehmen. Die Anſichten, die ich heute hier im Namen der Regierungen vertrete, waren längſt Anſichten der Regierungen, ehe der Herr Vorredner ſeinen Antrag geſtellt hat. Es war nur nicht leicht, innerhalb der Bundesregierungen eine Verſtändigung über die Art, wie dem Zwecke näher zu treten ſei — wie ich dies ſchon im Anfang meiner Rede entwickelt habe —, herbeizuführen, weil die Auffaſſung und die Intereſſen der einzelnen Regierungen weſentlich verſchiedene waren. Der Wunſch, den Betheiligten auf dem einen oder anderen Wege

---

*) StB. 1173b.
**) S. 1174a.

zu helfen — und ich bemerke in Parenthese, wie ich glaube über=
wiegend durch Darlehne, indessen ohne Ausschluß der Zahlung
à fonds perdu — , dieser Wunsch bestand bei sämmtlichen Regie=
rungen von Anfang an, ja ich kann sagen, schon in Versailles,
schon vor Berufung des Reichstags war davon die Rede, daß
Etwas der Art zu geschehen habe; aber die Art, ob und wie es
einheitlich in die Hand zu nehmen sei, war denn doch eine
Frage, die von 25 Regierungen nicht so leicht durch Erörterung
und Abstimmung entschieden werden konnte. Daß Etwas in der
Sache geschehe, haben wir immer gewünscht, aber die Art, wie
der Herr Vorredner in seinem früheren Antrage es beabsichtigt
hatte, haben wir nicht für praktisch ausführbar gehalten, und noch
jetzt glaube ich, daß die Fassung unseres Antrags in glücklicher
Weise die Klippe umschifft habe, auf die der Herr Vorredner die
Reichsregierung setzen wollte, indem wir die Entscheidung darüber,
in welcher Weise die einzelnen Unterstützungen zu erfolgen haben,
ob durch Darlehne oder durch Zahlungen à fonds perdu, durch
welche Organe sie zu erfolgen haben, sowie über die Nützlichkeit
und Bedürftigkeit ganz in das Ermessen der einzelnen Regierungen
gestellt zu sehen wünschen. Allen diesen Regierungen für diese
Bedürfnisse auf constitutionellem Wege Mittel zu verschaffen, ist
in diesem Augenblick nicht anders möglich, als durch den Reichs=
tag. Ohne diese Erwägungen der Regierung an die Sache heran=
zutreten, glaube ich, hieße in denselben Fehler verfallen, an dem
der von dem Herrn Vorredner gestellte Antrag laborirte, indem
er der Reichsregierung Aufgaben zuwies, ohne sich der Mittel und
Wege der Ausführung zu versichern; indem er verlangte, daß eine
nützliche Handlung geschehe, ohne sich den Kopf zerbrechen zu wollen,
wie sie ausgeführt werden könne. Wir unsererseits haben uns den
Kopf darüber zerbrochen und sind nach langen Erwägungen und
gegenseitigen Concessionen und Nachgiebigkeiten in die angenehme
Lage gekommen, Ihnen dieses Gesetz vorlegen zu können, und wir
hoffen auf Ihre Bewilligung. Ich kann dabei allerdings den
Wunsch nicht unterdrücken, daß der Weg gewählt werde, der am
schleunigsten und mit dem geringsten Zeitverlust zum Ziele führt,
da, wie ich schon angedeutet habe, wir, bevor wir schlüssig werden
konnten, einen erheblichen Zeitraum gebraucht haben, und bis aus

Ende der Sitzung mit der Sache haben zögern müssen, weil früher eine Einigung über dieselbe nicht zu erzielen war. Welcher Weg nun geschäftlich der kürzeste ist, darüber steht mir ein Urtheil nicht zu, das muß ich dem Hause überlassen.

Der Reichstag beschloß, die zweite Berathung der Vorlage ohne vorhergegangene Commissionsberathung im Plenum vorzunehmen, und wendete sich darauf zur ersten Berathung des Gesetzentwurfs, betreffend die Verleihung von Dotationen in Anerkennung hervorragender, im letzten Kriege erworbener Verdienste, dessen einziger Artikel also lautete:

„Zur Verleihung von Dotationen an diejenigen deutschen Heerführer, welche in dem letzten Kriege zu dem glücklichen Ausgange desselben in hervorragender Weise beigetragen haben, wird dem Kaiser eine Summe von vier Millionen Thalern aus der von Frankreich zu zahlenden Kriegsentschädigung zur Verfügung gestellt."

Zur Begründung und Befürwortung des Entwurfs nahm unmittelbar nach Eröffnung der Discussion Fürst Bismarck das Wort*):

Ich kann allerdings nicht umhin, meine Herren, denjenigen Rednern der vorigen Discussion beizustimmen, welche sagten, daß zwischen der Tendenz der beiden Vorlagen eine wesentliche Verschiedenheit, nicht eine äußerliche, aber eine innere Verschiedenheit stattfinde: das Eine ist ein Act der Unterstützung, das Andere ist ein Act Königlicher Freigebigkeit, zu dem Se. Majestät der Kaiser Sie bittet, ihm die Mittel zu gewähren. Es ist ein ungewöhnlicher und seltener Fall, in welchem ich Ihre Nachsicht dafür in Anspruch nehme, daß ich mich von der constitutionellen Tradition, die Personen der Souveräne nicht zu erwähnen, in Etwas entferne; ich will nicht von dem Souverän im eigentlichen Sinne des Wortes sprechen, ich will mehr von dem Kaiserlichen Feldherrn reden, und auch von ihm nicht direct, denn es würde mir nicht ziemen, ich würde das in meiner Stellung nicht wagen. Ich will Sie nur indirect bitten, sich die Frage zu stellen, wie etwa diese ganzen Verhältnisse hätten verlaufen können, wenn auf dem Throne Preußens sich ein anderer Monarch als Seine jetzt regierende Majestät be-

---

*) StB. 1175 b.

funden hätte. War es nicht möglich, daß dieser große Krieg, der größte unseres Zeitalters, der ein Menschenalter, ein halbes Jahrhundert hindurch wie eine drohende Wolke am Horizonte Deutschlands schwebte, bei dem Monarchen, der auf dem mächtigsten deutschen Throne saß, nicht die gleiche Entschlossenheit, den gleichen Muth, diesen hohen Muth, der Krone, Reich und Leben einsetzt, vereinigt fand? war es nicht möglich, daß in Folge dessen dieser Krieg im Augenblick vermieden wurde unter Umständen, die das deutsche Nationalgefühl schwer geschädigt und gekränkt hätten? war es nicht möglich, daß er aufgeschoben worden wäre, bis der Feind Bundesgenossen gegen uns gefunden hätte? Alles nicht aus dem Gesichtspunkte einer Aengstlichkeit, die ich bei keinem deutschen Fürsten voraussetze, aber aus dem Gesichtspunkte wohlwollender, väterlicher Friedliebe, die nicht zu rechter Zeit das Schwert zu wählen weiß! War es nicht möglich, daß dieser Krieg mit weniger Geschick, mit weniger Entschlossenheit, vor allen Dingen mit weniger sorgfältig vorbereiteten Mitteln geführt wurde? Wem, meine Herren, verdanken wir es, daß diese Mittel sorgfältig vorbereitet waren? daß der Krieg mit Geschick geführt wurde? daß mit unzögernder Entschlossenheit der richtige Moment ergriffen wurde, um vorwärts zu gehen und den Feind niederzuwerfen? daß nicht durch Zögerung die Zeit verloren ging, in der es nützlich war, zu handeln? Wir verdanken es unserem Kaiserlichen Feldherrn: wir verdanken es in erster Linie dem König von Preußen, in zweiter Linie der echt deutschen entschlossenen Hingebung seiner erhabenen Bundesgenossen für die nationale Sache.

(Bravo!)

Der*) zweite Entschluß ohne den ersten war nicht möglich! Wenn ein Monarch, an Jahren und an Ehren reich, mit dieser Entschlossenheit seine nach irdischem Maßstab bemessen glückliche, befriedigte, ruhmvolle Existenz einsetzt für Sein Volk, wenn er in Seinem hohen Alter einen Kampf durchkämpft, der ganz anders verlaufen konnte, wenn er dann zurückkehrt und Sich fragt: wem verdanke Ich, daß Ich siegreich zurückkehre, daß unser Volk geschützt worden ist vor den Leiden und Drangsalen des Krieges im Lande,

---

*) S. 1176 a.

vor dem Druck des Eroberers, ja daß darüber hinaus Gott seinen 13. 6. 1871. Segen gegeben hat, das deutsche Volk in diesem Kriege, wo man es böse mit uns vorhatte und es gut wurde durch Gottes Hilfe, zu einigen und ihm Kaiser und Reich wieder zu geben? Ich sage, wenn dieser erste Deutsche Kaiser zurückkehrt, nach einem langen Interregnum im Besitz der größten Vollgewalt, der größten Macht, die augenblicklich in der Welt dasteht, und sich fragt: wie, durch welche Werkzeuge hat Gott dies Alles verwirklicht? wie habe Ich dies gewonnen? wem bin Ich Dank schuldig? so trifft Sein Dank natürlich zuerst Sein Heer, die Tapferkeit der Truppen, die Intelligenz der Führer, und es muß Ihm ein Herzensbedürfniß sein, hier zu lohnen, hier zu danken. Tapferkeit, meine Herren, läßt sich im Einzelnen nicht belohnen; sie ist, Gott sei Dank, ein Gemeingut der deutschen Soldaten, daß man sie Alle und jeden Einzelnen dafür zu belohnen hätte, wenn man sie belohnen wollte.

(Bravo!)

Aber die Tapferkeit, meine Herren, allein reicht nicht hin zu diesem Erfolge: Muth haben auch die Franzosen bewiesen, tapfer haben auch die französischen Soldaten sich geschlagen; was ihnen fehlte, war die Führung, war die Pflichttreue der Führer, war die Einsicht der Führer, war die entschlossene Leitung eines Kaiserlichen, eines monarchischen Feldherrn, der in voller Verantwortung und sich bewußt, daß er um Krone und Reich schlug, an ihrer Spitze stand. Jene Führer zu belohnen, muß ein Herzensbedürfniß des Kaisers sein.

Ich will die Nützlichkeitsmomente nicht erwähnen, die darin liegen können, daß man in dem kargen Leben des Soldaten die Hoffnung auf ein ungewöhnlich großes Loos, die Hoffnung, die Napoleon den Marschallsstab im Tornister nannte, nicht abschneide durch eine rechnende Kargheit in dem Augenblick, wo, wund, blutend und siegreich, das Heer nach Hause kommt, sondern daß man in solchem Moment reiche Belohnungen gibt für Dienste, — die zu leisten Jeder in die Lage kommen kann. Der gemeine Grenadier kann es bei uns zum General bringen; ich habe Generäle bei meinen Lebzeiten gekannt, die keinen anderen Ursprung haben, von denen der Eine eine hohe Stellung im und an der Spitze des Generalstabs einnahm, ein anderer an der Spitze des Remontewesens stand, ein Anderer von einem gemeinen Kürassier bis zu einem der angesehensten Minister aufstieg,

(Heiterkeit[1].)

und dergleichen ist in unseren Verhältnissen, bei unserer Gleichheit vor dem Gesetz überall, wo Auszeichnung da ist, möglich. Und wenn so mancher müde Soldat schließlich frühzeitig sich zurückzieht und sagt: ich habe es nicht erreicht, so bleibt ihm die Hoffnung, sein Sohn könne etwas Außerordentliches, könne Belohnungen im Dienste des Staates erwerben, wie sie hier verleihen zu können der Kaiser von Ihnen die Mittel erbittet.

In[*]) diesem Sinne möchte ich bitten, meine Herren, stellen Sie sich auf die Höhe der Situation, vergessen Sie auf einen Augenblick die Stellung des bewilligenden, des geldbewilligenden Abgeordneten, denken Sie daran, dieses Herzensbedürfniß Sr. Majestät des Kaisers zu befriedigen, geben Sie Ihm die Zufriedenheit, die Er durch Seine Hingabe, durch Seinen Muth um Deutschland wohl verdient hat.

(Lebhaftes Bravo!)

Das Haus beschloß für dieses Gesetz die Vorberathung in einer Commission, für welche die Oeffentlichkeit auszuschließen sei. Ihre Sitzung fand noch am Abend des 13. Juni in Gegenwart des Fürsten Bismarck statt, der erschienen war, um der Commission „eingehende Mittheilungen und Erläuterungen über Tendenz und Bedeutung des Gesetzes" zu geben. Sie sind leider für die Nachwelt verloren, da die Commission keinen schriftlichen Bericht erstattete. Aus dem mündlichen Berichte des Abg. v. Bennigsen in der 56. Sitzung am 14. Juni 1871 läßt sich nur entnehmen, daß Fürst Bismarck die vier Kategorien bezeichnete, welche bei den Dotationsverleihungen berücksichtigt werden sollten, ausdrücklich aber sich weigerte, bestimmte Namen zu nennen. Der von der Commission vorgeschlagenen Einschaltung „sowie an deutsche Staatsmänner, welche bei den nationalen Erfolgen dieses Krieges in hervorragender Weise mitgewirkt haben," stimmte der Reichskanzler bei, da er selbst „wegen anderweitiger Bestimmungen" nicht in Betracht komme[2]). Die Commission kam zu dem Beschlusse, dem Reichs-

---

*) StB.: Ich.

[1]) Das Haus fand darin eine Anspielung auf die Carrière des Fürsten Bismarck selbst, der bekanntlich auch als Minister und Reichskanzler die Kürassieruniform trug — daher die Heiterkeit.

[2]) Bekanntlich erhielt Fürst Bismarck vom Kaiser durch Erlaß vom 24. Juni 1871 „in Anerkennung seiner Verdienste" den zu dem Domanium

tage die Annahme des Gesetzes mit der oben angeführten Einschaltung 13. 6. 1871.
zu empfehlen.

---

56. Sitzung des Deutschen Reichstags
Mittwoch 14. Juni 1871.

Eine Petition des Kieler Comités für den Bau eines Nord= 11. 6. 1871.
Ostseecanals mit dem Antrag, „daß der erste Deutsche Reichstag
seinen Einfluß dahin geltend machen möge, um den deutschen Regierungen
den Bau des Nordostseecanals anzurathen", gelangte auf Grund des
Commissionsberichts, der die Ueberweisung der Petition an den Reichs=
kanzler zur Kenntnißnahme und Erwägung empfahl, in der 56. Sitzung
des Reichstags am 11. Juni zur Besprechung. Nachdem die Abg.
Lesse und Dr. Elben den Bau des Canals warm befürwortet hatten,
nahm Fürst Bismarck das Wort[*]:

Ich freue mich des Anklanges, meine Herren, den das seit
einigen Jahren ruhende Project dieses Canals im Reichstage findet,
und ich kann Sie versichern, daß die vorübergehende Ruhe, die es
gefunden hat, mehr in den Zeitumständen, als in dem verminderten
Interesse der verbündeten Regierungen für die Sache gelegen hat.
Wir hoffen, und namentlich die preußische Regierung, in deren
Gebiet der Canal liegen soll, die Zeit und die Mittel des Friedens
mit größerem Erfolge als bisher diesem Project und auch weiteren
Canalisirungsprojecten in Deutschland widmen zu können, indem
ich auch meinerseits anerkennen muß, daß unser Vaterland in dieser
Beziehung noch nicht auf der Höhe der Entwickelung steht, welche
seine Mittel und Verkehrsverhältnisse ihm zuweisen.

(Bravo!)

Die sehr große Majorität des Reichstags beschloß dem Antrag
der Commission gemäß.

---

des Herzogthums Lauenburg gehörigen Grundbesitz im Amte Schwarzenbek mit
allen daraus resultirenden Privatrechten und Verbindlichkeiten als Dotation
zum Eigenthum überwiesen, vgl. Bismarckregesten II 17.

[*] StB. 1189a.

Das Haus ging darauf zur zweiten Berathung des Gesetzentwurfs, betreffend die Gewährung von Beihilfen an Angehörige der Reserve und Landwehr, über. Der Abg. Dern-
burg, der die Specialdiscussion eröffnete, gab der Hoffnung Ausdruck,
daß der vom Reiche gewährte Vorschuß von den einzelnen Regierungen
auch auf dem verfassungsmäßigen Wege, wie er für ihre Einnahmen
vorgeschrieben sei, verrechnet und controlirt werden würde. Fürst Bismarck bemerkte dazu*):

Ich glaube, es wird nicht nur kein Widerspruch dagegen erhoben werden, sondern ich habe bisher vorausgesetzt und setze noch
voraus — und für Preußen kann ich es bezeugen —, daß darüber
keine Meinungsverschiedenheit unter den Regierungen herrscht, daß
die Verwaltung und Rechnungslegung über die vom Reiche zur
Disposition gestellten Mittel innerhalb der verfassungsmäßigen Vorschriften jedes Landes stattfinden werde.

Das Gesetz wurde, nachdem auch der Abg. Schulze sich dafür
ausgesprochen hatte, am 14. Juni in zweiter, am 15. Juni in dritter
Lesung einstimmig angenommen.

Eine längere Debatte rief das Dotationsgesetz hervor, dessen
zweite Berathung gleichfalls auf der Tagesordnung der 56. Sitzung
stand. Dem Abg. Lenthe, der mit der Minorität der Commission
sich principiell gegen jede Dotation, eventuell für Verringerung der
Summe auf drei Millionen aussprach, antwortete Fürst Bismarck,
freilich ohne sich weiter auf den Inhalt seiner Rede einzulassen, wie
folgt**):

Der Herr Vorredner hat, wenn ich nicht irre, an einer Stelle
seiner Rede sich auf mein Zeugniß in Bezug auf irgend einen Vorgang in der Commission berufen. Ich habe diesen Theil seiner
Rede hören können, weil er bei demselben sich mit seiner Seiten-
wendung halb nach rückwärts drehte, benutze aber diese Gelegenheit, um die Thatsache zu constatiren, daß die Herren auf den
Vorderbänken im Centrum in der Stellung, in welcher sie zu
sprechen pflegen, hier absolut unverständlich sind, wenigstens der

---

*) StB. 1190 a.
**) StB. 1197 b.

Zusammenhang ihrer Reden.   Es gehört ein sehr sonores Organ   14. 6. 1871.
oder eine sehr gehobene Stimme dazu, wenn man mehr als einzelne
Bruchstücke hier hören soll, und ich muß zu meinem Bedauern sagen,
daß mir der Hauptinhalt der Rede des Herrn Vorredners ent=
gangen ist.

Nachdem der Abg. P. Reichensperger für die Annahme des
Gesetzes nach den Beschlüssen der Commission sich ausgesprochen hatte,
wurde der Schluß der Debatte beantragt und angenommen. Vor Beginn des Namensaufrufs zum Zwecke der Abstimmung erbat sich Fürst
Bismarck das Wort*):

Darf ich vielleicht vor dem Beginne des Namensaufrufs zu
einer geschäftlichen Mittheilung, die außerhalb dieser Sache liegt,
das Wort nehmen?

Präsident: Der Herr Reichskanzler hat das Wort.

Da**) ich nicht weiß, ob nach der namentlichen Abstimmung
noch alle Herren gegenwärtig sein werden, so erlaube ich mir,
jetzt die Mittheilung zu machen, daß ich hoffen darf, morgen
in der Sitzung die amtliche Eröffnung Sr. Majestät des Kaisers
über den Schluß der Session machen zu können, und daß,
wenn nicht unvorhergesehene Hindernisse eintreten, und der Ver=
lauf der morgenden Sitzung nicht einen ändernden Einfluß
auf die Absicht Sr. Majestät des Kaisers hat, der Schluß des
Reichstags wahrscheinlich auf morgen Nachmittag 3 Uhr durch
die morgen zu erwartende Kaiserliche Botschaft angesetzt werden
wird.

Die namentliche Abstimmung ergab die Annahme des Gesetzes in
zweiter Lesung mit 175 gegen 51 Stimmen.

*) StB. 1199b.
**) StB. 1200a.

57. Sitzung des Deutschen Reichstags

Donnerstag 15. Juni 1871.

Zur Mittheilung der Tags zuvor angekündigten Kaiserlichen Botschaft nahm der Reichskanzler Fürst Bismarck in der 57. Sitzung des Reichstags, am 15. Juni 1871, das Wort*):

Ich beehre mich, dem Reichstage eine Allerhöchste Botschaft Sr. Majestät des Kaisers mitzutheilen, welche lautet, wie folgt:

„Wir Wilhelm, von Gottes Gnaden Deutscher Kaiser, König von Preußen, thun kund und fügen hiermit zu wissen, daß Wir beabsichtigen, gemäß Artikel 12 der Verfassungsurkunde des Deutschen Reiches die gegenwärtigen Sitzungen des Reichstages am Donnerstag, den 15. d. M., im Namen der verbündeten Regierungen zu schließen. Wir fordern demnach den Reichstag hierdurch auf, zu diesem Zwecke an dem gedachten Tage um 3 Uhr Nachmittags im Weißen Saale Unseres Residenzschlosses in Berlin zusammenzutreten.

Gegeben Berlin, den 14. Juni 1871.

Gezeichnet: Wilhelm.

Gegengezeichnet: Der Reichskanzler.

Ich habe die Ehre, dem Herrn Präsidenten diese Botschaft zu überreichen.

In derselben Sitzung des Reichstags brachte der Abg. Braun (Hersfeld) nachstehenden dringlichen Antrag ein:

„Der Reichstag wolle beschließen:

den Herrn Reichskanzler zu ersuchen, für die Herbstsession des Reichstags die Localitäten des Preußischen Herrenhauses zur Verfügung zu stellen, dieselben durch Errichtung eines provisorischen Sitzungssaales auf dem angrenzenden Grundstück der Königlichen Porcellanmanufactur zu vervollständigen und zu diesem Zweck die schleunige Räumung der unmittelbar an der Leipziger-

---

*) StB. 1212b.

straße belegenen Gebäulichkeiten nebst dem vorderen Hofe jener Anstalt veranlassen zu wollen."

Dagegen beantragten sieben Mitglieder der durch Beschluß des Reichstags vom 10. April niedergesetzten achtgliedrigen Commission durch den Abg. v. Unruh:

„Der Reichstag wolle beschließen:

den Herrn Reichskanzler aufzufordern, ein interimistisches Sitzungslocal für den Reichstag auf dem Grundstück der Porcellanmanufactur nach dem Plane des Herrn Geh. Bauraths Hitzig [1]) so schleunig wie irgend möglich zur Ausführung bringen zu lassen und zu dem Ende für die baldige Räumung der Gebäude der Porcellanmanufactur zu sorgen."

Nach der Begründung der Anträge durch die Antragsteller nahm Fürst Bismarck das Wort[*]):

Ich nehme an, daß auf die Frage des Definitivums der Bauprojecte heute nicht eingegangen wird — jeder Tag hat seine eigenen Sorgen, und meiner Ansicht nach ist das allerdringlichste Bedürfniß, daß der Reichstag, wenn er im Herbste zurückkehrt, ein bequemeres Unterkommen, als dieses, bereits vorfindet.

Das in der Commission zuerst discutirte, definitivere Provisorium [2]), möchte ich es nennen,

(Heiterkeit.)

würde[**]) uns dennoch in die Lage bringen, für diesen Herbst irgend ein Provisorissimum zu suchen,

(Erneute Heiterkeit.)

---

[*]) StB. 1216a.
[**]) S. 1216b.
[1]) Nach dem Vorschlage des Geh. Baurath Hitzig sollte der erste Hof der Porcellanmanufactur ganz mit Glas überdeckt, in den Hof hinein aber ein Saal mit Umfassungswänden aus Fachwerk gespannt werden, die nicht ausgemauert, sondern bloß von beiden Seiten mit Brettern verkleidet, dann mit Rohr bespannt und mit Mörtel geputzt werden sollten. Zu den verschiedenen Geschäftsräumen des Reichstags, zu Abtheilungszimmern, Commissionszimmern, Bureauräumen ꝛc. sollten die Räumlichkeiten der Porcellanfabrik verwendet, Räume für den Bundesrath, Reichskanzler ꝛc. in einem Anbau aus Fachwerk geschaffen werden. An zwei Stellen war eine Verbindung mit den Räumen des Herrenhauses geplant, um die Benutzung der Restauration und des Gartens den Abgeordneten des Reichstags zu ermöglichen. Für diesen Plan hatte sich der Reichskanzler in einer der Commissionssitzungen ausgesprochen (vgl. StB. 1214b).
[2]) Es war vom Geh. Baurath Hermann ausgearbeitet

15. 6. 1871. sei es durch Neubau, sei es durch Umbau des hiesigen Locals oder desjenigen des Herrenhauses. Nun muß ich Bedenken tragen, in einem dieser beiden Häuser ohne Zustimmung der betreffenden Preußischen Landtagskörperschaften solche Umänderungen vorzu= nehmen, die nicht auf den etwaigen Wunsch dieser Körperschaften die Möglichkeit offen hielten, den status quo ante demnächst wieder herzustellen, und das wird, glaube ich, bei beiden Locali= täten kaum der Fall sein können, wenn man sie für den Reichs= tag bequem einrichten will. Hier würde die Bequemlichkeit nicht zu erreichen sein, und im Herrenhause nur mit einigermaßen ge= waltthätigen und das Vorhandene definitiv*) zerstörenden Bauten. Ich würde deshalb als am wahrscheinlichsten erreichbar finden, wenn der Reichstag sich dazu entschließen könnte, den Commissions= antrag anzunehmen und sich für einen entschieden provisorischen Neubau, welcher den ersten Hof der Porcellanmanufactur ausfüllen würde, zu entscheiden.

Der Antrag des Herrn Abg. Braun (Hersfeld) wird meines Erachtens durch die Annahme des Commissionsantrages ebenfalls erfüllt. Mir scheint, daß beide sich decken, wenn man nur den Wortlaut etwas anders stellt und die Sätze in ihrer Reihenfolge umkehrt. Ich darf also annehmen, daß principiell nur ein Antrag vorliegt, nämlich derjenige, einen Sitzungssaal auf dem Grund= stück der Porcellanmanufactur neu herzustellen und die Baulichkeiten des Herrenhauses durch Herstellung zweier Zugänge so viel in Mit= benutzung zu nehmen, als davon ohne umändernde tiefer greifende Bauten benutzbar sein würde.

Der Augenschein für denjenigen, der sich besonders dafür interessirt, wird lehren, daß der Raum dort hinreichend vorhanden ist, um eine bequeme Unterkunft nach allen Richtungen hin, die Mitbenutzung des daran liegenden Gartens und auch geräumigere Circulationsräume bei schlechtem Wetter herzustellen. Es wird meine Aufgabe sein, bei den preußischen Behörden, dem Handels= ministerium dahin zu wirken, daß mit möglichster Beschleunigung die Localitäten der Porcellanmanufactur, wenn dieser Antrag, für den ich die Zustimmung der verbündeten Regierungen glaube in

---

*) StB.: das vorhandene Definitiv.

Aussicht stellen zu können, die Annahme des Reichstags findet, uns 15. 6. 1871. zur Disposition gestellt werden. Die dort befindliche Dienstwohnung wird, wie ich höre, schon zum 1. Juli geräumt, und die Vor= räthe, resp. die Betriebslocalien, welche sich dort noch befinden, müssen dem höheren Bedürfniß weichen. Die Zeit der Herstellung wird, hoffe ich — ich habe nicht gehört, ob von einem Bautech= niker genauere Angaben darüber gemacht sind — jeden Falls den Lauf dieses Sommers zu überschreiten nicht nöthig machen. Was die Kosten anlangt, so lassen sich diese allerdings nicht genau über= sehen; indessen kann ich nicht glauben, daß sie die Summe von 170 000 Thalern übersteigen werden. Ich kenne die einzelnen Voranschläge nicht, ob sie die Summe rechtfertigen. Mir liegt hier nur ein Anhaltspunkt für die Zeit und die Kosten eines ähn= lichen Bauwerkes vor, welcher mir durch die Güte eines Kaiserlich österreichischen Beamten, des Bauraths Zettl, zugegangen ist, welcher in einem Zeitraum von sechs Wochen und mit einem Aufwande von 250 000 Gulden das dortige provisorische Parlamentshaus her= gestellt hat. Die Summe wird ungefähr dieselbe sein, 250 000 österreichische Gulden und 170 000 Thaler werden sich annähernd decken, wenigstens ist die Abweichung nicht so groß, um einen Anhalt zu einem Urtheil, zur Verwerfung des einen oder des anderen Satzes zu bilden. Ich kann daher nur im Interesse der Vertreter der verbündeten Regierungen und, wie ich glaube, auch im Interesse des Reichstages dringend bitten, diesen ausführ= baren und, wie ich glaube, für einige Jahre eine annehmbare provisorische Existenz darbietenden Bau durch den Reichstag zu sanctioniren.

Der Antrag der Commission wurde mit großer Majorität an genommen.

Noch an demselben Tage, Nachmittags 3 Uhr, erfolgte in einer

Schlußsitzung des Deutschen Reichstags

der Schluß des Reichstags mit folgender vom Kaiser verlesenen
Thronrede*):

Geehrte Herren!

Als Ich Sie vor drei Monaten an dieser Stelle begrüßte, be=
zeichnete Ich es als den ehrenvollen Beruf des Deutschen Reichs=
tags, die Wunden, welche der Krieg geschlagen hat, nach Möglich=
keit zu heilen und den Dank des Vaterlandes Denen zu bethätigen,
welche**) den Sieg mit ihrem Blute und ihrem Leben bezahlt
haben. Sie haben diesen Beruf nach dem Herzen des deutschen
Volkes erfüllt. Mit freigebiger Hand haben Sie für die an ihrer
Gesundheit geschädigten Krieger und für die Hinterbliebenen der
Gefallenen gewährt, was die Dankbarkeit des Vaterlandes er=
statten kann.

Sie haben die verbündeten Regierungen in den Stand gesetzt,
die Nachtheile zu mildern, welche der Ruf zur Fahne für die Er=
werbsverhältnisse vieler Berufenen herbeigeführt hat.

Zum Ersatz der Schaden, welche die Anwohner unserer bis=
herigen Grenzen und die für Deutschland rückerworbenen Gebiete
erlitten haben, zur Ausgleichung der Verluste, welche die deutsche
Schifffahrt durch den Krieg erfahren hat, und zur Erleichterung
der Lage, in welche deutsche Mitbürger durch ihre Ausweisung aus
Frankreich versetzt worden sind, haben Sie bereitwillig Ihre Mit=
wirkung gewährt.

Im Vereine mit den verbündeten Regierungen haben Sie es
Mir ermöglicht, den Dank des Vaterlandes den Männern darzu=
bringen, welche das deutsche Heer zu seinen Thaten erzogen, das=
selbe von Sieg zu Sieg geführt und die glorreichen Errungen=
schaften des Krieges sicher gestellt haben. Ich erfülle ein Bedürf=
niß Meines Herzens, indem Ich Ihnen dafür in Meinem und des
deutschen Heeres Namen Meinen Kaiserlichen Dank ausspreche.

---

*) StB. 1221 a.
**) S. 1221 b.

Durch die neue Redaction der Reichsverfaſſung haben die
ſtaatsrechtlichen Verhältniſſe Deutſchlands die den Verträgen ent=
ſprechende Form gewonnen, und durch den Nachtragsetat für 1871
haben die financiellen Beziehungen der Bundesſtaaten zum Reiche
ihre Regelung gefunden.   Der größte Theil der Geſetzgebung des
Norddeutſchen Bundes iſt zur Geſetzgebung des Reiches geworden,
und die Letztere hat im Beginn ihrer gemeinſamen Thätigkeit die
Haftpflicht induſtrieller Unternehmungen in einer Weiſe geregelt,
deren Wohlthaten an erſter Stelle den Invaliden der Arbeit zu
Gute kommen werden.

Für die Einrichtungen, welche in Elſaß und Lothringen zu
treffen ſind, iſt die geſetzliche Grundlage gewonnen.   Die Verhand=
lungen, welche darüber in Ihrer Mitte ſtattfanden, werden den
Bewohnern dieſer Gebiete die Ueberzeugung gewähren, daß den
deutſchen Regierungen und dem deutſchen Volke, wie auch über
einzelne Fragen die Anſichten abweichen mögen, der eine Gedanke
und der eine Wille gemeinſam iſt, das rückerworbene Land, unter
Schonung bewährter Einrichtungen*), durch eine milde Verwal=
tung und durch eine freiheitliche Entwickelung ſeiner Geſetzgebung
zu einem auch innerlich verbundenen Gliede unſeres großen Vater=
landes zu machen.

Während der Dauer Ihrer Verſammlung iſt der Friede mit
Frankreich endgültig abgeſchloſſen worden.   Dieſer Abſchluß und
die Wiederherſtellung geſetzlicher Gewalten in Frankreich haben es
zu Meiner Freude möglich gemacht, einen großen Theil des Heeres
in das Vaterland zurückkehren zu laſſen.   Der Schluß Ihrer
Thätigkeit fällt zuſammen mit dem Einzuge der ſiegreichen Truppen
aller deutſchen Heerestheile in Meine Hauptſtadt.   Sie werden,
geehrte Herren, Zeugen des Einzuges ſein, und wenn Sie unter
dem Eindrucke dieſer nationalen Feier in Ihre Heimath zurück=
kehren, werden Sie die freudige Gewißheit mit ſich nehmen, daß
die patriotiſche Hingebung der deutſchen Volksvertretung**) an
der großartigen Entwickelung des Vaterlandes und an dem
Glanze der Siegesfeier ihren berechtigten Antheil hat.   Möge,

*) S. 1222a.
**) S. 1222b.

15. 6. 1871. wie Ich zu Gott hoffe, und wie Ich nach den neubegründeten Be=
ziehungen des Deutschen Reiches zu allen auswärtigen Mächten
überzeugt sein kann, der Frieden, dessen wir uns erfreuen, ein
dauernder sein.

Nach Verlesung der Thronrede verkündete der Reichskanzler Fürst
Bismarck den Schluß der Session mit den Worten:

Auf Befehl Sr. Majestät des Kaisers erkläre ich im Namen
der verbündeten Regierungen den Reichstag für geschlossen.

II.

Deutscher Reichstag.

16. October bis 1. December 1871.

Eröffnungsitzung des Deutschen Reichstags
Montag 16. October 1871.

Thronrede des Kaisers*):

Geehrte Herren!

Als Ich Sie im März d. J. zum ersten Male begrüßte, hatten die Vorarbeiten für die regelmäßige Gesetzgebung durch den Krieg Verzögerungen und Unterbrechungen erlitten. Ihre Thätigkeit war vorzugsweise für diejenigen Fragen in Anspruch zu nehmen, welche sich unmittelbar aus der neuen Gestaltung Deutschlands herleiteten.

Gegenwärtig wird die Ordnung des Reichshaushalts Ihre hauptsächlichste Aufgabe sein. Es kommt darauf an, durch Verwendung eines Theiles der Mittel, welche wir den Erfolgen des Krieges verdanken, die einzelnen Bundesstaaten von den Vorschüssen zu entlasten, welche sie bisher für die Zwecke des Reiches zu leisten hatten, und auf diesem Wege ein normales Verhältniß zwischen dem Haushalt des Reiches und dem Haushalt seiner Glieder herzustellen. Es kommt darauf an, die für Deutschland erworbenen Gebiete mit denjenigen Einrichtungen in den Haushalt des Reiches einzufügen, welche ihnen mit dem Reiche gemeinsam sind oder ihnen von Letzterem gewährt werden. Es kommt darauf an, dafür Sorge zu tragen, daß die äußere Lage der Beamten des Reiches den Anforderungen entspreche, welche im öffentlichen Interesse an sie gestellt werden müssen. Ich hatte gehofft, daß Ihnen auch**) ein Etat für die Verwaltung des deutschen Heeres, wie er den dauernden Bedürfnissen desselben genügt, würde vor

*) StB. 16.
**) S. 2a.

gelegt werden können. Der Umfang, in welchem die durch den Krieg veranlaßten Arbeiten alle Kräfte der Verwaltung auch über die Dauer des Krieges hinaus in Anspruch genommen haben, und die Umgestaltung, in welcher ein Theil des Heeres begriffen ist, haben leider die rechtzeitige Aufstellung dieses Etats verhindert. Ich bin daher genöthigt, Ihre Zustimmung dafür in Anspruch zu nehmen, daß die Uebergangszeit, welche die Reichsverfassung bis zum Schluß des laufenden Jahres für den Militäretat bestimmt, noch auf das kommende Jahr ausgedehnt werde.

Der Ihnen vorzulegende Etat verlangt von den Bundesstaaten keine höheren Beiträge für die Zwecke des Reiches, als der jetzt geltende. Der Haushalt des Jahres 1870 hat, ungeachtet der Wirkungen des Krieges, einen Ueberschuß gelassen, wegen dessen Verwendung Ihnen eine Gesetzvorlage zugeht.

Die Ordnung des Münzwesens, welche die Verfassung dem Reiche überweist, hat seit Jahren die Sorge der Regierungen in Anspruch genommen und das Interesse des Volkes beschäftigt. Ich habe den Augenblick für gekommen gehalten, um den Grund für diese Ordnung zu legen, nachdem eine ganz Deutschland umfassende Regelung des Münzwesens möglich geworden ist und die wirth= schaftlichen Verhältnisse für dieselbe niemals günstiger waren, als jetzt. Der Bundesrath ist mit der Berathung einer Gesetzvorlage beschäftigt, welche zunächst eine umlaufsfähige Goldmünze schaffen und die Grundzüge eines gemeinsamen deutschen Münzwesens fest= stellen soll.

Die Sicherung einer Eisenbahnverbindung zwischen Deutsch= land und Italien durch die Schweiz, welche bereits in dem ver= flossenen Jahre von dem Norddeutschen Reichstage beschlossen wurde, wird Gegenstand Ihrer Berathungen werden. Die Regierungen und die Volksvertretungen Italiens und der Schweiz haben die Ausführung dieses großen Unternehmens bereitwillig unterstützt. Ich bin gewiß, daß die mit demselben verbundenen wirthschaft= lichen und politischen Interessen von den deutschen Regierungen und dem Deutschen Reichstage nicht geringer werden gewürdigt werden, als dies in den beiden anderen Ländern geschehen ist.

Die Gewährung einer billigen Ausgleichung für die Be= schränkungen, welchen die in den Bereich neuer oder erweiterter

Festungsanlagen gezogenen Grundstücke unterworfen werden müssen, 16. 10. 1871. ist von den verbündeten Regierungen von Neuem zum Gegenstande der Berathungen*) gemacht worden. Als Ergebniß derselben wird Ihnen eine Gesetzvorlage zugehen. Auch der Entwurf eines Gesetzes über die Reichsbeamten wird, wie Ich hoffe, Ihnen vorgelegt werden können.

Die von Frankreich bisher gezahlte und in den ersten Monaten des künftigen Jahres zu zahlende Kriegsentschädigung wird zu einem wesentlichen Theile zur Tilgung der Anleihen verwendet werden, welche der Norddeutsche Bund für die Kriegführung gemacht hatte. Für einen Theil dieser Anleihen ist die Tilgung bereits erfolgt oder durch Kündigung vorbereitet, für einen Theil bedarf sie Ihrer Zustimmung. Es wird Ihnen deshalb eine Vorlage zugehen.

Im Vertrauen auf eine stetige Fortentwickelung der inneren Zustände Frankreichs im Sinne der Beruhigung und Befestigung habe Ich es für thunlich gehalten, die Räumung der Departements, deren Besetzung nach den Friedensbedingungen bis zum Mai künftigen Jahres in Aussicht genommen war, schon jetzt eintreten zu lassen. Die Bürgschaften, welche an Stelle des aufgegebenen Pfandes treten, werden Sie aus dem am 12. d. M. darüber geschlossenen Abkommen ersehen, und mit demselben wird Ihnen zu Ihrer Prüfung und verfassungsmäßigen Genehmigung eine Convention über die Zugeständnisse vorgelegt werden, welche von Deutschland für die der Industrie Elsaß-Lothringens zu sichernden Erleichterungen zu machen sein werden.

Auf dem Gebiete der auswärtigen Politik hat Meine Aufmerksamkeit der Ausbildung und Befestigung des mit Frankreich neugeschlossenen Friedens um so ungetheilter gewidmet sein können, als die Beziehungen Deutschlands zu allen auswärtigen Regierungen friedliche und von gegenseitigem Wohlwollen getragene sind. Meine Bemühungen bleiben dahin gerichtet, das berechtigte Vertrauen zu stärken, daß das neue Deutsche Reich ein zuverlässiger Hort des Friedens sein will. In dieser Richtung ist es eine besonders wichtige, aber Mir auch besonders willkommene Aufgabe, mit den

---

*) S. 2b.

16. 10. 1871. nächsten Nachbarn Deutschlands, den Herrschern der mächtigen
Reiche, welche dasselbe von der Ostsee bis zum Bodensee unmittel=
bar begrenzen, freundschaftliche Beziehungen von solcher Art zu
pflegen, daß ihre Zuverlässigkeit auch in der öffentlichen Meinung
aller Länder außer Zweifel stehe. Der Gedanke, daß die Begeg=
nungen, welche Ich in diesem Sommer mit den mir persönlich so
nahestehenden Monarchen dieser Nachbarreiche gehabt habe, durch
Kräftigung des allgemeinen Vertrauens auf eine friedliche Zukunft
Europas der*) Verwirklichung einer solchen förderlich sein werden,
ist Meinem Herzen besonders wohlthuend. Das Deutsche Reich
und der österreichisch=ungarische Kaiserstaat sind durch ihre geo=
graphische Lage und ihre geschichtliche Entwickelung so zwingend
und so mannigfaltig auf freundnachbarliche Beziehungen angewiesen,
daß die Befreiung der Letzteren von jeder Trübung durch die Er=
innerung an Kämpfe, welche eine unerwünschte Erbschaft tausend=
jähriger Vergangenheit waren, dem ganzen deutschen Volke zur
aufrichtigen Befriedigung gereichen wird.

Daß eine solche Befriedigung der Gesammtentwickelung des
Deutschen Reiches gegenüber von der großen Mehrheit der Nation
empfunden wird, dafür bürgt Mir der herzliche Empfang, der Mir
in Meiner**) dieses Reich vertretenden Stellung in allen Gauen
des großen Vaterlandes kürzlich zu Theil geworden ist und der
Mich mit freudiger Genugthuung, vor Allem aber mit Dank gegen
Gott für den Segen erfüllt hat, der unserem gemeinsamen red=
lichen Streben auch in der Zukunft nicht fehlen wird.

Nach Beendigung der Rede trat der Reichskanzler vor den Thron
und verkündete die Eröffnung des Reichstags mit den Worten:

Auf Befehl Sr. Majestät des Kaisers erkläre ich im Namen
der verbündeten Regierungen den Reichstag für eröffnet.

---

*) S. 3a.
**) S. 3b.

9. Sitzung des Deutschen Reichstags

Mittwoch 25. October 1871.

Am 12. October 1871 gelangte zu Berlin eine zusätzliche Ueber=
einkunft zum Friedensvertrage zwischen Deutschland und
Frankreich zur Unterzeichnung, durch welche

1. vorübergehende Erleichterungen der Verzollungspflicht für den
   Handelsverkehr zwischen Elsaß=Lothringen und Frankreich,
2. die Rückgewähr einiger Gebietstheile an Frankreich,
3. die Wiederherstellung des den wechselseitigen Schutz der Fabrik=
   und Handelszeichen betreffenden Art. 28 des Zoll= und Handels=
   vertrags zwischen dem Zollverein und Frankreich vom 2. August 1862
vereinbart wurden. Eine Separatconvention vom gleichen Tage
ersetzte in Ausführung des Vorbehaltes im Art. III des Präliminar=
friedens vom 26. Februar 1871 die territoriale Garantie für die Zah=
lung der Kriegskostenentschädigung theilweise durch eine financielle, sie
stand Kraft einer besonderen Abrede mit der erst erwähnten Ueberein=
kunft der Art in untrennbarem Zusammenhange, daß die Wirksamkeit
jedes der beiden Verträge durch die Ratification des anderen bedingt war.

Beide Zusatzverträge lagen zu erster und zweiter Berathung dem
Reichstage, dessen Zustimmung ausdrücklich vorbehalten war, in der
9. Sitzung, am 25. October 1871, vor. Fürst Bismarck leitete sie
mit folgender Rede ein*):

Ich erlaube mir, der Vorlage neben der Denkschrift, welche
sie begleitet hat, einige ihre Entstehung erläuternde Worte bei=
zufügen.

Wie bekannt, wurde in dem Frieden von Frankfurt=Versailles
schon in Aussicht genommen, daß unter Umständen den territorialen
Bürgschaften, welche Frankreich in Gestalt der von uns occupirten
Landestheile für die Ausführung des Friedens gegeben hatte,
financielle Bürgschaften substituirt werden könnten. Unter gewissen
Umständen lag eine solche Substitution in den Interessen beider
Theile. Die Occupation eines erheblichen Theiles französischen
Gebiets ist ja für Frankreich entschieden eine Last nach allen
Richtungen hin, namentlich eine moralische, die politische Entwicke=
lung und Consolidation der Zustände in Frankreich hemmende.
Für uns ist sie unter Umständen eine nothwendige Last, die wir

---

*) StB. 57 a.

uns auflegen müssen, um die Erfüllung des Friedens zu sichern, aber immerhin — wenn auch eine mäßige — eine Last. Ich erinnere nur an die „Interpellation[1]), die gestellt wurde über die Rückkehr der Reserven, die mir nach dieser Richtung hin nicht ganz erwünscht war; denn es ist nicht nützlich, den fremden Ländern, den Gegnern gegenüber die eigenen Lasten, die die Kriegführung und die Pfandnahme auferlegt, zu unterstreichen,

(Bravo! rechts.)

aber ich hoffe, meine Herren, um so mehr wird der Herr Interpellant von gestern erfreut sein darüber, daß diese Last theilweise hat vermindert werden können. Die Beschaffung etwaiger finanzieller Bürgschaften lag der französischen Regierung ob, sie hat es versucht, zum Theil unter großen Kosten, sie zu beschaffen. Banquiers hatten sich bereit finden lassen, annehmbare Bürgschaften ihrerseits für die Effectuirung der französischen Zahlungen bis zum 1. Mai, also für zusammen 650 Millionen Franken, zu geben für eine Provision, die mir auf Höhe von anderthalb Procent genannt wurde — ich weiß es nicht genau —, also etwa zehn Millionen Franken. Die französische Regierung wäre, wie ich glaube, bereit gewesen, dieses Opfer zu bringen, wenn die Bürgschaften der Geldmänner eine Gestalt gehabt hätten, die für uns annehmbar gewesen wäre. Wenn sie für uns von Nutzen sein sollte, wenn sie für uns eine die etwaige Verminderung der Sicherheit, welche wir an der französischen Regierung haben, deckende Bedeutung haben sollte, so mußte sie in verkäuflichen Werthen bestehen. Solche in unsere Hände zu legen, trugen die Banquiers Bedenken: wir sollten uns anheischig machen, diese Werthe für unveräußerlich zu erklären bis zum Verfalltermin. Wir wären also in dem Falle, daß gegen unsere Wünsche und Erwartungen der Bestand regelmäßiger und

---

[1]) Interpellation des Abg. Eugen Richter: 1. Wie viel Mannschaften der Reserve befinden sich gegenwärtig im deutschen Heere noch bei der Fahne? 2. Durch welche besonderen Verhältnisse ist die Zurückbehaltung von Reservisten bei den immobilen Cavallerieregimentern zu einem vierten Dienstjahre gerechtfertigt? 3. In welchem Umfange wird für die Dauer der Occupation französischer Gebietstheile beabsichtigt, Reserven bei der Fahne zu behalten, beziehungsweise: in welcher Weise sollen die hieraus für die Dienstpflicht erwachsenden Lasten ausgeglichen werden? Die Beantwortung der Interpellation erfolgte in der 8. Sitzung des Reichstags durch Kriegsminister Graf Roon.

geordneter Zustände in Frankreich erschüttert worden wäre, doch
nicht in der Lage gewesen, uns wechselmäßig an die ausstellenden
Banquiers zu halten. Unter diesen Umständen wäre nach meiner
von meinen Collegen getheilten Ansicht die Bürgschaft, welche die
Banquiers boten, werthlos gewesen, oder hätte doch diejenige Bürgschaft, welche uns die französische Regierung mit ihren Zusagen
selbst, und welche uns der Ueberrest unserer Occupation bietet, in
einem kaum nennenswerthen Maße verstärkt.

Ich habe mich also nach Genehmigung Sr. Majestät des
Kaisers für durch die Sachlage ermächtigt gehalten, einen anderen
Modus zu adoptiren, der für Frankreich eine wesentliche Erleichterung enthält, für uns meines Erachtens keine Gefahr: nämlich
das System der Substitution einer financiellen Bürgschaft*) aufzugeben und für dieselbe einen Theil der territorialen Bürgschaft
festzuhalten, so nämlich, daß die von uns zu räumenden Gebietstheile nicht von Hause aus von der französischen Militärmacht
occupirt, sondern einstweilen für neutral erklärt und nur nach dem
Gesichtspunkte der polizeilichen Sicherheit von Frankreich besetzt
werden, und daß uns das Recht bleibt, sie wieder zu besetzen (vermöge eines von Frankreich selbst anerkannten Vertrages), sobald
die Voraussetzungen, unter welchen der Vertrag geschlossen ist,
nämlich die Zahlungsleistungen, die darin stipulirt sind, nicht innegehalten werden sollten. Wir haben auf diese Weise der französischen Regierung und, ich kann sagen, dem Lande Frankreich
in Consolidation seiner Verhältnisse einen wesentlichen Dienst erwiesen, der von unparteiischen Blättern jenes Landes selbst anerkannt wird, und ich bin um so mehr damit zufrieden, als ich
es nicht für unsere Aufgabe halte, unseren Nachbar mehr zu schädigen, als zur Sicherstellung der Ausführung des Friedens für
uns absolut nothwendig ist,

(Bravo!)

im Gegentheil ihm zu nützen und ihn in den Stand zu setzen,
sich von dem Unglück, welches über das Land gekommen ist, zu
erholen, soviel wir ohne Gefährdung eigener Interessen dazu beitragen können.

(Sehr wahr!)

*) S. 57 b.

Ich halte auch nach wie vor fest an dem in diesem Frühjahre von Ihnen mit Zustimmung aufgenommenen Grundsatze, daß es nicht unsere Aufgabe sein wird, uns in die inneren Angelegenheiten unseres Nachbarlandes und in deren Entwickelung über das Bedürfniß der Sicherstellung unserer eigenen Interessen hinaus einzumischen. Ich nehme also nicht an, daß wir ein Interesse daran haben, wenigstens nicht ein Interesse, das nicht durch viele Nachtheile mehr als aufgewogen würde, um deshalb, damit wir auf Frankreichs innere Angelegenheiten Einfluß üben könnten, einen größeren Theil französischen Gebietes besetzt zu halten. Ich habe vorhin schon erwähnt, daß der Ueberrest unserer Occupation an sich mir neben den Rechten, die uns in Bezug auf den zu räumenden Theil stipulirt bleiben, eine ausreichende Bürgschaft gewähren wird; ist er uns ausreichend für drei Milliarden, so ist er auch ausreichend für dreieinhalb Milliarden, namentlich wenn die halbe Milliarde in wenigen Monaten gezahlt wird. Ich habe in den Verhandlungen darauf Werth gelegt, daß, wenn wir die von Frankreich gewünschte Concession machten, dafür die Zahlungstermine vorgerückt würden, so daß, wie Sie sehen, am 15. Januar damit der Anfang gemacht wird, während die beiden Fälligkeitstermine für die Zinsen der drei Milliarden im März und für die halbe Milliarde im Mai gewesen wären. Die Theile von Frankreich, welche wir besetzt halten, gewähren uns eine militärische Stellung, welche zur Vertheidigung und Durchführung unserer Ansprüche aus dem Frieden eine ausreichende Unterlage bietet, wie Jeder sich klar machen kann, der sich auf der Landkarte die Ausdehnung einer militärischen Aufstellung ansieht, die sich von der französischen Festung Mézières bis zur französischen Festung Belfort erstreckt, während Metz, Toul und Verdun in unserer Hand bleiben. Also auch schon diese Rücksicht ermächtigte dazu, die gewünschte Concession zu machen, die ja auch indirect uns zu Gute kommt, wenn wir den Credit und die Zahlungsfähigkeit unseres Schuldners stärken.

Zwei Einzelheiten des Vertrages erlaube ich mir noch zu erwähnen, einmal die Zollverhältnisse des Elsaß. Im Anfang der Verhandlungen war von Seiten der Elsässer Industrie und von Seiten derjenigen deutschen Industrie, mit welcher die Elsässer con-

currirt, der Wunsch ausgesprochen worden, einen langen Termin — 25. 10. 1871.
es wurde selbst ein Zeitraum von sechs Jahren genannt — in
Aussicht zu nehmen, während dessen sich das Elsaß in einem Aus=
nahmeverhältniß befinden sollte. Ich weiß nicht, ob für das Elsaß
und seine zukünftige Entwickelung ein so langer Termin nützlich
gewesen wäre; er hat mir aus politischen Gründen, ebenso wie
aus Rücksichten 'auf unsere Zollverwaltung von Hause aus nicht
annehmbar geschienen. Der zweckmäßige Termin schien derjenige,
den wir in unseren letzten Vorschlägen gestellt hatten, und der sich
also auf anderthalb Jahre nach Ablauf dieses Jahres erstreckte;
ich habe aber keine Schwierigkeiten gemacht, diesen noch um sechs
Monate zu verkürzen, um der französischen Regierung, gegenüber
einem Beschluß*) ihrer Volksvertretung, der für uns unannehmbar
war, ein Auskunftsmittel zu gewähren. Der sogen. Artikel 3, den
die französische Volksvertretung einzuschalten gewünscht hatte, hätte
uns in Zollverwaltungsunmöglichkeiten gesetzt, indem wir auf keinen
Fall uns dazu hätten verstehen können, eine zweite Zolllinie gegen
das Elsaß am Rhein wieder einzurichten, und alle Vorsichtsmaß=
regeln und Bürgschaften, welche von Frankreich geboten wurden,
nur dahin geführt haben würden, für einzelne Händler und Con=
sumenten eine Zollprämie zuzulassen, und wir wären in Verlegen=
heit gewesen, diejenigen Häuser auszusuchen, denen wir das Ge=
schenk aus der Zollcasse damit hätten machen wollen, eine Aufgabe,
welche die Reichsverwaltung nicht hätte übernehmen können. Es
ist mir also sehr erwünscht gewesen, daß die französische Regierung
ihrerseits' überzeugt war, diesen Tausch von sechs Monaten Elsäßer
Zollbegünstigung gegen jenen Art. 3 vor ihrer Volksvertretung**)
rechtfertigen zu können. Die Frage, ganz ohne irgend einen
Uebergang von Zollerleichterung das Elsaß sofort in die neuen
Wege mit seinem Handel zu weisen, hat auch vorgeschwebt, und
es ist ja dies eine von den Fragen, in Bezug auf welche man die
Zukunft mehr voraussehen müßte, als dem menschlichen Geist ge=
geben ist, wenn man mit voller Sicherheit dabei abwägen wollte,
ob die politischen Schäden oder die financiellen und industriellen,

---

*) S. 58a.
**) StB.: Volksversammlung.

die volkswirthschaftlichen Vortheile größer gewesen wären. Wir haben einen mittleren Termin genommen, indem eine mäßige Frist zur Zurechtfindung in den neuen Verhältnissen der Elsasser Industrie erlangt wurde.

Die territoriale Frage, nämlich die Veränderung der durch Gesetz bereits genehmigten Grenzen in Bezug auf drei Gemeinden (zwei, die den Namen Raon führen, und eine, die südlich von Avricourt liegt [1]), hat eine sehr unwesentliche Bedeutung. Es war von Hause aus, nachdem in Versailles bereits die Grenzen festgestellt worden waren, von der französischen Regierung Reclamation gegen einzelne Punkte dieser Grenzlinie geltend gemacht worden. Diese Reclamation bezog sich theils auf gewisse Gemeinden in der Nähe der luxemburgischen Grenze, theils auf ein industrielles Etablissement, das unter dem Namen Moyoeuvre bekannt ist, und theils auf die beiden hier in Frage stehenden Gebiete. Ich habe schon damals nach Berathung mit den hier competenten militärischen und Verwaltungsstellen der französischen Regierung erklärt, in Bezug auf die ersten beiden Fragen, namentlich in Bezug auf Moyoeuvre, wären wir wegen der localen Lage dieses großen Etablissements, welches nämlich unterirdische Ausgänge von sehr großen Lagern nach beiden Seiten der Grenze hin gehabt haben würde, in voller Unmöglichkeit, nachzugeben. Das große Erzfeld, um das es sich dort handelt, hat einen Ausweg, der immer nothwendig deutsch geblieben wäre, und einen, der französisch werden sollte. Beide, in einer Hand befindlich, arbeiten convergirend, und es würde, nachdem sie verbunden sein werden, unter der Erde die Zollgrenze abzuschneiden sein, die man nur durch Lichtschächte hätte controliren können. Dagegen habe ich damals schon die Möglichkeit, von unserer Seite eine Concession zu machen, der französischen Regierung nicht verhehlt in Bezug auf die beiden jetzt fraglichen Plätze. Ich habe aber hinzugefügt, gratis würden wir sie nicht geben; wenn aber der Moment kommen würde, wo wir noch irgend Etwas abzurechnen hätten, so wären diese beiden Gemeinden die Münze, in der wir unsererseits unter Umständen zahlen könnten, indem sie für uns selbst nur unerheblichen Werth

---

[1] Raon les Leaux und Raon sur Plaine, sowie die Gemeinde Igney.

haben. In diesen beiden Gemeinden befinden sich aber werthvolle
fiscalische Waldungen, die wir eben wegen ihres Werthes aus=
geschlossen haben von der Concession. Die Gemeinden selbst sind
französisch der Nationalität ihrer Einwohner nach und liegen auf
der uns abgewandten Seite des bekanntlich hohen und unwegsamen
Gebirges des Donon, und werden in ihren Angelegenheiten rich=
tiger von französischer Seite verwaltet.

Mit der Gemeinde südlich von Avricourt ist die Bewandtniß
eine andere. Bei Avricourt verzweigen sich zwei kleine Eisen=
bahnen, von denen die eine südlich abgeht nach einem französisch
gebliebenen Orte, die andere nördlich in einer deutsch gewordenen
Richtung. Es wird nun natürlich im Interesse beider Länder und
der Bewohner der Endpunkte dieser Eisenbahnen*) gewünscht, daß
sie ihr Heimathland erreichen können, ohne durch fremdes Gebiet
fahren zu müssen, also die Einwohner der französischen Gemeinde
— ich glaube von Cirey — nach Frankreich hineinfahren können,
ohne bei Avricourt deutsches Gebiet zu passiren. Diese Berück=
sichtigung schien billig, und deshalb haben wir concedirt, die Grenze
zwischen den beiden Abzweigungen den Hauptzug der Bahn schneiden
zu lassen, unter der Bedingung, daß Frankreich uns auf deutschem
Gebiete einen den bisherigen Vortheilen entsprechenden Bahnhof
baut und die nöthige Verlegung des Schienengeleises auf seine
Kosten bewirkt. Eine frühere, in Bezug auf die Abtretung von
Raon gestellte Bedingung, daß eine hindurchführende Straße neu
gebaut werde im Falle der Abtretung, ist hinfällig geworden, da
diese Straße sich innerhalb der herrschaftlichen Waldung hält, die
wir von der Abtretung ausgeschlossen haben, die wir also in der
ersten Gestalt behalten.

Indem ich mich gern bereit erkläre, jede Auskunft, die von
Einzelnen über die Motive und die Tragweite der Abmachung
gewünscht werden sollte, zu geben, erlaube ich mir, die Annahme
der Vorlage um so mehr Ihrer wohlwollenden Erwägung zu
empfehlen, als es bei dem Zusammenhang, in den beide Verträge
in unserem Interesse gestellt worden sind, wünschenswerth ist, die

---

*) S. 586.

französische Regierung baldmöglichst von der von Ihrer Zustimmung abhängigen Ratification unterrichten zu können.

Der Vertrag wurde in dieser wie in der nächsten Sitzung am 27. October ohne Debatte genehmigt.

14. Sitzung des Deutschen Reichstags
Sonnabend 4. November 1871.

Durch Schreiben vom 16. October legte der Reichskanzler im Namen des Kaisers einen Gesetzentwurf, betreffend die Bildung eines Reichskriegsschatzes, vor, dessen § 1 also lautete:

Aus der von Frankreich zu entrichtenden Kriegsentschädigung ist der Betrag von 40 Millionen Thalern zur Bildung eines in gemünztem Gelde verwahrlich niederzulegenden Reichskriegsschatzes zu verwenden.

Ueber denselben kann zu Ausgaben nur für Zwecke der Mobilmachung und nur mittelst Kaiserlicher Anordnung unter vorgängig oder nachträglich einzuholender Zustimmung des Bundesraths und des Reichstags verfügt werden.

Die Commission, der die Vorlage zur Vorberathung überwiesen worden war, beantragte, dem Gesetzentwurf in der von ihr amendirten Form die Zustimmung zu geben. In § 1 wurde durch einen Zusatz der Commission die Aufhebung des preußischen Staatsschatzes als Vorbedingung der Bildung eines Reichskriegsschatzes gefordert, § 2 der Vorlage, welcher den Modus der Wiederauffüllung des Schatzes bei eingetretener Verminderung vorschrieb, wurde gestrichen. Mit diesen Aenderungen stand der Gesetzentwurf in der 14. Sitzung des Reichstags am 4. November 1871 zur zweiten Berathung.

Zu § 1 beantragte der Abg. v. Hoverbeck principaliter die Worte: „oder nachträglich" zu streichen, eventuell sie zu ersetzen durch die Worte: „oder im Falle eines Angriffs auf das Bundesgebiet oder dessen Küsten auch nachträglich." Er begründete den Antrag auf Streichung dieser Worte mit der Frage, was denn eigentlich zu geschehen habe, wenn der Reichstag die nachträgliche Zustimmung verweigere. Ehe er darauf keine Antwort erhalten habe, müsse er glauben, daß die Worte inhaltslos seien, da sie nur ein scheinbares Recht des Reichstags — das Recht der Verweigerung — wahrten, das er nicht üben könne, ohne das Reich in die größte Verwirrung zu stürzen. Nach

ihm sprachen die Abg. Lugscheider und Schmiden für Ablehnung   4. 11. 1871.
des ganzen Gesetzentwurfs. Hierauf Fürst Bismarck*):

Ich betrachte es nicht als meine Aufgabe, mich auf die Discussion von Argumenten einzulassen, welche meines Erachtens einem
politischen Standpunkte entspringen**), dessen Ziele und Bestrebungen mit denjenigen, die mir — und ich kann sagen, den
Meisten unter uns — zur Aufgabe gestellt sind, überhaupt nicht
zusammenfallen, einem politischen Standpunkte, von dem ich nicht
glaube, daß Die, welche ihn einnehmen, sich überhaupt die Aufgabe stellen, das Deutsche Reich zu consolidiren und für seine
Sicherheit zu sorgen. Ich wende mich deshalb nur gegen einige
Argumente, die der Abg. v. Hoverbeck geltend gemacht hat gegen
die Vorlage, und übergehe das, was wir sonst gehört haben, mit
Stillschweigen. Ueber die Nützlichkeit eines Staatsschatzes überhaupt hier zu sprechen, betrachte ich nicht als meine Aufgabe,
nachdem die Ereignisse dieses und des vorigen Jahres meines
Erachtens lauter, beredter und überzeugender dafür gesprochen
haben, als irgend Jemand hier in der Versammlung es im Stande
sein würde.   (Sehr richtig!)

Ich will bloß die Thatsache hervorheben, daß, wenn wir einen
Staatsschatz nicht gehabt hätten — schon mein College, der Finanzminister, deutete diesen Umstand in letzter Sitzung¹) an —, wir
positiv nicht im Stande gewesen sein würden, die paar Tage zu
gewinnen, welche hinreichten, das gesammte linke Rheinufer, das
bayrische wie das preußische, vor der französischen Invasion zu
schützen.   (Hört!)

Hätten wir den Staatsschatz nicht gehabt, so fing der Krieg am
Rhein an, und wir hatten aus den Rheinfestungen zu debouchiren
und den Franzosen das Rheinufer, was sie möglicher Weise bis
Frankfurt überschritten und überschwemmt haben konnten, wieder
abzunehmen, nachdem sie Zeit gehabt, dort mit ihren Turcos und
anderem Gesindel zu hausen.
                      (Heiterkeit.)

_____

*) StB. 121 b.
**) S. 122 a.
¹) In der 7. Sitzung, StB. 29 a.

Etwas Weiteres füge ich über die Nützlichkeit eines Staats=
schatzes hier nicht an und wende mich gegen einige, wie mir scheint,
irrthümliche Auffassungen, die Frhr. v. Hoverbeck seiner Argu=
mentation zu Grunde gelegt hat. Er hat die Frage gestellt, was
denn nun die Folge sei, wenn der Reichstag nachträglich seine
Genehmigung zur Verwendung des Staatsschatzes versage. Meine
Herren, ich halte diese Frage nicht für praktisch, denn ich glaube
nicht, daß ein Krieg erklärt und geführt werden könnte, bei welchem
zur bloßen Mobilmachung der Staatsschatz verwendet würde, und
der also nachher nothwendig auf diejenigen Hilfsmittel, die das
Reich gewähren wird, in seiner wirklichen Führung angewiesen
ist, — daß der geführt werden könnte, wenn der Reichstag die
Anleihen ablehnte, die Geldbeschaffung ablehnte, die zu seiner
Führung nothwendig sind. Derselbe Reichstag, der die nachträgliche
Genehmigung zur Verwendung des Staatsschatzes versagte, würde
auch die Anleihen nicht bewilligen, und ich habe in diesem Saale
noch niemals von der Regierungsbank eine Behauptung gehört,
durch welche die Befürchtung des Herrn Abgeordneten sich recht=
fertigen ließe, daß die verbündeten Regierungen sich befugt glauben,
das Reich mit Anleihen zu belasten ohne Genehmigung des Reichs=
tags, selbst im Falle einer Kriegsführung.

Ich halte also die Befürchtung für unbegründet und die
Frage nicht für praktisch, es sei denn, daß es sich nun eine reine
Demonstration, die in der Mobilmachung bestünde, handelte; dann
könnte vielleicht der Reichskriegsschatz dazu hinreichen. Ich glaube
aber, die Mobilmachungsdemonstrationen sind in den letzten Jahr=
zehnten in solchem Grade abgenützt, daß der Satz: „man macht
nicht mobil, wenn man nicht weiß, daß man schlagen muß", ziem=
lich in der Ueberzeugung aller Politiker durchgedrungen ist.

Der Herr Abg. v. Hoverbeck hat sich ferner darüber beschwert,
daß der Reichstag nicht gleichberechtigt mit dem Bundesrathe in
Bezug auf die Kriegserklärung sei [1]. Ich habe bisher nicht be=

---

[1] Abg. v. Hoverbeck: „Wenn dem Rechte des Kaisers in Beziehung auf
die Kriegserklärung das Recht des Reichstags in Beziehung auf die Geldbewilli=
gung entgegensteht, so ist nach meiner Ueberzeugung das eine Recht durch das
andere bedingt, es ist mithin die Kriegserklärung selber nur möglich, wenn eine
Uebereinstimmung des Reichstags vorausgesetzt werden kann" (StB. 1186).

fürchtet, daß diese starke Bürgschaft der Friedfertigkeit des neuen
Kaiserthums, die darin gegeben ist, daß der Kaiser dem un
beschränkten Rechte der Kriegserklärung, wie er es in seiner früheren
Stellung gehabt hat, entsagte — daß diese starke Bürgschaft gegen
jeden muthwilligen Angriffskrieg, die darin liegt, daß die Zustimmung des Bundesraths durch die neue Verfassung gefordert ist   ,
daß diese Bürgschaft jemals zu einem Argument gegen uns angewendet werden könnte, zu*) einem Argument, welches auf der
Voraussetzung beruht, daß eine leichtfertige Kriegslüsternheit doch
die Oberhand in der Reichsregierung erhalten könnte. Dagegen
liegt die Bürgschaft in dem verfassungsmäßigen Bedürfniß der
Zustimmung des Bundesraths. Aber diese Berechtigung des
Bundesraths steht noch lange nicht auf gleicher Linie mit der
Berechtigung, welche der Herr Abg. v. Hoverbeck für den Reichstag verlangt. Der Bundesrath kann durch sein verfassungsmäßiges
Recht die Mobilmachung noch nicht hindern, er kann nur die
Kriegserklärung hindern; die Vorbereitung zu dem Kriege, dessen
Nothwendigkeit der Kaiser eingesehen hätte, kann der Bundesrath
nicht hindern; nur zu dem wirklichen Act der Kriegserklärung,
wo**) es sich nicht etwa um einen Vertheidigungskrieg, der durch
Angriffe des Gebietes von selbst als nothwendig aufgedrängt ist,
handelt, nur zu diesem wirklichen Act hat der Bundesrath die
Mitwirkung. Es würde daher für den Reichstag das sehr viel
weitergehende Recht in Anspruch genommen werden, schon die
Mobilmachung zu hindern, die mit Verwendung des Staatsschatzes
ausgeführt werden kann. Dabei ist der erhebliche Unterschied noch
in Betracht zu ziehen, daß diese hohe Versammlung öffentlich
verhandelt, daß hier kein Wort zur Erlangung der Bewilligung
gesprochen werden kann, das nicht in ganz Europa widerhallt,
während im Bundesrathe die Nothwendigkeit einer Kriegserklärung

---

Weiterhin forderte er für den Reichstag im Falle eines Angriffskrieges das
Recht des Mitsprechens in demselben Maße, als es sich der Bundesrath
gewahrt habe, indem Art. 11 der Reichsverfassung die Kriegserklärung im
Namen des Reichs zum Zwecke eines Angriffskrieges von der Zustimmung der
verbündeten Regierungen abhängig mache (StB. 1191b).

*) StB. 122b.
**) Richtiger wäre: falls.

discutirt werden kann, ohne daß die Wahrscheinlichkeit vorhanden
ist, daß das die Wände des Berathungszimmers überschreitet, wo
Alle das Interesse zu schweigen haben und Zuhörer, die kein
Interesse daran zu haben brauchen, nicht zulässig sind. Das ist
ein sehr erheblicher Unterschied; der Bundesrath ist in dieser Beziehung nur ein etwas erweitertes Cabinet, und ein Cabinet, das
groß oder klein sein kann, das von einer Regierung gewöhnlich
zusammengesetzt wird, während diese Versammlung [1]) von mehreren, discutirt solche Fragen gewöhnlich in der sicheren Ueberzeugung, daß seine Discussionen geheim bleiben; also die ganze
schwierige und gefährliche Operation einer Politik kurz vor Ausbruch eines Krieges, der vielleicht noch verhindert werden kann,
würde gelähmt durch die Nöthigung der Regierung zu einer öffentlichen Darlegung und Discutirung der Frage, daß sie entweder
glaubt, in die Lage zu kommen, Krieg führen zu müssen, oder
fürchtet, daß sie angegriffen werde. Ich glaube, Sie würden eine
Regierung, die das thäte, und die dadurch die Interessen des
Landes gefährdete, selbst wenn der Urheber dieser Theorie, der
Herr Abgeordnete, das Heft in den Händen haben sollte, doch
nicht lange über sich dulden, Sie würden das als eine zu gefährliche Oeffentlichkeit finden.

Der Herr Abgeordnete hat dann die Theorie eines Angriffskrieges zum Behufe der Vertheidigung in Zweifel gezogen [2]). Ich
glaube, daß eine solche Vertheidigung durch den Vorstoß doch eine
sehr häufige und in den meisten Fällen die wirksamste ist, und
daß es für ein Land von einer solchen centralen Lage in Europa,
das drei bis vier Grenzen hat, wo es angegriffen werden kann,
sehr nützlich ist, dem Beispiele Friedrichs des Großen vor dem
siebenjährigen Kriege zu folgen, der nicht wartete, bis das Netz,
das ihn umspinnen sollte, ihm über den Kopf wuchs, sondern mit
raschem Vorstoße es zerriß. Ich glaube, daß diejenigen auf eine

---

[1]) Der Bundesrath. Deutlicher gefaßt würde der Satz lauten: Jedes
Cabinet — es sei groß oder klein, von einer Regierung oder (wie der Bundesrath) von mehreren Regierungen zusammengesetzt — discutirt solche Fragen u. s. w.
[2]) Abg. v. Hoverbeck: „Man hat den Begriff des angreifenden Ver-
theidigungskrieges erfunden — und hat den letzten Krieg mit Frankreich
einen solchen angreifenden Vertheidigungskrieg genannt" (StB. 119b).

ungeschickte und schwer verantwortliche Politik rechnen, die an=
nehmen, daß das Deutsche Reich unter Umständen in der Lage
sei, einen Angriff, der gegen dieses Reich geplant werde, vielleicht
von übermächtigen Coalitionen, vielleicht auch nur von Einzelnen,
ruhig abzuwarten, bis dem Gegner der bequeme und nützliche
Zeitpunkt, loszuschlagen, gekommen zu sein scheint. In solchen
Lagen ist es die Pflicht der Regierung, und die Nation hat das
Recht, von der Regierung zu fordern, daß, wenn wirklich ein Krieg
nicht vermieden werden kann, dann die Regierung denjenigen
Zeitpunkt wählt, ihn zu führen, wo er für das Land, für die
Nation mit den geringsten Opfern, mit der geringsten Gefahr ge=
führt werden kann.   (Beifall rechts.)

Ich könnte noch neue Beispiele anführen, wo es für den
preußischen Staat auch nicht rathsam gewesen wäre, die volle
Rüstung seiner Gegner, die volle Verwirklichung aller ihrer Pläne
abzuwarten in einer reinen Defensivstellung, sondern wo ein rasches
Zugreifen dem Lande sehr große Opfer und vielleicht die Nieder=
lage erspart hat.

Wenn ich in meiner amtlichen Stellung noch eine andere
Frage*) des Herrn Abgeordneten, gegen den ich mich eben wendete,
zu beantworten habe, so wird es die sein, was die Regierungen
von dem Schicksal des Gesetzes denken, falls ein solches Amende=
ment, wie dasjenige des Herrn Frhr. v. Hoverbeck, hineingebracht
würde. Ich brauche kaum zu erklären, daß in diesem Falle
mit diesem Amendement das Gesetz für die verbündeten Regie=
rungen nicht mehr annehmbar sein würde, und daß, so lange
dieses Gesetz über den Reichsschatz nicht geschaffen werden würde,
allerdings sie in der bedauerlichen Lage sein würden, von der
preußischen Regierung zu hoffen und zu erwarten, daß sie ihrer
seits den vorhandenen Bestand eines Kriegsschatzes festhalten werde,
bis von Seiten des Reichs ein Ersatz für denselben bewilligt sein
würde.   (Beifall rechts.)

Der Abg. v. Hoverbeck fand in der Rede des Reichskanzlers
keine Antwort auf seine Fragen betreffs der constitutionellen Folgen

*) S. 123a.

die eine Verweigerung der nachträglichen Genehmigung für Ausgaben
aus dem Reichskriegsschatz von Seiten des Reichstags haben werde.
Die Summe der Eindrücke, die er von den Ausführungen des Reichs=
kanzlers gewonnen hatte, faßte er in die Sätze zusammen: „Der Herr
Reichskanzler hat — und mit einigem Glück — bewiesen, daß es in mancher
Beziehung bei entstehenden äußeren Conflicten sehr viel angenehmer
ist, wenn man die Sachen so läßt, wie sie von der Regierung vor=
geschlagen sind. Ich will das auch nicht leugnen: das Alles aber er=
ledigt sich für mich durch die Betrachtung, daß diese Ausführung
eigentlich nur eine Variation über das Thema ist, daß der Absolutismus
die bequemere Regierungsform für den Krieg sei." Fürst Bismarck
erwiderte*):

Die letzte Bemerkung des Herrn Vorredners halte ich einfach
für eine ungerechte und nicht thatsächlich gerechtfertigte, wenn damit
auf die letzten Kriege, die in Deutschland geführt worden sind,
hingewiesen werden soll. Ich glaube, die Folge eines jeden dieser
Kriege hat gezeigt, daß die preußische Regierung und die Reichs=
regierung nach dem Kriege entgegenkommender und constitutioneller
gewesen sind, als in der Zeit vor dem Kriege,

(Sehr wahr! Bravo!)

wo ihr Ansehen durch die Umstände geschwächt war. Und außer=
dem, wenn der Herr Vorredner auf Beantwortung der Frage, die
ich nicht für praktisch halte, besteht, so verlangt er eine Conjectural=
politik über eine Zukunft, die man nicht kennt, und über die Frage,
wie in einer solchen unbekannten Zukunft Personen handeln werden,
die man auch nicht kennt.

(Heiterkeit.)

Die Frage ist eben eine rein persönliche. Wenn ich sie,
abstrahirt von Personen, beantworten soll, so würde ich glauben,
daß**) in solchem Falle, wenn der Krieg noch nicht erklärt ist, die
Erklärung unterbleibt, wenn die Volksvertretung die Fonds dazu
nicht bewilligt, es sei denn, daß wir mit einem Angriffskriege
überzogen würden, wo schließlich die Nothwehr ihren besonderen
Bedarf hat, und wo ein solches ablehnendes Votum ja ganz un=
denkbar ist; aber wenn der Krieg wirklich schon erklärt wäre, so
kann ich mir als Folge eines solchen Votums nur einen nach=

*) StB. 123 b.
**) S. 124 a.

theiligen Friedensschluß denken, und in beiden Fällen noch die 4. 11. 1871.
Beseitigung derjenigen Staatsmänner, die ein so ungeschicktes
Verhältniß herbeigeführt haben würden.

(Heiterkeit.)

§ 1 des Gesetzentwurfs wurde unter Verwerfung des Principial-
und Eventualantrags des Abg. v. Hoverbeck in der Fassung der
Commission, § 2 nach der Regierungsvorlage, jedoch mit einigen mehr
redactionellen Aenderungen, §§ 3 und 4 im Wortlaut der Vorlage angenommen.

22. Sitzung des Deutschen Reichstags
Donnerstag 16. November 1871.

Der Etat des Auswärtigen Amtes, der in der 22. Sitzung des 16. 11. 1871
Reichstags, am 16. November 1871, zur zweiten Berathung auf der
Tagesordnung stand, wies einzelne Mehrforderungen auf, die durch
Schaffung neuer Stellen, durch die aus politischen Beweggründen gerechtfertigte Erhebung der Gesandtschaften in Wien und Petersburg
zum Range von Botschaften, sowie durch Erhöhung der Repräsentations-
kosten einzelner Missionschefs veranlaßt waren. Der Abg. Mosle
sprach sich Namens der mit der Prüfung beauftragten Commission
warm für die Bewilligung der geforderten Erhöhungen aus; der Abg.
Loewe aber, der ebenfalls Mitglied der Commission gewesen war, fühlte
sich verpflichtet, einige der Aeußerungen des Vorredners zu berichtigen,
damit nicht der Schein entstehe, als ob die Commission wirklich so
vollkommen mit der Vorlage der verbündeten Regierungen einverstanden
gewesen sei. Er bemängelte die Höhe der Ausgaben für Gesandtschaften
im Ganzen und ging dann auf einzelne Posten über. Den Posten
eines Botschafters in Paris fand er überflüssig, den Grund, daß es
die Würde des Reiches angemessen zu repräsentiren gelte, erkannte er
nicht für stichhaltig an. Er erinnerte an Friedrich den Großen, der
einem Gesandten geantwortet habe: „Wenn man eine solche Macht und
eine solche Armee hinter sich hat, dann kann man repräsentiren, ohne
so große Mittel aufzuwenden." Am meisten überrascht fühlte er sich
durch den Gesandtschaftsposten in Rom neben dem in Florenz. Mit
Roms weltlicher Macht [1]) habe auch die Nothwendigkeit aufgehört, dort

---

[1]) Am 20. September 1870 hatte König Victor Emanuel von Italien
Rom besetzt und am 2. October hatte die Bevölkerung Roms und der Romagna
mit 133681 gegen 1507 Stimmen ihre Vereinigung mit dem Königreich Italien
beschlossen.

einen Gesandten zu haben, da kirchliche Angelegenheiten mit dem Papste nicht durch die Gesandtschaft zu verhandeln seien. Er sprach die Hoff= nung aus, daß der Reichstag wenigstens in der Zukunft Gelegenheit haben werde, diese Stelle unter die Rubrik „künftig fortfallend" zu setzen. Fürst Bismarck erwiderte*):

Ich bin den beiden Herren Vorrednern dankbar, daß sie das unleugbare Bedürfniß einer Erhöhung der Auswärtigen Etats des Reiches auch ihrerseits**) anerkannt haben, der Erstere mit mehr Wärme und Entschiedenheit wie der Zweite [1]. Es liegt in der That in den Geldverhältnissen sowohl wie in den politischen, daß der Etat des Deutschen Reiches für Auswärtige Angelegenheiten seinen Höhepunkt bisher nicht erreicht hat; denn einmal vermindert sich der Werth des Geldes, und die Rechnungen und das Andere, was für die Gehälter von den Gesandten gekauft werden muß an verschiedenen Orten, wird theurer in einem Maßstabe, der den Meisten unter Ihnen ja selbst bekannt sein wird, außerdem aber steigt der Anspruch auf würdige Vertretung mit der Größe und Bedeutung des vertretenen Reiches. Ich möchte bitten, ein für alle Mal die angebliche Aeußerung Friedrichs des Großen, daß sein Gesandter sich nur darauf berufen sollte, es ständen 100000 Mann hinter ihm, und darum brauche er nicht zu repräsentiren [2] — ich möchte Sie bitten, diese Aeußerung ein für alle Mal zu Grabe zu tragen; es ist mir schwer glaublich, daß ein so geistvoller Herr eine Aeußerung im Ernste gethan haben sollte, die ich mit dem guten Geschmack so wenig in Einklang bringen kann. Bei diplo= matischen Verhandlungen an den Degen zu schlagen oder zu sagen: ich erwidere eine Einladung zum Diner nicht, aber wir haben 100000 Mann, — das ist in der That zu wenig unseren Ge= wohnheiten entsprechend.

(Heiterkeit.)

Ich kann nicht behaupten, daß der Einfluß eines Gesandten noth=

---

*) StB. 297 b.

**) S. 298a.

[1]) Da der Abg. Loewe sich gegen jede Erhöhung und für weitere Er= sparungen ausgesprochen hatte, so ist der von Fürst Bismarck gewählte Aus= druck als Ironie aufzufassen.

[2]) Sie tauchte fast bei jeder Berathung des Etats für das Auswärtige im preußischen Abgeordnetenhause auf, vgl. Bd. II 142. 336.

wendig mit der Höhe seines Gehaltes steigt, der Einfluß, den er in dem Lande, wo er accreditirt*) ist, für das Land, welches ihn entsendet, auszuüben vermag. Die Idee, daß sein Gehalt dazu diene, ihm Hilfsmittel zu verschaffen, um den deutschen Einfluß in dem Lande zu vermehren, beruht eigentlich mehr auf den Traditionen älterer Zeiten, wo es möglich war, mit einem guten Diner einen tieferen Eindruck zu machen als heut zu Tage. Heut zu Tage essen sie Alle gut, und die Diplomaten nicht gerade am besten.

(Heiterkeit.)

Der Luxus in Equipagen und Dienerschaft erregt unter Umständen eher Neid als Wohlwollen. Aber ich möchte Sie bitten, diese Ausgaben mehr im Stile der Vertretung der Würde des Reiches, als der Interessen aufzufassen; die letzteren gehen dabei immer nicht leer aus. Aber aus denselben Gründen, aus denen Sie, wenn das Deutsche Reich ein Gebäude für ein Ministerium oder ein Parlament errichtet, darauf halten, daß dasselbe nicht bloß dem strengsten praktischen Bedürfnisse angemessen sei, wie es der Mindestfordernde zu befriedigen bereit ist, sondern, daß es in würdiger Ausstattung Zeugniß davon ablege, daß das Deutsche Reich ein großes, mächtiges politisches Gebilde ist und sich als solches fühlt, aus denselben Gründen möchte ich Sie bitten, darauf zu halten, daß das Deutsche Reich im Auslande in einer Weise vertreten werde, die in den Augen des durchschnittlichen Beobachters auch äußerlich den Eindruck macht: hier stecken die Mittel und das Selbstgefühl eines großen Landes dahinter. Die Bedeutung dieses Moments wird in dem Maße geringer, in welchem die Bevölkerung des Landes, in dem der Gesandte accreditirt ist, durchgehends politisch gebildet ist. In einem Lande hoher politischer Bildung wird das Gefühl, das sich bei Friedrich dem Großen mit den 100000 Mann aussprach, leichter Eingang finden, man wird leichter von geringeren, äußeren Erscheinungen und Umständen abstrahiren, wenn der Gesandte schlicht auftritt, es gehört aber dazu eben das Abstractionsvermögen der feineren Bildung.

Für die großen Massen dagegen ist es durchaus nicht gleich=
gültig, ob der amtliche Vertreter des Deutschen Reiches den Ein=
druck macht, daß er große Mittel vertritt oder kleine. Wenn der
gemeine Mann auf der Straße einer Residenz, wenn der Matrose,
der dort hinkommt, den deutschen Gesandten in kleinem Aufzuge
fahren sieht, wenn er seinen unbedeutenden Hausstand sieht, tarirt
er danach sehr leicht, und das Maß von Höflichkeit und Achtung,
das er dem Mitgliede dieser Nation entgegenbringt, wenn er ihm
an der Küste oder Grenze begegnet, ist, bei mittlerem Durchschnitt
der Bildung, unwillkürlich ein klein wenig gefärbt von der Art,
wie er gefunden hat, daß das Land vertreten wird. Wer in
weniger civilisirten Ländern gelebt hat, wird die Geltung dieser
Behauptung noch in höherem Maße für richtig halten; da ist das
äußere Auftreten immerhin ein Theil*) der Förderung der Inter=
essen, und selbst in den civilisirtesten Nationen sind die großen
Massen, die sich mit unseren Schiffern in den Küstengegenden und
auf dem Lande mit unseren kaufmännischen Interessen berühren,
doch nicht von solcher Bildung, daß sie frei blieben von dem Ein=
druck des gesellschaftlichen Ansehens, das der Vertreter des Deutschen
Reiches in der Residenz des Auslandes genießt. Die Frage, ob
Jemand Botschafter oder Gesandter ist, hat mit der Sache an sich
nicht so viel zu thun; ich will auch darauf nicht ein so hohes
Gewicht legen, es kommt vielmehr auf die Mittel an, die er zur
Disposition hat, um äußerlich würdig aufzutreten. Ein Gesandter
mit 40000 Thalern Gehalt in einem imposanten Hotel und mit
einem starken Privatvermögen ist mir bei gleicher Befähigung
lieber, als ein Botschafter mit 30000 Thalern Gehalt, der nicht
im Stande ist, nicht seinem Range gemäß, sondern der Größe und
Würde des Deutschen Reiches gemäß sich äußerlich zu bewegen und
zu zeigen. Ich gehe nicht darauf ein, wie peinlich es für den
Betheiligten ist, sich den kleinen Kränkungen der Rivalität und
Eitelkeit persönlich vielfach ausgesetzt zu sehen, um so peinlicher,
wenn diese kleinen Empfindlichkeiten zugleich mit dem Gefühl ver=
bunden sind, daß er sie in Vertretung seines Landes und in amt=
licher Eigenschaft erhält. Ich habe einen Gesandten mit Recht

*) S. 298 b.

sagen hören: als Privatmann nehme ich den untersten Platz
gern ein, der mir bei Tafel gegeben wird; als Gesandter meines
Reiches, in dieser amtlichen Eigenschaft gehe ich hinaus, sobald
mir nicht der Platz gegeben wird, der mir gebührt. Und so ist
es auch mit der äußeren Vertretung, wenn man nicht im Stande
ist, es den Collegen weniger mächtiger Staaten gleich zu thun, ja
ihnen nicht einmal dieselben Höflichkeiten in demselben Maße wieder-
geben zu können. Ein Botschafter bedarf an sich wegen seines
Titels kein höheres Gehalt — es ist eben nur ein Titel; ob Sie
an die Spitze einer Brigade einen Obersten oder einen General
stellen, er wird doch immer Brigadier bleiben, er wird immer
diese Stelle ausfüllen müssen. Ein Botschafter hat vielleicht, wenn
er nur knapp dotirt sein soll, gegen einen Gesandten an einem
großen Hofe ein Mehrbedürfniß von ein- bis dreitausend Thalern an
Ausgaben, die ihm dadurch erwachsen, daß es üblich ist, wenigstens
in den meisten Ländern, daß die Botschafter gelegentlich bei größeren
Festen von den Souveränen besucht werden, daß also dadurch
größere Feste in — ich möchte sagen — monarchischem Stile hergebracht sind, die eine Mehrausgabe in diesem Betrage jährlich
mit sich führen mögen; daß dafür aber einem solchen Hause auch
die Auszeichnung des Besuches des Monarchen selbst zu Theil
wird, bewirkt, daß dadurch auch die Stellung des Vertreters in
den Augen der Unterthanen dieses Monarchen der Würde des vertretenen Reiches mehr entspricht. Darum handelt es sich aber bei
diesen Erhöhungen nicht. Weshalb, könnte man fragen, geben wir
denn den Titel eines Botschafters? Es geschieht das vielmehr wegen
des Ranges der politischen Agenten unter sich. Es wird in den
diplomatischen Corps ein immerhin unbilliger, aber doch bei den
meisten in Kraft stehender Unterschied gemacht: es kommt zum
Beispiel der Anspruch, daß, wenn der Auswärtige Minister mit einem
Gesandten in einer verabredeten Conferenz ist, und es wird ein
Botschafter gemeldet, der Auswärtige Minister für verpflichtet gehalten wird, die Conferenz sofort abzubrechen und den Botschafter
zu empfangen. Wenn ein Gesandter vielleicht in dem Vorzimmer
eines Auswärtigen Ministers eine Stunde wartet, und es kommt
in dem Augenblick, wo er hereingerufen wird, ein Botschafter, so
wird an den meisten Höfen, so viel mir bekannt ist, der Botschafter

hereingelassen, der Gesandte kann noch länger warten, oder kommt
vielleicht an dem Tage gar nicht mehr an. Das Alles sind kleine
Demüthigungen und Reibungen, die einfach durch den Titel ab=
geändert werden. Man kann sagen, wenn ein Gesandter das Ge=
fühl seiner Würde hat, so läßt er sich das nicht gefallen, und ich
bin selbst in der Lage gewesen, mir das mit Erfolg abzuwehren,
(Heiterkeit.)
aber doch nicht ohne sehr erhebliche Spannungen, die mit der Sache
selbst in gar keinem Verhältniß stehen und nicht ohne ein Einsetzen
der Person geschehen können, was dicht an die Grenze desjenigen
streift, was für einen amtlichen Vertreter eines großen Landes
erlaubt ist. Also man erreicht den Zweck einfacher dadurch, daß
man diesen Titel gibt, der außerdem durch die Ehrenbezeugungen[*),
die ihm dafür gezollt werden, eher Etwas erspart, möchte ich sagen,
als größere Ausgaben macht. Der Titel und die Ranganfsprüche,
die damit gegeben werden, können eher als ein Aequivalent, möchte
ich sagen, wenn man es in Geld abschätzen will, einiger Tausend
Thaler angesehen werden. Man kann sagen, die Vornehmheit,
wenn man sie überhaupt in Geld ausdrücken kann, spart eher Etwas,
als daß der Titel uns nöthige, an sich höher zu besolden. Ich
würde im Gegentheil an dem Orte, wo ich einen Botschafter nicht
ernenne, wünschen, daß ein Gesandter auch die erste Rolle unter
den Gesandten spielen kann und die Botschafter einigermaßen
effacire. Ein solcher Gesandter wäre mir unter Umständen lieber
als ein Botschafter.

In öffentlichen Blättern — und der letzte Herr Redner spielte
darauf an — habe ich einige Male gelesen von den Gefahren,
welche in dem Privilegium der Botschafter lägen, mit dem Monarchen
direct und unmittelbar jeder Zeit zu verkehren. Dies beruht auf
einem Irrthum. Es hat ein Botschafter zum Monarchen nicht
anders Zutritt, wie jeder Gesandte, und in keiner Weise das Recht
in Anspruch zu nehmen, mit dem Monarchen direct, ohne Vermitte=
lung seiner Minister, zu verhandeln. Die Berechtigung, einen
solchen Verkehr zu regeln, ist ganz ausschließlich auf Seite des
Monarchen, und deshalb möchte ich bitten, diese Vorurtheile gegen

---

[*) S. 299 a.]

den Botschafter fallen zu lassen — oder uns doch etwas mehr Geld zu bewilligen, wenn Sie uns den Titel, den Rang, streichen.

Der Fortschritt in der Dotirung der einzelnen Stellen, bis wir das richtige Maß davon erlangt haben, kann meines Erachtens nur ein langsamer und allmählicher sein, und wenn wir nicht mehr, und für mehr Stellen Etwas gefordert haben, so wollen Sie darin nur die Gewissenhaftigkeit sehen, mit der wir verfahren. Es würde auch den Zweck verfehlen, eine plötzliche große Erhöhung eintreten zu lassen. Es würden nicht in demselben Jahre schon alle Einrichtungen dieser Erhöhung entsprechen können; es würde mehr eine Entschädigung für die Vergangenheit als eine Sicherung für die Zukunft sein. Aber steigen werden die Bedürfnisse gewiß noch, namentlich in den überseeischen Stellen. Da ist die Theuerung mit am größten für alles das, was europäische Bedürfnisse sind, und Sie müssen nicht erstaunen und an Verschwendung glauben, wenn unter Umständen entfernte Posten, die sehr wesentliche Interessen, aber doch nicht so schwere, wie die bei den nächstgelegenen großen Reichen, zu vertreten haben, in ihrer Dotirung die letzteren erreichen. Es ist an sich recht schwer, den Deutschen, der an seiner Häuslichkeit hängt, so lange er sich nicht zur Auswanderung gänzlich entschließt, — den Deutschen, der die Fäden, die ihn mit der Heimath verbinden, nicht zerschneidet, zu bewegen, daß er längere Jahre auf der anderen Seite der Hemisphäre lebt, in Entbehrung von Umgang mit Landsleuten. Es ist gerade bei diesen Posten sehr schwer, den betreffenden Gesandten auf längere Zeit Urlaub zu geben, weil es dort schwer ist, die Brauchbarkeit, die Jemand nur durch längere Praxis erlangen kann, auf Andere zu übertragen. Man kann eben nicht eine interimistische Vertretung schicken und dadurch die Möglichkeit geben, wieder einmal ein halbes Jahr in der Heimath zu leben. Ich bin der Ansicht (und ich ziehe noch Erkundigungen über die Zweckmäßigkeit ein), daß bei diesen Posten, wie in China, Japan und ähnlichen, eine Art von System von Adjuncten cum spe und auch cum obligatione succedendi [1]) werde eingeführt werden müssen, indem ich ungern Jemand dort hinzuschicken Sr. Majestät vorschlagen möchte, der nicht wenigstens schon

---

[1]) Mit der Hoffnung und mit der Verpflichtung, Nachfolger zu werden.

ein Jahr dort gewesen ist, ich auch nicht einwilligen könnte, den dortigen Gesandten zur Erholung auf einen anderen Posten zu versetzen, ehe er nicht gewisser Maßen den Nachfolger dort ein gelernt hat. Darin wird auch schon ein Grund liegen, der diese Posten theuer macht. In Europa sind auch einige, die eine Auf= besserung noch bedürfen werden. Daß die Zahl der Posten, wie der letzte Herr Vorredner meint, wesentlich vermindert werden kann, ob einzelne, wo die Geschäfte politisch weniger wichtig erscheinen, ganz eingehen können, möchte ich kaum annehmen.

Die politische Wichtigkeit ist keine, die sich an die Oertlichkeit binden läßt. Es entstehen in einem Lande plötzlich Complicationen, oder es kommt ein thätiger Minister oder Monarch plötzlich an die Spitze, der aus dem Land das Centrum oder den Anknüpfungs= punkt für eine Politik macht, die es wichtig erscheinen läßt, dort politisch vertreten zu sein. Schickt man*) nun erst einen Vertreter hin, so fehlen ihm alle Fäden der Verbindung, auf denen allein der Einfluß und die Fähigkeit, sich zu orientiren, beruhen kann, und ich wüßte in der That nicht — der Herr Vorredner hat nicht präcisirt, welche Stellen ihm vorschwebten —, wo in Europa ich es auf mich würde nehmen können, die diplomatische Vertretung ganz eingehen zu lassen. Daneben die Consularvertretung stärker zu accentuiren, wie bisher, liegt auch, wie sich schon in der Praxis erkennbar macht, in dem Bestreben des Auswärtigen Amtes. Unser Consularetat ist ein ganz anderer geworden wie bisher, und es ist möglich, daß in einigen Ländern, wo wir bisher nur Handels= beziehungen und wenig politische haben, schließlich das Consulat zu einer Höhe herausgebildet werden kann, welche die Gesandtschaft entbehrlich macht. Das wird aber bloß eine Veränderung des Titels sein, und dem Consul werden mehr Etiquettenfragen entgegen= stehen, er wird nicht die Leichtigkeit des Verkehrs haben, wie der Gesandte in derselben Lage. Daß unseren Gesandten die Aufgabe obliegen wird, sich mehr als in früheren Zeiten derjenigen Thätig= keit, desjenigen Gebiets anzunehmen, welches man gewöhnlich als den Consulaten angehörig betrachtet, liegt in der Natur der Dinge, und Sie können darauf rechnen, daß darauf gehalten werden wird.

---

*) S. 299 b.

Indeſſen ein Gefandter hat raſcher Zutritt und mehr Einfluß bei einem Auswärtigen Miniſter, als ein Conful, ſo lange ſich nicht die Traditionen der meiſten europäiſchen Staaten in ihrer geſchäft= lichen Hierarchie weſentlich ändern. Daß kaufmänniſchen Conſuln als Kanzler und Secretäre Fachbeamte beigegeben werden, darüber iſt das Auswärtige Amt mit den Herren Vorrednern vollſtändig derſelben Anſicht. Es iſt auch mit dieſem Syſtem bereits der Anfang gemacht, wie z. B. in Moskau dem dortigen kaufmänniſchen Conſul bereits ein dem Fach und Dienſt angehöriger Kanzler zu Gebote geſtellt iſt.

Der Herr Vorredner hat noch eine Frage, die er ſelbſt als ſchwebend bezeichnet, berührt, nämlich die Frage der Gefandtfchaft in Rom. Die Frage der Zukunft, auf die er anſpielt, habe ich hier nicht zu berühren. Sie iſt in der Entwickelung begriffen, und wir ſind hier nicht in der Frage der Politik im engeren Sinne, ſondern in der Discuſſion des auswärtigen Budgets begriffen. Als vorausſichtlich iſt anzunehmen, daß der deutſche Gefandte bei Sr. Majeſtät dem Könige von Italien ſich nach Rom begeben wird, ſobald der König ſelbſt ſeine Reſidenz dort aufſchlägt und ſich dauernd hinbegibt, was bis jetzt noch nicht geſchehen. Der Ge= ſandte iſt bei dem Monarchen und nicht deſſen Miniſtern accreditirt, und ſo lange der König von Italien nicht ſelbſt in Rom reſidirt, iſt der bei Sr. Majeſtät accreditirte Gefandte an das bisherige Amtsdomicil der Krone Italiens[1] gebunden. Sobald ſich dieſes verlegt, wird es ſeine Aufgabe ſein, dem Könige, bei dem er accreditirt iſt, zu folgen.

Der Abg. v. Hoverbeck gab ſeiner Freude darüber Ausdruck, daß fortan durch die Ernennung eines Gefandten zum Botſchafter nicht allein keine Gehaltserhöhung mehr nothwendig ſein, ſondern eine Er= ſparniß eintreten werde. Nicht gefallen wollte es ihm, daß der Reichs= kanzler die berühmte Anekdote von Friedrich dem Großen in das Reich der Fabel verweiſen wollte. Sie ſei vorgekommen am engliſchen Hofe, als der preußiſche Gefandte in England ſich beſchwerte, daß er ver= möge ſeines knappen Gehalts nicht das Geld aufbringen könne, um zu Hofe zu fahren. Da habe Friedrich der Große „in dem allerdings geſchmackvollen, aber dabei einfachen Stil, durch den er ſich auszeichnete“,

---

[1] D. i. Florenz.

geschrieben: „Dann gehe Er zu Fuß und sage Er, hunderttausend Mann marschirten hinter ihm." Mindestens sei die Anekdote, wenn sie historisch nicht beglaubigt sein sollte, im Sinne Friedrichs des Großen erfunden. Erfreut zeigte er sich über das Zugeständniß des Reichskanzlers, daß die Macht eines Reichs immer mehr nach den Hilfsquellen dieses Staates, als nach dem Auftreten seines Gesandten beurtheilt werde. Der Reichstag werde also künftig bei seinen Etats-berathungen festhalten können, daß es bei gebildeten Nationen nicht nothwendig sei, Gesandte mit hohem Gehalte zu versehen, um sie in würdiger Weise Deutschland repräsentiren zu lassen. Fürst Bis-marck erwiderte*):

Ich habe die Anekdote genau in der Form, wie sie der Herr Vorredner von Friedrich dem Großen citirte, auch seit meiner Jugend häufig gehört und auch stets meine Freude daran gehabt — so lange ich nicht Auswärtiger Minister war.

(Große Heiterkeit.)

Ich glaube, daß der große König doch mehr im Sinne seines Finanzministers, der ihm sehr am Herzen lag, dabei gesprochen hat, als im Sinne seiner auswärtigen Politik.

Dann möchte ich dem Mißverständniß entgegentreten, welches darin liegen würde, wenn man annähme, daß das Einverständniß, in dem ich mich neuerdings mit dem Herrn Vorredner über die Botschafterfrage befinde, von mir so ausgelegt wird, daß nur bei den Gesandten, die man zu Botschaftern macht, eine Gehaltserhöhung nicht erforderlich sei. Ich sage, eine Gehaltserhöhung ist unter allen Umständen erforderlich, und wenn ich den Botschaftertitel nicht dazu bekäme, so würde ich, nach meinem technischen Gutachten, das Ihrer Beschlußfassung ja unterliegt, noch etwas mehr Geld fordern.

Die geforderten Gehaltserhöhungen wurden bewilligt.

Zu Titel 6 Gesandtschaften Nr. 9: Gesandtschaft in Lissabon richtete der Abg. Schmidt (Stettin) an das Auswärtige Amt die Frage, welche weiteren Schritte es in der Angelegenheit des Stet-tiner Handelsschiffes „Ferdinand Nieß"[1]) gethan habe, und ob Ver-

---

*) StB. 300 a.
[1]) S. o. S. 31 ff.

handlungen stattgefunden hätten, die die baldige Erledigung in Aussicht stellten. Der Bundescommissar, Wirkl. Legationsrath v. Bülow,
erwiderte, die portugiesische Regierung habe unlängst eine umfassende
Denkschrift nebst einer großen Anzahl portugiesischer Actenstücke als
Belege übersendet, die gegenwärtig dem Gutachten zweier ausgezeichneter Juristen unterlägen. Damit schien die Anfrage erledigt, und
der Präsident stellte die nächste Nummer des Titels 6 zur Erörterung.
In diesem Augenblicke erbat sich Fürst Bismarck das Wort*):

Ich habe mich etwas zu spät gemeldet; ich wollte zu den
Worten, die der Herr Commissar äußerte, noch eine kurze Erläuterung geben, in welchem Sinne dieses Gutachten verlangt wird.
Es ist an und für sich nicht wohl anzunehmen, daß die Gerichte
eines fremden Staates anders als nach den Gesetzen dieses Staats
geurtheilt haben. Etwas Weiteres können wir nicht verlangen.
Wäre ein Anspruch eines deutschen Bürgers aber nach den Gesetzen
des fremden Landes nicht gesetzmäßig behandelt worden, würden
wir weitere Entschädigungsansprüche zu machen haben. Um nun
festzustellen, ob diese Sache nach portugiesischem Rechte von portugiesischen Richtern unparteiisch erkannt worden ist, haben wir das
Urtheil gewiegter und mit der Materie vertrauter Juristen eingeholt, und wir werden von deren Ansicht bei dem Wiedervorkommen
dieser Verhandlung auch dem hohen Hause Mittheilung machen.
Wir können natürlich nicht so weit gehen, deutsche Gerichte als
eine höhere Instanz über fremde Gerichte eines unabhängigen Landes
einzusetzen; aber wir werden durch dieses Gutachten doch ein unparteiisches Urtheil darüber gewinnen, ob man so verfahren hat, wie
Deutschland entschlossen ist, es seinen Bürgern gegenüber in jedem
fremden Staate zu verlangen, d. h. auf eine gerechte, den Gesetzen
des betreffenden Landes entsprechende Weise.

Bei der Etatsposition Titel 6 Nr. 10: „350 Thaler für einen
Botschaftsprediger" wünschte der Abg. v. Hoverbeck von Seiten des
Auswärtigen Amtes eine Aufklärung darüber, an welchen Orten solche
Stellen für nothwendig gehalten würden, und welcher Confession diese
Prediger angehörten. Fürst Bismarck erwiderte**):

*) StB. 300 b.
**) StB. 301 a.

Ich bin nicht darauf vorbereitet, eine umfassende und überall zutreffende Antwort in diesem Falle zu geben. Im Ganzen sind diese Einrichtungen älteren Datums, und ich könnte nur dahin antworten: es sind in neuerer Zeit neue nicht eingerichtet, sondern diejenigen beibehalten, die wir vorgefunden haben. Als Kriterium trifft es im Allgemeinen zu, daß Gesandtschaftsprediger dort fungiren, wo der Gottesdienst für die Mitglieder einer deutschen Gesandtschaft, die bei der Majorität einer evangelischen Bevölkerung meist dieser angehören, nicht vorgesehen und nicht gesichert ist. Anglicanische Mitglieder haben wir gar nicht in unseren Gesandtschaften, und deshalb scheint es mir wohl gerechtfertigt, daß in England den Mitgliedern der Botschaft, und gleichzeitig den zahlreichen evangelischen Deutschen, die dort leben, die Gelegenheit gegeben werde, den evangelischen Gottesdienst in deutscher Sprache besuchen zu können, der sich von dem anglicanischen doch wesentlich unterscheidet. Es würde, wenn wir beispielsweise in einem absolut evangelischen Lande einen katholischen Gesandten hätten, unter Umständen auch das Bedürfniß eines katholischen Gesandtschaftsgeistlichen eintreten können. Indessen ist das ein Fall, auf den wenig zu rechnen ist, da katholische Geistliche fast über alle Länder der Welt verbreitet sind, evangelische aber nicht.

Der Abg. v. Hoverbeck meinte, einen Zweck für eine derartige Einrichtung da finden zu können, wo diejenige Religion oder Confession, die in Deutschland bei der Mehrzahl bestehe, nicht geduldet würde, so daß also durch die Rechte, die der Gesandte in Anspruch nehmen könne, zugleich den Mitgliedern des Staates, die in den betreffenden Ländern oder Städten wohnten, Gelegenheit gegeben würde, die Religionsübung in ihrer Kirche mitzumachen. In Rom, wo man der Ausübung des evangelischen Gottesdienstes kein Hinderniß in den Weg stelle, sei z. B. der Posten eines Gesandtschaftspredigers überflüssig. Fürst Bismarck erwiderte*):

Die Duldung wird da nicht helfen, wo kein Gebrauch von dieser freien Ausübung des Cultus gemacht wird. Die Voraussetzung eines Gesandtschaftsgeistlichen**) ist nicht bloß nicht die Nichtduldung eines Geistlichen von der Confession, wie man seiner

---

*) StB. 301 a.
**) S. 301 b.

bedarf, sondern das Nichtvorhandensein eines solchen; und in London
werden andere evangelische Geistliche wohl sein, aber London ist
sehr groß, es ist fast eine Provinz, und es mag in entlegenen
Stadtvierteln sein.

Ich will sehr gern bis zur nächsten Budgetberathung den
Wünschen des Herrn Vorredners entsprechen, diese Materie näher
eruiren. Für heute bin ich nicht genug vorbereitet, um eine Auskunft erschöpfend geben zu können.

Zu Titel 8 Nr. 1 brachte der Abg. Dr. Thomas die Errichtung
eines deutschen Generalconsulats in Teheran in Anregung, das für
die Wahrung der deutschen Handelsinteressen, namentlich in der Zukunft, von größter Bedeutung werden würde. Fürst Bismarck entgegnete*):

Die frühere Gesandtschaft Preußens in Persien hatte die
Bestimmung, für welche der Herr Vorredner ein Generalconsulat
in Teheran errichtet zu sehen wünscht, nämlich: Wege für den
deutschen und — in erster Linie damals — preußischen Handel
aufzusuchen und zu sondiren, welche Verbindungen dort für den
Handel angeknüpft werden könnten. Die Aufgabe hat sich damals
nicht als lohnend erwiesen, und es war in Folge der befreundeten
Verhältnisse mit Persien für den Schutz unserer Unterthanen dort
kein hervorragendes Bedürfniß, so daß nach dem Tode des Gesandten die nach den Verhältnissen orientalischer Länder natürlich
ziemlich kostspielige Gesandtschaft nicht wiederhergestellt worden ist.
Wenn der Wunsch des Herrn Vorredners in der Mitte des deutschen
Handelsstandes derartig Anklang findet, daß uns von dorther Anträge darauf zugehen, so wird das Auswärtige Amt sehr bereitwillig auf die Wiederanknüpfung der Verbindung eingehen.

Bei Titel 13: Vermischte Ausgaben brachte der Abg. E. Richter
zur Sprache, daß diese Ueberschrift sich fast decke mit der Ueberschrift
des Titels 23: Sonstige Ausgaben; beide zusammen ergäben einen
stattlichen Dispositionsfonds für das Ministerium des Auswärtigen.

---

*) StB. 302 a.

ganz abgesehen von dem Dispositionsfonds, den Titel 22: Geheime Ausgaben ihm zuweise, und dem großen Dispositionsfonds, der dem Reichskanzler in seiner Eigenschaft als preußischer Ministerpräsident aus den Zinsen des sequestrirten Welfenvermögens zur Verfügung stehe. Seiner Auffassung nach müsse zwischen den Titeln 13 und 23 eine solche Klärung vorgenommen werden, daß man auf den einen Titel alle Ausgaben verrechne, die von vorn herein bei der Etatsaufstellung festständen, und daß man den Titel 23 zu einem reinen Dispositions=fonds mache, aus dem nur unvorhergesehene Ausgaben zu leisten wären, also namentlich Einrichtungsgelder von neu ernannten Gesandten. Ohne einen besonderen Antrag zu stellen, sprach er den Wunsch aus, es möchten mindestens für das nächste Jahr diese beiden Titel in der Ueberschrift und auch in der Berechnung der Ziffern strenger von ein= ander geschieden werden, wie bisher. Fürst Bismarck erklärte dazu*):

Den ersten Wunsch des Herrn Vorredners, Art. 13 und Art. 23 in eine solche Verbindung zu bringen, daß einer davon die budgetmäßig vorherzusehenden Ausgaben enthielte, und der andere diejenigen, die sich nicht vorher beurtheilen lassen, halte ich sachlich ganz begründet und bin gern bereit, in der Aufstellung des nächsten Etats darauf einzugehen. Ich möchte aber bitten, in diesem Etat wegen der verhältnißmäßig unbedeutenden Positionen die Sache deshalb nicht aufzuhalten. Die Sorge des Herrn Vorredners, daß sich daraus eine Art von Dispositionsfonds analog den unter Titel 22 notirten geheimen Ausgaben ergeben möchte, ist wohl nicht begründet, denn es handelt sich hier in beiden Titeln nur um solche Ausgaben, über die wir, wie der Herr Vorredner in diesem Jahre sich hat überzeugen können, jeder Zeit bereit sind, vollständigen Auf= schluß zu geben, auch dann, wenn meine eigene Ueberzeugung mit der bisherigen Art der Verwendung und Benennung dieser Fonds nicht ganz übereinstimmt und ich z. B. einen Antrag, wie den des Herrn Vorredners, willkommen heiße. Aber ich habe eben nicht Zeit, auf alle diese rechnungsmäßigen Details vorher einzugehen, und bin sehr dankbar, wenn ich bei Gelegenheit dieser Discussion auf solche Uebelstände einer nicht ganz logischen Trennung der vermischten und sonstigen Ausgaben aufmerksam gemacht werde. Der Titel 22 hat das Eigenthümliche an sich, daß dort die Aus= gaben der Natur sind, daß keine Rechenschaft darüber gelegt wird,

---

*) StB. 302b.

während bei diesen anderen dasjenige, was nicht wirklich veraus= 16. 11. 1871.
gabt wird, für einen Anlaß, den man öffentlich anerkennen kann,
ja jedenfalls als erspart berechnet werden muß.

Unter Titel 1 der Einnahme des Auswärtigen Amtes wurden
aufgeführt: „30 000 Thaler als Entschädigung Preußens an das Reich
für Besorgung speciell preußischer Angelegenheiten." Wie im Reichs=
tage des Norddeutschen Bundes vom Abg. Frhrn. v. Hoverbeck[1]), so wurde
auch im gesammtdeutschen Reichstage dieser Posten angefochten. Dies
Mal beantragte der Abg. Dr. Loewe die Streichung. „Es handelt
sich für uns — führte er aus —, die wir wünschen, daß diejenigen
Theile unseres Gemeinwesens, die centralisirt nun einmal nach dem
Geiste der Verfassung verwaltet werden, darum, daß sie dann auch
wirklich centralisirt verwaltet werden. Wir wünschen das, weil wir
auf der anderen Seite wieder wünschen, daß, nachdem die nothwendigen
Bedürfnisse der Centralisation wirklich befriedigt sind, dann nicht länger
Ansprüche auf Centralisation auf den verschiedensten Punkten nach oben
gemacht werden; denn wir sind der Meinung, daß diese Versuche, die
Centralisation dadurch zu ergänzen, daß man Dinge centralisirt, die
vielleicht gar nicht centralisirt zu werden brauchen, nur darin ihren
Grund haben, daß das, was nothwendig centralisirt werden muß, nicht
hinreichend centralisirt ist. . . . Wir wünschen nun und haben immer ge=
wünscht, daß dies geschäftliche Verhältniß, das in diesen 30 000 Thalern
steckt, zwischen Preußen und zwischen dem Reich in einer Weise ver=
ändert werde, daß das Reich allein die diplomatischen Geschäfte voll=
zieht, ohne daß es noch eine besondere Aversionalsumme von Preußen
erhält u. s. w." Fürst Bismarck entgegnete*):

Ich kann nur die Bitte wiederholen, diese Summe nicht zu
streichen, sondern sie aufrecht zu erhalten. In Betreff der Gründe
dafür könnte ich lediglich auf die früheren Verhandlungen ver=
weisen; ich will mir hier nur erlauben, wiederholt einem Mißver=
ständniß entgegenzutreten, das in der öffentlichen Meinung vielfach
vorhanden ist, und, wie ich befürchte, auch bei dem Herrn Vor
redner noch nicht bis auf den letzten Bodensatz geschwunden ist,
daß nämlich diese 30 000 Thaler bezahlt würden für Besorgung
preußischer Geschäfte im Auslande. Das ist aber in keiner Weise
der Fall. Die preußischen Geschäfte im Auslande werden ebenso

----

*) StB. 3036.
[1]) Vgl. Bd. IV 352 ff.

gut wie die jedes anderen Bundesstaates vollständig von den Reichs-
gesandtschaften besorgt, und das ist nicht der Titel, aus welchem
das Reich von Preußen diese 30000 Thaler zu beanspruchen hat,
sondern sie figuriren hier für Dienste, welche*) Organe, die ausschließlich vom Reiche besoldet werden, dem preußischen Staate
innerhalb der Grenzen des Reiches leisten. Im preußischen
Sinne bleibt der nichtpreußische Theil des Deutschen Reiches, ich
will nicht sagen Ausland — der Ausdruck widerstrebt mir — aber
doch ein solcher, in welchem die Geschäfte, die die preußische Regierung speciell dort zu besorgen hat, für Preußen auswärtige Geschäfte sind, die ihrer Natur und der Tradition nach von den mit
den auswärtigen Geschäften befaßten Organen — jetzt des Reiches—
für Preußen mitbesorgt werden, da der König von Preußen zugleich Kaiser des Deutschen Reiches ist und daher Instructionen
in beiden Eigenschaften zu geben hat. Es bleiben zwischen uns
und Sachsen z. B., also dem nächstgelegenen Lande, wo die Verbindung ja am leichtesten und die mündliche Besprechung mit den
sächsischen Vertretern im Bundesrathe leicht ist, eine Menge von
Geschäften, die nach den ganzen Traditionen den auswärtigen Beamten von Preußen und Sachsen obliegen: ich will nur Grenz-
regulirungen bei entstehenden Streitigkeiten nennen, vor allen Dingen
aber auch, was der Herr Vorredner selbst betonte, die Verständigung
über Bundes- und Reichsangelegenheiten, und über die Art, wie
sie im Bundesrathe zu verhandeln sind. Es kann doch nicht verlangt werden, daß das Reich den einzelnen Mitgliedern des Bundes
ausschließlich auf Reichskosten die Mittel zur Verständigung unter
einander, während der Bundesrath nicht zusammen ist, darbietet.
Es ist das naturgemäß ein Theil auswärtiger Geschäfte, die den
einzelnen Regierungen unter einander immer bleiben werden, und
ich wüßte in der That nicht, wie ich mir geschäftlich helfen sollte.
Ich plaidire im Namen der Praxis gegen die Theorie, die der
Herr Vorredner aufgestellt hat, ich bedarf augenblicklich der Organe,
auf die er für die Zukunft verweist[1]), die die Geschäfte zu besorgen

---

[1] StB. 304 a.
[*] Abg. Loewe: „Die anderen Arbeiten, die noch bei dieser Gelegenheit
(d. h. zur Vertheidigung der Summe) angeführt werden, geschehen entweder
für alle anderen Einzelstaaten auch, oder sie sind nach unserer Meinung weit

hätten. Ich habe mit den Regierungen in München, in Dresden, 16. 11. 1871. in Darmstadt zu correspondiren über die Angelegenheiten, die im Bundesrathe verhandelt werden sollen, sonst können wir uns nicht verständigen. Könnten die Minister dieser Länder immer hier anwesend sein, dann würde diese Einrichtung mit der Zeit hier ganz überflüssig sein, wie das der Herr Vorredner wünscht; da das aber wegen der Häufung der Geschäfte unmöglich und es erfreulich genug ist, daß sie während der Sitzungen des Bundesraths in der Regel hier gegenwärtig sein können, dies in der Zwischenzeit aber nicht verlangt werden kann, so bedarf der Staat Preußen als der größte und wichtigste im Bunde solcher Organe, vermöge deren er im preußischen und Reichsinteresse die Bundesangelegenheiten mit den Regierungen von Karlsruhe, München und wie sie heißen, verhandeln und besprechen kann, und ich müßte mich nach dieser Richtung hin geradezu bankerott erklären und Etatsüberschreitungen vornehmen, um diese Einrichtungen zu ergänzen, wenn mir die diplomatische Verbindung mit den übrigen Bundesstaaten abgeschnitten wäre, und der Herr Vorredner wird mir auch keinen Rath geben können, wie ich mir helfen könnte; er würde sich selber nicht helfen können, wenn er in meiner Lage wäre. Denn eine Anweisung auf die Zukunft, auf Einrichtungen, die erst beschlossen werden sollen, kann ich nicht annehmen.

Abg. Loewe glaubte gleichwohl auf seinem Antrage beharren zu müssen, denn Geschäfte, die im Interesse des Reiches vollzogen würden, müßten auch auf den Etat des Reichs gebracht werden. Eine Betrachtung der formellen Seite zeige das Unzuträgliche der gegenwärtigen Einrichtung: Preußen zahle für seine Geschäfte 30000 Thaler, aber nicht innerhalb der Matricularbeiträge, für die es selbst keine Controle habe, denn die Controle über die vom Preußischen Landtag ausschließlich für preußische Angelegenheiten bewilligte Summe stehe dem Reichstag allein zu. Fürst Bismarck erwiderte*):

Ich erlaube mir, dem Herrn Vorredner zu bemerken, daß meines Erachtens daraus logisch folgen würde, daß wir auch die Kosten der Gesandtschaft, die Bayern und Sachsen etwa bei Preußen

---

zweckmäßiger durch besonders dazu berufene Beamte, die ad hoc ernannt werden, zu vollziehen" (StB. 303b).
*) StB. 304b.

unterhält, auch auf den Reichsetat übernehmen müßten, sobald Preußen dafür Nichts bezahlt, daß seine Geschäfte vom Reiche mit besorgt werden vermöge der Zweiseitigkeit, die in der Allerhöchsten Person des Monarchen als Deutschen Kaisers und als Königs von Preußen besteht. Sobald wir Preußen von der Zahlung dispensiren wollen, folgt logisch auch, daß die Gesandten der übrigen Bundesstaaten, die in Berlin unterhalten werden, um die Geschäfte, deren Nothwendigkeit der Herr Vorredner anerkennt, zu betreiben, ebenfalls auf Reichskosten, ja, ich kann sogar sagen, die Gesandtschaften, welche diese Staaten bei*) einander unterhalten, auf Reichskosten bestritten werden; denn daß sie sich unter sich verständigen und nicht in ihren Meinungen auseinandergehen, ist ebenso nothwendig, als daß sie sich mit Preußen verständigen.

An der weiteren Debatte wider und für die Position betheiligte sich der Reichskanzler nicht mehr; bei der Abstimmung wurde sie mit großer Mehrheit angenommen.

23. Sitzung des Deutschen Reichstags
Freitag 17. November 1871.

Der Reichstag berieth in der 23. Sitzung am 17. November in zweiter Lesung den Gesetzentwurf, betreffend die Ausprägung von Reichsgoldmünzen. § 3 der Regierungsvorlage lautete:

Außer der Reichsgoldmünze zu 10 Mark sollen ferner ausgeprägt werden:

Reichsgoldmünzen zu 20 Mark, von welchen aus Einem Pfunde feinen Goldes 69¼ Stück, und Reichsgoldmünzen zu 30 Mark, von welchen aus Einem Pfunde feinen Goldes 46½ Stück ausgebracht werden.

Die Abg. Bamberger und Mohl beantragten die Streichung des letzten Passus, betreffend die Reichsgoldmünzen zu 30 Mark. Der Abg. v. Unruh vertrat in der Debatte den Standpunkt, daß das Dreißigmarkstück fallen müsse, da es nicht in das Decimalsystem passe und nach der Thalerrechnung hinziele. Er leugnete nicht, daß es eine bequeme Münze sein würde, aber die Besorgniß, daß mit ihr

---

*) Fehlt im StB.

die Thalerwährung festgehalten werden könnte, ließ ihn die praktischen Gründe gegenüber den idealen zurückstellen. Wie der Präsident des Reichskanzleramts, Staatsminister Delbrück, so trat auch Fürst Bismarck für die bedrohte Münze ein*):

Ich erlaube mir zu bemerken, daß das Dreißigmarkstück, weil es zehn Thaler repräsentirt, als ein Uebergangsstadium kaum entbehrlich sein wird. Es lassen sich Gewohnheiten, die eingewurzelt sind, nicht so rasch beseitigen; man wird Jahre lang noch das Bedürfniß haben, nach Thalern zu rechnen und die Thalerrechnung in die Markrechnung überzuführen. Von den anderen Goldstücken von zehn und zwanzig Mark geht keins mit dem Thaler gerade auf, und wer hundert Thaler zu zahlen hat, dem wird es noch lange ein Bedürfniß sein, das in zehn in hundert Thaler gerade aufgehenden Stücken zu thun. Diese Sachen lassen sich in der Theorie sehr rasch verwirklichen, aber man muß dem praktischen Leben eines großen Theiles des Reiches wenigstens doch auch einige Berücksichtigung schenken, sonst erschwert man dem neuen System den Eingang in das praktische Leben. So ist das Widerstreben gegen die Metermaße einstweilen noch ein ziemlich allgemeines; die Forstverwaltungen können sich vergewissern, daß überall die Kaufleute mit Petitionen kommen, sie einstweilen mit den Metermaßen zu verschonen, und daß diejenigen Forsten im Absatz zurückstehen, wo bestimmt auf Metermaßen bestanden wird. Das ist ein Uebergangsstadium, das sich geben wird, aber wir sind doch hier nicht dazu, um den Empfindungen und Gewohnheiten der Bevölkerung Gewalt anzuthun, sondern um ihr den Uebergang zu erleichtern, und deshalb möchte ich Sie dringend bitten, schenken Sie den Bevölkerungen, die nach Thalern zu rechnen gewöhnt sind, auf einige Jahre — man kann es ja später immer ändern — diejenige Berücksichtigung, daß man unter den Goldmünzen wenigstens eine hat, die in den Thaler aufgeht — da es so leicht sein kann.

Bei der Abstimmung beschloß der Reichstag die Streichung des angefochtenen Passus.

*) StB. 334a.

§ 5 der Regierungsvorlage in seinem ersten Theile lautete:

Die Reichsgoldmünzen tragen auf der einen Seite den Reichsadler mit der Ueberschrift: „Deutsche Reichsmünze" und mit der Angabe des Werthes in Mark, sowie mit der Jahres= zahl der Ausprägung, auf der anderen Seite das Bildniß des Landesherrn, beziehungsweise das Hoheitszeichen der freien Städte mit einer entsprechenden Umschrift und dem Münzzeichen.

Der Abg. Graf Münster beantragte, die durch den Druck hervorgehobenen Worte zu ersetzen durch:

auf der anderen Seite das Bildniß des Kaisers mit einer ent= sprechenden Umschrift und dem Münzzeichen.

Schon bei der ersten Lesung des Gesetzentwurfs hatten sich die Bundesbevollmächtigten von Bayern und Sachsen gegen den Antrag des Grafen Münster erklärt, der den deutschen Fürsten ein Recht entzog, das sie bisher anstandslos geübt hatten, bei der zweiten Lesung that es der württembergische Bundesbevollmächtigte, Staatsminister v. Mittnacht. Er wies darauf hin, daß die §§ 5 bis 7 eine Art Compromiß von verschiedenen Standpunkten bildeten, mittels dessen die verbündeten Regierungen über die immer unliebsame Frage der Ver= fassungsänderung hinwegzukommen hofften[1]). Durch dieses Compromiß

---

[1]) Die herangezogenen Paragraphen lauten:

§ 5.

Die Reichsgoldmünzen tragen auf der einen Seite den Reichsadler mit der Ueberschrift: „Deutsche Reichsmünze" und mit der Angabe des Werthes in Mark, sowie mit der Jahreszahl der Ausprägung, auf der anderen Seite das Bildniß des Landesherrn, beziehungsweise das Hoheitszeichen der freien Städte, mit einer entsprechenden Umschrift und dem Münzzeichen. Sie werden im Ringe mit einem glatten Rande geprägt, welcher die vertiefte Inschrift „Gott mit uns" führt.

§ 6.

Bis zum Erlaß eines Gesetzes über die Einziehung der groben Silber= münzen erfolgt die Ausprägung der Goldmünzen auf Kosten des Reichs für sämmtliche Bundesstaaten auf den Münzstätten derjenigen Bundesstaaten, welche sich dazu bereit erklärt haben.

Der Reichskanzler bestimmt unter Zustimmung des Bundesraths die in Gold auszumünzenden Beträge, die Vertheilung dieser Beträge auf die einzelnen Münzgattungen und auf die einzelnen Münzstätten und die den letzteren für die Prägung jeder einzelnen Münzgattung gleichmäßig zu gewährende Vergütung. Er versieht die Münzstätten mit dem Gelde, welches für die ihnen überwiesenen Ausprägungen erforderlich ist.

§ 7.

Das Verfahren bei Ausprägung der Reichsgoldmünzen wird vom Bundes= rathe festgestellt und unterliegt der Beaufsichtigung von Seiten des Reichs.

hätten die einzelnen Regierungen sich bereits theils dauernd, theils bis **17. 11. 1871.** zu gesetzlicher Regelung Einschränkungen in der Ausübung ihres vollen Münzhoheitsrechtes auferlegt; es sei nicht gut, eine Frage so delicater Natur von praktisch so geringer Bedeutung bis zur Abstimmung zu treiben. Das Münzhoheitsrecht sei kein Theil des Münzsystems, und jeder einzelne Staat müsse Werth darauf legen, daß das Bildniß des Landesherrn nicht von der deutschen Münze verschwinde. Der Charakter des Reichs als eines Bundesstaates müsse auch in seiner Münzprägung zu Tage treten. Fürst Bismarck fügte hinzu*):

Ich hoffe, meine Herren, daß die beredten Worte meines württembergischen Herrn Collegen Sie überzeugt haben, daß es nicht nützlich ist, den Antrag des Herrn Grafen v. Münster anzunehmen, und daß wenig Vortheile für das Reich erwachsen würden, wenn wir in dieser Beziehung das Compromiß, welches zwischen den Regierungen stattgefunden hat, wieder aufheben. Wenn ich dennoch das Wort ergreife, so geschieht es, um bei dieser Gelegenheit den Unterschied noch einmal hervorzuheben der Situation, in der Sie und in der wir arbeiten. Wenn Einer von Ihnen, meine Herren, eine Ueberzeugung hat, sei sie auch mehr theoretischer als praktischer Bedeutung, wie diese, der Graf Münster Ausdruck gegeben hat, so hält Nichts ihn ab, aufzutreten und dieser Ueberzeugung in Gestalt eines Antrages praktische Geltung zu geben; die Folgen davon, wie viel sorgfältig gesponnene Fäden dadurch zerreißen, sind ihm vollkommen gleichgültig, und wenn er darauf aufmerksam gemacht wird von dieser Stelle, so ist er berechtigt, zu antworten: das geht mich Nichts an, ich rede nach meiner Ueberzeugung. Nun, meine Herren, ich habe auch persönliche Ueberzeugungen und muß ihnen häufig Gewalt anthun, und wenn ich es nicht thäte, so würden wir in Frieden nicht so weit gekommen sein, wie wir gekommen sind. Wir Leute der Regierung haben nicht das Recht, beliebig nach unserer Ueberzeugung zu verfahren, sondern wir müssen uns die Wirkungen vergegenwärtigen, die die ausgesprochene

---

Dieses Verfahren soll die vollständige Genauigkeit der Münzen nach Gehalt und Gewicht sicherstellen. Soweit eine absolute Genauigkeit nicht innegehalten werden kann, soll die Abweichung im Mehr oder Weniger im Gewicht nicht mehr als zwei und ein halb Tausendtheile seines Gewichts, im Feingehalt nicht mehr als zwei Tausendtheile betragen.

*) StB. 337 a.

Ueberzeugung auf die politischen Dinge hat. Daß das System, nach dem wir verfahren sind, nicht ganz ohne Erfolg gewesen ist, wird Ihnen klar werden, wenn Sie sich vergegenwärtigen, wo wir noch heute vor einem Jahr mit unseren Einheitsbestrebungen waren. Wäre ich immer nach meiner persönlichen Ueberzeugung gegangen, so würden wir vielleicht noch da stehen, wo wir vor einem Jahre standen. Ich habe mancher meiner Ueberzeugungen nicht Ausdruck gegeben, und so haben wir erreicht, was wir erreicht haben. Die Aufgabe haben wir uns auch im Bundesrath gestellt, nicht durch theoretische Verfassungsfragen die Nachgiebigkeit, die der Eine gegen die Ueberzeugung des Anderen hat und die in Deutschland nie so sehr groß ist, auf die Probe zu stellen. Wenn die übrigen Bundes= regierungen erleben, daß die preußische Regierung, nachdem man Wochen lang verhandelt, und nach sorgfältiger und schwieriger Ar= beit ein Compromiß zu Stande gebracht hat, von ihrem Antheile an diesem Compromiß, von ihrer Zusage durch das Reichstags= votum sich entbinden läßt, dann, meine Herren, verliere ich das Vertrauen des Bundesraths, dessen ich im Schooß des Bundesraths bedarf,

(Hört! Hört! rechts.)

um Compromisse der Art zu Stande zu bringen. Ich muß daher gestehen, daß ich außer Stande sein würde, wenn die Sache an den Bundesrath zurückkäme, den übrigen Regierungen nicht Wort zu halten, und das Vertrauen auf das künftige Verhalten Preußens wiegt meines Erachtens schwerer, als die Frage, welche hier zur Sprache kommt. Wenn es sich um Interessen des Reichs handelt, durch die seine Einheit, seine Festigkeit, sein Vortheil wirklich be= dingt sind, dann, meine Herren, habe ich ja auch gezeigt, daß die particularistischen Bedenken unserer Bundesgenossen [mich unter Umständen nicht abhalten, bei unserer Abstimmung das Recht und die Majorität, die wir etwa im Bundesrathe*) haben, so weit geltend zu machen, als die Verfassung uns erlaubt, auch wenn die Grenze zweifelhaft ist oder von anderer Seite bestritten wird. In dieser Frage aber einen politisch in hohem Grade verstimmenden Druck auf die Bundesgenossen auszuüben, dafür hat uns Gott die

*) S. 337 b.

Macht, die Preußen in Deutschland angewiesen ist, nicht gegeben. Gibt es ein stärkeres Bekenntniß der deutschen Fürsten zum Reiche, als in der Prägung der Münzen, wie sie vorgeschlagen ist? Wenn Se. Majestät der König von Bayern auf der einen Seite sein Bildniß schlägt und auf der anderen das Kaiserliche Reichswappen, kann er offenkundiger und nachhaltiger bekennen, ich hänge am Reiche, ich will ein Glied des Reiches sein?

(Sehr richtig!)

Welcher Vortheil ist dagegen in Anschlag zu bringen, daß wir ein berechtigtes Selbstgefühl, durch hundertjährige Traditionen geheiligt, verstimmen und den Einflüsterungen und Ueberredungen derjenigen Nahrung geben, die an die Centrifugalinstincte zu appelliren Neigung haben? Es ist mir als Reichskanzler in keiner Weise gleichgültig, wie die verbündeten Monarchen, und namentlich die mächtigeren unter ihnen, persönlich gestimmt sind, und wem dieses gleich ist, der ist ein Theoretiker; ich muß mit diesen Stimmungen sehr sorgfältig rechnen, sie fallen sehr schwer ins Gewicht, und Sie würden meine Aufgabe außerordentlich erschweren, wenn Sie sie mir dahin stellen wollten, im Bundesrathe für die etwaige Annahme des Antrags des Grafen Münster thätig zu sein. Ich habe schon befürwortet, daß ich das nicht könnte, und glaube ich nicht an die Möglichkeit dieses Antrages im Bundesrathe ohne politische Nachtheile, die viel schwerer wiegen, als die Vortheile des Antrages. Wenn eine Goldmünze, auf der steht: Wilhelm, Deutscher Kaiser, König von Preußen, in die Hütten außerhalb Preußens wirklich eindringt, so hängt der Eindruck, den es macht, von der Stimmung dessen ab, der die Hütte bewohnt. Es gibt weite Bezirke, in denen man sagen wird: da seht Den, der unseren Fürsten mediatisiren will, und wie er mit ihm umgegangen ist, daß hier preußische Münzen wider seinen Willen und wider seine Stimme im Reiche ihm aufgezwungen werden! Und ich kann dem Herrn Grafen Münster nicht verhehlen, daß nach allen schwierigen Vereinbarungen, wie ich seinen Antrag hier gehört, — so war mein Gefühl, ich hoffe, nicht ganz so ohnmächtig, wie das des Archimedes, zu sagen: Noli turbare circulos meos![1]

---

[1] Zerstöre meine Kreise nicht, vgl. Bd. I 241.

.   Der Antrag des Grafen Münster wurde mit beträchtlicher Majorität abgelehnt.

An den ferneren Verhandlungen des Reichstags nahm Fürst
Bismarck in Folge einer ernsteren Erkrankung, die ihn mehrere Wochen
an das Zimmer fesselte, nicht Theil; am 1. December 1871 schloß der
Präsident des Reichskanzleramts, Staatsminister Delbrück, kraft Kaiserlicher Verordnung die Sitzungen ohne besondere Feierlichkeit.

III.

Preußischer Landtag.

27. November 1871 bis 1. November 1872.

———

Die Keime des sogen. „Culturkampfes", der auf Jahre hinaus den inneren Frieden des neu gegründeten Reiches beeinträchtigen sollte, lagen in der Verkündigung der vaticanischen Constitutionen über die Unfehlbarkeit des römischen Papstes, am 18. Juli 1870, durch die der Papst zum obersten „Gesetzgeber, Regierer und Richter" in allen Angelegenheiten des Glaubens und der Sitten proclamirt wurde. In dem Ausschreiben Pius' IX. vom 29. Juni 1868, durch das er die katholische Welt auf den 8. December 1869 zu einem ökumenischen Concil im Vatican berief, war die Frage der Unfehlbarkeit mit keinem Worte berührt. Um so überraschender wirkte die Mittheilung der Civiltà cattolica vom 6. Februar 1869, daß auf katholischer Seite der lebhafte Wunsch bestehe, durch das Concil die Doctrinen des Syllabus von 1864 und das Dogma der Unfehlbarkeit verkündigt zu sehen: zwar werde der Papst in einem erklärlichen Gefühle erhabener Zurückhaltung nicht selbst die Initiative zu einem Vorschlage ergreifen, der sich unmittelbar auf ihn selbst zu beziehen scheine, doch hege man die Hoffnung, daß die einstimmige Kundgebung des heiligen Geistes durch den Mund der Väter des ökumenischen Concils die Unfehlbarkeit des Papstes durch Acclamation definiren werde. Diese Kundgebung rief namentlich auf Seiten der katholischen Staatsgewalten lebhafte Beunruhigung hervor. Die bayrische Regierung war die erste, die auf die dem Verhältniß zwischen Staat und Kirche drohenden Gefahren hin wies und gemeinsame Schritte zum Schutz der staatlichen Autorität bei den katholischen und protestantischen Staaten in Anregung brachte [1]. Die Mächte aber zeigten sich wenig bereit, der von Bayern gegebenen Anregung zu folgen. Graf Beust hielt es mit der in Oesterreich-Ungarn gesetzlich anerkannten Freiheit der verschiedenen Religionsbekenntnisse für unvereinbar, einem in der Verfassung der katholischen Kirche begründeten Vorgange, wie es die Berufung eines allgemeinen Concils sei, ein System präventiver einschränkender Maßnahmen entgegen zustellen. Er vermochte in der Sachlage, wie sie sich bisher dargestellt

---

[1] Rundschreiben des Fürsten von Hohenlohe vom 9. April 1869

habe, keine genügenden Motive des Rechts oder der Opportunität zu einem Schritte im Sinne des bayrischen Vorschlags zu erblicken [1]). Auch Graf Bismarck hielt es nicht an der Zeit, gegen Beschlüsse, die das Concil einseitig und ohne Berathung mit den Staatsgewalten fassen möchte, noch vor Zusammentritt der Versammlung Protest einzulegen [2]). Für ihn gab es zunächst nur eine Haltung, die den Bestimmungen der Preußischen Verfassung entsprach: die Neutralität gegenüber dem Concil, so lange es sich der Uebergriffe aus dem kirchlichen auf das staatliche Gebiet enthielt. Er erklärte sich gegen den von Herrn v. Arnim, dem preußischen Gesandten am päpstlichen Stuhle, gemachten Vorschlag einer Vertretung der Staaten beim Concile durch Entsendung von Bevollmächtigten (oratores). Dies geschah in folgendem Erlaß an Herrn v. Arnim vom 26. Mai 1869:

26. 5. 1869. Ich benutze den diesmaligen Feldjäger zu einer sofortigen Mittheilung in Bezug auf die in Ihren eingehenden Berichten vom 14. bis 17. Mai über das ökumenische Concil behandelten Fragen. Nachdem ich Sr. Majestät dem König darüber Vortrag gehalten, kann ich in Uebereinstimmung mit den Allerhöchsten Intentionen Ew. ꝛc. Folgendes darüber eröffnen:

Mit dem Vorschlage Ew. ꝛc., daß Preußen sich, eventuell in Gemeinschaft mit dem übrigen Deutschland, nach dem Gebrauch der Regierungen bei früheren Concilien durch bestimmte Abgesandte oder Regierungsbevollmächtigte (oratores) als Staat auf dem ökumenischen Concil selbst vertreten solle, hat Se. Majestät sich nicht einverstanden erklären können. Ew. ꝛc. haben selbst die Schwierigkeiten einer solchen Maßregel nicht unbeachtet gelassen; dieselben würden sich aber bei jedem Versuch einer praktischen Verwirklichung noch viel größer herausstellen, als sie schon im Voraus erscheinen müssen. Es ist mir kaum zweifelhaft, daß Rom den Anspruch protestantischer, d. h. ketzerischer Regierungen — und als solche wird man in Rom Preußen und die Mehrheit der deutschen Regierungen immer ansehen und über das persönliche Glaubensbekenntniß des Souveräns nicht so leicht hinweggehen, wie Ew. ꝛc. es zu glauben scheinen — auf Vertretung nicht anerkennen werde;

---

[1]) Depesche des Grafen Beust vom 15. Mai 1869.
[2]) Depesche an Herrn v. Arnim vom 2. Mai 1869; ihr Wortlaut ist noch nicht veröffentlicht, ihr summarischer Inhalt läßt sich aus Herrn v. Arnims Erwiderung vom 14. Mai 1869 schließen.

eine Forderung aber zu stellen, welche nicht durchgesetzt werden 26. 5. 1869.
kann, würde die Regierungen nur in eine schiefe Lage bringen,
ihrem Protest aber sicherlich keine größere Kraft verleihen. Aber
selbst wenn man in Rom den Anspruch zugestehen wollte: in welcher
Lage würden sich die oratores auf dem Concil befinden, dessen
immense Mehrheit sie als Eindringlinge, als (wenn auch ihrer Person
nach katholisch) Abgesandte ketzerischer Regierungen ansehen und
jede ihrer Aeußerungen mit Mißtrauen und Mißgunst aufnehmen
würde. Eine fortwährende Verletzung der Würde der Souveräne
wäre dabei kaum vermeidlich. Ew. 2c. haben selbst die Frage auf
geworfen: welche Stellung die Abgesandten auf dem Concil ein=
nehmen sollten. Als Individuen wären sie, wie Ew. 2c. mit Recht
bemerken, Einzelne gegen Hunderte, und ihr individuelles Stimm=
recht würde von gar keiner Bedeutung sein; ihr persönlicher Einfluß
aber würde eben von ihren Persönlichkeiten abhängen, welche für
diesen Zweck auszuwählen schwer genug sein würde. Als „Regie=
rungsbevollmächtigte" dagegen müßten sie im Namen der Regierungen
ein Veto einlegen können; daß man ihnen dies nicht zugestehen
wird, versteht sich von selbst. Protest einzulegen aber ist immer
eine undankbare Mühe und hat nur dann eine Bedeutung, wenn
es in der Macht des Protestirenden liegt, dasjenige zu verhindern,
wogegen er protestirt. Ein Protest der Abgesandten aber, über den
das Concil ohne Zweifel ohne alle Rücksicht mit weiteren Beschlüssen
hinwegginge, würde die Regierungen nur in eine schwierigere Lage
bringen, als wenn sie einfach Beschlüssen gegenüberständen, die
ohne Betheiligung von ihrer Seite und ohne Gegenwart von ihren
Bevollmächtigten zu Stande gekommen wären. Ich habe nur einen
Theil der Schwierigkeiten berühren wollen, welche sich der praktischen
Ausführung des Vorschlags entgegensetzen würden. Die Hauptsache
bleibt immer, daß die ganze Theilnahme der Staatsgewalten an
einem Concil auf einem ganz fremden, für uns nicht mehr vor
handenen Boden, auf einem der Vergangenheit angehörigen
Verhältniß des Staates zur Kirche beruht, und nur so lange einen
Sinn hatte, als der Staat der katholischen Kirche als der Kirche,
der einzigen allumfassenden Kirche, gegenüberstand. Selbst bei dem
Tridentinischen Concil, wenigstens bei den Anfängen und Vor=
bereitungen desselben, war dieses alte Verhältniß noch vorhanden,

26. 5. 1869. und die protestantischen Regierungen, wie die protestantischen Ge=
meinden, konnten noch zu dem Concil eingeladen werden, weil sie
noch nicht als unwiederbringlich aus der Kirche ausgeschieden an=
gesehen werden konnten. Die Kirche stand damals noch in einem
bestimmten intimen und gewissermaßen rechtlich festgestellten, d. h.
von der Kirche in ihrem Recht anerkannten Verhältniß zum Staat.
Das kanonische Recht mit dem ganzen Arsenal seiner Bestimmungen
auch über das Grenzgebiet zwischen Staat und Kirche hatte damals
noch eine Bedeutung für den Staat. Darum konnten die Regie=
rungen auch unter bestimmten rechtlichen Formen in die Berathung
und Regelung der kirchlichen Dinge eingreifen, wie sie es durch
ihre oratores auf dem Concil thaten. Ebenso trat an sie nachher
die Frage heran: ob sie durch Acceptation der Concilsbeschlüsse
die von den letzteren in kirchlich=staatlichen Dingen getroffenen
Aenderungen als einen Theil ihres öffentlichen Rechts anerkennen
wollten. Dieses Verhältniß hat sich jetzt, wenigstens für uns, voll=
ständig geändert. Bekanntlich [hat eine Anzahl der europäischen
Staaten die Beschlüsse des Tridentinischen Concils ausdrücklich
acceptirt und publicirt, andere nicht. Für Preußen hat davon nie
die Rede sein oder auch nur die Frage aufgeworfen werden
können. Ebenso wenig könnte oder dürfte jetzt für Preußen die
Frage entstehen: ob es die Beschlüsse des ökumenischen Concils
acceptiren und damit als einen Bestandtheil seines geltenden öffent=
lichen Rechtszustandes anerkennen wollte. Wenn es aber durch ab=
gesandte Vertreter an den Berathungen des Concils theilnehme,
so würde es eben dadurch in den Fall kommen, sich über die Be=
schlüsse desselben zu erklären, und sie eventuell als Theil seines
Staats= und Kirchenrechts anzunehmen oder zu verwerfen — einen
Fall, dessen Verwirklichung Ew. ꝛc. sich nur einen Augenblick vor=
zustellen brauchen, um die volle Unmöglichkeit einzusehen.

Für Preußen gibt es verfassungsmäßig wie politisch nur einen
Standpunkt, den der vollen Freiheit der Kirche in kirchlichen Dingen
und der entschiedenen Abwehr jedes Uebergriffs auf das staatliche
Gebiet. Zu der Vermischung beider selbst die Hand zu bieten,
wie es durch die Absendung von oratores geschehen würde, darf
die Staatsregierung sich nicht gestatten. Ew. ꝛc. bitte ich, sich von
diesem Standpunkt der Königlichen Regierung für Ihre ganze

Haltung möglichst zu durchdringen. Ew. 2c. werden alsdann auch 26. 5. 1869. anerkennen, daß uns diese Haltung durch unsere eigene Stellung zur Sache vorgeschrieben wird, und daß es für uns nicht maßgebend sein kann, welche Haltung der Kaiser Napoleon dem Concil gegenüber einnehmen und ob er dasselbe beschicken werde oder nicht. Etwas ganz Anderes aber als müßige und nicht berücksichtigte Proteste sind die auf dem Gefühl der eigenen Macht beruhenden Kundgebungen der Regierungen, Uebergriffe nicht dulden zu wollen. Diese können als heilsame Mahnungen und Warnungen auch im Voraus dienen, und ich bin mit Ew. 2c. vollkommen einverstanden, daß die bloße Thatsache der Existenz einer kirchlich-politischen Commission für das Concil, das Factum, daß in Rom über das Verhältniß zwischen Staat und Kirche mit dem Anspruch verhandelt wird, bindende Normen aufzustellen, ohne den bei diesen Dingen interessirten Staat als gleichberechtigten Factor zur Berathung zu ziehen, den Regierungen hinreichenden Anlaß zu solchen Mahnungen und Warnungen darbiete. Se. Majestät der König haben mich demgemäß ermächtigt, mit der Königlich bayerischen Regierung und eventuell mit den übrigen süddeutschen Regierungen in vertrauliche Verhandlungen zu treten, und womöglich im Namen des gesammten Deutschlands, auf welches es uns zunächst hier nur ankommen kann, gemeinsame Einwirkungen auf die Curie zu versuchen, welche ihr die Gewißheit geben würden, daß sie bei etwa beabsichtigten Ausschreitungen einem entschiedenen Widerstande der deutschen Regierungen begegnen werde. Wenn diese Verhandlungen zu einem Ergebniß geführt haben, werde ich Ew. 2c. mit weiterer Instruction für die zunächst vertraulichen und nach Umständen zu verstärkenden Schritte in Rom versehen.

v. Bismarck.

Die Besprechungen der deutschen Regierungen unter einander, die nun stattfanden, schienen auch in Rom im Sinne der Vorsicht und des Friedens nicht ohne Wirkung zu bleiben. „Es gibt dort" schrieb Graf Bismarck am 11. August 1869 dem Fürsten Hohenlohe „eine Partei, welche mit bewußter Entschlossenheit den kirchlichen und politischen Frieden Europas zu stören bestrebt ist, in der fanatischen Ueberzeugung, daß die allgemeinen Leiden, welche aus Zerwürfnissen hervorgehen, das Ansehen der Kirche steigern werden, anknüpfend an die Erfahrungen von 1848 und auf der psychologischen Wahrheit fußend.

daß die leidende Menschheit die Anlehnung an der Kirche eifriger sucht, als die irdisch befriedigte. Der Papst indessen soll Angesichts des Widerstandes, der sich in Deutschland ankündigt, bedenklicher und dem Einflusse jener Partei weniger zugänglich geworden sein." Im Noth= fall meinte der Bundeskanzler in der parlamentarischen Gesetzgebung in Norddeutschland wenigstens eine durchschlagende Waffe gegen jeden ungerechten Uebergriff der geistlichen Gewalt zu besitzen. Die besten Bundesgenossen gegen die staatsfeindlichen Umtriebe der die Curie be= herrschenden Jesuiten schienen die deutschen Regierungen — katholische wie protestantische — in dem Widerstand zu finden, dem die dogma= tische Festsetzung der päpstlichen Unfehlbarkeit bei katholischen Geistlichen wie Laien begegnete. Die wichtigste Kundgebung dieser Art war der Hirtenbrief, den die in Fulda versammelten deutschen Bischöfe am 6. Sep= tember 1869 „zur Beruhigung der Gemüther" erließen. Sie erklärten die auch von treuen und warmen Gliedern der Kirche gehegten Besorg= nisse, als ob das Concil neue, in der Offenbarung Gottes und der Ueberlieferung der Kirche nicht enthaltene Glaubenslehren verkündigen und Grundsätze aufstellen könne und werde, die den Interessen des Christenthums und der Kirche nachtheilig, mit den berechtigten Ansprüchen des Staates, der Civilisation und der Wissenschaft, sowie mit der recht= mäßigen Freiheit und dem zeitlichen Wohle der Völker nicht vereinbar seien, für unbegründet; denn nie und nimmer werde und könne ein allgemeines Concil eine neue Lehre aussprechen, welche in der heiligen Schrift oder der apostolischen Ueberlieferung nicht enthalten sei, wie denn überhaupt die Kirche, wenn sie in Glaubenssachen einen Ausspruch thue, nicht neue Lehren verkündige, sondern die alte und ursprüngliche Wahrheit in klareres Licht stelle und gegen neue Irrthümer schütze. Nie und nimmer werde und könne ein allgemeines Concil Lehren ver= fündigen, welche mit den Grundsätzen der Gerechtigkeit, mit dem Rechte des Staats und seiner Obrigkeiten, mit der Gesittung und mit den wahren Interessen der Wissenschaft oder mit der rechtmäßigen Freiheit und dem Wohle der Völker im Widerspruch stünden. Auch brauche Niemand zu besorgen, daß das allgemeine Concil in Unbedachtsamkeit und Uebereilung Beschlüsse fassen werde, die ohne Noth mit den be= stehenden Verhältnissen und den Bedürfnissen der Gegenwart sich in Widerspruch setzten, oder daß es nach der Weise schwärmerischer Men= schen Anschauungen, Sitten und Einrichtungen vergangener Zeiten in die Gegenwart verpflanzen wolle. Nach solcher überzeugten Aussprache konnten die deutschen Regierungen, wie sie meinten, ruhig ihre Bischöfe nach Rom ziehen lassen; sie glaubten nicht befürchten zu müssen, daß die römische Curie in einer den Anschauungen der Zeit so sehr zuwider= laufenden Frage einen harten Gewissenszwang ausüben werde, noch weniger, daß ihre Bischöfe sich solchem Zwange fügen würden.

Auf dem Concil, das am 8. December 1869 eröffnet wurde, war

in Folge der energisch betriebenen jesuitischen Agitation eine stattliche
Anzahl von Freunden des Dogmas der Unfehlbarkeit vertreten. Von
ihnen ging am 3. Januar 1870 der Antrag aus: das Concil möge
mit klaren und jeden Zweifel ausschließenden Worten sanctioniren, daß
die Autorität des römischen Papstes die höchste und deshalb irrthums=
los sei, wenn sie in Sachen des Glaubens und der Sitten festgestellt
habe und vorschreibe, was von allen Christgläubigen zu glauben und
zu beachten oder zu verwerfen und zu verdammen sei. Zu derselben
Zeit, da am Concil die Agitation für das Unfehlbarkeitsdogma ein=
geleitet wurde, erließ Graf Bismarck folgende Instruction an den
Gesandten bei der päpstlichen Curie, die sich als die Antwort auf zwei
Berichte desselben über die auf dem Concil hervortretenden Bestrebungen
darstellt:

Berlin, 5. Januar 1870.　5. 1. 1870.

Die Berichte Ew. Hochwohlgeboren vom 22. bis 29. December
sind mir nunmehr zugegangen. Wenn ich dieselben zusammenfasse
und mir ein Bild von der bisherigen Entwickelung der Dinge zu
gewinnen suche, soweit dies überhaupt bei der augenblicklichen Sach=
lage möglich ist, so erscheint mir diese bis jetzt noch als eine so
chaotische, daß es unmöglich ist, über die Wahrscheinlichkeiten des
weiteren Verlaufs ein Urtheil zu gewinnen. Was für greifbare
und wirkliche Gestaltungen sich aus diesen kreisenden Nebeln heraus=
bilden mögen, läßt sich noch nicht voraussehen. Ich würde es nicht
für weise halten, wenn wir in dieses nebelhafte Chaos hineingreifen
wollten, in welchem wir die richtige Operationsbasis zu wählen
noch außer Stande sind. Wir könnten durch ein voreiliges Ein=
greifen möglicher Weise der Entwickelung eine uns unerwartete
Richtung geben und Elemente, auf welche wir gern zählen, nach
der anderen Seite hinüberdrängen. Was sich von wirklich lebens=
kräftiger Thätigkeit der freieren geistigen Elemente entwickeln soll,
muß sich aus sich selbst heraus entwickeln; und an uns kann die
Aufforderung zum Handeln erst herantreten, wenn eine solche
Thätigkeit eine bestimmte Gestalt und einen festeren Boden ge=
wonnen hat. Die abwartende Stellung wird uns um so leichter,
weil gerade wir, was auch schließlich das Ergebniß sein möge,
keine Ursache zu Besorgniß vor wirklichen Gefahren haben, die
unserem Staatsleben drohen möchten. Ich habe Ew. ꝛc. schon
früher bemerklich gemacht — und ich bitte Sie vor Allem, sich dies
immer gegenwärtig zu halten —, daß wir vom Standpunkte der

5. 1. 1870. Regierung aus keinerlei Befürchtungen Raum geben, weil wir die
Gewißheit haben, auf dem Felde der Gesetzgebung, unterstützt von
der Macht der öffentlichen Meinung und dem ausgebildeten staatlichen Bewußtsein der Nation, die Mittel zu finden, um jede Krisis
zu überwinden, und die gegnerischen Ansprüche auf das Maß zurückzuführen, welches sich mit unserem Staatsleben verträgt. Wir
sind in Norddeutschland des nationalen und des politischen Be-
wußtseins, auch der katholischen Bevölkerung in ihrer Mehrheit,
sicher und haben in der überwiegenden Mehrheit der evangelischen
Kirche einen Stützpunkt, welcher den Regierungen rein oder wesentlich katholischer Länder fehlt. Es bedarf für uns der Versicherung
des Papstes, daß durch die Ergebnisse des Concils die hergebrachten
oder festgestellten Beziehungen der Curie zu den Regierungen nicht
geändert werden sollten, in keiner Weise. Jeder Versuch, dieselben
umzugestalten, würde schließlich nicht zu unserem Nachtheile ausfallen. Ungeachtet dieser Zuversicht sind wir natürlich weit davon
entfernt zu wünschen, daß die Sachen auf die Spitze getrieben
werden. Im Interesse der katholischen Unterthanen Sr. Majestät
des Königs und einer friedlichen Weiterentwickelung des nationalen
Lebens können wir nur wünschen, daß der Organismus der katholischen Kirche, auf dessen Grunde sich bisher gedeihliche Beziehungen
zwischen Staat und Kirche gebildet haben, nicht gestört oder unter-
brochen werde. Wir haben ein lebhaftes Interesse daran, daß die
Elemente des religiösen Lebens, verbunden mit geistiger Freiheit
und wissenschaftlichem Streben, welche der katholischen Kirche in
Deutschland eigenthümlich sind, auch in Rom auf dem Concil im
Gegensatz gegen die fremden Elemente zur Geltung kommen, und
nicht durch die numerische Mehrheit unterdrückt und vergewaltigt
werden. Aber wie dieser Wunsch nicht aus dem staatlichen Interesse
der Regierung, sondern aus der Sympathie für das religiöse Leben
unserer katholischen Bevölkerung hervorgeht, so kann er auch nicht
in einer von der Regierung ausgehenden Action seinen Ausdruck
finden, sondern wir müssen erwarten, daß die Action von dem
deutschen Element auf dem Concil selbst ausgehe, und wir unsererseits müssen uns darauf beschränken, dem deutschen Episcopat die
Gewißheit unserer Sympathie, und wenn der Fall des Bedürfnisses
eintreten und von dem Episcopat erkannt werden sollte, unsere

Unterstützung zu geben.   Unsererseits im Namen der Regie=   5. ... 1870.
rungen Forderungen für den deutschen Episcopat an die Curie oder
an das Concil zu stellen, betrachte ich nicht als unsere Aufgabe.
Abgesehen davon, daß es schwer sein würde, einen praktischen Boden
dafür zu finden — wie denn schon die Forderung eines Abstimmungs=
modus nach Nationen eine schwer definirbare sein würde — würden
wir uns in eine falsche Stellung zu dem Concil und der Curie
bringen, und eine Art Anerkennung der dort beanspruchten Autorität
aussprechen, deren Folgen sich schwer berechnen ließen.   Was sollen
wir thun, wenn die Forderung, wie es wahrscheinlich ist, abgewiesen
wird, weil es sich dabei um ein reines Internum des Concils handle?
Und wenn gar römischerseits darauf eingegangen würde — was
freilich nicht wahrscheinlich ist: würden uns nicht gerade dadurch
die Hände gebunden für die Zukunft?   Würden wir damit nicht
den für uns einzig möglichen Standpunkt aufgeben, daß wir als
Regierung dem Concil völlig fremd und frei gegenüber stehen und
seine Beschlüsse vor das Forum unseres Staatslebens zu ziehen
berechtigt sind?   Schon aus diesem Grunde können wir eine ständige
Conferenz der Vertreter der Regierungen in Rom, welche Ew. 2c.
mit dem Namen eines Anticoncils bezeichnen und selbst zwar nicht
empfehlen wollen, aber doch als eine ins Auge zu fassende Even=
tualität anführen, nicht für angemessen erachten, selbst wenn sie
möglich wäre.   Sie dürfte aber auch praktisch sich nicht als möglich
erweisen, schon weil sich nur sehr wenige Vertreter von Regierungen
darin zusammenfinden würden, wie denn Ew. 2c. selbst mit Recht
ein Zusammenwirken mit dem österreichischen Botschafter als schwierig
bezeichnet haben.   Frankreich, welches das Concil ganz in seiner
Hand hat und durch ein Zurückziehen seiner Truppen dasselbe ge=
fährden kann, würde sich sicherlich abseits halten; von England,
von Rußland, von Italien sind keine Vertreter vorhanden, und
welches Gewicht würde in Rom eine Conferenz haben, die sich aus
den Vertretern des Norddeutschen Bundes, Bayerns (welches die
anderen süddeutschen Staaten nicht mit repräsentiren würde, da
Württemberg wenigstens sich nicht geneigt zeigt, Bayern mit zu
beauftragen) und Portugals zusammensetzte?   Alle diese Betrach=
tungen können nur dazu dienen, die Ueberzeugung zu verstärken,

5. 1. 1870. daß jede Action auf das Concil nur von den Bischöfen, d. h. wo=
möglich den deutschen, in Verbindung mit den österreichischen und
den ungarischen, eventuell auch den französischen und den einzelnen
Elementen anderer Nationalitäten, ausgehen muß. Es wird für
jetzt nicht mehr thunlich sein, als daß wir die deutschen und die
ihnen zustimmenden Bischöfe ermuthigen und moralisch unterstützen
und ihnen die Zuversicht geben, daß wir auch im schlimmsten Fall
ihre Rechte im eigenen Lande wahren würden. Ich ersehe aus
Ihren Berichten mit Vergnügen, daß Ihnen die Fühlung mit den
Bischöfen nicht fehlt; und ich wünsche dringend, daß Sie dieselbe
dazu benutzen mögen, um auf die Bischöfe in diesem Sinne ver=
traulich einzuwirken. Inwieweit Ew. zc. bei den einzelnen Prälaten
Gelegenheit und Boden dafür finden, kann nur von Ihnen selbst
beurtheilt werden. Hierüber bitte ich Ew. zc. auch mit dem Grafen
Tauffkirchen, dessen Uebereinstimmung Ihnen sicherlich nicht fehlen
wird, und mit dem portugiesischen Gesandten sich zu verständigen.
Den Bischöfen gegenüber werden Sie aber auch hervorheben können,
was ich oben schon andeutete, daß tief eingreifende Aenderungen
in dem Organismus der katholischen Kirche, wie sie durch die ab=
solutistischen Tendenzen der Curialpartei angestrebt werden, aller=
dings auch nicht ohne Einfluß auf die Beziehungen der Kirche zum
Staat und damit auf ihre eigene Stellung der Regierung gegen=
über bleiben würden. Diese Beziehungen und das bisher von der
Staatsregierung gezeigte wohlwollende Entgegenkommen für die
Bedürfnisse und Wünsche der Kirche beruhen auf dem bestehenden
Organismus der Kirche und auf der anerkannten Stellung der
Bischöfe in demselben. Werden diese alterirt, so werden auch die
Pflichten der Regierung andere, nicht nur in moralischer, sondern
auch in juristischer Hinsicht; und letztere muß sich fragen, ob die
veränderte Stellung der Bischöfe, welche ihr gegenüber die nächsten
Vertreter und Organe der Kirche sind, nicht eine veränderte Be=
handlung in legislatorischer und administrativer Hinsicht erforderlich
mache. In dieser Beziehung erscheint mir auch die Argumentation des
französischen Botschafters, welche Ew. zc., ich weiß nicht recht warum,
als eine subtile bezeichnen, durchaus gerechtfertigt; und ich glaube,
daß Sie ähnliche Erwägungen gegenüber den Bischöfen geltend
machen können. Indem ich noch bemerke, daß diese Instruction

Sr. Majestät dem König vorgelegen hat und von Allerhöchstdem= 5. 1. 1870.
selben genehmigt worden ist, fasse ich dieselbe noch einmal darin
zusammen: daß ich Ew. 2c. bitte, dem Concil und der Curie gegen=
über eine vollkommen ruhige und abwartende Stellung zu bewahren,
und vertraulich, in Uebereinstimmung mit Ihren gleichgesinnten
Collegen, eine möglichst ermuthigende und stärkende Einwirkung auf
die Bischöfe geltend zu machen.

v. Bismarck.

Graf Bismarck war, wie man sieht, der Meinung, daß die
Dinge zu einer directen Einmischung der Regierungen nicht reif seien;
er hoffte, daß die durch hervorragende Talente und die Zierden der
katholisch=theologischen Wissenschaft glänzende Minorität im Stande sein
werde, die am Concil hervortretenden hierarchisch=absolutistischen Be=
strebungen niederzuhalten, wenn ihr Gewicht durch die moralische
Unterstützung der katholischen und akatholischen Regierungen verstärkt
werde. Und die Haltung der Minderheit schien ihm Recht zu geben.
Ende Januar 1870 richteten 46 deutsche und österreichische Bischöfe eine
Vorstellung gegen die Infallibilitätspetition an den Papst, in der sie
ihn baten, die Lehre von der Unfehlbarkeit nicht dem allgemeinen
Concile zur Berathung vorzulegen, da ein Bedürfniß zu solcher De=
finition nicht vorhanden sei und außerdem eine Lehre unmöglich als
eine von Gott enthüllte dem christlichen Volke vorgelegt werden könne,
gegen die sich in den Schriften und Handlungen der Kirchenväter,
in den echten Urkunden der Geschichte und in der katholischen Lehre
selbst die gewichtigsten Schwierigkeiten erhöben. Der Papst aber ver=
weigerte — wie es hieß, wegen eines Formfehlers — die Annahme
des Schriftstückes, das nun dem Präsidenten des Concils eingehändigt
wurde: er war entschlossen, den Stimmen der Abmahnung und War=
nung kein Gehör zu geben. Unter diesen Umständen blieben auch die
Hinweise der Regierungen von Frankreich und Oesterreich auf die dem
Frieden zwischen Staat und Kirche drohenden Gefahren, die die An=
nahme der beantragten Beschlüsse mit sich führen mußte, ohne jede
Wirkung. Die Mehrheit, entschlossen, ihren Willen durchzusetzen, mußte
durch Annahme einer neuen Geschäftsordnung, die auch für dogmatische
Entscheidungen Mehrheitsbeschlüsse an Stelle der Einstimmigkeit setzte
und alle entscheidenden Verhandlungen in die Commissionen verlegte,
zu denen kein Mitglied der Opposition gewählt worden war, die Minori=
tät so niederzudrücken, daß sie eigentlich nur noch in den seltenen Ge=
neralcongregationen zum Worte kommen konnte. Es fehlte nicht an
Protesten gegen ein Princip, daß auch auf den Gebieten des Glaubens
und Gewissens die Tyrannei der Majorität zur Geltung brachte. Aber
auch jetzt hielt es Graf Bismarck noch nicht für angebracht, durch

andere als durch moralische Mittel eine Einwirkung auszuüben. Es mußte in jedem Falle der Schein vermieden werden, als wolle die norddeutsche Regierung die Freiheit der Berathung und Beschlußfassung in irgend welcher Beziehung beeinträchtigen. Dem Drängen des Gesandten v. Arnim setzte er die kühlen Erwägungen des nüchternen Staatsmannes in folgendem Erlasse entgegen:

Berlin, 13. März 1870.

13. 3. 1870.   Ew. Hochwohlgeboren durch den Feldjäger überbrachte Berichte haben Sr. Majestät dem Könige vorgelegen. Allerhöchstderselbe hat mit lebhafter Sympathie von dem Actenstück Kenntniß genommen, in welchem die deutsch-österreichischen Bischöfe ihre Bemerkungen zu der neuen Geschäftsordnung niedergelegt haben und Abänderungen derselben verlangen, welche sie für nothwendig erklären, um den ökumenischen Charakter des Concils für die katholische Kirche zu wahren. Die Sprache dieses Actenstückes ist eine ebenso würdige als feste, und namentlich scheinen auch mir die Bischöfe in dem Protest gegen die Anwendung des Mehrheitsprincips auf dogmatische Entscheidungen den Punkt getroffen zu haben, auf welchen sich der Kampf innerhalb der katholischen Kirche hauptsächlich richten muß. Für die Geheimhaltung dieses Actenstückes habe ich Sorge getragen, und dasselbe nach keiner Seite hin mitgetheilt. Doch sehe ich, daß eine unbestimmte Nachricht darüber schon von Rom aus telegraphisch in die Zeitungen gedrungen ist. Es kommt nun allerdings darauf an, wie lange und wie weit die Bischöfe den Muth haben, für diese ihre Ueberzeugungen einzustehen und für ihr Handeln die natürlichen Folgerungen daraus zu ziehen. Für uns ist diese Frage der Cardinalpunkt in allen unseren Entschließungen in Bezug auf das Concil. Wir, d. i. die Regierungen des Norddeutschen Bundes, sind nicht berufen, einen Kampf gegen das Concil und die Curie zu beginnen, so lange die Fragen formal innerhalb des kirchlichen Gebietes discutirt werden. In den Augen der Curie sind und bleiben wir die vorwiegend protestantische Macht. Die Bischöfe sind es vielmehr, welche ihre eigene Stellung und die kirchlichen Interessen ihrer Diöcesen, die Gewissen der ihrer Seelsorge anvertrauten Diöcesanen zu wahren haben. Die Regierungen können die Fürsorge dafür nicht übernehmen. Sie können dem Episcopat nur die Versicherung geben, daß, wenn er selbst seine

eigenen Rechte und die Rechte seiner Diöcesen wahren will, die 13. 3. 1870.
Regierungen hinter ihm stehen und keine Vergewaltigung dulden
werden. Wie weit die Bischöfe in dieser Wahrung ihrer Rechte
gehen wollen oder können, das haben sie mit ihrem Gewissen ab=
zumachen; die Regierungen können nur gerade so weit darin gehen,
wie die Bischöfe selbst. Wollten wir weiter gehen, eine Führung
der Bischöfe übernehmen oder sie auch nur zu bestimmten Schritten
auffordern, so würden wir uns auf ein Gebiet begeben, auf welchem
die Curie im Vortheil gegen uns wäre. Für uns ist die katholische
Kirche Deutschlands in ihrem Episcopat vertreten, und wir sind
bereit, den letzteren kräftig zu schützen, sobald und soweit er diesen
Schutz verlangt. Aber die eigentliche Action auf dem kirchlichen
Gebiete müssen wir ihm selbst überlassen, unsere Action kann erst
eintreten, wenn Folgen auf dem äußerlichen Gebiet in Aussicht
stehen. Durch ein vorzeitiges Einmischen würden wir das Gewissen
verwirren und die Stellung der Bischöfe selbst erschweren. Ew. 2c.
werden hiernach Ihr Verhalten gegenüber den deutschen Bischöfen
abmessen können. Wir wünschen, daß ihnen jede Ermuthigung
zugetheilt werde, woraus sie die Ueberzeugung schöpfen können,
daß die Regierungen sie keinenfalls im Stich lassen, sondern ihnen
jeden Schutz gewähren werden, den die Umstände fordern, so lange
und so weit sie selbst in der Wahrung ihrer Rechte und ihrer
Stellung gegenüber dem kirchlichen Absolutismus gehen wollen.
Was die in Ihrem Berichte vom 4. d. M. enthaltene Darstellung
der Sachlage und Vorschläge zur Abhilfe betrifft, so theile ich Ihre
Befürchtungen über die üblen Nachwirkungen des Concils allerdings
nicht in dem Maße, in welchem Sie dieselben aussprechen, und glaube,
daß dabei doch noch eine Anzahl anderer Factoren in Rechnung zu
bringen ist. Die Gefahren sind indes immer noch groß genug,
um eine ernste Erwägung der Frage, ob ihnen noch vorgebeugt
werden könne, zu fordern. Aber selbständig vorzugehen, sehe ich
nicht als unseren Beruf an, und wenn die katholischen Regierungen
nicht vorgehen wollen, so bleibt für uns nichts Anderes übrig, als
dem den deutschen Episcopat beseelenden Geiste zu vertrauen und
denselben in der oben angegebenen Weise durch die Versicherung
zu stärken, daß, so lange und so weit er selbst wolle, er auf uns
rechnen könne.   v. Bismarck.

Die katholischen Regierungen, denen in erster Linie die Pflicht des Protestes oblag, wenn sie einen Conflict mit der Kirche von dem Siege der Infallibilisten befürchteten, hielten mit ihren Vorstellungen selbst dann noch zurück, als in einem Zusatzartikel zu dem Decret über den Primat des römischen Papstes die Definition der Unfehlbarkeit thatsächlich dem Concil vorgelegt wurde (6. März). Erst im April richtete die französische Regierung an den Papst eine abmahnende Denkschrift, die die österreichische Regierung auf das Lebhafteste unter- stützte. Daß sich auch Herr v. Arnim in einer Note an den Cardinal- staatssecretär vom 23. April im Interesse des kirchlichen Friedens Deutschlands dem französisch-österreichischen Protest anschloß, geschah nicht im vollen Einverständniß mit seiner Regierung, da diese entschlossen war, so lange wie möglich ihre von Anfang an beobachtete Reserve festzuhalten. Wirkung thaten auch die Proteste der Regierungen nicht: am 13. Juli wurde in der Generalcongregation das Dogma von der Unfehlbarkeit durch Beschluß der Mehrheit angenommen, am 18. Juli wurde der Beschluß in einer öffentlichen Sitzung mit 531 gegen 2 Stimmen sanctionirt, nachdem die Minorität am 17. Juli in einer Eingabe an den Papst ihr Votum vom 13. Juli aufrecht erhalten und alsdann Rom verlassen hatte, um nicht durch ein Non placet im An- gesichte des Papstes in einer seine Person so nahe angehenden Sache die Pietät zu verletzen. Das Concil aber sprach das Anathem aus über Alle, die seiner Entscheidung zu widersprechen wagen sollten.

Es kam nun darauf an, ob die Widersprechenden den Muth finden würden, die Consequenzen ihres Verhaltens auf dem Concil zu ziehen und sich von einer Kirche loszusagen, der sie ohne ein sacrificium intellectus nicht mehr angehören konnten. Aber statt muthiger Absage erfolgte schmähliche Unterwerfung. Ende August erließen die wiederum in Fulda versammelten deutschen Bischöfe einen Hirtenbrief an Klerus und Laien, in welchem sie „mit vollem und rückhaltlosem Glauben" ihre Zustimmung zu den Beschlüssen des Concils aussprachen und es für die Pflicht der Bischöfe, Priester und Gläubigen erklärten, diese Entscheidungen als göttlich geoffenbarte Wahrheiten mit festem Glauben anzunehmen und sie mit freudigem Herzen zu erfassen und zu bekennen, wenn anders sie wirklich Glieder der einen heiligen katholischen und apostolischen Kirche sein und bleiben wollten.

Das Interesse für die Bewegungen innerhalb der katholischen Kirche wurde zunächst verdrängt durch das allgemeine Interesse, das der deutsch-französische Krieg in Anspruch nahm. Die den Vatican be- herrschende Jesuitenpartei hatte den Krieg Frankreichs gegen Preußen schon seit dem Jahre 1866 geschürt, denn der Sieg des protestantischen Preußen über das katholische Oesterreich war in Rom als eine Nieder- lage des Papstthums empfunden worden, die nur durch die Zersplitterung Preußens und des von ihm geleiteten Nordbundes gesühnt werden könnte. Von dem Siege Frankreichs, den man im Lager der Jesuiten erhoffte, erwartete die Curie die Wiederherstellung der durch das König= reich Italien auf engen Raum beschränkten weltlichen Macht des Papst= thums. Aber, wie 1866, geschah auch 1870 das Unerwartete: die deutschen Waffen erfochten Sieg auf Sieg, und der Wetterschlag von Sedan warf den Kaiserthron Napoleons III. in Trümmer. Das Er= eigniß ward folgenschwer für den Rest weltlicher Herrschaft, den der Papst bisher noch unter dem Schutz französischer Waffen behauptet hatte. Nach kurzem Kampfe rückten am 20. September 1870 die Truppen des Königs von Italien in Rom ein und wurden vom Jubel des Volkes, das längst nach der Vereinigung mit dem Königreich Italien sich sehnte, als Befreier begrüßt; am 2. October wurde durch eine im ganzen Bereich des bisherigen Kirchenstaates vorgenommene Volks= abstimmung der Anschluß an das Königreich Italien mit 133681 gegen 1507 Stimmen zu einer unabänderlichen Thatsache gemacht.

Angesichts der Lösung, die die römische Frage gefunden hatte, und Angesichts der Niederlagen, die Frankreich erlitt, richtete die Curie ihren Blick auf diejenige Macht, von deren Vernichtung ihr noch kurz zuvor das Heil der Kirche abzuhängen schien. Im Namen des Cardinal= staatssecretärs Antonelli fragte Herr v. Arnim beim Bundeskanzler in Versailles an, ob der König von Preußen geneigt sei, in Florenz zu Gunsten des Papstes dahin zu interveniren, daß man einer even= tuellen Abreise des Papstes von Rom kein Hinderniß in den Weg lege. Graf Bismarck war in der Lage, dem deutschen Gesandten zustimmend zu antworten, und gewährte seine Unterstützung durch fol= genden telegraphischen Erlaß an den Gesandten Grafen Brassier in Florenz:

Versailles, den 8. October 1870.

Cardinal Antonelli hat den Königlichen Gesandten gefragt, ob der Papst, falls er Rom verlassen wolle, auf die Unterstützung Sr. Majestät dafür rechnen könne, daß man ihn ungehindert und in schicklicher Form abreisen lasse. Se. Majestät der König hat mir befohlen, diese Frage bejahend zu beantworten. Allerhöchst= derselbe ist überzeugt, daß die Freiheit und Würde des Papstes von der italienischen Regierung unter allen Umständen und auch dann geachtet werden wird, wenn der Papst wider Erwarten eine Verlegung seiner Residenz beabsichtigen sollte. Der König beauf= tragt Ew. Excellenz, diese Hoffnung auszusprechen. Se. Majestät der König hält den Norddeutschen Bund nicht für berufen zu un= aufgeforderter Einmischung in die politischen Verhältnisse anderer Länder, glaubt aber den norddeutschen Katholiken gegenüber zur

Betheiligung an der Fürsorge für die Würde und Unabhängigkeit des Oberhauptes der katholischen Kirche verpflichtet zu sein.

v. Bismarck.

Um dieselbe Zeit und während Graf Bismarck noch ganz von den täglichen Sorgen in Anspruch genommen wurde, die der Feldzug mit sich brachte, tönte in das Hauptquartier von Versailles der erste Ruf einer Partei hinüber, die, noch in der Bildung begriffen, schon den Versuch machte, das neue, ganz Deutschland umfassende Reich, das der Krieg gebären mußte, den Zwecken einer wesentlich confessionellen katho= lischen Partei dienstbar zu machen. Der Bischof Ketteler von Mainz richtete am 1. October 1870 an den Bundeskanzler ein Schreiben, in dem er der Hoffnung Ausdruck gab, es werde bei der Aufstellung einer definitiven Verfassung Deutschlands auch das Verhältniß zwischen Kirche und Staat wenigstens in seinen Grundzügen geregelt werden; als die Grundlagen eines bleibenden Friedensstandes zwischen beiden Mächten empfahl er die Aufnahme der entsprechenden Artikel der Preußischen Verfassung in die Reichsverfassung.

Die Forderung, die Kirchenartikel der Preußischen Verfassung mit dem staatlichen Einflusse, den sie der katholischen Kirche gewährten, in die Verfassung des Deutschen Reiches aufzunehmen, bedeutete, wenn sie erfüllt wurde, einen Eingriff in die Verfassung der Einzel= staaten, der bei den süddeutschen Staaten auf Widerspruch gestoßen sein würde. Graf Bismarck, der die sorgfältigste Schonung der Rechte der verbündeten Staaten zum Gesetz seiner Bundespolitik gemacht hatte und die Centralisation nur in solchen Dingen erstrebte, die absolut gemeinsam sein müssen, konnte schon deshalb nicht auf die Wünsche des Bischofs eingehen und ließ das Schreiben unbeantwortet. Wenige Wochen später trat aus demselben Kreise eine neue Forderung an ihn heran. Am 8. November 1870 erschien im Hauptquartier zu Versailles der Erz= bischof von Posen und Gnesen, Graf Ledochowski, um den König Wilhelm zu einer Intervention zu Gunsten des Apostolischen Stuhles zu veranlassen, und zwar nicht bloß zu einer diplomatischen Intervention, sondern gegebenen Falls auch zu einem militärischen Einschreiten gegen Italien. Die Wiederherstellung des Kirchenstaates, die Befreiung des heiligen Vaters aus der Gefangenschaft bezeichnete er als eine Ver= pflichtung, die allen Mächten, auch den nichtkatholischen, obliege. Denn der Kirchenstaat sei ein Eigenthum der Christenheit, und Niemand sei gestattet, ohne schreiende Verletzung der Rechte von 200 Millionen Katholiken dies Besitzthum anzutasten. Die Macht des Deutschen Reichs gegen Italien zu kehren, um es zur Herausgabe seines Raubes zu zwingen, sei der König von Preußen den vielen Millionen Katholiken schuldig, welche unter seinem glorreichen Scepter wohnten. Wir wissen nicht, welche Antwort dem Grafen Ledochowski zu Theil geworden ist.

Es ist möglich, daß man ihm nicht von vornherein jede Hoffnung ab=
schnitt. Denn das Verhältniß zwischen Deutschland und Italien unterlag
während des Krieges mit Frankreich einer Verstimmung, die durch die
lauten Kundgebungen französischer Sympathien in Italien und durch
die Theilnahme italienischer Freischaaren am Kampfe gegen Deutschland
hervorgerufen war. Zudem fühlte König Wilhelm persönlich herzliche
Sympathien mit dem greisen Papste und machte kein Hehl daraus,
daß er in der Occupation Roms einen Gewaltact Italiens sehe. Die
Möglichkeit eines Kampfes mit der katholischen Kirche lag für König
und Minister damals noch außerhalb jeder Berechnung.

Mittlerweile waren in Preußen die Wahlen zum Hause der Ab=
geordneten vollzogen worden. Schon der Wahlkampf hatte auf katho=
lischer Seite eine stärkere Aufregung bemerken lassen. Sie war in die
katholischen Bevölkerungen künstlich hineingetragen worden durch die
Führer der neuen klerikalen Partei, die als Candidaten nur solche
Männer zuließen, die sich verpflichteten, einer besonderen katholischen
Fraction beizutreten und selbst gegen katholische Abgeordnete sich wen=
deten, die seit Jahren in ruhigem Besitze eines Abgeordnetenmandats
sich befanden, wenn sie eine solche Verpflichtung sich nicht auferlegen
lassen wollten. Gleichgültig war die politische Parteistellung; die neue
Partei nahm Männer jeder politischen Richtung in ihre Reihen auf,
wenn sie nur confessionell auf demselben Boden standen und bereit
waren, für die Wiederherstellung der weltlichen Souveränität des Papstes
und für die Freiheit der Kirche einzutreten. 57 Mitglieder stark trat
die Partei in das Abgeordnetenhaus ein, und zu ihrem Führer erkor
sie sich den Abg. Windthorst, den entschlossensten Feind der
Neugestaltung Deutschlands, wie sie durch die preußischen Siege des
Jahres 1866 eingeleitet worden war. Am 18. Februar 1871 machte
sie den Versuch, die Hilfe des Deutschen Kaisers für die Durchführung
ihres Programms zu gewinnen, indem sie in einer Adresse an den
Kaiser „als eine der ersten Thaten Kaiserlicher Weisheit und
Gerechtigkeit" die Wiederherstellung der weltlichen Herrschaft des
römischen Stuhles forderte.

Auf eine Adresse ähnlichen Inhalts, die von Seiten des Malteser=
ordens überreicht wurde, antwortete der Kaiser, daß er nach Beendigung
des Krieges in Gemeinschaft mit den anderen Fürsten Schritte gegen
die Occupation Roms in Betracht ziehen werde. Mochte diese Antwort
im klerikalen Lager zunächst Hoffnungen erregen, so wurden diese doch
abgeschwächt durch die offene und klare Absage, die der Kaiser in
der Thronrede vom 21. März 1871 jeder Interventionspolitik zu Theil
werden ließ. Die Versicherung des Kaisers, daß Deutschland nicht
daran denke, die durch seine Einigung gewonnene Kraft zu mißbrauchen,
sondern daß es die Achtung, die es für seine eigene Selbständigkeit
beansprucht, bereitwillig der Unabhängigkeit aller anderen Staaten und

Völker, der starken wie der schwachen, zolle, wurde von der klerikalen
Partei des Reichstags — dem Centrum, wie sie selbst sich nannte —
wie eine Art Kriegserklärung aufgefaßt. Sie begann den Kampf für
ihr Programm[1]) sofort bei der Debatte über die Adresse, die die
national gesinnte Mehrheit des Reichstags als Antwort auf die Thron=
rede in Vorschlag brachte. Der Entwurf der Mehrheit umschrieb den
entsprechenden Absatz der Thronrede mit folgenden Worten: „Die
Tage der Einmischung in das innere Leben anderer Völker
werden, so hoffen wir, unter keinem Vorwande und in keiner
Form wiederkehren." Die klerikale Partei verweigerte dieser Adresse
ihre Zustimmung und ließ über den Grund ihrer Weigerung bei der
Adreßdebatte auch keinen Zweifel: sie forderte das Einschreiten Deutsch=
lands für den Kirchenstaat, mit anderen Worten die Kriegserklärung
gegen das Königreich Italien. Dazu aber fand sich der Reichstag nicht
bereit. Gegen die 63 Stimmen des Centrums wurde die von der
Seite der Nationalliberalen vorgeschlagene Adresse angenommen und
damit das Einschreiten in der römischen Frage abgelehnt.

Einen neuen Kampf eröffnete das Centrum mit dem Antrage, die
Art. 12, 15, 27, 28, 29, 30 der Preußischen Verfassungsurkunde[2])

---

[1]) Das officielle Programm, mit dem die Partei des Centrums im
Frühling 1871 auf den Plan trat, ist ziemlich farblos gehalten; „es ist in ihm
gerade das nicht enthalten, was sie eigentlich wollte, was sie nach Außen unter=
schied und im Innern zusammenhielt" (Duncker). Es lautete:

Justitia fundamentum regnorum.

Die Centrumsfraction des Deutschen Reichstags hat folgende Grundsätze
für ihre Thätigkeit aufgestellt: 1. Der Grundcharakter des Reichs als eines
Bundesstaates soll gewahrt, demgemäß den Bestrebungen, welche auf eine
Aenderung des föderativen Charakters der Reichsverfassung abzielen, ent=
gegengewirkt und von der Selbstbestimmung und Selbstthätigkeit der einzelnen
Staaten in allen inneren Angelegenheiten nicht mehr geopfert werden, als das
Interesse des Ganzen es unabweislich fordert. — 2. Das moralische und ma=
terielle Wohl aller Volksclassen ist nach Kräften zu fördern; für die bürgerliche
und religiöse Freiheit aller Angehörigen des Reichs ist die verfassungsmäßige
Feststellung von Garantien zu erstreben und insbesondere das Recht der Reli=
gionsgesellschaften gegen Eingriffe der Gesetzgebung zu schützen. — 3. Die
Fraction verhandelt und beschließt nach diesen Grundsätzen über alle in dem
Reichstag zur Berathung kommenden Gegenstände, ohne daß übrigens den ein=
zelnen Mitgliedern der Fraction verwehrt wäre, im Reichstage ihre Stimme
abweichend von dem Fractionsbeschlusse abzugeben.

Der Vorstand der Fraction des Centrums:

v. Savigny. Dr. Windthorst (Meppen). v. Mallinckrodt.
Probst. Reichensperger (Olpe). Karl Fürst zu Loewenstein.
Freytag.

[2]) Art. 12: Die Freiheit des religiösen Bekenntnisses, die Vereinigung zu
Religionsgesellschaften (Art. 30 und 31) und der gemeinsamen häuslichen und

als „Grundrechte" der Deutschen Reichsverfassung einzuverleiben. Der Abg. v. Treitschke enthüllte die Absichten, die hinter dem Antrage lauerten: er sollte die katholische Kirche in ganz Deutschland von jedem staatlichen Einflusse frei machen und ihr das Recht geben zur Opposition gegen die Regierung, er sollte die in Preußen bestehende Kirchenfreiheit auch auf diejenigen Staaten ausdehnen, in denen, wie in den süddeutschen Staaten, das Verhältniß zwischen Kirche und Staat durch Verträge oder Gesetze geregelt war. Vier Tage lang dauerten die Verhandlungen über den Antrag, ihr Ergebniß war die Ablehnung mit 223 gegen 59 Stimmen.

Fürst Bismarck hatte sich an dem Redekampf nicht betheiligt: er wartete noch, wie sich die Partei entwickeln werde, und hoffte nöthigen Falls beim Papste selbst Unterstützung gegen Bestrebungen zu finden, die mit den Handlungen des Apostolischen Stuhles wenig zusammenstimmten. Denn dieser zeigte noch keine Spur feindseligen Verhaltens, ja das Schreiben vom 6. März 1871, durch das Papst Pius IX. dem Kaiser des neuen Deutschen Reichs seine Glückwünsche darbrachte, wurde in Berlin als ein Unterpfand für die Fortdauer freundlicher Beziehungen

---

öffentlichen Religionsübung wird gewährleistet. Der Genuß der bürgerlichen und staatsbürgerlichen Rechte ist unabhängig von dem religiösen Bekenntnisse. Den bürgerlichen und staatsbürgerlichen Pflichten darf durch die Ausübung der Religionsfreiheit kein Abbruch geschehen.

Art. 15: Die evangelische und die römisch-katholische Kirche, sowie jede andere Religionsgesellschaft ordnet und verwaltet ihre Angelegenheiten selbständig und bleibt im Besitze und Genuß der für ihre Cultus-, Unterrichts- und Wohlthätigkeitszwecke bestimmten Anstalten, Stiftungen und Fonds.

Art. 27: Jeder Preuße hat das Recht, durch Wort, Schrift, Druck und bildliche Darstellung seine Meinung frei zu äußern.

Die Censur darf nicht eingeführt werden, jede andere Beschränkung der Preßfreiheit nur im Wege der Gesetzgebung.

Art. 28: Vergehen, welche durch Wort, Schrift, Druck oder bildliche Darstellungen begangen werden, sind nach den allgemeinen Strafgesetzen zu bestrafen.

Art. 29: Alle Preußen sind berechtigt, sich ohne vorgängige obrigkeitliche Erlaubniß friedlich und ohne Waffen in geschlossenen Räumen zu versammeln.

Diese Bestimmung bezieht sich nicht auf Versammlungen unter freiem Himmel, welche auch in Bezug auf vorgängige obrigkeitliche Erlaubniß der Verfügung des Gesetzes unterworfen sind.

Art. 30: Alle Preußen haben das Recht, sich zu solchen Zwecken, welche den Strafgesetzen nicht zuwiderlaufen, in Gesellschaften zu vereinigen.

Das Gesetz regelt, insbesondere zur Aufrechterhaltung der öffentlichen Sicherheit, die Ausübung des in diesem und dem vorstehenden Artikel (29) gewährleisteten Rechtes.

Politische Vereine können Beschränkungen und vorübergehenden Verboten im Wege der Gesetzgebung unterworfen werden.

aufgefaßt. Als nun die wahren Absichten der klerikalen Partei klarer an den Tag traten, als sie jeden Widerspruch, der sich gegen die Neugestaltung Deutschlands von Seiten der Welfen und Polen erhob, bereitwillig unterstützte und doch bei Allem für die Ehre des Papstthums zu fechten vorgab, ließ Fürst Bismarck in Rom selbst anfragen, ob die Curie das Vorgehen der deutschen Centrumspartei billige[1]). Die Antwort, die der Cardinalstaatssecretär dem Grafen Taufftirchen gab, ließ über die versöhnlichen Gesinnungen des Papstes keinen Zweifel; unumwunden sprach sich der erste Beamte des Papstes gegen die Haltung des Centrums aus[2]), zur großen Freude des Kanzlers, der nach dieser Erklärung hoffen durfte, an dem päpstlichen Stuhle selbst einen Bundesgenossen gegen die den religiösen Frieden Deutschlands bedrohenden Tendenzen der Centrumsfraction zu gewinnen. Er sollte bald eines Anderen belehrt werden. Als er dem Abg. Grafen Frankenberg auf dessen briefliche Anfrage von jener officiellen Mißbilligung der Centrumspartei in einem Schreiben vom 19. Juni 1871 Kenntniß gab[3]), konnte Bischof Ketteler, der sich auf die erste Mittheilung, die

---

[1]) Weisung des Kanzlers an Graf Taufftirchen:

Berlin, 17. April 1871.

Erwähnen Sie, ohne Initiative zu nehmen, in gelegentlichen Gesprächen, daß die wenig tactvolle Art, in der die ungeschickt constituirte katholische Reichstagsfraction ihr aggressives Vorgehen gegen das neue Reich, seine Regierung in Scene gesetzt hat, der antipäpstlichen Bewegung die Sympathien auch solcher Kreise zuführt, denen solche früher fremd waren.   v. Bismarck.

[2]) Telegramm des Grafen Taufftirchen an Fürst Bismarck:

Rom, 21. April 1871.

Cardinal Antonelli erklärte mir, daß er die Haltung der katholischen sogenannten Centrumsfraction im Reichstage als tactlos und unzeitgemäß mißbillige und beklage.   (gez.) v. Taufftirchen.

Rom, 10. Mai 1871.

Zur Ergänzung meiner am 21. v. M. telegraphisch berichteten Unterredung mit Cardinal Antonelli dient, daß mir Graf Malnoly heute mitgetheilt hat, der Papst habe ihm gegenüber das Auftreten der Katholikenpartei im Reichstage als inopportun und unpraktisch bezeichnet und beklagt. Diese Mittheilung Malnolys erfolgte, ohne daß ich ihm von meiner Unterredung mit Antonelli gesprochen, und es folgt hieraus, daß das trop de zèle der deutschen Ultramontanen hier nachträglich mißbilligt wird.   (gez.) Graf Taufftirchen.

[3])   Berlin, 19. Juni 1871.

Ew. Hochwohlgeboren beehre ich mich auf die von Ihnen unter dem 12. d. M. an mich gerichtete gefällige Zuschrift zu erwidern, daß die von Ihnen angeführte Thatsache einer Unterredung des Grafen Taufftirchen mit dem Cardinalstaatssecretär und einer von letzterem dabei ausgesprochenen Mißbilligung des Vorgehens der sogenannten Fraction des Centrums begründet ist. Diese Mißbilligung ist mir nicht unerwartet gewesen, da die Kundgebungen, welche Sr. Majestät dem Kaiser nach Herstellung des Deutschen Reichs von

Graf Bismarck im Kreise von Abgeordneten über seine Correspondenz mit Rom gemacht hatte, an Cardinal Antonelli gewendet hatte, ein Schreiben des päpstlichen Cardinalstaatssecretärs veröffentlichen [1]), das deutlich genug bewies, daß sich die Stimmung in Rom zu Gunsten des Centrums geändert hatte und daß man dort jetzt Hoffnungen auf die klerikale Partei setzte.

Sr. Heiligkeit dem Papste zugegangen waren, jeder Zeit den unzweideutigsten Ausdruck der Genugthuung und des Vertrauens enthalten haben. Ich hatte deshalb gehofft, daß die Fraction, welche sich im Reichstage unter dem Namen des Centrums bildete, in gleichem Sinn zunächst die Beseitigung der neuen Institution und die Pflege des inneren Friedens, auf dem sie beruht, sich zur Aufgabe stellen werde. Diese Voraussetzung traf nicht zu. Der parlamentarische Einfluß der Fraction des Centrums fiel thatsächlich in derselben Richtung ins Gewicht, wie die parlamentarische Thätigkeit der Elemente, welche die von Sr. Heiligkeit dem Papste mit Sympathie begrüßte Herstellung des Deutschen Reichs principiell anfechten und negiren. Ich habe von dieser Wahrnehmung die Gesandtschaft des Deutschen Reiches in Rom unterrichtet, damit sie Gelegenheit nehme, sich zu überzeugen, ob die Haltung dieser Partei, welche sich selbst als den speciellen Vertheidiger des römischen Stuhles bezeichnet, den Intentionen Sr. Heiligkeit entspreche. Den Wortlaut der Aeußerungen Sr. Eminenz bin ich nicht berechtigt, ohne specielle Erlaubniß des Herrn Cardinals wiederzugeben; ich darf aber hinzufügen, daß Aeußerungen von Vertretern anderer Mächte in Rom mir die Bestätigung geben, daß der Cardinal in seiner gegen den Grafen Tauffkirchen ausgesprochenen Mißbilligung der Haltung der Centrumspartei auch den persönlichen Gesinnungen Sr. Heiligkeit Ausdruck gegeben habe.

v. Bismarck.

[1]) Aus Ihrem Schreiben vom 28. Mai habe ich ersehen, daß durch die Gegner der Kirche in deutschen Zeitungen verbreitet wurde, es sei die Handlungsweise der katholischen Fraction im Deutschen Reichstag von mir getadelt worden. Daß dies geschehen, hat mich nicht wenig betrübt. Damit Sie aber deutlich und klar erkennen, wie die Sache sich zugetragen hat, will ich Ihnen mittheilen, daß ich auf Grund von Zeitungsnachrichten, welche im Allgemeinen berichteten, es sei von einigen Katholiken im Reichstag der Antrag eingebracht worden, sich der Angelegenheiten des Apostolischen Stuhles anzunehmen, in einer Unterredung mit dem bayrischen Gesandten und zeitweiligen Geschäftsträger des Deutschen Reichs geäußert habe: ich erachte die Absicht, den Reichstag zu einer Meinungsäußerung über eine zum Schutze der weltlichen Herrschaft der Kirche zu beschließende Intervention zu veranlassen, nur für verfrüht. Es hätten dieselben nämlich dieser Absicht Folge gegeben bei Berathung der auf die Kaiserliche Thronrede zu gebenden Antwort. Hieraus läßt sich ermessen, daß ich in jener Unterredung durchaus nicht das Bestreben der katholischen Abgeordneten getadelt habe, das Wohl der Kirche zu fördern und die Rechte des hl. Stuhles zu schützen, indem es durchaus nicht zweifelhaft sein kann, daß dieselben mitten unter den Versuchen, welche man gemacht hat, sie einzuschüchtern, jede geeignete Gelegenheit ergreifen würden, ihrer Gewissenspflicht zu genügen, wozu die Wahrung und die Vertheidigung der Religion und der Rechte ihres Oberhauptes gehört.

Antonelli.

An demselben Tage, wo Fürst Bismarck dem Abg. Grafen Frankenberg schrieb, erschien in der „Kreuzzeitung" ein Artikel, der allgemein
als eine Kriegserklärung gegen die Centrumspartei angesehen wurde.
Im Eingange desselben hieß es:

19. 6. 1871.   Eine eigenthümliche Erscheinung in dem parlamentarischen
Leben des Deutschen Reiches ist die sogenannte klerikale Fraction
des Reichstages — eine Fraction, welche sich vergeblich dadurch
einen politischen Anstrich zu geben versucht, daß sie sich selbst den
Namen „Fraction des Centrums" beigelegt hat. Gebildet und
geführt von den Koryphäen derjenigen Partei innerhalb der katholischen Kirche, welche als die Affilüte und Bundesgenossin des
römischen Jesuitismus bezeichnet werden muß, hat dieselbe alle
Mittel kirchlicher und politischer Agitation in Bewegung gesetzt,
um das Zustandekommen der Einheit Deutschlands und die Begründung des Deutschen Reiches zu verhindern — es liegt nicht
an ihrem guten Willen noch an ihren eifrigen Bemühungen, daß
Beides nichtsdestoweniger zu Stande gebracht ist.

Natürlich war es nicht gerathen, der vollendeten Thatsache
und dem lauten Jubel des deutschen Volkes gegenüber in der
früheren Stellung zu beharren, doch war es auf der anderen Seite
eine schnell vorübergehende Illusion, auch eine sachliche Meta-
morphose jener Partei zu erwarten.

Allerdings hatte es den Anschein, als ob selbst der römische
Stuhl die Neubildung des Deutschen Reiches mit Zustimmung und
Hoffnung begrüße, allerdings versicherten die Wortführer jener
Partei, daß sie der vollendeten Thatsache gegenüber ihre frühere
Opposition quittiren und fortan eben so gute deutsche Patrioten
sein würden, als irgend Jemand sonst. Doch waren dies Alles
leider Worte, denen die Thatsachen wenig entsprachen.

Jedenfalls ist es sehr schwer zu glauben, daß eine Partei es
mit der Einheit Deutschlands ernsthaft meinen kann, wenn sie sofort bei der Begründung dieser Einheit denjenigen Gegensatz in
den Vordergrund stellt, welcher Deutschland am blutigsten zerrissen
und seit mehr als 300 Jahren das Deutsche Reich gespalten hat.
Dieser Gegensatz ist eben der confessionelle, der Gegensatz von
katholisch und evangelisch. Es heißt nichts Anderes, als die Einheit mit der tiefsten Spaltung beginnen, wenn man in einem

politisch-parlamentarischen Körper, welcher die deutsche Nation und
deren Einheit repräsentiren soll, die politische Parteibildung auf
der Basis der Confession und des kirchlichen Princips inaugurirt
und vollzieht. ... Welchen Vortheil die Führer dieser Fraction
von ihrem Auftreten für die katholische Kirche erwarten, ist eine
bis dahin noch unbeantwortete Frage. Die Fraction und ihre
Führer können sich unmöglich darüber täuschen, daß die Reichsregierung wenig geneigt sein dürfte, sie als ihre Freunde zu betrachten, und daß es auch für die Folge ein vergebliches Bemühen
bleiben wird, sich selbst und die absolutistisch umgeformte römische
Kirche den deutschen Regierungen als Hort der conservativen Interessen Deutschlands zu empfehlen.

Gewiß hat namentlich die preußische Regierung den Beweis
geliefert und den Ruhm verdient, daß unter ihr die katholische
Kirche am freiesten und geachtetsten dasteht, und gewiß wird diese
Regierung nie davon zurücktreten, ihre katholischen Unterthanen
wie bisher, so auch ferner mit Wohlwollen und Gerechtigkeit zu
behandeln. Niemals aber soll und wird diese selbe Regierung die
Hand dazu bieten, eine Partei politisch zu etabliren und zu stärken,
welche kein anderes Ziel verfolgt, als die alten, lange begrabenen
Ansprüche des Papstthums neu zu beleben und nicht allein den
Streit der Confessionen, sondern auch den Kampf der geistlichen
und weltlichen Gewalt wiederum wach zu rufen.

Noch weniger aber als die preußische Regierung kann die
Reichsregierung einer solchen Uebertragung kirchlicher Tendenzen
auf das politische Gebiet Vorschub leisten, da die Reichsverfassung
mit kirchlichen Dingen überhaupt Nichts zu schaffen hat und daher
hier nicht einmal der Vorwand Platz greift, welcher in der preußischen Landesvertretung wenigstens noch einen gewissen Sinn hat:
die Rechte und Institutionen der katholischen Kirche vertreten und
vertheidigen zu müssen.

Wie wir hören, hat die Reichsregierung bereits Veranlassung
genommen, die Haltung der katholischen Fraction in Rom officiell
zur Sprache zu bringen, und diese Reclamation hat den Erfolg
gehabt, daß der Cardinalstaatssecretär Antonelli das gesammte
Auftreten der katholischen Fraction in den unzweideutigsten Ausdrücken desavouirt und gemißbilligt hat.

Wir würden es lebhaft bedauern, wenn die deutschen Ultramontanen auch dieser Rectificirung ungeachtet auf dem bisherigen Wege beharren, oder wenn gar deren Protectoren in Rom die Stärkeren sein sollten.

Die deutsche Reichsregierung, welche den Evolutionen der klerikalen Fraction mit einer gewissen Zurückhaltung gegenüber gestanden hat, dürfte sich nicht in der Lage befinden, einer fortdauernden Aggression gegenüber sich auf die Defensive zu beschränken. Sie wird sich vielmehr und zwar schon in der nächsten Zeit entschließen müssen, einer ferneren Aggression auch ihrerseits mit Aggression und zwar gleichmäßig nach Außen wie nach Innen zu begegnen — eine Entwickelung, in Bezug auf welche sich selbst die ultramontane Partei nicht verhehlen sollte, daß sie schwerlich zu Gunsten der römischen Kirche ausschlagen dürfte.

War schon vor 300 Jahren in Deutschland das Deutschthum stärker als das Römerthum, um wie viel mehr heute, wo Rom nicht mehr die Hauptstadt der Welt, sondern beinahe die Hauptstadt Italiens ist und wo die deutsche Kaiserkrone nicht auf dem Haupte eines Spaniers, sondern eines deutschen Fürsten ruht.

Es wurde in Centrumskreisen als eine erste aggressive Maßregel des preußischen Staates angesehen, als drei Wochen nach diesem publicistischen Fehdebrief durch Verordnung vom 8. Juli 1871 die Aufhebung der seit 1841 im Cultusministerium bestehenden gesonderten Abtheilungen für die Angelegenheiten der evangelischen und katholischen Kirche erfolgte und die Geschäfte Beider einer einzigen, aus Mitgliedern beider Confessionen gebildeten Abtheilung übertragen wurden [1]). Aber im Grunde war die Maßregel ein Act der Nothwehr des Staates. Denn die katholische Abtheilung, ursprünglich bestimmt, die Rechte des Staates in Bezug auf die katholische Kirche wahrzunehmen und zu vertreten, war allmählich unter der Leitung des Herrn Krätzig zu einem Organ geworden, das die Rechte der Kirche gegen den Staat vertrat und den in den ehemals polnischen Landestheilen der preußischen Monarchie vorhandenen polonisirenden Parteibestrebungen durch kirchliche Mitarbeit wirksame Förderung und nachhaltige Unterstützung gewährte. Den leitenden Kreisen innerhalb der katholischen Kirche, vor allen Dingen dem Papste selbst, machte der Reichskanzler kein Hehl daraus, daß das Gebahren der ultramontanen Partei die ernstlichsten Gefahren für Staat und Kirche heraufbeschwöre, und noch einmal richtete er ein

---

[1]) Vgl. dazu Sitzung des Abgeordnetenhauses vom 30. Januar 1872.

Wort der Mahnung nach Rom, um den Vatican zu einer offenen Er=
klärung gegen die staatsfeindlichen Bestrebungen des Centrums zu ver=
anlassen. An demselben Tage, da das Staatsministerium in einem
Berichte an den König die Aufhebung der evangelischen und der katho=
lischen Abtheilung im Cultusministerium forderte, erging an den deutschen
Geschäftsträger in Rom, den Grafen Tauffkirchen, folgender Erlaß
des Reichskanzlers:

Berlin, 30. Juni 1871.   30. 6. 1871.

Ew. Hochgeboren erwähnen in dem gefälligen Bericht vom
21. Juni über Ihre Audienz bei Sr. Heiligkeit die Bemerkungen,
welche der Papst Ihnen über die aus dem Communismus der
Gesellschaft drohenden Gefahren gemacht hat. Wir sind nicht blind
gegen die Gefahren und erkennen die Aufgabe der Regierungen
an, ihnen entgegenzutreten, um so mehr aber müssen wir bedauern,
daß wir darin nicht nur nicht unterstützt werden von der katho=
lischen Kirche und ihren Organen, sondern daß gerade diejenige
Partei, welche sich vorzugsweise als die kirchliche und päpstliche
bezeichnet und deren Abgeordnete durchgehends unter der entscheiden=
den Mitwirkung der Geistlichen gewählt worden sind, nur dazu
beiträgt, diese Gefahren zu steigern und den Regierungen ihre
Aufgabe zu erschweren.

Wenn die Regierungen früher hoffen mochten, wenigstens an
den besseren Elementen dieser Partei, welche sich conservativ nannten
und sich als Vertheidiger der socialen Ordnung gerirten, eine Unter=
stützung zu finden, so hat das Auftreten derselben in der letzten
Zeit, in den einzelnen Ländern sowohl, wie im Reichstage in der
ganz von der Geistlichkeit beherrschten Fraction des Centrums ihnen
die Augen öffnen müssen, daß sie innerhalb derselben keine auf=
richtigen Freunde und keine Bundesgenossen suchen dürfen. Ich will
über die Motive und Gesinnungen der Einzelnen nicht urtheilen;
als Ganzes aber hat das Verhalten der Fraction nur dazu bei=
getragen, die subversiven, aller Autorität der Regierung feindlichen
Tendenzen zu verstärken und zu fördern. Ich muß es leider für
vollkommen bedeutungslos erklären, wenn Ew. Hochgeboren in
Ihrem anderweiten Bericht vom 23. Juni sagen, daß der Cardinal
Antonelli persönlich dem Bündniß der sogenannten Schwarzen mit
den Rothen sich zuwider erkläre; denn ich fürchte, daß er nicht
überall dieselbe Sprache spricht, sondern es mit keiner Partei ver=

30. 6. 1871.   derben möchte; und wenn, wie Ew. Hochgeboren ebendort bemerken, ein anderer Einfluß mächtiger ist, als der seine, so sind wir durch alle seine Erklärungen oder persönlichen Ansichten in Nichts gebessert.

Dieser Einfluß wirkt überall dahin, die Autorität der Regierung zu untergraben. Wir begegnen diesem Einflusse überall als einem Gegner der Regierungen, und dies namentlich in Preußen, wo nach dem oft wiederholten Zeugniß des Papstes selbst die katholische Kirche eine freiere und bessere Stellung hat, als in irgend einem Lande der Welt, und nach eben diesem Zeugniß gerade die Dynastie nicht aufgehört hat, der Kirche und dem Papste selbst das freundlichste Wohlwollen zu beweisen. Ungeachtet dieses Anerkenntnisses geht die Tendenz jenes geistlichen Einflusses auf die unteren Volksschichten dahin, der Dynastie und der Regierung die Sympathien der katholischen Bevölkerung, welche doch die wohlthätige Fürsorge derselben in allen ihren kirchlichen und religiösen Interessen empfindet, zu entfremden. Es ist nicht anders in den übrigen deutschen Staaten, in denen der Klerus zum Theil in offene Opposition gegen die wohlwollenden Regierungen tritt, und Hand in Hand geht damit eine nicht minder tendenziöse Opposition gegen die nationale Sache, welche sich bald mit den particularistischen, bald mit den demokratischen, aller nationalen Politik feindlichen Elementen und Tendenzen verbindet.

Wenn dieser Einfluß mächtiger ist als die persönlichen Gesinnungen des Cardinals und des Papstes selbst, welcher Letztere wiederholt Sympathien für die nationale Sache des Deutschen Reiches kund gegeben hat, so wird er doch im Namen des Papstes geübt, und so ist es dieser Einfluß, mit dem wir zu rechnen und nach welchem wir unsere Stellung zur Kirche und zu ihren Organen, welche unter ihm stehen, zu richten haben. Wenn die Partei die Kirche beherrscht, so ist es eben nicht anders möglich, als daß die Kirche darunter leidet.

Wir sehen in dem Gebahren dieser Partei die Gefahr für die Kirche und den Papst selbst: das Bündniß der schwarzen mit der rothen Partei, welches der Cardinal Antonelli mißbilligt, hat sich an vielen Punkten als eine vollendete Thatsache gezeigt; ist es doch selbst im Reichstage durch den Versuch der Einführung der

Grundrechte offen zu Tage getreten. Daß gerade in diesem Bünd= niß für die Kirche selbst eine Gefahr liegt und was sie von einem solchen Bundesgenossen zu erwarten hat, darüber hätten ihr die neuesten Ereignisse in Paris die Augen öffnen können. Aber man scheint sich in Rom darüber zu täuschen, sonst hätte man wohl kaum Anstand genommen, die Mißbilligung, welche der Cardinal Ihnen gegenüber ausgesprochen hat, auch öffentlich kund werden zu lassen. Daß die Einwirkungen der fanatischen Partei in Rom nicht auf einen unfruchtbaren Boden fallen, zeigt dasjenige, was Ew. Hochgeboren selbst über die reservirtere Haltung des Cardinals Antonelli Ihnen gegenüber sagen; ich kann dieselbe, wie ich Ihnen bereits telegraphisch angedeutet habe, nur der Einwirkung der Partei zuschreiben, welche den Fürsten Loewenstein=Heubach nach Rom ge= sandt hat, um dort sich selbst zu rechtfertigen und vermuthlich im Vatican mit den Folgen einer Desavouirung geradezu zu drohen.

Diese aggressive Tendenz der die Kirche beherrschen= den Partei nöthigt uns zur Abwehr, in welcher wir unsere eigene Vertheidigung suchen, die wir aber mit allem Ernst mit den uns zu Gebote stehenden Mitteln durchführen müssen. Kann man sich in dem Vatican entschließen, mit der regierungsfeindlichen Partei zu brechen und ihre Angriffe auf uns zu verhindern, so wird uns das nur erwünscht sein, kann oder will man das nicht, so lehnen wir die Verantwortung für die Folgen ab.

v. Bismarck.

Wie sehr die Tendenzen der Centrumspartei die Kirche beherrsch= ten, das lehrte das Verhalten der deutschen Bischöfe gegenüber der großen Zahl der deutschen Katholiken, die nicht im Stande waren, so schnell, wie die Bischöfe vermocht hatten, fortan als geoffenbarte Wahr= heit anzunehmen, was sie kurz zuvor als eine dem Geiste der Zeit und alter katholischer Auffassung widersprechende Neuerung bezeichnet hatten. Mit strengen Strafen gingen sie gegen diejenigen vor, die das Dogma der Unfehlbarkeit zu bekämpfen fortfuhren. Der Erzbischof von Köln forderte von den geistlichen Professoren der katholisch=theologischen Fa= cultät zu Bonn die Unterwerfung unter das Dogma vom 18. Juli durch Unterzeichnung eines Reverses und beantwortete ihre Weigerung mit dem Verbote geistlicher Amtshandlungen und der Untersagung des Besuchs ihrer Vorlesungen durch die Studirenden der Theologie. Das war noch während des deutsch=französischen Krieges geschehen und be=

deutete einen ersten Uebergriff aus dem kirchlichen in das staatliche Gebiet, der zur Abwehr zwang. Denn in der Androhung von Maßregeln, die die lehramtliche Thätigkeit der katholisch-theologischen Professoren berührten, lag eine Mißachtung der im Einvernehmen mit der Kirche erlassenen Statuten der katholisch-theologischen Facultät zu Bonn, die ausdrücklich in ihrem § 26 die professio fidei Tridentina als Norm für die Ausübung des Lehramtes festsetzten und nur mit Zustimmung des Staates einer Abänderung unterworfen werden konnten. Der Cultusminister v. Mühler beantwortete denn auch eine Beschwerde der Senates der Universität gegen das Vorgehen des Erzbischofs von Köln mit der Versicherung, daß auf Seiten der Staatsregierung ein Zweifel gegen die fortdauernde, durch die Verfassungsurkunde nicht veränderte Gültigkeit der Statuten der katholisch-theologischen Facultät nicht bestehe und daß die Staatsregierung die rechtliche Stellung der Professoren der katholischen Theologie in dem vom Staate ihnen anvertrauten Lehramte lediglich nach den vom Staate selbst sanctionirten gesetzlichen und statutarischen Bestimmungen ermesse [1]). Größere Dimensionen nahm der Streit zwischen der kirchlichen und staatlichen Autorität in einem analogen Falle an. Der Religionslehrer am Braunsberger Gymnasium, Dr. Wollmann, hatte gleichfalls den Beschlüssen des vaticanischen Concils den Gehorsam versagt und mit besonderer Ermächtigung des Königlichen Provinzialschulcollegiums die Abgabe eines vom Bischof Philipp von Ermland ihm abgeforderten Reverses in seiner Eigenschaft als unmittelbarer Staatsbeamter verweigert. In Folge dessen bedrohte Bischof Philipp ihn, sowie aus gleichem Grunde den Seminardirector Dr. Treibel in Braunsberg mit der Entziehung der missio canonica und kirchlichen Censuren, falls sie sich nicht bis zum 1. April 1871 den Beschlüssen des vaticanischen Concils unterwerfen würden, untersagte ihnen vorläufig die fernere Ertheilung des katholischen Religionsunterrichts und entzog ihnen die Vollmacht zur Spendung des Bußsacraments. Cultusminister v. Mühler, dem der Bischof durch Schreiben vom 15. März 1871 von diesen Verfügungen Kenntniß gab, ließ darüber keinen Zweifel, daß er den theils angeordneten, theils in Aussicht gestellten Maßnahmen der kirchlichen Behörde eine rechtliche Wirkung in Beziehung auf das von den Betheiligten bekleidete Staatsamt nicht zugestehen könne, und wies das Provinzialschulcollegium zu Königsberg an, die Angegriffenen in der Ausübung ihres Amtes zu schützen. Bischof Philipp ließ sich durch den Widerstand der staatlichen Gewalten nicht irre machen: als Dr. Wollmann erneute Aufforderungen zur bedingungslosen Unterwerfung ablehnend beschied, verhängte der Bischof am 4. Juli 1871 über ihn die durch das vaticanische Concil gegen die Leugner des Unfehlbarkeitsdogmas

---

[1]) Erlaß vom 30. December 1870.

ausgesprochene große Excommunication und nahm ihm damit nach kirch=
lich=katholischer Anschauung die Eigenschaft eines Mitgliedes der katho=
lischen Kirche. Aber auch das Cultusministerium zeigte keine Neigung zur
Nachgiebigkeit. Herr v. Mühler berief sich mit Recht darauf, daß
Dr. Wollmann seiner Zeit mit Zustimmung der Kirche ordnungsmäßig
zum Religionslehrer berufen worden sei und noch immer lehre, was er vor
dem 18. Juli 1870 mit Zustimmung der Kirche gelehrt habe: ihn zu
nöthigen, etwas Anderes zu lehren, oder ihn, weil er sich dessen weigere,
in seinem Amte zu beunruhigen, habe der Staat keine Veranlassung.
Im Gegentheil forderte er, da die vom Bischof verfügte Entziehung
der missio canonica nicht auf Grund irgend welcher, auch vom Staate
als zureichend anerkannter Thatsachen erfolgt sei, die Theilnahme aller
das Braunsberger Gymnasium besuchenden katholischen Schüler am
Religionsunterrichte Wollmanns und hielt diese Forderung auch nach
der Verhängung der Excommunication aufrecht, da nach § 55 Th. II.
Titel 11 des Allgemeinen Landrechts wegen bloßer abweichender Glau=
bensmeinungen kein Mitglied einer Kirche von der kirchlichen Gemein=
schaft mit rechtlicher Wirkung ausgeschlossen werden könne. Nun machte
der streitbare Bischof die Angelegenheit zu einer gemeinsamen der ganzen
katholischen Kirche Deutschlands und veranlaßte in einer Immediat=
eingabe an den Kaiser vom 7. September 1871 eine Beschwerde des
deutschen Episcopats über die Haltung des Cultusministers in Bezug
auf den katholischen Religionsunterricht im Allgemeinen und mit be=
sonderer Berücksichtigung des Braunsberger Streites. Die an Erz=
bischof Paulus von Köln gerichtete Antwort des Kaisers vom 18. Oc=
tober 1871 gab den Weg an, auf dem allein man hoffen konnte, aus
dem Dilemma zu gelangen, das die schroffe Betonung des hierarchischen
Princips geschaffen hatte. Sie lautete:

Hochwürdiger Erzbischof!

In der Eingabe, welche Ew. zc. unter der Mitunterschrift
anderer Bischöfe am 7. v. M. an Mich gerichtet haben, werden
Maßregeln, welche Meine Regierung auf dem Gebiete des höheren
Schulwesens zu treffen nach Maßgabe der bestehenden Gesetze in
der Lage gewesen ist, als ein offener Eingriff in das innere Ge=
biet des Glaubens und der Kirche, als ein unverhohlener Gewissens=
zwang bezeichnet, und Ew. zc. finden sich veranlaßt, feierlich Protest
einzulegen gegen alle und jede Eingriffe in das innere Glaubens=
und Rechtsgebiet der katholischen Kirche. Nachdem von den Bischöfen
der katholischen Kirche, insbesondere aber von Sr. Heiligkeit dem
Papste bisher jeder Zeit anerkannt worden war, daß die katholische
Kirche in Preußen sich einer so günstigen Stellung erfreut, wie

kaum in einem anderen Lande, ist es Mir unerwartet gewesen, in einer Eingabe preußischer Bischöfe Anklänge an die Sprache zu finden, durch welche auf publicistischem und parlamentarischem Wege versucht worden ist, das berechtigte Vertrauen zu erschüttern, mit welchem Meine katholischen Unterthanen bisher auf Meine Regierung blickten. Ew. :c. wissen, daß in dieser Gesetzgebung, welche sich bisher der Anerkennung des katholischen Episcopats erfreut hatte, eine Aenderung nicht stattgefunden hat; ein Gesetz aber, welches von Meiner Regierung nicht beachtet wäre, ist in Ew. :c. Eingabe nicht angeführt worden. Wenn dagegen inner= halb der katholischen Kirche Vorgänge stattgefunden haben, in Folge deren die bisher in Preußen so befriedigenden Beziehungen der= selben zum Staate thatsächlich mit einer Störung bedroht erscheinen, so liegt es Mir fern, Mich zu einem auf Würdigung dogmatischer Fragen eingehenden Urtheile über diese Erscheinung berufen zu finden. Es wird vielmehr die Aufgabe Meiner Regierung sein, im Wege der Gesetzgebung dahin zu wirken, daß die neuerlich vorgekommenen Conflicte zwischen weltlichen und geistlichen Be= hörden, so weit sie nicht verhütet werden können, ihre gesetzliche Lösung finden. Bis dies auf verfassungsmäßigem Wege erfolgt sein wird, liegt Mir ob, die bestehenden Gesetze aufrecht zu er= halten und nach Maßgabe derselben jeden Preußen in seinen Rechten zu schützen. Eine eingehende Würdigung der Vorwürfe, welche Ew. :c. an Mich gerichtet haben, überlasse ich Meiner Regierung. Ich hatte gehofft, daß die gewichtigen Elemente inner= halb der Katholischen, welche sich früher der nationalen Bewegung unter preußischer Leitung abgeneigt zeigten, nunmehr nach ver= fassungsmäßiger Neugestaltung des Deutschen Reichs der friedlichen Entwickelung desselben im Interesse staatlicher Ordnung ihre frei= willige Unterstützung widmen würden. Die wohlwollenden Kund= gebungen, mit denen Se. Heiligkeit der Papst Mich bei Herstellung des Reiches in eigenhändigen Schreiben begrüßte, ließen es Mich hoffen. Aber auch wenn diese Hoffnung sich nicht verwirklicht, so wird keine Enttäuschung auf diesem Gebiete Mich jemals abhalten, auch in Zukunft ebenso wie bisher darauf zu halten, daß in Meinen Staaten jedem Glaubensbekenntniß das volle Maß der Freiheit, welches mit den Rechten Anderer und mit der Gleichheit Aller vor

dem Gesetze verträglich ist, gewahrt bleibe. Im Bewußtsein ge=
wissenhafter Erfüllung der Königlichen Pflicht, wohlwollende Ge=
rechtigkeit gegen Jedermann zu üben, werde Ich Mich in Meinem
durch die Erfahrung bewährten Vertrauen zu Meinen katholischen
Unterthanen nicht irre machen lassen, und bin gewiß, daß dieses
Vertrauen ein gegenseitiges und ein dauerndes ist. Indem Ich
Ew. ꝛc. ersuche, diese Meine Antwort den übrigen Unterzeichnern
der Vorstellung vom 7. v. M. mitzutheilen, verbleibe Ich
Berlin, den 18. October 1871.

Ew. Hochwürden wohlgeneigter
(gez.) Wilhelm.

Die angekündigte Regelung der Beziehungen zwischen Staat und
Kirche auf dem Wege der Gesetzgebung anzubahnen, war die wichtigste
Aufgabe des Preußischen Landtags, den König Wilhelm in einer

Sitzung beider Häuser des Landtags
Montag 27. November 1871

mit folgender Thronrede eröffnete*):

Erlauchte, edle und geehrte Herren von beiden Häusern des
Landtags!

Indem Ich zum ersten Male nach den großen Ereignissen der
jüngsten Vergangenheit den Landtag der Monarchie wieder Selbst
begrüße, darf Ich vor Allem der hohen Genugthuung darüber Aus=
druck geben, daß an den Ehren und Erfolgen dieser denkwürdigen
Zeit dem preußischen Volke ein so hervorragender Antheil zugefallen
ist. Die Wehrkraft Preußens, deren Ausbildung Ich seit dem
Beginn Meiner Regierung als eine der höchsten Aufgaben Meines
Königlichen Berufs erkannt habe, sowie der altpreußische Geist
sittlicher Zucht, fester Treue und patriotischer Hingebung haben
eine glänzende Probe bestanden. Es drängt Mich, Meinem Volke
vor seinen Vertretern nochmals Meinen freudigen Dank für seine
erhebende Haltung auszusprechen.

Während dem neuerstandenen Reiche, dessen Kaiserwürde mit
Meiner und Meiner Nachfolger Krone verbunden ist, fortan die

---

*) StB. AH. 2a, HH. 2a.

Pflege der nationalen Macht und Sicherheit zufällt, wird sich die Vertretung des preußischen Volkes in Gemeinschaft mit Meiner Regierung um so zuversichtlicher der heilsamen Ausbildung der inneren Einrichtungen der Monarchie widmen können.

Aus dem Entwurf zum Staatshaushaltsetat für 1872 werden Sie ersehen, daß die Finanzlage Preußens, ungeachtet der Opfer, welche der gewaltige Krieg erheischt hat, eine in hohem Maße befriedigende ist.

Die Schwierigkeiten, mit welchen die Finanzverwaltung vor einigen Jahren zu kämpfen hatte, sind bereits im Jahre 1870 überwunden worden. Einer weiteren günstigen Entwickelung geht die Finanzlage unter der Einwirkung der Kriegserfolge entgegen.

Die durch Reichsgesetz geordnete Bildung eines Reichskriegsschatzes überhebt Preußen der Nothwendigkeit, noch ferner einen Staatsschatz zu unterhalten. Es werden Ihnen Gesetzentwürfe zugehen, wonach der hierdurch verfügbar werdende Bestand des Staatsschatzes, sowie einige außerordentliche Einnahmen zur Tilgung von Staatsschulden verwendet werden sollen.

Die in solcher Weise für den Staatshaushalt erwachsende Entlastung, ferner die mit dem lebhaften Aufschwunge des Verkehrs Hand in Hand gehende Steigerung der Erträge aus wichtigen Einnahmequellen des*) Staates, endlich das Vorhandensein eines erheblichen Ueberschusses aus dem abgelaufenen Finanzjahre werden es möglich machen, im Jahre 1872 den Bedürfnissen auf allen Gebieten der Staatsverwaltung in weitem Umfange gerecht zu werden.

Vorzugsweise hat Meine Regierung der Thatsache ihre Aufmerksamkeit zuwenden müssen, daß die Besoldungen der Staatsbeamten in ein von Jahr zu Jahr**) steigendes Mißverhältniß zu den Anforderungen getreten sind, welche bei dem Stande aller Preisverhältnisse die Befriedigung der Bedürfnisse des Lebens und der Stellung an sie richtet. Es wird Ihnen der Plan zu einer umfassenden Erhöhung der Beamtenbesoldungen vorgelegt werden. Ich vertraue, daß Sie bereit sein werden, durch Bewilligung der

---

*) StB. AH. 2 b.
**) StB. HH. 2 b.

dazu nöthigen Mittel einem Zustande Abhilfe zu schaffen, aus dessen Fortdauer ernste Gefahren und Schäden für die Staatsverwaltung entstehen müßten.

Sie werden Vorlagen erhalten, welche bei einzelnen Steuern Erleichterungen herbeizuführen bestimmt sind, und es wird Ihnen ein Gesetzentwurf zugehen, durch welchen die Einrichtungen und die Befugnisse der Oberrechnungskammer gesetzlich geregelt werden sollen.

Der nach dem Abschlusse des Friedens eingetretene überaus lebhafte Aufschwung des Handels und der Gewerbe erheischt die Herstellung neuer Verkehrswege, insbesondere eine weitere Ausbildung der Eisenbahnen. Der Bau einiger als nothwendig erkannten Bahnen für Rechnung des Staates und eine Vermehrung des Betriebsmaterials auf den Staatsbahnen ist in Aussicht genommen, ebenso die Gewährung reichlicherer Mittel für Land- und Wasserwege und für Landesmeliorationen aller Art.

Wiederholt werden Ihnen Vorlagen über den Erwerb des Grundeigenthums und über das Hypothekenrecht gemacht werden. Nachdem die Finanzlage es gestattet hat, die Kostenansätze für die Geschäfte bei dem Grundbuche zu ermäßigen, ist zu hoffen, daß es jetzt gelingen werde, diese wichtige, seit langer Zeit angestrebte Reform nunmehr zum Abschlusse zu bringen.

Die Aufgaben der inneren Verwaltungsreform werden erneut den Gegenstand Ihrer Berathungen bilden. Es wird Ihnen der Entwurf der Kreisordnung für die östlichen Provinzen, nachdem derselbe mit Rücksicht auf die früheren Erörterungen in mehreren Theilen Abänderungen und Ergänzungen erhalten hat, wieder*) vorgelegt werden. Meine Regierung gibt sich der Hoffnung hin, daß es dem gemeinsamen ernsten Willen gelingen werde, über das wichtige Organisationsgesetz, welches zugleich die Grundlagen weiterer Reformen enthält, zur Verständigung zu gelangen.

Inzwischen ist die communale Selbstverwaltung der Provinzen in einer erfreulich fortschreitenden Entwickelung begriffen; die zur Führung einer einheitlichen Verwaltung der provinziellen Angelegenheiten geeigneten Organe sind auf Grund der bestehenden Gesetze bereits in der Mehrzahl der Provinzen geschaffen.

---

*) StB. AH. 3a.

Gegenüber den Bewegungen, welche auf dem Gebiete der Kirche stattgefunden haben, hält Meine Regierung daran fest, der Staatsgewalt ihre volle Selbständigkeit in Bezug auf die Hand= habung des Rechts*) und der bürgerlichen Ordnung zu wahren und zugleich neben der berechtigten Selbständigkeit der Kirchen und Religionsgesellschaften die Glaubens= und Gewissensfreiheit der Einzelnen zu schützen. Behufs verfassungsmäßiger Durchführung dieser Grundsätze werden Ihnen besondere Vorlagen zugehen, welche die Eheschließung, die Regelung der Civilstandsverhältnisse und die rechtlichen Wirkungen des Austritts aus der Kirche zum Gegen= stande haben.

Einen Gesetzentwurf, betreffend die Aufbringung der Synodal= kosten, empfehle Ich Ihrer Aufmerksamkeit um so mehr, als der Staat der evangelischen Kirche noch immer die Ausführung des Art. 15 der Verfassungsurkunde[1]), verbunden mit den dazu nöthigen Einrichtungen, schuldet und dieses Gesetz nur eine nothwendige Vorbedingung dazu ist.

Auf**) dem Gebiete des öffentlichen Unterrichts wird die Ver= wendung sehr beträchtlicher Mittel in Anspruch genommen, um viele bisher zurückgestellte Bedürfnisse nunmehr zu befriedigen.

Die von der Verfassungsurkunde geforderte Vorlage eines all= gemeinen Unterrichtsgesetzes wird auch in dieser Session erneuert werden, nachdem die bei den früheren Berathungen stattgehabten Erwägungen und die Erfahrungen der letzten Jahre bei der***) Revision des Entwurfs eingehende Berücksichtigung gefunden haben. Ein Specialgesetz über die Beaufsichtigung der Schulen bezweckt die beschleunigte Abhilfe eines als vorzugsweise dringend erkannten Bedürfnisses.

Meine Herren! Die Aufgaben, welche Ihrer harren, sind um= fassend und von hoher Bedeutung für die Entwickelung unserer inneren Zustände. Ihre Arbeiten werden segensreich sein, wenn sie von dem Geiste des Vertrauens und willigen Zusammenwirkens geleitet werden, welcher Mein Volk in der jüngsten großen Zeit erfüllt hat.

---

*) StB. HH. 3 a.
**) StB. AH. 3 b.
***) StB. HH. 3 b.
[1]) S. o. S. 203 Anm.

18. Sitzung des Hauses der Abgeordneten
Montag 15. Januar 1872.

In der Generaldiscussion über den Etat des Ministeriums der Auswärtigen Angelegenheiten erhob, wie in früheren Jahren, der Abg. Loewe Widerspruch gegen die in den Etat aufgenommene Summe von 30000 Thalern Aversionalentschädigung an das Reich für die Besorgung speciell preußischer Geschäfte. Er bestritt nicht sowohl, daß diese Arbeiten existirten, wohl aber, daß sie wirklich allein für Preußen gethan würden und nicht auch auf andere Weise, etwa durch Kaiserliche Commissare, abgemacht werden könnten. Das Beispiel, das Preußen mit einem Auswärtigen Ministerium und mit einer Diplomatie an deutschen Höfen gäbe, werde nur andere deutsche Höfe zu derselben Praxis veranlassen. Weiter lenkte er die Aufmerksamkeit auf das Institut eines preußischen Militärbevollmächtigten in München, das er im vollen Widerspruch mit der Thatsache fand, daß die Militärangelegenheiten von Preußen auf das Reich übergegangen seien. In den preußischen Etat einen Posten einzustellen, der in das Budget des Reiches gehöre, sei unzulässig. Fürst Bismarck vertheidigte die Position des Etats in folgender Rede*):

Der Herr Vorredner hat jedes Mal, wo die heute uns beschäftigende Frage vorgekommen ist, Gelegenheit genommen, ich kann nur sagen, über dieselbe zu sprechen und an dieselbe einen Tadel der bestehenden Einrichtung zu knüpfen[1], er hat aber nicht gesagt, wie es besser zu machen wäre, und ich glaube, er würde auch in großer Verlegenheit sein, wenn er von meiner Stelle aus Vorschläge machen sollte, die gleichzeitig seinen Tadel beseitigen und dennoch die Geschäfte, deren Vorhandensein auch er ja nicht bestreitet, in ihrer Besorgung sicher stellen. Der Herr Vorredner hat meines Erachtens bei diesen Tadeln mehr Beredtsamkeit als Schärfe der Logik entwickelt,

(Sehr richtig!)

ich finde, er macht sich die Sache etwas wohlfeil, indem er sie mehr in allgemeinen Redewendungen abhandelt, ohne ihr praktisch im Detail näher zu treten. Das ist nun leider einem ausführenden Beamten wie mir nicht möglich, ich muß diesen Dingen ganz

*) StB. 367 b.
[1] Vgl. oben zum 16. November 1871 S. 173 ff.

15. 1. 1872.   genau praktisch näher treten. Der Herr Vorredner kommt dabei zu dem eigenthümlichen Schluß vermöge seiner Logik, daß ich, der ich hier im Preußischen Landtag die Ehre habe, zu Ihnen zu reden, kein preußischer Beamter mehr wäre, da er dies von allen Beamten meines Ministeriums mit voller Sicherheit behauptet[1]), zwischen mir und den übrigen aber ein wesentlicher Unterschied nicht bestehen kann; — im Gegentheil, man kann gerade von mir sagen, daß ich mein Gehalt eigentlich ausschließlich aus den Bundescassen beziehe, was von den anderen nicht zu behaupten ist, und daß ich dem preußischen Staate gratis diene; deshalb aber habe ich doch die Ehre, preußischer Beamter zu sein, und werde mich durch keine Anfechtung dieser Eigenschaft weder hier im Hause noch anderwärts an dieser Ansicht irre machen lassen und nicht zugeben, daß wir, sobald wir dem Deutschen Reiche Dienste leisten, damit in die Kategorie der Ausländer verwiesen werden.

(Heiterkeit.)

Der Herr Vorredner sagt, die Geschäfte sind vorhanden, sie müssen auch besorgt werden, aber seiner Meinung nach nicht gerade auf diese Weise. Die einzige praktische Andeutung darüber, wie es, um ihn zufrieden zu stellen, zu machen sein würde, hat er dahin gegeben, es müßten Kaiserliche Commissarien ernannt werden, die diese selben Geschäfte besorgten. Ich kann mich zu einem solchen Arrangement nicht herbeilassen, denn es wäre meines Erachtens eine einfache Finanzspeculation dem Reiche gegenüber, die des preußischen Staates mir nicht ganz würdig erscheint, indem man durch den Namenswechsel dem Reiche Lasten aufzubürden sucht für Dienste, welche wesentlich den besonderen Interessen der preußischen Politik geleistet sind. Es hat vor 1866 Niemand daran gezweifelt — wenigstens in dem Etat hat auch der Herr Vorredner niemals die Institution angefochten — es hat Niemand daran gezweifelt, daß es nützlich wäre für Preußen, Gesandte bei den einzelnen deutschen Höfen zu unterhalten, nichtsdestoweniger hatten

---

[1]) Abg. Loewe: „Diese 30 000 Thaler haben ... noch die Bedeutung, allen Beamten des Auswärtigen Ministeriums den Charakter als preußische Beamte zu verleihen, nämlich der Steuerbehörde gegenüber, so daß sie sich also der Steuerbefreiungen erfreuen, welche den preußischen Beamten zustehen" 2c. (StB. 367 a).

wir auch damals eine Bundesinstitution, und die Mittheilungen an 15. 1. 1872. deutsche Regierungen konnten eben so gut durch die Bundesgesandten ausgetauscht werden, wie jetzt. Es fragt sich nun: war der Geschäftskreis der deutschen Gesandtschaften Preußens vor 1866 ein bedeutenderer oder ist er jetzt wichtiger*)? Ich behaupte unbedingt das Letztere. Die eigentliche große Politik, wie sie mit den europäischen Mächten verhandelt wurde, kam auch damals an den deutschen Höfen, obschon unsere Verbindung dem Auslande gegenüber nicht so geschlossen war wie jetzt, doch nur selten und ausnahmsweise zur Sprache, und immer nicht in der directen, absoluten und unabhängigen Gestalt, wie mit den fremden Höfen: es war die Frage immer eine gemischte, von der anderen durchsetzte: ob im Bunde für Preußen, ob für Oesterreich in diesen Dingen stimmen.

Also diese große Politik war kein entscheidender Grund, Gesandtschaften in Deutschland zu unterhalten; die eigentlichen Angelegenheiten, wie wir sie unter dem Namen „zweite Abtheilung" im Ministerium begreifen, das heißt der Schutz der Unterthanen, die Reclamationssachen, haben damals allerdings einen anderen Umfang gehabt wie jetzt, aber doch keinen so bedeutenden, wie mit dem außerdeutschen Auslande, indem auch damals schon in Deutschland weite Gebiete, die so vielfach zu diplomatischem Verkehr mit dem Auslande Anlaß geben, durch Verträge bereits der Art geregelt waren, daß sie durch Correspondenz der den einzelnen Staaten angehörigen Behörden bearbeitet wurden. Ich brauche bloß an den Zollverein zu erinnern, an die Auslieferungs- und Heimathsverträge, an die Correspondenz der Gerichte unter sich mit den Requisitionen; — kurz, es wurde das Gebiet der diplomatischen Thätigkeit unserer in München und Dresden accreditirten Gesandten mannigfach beschränkt auf allen anderen Gebieten, nur nicht in dem, was ihre Hauptaufgabe war: die Verständigung über das Auftreten am Bunde herbeizuführen und auf die einzelnen Regierungen und auf deren Stimmabgabe am Bunde einzuwirken. Wenn ich vorhin sagte, die Thätigkeit dieser Gesandten ist jetzt eine wichtigere, so ist sie das in demselben Maße, in dem die Stimmabgaben unserer Bundesgenossen im Bundesrathe heut zu

---

*) S. 368a.

15. 1. 1872. Tage wichtiger sind, als damals im Bundestage, namentlich aber für Preußen. Die Vertreter der verbündeten deutschen Regierungen sprechen heut mit über unser preußisches Wohl und Wehe in allen Details der Gesetzgebung: es kann für uns von großer Wichtigkeit sein, die Zustimmung des einen oder des anderen Staates im Bundesrathe, um das Stimmverhältniß herzustellen, zu gewinnen oder einen Widerstand, der dagegen geleistet wird, zu überwinden. Dabei sind die 24 000 000 Preußen heut zu Tage viel directer und viel tiefer interessirt, als es früher in Frankfurt jemals der Fall war. Daß diese Verständigung über das Auftreten im Bundesrathe lediglich im Schooße des Bundesrathes stattfinden könne, das ist eine Fiction, die sehr bald schwindet, sowie man den Geschäften praktisch näher tritt. Es ist vielleicht gerade der Widerstand meines Collegen im Bundesrath, seine persönliche Abneigung gegen eine vorgeschlagene Maßregel, die ich zu überwinden habe; das kann ich nur, wenn mir die Mittel geboten werden, an die Quelle zu appelliren, aus der er seine Instruction bezieht. Dort ist es vielleicht sehr wichtig, sich darüber aufzuklären, aus welcher von den verschiedenen Richtungen, die die Entschließung einer Regierung zu bestimmen pflegen, der Widerstand stammt, in welcher Richtung man wirksam sein muß, um ihn zu beseitigen. Es werden ja in allen Staaten die Abstimmungen doch nicht so glatt und ausschließlich nach dem Bericht des Vertreters im Bundesrath hergestellt, sondern dergleichen wird in jedem einzelnen Staate collegialisch berathen, und es ist gewiß richtig, wenn die einzelnen Regierungen dabei Rücksicht nehmen nicht nur auf die Vota aller ihrer Ministerien, auch derjenigen, die gerade nicht mit den Reichsangelegenheiten betraut sind, und zur Besorgung dieser glaube ich, wird auch jeder Bundesstaat immer ein, wenn auch noch so kleines, für ihn Auswärtiges Amt besitzen müssen, d. h. einen Beamten, der speciell die Correspondenz mit dem Vertreter am Reiche besorgt. Aber man hat nicht nur auf die Stimmung*) der Gesammtministerien Rücksicht zu nehmen, man hat auch auf die Stimmung und die Auffassungen des eigenen Landtages Rücksicht zu nehmen. Ich bin weit entfernt, der Theorie anzuhängen, die jede Entwickelung des

---

*) S. 368 b.

Bundesrechtes und unseres Reichsverfassungsrechtes untergraben würde, daß in irgend einem Falle die Abstimmungen eines Mitgliedes des Bundesraths, um juristische Gültigkeit für die Reichsgesetzgebung zu haben, der Zustimmung eines Particularlandtages bedürfen könnten; aber das ist außer Zweifel, daß jede Regierung sehr wohl thut, sich in der Lage zu halten, daß sie ihrer eigenen Landesvertretung mit Erfolg Rechenschaft ablegen kann über die Politik, die sie am Reiche befolgt. Je verschiedener aber die Elemente sind, welche auf die Haltung eines Bundesstaates, besonders eines der mächtigeren, am Reiche Einfluß haben können, um so unentbehrlicher ist es mir, dort ein vertrautes, eingelebtes, mit allen Factoren bekanntes Organ zu haben, mit dem ich correspondiren kann, und das mich aufklärt über die Saiten, die man etwa anschlagen muß, um zu einer Verständigung zu gelangen. Daß dies nun Kaiserliche Commissarien sein sollen, mit anderen Worten, daß die Functionen der Vertretung specifisch preußischer Interessen, der Geltendmachung unserer preußischen Wünsche am Reich, der Bringung zur Anerkennung derselben bei den übrigen Regierungen auf Reichskosten geschehen könnten, mit dem Gedanken kann ich mich doch nicht befreunden. Wie käme das bayrische Budget dazu, in seinen Reichsmatricularbeiträgen dafür zu zahlen, damit in München die preußische Ansicht geltend gemacht werden kann, damit für sie geworben werden kann, damit sie dort Anklang findet? Umgekehrt, man müßte dann schon so weit gehen, daß man auch Gesandte der Einzelstaaten in Berlin als Kaiserliche Commissarien bezahlte, damit diese bei uns für die bayrischen Interessen plaidiren und uns für ihre Vertretung am Reiche gewinnen. Es wird das doch zu keiner haltbaren und praktisch möglich zu denkenden Einrichtung führen.

Ich möchte überhaupt dringend empfehlen und namentlich dem Herrn Vorredner, der mir so sehr häufig Gelegenheit gegeben hat, mit ihm theoretische Ansichten auszutauschen — coram publico [1] und auch sonst — daß wir die Politik doch etwas mehr vom praktischen Gesichtspunkte betrachten; sie ist in der That — das kann ich dem Herrn Vorredner versichern — eine eminent praktische

[1] Vor der Oeffentlichkeit.

15. 1. 1872. Wissenschaft, bei der man sich an die Form, an die Namen, an Theorien, in die es gerade hineinpassen soll, nicht so sehr kehren kann.

„Ich will nur noch ein Wort über die Militärbevollmächtigten sagen. Die Nothwendigkeit des Militärbevollmächtigten in München — und einen anderen haben wir in Deutschland nicht mehr — hat der Herr Vorredner ja ebenfalls zugegeben; ich habe aber auch da einen Vorschlag vermißt darüber, wie er das Verhältniß ander= weit eingerichtet haben möchte, wenn wir diese Einrichtung nicht behielten. Es würde doch auch da, wie mit den Kaiserlichen Com= missarien, wahrscheinlich wesentlich nur auf einen Namenswechsel für dieselbe Sache herauskommen. Der Militärbevollmächtigte in München ist wesentlich ein Hilfsbeamter der preußischen Gesandt= schaft in München, der auf dem militärischen Gebiet dasselbe zu erstreben hat, wie der Andere auf dem politischen, nämlich die Ver= ständigung über gemeinsame Einrichtungen, die Herbeiführung von solchen anzustreben da, wo sie noch nicht thatsächlich sind. Er ist ein für die Gesandtschaft und für deren Gesammtwirken ganz un= entbehrlicher Hilfsbeamter. Es könnte unter Umständen, wenn unsere Zolleinrichtungen in einer analogen Lage wären, wie unsere militärischen, ein Bedürfniß sein, bei der dortigen Gesandtschaft einen Zollsachverständigen zu haben; es könnte, wenn wir unsere Gesetzgebung auf dem Gebiete des Justizfaches in einer anderen Form vorbereiteten, ebenso das Bedürfniß sein, einen des Civil= processes Kundigen dort beizugeben*). Einstweilen ist dieser Militär= bevollmächtigte ein unentbehrlicher Hilfsbeamter für die politische Thätigkeit unserer dortigen Gesandtschaft, und ich möchte dringend bitten, meine Herren, nicht bloß nach persönlicher Rücksichtnahme zu verfahren oder nach dem Wunsche, die Thätigkeit der Regierung nicht zu stören, sondern auch von der Ueberzeugung sich vollständig zu durchdringen, daß diese Gesandtschaften und ihre Thätigkeit zu dem unentbehrlichsten Handwerkszeug unserer Politik gehören, und ich möchte an den Herrn Vorredner die Bitte richten, wenn er nichts Neues als das heute und früher Angeführte über die Sache zu sagen weiß, daß wir uns in Zukunft lieber gegenseitig mit

---

*) S. 369 a.

einer Bezugnahme auf die früheren stenographischen Berichte ab=   15. 1. 1872.
finden.
                          (Heiterkeit.)

Die Position wurde mit großer Majorität bewilligt.

---

23. Sitzung des Hauses der Abgeordneten
Dienstag 30. Januar 1872.

Am 8. Juli 1871 war eine Königliche Verordnung ergangen, die   30. 1. 1872.
auf Grund eines Berichtes des Staatsministeriums vom 30. Juni die im
Ministerium der geistlichen, Unterrichts= und Medicinalangelegenheiten
bestehenden gesonderten Abtheilungen für die evangelischen und für die
katholischen Kirchenangelegenheiten aufhob und deren Geschäfte e i n e r
Abtheilung für die geistlichen Angelegenheiten übertrug (s. o. S. 208).
Es war damit, wie ein zur Motivirung der Maßregel in der Provinzial=
correspondenz vom 12. Juli 1871 erschienener Artikel ausführte, die
Einrichtung, wie sie bis zum Jahre 1841 bestanden hatte, wieder her=
gestellt worden. Erst unter Friedrich Wilhelm IV. war mit Rück=
sicht auf die Schwierigkeiten, welche die Beziehungen der Staatsregie=
rung zur katholischen Kirche damals in mehrfacher Hinsicht darboten,
eine besondere katholische Abtheilung im Cultusministerium unter einem
katholischen Director und ausschließlich katholischen Räthen gegründet
worden, um eine verstärkte Bürgschaft für die gründliche und vielseitige
Berathung der katholischen Kirchenfragen zu gewinnen und zu geben.
Inzwischen war durch die Verfassungsurkunde vom 31. Januar 1850
eine neue Grundlage für die Beziehungen zwischen dem Staate und
der Kirche geschaffen worden, der gegenüber der Fortbestand einer aus=
schließlich katholischen Behörde innerhalb der Staatsregierung von vorn=
herein nicht ohne Bedenken war. Wenn die katholische Kirche nach
Art. 15 der Verfassung ihre Angelegenheiten selbständig ordnete und
verwaltete, wenn nach Art. 16 der Verkehr der Religionsgesellschaften
mit ihren kirchlichen Oberen ungehindert und die Bekanntmachung kirch=
licher Anordnungen keinen Beschränkungen unterworfen war, so ergab
sich hieraus, daß für die Beziehungen des Staates zur Kirche lediglich
staatsrechtliche, nicht confessionelle Gesichtspunkte maßgebend sein konnten,
und daß auch die Staatsbehörde, welcher die Wahrnehmung dieser Be=
ziehungen oblag, nicht ausschließlich nach confessionellen Rücksichten
geleitet werden konnte. Bei der Stellung, in welcher der einzelne katho=
lische Gläubige sich in allen kirchlichen Fragen den Anforderungen seiner

30. 1. 1872. Kirche gegenüber befindet, und bei der Energie, mit welcher die katholische Kirche ihr Ansehen und ihren Willen dem einzelnen Mitgliede
gegenüber zur Geltung zu bringen gewohnt ist, lag die Gefahr jeder
Zeit nahe, daß eine ausschließlich katholische Behörde sich bei allen erheblichen Streitfragen viel mehr als Vertreterin der katholischen Kirche
dem Staate gegenüber, wie als berufene Rathgeberin der Staatsgewalt
betrachtet würde.

Die Regierung hatte deshalb die Angemessenheit einer Aenderung
in Bezug auf die katholische Abtheilung schon vor einer Reihe von
Jahren in Betracht gezogen. Nachdem die damaligen Erwägungen zu
einem entscheidenden Beschlusse noch nicht geführt hatten, war durch
die neueren Vorgänge auf dem Gebiete der katholischen Kirche diese
Entscheidung zu einer Nothwendigkeit geworden.

Durch die Beschlüsse des vaticanischen Concils waren einerseits
die Beziehungen zwischen der katholischen Kirche und der Staatsgewalt
so wesentlich berührt, andererseits so lebhafte Bewegungen und Zerwürfnisse innerhalb der katholischen Bevölkerung selbst hervorgerufen
worden, daß sich die Staatsgewalt dringender als zuvor veranlaßt
finden mußte, dafür zu sorgen, daß in Bezug auf die Wahrnehmung
ihrer Stellung zu den katholischen Angelegenheiten ausschließlich und
unbedingt staatsrechtliche Gesichtspunkte zur Geltung gelangten. Daß
das römische Concil solche Folgen haben würde, war innerhalb wie
außerhalb der katholischen Kirche klar vorhergesehen und vorhergesagt
worden. Während die zum Glaubenssatz erhobene Lehre von der päpstlichen Unfehlbarkeit an und für sich die Gefahr nahe legte, daß damit
auch die Forderung der Unterwerfung der Staaten unter die auch auf
das Weltliche und Politische sich erstreckende Herrschaft des römischen
Stuhls sich zu gelegener Zeit erneuern würde, waren ferner in dem
auf dem Concil endgültig festgestellten „Syllabus" über die Irrthümer
unserer Zeit in religiöser, politischer und socialer Beziehung Auffassungen
und Lehren enthalten, deren ernste Durchführung Seitens der katholischen Kirche zu einer Erschütterung aller weltlichen Staatsgewalt unbedingt führen mußte.

Die preußische Regierung hatte nicht unterlassen, den römischen
Stuhl auf die Gefahren, welche aus solchen Beschlüssen in Bezug auf
das Verhältniß des Staates zur Kirche erwachsen könnten, schon während des Concils entschieden aufmerksam zu machen. Es geschah dies
vor Allem im Interesse der Kirche und des päpstlichen Stuhles selbst;
die preußische Regierung durfte darauf hinweisen, daß sie Gefahren
nicht so sehr für den Staat, wie für die Kirche entstehen sehe, daß ihr
gegen etwaige Beeinträchtigung des Staates in seinen Interessen die
Mittel der Gesetzgebung nicht fehlen würden, daß jedoch ein schroffes
Verhalten Seitens der Kirche die freundlichen und rücksichtsvollen Beziehungen erschweren würde, welche seither auf Grund der wohlwollen-

den Gesinnungen aller preußischen Fürsten obgewaltet hätten. Als
sodann vor den entscheidenden Beschlüssen des Concils auch die franzö=
sische Regierung den päpstlichen Stuhl in dringendster Weise davor
warnte, nicht Lehren und Grundsätze zu verkündigen, welche nirgends
im christlichen Europa anerkannt und zugelassen seien und durch welche
ein verderblicher Widerstreit zwischen der bürgerlichen Gesellschaft und
der Kirche geschaffen würde, schloß sich die preußische Regierung diesen
Vorstellungen auf das Bestimmteste an.

Der Papst und das Concil beachteten diese Vorstellungen nicht,
die bedenklichen Beschlüsse wurden gefaßt und ihre Wirkungen traten
noch rascher hervor, als man erwartet hatte. Die Verkündigung des
Glaubenssatzes von der Unfehlbarkeit rief innerhalb der katholischen
Bevölkerung selbst, Laien wie Geistlichen, Bewegungen und Spaltungen
hervor, deren Folgen sich bald auch in mehrfachen praktischen Fällen
hinsichtlich der Beziehungen zwischen den katholischen Bischöfen und der
Staatsregierung geltend machten.

Die Staatsregierung konnte den obwaltenden Schwierigkeiten
gegenüber nur dadurch eine feste Richtschnur für ihr Verhalten finden,
wenn sie sich unparteiisch auf den rein staatsrechtlichen Standpunkt
stellte und demgemäß die einzelnen streitigen Fälle behandelte. Um
diesen Standpunkt zu sichern und auch äußerlich zu erkennen zu geben,
erschien es zweckmäßig und geboten, in dem Ministerium der geistlichen ꝛc.
Angelegenheiten die bisher bestehende confessionelle Sonderung der
kirchlichen Abtheilungen zu beseitigen und wiederum nur eine Abthei=
lung für die geistlichen Angelegenheiten zu bilden. Sie wollte dadurch
ihre Absicht bekunden, beide Kirchen unparteiisch, gerecht, dem bestehen=
den Staatsrechte entsprechend, zu behandeln, das Interesse des Staates
aber auch mit gleicher Kraft der katholischen, wie der evangelischen
Kirche gegenüber zu wahren[1]).

Diese Verordnung und ihre Begründung machte der Abg. v. Mal=
linckrodt bei Gelegenheit der Berathung des Etats des Cultusmini=
steriums in der 23. Sitzung des Abgeordnetenhauses am 30. Januar
1872 zum Gegenstande einer gereizten Besprechung. Er bestritt, daß
die katholische Abtheilung überhaupt „eine ausschließlich confessionelle
Behörde" gewesen sei, da sie niemals eine selbständige Competenz ge=
habt habe; sie habe immer nur die Stelle eines Beirathes gehabt, die
oberste Entscheidung in Angelegenheiten der katholischen Kirche aber
habe stets in den Händen des evangelischen Cultusministers gelegen.
In der Behauptung, daß die Verfassung sich principiell mit einer con=
fessionell gegliederten Behörde nicht vertrage, sah er ein Symptom der
in Deutschland mehr und mehr um sich greifenden Krankheit der Be

---

[1]) Auf Grund des Artikels der Provinzialcorrespondenz: „Der Staat und
die katholische Kirche" gearbeitet.

30. 1. 1872. griffsverwirrung. Denn diese Auffassung beruhe offenbar auf der vollständigen Verwechselung zwischen einem Staate, wo Staat und Kirche
völlig getrennt, und demjenigen Staate, wo zwar den Kirchen die
Selbständigkeit in ihren eigenen Angelegenheiten garantirt sei, wo aber
dessen ungeachtet eine ganze Reihe von Angelegenheiten beide Theile
auf's Engste berührten.   Der letztere Fall liege in Preußen vor; denn
wenn die völlige Trennung von Staat und Kirche verfassungsmäßig
sei, so sei der Cultusminister eine völlig überflüssige Person und höch-
stens ein Unterrichtsminister nothwendig. Seine weitere Rede gestaltete
sich zu einer heftigen Anklage des Cultusministeriums, das, einseitig
confessionell zusammengesetzt, Unparteilichkeit und Gerechtigkeitssinn nicht
mehr kenne. Von einer Parität der Confession sei in Preußen Nichts
zu merken. Im Ministerium seien die Katholiken gar nicht, in den
anderen Beamtenclassen aber keineswegs in einer der Stärke der katholischen Bevölkerung entsprechenden Masse vertreten, und in „dieser Wüste
der imparitätischen Behandlung" habe die von König Friedrich Wilhelm IV. gebildete katholische Abtheilung eine Oase gebildet, über die
die Regierung durch ihre jüngste Maßregel nun auch den Wüstensand
gestreut habe. Nach dem Abg. v. Mallinckrodt rechtfertigten Abg.
Wehrenpfennig und Cultusminister Dr. Falk[1] die Aufhebung der
katholischen Abtheilung und gaben dadurch dem Abg. Windthorst zu
einer heftigen Erwiderung Veranlassung, die die Gedanken der v. Mal-
linckrod'schen Rede weiter ausführte. Auch er klagte über die Im-
parität der Behandlung, die sich in der geringen Berücksichtigung der
Katholiken bei Besetzung höherer Aemter zeige, warf die Schuld, den
Streit provocirt zu haben, von der katholischen Kirche auf die protestantische zurück, und gab mitten unter heftigen Ausfällen gegen die
feindlichen Maßregeln der Regierung, deren Politik er in seinem
„beschränkten Unterthanenverstande" nicht erfassen könne, dem Wunsche
Ausdruck, es möchte die Zeit kommen, da die kirchlichen Discussionen
aus den parlamentarischen Versammlungen entfernt seien, damit Protestanten und Katholiken in Ruhe und Frieden gemeinsam an dem
Hause bauen könnten, in dem sie gemeinsam wohnen sollen, und das
groß genug sei, um Allen eine freie Bewegung zu lassen. Fürst Bismarck, der während der Rede des Abg. Windthorst eingetreten war,
erhob sich jetzt zu folgender Erwiderung*):

Ich hatte geglaubt, mich an der heutigen Debatte lediglich
als Zuhörer betheiligen zu können, und geglaubt, daß sie sich auf
das Ressort und die Vorlagen beschränken würde, ohne so weit
politisch auszugreifen, wie es die Rede des Herrn Vorredners ge-

---

*) StB. 534a.
[1] Nachfolger v. Mühlers, der am 22. Januar 1872 seine Entlassung
erhalten hatte.

than hat. Sie ist die einzige von den Vorreden, die ich gehört 30. 1. 1872.
habe, da anderweite Geschäfte im Herrenhause mich genöthigt haben,
später zu kommen, als ich beabsichtigt hatte. Diese Rede nöthigt
mich aber, heute schon einige Worte über die Stellung der Staatsregierung mit Bezug auf das eben Gehörte zu sagen:

Der Herr Vorredner hat mit warmen Worten den Wunsch
betont, daß wir zum confessionellen Frieden im Lande gelangen
möchten, der früher nicht gestört war, und daß wir in der Eintracht, die uns dieser Friede gebe, an unserem gemeinschaftlichen
Werke arbeiten möchten. Ich möchte an das eigene, doch sonst
scharfe und richtige Urtheil des geehrten Herrn Vorredners appelliren, ob seine eigene Rede wohl geeignet und darauf berechnet
gewesen sein kann, diesen Frieden zu fördern.

(Sehr wahr!)

Der Herr Vorredner hat wenigstens nicht mit christlicher Milde
über seine Gegner geurtheilt und nicht mit christlicher Demuth
über die eigene Sache; ich kann nicht einmal zugeben, daß er
überall mit der Wahrheit, die alle Religionen an die Spitze ihrer
Vorschriften stellen, die Thatsachen gegeben hätte. Der Herr Vorredner äußerte gerade, als ich eintrat: Ihr Nein ist kein Beweis,
er hat aber nur sein Ja als vollen Beweis für eine große Masse
von Thatsachen hingestellt, denen Nichts zur Seite steht als seine
eigene Behauptung, und von denen ich mit seinen eigenen Worten
sagen muß: ich halte sie für nicht wahr, so lange er sie nicht mit
Documenten beweist[1].

Ich komme auf die Vorwürfe gegen die Regierung, die ich
zuerst bei meinem Eintreten gehört habe, nämlich daß in den
Ministerien unter den Ministerialräthen und in den sonstigen Re-
gierungsfunctionen die Katholiken nicht in hinreichendem Maße
nach der Zahl ihrer Bevölkerung vertreten sind. Ich lehne jede Verpflichtung einer confessionellen Volkszählung von der Regierung ab.

(Sehr wahr!)

---

[1] Der Abg. Windthorst hatte den von dem Abg. Wehrenpfennig
erhobenen Vorwurf, der frühere Vorsitzende der katholischen Abtheilung, Geh.
Rath Schmedding, habe die von der Regierung begünstigten Unterhandlungen
über die Beilegung des Streites über gemischte Ehen auf geheimen Wegen zum
Scheitern gebracht, mit der Bemerkung zurückgewiesen, daß er ihn so lange für
unwahr halte, als die Documente nicht beigebracht seien (Sten. 531).

30. 1. 1872. Sollte es wahr sein, was der Herr Vorredner andeutete [1]   und es stehen dem in seiner Rede nicht so viele andere, von mir geglaubte Thatsachen zur Seite, daß ich es, weil es gesagt ist, für wahr annehmen möchte —, daß von irgend einer Seite eine Zählung nach dieser Richtung vorgenommen wird, so kann ich nur anführen, daß dies ohne Wissen und Willen der Staatsregierung, als deren vornehmsten Vertreter ich mich ansehe, geschehen ist. Es kann sein, daß das „statistische Bureau" seinerseits eine Zählung auch nach dieser Richtung hin veranlaßt hat, ich kann aber nur sagen, das statistische Bureau veranlaßt viele Zählungen, die ich nicht veranstalten würde, und deren Tendenzen ich vollständig fremd bin.

(Heiterkeit.)

Dasselbe verfährt mit der Unabhängigkeit, die den wissenschaftlichen Instituten bei uns gegeben ist; also die Behauptung von den statistischen Recherchen überlasse ich dem Herrn zu beweisen, bestreite aber, daß die Regierung dabei betheiligt sei.

Wenn der Herr Vorredner zuvörderst den Umstand tadelt, daß kein Katholik im Ministerium sei, so bedaure ich das auch meinerseits im hohen Grade; ich würde einen katholischen Collegen mit Freuden begrüßen. Aber wie die Sachen augenblicklich liegen, in einem constitutionellen Staate, da bedürfen wir Ministerien einer Majorität, die unsere Richtung im Ganzen unterstützt. Glaubt nun der Herr Vorredner, daß, wenn wir das Ministerium aus der Fraction*) wählten, der er angehört, daß uns dann die Unterstützung einer Majorität zur Seite stehen würde? Ich bezweifle es.

---

*) S. 534b.

[1] Abg. Windthorst: „Die Katholiken sitzen nicht in dem Cabinete, sie sitzen nicht in den Ministerien, unter den votirenden Mitgliedern der Ministerien, wir sind unter den vortragenden Räthen durchaus nicht vertreten, wie wir vertreten werden müßten, nach der Maßgabe der Zahl der Bevölkerungen, wir sind ebenso nicht vertreten in den Regierungen ..., wir sind nicht genügend vertreten in den höheren Instanzen der Gerichte ... Alles dies ist statistisch bereits klargestellt in den öffentlichen Blättern, und ich werde mir erlauben, für die Vervollständigung des betreffenden Nachweises Sorge zu tragen ... Ich rechne es den Blättern zum Verdienst an, denn die Regierung hat, wenn sie die desfallsige Ausführung widerlegen kann, in solcher Weise Gelegenheit, diese Widerlegung zu bringen, und ich weiß auch bereits, daß die Regierung veranlaßt worden ist, statistische Recherchen anzustellen, wie es sich mit den verhältnißmäßigen Anstellungen verhält" (StB. 536a b).

Ohne eine gewisse Homogenität ist aber ein Ministerium heut zu 30. 1. 1872. Tage nicht mehr haltbar, denn wir sind, obwohl wir in einem lockeren Ressortverhältniß zu einander stehen, in Preußen doch gemeinschaftlich verantwortlich; ich bin mit verantwortlich für das, was der Herr Cultusminister thut, und der Herr Cultusminister muß seinerseits ausscheiden, wenn er für dasjenige, was ich thue, die Verantwortung nicht tragen will; wir müssen also eine gewisse Nachsicht üben für untergeordnete Fragen. Die Fraction, der der Herr Vorredner angehört, hat selbst das Ihrige dazu beigetragen, das Vergessen des confessionellen Standpunktes in politischen Angelegenheiten schwierig zu machen.

(Sehr richtig!)

Ich habe es von Hause aus als eine der ungeheuerlichsten Erscheinungen auf politischem Gebiete betrachtet, daß sich eine confessionelle Fraction in einer politischen Versammlung bildete, eine Fraction, der man, wenn alle übrigen Confessionen dasselbe Prin= cip annehmen wollten, nur die Gesammtheit einer evangelischen Fraction gegenüberstellen müßte: dann wären wir allerseits auf einem incommensurablen Boden, denn damit würden wir die Theologie in die öffentlichen Versammlungen tragen, um sie zum Gegenstande der Tribünendiscussion zu machen.

(Sehr gut! Sehr richtig! Große Unruhe.)

Es war ein großer politischer Fehler, den die Herren vom politischen Standpunkte des Vorredners begingen, daß sie*) diese Fraction überhaupt bildeten, eine rein confessionelle Fraction auf rein politischem Boden, indem sie ihre Glaubensgenossen aus den verschiedenen Fractionen durch die Einflüsse, die ihnen zu Gebote standen, nöthigten, sich ihnen anzuschließen.

(Sehr wahr!)

Meine Herren, Sie nöthigen mich, auf das Historische der Stellung der Regierung zu diesen Fragen einzugehen. Der Herr Vorredner hat selbst weitere Veröffentlichungen darüber in Aus sicht gestellt; ich will ihm das erleichtern.

(Heiterkeit.)

---

*) Dieses und die folgenden Fürwörter dieses Satzes sind im Stsb. mit großen Anfangsbuchstaben gedruckt, doch beziehen sie sich auf „die Herren" zurück und sind nicht als in der Anrede stehend aufzufassen.

30. 1. 1872. Ich huldige von Hause aus dem Grundsatze, daß jede Confeſſion bei uns die volle Freiheit ihrer Bewegung, die volle Glaubens= freiheit haben muß. Ich habe daraus bisher noch nicht die Con= ſequenz gezogen, daß jede Confeſſion gezählt werden müſſe, und daß jede eine ihrer Volkszahl ziffermäßig entſprechende Betheiligung an der Beamtenſchaft haben müſſe. Es iſt neuerdings zur Recht= fertigung von Bewegungen, die von confeſſionellen Einflüſſen nicht ganz frei waren, ſogar der Grundſatz aufgeſtellt worden, daß in der Bergpartie der Mangel der Gleichſtellung der Confeſſionen von den Arbeitern ſchwer empfunden werde

(Große Heiterkeit.)

und ein zur Abhilfe berechtigendes Bedürfniß bilde. So weit kommt aber der Herr Vorredner nothwendig. Wo ſoll das auf= hören? Bei dem Miniſterium fängt er an; die Oberpräſidenten müſſen alſo auch — ich weiß nicht, wie das Verhältniß iſt, ich glaube nach dem Verhältniß wie 4 zu 7, ich will es auch nicht wiſſen,

(Heiterkeit.)

gezählt werden; die Beamten in allen Regierungsbehörden natür= lich auch. Nun kommt aber noch hinzu, daß die evangeliſche Con= feſſion nicht ganz und gar aus einem Blocke iſt. Sie können nicht Evangeliſche und Katholiſche einander gegenüberſtellen; die unirte preußiſche Landeskirche, die lutheriſche*), die reformirte haben voll= ſtändig die analoge Berechtigung wie die katholiſche. Sobald wir den Staat in confeſſionelle Stücke ſchneiden, an welchen**) jede Confeſſion ihren verhältnißmäßigen Antheil haben muß, ſo kommt auch noch die ganz beträchtliche Kopfzahl der jüdiſchen Bevölkerung in Betracht, deren Mehrzahl ſich ja durch beſondere Befähigung und Intelligenz für Staatsgeſchäfte auszeichnet.

(Große Heiterkeit.)

Wenn nun zur Herſtellung des Friedens mit dem Staate alſo die Fraction des Herrn Vorredners ſich auf einem politiſchen Boden confeſſionell conſtituirt hatte und ihre politiſche Haltung in der Hauptſache von der Confeſſion abhängig machte, ſo konnte man nun fragen: ſucht ſie auf dieſe Weiſe den Frieden zu erſtreben,

---

*) S. 535 a.
**) StB.: welchem.

indem sie ihre Macht zeigt? Ich habe, als ich aus Frankreich zu= 30. 1. 1872.
rückkam, die Bildung dieser Fraction nicht anders betrachten können,
als im Lichte einer Mobilmachung der Partei gegen den Staat,
(Sehr wahr!)
und ich habe mich nun gefragt: wird dieses streitbare Corps,
welches zweifellose Anhänger der Regierung aus ihren Sitzen ver=
drängt und eine solche Macht übt, daß es gänzlich unbekannte
Leute, die in den Wahlkreisen niemals gesehen waren, bei der
Wahl durch einfachen Befehl von hier aus durchsetzt — wird
dieses streitbare Corps der Regierung verbündet sein, wird es
ihr helfen wollen, oder wird es sie angreifen? Ich bin etwas
zweifelhaft geworden, als ich die Wahl der Führer sah, als
ich sah, daß ein so kampfbereites und streitbares Mitglied, wie
der Herr Vorredner sofort an die Spitze trat, ein Mitglied,
welches meinem Eindrucke nach — und ich bin ja berechtigt
und verpflichtet, Rechenschaft über meine Eindrücke zu geben, da
die Haltung der Regierung einer Fraction gegenüber wesentlich
von der politischen Richtung ihres Vorstandes abhängt — ein Mit=
glied, welches von Anfang an, aus Gründen, die ich achte und
ehre, ungern und mit Widerstreben der preußischen Gemeinschaft
beigetreten ist, ein Mitglied, das bisher niemals durch seine Hal=
tung und durch die Färbung seiner Rede bekundet hat, daß es
diesen Widerwillen überwunden habe, ein Mitglied, von dem ich
noch heute zweifelhaft bin, ob ihm die Neubildung des Deutschen
Reiches willkommen ist, in dieser Gestalt — sint ut sunt aut
non sint[1] — (ob er)[*] in dieser Gestalt die deutsche Einigung
annehmen will, oder ob er sie lieber gar nicht gesehen hätte;
darüber bin ich noch immer im Zweifel.

Ich bin indes, als ich aus Frankreich zurückkehrte, unter dem
Eindruck und in dem Glauben gewesen, daß wir an der katholi=
schen Kirche eine Stütze für die Regierung haben würden — viel=
leicht eine unbequeme und vorsichtig zu behandelnde; ich bin in
Sorge gewesen, wie wir es anzufangen haben würden, vom politi=

---

[*] Ergänzung des Herausgebers.
[1] „Sie mögen bleiben wie sie sind, oder nicht mehr sein!" soll der Be=
scheid gewesen sein, den der General des Jesuitenordens P. Ricci erteilte, als
die Aufforderung einer Abänderung der Ordensverfassung an ihn gerichtet wurde

schen Standpunkte aus, etwa erigeante Freunde so zu befriedigen, daß wir mit ihnen auf die Dauer leben können, und daß wir dabei die nöthige Fühlung mit der Mehrheit des Landes behielten. Diese Sorge hat mich damals, ich kann wohl sagen: in erster Linie, beschäftigt, so oft ich mich den inneren Angelegenheiten wieder zuwendete. Ich wurde in der That überrascht durch die Haltung, welche die mobil gemachte Armee einnahm.

(Heiterkeit.)

Ich habe mich aber noch in der ersten Reichstagssitzung einer Aeußerung über diese Dinge sorgfältig enthalten, ich habe mir gesagt, die Frage ist zu ernst, ich will abwarten, wie sich die Partei entwickelt, ob freundlich oder feindlich, ich habe geschwiegen. Von jener Seite wurde nicht geschwiegen.

Ich mußte, als ich aus Frankreich zurückkam, erfahren, welche Mittel bei den Wahlen angewendet worden waren, um die Wahlen dieser neuen Partei durchzusetzen. Wir hatten gehofft, an einer strengkirchlichen Partei eine Stütze für*) die Regierung zu gewinnen, die dem Kaiser gibt, was des Kaisers ist, die die Achtung vor der Regierung auch da, wo man glaubt, daß die Regierung irrt, in allen Kreisen, namentlich in den Kreisen des politisch weniger unterrichteten gemeinen Mannes, der Masse, zu erhalten sucht. Ich mußte mit Betrübniß und Befremden hören, daß die Wahlreden, die ja zum größten Theil gedruckt sind, die Preßerzeugnisse, die auf die Wahlen hinwirkten, gerade an die Leidenschaft der unteren Classen, der Masse, appellirten, um sie zu erregen gegen die Regierung; daß dagegen Nichts geschah, um irgend ein von Seiten der Regierung vorgekommenes Versehen zu entschuldigen, sondern daß man Alles, was man an unserer Regierung wie an jeder nach menschlicher Unvollkommenheit tadeln kann, sehr scharf beleuchtete; aber etwas Gutes über die preußische Regierung, Etwas, was zur Anerkennung derselben aufforderte, habe ich in diesen Wahlreden nie gelesen. Nichtsdestoweniger mußte man nach dem Zeugnisse der Herren annehmen, daß die altpreußischen Einrichtungen — altpreußisch ist nicht die richtige Bezeichnung, sondern neupreußische Einrichtungen — wie sie bestehen, von der

_____

*) S. 535b.

katholischen Kirche als ihr willkommen, als ihr nützlich, als ihr 30. 1. 1872.
eine ehrenvolle und bequeme Stellung gewährend, anerkannt
würden. Die höchsten Zeugnisse von Sr. Heiligkeit dem Papste,
die Zeugnisse der Bischöfe haben uns darüber vorgelegen, daß man
mit uns zufrieden sei; wir hatten gehofft, daß diese Zufriedenheit
sich einigermaßen bei dem Einfluß auf den gemeinen Mann, wie
er auf der Kanzel und im Beichtstuhl geübt wird, zeigen und erkennbar machen würde, und wie ich sah, daß doch mehr das
Gegentheil der Fall war, wie ich sah, daß man auf der einen
Seite die preußischen Einrichtungen für das Reich verlangte, auf
der anderen Seite sie dem gemeinen Manne nicht in einem ganz
günstigen Lichte darstellte, da bin ich zweifelhaft geworden und bin
einen Schritt zurückgetreten. Wie ich ferner gefunden habe, daß
die Fraction, von der ich sprach, im Reichstage sich bereitwillig
Elemente aneignete, deren fortdauernder principieller, von mir und
von mehreren Seiten in seinen Motiven ja nicht angefochtener
Widerspruch gegen den preußischen Staat und gegen das Deutsche
Reich notorisch war, und sich aus diesen Elementen verstärkte,
Protestanten, die Nichts mit dieser Partei gemein hatten, als die
Feindschaft gegen das Deutsche Reich und Preußen, in ihre Mitte
aufnahm, daß sie Billigung und Anerkennung fand bei allen den
Parteien, die, sei es vom nationalen, sei es vom revolutionären
Standpunkt aus, gegen den Staat feindlich gesinnt sind — eine
Gemeinschaft, die die Herren vielleicht im Princip zurückweisen, die
sie aber doch, sei es wider ihren Willen, auf dem Wege, den sie
gingen, fanden — da bin ich mir immer klarer in der Besorgniß
geworden, daß wir durch diese Partei zu der bedauerlichen Situation kommen würden, in der wir uns befinden.

Der Herr Redner hat, so lange ich gegenwärtig bin, vorzugsweise die Aufhebung der katholischen Abtheilung im Cultusministerium als Anlaß zu dem Vorwurf des Mangels an Parität
in den staatlichen*) Verhältnissen genommen.

Die katholische Abtheilung hatte in dem absoluten Staate
meines Erachtens ihre vollständige Berechtigung; daß der König,
der über Alles in letzter Instanz zu entscheiden hatte, auch den

---

*) StB.: statlichen.

Rath sachkundiger Katholiken über katholische Angelegenheiten hören wollte, daß er sich sogar eine Vorschrift daraus machte, gewisse Stellen mit Räthen gewisser Confessionen zu besetzen, war durch= führbar. Sobald wir in constitutionelle Formen überträten*), war es meines Erachtens ganz unverträglich mit dem Grundbegriff der Verfassung, daß die Zugänglichkeit zu gewissen politischen Rechts= stellen in den Ministerberathungen von der Confession abhängig gemacht wurde, (Sehr richtig! links.)

eben so**) wenig wie die Confession der Minister selbst entschei= dend darüber sein kann, ob katholische Minister nach einer gewissen Zahl berufen werden müssen oder nicht. Wenn das geschehen muß, dann ist die ministerielle Verantwortlichkeit damit überhaupt nicht mehr verträglich. Entweder hat der Cultusminister eine Ver= pflichtung, den Ansichten seiner katholischen Räthe zu folgen, und dann***) kann er für diesen Theil seiner amtlichen Thätigkeit ver= fassungsmäßig nicht mehr verantwortlich sein; oder er hat diese Verpflichtung nicht, dann ist es auch nicht erforderlich, daß diese Räthe in eine besondere Abtheilung formirt werden, welche statuten= mäßig einem bestimmten Bekenntniß angehören muß. Es ist ent= weder eine Beschränkung der verfassungsmäßigen Verantwortlichkeit oder ein ganz nutzloses Institut, wenn der Minister schließlich sagt: ich würde Euch†) gern gefällig sein, aber meine verfassungsmäßige Verantwortlichkeit der Mehrheit††) der Volksvertretung gegenüber läßt es nicht zu. Ich kann außerdem nicht leugnen, daß ich den Eindruck habe — ich beschuldige damit Niemand, gegen seine Ueberzeugung gehandelt zu haben —, daß die Richtung dieser katho= lischen Abtheilung degenerirt hatte. Sie wurde ursprünglich ge= schaffen, um Beamte des Staates zu haben, welchen vorzugsweise der Beruf anheimfiel, die Rechte des Staates in Bezug auf die katholische Kirche auszuüben und zu vertreten, in einer freund= schaftlichen Weise zu vertreten, wie es zwischen befreundeten Po-

---

*) StB.: überträten.
†) S. 536a.
**) StB: dem.
†) StB.: auch.
††) StB.: Wahrheit.

tenzen üblich ist.   Sie hatte aber schließlich den Charakter an= 30. 1. 1872.
genommen, daß sie meiner Ansicht nach ausschließlich die Rechte
der Kirche innerhalb des Staates und gegen den Staat vertrat.
Ich habe deshalb schon vor drei oder vier Jahren bei Sr. Majestät
dem Könige gelegentlich zur Sprache gebracht, ob es nicht nützlicher
wäre, wenn wir an diesem Orte einen päpstlichen Nuntius an
Stelle dieser Abtheilung hätten, indem von dem Nuntius Jeder=
mann weiß, was er vertritt, und was zu vertreten seine Pflicht
ist, und man ihm gegenüber eben die Vorsicht beobachtet, die man
Diplomaten gegenüber nimmt, und indem er seinerseits auch im
Stande ist, den kirchlichen Souverän, den er vertritt, unmittelbar
von den Eindrücken, die er wirklich hat, ohne eine zwischenliegende
Instanz und ohne falsche Strahlenbrechung in Kenntniß zu setzen.
Ich habe die Einrichtung eines Nuntius immer für wesentlich
nützlicher und zweckmäßiger gehalten, als die katholische Abtheilung,
ich habe indessen nicht gewagt, ihr Folge zu geben, da ich sowohl
an höheren Stellen, als auch in der öffentlichen Meinung eine
starke Abneigung dagegen vorfand.   Ob wir schließlich nicht doch
auf diesen Ausweg kommen, überlasse ich der geschichtlichen Ent=
wickelung, sobald sie friedliche Wege gefunden haben wird.   Aber
ich habe den Grundsatz immer nützlich gefunden: des Freundes
Freund und — ich will nicht sagen des Feindes Feind, aber —
des Gegners Gegner zu sein, und Concessionen in der jetzigen
Lage zu machen, ist mir deshalb wie die alte Fabel von dem
Wanderer, seinem Mantel, der Sonne und dem Winde vor=
gekommen.   Der Wind konnte ihn nicht nehmen, die Sonne ge=
wann es ihm ab, und mit der Sonne würden die Herren auch
weiter gekommen sein.

Es ist ferner die Situation nicht bloß durch die Gründung dieser
confessionellen Fraction erschwert worden, sondern auch durch die
in der That in unseren politischen Debatten ganz ungewöhnliche
Leidenschaftlichkeit des Tones, vorzugsweise in der Presse.   Von
der Tonart der Presse hat sich der Herr Vorredner so weit fern
gehalten, wie es die Tradition dieses Raumes und seine Herrschaft
über die Sprache mit sich bringen, aber ganz frei von der Leiden
schaftlichkeit konnte ich doch auch seine Auffassung nicht finden.
Ich bedauere es, denn wir kommen in politischen Angelegenheiten

so zarter Natur, wie es die confessionellen sind, mit der Leidenschaftlichkeit nicht weit. Der Herr Vorredner hat von der Regierungspresse gesprochen[1]. Ich glaube nicht, daß er damit den
richtigen Begriff der Regierungspresse verbunden hat[*]. Er rechnet
dazu Blätter, die selbständig schreiben und die es ihren Interessen
entsprechend finden, Mittheilungen der Regierung, wenn sie ihnen[**]
zugehen, aufzunehmen, so wie sie gebracht werden, andere, indem
sie sie nach ihrer Art zustutzen. Nachrichten nimmt jede Zeitung
gern auf, auch Raisonnements, wenn sie gut geschrieben sind, dafür haben sie ihr weißes Papier mitunter zur Disposition gestellt,
aber ich kann nicht oft genug wiederholen, jede Zeitung, für deren
ganzen „Inhalt die Regierung verantwortlich sein sollte, müßte die
Langweiligkeit eines Staatsanzeigers annehmen, sie könnte gar
keine Färbung tragen, sie müßte trocken werden und ist nur eine
Zeitung zur Verbreitung amtlicher Notizen, aber nicht eine, die
Abonnenten findet über den Bedarf hinaus.

Diese Leidenschaftlichkeit in der Presse hat noch dadurch an
Eindruck auf mich gewonnen, daß sie sich schließlich durch die gegenseitigen Erklärungen bei allen Kundgebungen auf dem Gebiete der
Polemik, in der wir uns befinden, zu einer gewissen Solidarität
erhoben hat. Das hier herausgegebene Blatt „Germania" hat,
so viel mir als Nichtleser davon berichtet ist, wiederholt seine Solidarität mit der bayrischen Presse, ich weiß nicht, „Volksbote",
„Vaterland" — kurz und gut, was man bei uns die deutschfeind-
liche Franzosenpresse, die alte Rheinbundpresse unter katholischem
Gewande nennen kann, — mit dieser[***] steht das hiesige ernst-
haftere Blatt doch nicht bloß im collegialischen Verhältniß, sondern
ich glaube mich zu erinnern, es hat ausdrücklich erklärt, daß es
sie als Vertreter der von ihm vertretenen Richtung anerkennt.

(Abg. Reichensperger: Nicht anerkennt!)

Es soll mir lieb sein, wenn ich das lese, ich glaube, die Herren

---

[*] S. 536 b.
[**] StB.: ihr.
[***] StB.: diesen.
[1] Abg. Windthorst: „Ich wiederhole, daß man die Katholiken (in
Preußen) systematisch verleumdet, wie das täglich in den Blättern und nament-
lich in den Blättern der Regierung geschieht" (StB. 531 a).

werden das weiter entwickeln können, ich glaube auch, daß in der neueren Zeit eine gewisse mildere Auffassung, die ich an anderen Orten, nur nicht in dieser Fraction wäre,

(Heiterkeit.)

ihren Weg gefunden hat, indem man eingesehen hat, daß man mit diesem Poltern und Sträuben auf einen unglücklichen Weg herauskommt; aber ich kann nicht leugnen, daß dieses ganze Uebereinstimmen der verschiedenen Preßorgane, der innere Zusammenhang bis zu den im Ausland, z. B. in Genf erscheinenden hinaus, doch den Eindruck in mir vervollständigt hat, daß die Mobilmachung, von der ich im Eingange sprach, in keinem für die Regierung freundlichen Sinne erfolgt ist, und die Regierung muß sich eben wehren, wenn sie angegriffen wird, und muß und wird sich vertheidigen. Ich würde es als großen Fortschritt erkennen und bitte Sie, meine Herren, darum — und ich will mich bemühen, das zu thun —, lassen wir diese Leidenschaftlichkeit aus den Discussionen heraus, dieses gegenseitige Anklagen; suchen wir aus dieser in der That für das Vaterland großen Calamität von theologischen Discussionen auf politischem Gebiete einen friedlichen und ruhigen Ausweg zu finden. Es ist der ernste Wille der Regierung, und ich glaube, aufrichtig kann Niemand daran zweifeln, daß jede Confession, und vor allen Dingen diese so angesehene und durch ihre Volkszahl große katholische, innerhalb dieses Staates sich mit aller Freiheit bewegen soll.

Daß sie außerhalb ihres Gebiets eine Herrschaft übe, das können wir in der That nicht zugeben, und ich glaube, der Streit liegt mehr auf dem Gebiete der Eroberung für die hierarchischen Bestrebungen, als auf dem Gebiete der Vertheidigung.

(Sehr richtig!)

Der Weg wird nicht in kleinlichen Maßregeln, in Chicanen liegen, und ich bedauere, daß beispielsweise die Braunsberger Angelegenheit[1]) vermöge der Schwierigkeit, mit welcher jede Aenderung der Staatsgesetzgebung bis in kleinlichste Consequenzen[2]) ver-

---

*) S. 537 a.

[1]) Betreffend die Maßregelung des Dr. Wollmann am Gymnasium zu Braunsberg durch den Bischof von Ermland wegen der Nichtanerkennung der vaticanischen Unfehlbarkeitslehre, s. Einleitung S. 212 f.

bunden ist, und gegenüber der Heftigkeit, mit der aggressiv von
der anderen Seite aufgetreten wurde, zu gesetzlichen Conflicten hat
führen müssen. Die Staatsgesetze verbieten es, einem Bischof der
katholischen Kirche das Recht der Entlassung eines Staatsbeamten
zu übertragen; es ist da eine Collision zwischen dem kirchlichen
Recht, wie es sich heut zu Tage ausgebildet hat, und zwischen der
augenblicklich bestehenden Staatsgesetzgebung rechtlich unvermeidlich
gewesen; eine Collision, welche zu lösen und in schicklicher Weise
zu lösen, ich als die Aufgabe einer weiteren Gesetzgebung betrachte,
und ich glaube, das wird eine Aufgabe sein, deren der neue Cultus=
minister sich mit Vorliebe und Beschleunigung annehmen wird.
Dogmatische Streitigkeiten über die Wandlungen oder Decla=
rationen, welche innerhalb des Dogmas der katholischen Kirche
vorgegangen sein können, zu beginnen, liegt der Regierung sehr
fern und muß ihr fern liegen; jedes Dogma, auch das von
uns nicht geglaubte, welches so und so viel Millionen Landsleute
theilen, muß für ihre Mitbürger und für die Regierung jeden Falls
heilig sein.

Aber wir können den dauernden Anspruch auf eine Ausübung
eines Theiles der Staatsgewalt den geistlichen Behörden nicht ein=
räumen, und so weit sie dieselbe besitzen, sehen wir im Interesse
des Friedens uns genöthigt, sie einzuschränken,

(Sehr gut! Zustimmung links.)

damit wir neben einander Platz haben, damit wir in Ruhe mit
einander leben können, damit wir so wenig wie möglich genöthigt
werden, uns hier um Theologie zu bekümmern.

(Bravo! links.)

Es weist also die Staatsregierung die Vorwürfe, welche der
Herr Vorredner erhoben hat, mit derselben Entrüstung zurück, mit
der er seinerseits eine Reihe von Vorwürfen zurückgewiesen hat, ohne
weitere Motive dafür anzuführen.

Aber ich kann auch für die Regierung nur den Standpunkt
wahren, daß man von der Regierung eines paritätischen Staates
nicht verlange, sie solle confessionell auftreten nach irgend einer
Richtung hin. Confessionell kann eine Regierung als solche nur
dann auftreten, wenn sie eine Staatsreligion hat, wie wir sie nicht

haben. Der Vorredner will dem substituiren fünf bis sechs Staats= 30. 1. 1872.
religionen, von denen jede ihre staatliche Geltung und Berechtigung
haben soll, — denn das wiederhole ich: was für die katholische
Kirche nach dieser Richtung gefordert werden kann, wird gerechter
Weise auch für alle übrigen christlichen und nichtchristlichen Con=
fessionen gefordert werden, nämlich eine ziffermäßige Betheiligung
nach Maßgabe einer genauen, durch das statistische Bureau zu er=
mitteln Volkszählung, wobei außerdem noch festgestellt werden
müßte, ob alle Katholiken ihrerseits mit dieser Quotisirung am
Staate einverstanden sind, und das glaube ich nun und nimmer=
mehr, denn ich bestreite den Herren, daß, wenn sie die Fragen,
die in ihren Wahlreden mit dieser Genauigkeit niemals berührt,
geschweige denn juristisch verstanden werden können, hier der Staats
regierung in dem Sinne gegenüber vertreten, — daß sie dabei die
Mehrheit ihrer eigenen Glaubensgenossen auf ihrer Seite hätten.
Das bestreite ich, und gewärtige ich den Beweis!

(Lebhaftes Bravo!)

Die Debatte wurde, auch nachdem der Ministerpräsident das Haus
verlassen hatte, fortgesetzt: auf eine Rede des Abg. Graf Bethusy=Huc
für die Aufhebung der katholischen Abtheilung folgte eine Replik des
Abg. Windthorst, die ihren Schwerpunkt in dem versuchten Nachweis
hatte, daß das Centrum keine confessionelle und noch weniger eine
staatsgefährliche Partei sei, sondern sich aus allen den Elementen
— katholischen und protestantischen — zusammensetze, welche „das Vor=
rücken nach links in dem raschen Tempo", wie es jetzt die Regierung
der Majorität zu Liebe begonnen habe, nicht mitmachen wollten. Nach
einigen persönlichen Bemerkungen wurde die Debatte geschlossen und
ein Vertagungsantrag angenommen.

---

24. Sitzung des Hauses der Abgeordneten
Mittwoch 31. Januar 1872.

Die Debatte über das Centrum und die Stellung der katholischen 31. 1. 1872.
Kirche zum Staate seit den vaticanischen Beschlüssen erneuerte sich in
der 24. Sitzung des Hauses der Abgeordneten am 31. Januar 1872
bei der Debatte über die Ausgaben für die katholische Kirche. Ohne

31. 1. 1872. den Antrag auf Streichung der Position zu stellen, verlangte der Abg. Virchow ein offenes und klares Bekenntniß über die Stellung des Centrums zu den Dogmen im Sinne der Hierarchie, wie sie vom Concil beschlossen worden seien. Denn wenn das Haus Mittel bewilligen solle für den preußischen Episcopat, so müsse es doch auch wissen, welche Position derselbe einnehmen wolle, und wenn der Episcopat sich dazu hergebe, der Vertreter staatsfeindlicher Dogmen zu werden, dann müsse man im Interesse der deutschen Entwickelung und der im Kampfe gegen die Hierarchie gewonnenen Glaubensfreiheit den Krieg dagegen eröffnen. Der Abg. v. Mallinckrodt antwortete im Namen des Centrums mit langen dogmatischen Ausführungen über das in der katholischen Kirche herrschende Autoritätsprincip, das der Kirche ihre Einheit und Stärke gegeben habe, bekannte sich zu Encyclica, Syllabus und Concilsdecreten „vollständig von A bis Z" und suchte nachzuweisen, daß in Preußen die Katholiken trotz der verfassungsmäßigen Parität „tendenziös ungerecht" behandelt würden. Ihm antwortete Fürst Bismarck*):

Ich will dem Herrn Vorredner nicht auf das dogmatische Gebiet folgen, sondern antworte ihm nur, weil sich einige seiner Aeußerungen gegen diejenigen, die ich gestern vom Platze aus that, gerichtet haben; er hat mich einmal in die Alternative gesetzt — die Vorhaltung richtete sich auch noch, glaube ich, gegen Andere wie gegen mich, aber ich muß sie mir doch mit zuziehen — als ob ich von ihm entweder nicht annähme, daß er die Wahrheit spräche, oder wenn ich es annähme, ihm nicht dementsprechend entgegnete [1]. Ja, ich glaube wohl, daß er die subjective Wahrheit spricht, ich bin fest überzeugt, daß er das, was er spricht, für wahr hält; aber ob es auch objectiv wahr ist, darüber habe ich mein eigenes Urtheil.

(Abg. Dr. Windthorst: Ein subjectives!)

Ich halte meinerseits Manches, was der Herr Vorredner für wahr hält, für unheilvoll und verdammlich, und mir gegenüber wird es ihm vielleicht ebenso gehen.

Dem Herrn Abg. Windthorst, der mich auf die Subjectivität meines Urtheils zurückweist, erlaube ich mir zu erwidern, daß wir

---

*) StB. 565 a.

[1] Abg. v. Mallinckrodt: „Man muß vorab die Frage stellen, ob die Gegner glauben, daß man die Wahrheit sagt, oder ob sie einfach glauben, daß man lügt. Wenn mein Gegner glaubt, daß ich mit Wahrhaftigkeit spreche, dann finde ich es nicht hübsch, nicht ehrenhaft, wenn der Gegner immer wieder trotz aller Berichtigungen ... auf denselben Punkt zurückkommt" (StB. 564a).

gewiß Alle stets in der Lage sind, subjectiv zu urtheilen; aus dem 31. 1. 1872. Angeborenen, aus dem alten Adam, der in unserem Fleische steckt, können wir Alle nicht heraus, auch der Herr Abgeordnete nicht.

(Heiterkeit.)

Der Herr Vorredner ist außerdem zurückgekommen auf die gestern von dem Herrn Abg. Windthorst unbewiesene, nur unter= stützt durch das Ansehen seiner subjectiven Ueberzeugung hingestellte Behauptung, daß die Katholiken gerechte Klage wegen zu geringer Betheiligung bei den Anstellungen hätten. Ja, meine Herren, ich habe gestern schon gesagt: wir brauchen für die ganze Richtung, in der wir die Staatsregierung führen, eine Majorität, so lange constitutionell regiert werden soll; ich habe gestern schon erwähnt: die finden wir nicht, wenn wir die Wege gehen wollten, die diese Herren vor mir uns empfehlen; aber ich frage weiter: wollen denn diese Herren überhaupt Anstellungen unter dieser Regierung haben? Ich glaube, nein, und wenn sie sie wollten, könnten sie nach ihrem Gewissen und nach ihrer Ueberzeugung sie annehmen?

(Sehr richtig!)

Ich glaube, darin sind Thatsachen schlagender als alle Worte, und ich möchte den Herrn Vorredner darauf aufmerksam machen, wenn er sagt, diese Fraction sei keine confessionelle, daß man das nach den Worten der Herren allerdings niemals glauben sollte, aber nach ihren Werken verhält es sich denn doch ganz anders.

Meine Herren, mir liegt hier z. B. ein im Sinne dieser Fraction und behufs Verstärkung derselben erlassener Wahlaufruf vor, nicht etwa von Einzelnen, sondern von einem Comité, welches sich in unserer größten und volkreichsten Provinz des vollen Vertrauens aller Anhänger dieser Partei erfreut, und welches augenblicklich für diese Partei recrutirt, ein Wahlerlaß, der unterzeichnet ist: Breslau, den 19. Januar 1872, es sind auch nicht unbekannte Leute, die ihn unterschrieben haben, da steht Graf Chamaré, Graf Ballestrem, Graf Lazy Henckel *), Herr Porsch, Dr. Rosenthal.

Ich glaube, daß keiner der Unterzeichner von Seiten der Fraction des Centrums hier verleugnet werden wird. Wie moti

---

*) StB. hier und weiter unten: Henkel, doch ist Graf Hendel v. Donnersmarck gemeint.

31. 1. 1872. viren nun diese Herren die Wahl, die sie erstreben? Etwa mit
den drei Punkten, die der Abg. v. Mallinckrodt vorhin entwickelte,
mit der Schützung des Rechts, mit dem Eintritt für die nationale
Sache, nur nicht gerade so, wie sie augenblicklich ist, wie sie augen=
blicklich allein bestehen kann, aber doch mit irgend einer Befür=
wortung für das Deutsche Reich [1]? Nein! Sie motiviren sie
ausschließlich vom[*] confessionellen Standpunkte. Der Eingang
des Actenstückes lautet:

„Gelobt sei Jesus Christus!“

Ich verlese diese Worte ausdrücklich, damit Sie aus dem Texte
erkennen, zu welchen Entstellungen der Name unseres Heilandes
gemißbraucht wird.

(Lebhaftes Bravo!   Hört! Hört!)

Er lautet ferner:

„Geliebte Brüder und Glaubensgenossen des Pleß=Rybniker
Kreises,“ —

sie wenden sich nicht an die Provinz, sondern an ihre religiösen
Glaubensgenossen; —

„als Ihr den Geistlichen Rath“ —

Ich füge hinzu, daß der Wahlerlaß oder das Wahlcircular aus
dem Polnischen in das Deutsche übersetzt ist, daß er also an Leute
gerichtet ist, die kein Deutsch verstehen und die sich nicht vergewissern
können, wie die hier deutschsprechenden Herren sich später ihres
Mandats entledigen, wie sie das Vertrauen, was auf diese Weise

---

[*] S. 565 b.

[1] Abg. v. Mallinckrodt: „Das ganze Programm dreht sich um drei
Punkte. Der erste Punkt ist die Betonung des strengen Standpunktes
des positiven und historischen Rechts. Das Zweite ist das Princip
der religiösen Freiheit, der Freiheit für alle Bekenntnisse ... Der dritte
Punkt ist das Princip der Föderation im Gegensatze zu dem Princip der
Centralisation, im Gegensatze zu den Tendenzen des Unitarismus. Meine
Herren, ... das ist ein Gegensatz, der sich speciell auf das Gebiet der deutschen
Frage bezieht, das ist ein Gegensatz, der den Herrn Reichskanzler allerdings
berechtigt, zu sagen, wir seien seine Gegner ..., aber, meine Herren, das Recht
hat der Herr Reichskanzler nicht, ... daraus, daß ich dem höchsten Beamten
des Staates Opposition mache, weil ich die Richtung, in der das Staatsschiff
steuert, für eine unglückliche ... halte, zu schließen, daß ich dem Staate als
solchem Opposition mache, daß ich den Staat, das Vaterland verleugnete“
(StB. 564 a b).

und durch diese Vorstellungen gewonnen wird, nachher hier benutzen 31. 1. 1872.
und sich dennoch als Vertreter von Wählern geriren, die auf diese
Weise gewonnen werden; —

„Als Ihr den Geistlichen Rath, Geistlichen Müller zu Eurem
Vertreter im Reichstage erwähltet, habt Ihr das gethan in
der Ueberzeugung, daß er die Rechte des katholischen Volkes
und der heiligen Kirche männlich vertheidigen werde. Und
Ihr habt Euch nicht getäuscht, denn er hat seine Pflicht voll
kommen erfüllt. Dennoch war es gerade dies, was den Haß
der Gegner der Kirche noch mehr vergrößerte, und daher
stimmte man unter der Ausrede, als wenn die Geistlichen
ungesetzlich sich für den Geistlichen Müller verwandt hätten,
im Reichstage dafür, daß seine Wahl ungültig sein soll. Ihr
wißt am besten, wie falsch diese Ansicht war, und auf welche
Weise man sich vordem und jetzt noch bemüht, daß gegen
den Willen des Volks der Herzog von Ratibor erwählt werde.
Aber es ist Euch auch bekannt, daß es jetzt mehr als irgend
vordem nöthig ist, daß wir furchtlose Katholiken in den Reichstag schicken, um so viel als möglich die katholische Fraction,"
so wird sie hier ausdrücklich in dem Wahlausschreiben genannt —
„das ist die Gemeinschaft im Reichstage, und die Seite jener
treuen Söhne unserer Kirche zu stützen und zu stärken, deren
löbliche Kämpfe und Vorgehen für die katholischen Rechte
bisher die Bewunderung sogar der ganzen katholischen Welt
auf sich gezogen haben, und welche unser geliebtester heiliger
Vater in Rom sehr mit Recht als tapfere Glaubensgenossen
gelobt hat.

Brüder Katholiken!"
Man wendet sich an keinen Evangelischen!
„Ihr habt gehört und gelesen, daß man fortan in den Schulen
unsere geliebten Kinder, die im Alter unser Trost sein sollen,
nicht mehr auf die alte hergebrachte und ehrbare Weise er
ziehen will, damit sie nämlich nicht mehr gute Christen waren,
sondern vielmehr Heiden,

(Hört! Hört!)
die weder Religion haben, noch ehrbare Sitten, noch From
migkeit; Ihr habt auch gehört, daß man aus diesem Grunde

sogar nichtkatholische Schulrevisoren berufen hat, damit diese, welche Nichts wissen von unserem heiligen Glauben, die Aufsicht über die Schulkinder hätten; Ihr habt weiter gehört, daß man jetzt droht, die Geistlichen zu strafen, wenn[*]) sie auf der Kanzel gegen die Gesetze sprechen sollten, welche man zum Schaden des katholischen Volkes gemacht hat.

Was ist also zu thun? Soll die heilige Wahrheit verhüllt sein, daß unser katholisches Volk sich nicht erretten könne von den zahlreichen Verfolgungen von Seiten offener und heimlicher Feinde, welche unter dem Scheine der Liebe zu dem gemeinen Volke unsere und der katholischen Sache wahre Gegner sind? Sollen wir uns Denen unterwerfen, welche schon so oft gezeigt haben, daß sie uns im Reichstage schaden wollen, auf daß wir Katholiken kein Recht mehr und keine Hilfe im Deutschen Reiche hätten, und damit wir allein nur die Sclaven Derer wären, die keinen Glauben haben?

(Hört! Hört!)

Sehet, geliebte Glaubensgenossen! darum muß man durchaus nur gute Katholiken zum Reichstage wählen, welche Charakter haben, welche sich nicht fürchten, die heilige Wahrheit zu sagen vor allen Abgeordneten und sogar vor der Regierung, um das Recht der jetzt so gottlos nichtswürdig verfolgten und verachteten Katholiken zu vertheidigen.

(Hört! Hört!)

Sehet, solch ein tapferer Mann, der sich nicht fürchtet, solch ein kluger Mensch, welcher die Bedürfnisse des oberschlesischen und des ganzen Volkes gut kennt, solch ein ehrlicher Volksfreund, welcher weder den eigenen Gewinn, noch irgend welche Belohnung von der Regierung sucht, sondern welcher allein Acht hat auf unseren Nutzen und unseren Vortheil; — sehet, ein solcher ist unser geliebter Geistlicher Rath Müller. Wir müssen uns daher so viel als möglich bemühen, daß wir solche Männer im Reichstage haben, denn nur solche brauchen wir, damit wir uns wider die Gegner unseres heiligen Glaubens vertheidigen können.

---

*) S. 566a.

Daher könnt Ihr nur wählen

„den Geistlichen Rath, Geistlichen Müller"

auf Deutsch:

„den Geistlichen Rath Müller in Berlin",

welcher, wie sein ganzes Leben hindurch, so auch im Reichstage offenbar sagen wird, was wir bedürfen.

Aber Achtung! Es ist durchaus nöthig, daß Ihr Alle ohne Ausnahme zur Wahl kommt, das ist Pflicht, denn anders verspielt Ihr.

Breslau, den 19. Januar 1872.

Das katholische Wahlcomité für die Provinz Schlesien.

(gez.) Graf Ballestrem, Graf Chamaré, Graf Laz. Henckel, G. Porsch, Dr. Rosenthal."

Nun, meine Herren, glauben Sie denn wirklich, daß Jemand, der durch solche Mittel, auf solche platte, für den gemeinen Mann, der nicht Deutsch kann, berechnete Verleumdung der Regierung hin eine Wahl erschleicht, daß er wirklich seine Wähler in dem Sinne vertritt, wie Sie doch behaupten müssen, es zu thun? Können Sie ferner, meine Herren, mit gutem Gewissen den Anspruch stellen, daß aus einer Fraction, die sich ergänzt auf Grund dieses Programmes, wie ich es eben verlesen habe, die Mitglieder des Staatsministeriums, die Oberpräsidien gewählt werden sollen? Meine Herren, das ist kein ehrlich haltbarer Anspruch!

(Heiterkeit.)

Der Abg. A. Reichensperger (Koblenz) fand es rein unbegreiflich, daß ein so hochstehender Politiker, ein Mann von so reichen Erfahrungen aller Art, wie der Ministerpräsident, von dem in Rede stehenden Wahlaufruf so viel Aufhebens mache: bei den Wahlkämpfen in England greife man sogar zu faulen Aepfeln und noch weit schlimmeren Dingen, ohne davon viel Aufhebens zu machen; des Ausdrucks „erschleichen" habe sich der Ministerpräsident wohl nur im Eifer der Rede bedient. Denn wenn man mit solchem Aufrufe etwas erschleichen wollte, so habe man ein überaus ungeeignetes Mittel erwählt; man hätte dann das Programm schwerlich drucken und allerwärts colportiren lassen. Fürst Bismarck antwortete*):

*) StB. 568 b.

Der Herr Vorredner hat gefunden, daß ich von dem von mir verlesenen Wahlaufruf zu viel Aufhebens gemacht habe. Dann bin ich mißverstanden worden in der ganzen Genesis dieser Vorlesung; es war nicht meine Absicht, Aufsehen davon zu machen. Der Herr Vorredner tarirt mich ganz auf den richtigen Standpunkt, wenn er annimmt, daß mir das keinen sehr erheblichen Eindruck gemacht hat. Ich habe schon viele ähnliche Actenstücke gesehen, aus ähnlichen Quellen, und ich wundere mich über faule Aepfel nicht bei Wahlangelegenheiten.

(Heiterkeit.)

Ich war nur dadurch veranlaßt, dieses Actenstück zu produciren, weil hier in der formellsten Weise das Recht bestritten worden ist, diese Fraction des Centrums als eine confessionelle zu bezeichnen. Nun war mir dieses Actenstück zufällig unter der Hand, aus welchem folgt, daß auf der Werbefahne der Fraction steht: die Confession und nur die Confession.

Den Ausdruck „erschlichen" habe ich mir in Folge der Ermahnung des Herrn Vorredners nochmals sorgfältig erwogen und würde ihn zurücknehmen, wenn ich mich überzeugt hätte, daß er sprachlich nicht der hier anwendbare sei. Ich verletze sehr ungern, und ich habe ihn nicht gebraucht in der Absicht, zu verletzen; man gewinnt nie Etwas damit, einen politischen Gegner bloß durch Worte zu reizen, wenn man nicht mehr als Worte bei der Hand hat. Aber ich kann wirklich, wenn ich mir diesen Ausspruch sprachlich definire, doch nur sagen: ich nenne „erschlichen", was Jemand gewonnen hat durch Entstellung der Wahrheit, mag diese Entstellung nun eine öffentliche sein oder eine heimliche. Sie bleibt hier immer eine heimliche, indem die Leute, an die sie gerichtet ist, gar nicht im Stande sind, sie zu controliren, diese polnisch sprechenden Oberschlesier auch gar nicht die Neigung haben, sie zu controliren. Es fragt sich also bloß: wird hier ein Mandat erstrebt durch Entstellung der Wahrheit? und da glaube ich, bin ich vollständig gerechtfertigt, dies zu behaupten, wenn in diesem Actenstück einer politisch nicht durchgebildeten Bevölkerung vorgeredet wird, die Regierung und der Reichstag strebe dahin, die Katholiken und diese Wähler persönlich zu Heiden, ja sie zu Sclaven der Ungläubigen zu machen. Ist das Wahrheit?

Der Abg. Graf Henckel von Donnersmarck, welcher — als 31. 1. 1872. Einziger von der Fraction des Centrums — den Wahlaufruf mit unterzeichnet hatte, rügte, daß der Ministerpräsident denselben als „lügenhaft" bezeichnet habe: In dem Wahlaufruf stehe Nichts, was Lüge sei. Denn wenn auch das, was darin gesagt sei, stark erscheine, so werde doch nicht vorausgesetzt, daß diese Zustände absichtlich herbeigeführt werden sollten: in Wahrheit bleibe aber die Sache immer dieselbe: diese Schritte führten dazu. Fürst Bismarck erwiderte in persönlicher Bemerkung*):

Ich habe mich des Wortes „Lüge" nicht bedient, ich würde mich nicht berechtigt gehalten haben, in dieser Versammlung das Wort anzuwenden. Ich habe gesagt „unwahr", ich habe von „Entstellung der Wahrheit" gesprochen; ich will es der öffentlichen Meinung überlassen, ob eine solche hier vorliegt nach dem, was ich verlesen habe.

Ich habe auch der vor mir sitzenden Fraction aus der Angehörigkeit des Herrn Vorredners bisher keinen Vorwurf gemacht.

(Heiterkeit.)

Ich habe — ich wiederhole — nur den Nachweis versucht, daß diese Fraction eine confessionelle sei, und deshalb habe ich das Actenstück producirt.

Der Posten, der die Debatte veranlaßt hatte, wurde übrigens ohne jeden Widerspruch genehmigt.

---

27. Sitzung des Hauses der Abgeordneten
Donnerstag 8. Februar 1872.

Unter dem 4. December 1871 legte Cultusminister v. Mühler 8. 2. 1872. dem Landtage den Entwurf eines Gesetzes, betreffend die Beaufsichtigung des Unterrichts- und Erziehungswesens, vor, der bestimmt war, das dem Staate nach Art. 23 der Verfassung zustehende Aufsichtsrecht über alle öffentlichen und Privatunterrichts- und Erziehungsanstalten zu einer Wahrheit zu machen. Er bestand aus zwei Paragraphen:

---

*) StB. 569a.

§ 1.

Die Aufsicht über alle öffentlichen und Privatunterrichts- und Erziehungsanstalten steht dem Staate zu.

Demgemäß handeln alle mit dieser Aufsicht betrauten Behörden und Beamten im Auftrage des Staates.

§ 2.

Die Ernennung der Local- und Kreisschulinspectoren und die Abgrenzung ihrer Aufsichtsbezirke gebührt dem Staate allein.

Der vom Staate den Inspectoren der Volksschule ertheilte Auftrag ist, sofern sie dies Amt als Neben- oder Ehrenamt verwalten, jeder Zeit widerruflich.

Diejenigen Personen, welchen die bisherigen Vorschriften die Inspection über die Volksschulen zuwiesen, sind verpflichtet, dies Amt gegen die etwaigen bisherigen Dienstbezüge im Auftrage des Staates fortzuführen oder auf Erfordern zu übernehmen.

Der Staat muß, so führten die Motive aus, um seine Aufgabe an der Schule lösen zu können, die Macht haben, nicht bloß auf der Stufe der Kreisschulinspection, sondern auch schon auf der der Localinspection mit Organen seiner eigenen freien Wahl eintreten zu können, ohne an die Wahl kirchlicher Oberen gebunden zu sein, und er muß in den Besitz dieser Machtmittel ohne Verzug und unabhängig davon, welches der Ausgang der Berathungen über das allgemeine Unterrichtsgesetz sein werde, gesetzt werden.

Schon die Generaldiscussion über den Entwurf, die in der 27. Sitzung des Abgeordnetenhauses, am 8. Februar 1872, eröffnet wurde, ließ die Geister heftig auf einander platzen. Für das Gesetz sprachen die Abg. Prediger Richter (Sangerhausen), Virchow, Lasker; gegen dasselbe die Abg. P. Reichensperger und Windthorst. Reichensperger bedauerte die Abwesenheit des Ministerpräsidenten, den anderweitige wichtige Staatsgeschäfte von dem Hause fern hielten, da er sich mit der Hoffnung schmeichle, daß sich Fürst Bismarck nicht ganz unzugänglich gegen die Betrachtungen und Gründe erweisen würde, die er ihm gern persönlich entgegengehalten hätte, um ihm zu beweisen, daß die Begründung der Gesetzesvorlage als einer politischen Maßregel zur Abwehr katholischer oder ultramontaner Angriffe auf den Staat hinfällig sei; Windthorst behauptete, daß sich Deutschland an einem Wendepunkt seiner inneren Entwickelung befinde. Die Regierung sei im Begriff, das monarchisch-christliche Princip, auf dem fußend Deutschland zur ersten Weltmacht geworden sei, zu verlassen und den Schwerpunkt der Staatsgewalt in das Parlament zu verlegen. Erst die Erfahrung werde lehren, ob Deutschland, auf der Majorität der Parlamente beruhend, das dauernd erhalten werde, was es, auf dem

monarchischen Princip ruhend, errungen habe. Fürst Bismarck, der **8. 2. 1872.**
während der Rede des Abg. Virchow erschienen war, nahm nach An=
nahme eines Vertagungsantrags das Wort zu folgender persönlicher
Bemerkung*):

Der Herr Abg. Reichensperger hat heute, wie ich mit Be=
dauern vernommen habe, meine Anwesenheit**), während er sprach,
vermißt. Ich bin sehr dankbar für die Aufmerksamkeit und möchte
gern verhüten, daß er darin etwa einen Beweis von minderem
Werth finden könnte, den ich auf Anhörung seiner Rede legte.
Ich bitte den Herrn Abgeordneten, zu erwägen, daß ich nach mei=
nem Gesundheitszustande seit mehreren Jahren durch Kämpfe, an
denen er nicht unbetheiligt gewesen ist, einigermaßen in meiner
Leistungsfähigkeit vermindert worden bin, und daß ich nicht bei
allen Gelegenheiten, wo mein Dienst mich hinführen sollte, und
wo ich gern sein würde, zugegen sein kann. Hätte ich gewußt,
daß der Herr Abg. Reichensperger sprechen würde, so würde ich
ganz gewiß gekommen sein,

(Heiterkeit.)

obschon ich glaube, daß nach unserer 23jährigen gemeinschaftlichen
parlamentarischen Thätigkeit der Herr Abgeordnete mir so sehr
viel, was ich nicht schon wüßte, heut nicht mehr sagen kann, und
ich ihm auch nicht. Ich kann mir lebhaft denken, was er gesagt
haben wird —,

(Heiterkeit.)

doch muß ich sagen: von Zeit zu Zeit — höre ich den Herrn Ab=
geordneten gern [1]).

(Heiterkeit.)

Ich kann dasselbe leider nicht sagen von seinem Herrn Frac=
tionsgenossen***), der nach ihm gesprochen hat, weil ich bei diesem
Herrn eine zu ausgebildete und durch eine zu gute Schule ge=
gangene Geschicklichkeit finde, die Worte, die ich und Andere ge=
sprochen haben, sich so zurecht zu legen, wie es gerade für seine
augenblicklichen Zwecke paßt, und weil†) diese Beispiele so häufig

---

*) StB. 682a.
**) StB.: Abwesenheit.
***) S. 682b.
† Fehlt im StB.
[1]) Von Zeit zu Zeit seh' ich den Alten gern' Faust, Prolog im Himmel.

8. 2. 1872. und so in einander verwachsen sind, daß es wirklich schwer sein würde, den einzelnen unter ihnen nachzuspüren.

Ich erlaube mir hier nur eine Verwahrung einzulegen gegen die Stellung, die der Herr Abgeordnete mir, in einem gewissen Gegensatz zu dem monarchischen Princip, zu dem Princip der Majoritätsherrschaft hat geben wollen. — Ich lasse ganz unentschieden, wohin dieser Pfeil zielt, den der Herr Abgeordnete schoß, aber ich kann ihm mit voller Ueberzeugung versichern, er fällt machtlos ab. Ich habe meine langjährigen Proben im Dienste des monarchischen Princips in Preußen gegeben, dem Herrn Abgeordneten steht dies, wie ich hoffe, noch bevor.

(Heiterkeit.)

Der Abg. Windthorst bedauerte in persönlicher Bemerkung, daß der Ministerpräsident ihn ungern höre; doch richte er seine Reden nicht für diesen, sondern für das Haus ein. Uebrigens müsse er den Ministerpräsidenten daran erinnern, daß derselbe am 30. und 31. Januar das Princip der parlamentarischen Majorität klar und bestimmt und unumwunden ausgesprochen habe. Er habe nur die Folgerungen gezogen und einer Verdrehung dabei sich nicht schuldig gemacht. Fürst Bismarck erwiderte*):

Ich würde in die sachliche Discussion von Neuem eingehen müssen, wenn ich die Deductionen beantworten wollte, die der Herr Redner mir gegenüber gemacht hat; ich behalte mir das für ein ander Mal vor[1] und beziehe mich einfach auf die stenographischen Berichte seiner Rede und meiner Aeußerungen, um zu constatiren, daß er in seiner Aeußerung die meinigen — obschon ich überzeugt bin, daß er sie im Gedächtniß hatte — doch nicht ganz genau wiedergegeben hat.

---

*) StB. 683a.
[1] Die Erwiderung erfolgte in der 28. Sitzung.

28. Sitzung des Hauses der Abgeordneten

Freitag 9. Februar 1872.

Bei Wiedereröffnung der Generaldiscussion über das Schulaufsichts- 9. 2. 1872. gesetz in der 28. Sitzung des Abgeordnetenhauses nahm der der con- servativen Partei angehörige Abg. Stroffer das Wort, um in aus- führlicher Rede die Vorlage zu bekämpfen, deren Nothwendigkeit durch Nichts bewiesen sei. Die Rechte der Kirche, der evangelischen wie der katholischen, die früher auf dem Gebiete der Schule unbeschränkt ge- wesen, dürften nicht weiter eingeengt werden; die bestehende Gesetz- gebung reiche aus, und der Obertribunalsbeschluß vom Jahre 1863 gebe der Regierung die Macht und das Recht, solche Personen, die sich ihrem Willen und ihren Anordnungen in der Leitung der Schule nicht fügten, von ihrem Amte zu entfernen. Nach ihm entwickelte der Cultus- minister Dr. Falk eingehend den Zweck des Gesetzes, das den Satz zweifellos klarzustellen beabsichtige, daß alle Beamten und alle Be- hörden, die bei der Schulaufsicht mitwirkten, dabei im Namen des Staates handelten, und die Staatsregierung von der Verpflichtung frei machen solle, bei der Auswahl der Inspectoren aus dem geistlichen Stande sich stets an die Bestimmungen und die Wahl der geistlichen Oberen zu binden. Er wies den von den Rednern des Centrums bezw. in den Petitionen erhobenen Vorwurf, daß die Schule entchristlicht werden sollte, zurück und gab zur Beruhigung der Gemüther die aus- drückliche Versicherung ab, daß die in Art. 24 der Verfassung gewähr- leistete möglichste Berücksichtigung der confessionellen Verhältnisse bei der Einrichtung der öffentlichen Volksschule, sowie das in demselben Artikel den einzelnen Religionsgesellschaften vorbehaltene Aufsichtsrecht über den religiösen Unterricht in den Volksschulen durch das Gesetz durchaus nicht gefährdet werden solle. Hierauf nahm Fürst Bismarck das Wort[*]):

Ich habe der sachlichen Darlegung meines Herrn Collegen von meinem allgemeineren politischen Standpunkte nur wenige Worte hinzuzufügen, zu denen ich genöthigt bin dadurch, daß von Seiten der Redner hier dieser Frage eine Dimension gegeben worden ist, welche sie auf den ersten Anblick nicht nothwendig hat. Man darf wohl sich über die Gründe klar zu machen suchen, die dahin führen, daß ein so einfaches Verlangen der Staatsregierung, daß ihr eine klare und unzweideutige Formel durch die Geses

---

[*) StB. 698a.]

9. 2. 1872. gebung gegeben werde, kraft welcher sie im Stande ist, ein ihr von der Verfassung zugesprochenes staatliches Recht auszuüben[1]), ein Recht, ohne dessen Ausübung in einem gewissen mäßigen Grade die Staatsregierung nicht glaubt, die Verantwortung für die Sicherheit unserer staatlichen Fortentwickelung, die Verantwortung für die Erfüllung ihrer Aufgaben überall übernehmen zu können, von so verschiedenen Seiten bekämpft wird.

Es ist ja möglich, daß sehr viele der Herren, die sonst die Regierung zu unterstützen pflegen, in diesem Falle aber es nicht zu thun entschlossen sind, die Dinge besser kennen, als die Staats= regierung, und daß sie dieselben besser übersehen, daß die Gefahr von ihnen mit der Sicherheit, wie von dem Herrn Abg. Stroffer

(Heiterkeit.)

für unbedeutend und die Regierung für schwarzsehend und ängstlich mit Recht gehalten werde. Nun, dann mögen die Herren kommen und selbst einmal regieren und probiren — dann werden sie mehr darüber erfahren, als sie in ihren Provinzen zu hören be= kommen.

Das Bedürfniß, eine Frage zu übertreiben in ihrer Bedeutung, liegt ja an und für sich naturgemäß und logisch im Interesse eines jeden Gegners einer Vorlage. Der hat natürlich in der Discussion das Bestreben, alle die Gefahren und Nachtheile, die aus der Annahme dieses mir nicht so durchschlagend erscheinenden Gesetzentwurfes entstehen könnten, zu übertreiben. Es könnte doch aber so weit nicht gehen und das allgemeine Interesse in dem Maße nicht in Anspruch genommen werden, wie die Zahl der Petitionen be= weist — mögen sie zu Stande gekommen sein, wie sie wollen —, wenn nicht eben die Frage in einen eigenthümlichen Zustand der politischen Atmosphäre unseres Staatslebens gefallen wäre, nämlich in den einer bereits vorhandenen confessionellen Spannung. Es ist dies ein Zustand, den ich als einen für den Staat unerwünsch= ten schon bei früherer Gelegenheit bezeichnet habe[2]), und auf den namentlich von Rednern aus der Fraction, die vor mir sitzt, viel=

---

[1]) Vgl. Art. 23 Alinea 1 der Preußischen Verfassung: Alle öffentlichen und Privatunterrichts= und Erziehungsanstalten stehen unter der Aufsicht vom Staate ernannter Behörden.

[2]) S. o. S. 231.

fach zurückgekommen ist, anknüpfend an und anspielend auf Aeuße= 9. 2. 1872.
rungen, die ich damals gethan habe.

Ich habe schon damals das Verlangen der Königlichen Re=
gierung accentuirt, in confessionellen Sachen zum vollen Frieden
zu kommen, und die Entschlossenheit der Regierung, einer so zahl=
reichen Kategorie von Mitbürgern, wie die Preußen katholischer
Confession sind, volle Befriedigung zu gewähren. Ich habe das
ausdrückliche Bestreben gekennzeichnet, zur Befriedigung zu gelangen
auf Wegen, die weder die Sicherheit des Staates, noch die Ge=
wissensfreiheit der betheiligten Confessionen gefährden. Ich halte
auch die heutige Gelegenheit geeignet, daß wir uns weiter mit der
Diagnose dieses Krankheitszustandes beschäftigen.

Ich bin viel geneigter, mit den Herren zu verhandeln von *)
dieser Stelle, was ich bei diplomatischen Verhandlungen nicht
gern thue, als im Schatten der Bureaur, und auf die Verant=
wortung einzelner Personen hin, auf deren richtige Darstellung ich
nicht immer das volle Vertrauen habe. Also lassen Sie uns einen
Augenblick auf dieses Thema zurückkommen.

Wie kommt es eigentlich, daß wir seit einem Jahre in einem
unbehaglichen kampfartigen Zustande uns gegenseitig befinden,
während die Meisten von Ihnen bis kurz vorher noch das Befrie=
digende der Zustände der katholischen Kirche in Preußen nicht ge=
nug rühmen konnten? — Und ich glaube, Sie hätten noch heute
Recht, dasselbe mit Dank zu der preußischen Regierung zu sagen,
die jeder Confession eine Freiheit der Bewegung gibt, von der Sie
sehr vollständigen Gebrauch machen. Wie ist das gekommen?

Ich habe neulich [1] mein Erstaunen darüber ausgesprochen,
daß sich auf einem rein politischen Gebiet eine confessionelle
Fraction gebildet habe. Indessen, ich würde es doch noch als
einen Vortheil betrachten, wenn diese Fraction wirklich eine ganz
rein confessionelle geblieben wäre, wenn sie nicht versetzt worden
wäre mit anderen Bestrebungen, wenn sie sich nicht belastet hätte
mit der Prozeßführung für Elemente und Bestrebungen, die der
friedlichen Aufgabe, die jede Kirche hat, und auch die katholische,

---

*) S. 698b.
[1] S. o. S. 231.

9. 2. 1872. eigentlich vollständig fremd sind. Zu den Aufgaben der katholi=
schen wie jeder christlichen Kirche gehört die Pflege des Friedens
und eines gesicherten Rechtszustandes des Landes, wo sie besteht;
das bestreiten Sie auch nicht, selbst der Abg. Dr. Windthorst
gibt eine zustimmende Kopfbewegung. Aber deshalb wäre es
meines Erachtens Ihre Aufgabe gewesen, sich von dem Einfluß
solcher Factoren frei zu halten, deren Element der Kampf ist, deren
Zukunft allein im Kampf und in Unsicherheit der gegenwärtigen
Zustände liegt. Mir ist dabei . . .

(zum Centrum gewendet)

Sie sitzen so dicht vor mir, daß ich jedes Wort höre, Sie werden
nachher volle Zeit haben, mir zu antworten; ich habe das Auge=
sicht der Herren noch nicht gesehen, ich höre aber jedes Ihrer Worte,
jetzt stört es mich, und ich glaube, Sie haben doch auch das Inter=
esse, mich deutlich bis zu Ende zu hören. — Diese Elemente des
Streites, mit denen*) Sie**) die Mission des Friedens, die Ihnen
obliegt, sich erschwert haben, sind mehrere. Einmal, das erste
davon ist meines Erachtens die Wahl Ihres***) „geschäftsführen=
den Mitgliedes"[1], welches sich auf die Majorität der Fraction
stützt, gewöhnlich im Namen der Fraction zu sprechen pflegt und
ihr den Namen hauptsächlich gegeben hat. Es bestand, ehe die
Centrumspartei sich bildete, eine Fraction, die man als „Fraction
Meppen" bezeichnete; sie bestand, so viel ich mich erinnere, aus
Einem Abgeordneten, einem großen General ohne Armee; indessen
wie Wallenstein ist es ihm gelungen, eine Armee aus der Erde zu
stampfen[2] und sich damit zu umgeben. Sind die Interessen des
Führers und der Armee nun identisch? Das ist die Frage, die

---

*) StB.: der.
**) StB.: sie.
***) StB.: ihres.
[1] Am Tage vorher äußerte der Abg. Windthorst, er werde festhalten
an dem monarchisch=christlichen Princip im Staate, selbst wenn die Majorität
und die deren Geschäfte führenden Minister anders beschließen sollten
(StB. 670a).
[2] Vgl. Schiller, Jungfrau von Orleans I 3:
Kann ich Armeen aus der Erde stampfen?
Wächst mir ein Kornfeld in der flachen Hand?
Vgl. Bd. IV, 208.

ich zu erwägen geben möchte, oder kämpft diese Armee, im Ver= 9. 2. 1872. trauen auf die Geschicklichkeit ihres Führers, vielleicht doch unter seiner Leitung für Zwecke, die nicht die ihrigen sind?

Der Herr Abg. Dr. Windthorst ist mir zuerst in meinem Leben bekannt geworden als treuer Anhänger des Königs Georg V., und ich habe den Vorzug gehabt, mit ihm in dieser Eigenschaft Verhandlungen über die intimeren Angelegenheiten Sr. Majestät des Königs Georg zu führen. Ich habe bisher nicht wahrgenom= men, daß er dieser durch seine ganze Vergangenheit begründeten Anhänglichkeit an einen nicht mehr regierenden Fürsten und dessen Sache schon entsagt hätte, seine politische Haltung steht an sich mit der Annahme, zu der Viele geneigt sein möchten: daß sein Herz noch heute an jenem Monarchen hängt, nicht nothwendig im Wider= spruch. Der Herr Abgeordnete betheiligt sich viel an den Debatten, aber das Oel seiner Worte ist nicht von der Sorte, die Wunden heilt, sondern von der, die Flammen nährt, Flammen des Zornes. Ich habe selten gehört, daß der*) Herr Abgeordnete zu überreden oder zu versöhnen bemüht war, vielleicht gegen seinen Willen, oder ich will mich objectiver ausdrücken, seine Reden waren selten ge= eignet, zur Versöhnung zu führen, wohl aber häufig von der Be= schaffenheit, daß, wenn sie außerhalb dieser Räume bekannt wer= den, sie einen beunruhigenden und befremdlichen Eindruck auf die Gemüther weniger urtheilsfähiger Leute machen können, sie können den Eindruck machen, als ob hier auch von der Regierung des Königs aus dem Hause Hohenzollern Dinge bestritten und be= kämpft würden, die ganz selbstverständlich sind. Sie werden mir Alle Recht geben, daß wir mitunter darüber erstaunt sind, daß der Herr Abgeordnete eine zweifellose, bis zur Gemeinplätzigkeit zweifel= lose Wahrheit ganz besonders energisch betont, als müsse er, und nur er, dafür eintreten, und als ob alle Uebrigen, namentlich die gegnerische Partei und die Regierung, sie bestritten. Es mag das eine Gewohnheit sein;

(Heiterkeit.)

außerhalb des Hauses, im Volke, macht es aber den Eindruck, als wenn so ruchlose Leute in der Regierung unseres Königs säßen,

---

*) S. 699 a.

9. 2. 1872. daß sie ganz natürliche und ganz zweifellose Dinge bestritten, als wenn hier wirklich eine Regierung säße, die den heidnischen Staat anstrebe[1]. Hier liegt ein Gesetz vor mit der Unterschrift Sr. Majestät des Königs, wohl erwogen und genehmigt von allen Behörden des Staates. Denjenigen, welche die Reden des Abg. Windthorst — ich weiß nicht, ob noch für Meppen[2]) — lesen, könnte das sehr wohl den Eindruck machen, als sei dieses Gesetz nun wirklich dazu bestimmt, das Heidenthum bei uns einzuführen — der gemeine Mann hat nicht den Beruf und oft nicht die Fähigkeit, das zu prüfen —, als solle hiermit wirklich mit des Königs aus dem Hause Hohenzollern Unterschrift ein Staat ohne Gott eingeführt werden, als seien der Herr Abgeordnete für Meppen und die Seinigen hier noch die alleinigen Vertheidiger Gottes. Der Gott, an den ich glaube, möge mich davor bewahren, daß der Herr Abgeordnete für Meppen je die Disposition über die Spendung seiner Gnaden für mich haben könnte.

(Heiterkeit.)

Ich würde dabei nicht gut wegkommen.

Ich habe einen Zweifel ausgesprochen, ob der Herr Abgeordnete für Meppen noch den Trieben der Anhänglichkeit an alte Verhältnisse folge, zu deren Bethätigung er zuerst mit mir unterhandelt hat, und als deren Vertreter wir ihn zuerst kennen gelernt haben. Der Herr Abgeordnete hat erklärt, er hänge unbedingt an der Preußischen Verfassung[3]. Ist der Zweifel damit gelöst? Man kann von der Verfassung verschiedenen Gebrauch machen, man kann sie studiren, um sie zu befolgen, sie enthält aber auch manche Waffe, gegen die Regierung nützlich zu verwenden. Aber wie ver-

---

[1] Abg. Windthorst: „Meine Herren, ein Staat, der seiner Natur nach .. weder die Befähigung noch die Organe hat, den Religionsunterricht zu ertheilen, wird, wenn er die Kirche hinausweist, wie das hier principiell geschieht, nothwendig ein confessionsloser, ein religionsloser Staat, ein durchaus religionsloser, rein heidnischer Staat, ein Staat ohne Gott, oder er wird selbst Gott hier auf dieser Erde" (StB. 670a).

[2] Windthorst war bis zu seinem Tode Vertreter desselben Wahlkreises Meppen.

[3] Abg. Windthorst: „Meine Freunde und ich stehen auf dem Boden der Preußischen Verfassung — die werden wir halten, voll und ganz halten" (StB. 673a b).

steht er nun diese Verfassung? Er hat mit einiger Geringschätzung 9. 2. 1872. von den Majoritäten gesprochen, auf die ich mich zu stützen bemüht wäre[1]); er hat mich in die Lage gebracht, bei meinen früheren Freunden für einen Mann zu gelten, der blindlings einer Majoritätsherrschaft folgt. Ich werde gleich das Material aus den Acten klar liefern, was ihm allein zu diesen breit ausgeführten Behauptungen Anlaß gegeben hat. Ich habe in meinem Leben schon Zeugniß davon gegeben, daß ich ein blinder Folger von Majoritäten nicht immer bin; wenn ich glaube, daß das Staatswohl durch sie gefährdet wird, so habe ich bewiesen, daß ich Widerstand leisten kann; ich würde das auch jetzt noch im Stande sein: wenn je der Herr Abgeordnete für Meppen eine Majorität für sich haben sollte, ich würde dann glauben, daß die Majorität auf falschem Wege ist. Was ich damals gesagt habe - und das ist Alles, was ich darüber gesagt habe — ist Folgendes:

„Wenn der Herr Vorredner zuvörderst den Umstand[*]) tadelt, daß kein Katholik im Ministerium sei, so bedaure ich das auch meinerseits in hohem Grade; ich würde einen katholischen Collegen mit Freuden begrüßen. Aber wie die Sachen augenblicklich liegen, — in einem constitutionellen Staate, da bedürfen wir Ministerien einer Majorität, die unsere Richtung im Ganzen unterstützt"[2]).

Ich könnte, ohne weiter von den Aeußerungen des Herrn Abgeordneten abzuweichen, als von den meinigen, z. B. behaupten, er hätte das dringende Bestreben, Minister zu werden, und zwar mein College; das wäre ebenso richtig deducirt aus der damaligen Debatte. Aber ich will nur fragen: wie denkt sich der Herr Abgeordnete denn die Verfassung, die er beschworen hat, wenn er so geringschätzig von Majoritäten spricht, deren ein Minister bedarf, und es gewissermaßen als Abfall von meinen früheren dem monarchischen Princip dienenden Principien bezeichnet, wenn ich danach strebe, das Ministerium im Einklang zu halten mit der Majorität der Volksvertretung? Wenn ich mir den Herrn Abge-

---

[*]) S. 699b.
[1]) S. o. S. 256, Anm. 1.
[2]) S. o. S. 230.

9. 2. 1872. ordneten als Minister denke, der die Majoritäten so gering schätzt, so würde er also im Ganzen nach dem Princip regieren: „Und der König absolut, wenn er unsern Willen thut." Wie er damit aber seine Beschwörung der Verfassung zu vereinigen denkt, weiß ich nicht. Der Herr Abgeordnete hat angedeutet, es könne Jemand sehr wohl Jahre lang ein guter Royalist sein und dann plötzlich zum Parlamentarismus abfallen.

Ja, meine Herren, in diesen allgemeinen Andeutungen — er hat mich nicht besonders genannt und mit dem, was ich weiter sage, meine ich ihn auch nicht besonders — aber solche allgemeinen Sätze, von denen das Publicum nachher glaubt, deren Wahrheit würde hier bestritten, lassen sich in Menge aufstellen. Wenn ich zum Beispiel sagen wollte, es kommt vor, daß die bittersten Feinde einer Monarchie sich unter der Maske der Sympathie an den Monarchen zu drängen suchen und ihm einen Rath persönlich auf= zudrängen suchen, der der Monarchie im höchsten Grade gefährlich ist, so würde ich ja weit entfernt sein, einen hier im Hause An= wesenden oder einen Parteigenossen des Herrn Abgeordneten für Meppen zu meinen,

(Große Erregung.)

aber es ist ein Satz, der in der Allgemeinheit, in der ich ihn auf= stelle, nicht ganz unrichtig ist.

Der Herr Abgeordnete war in der Oeffentlichkeit und bei der Königlichen Regierung in dem Rufe eines resoluten und unver= söhnlichen Gegners der Königlichen Regierung, wie sie jetzt ist, und der jetzigen Einrichtungen im preußischen Staate; diesen Ruf hatte er, als die Centrumsfraction, der ich den Beruf des Friedens vindiciren möchte, sich ihm unterordnete. Ich glaube, meine Herren vom Centrum, Sie werden zum Frieden mit dem Staate leichter gelangen, wenn Sie sich der welfischen Führung entziehen, und wenn Sie in Ihre Mitte namentlich welfische Protestanten[1] nicht aufnehmen, die gar Nichts mit Ihnen gemein haben, wohl aber das Bedürfniß haben, daß in unserem friedlichen Lande Streit entstehe, denn die welfischen Hoffnungen können nur gelingen, wenn Streit und Umsturz herrscht. Sie sind außerordentlich vermindert,

---

[1] Ein solcher war z. B. der Geh. Regierungsrath a. D. Dr. Brüel.

nachdem der französische Krieg, auf den früher von einigen Mit-   9. 2. 1872.
gliedern der Partei gehofft und hingewiesen wurde, nachdem der
einstweilen abgethan ist und zu unserem Vortheil abgethan ist.
Der Staat, wie er dem Herrn Abg. Windthorst vorschwebt, würde
seiner Verwirklichung viel näher gekommen sein, wenn die Franzosen über uns gesiegt hätten, aber diese Hoffnung wird bei der
welfischen Partei nicht mehr gehegt; wer also Streit will, muß
ihn anderswo suchen und anderswo Bandesgenossen finden, die
Franzosen sind nicht mehr stark genug; wenn aber andere Leute
sich dazu hergeben, die*) Kastanien für sie aus dem Feuer zu
holen, warum soll man ihnen das nicht gern überlassen?

Ein anderes Princip des Streites nimmt eine friedliebende
confessionelle Fraction in sich auf, wenn sie sich verbindet, oder
wenn sie in sich erzeugt als ein Unkraut, welches in jeder Partei
wuchert, (das ist)**) eine gewisse Gattung publicistischer Klopffechter,
deren Gewerbe gleich todt sein würde, wenn Frieden wäre, Leute,
die nur davon leben, daß sie die Stirn und Grobheit haben, Dinge
zu sagen, die man sonst nicht sagt, die man nicht erwartet zu
hören, um sich nachher zu rühmen: „Ja, dem habe ich es gut gegeben, der wird sich ärgern!" Aber das Aergern ist doch eigentlich
kein vernünftiger Zweck, den eine religiöse, confessionelle Partei
verfolgen kann; der Friede, die Versöhnung im Staate kann doch
nur Zweck sein. Auf welche Weise so ein Gewerbe betrieben wird,
darüber erlaube ich mir einen kurzen Auszug zu geben aus dem
„Katolik" des Redacteurs Miarka***) in Königshütte, dem Schau-
platz der bekannten Unruhen[1]), ein Blatt, das nicht ohne Betheiligung von Geistlichen redigirt wird, wie mir bekannt ist. Ich
weiß nicht, ob der Redacteur Geistlicher ist, aber manche Redac-
teure von Blättern, die eine ähnliche Sprache führen, sind ordi-
nirte Geistliche. Wenn man in die Hände eines solchen, wenn er

---

*) S. 700a.

**) Die eingeklammerten Worte finden sich im StB., sind aber wegen des
vorhergehenden „als ein Unkraut" überflüssig.

***) StB.: Miaska, am Schlusse des Actenstückes Miarka.

[1]) Im Jahre 1871 brachen unter den Arbeitern in Königshütte Unruhen
aus, die wesentlich mit auf die katholische Agitation gegen die protestantischen
Bergarbeiter zurückzuführen waren. Sie machten sogar das Eingreifen des
Militärs nothwendig.

9. 2. 1872. zur Pfarre kommt, die er mit der Zeit ja erlangt — wenn man einen solchen mit dem Schulinspectorat betrauen muß, wie Jemand, der mit diesem im geistlichen Ton gehaltenen Erlasse übereinstimmt, welcher anfängt ... ich muß ihn verlesen, wie er hier steht, obgleich es mir widerstrebt, diesen Mißbrauch heiliger Worte in die Discussion heranzuziehen; — er fängt an: „Jesus, Maria, Joseph! rettet uns aus der Hand der Feinde, denn wir verderben!" — Auch diese Kundgebung hatte ursprünglich die Gestalt eines Wahl erlasses für die bekannten Wahlkämpfe zwischen dem Geistlichen Rath Müller und dem Herzog von Ratibor: sie ist aber doch sehr beleuchtend für die Discussion, in der wir stehen.

(Liest:)

„Brüder, Glaubensgenossen! rufet die Frauen und Kinder, rufet alle Hausgenossen zusammen und fallet mit ihnen zugleich auf die Knie, indem Ihr mit dem Himmelsruf rufet: Jesus, Maria, Joseph, rettet uns aus der Hand der Feinde, denn wir verderben!

O Gott! Warum lässest Du so schreckliche Verfolgungen zu? Warum gestattest Du, daß die Feinde Deines Volkes spotten? Erbarme Dich über uns um Deines Namens willen!"

Ich will das Ganze hier nicht lesen, ich werde es drucken lassen zur Belehrung für Jedermann. Aber ich will gleich dazu übergehen: wer sind nun die „Feinde", die hier bezeichnet werden als die Verderber? Das kommt in dem folgenden Passus vor:

„Es verbreiten die Briefe des Antichristen"
— das sind also die Wahlcirculare des Gegners —

(Heiterkeit.)

„die Juden" ...
nun kommt also die Aufzählung der Feinde, die mit dem*) Anti christen gehen:

„die Juden, die Andersgläubigen, die urewigen Feinde des Volkes," —

also zu denen gehören wir auch, denn wir sind Andersgläubige —
„welche von dem Schweiße und dem Blute Eurer Hände

---

*) StB.: den.

leben und sich bereichern; und solchen Betrügern glaubt Ihr und laßt Euch verwirren!"

Ich erinnere daran, daß dieses Blatt in Königshütte redigirt wird, und Sie wissen, was dort vorgefallen ist. Es ist ein merkwürdiger Fingerzeig dafür, woher jene Rohheiten stammen können.

„Judas"*) —

der ist also auch unter der Zahl dieser „Feinde" zu finden

„Judas hat den Meister verrathen für dreißig Silberlinge, und Ihr schreckt nicht zurück, für verfluchten Branntwein, eine Cigarre oder eine andere zeitliche Eitelkeit den heiligen christlichen Glauben, Eure Brüder und Nachkommen zu verkaufen, welche Euch verfluchen werden und Eure Gräber, weil Ihr die Rechte der Nation und die Rechte Gottes verrätherisch in die Hände der Feinde geliefert habt!"

Und dann an einer anderen Stelle — wenn man bedenkt, daß in jenen Gegenden der größte Reichthum und die tiefe Armuth wie in allen Fabriks- und Bergwerksgegenden zum Theil unvermittelt, und nicht immer durch christliche Milde vermittelt — ich weiß es wenigstens nicht —, sich gegenüberstehen — ich betone die Bedeutung, welche solche Redewendung: „der Antichrist des Reichthums" für Arbeiter hat, die darauf hingewiesen werden, daß sie „Andersgläubige" mit dem Blut und dem Schweiß ihrer Hände nähren müssen —, so gewinnen alle diese Wendungen doch noch eine besondere Bedeutung, welche jeden Gleichgesinnten für das Schulinspectorat wenig geeignet erscheinen läßt.

Es heißt darin ferner:

„Der Gebrannte hütet sich vor dem Feuer! Wir haben gewählt den Fürsten Lichnowsky, die Grafen Renard, Strachwitz, Schaffgotsch, Saurma, Frankenberg, in der Hoffnung, daß sie uns Katholiken treu vertreten werden, — und sie haben uns schrecklich angeführt,

(Große Heiterkeit.)

denn alle schlesischen Abgeordneten haben sich der Fraction (den sogenannten Freiconservativen) angeschlossen, welche in

---

*) S. 700b.

der Angelegenheit des heiligen Vaters gegen die katholische
Fraction gestimmt haben.

(Große Heiterkeit.)

Der Graf Renard und Andere haben sogar das Lutz'sche
Gesetz unterstützt, welches die Kanzel bedrängt, —"
indem es das Strafgesetz auf Alle anwendet, also auch auf die
Geistlichen —

„nur der einzige Geistliche Rath Müller hat treu unsere
Rechte vertheidigt, daher ist er ein erprobter Abgeordneter,
wenn man uns auch nicht einen treuen Abgeordneten im
Reichstage gönnt, so sollen wir ihn also nach dem Willen
der Freimaurer, Juden und Liberalen verwerfen und an
seine Stelle den Herzog von Ratibor wählen, der sich zu den
oben aufgezählten Grafen anschließt und an denen wir uns
verbrannt haben?"

(Heiterkeit.)

Das Actenstück ist unterzeichnet von den Herren Nitzsche,
Poczatek, F. Spyra, Galus, E. Szary, und ist abgedruckt aus dem
„Katolit". Druck des verantwortlichen Redacteurs Karl Miarka
in Königshütte.

Nun, meine Herren! Leute, die solche Blätter redigiren,
dienen dem Frieden nicht. Von diesem Blatt „Der Katolit" ist
mir gesagt worden, daß es sich zur Aufgabe gestellt habe, in dem
sonst allezeit getreuen Oberschlesien eine polnische Fraction zu
schaffen, und daß ihm das unter dem Beistande katholischer Geist=
lichen, zum Theil deutscher Nationalität, gelungen sei.

Ich komme damit auf den dritten Bundesgenossen, den Sie
haben, der des Streites und Kampfes bedarf. Das sind die Be=
strebungen des polnischen Adels. Ich habe bisher keine Fälle
registrirt, wo Sie hier diese Fraction — ich sage ausdrücklich nicht,
die polnische, sondern die Fraction des polnischen Adels — in
seinen Bestrebungen, die er ja ganz*) offenkundig im Reichstage
und hier bekannt hat, direct unterstützt hätten; aber die Thatsache,
die auch der Herr Abg. Stroffer, wenn ich ihm die Acten, die mir
zu Gebote stehen, zur Einsicht gäbe, nicht leugnen wird, ist die,

---

*) S. 761a.

daß im Allgemeinen die katholische Geistlichkeit — auch deutscher 9. 2. 1872.
Zunge — die Bestrebungen des polnischen Adels, sich von dem
Deutschen Reiche und der preußischen Monarchie zu lösen und das
alte Polen in seinen früheren Grenzen wiederherzustellen, begünstigt,
mit Wohlwollen behandelt und, soweit es ohne Verletzung der
Strafgesetze geschehen kann, gefördert hat, und das ist einer der
empfindlichsten Punkte, in denen der Kampf von Seiten der katholischen Kirche gegen die Staatsregierung zuerst eröffnet worden ist,
und wo jeder Minister, der sich seiner Verantwortlichkeit bewußt
ist, dahin sehen muß, daß der Staat in Zukunft davor bewahrt
werde. Was die Bestrebungen des polnischen Adels betrifft, so brauche
ich dieselben gar nicht zu charakterisiren, die Herren machen ja gar
kein Hehl daraus, sie sind fortwährend bereit, mit der einen Hand
die Wohlthaten der Civilisation und der regelmäßigen Rechtspflege,
der Freiheit, die ihnen die Preußische Verfassung gewährt, anzunehmen und mit der anderen Hand das Schwert zu schwingen und
offen zu sagen: hiermit werde ich auf Dich einhauen, sobald mir
irgend eine gute Gelegenheit wird, denn ich bin mit dem jetzigen
Zustande unzufrieden, ich will ihn lösen. Ein rein principielles
theoretisches Bekenntniß, daß der preußische Staat zersetzt werden
müsse und die früheren polnischen Bestandtheile von ihm getrennt
werden, wird, so viel ich weiß, von unserem Strafrecht nicht getroffen, wenigstens nicht verurtheilt. Wir haben das nun in Beziehung auf einzelne Landestheile hundert Jahre lang mit angesehen, und wir würden ohne die Parteinahme der Geistlichkeit für
diese Bestrebungen es auch noch hundert Jahre mit ansehen; so
aber müssen wir wenigstens die Keime dessen, was Staatsgefähr-
liches sich daraus entwickeln kann, zu hindern suchen, so viel in
unserer Macht liegt, und so viel die parlamentarischen Mehrheiten,
ohne die wir Gesetze eben nicht erreichen können, uns dazu helfen.
Der Herr Abg. Stroßer ist der Meinung gewesen, wenn das
staatsgefährliche Dinge wären, so könne es ja gar nicht so schwer
sein, sie vor den Richter zu bringen [1]. Nun, ich hatte gedacht,

---

[1] Abg. Stroßer: „Es handelt sich darnach (bei dem Schulaufsichtsgesetz)
weniger um die katholische Kirche im Ganzen ..., es handelt sich um die natio

9. 2. 1872. er hätte mehr im praktischen Leben sich bewegt, um eine so wenig zutreffende Aeußerung hier auszusprechen; vor dem Richter weiß man sich wohl zu hüten. Die Beschwerde, die wir gegen die geistlichen Schulinspectionen in den Provinzen haben, wo nicht das Polnische vorherrscht, aber wo es überhaupt geredet wird, ist die, daß sie die deutsche Sprache nicht zu ihrem gesetzlichen Recht kommen lassen, sondern dahin wirken, daß die deutsche Sprache vernachlässigt und nicht gelehrt werde,

(Sehr wahr! rechts.)

daß der Lehrer, dessen Schulkinder Fortschritte in der deutschen Sprache gemacht haben, von seinem Geistlichen keine günstige Censur bekommt. Rechnen Sie nun dazu, daß bisher unter dem früheren Herrn Cultusminister[1] die meisten Schulrathstellen an den Regierungen, also der höchsten Provinzialinstanz, von Leuten besetzt waren, die, ich weiß nicht, aus welchen Gründen, obwohl sie deutscher Nationalität waren, mit diesen Bestrebungen sympathisirten,

(Hört! Hört!)

die den Lehrern in halb polnischen Landestheilen, bei denen die Kinder nicht Deutsch lernten, wohlwollten, diejenigen aber strenger ins Auge faßten, wo die Kinder gute Fortschritte in der deutschen Sprache machten, die es beförderten, daß wir in Westpreußen Gemeinden haben, die früher deutsch waren, wo aber jetzt die junge Generation nicht mehr deutsch versteht, sondern polonisirt worden ist nach hundertjährigem Besitz.

(Hört! Hört!)

Es*) ist dies ein rühmliches Zeugniß für die Lebensfähigkeit

_____

nalen Bestrebungen der polnisch redenden Bevölkerung der Provinzen Posen, Westpreußen und Schlesien. Da gebe ich vollständig zu, daß jene nationalen Bestrebungen ... einen Umfang und eine Ausdehnung angenommen, daß ihnen die Königliche Staatsregierung mit allem Ernst und mit aller Energie auf die Finger sehen muß, wo diese Bestrebungen wirklich diejenigen Forderungen überschreiten, die unseren preußischen Mitbürgern polnischer Zunge durch die Könige Friedrich Wilhelm III. und IV. zugesichert sind. Wo man das Maß dessen nicht inne hält, ... da mag die Regierung energisch entgegentreten, und sollten sich wirklich Geistliche finden, die in ihrer Eigenschaft als Schulinspectoren ... die Vorschriften, welche sie zu handhaben berufen sind, überschreiten, dann nehme man sie gründlich beim Kragen ..., man übergebe sie dem Strafrichter, vor den sie gehören" StB. 689b 690a).

*) S. 701b.
[1] v. Mühler.

und Tüchtigkeit der polnischen Agitation; aber diese polnische Agi-   9. 2. 1872.
tation lebt doch vielleicht nur von der Gutmüthigkeit des Staates.
Aber die Herren müssen diese Gutmüthigkeit nicht überschätzen, ich
kann Ihnen sagen: sie ist zu Ende! und wir werden wissen, was
wir dem Staate schuldig sind.

(Bravo! links.)

Sie werden mit weiteren Anträgen und Klagen, wie man
mir sagte, kommen zu Gunsten der polnischen Sprache; wir
werden Ihnen mit Gesetzesvorlagen zu Gunsten der Beförderung
der deutschen Sprache entgegentreten,

(Bravo! links.)

auch für die Provinz Posen.

Denn es ist für die Eingesessenen ein Bedürfniß, daß sie den
Staat, in dem sie leben, aus eigenem Urtheil zu beurtheilen wissen,
und daß sie nicht auf das trügerische Bild angewiesen sind, das
ihnen von klügeren und gebildeteren Leuten in die eigene Sprache
übersetzt wird, während sie selbst unfähig sind, ein eigenes Urtheil
sich zu bilden. Wir halten es für ein Bedürfniß, daß jeder
Staatsbürger in die Lage gesetzt werde, sich die Kritik über die
Regierung, die über ihm steht, selbst zu bilden; und dazu ist erforderlich, daß die deutsche Sprache mehr wie bisher gefördert
und das Verständniß dafür in weiteren Kreisen eröffnet werde,
und das Unterrichtsgesetz und alle Vorlagen, die wir Ihnen machen
werden, müssen von dieser Tendenz beseelt sein. Wir haben lange
gewartet, wir haben hundert Jahre gewartet auf die Ergebnisse
eines anderen Verfahrens; wir werden uns künftig dasjenige an
nähernd zum Muster nehmen, was beispielsweise von Frankreich
in Elsaß zur großen Anerkennung der Elsäßer beobachtet worden ist.

(Heiterkeit.)

Nachdem ich zu der katholischen Opposition gesprochen und,
wie ich glaube, nicht polemisch, sondern friedfertig gesprochen habe --
ich bitte Sie, meine Herren, legen Sie meinen Wendungen keine
ironische Bedeutung bei, möchte ich mit den Worten des Herrn
Abg. Reichensperger von gestern bitten [1]   ich habe den auf

---

[1] Als der Abg. P. Reichensperger in der 27. Sitzung des Abgeordneten
hauses sein Bedauern über die Abwesenheit des Ministerpräsidenten aussprach.

9. 2. 1872. richtigen Wunsch, mit Ihnen zum Frieden zu kommen, sobald Sie es mir irgend möglich machen. Das wird Ihnen und uns aber viel leichter sein, wenn Sie sich von alle dem lösen, was diesen Frieden erschwert, ohne mit der Stellung der katholischen Kirche in Preußen und Deutschland in einem nothwendigen Zusammenhange zu stehen.

Was nun die Gegner dieser Gesetzesvorlage auf conservativer Seite betrifft, so habe ich mich vergebens bemüht, mehr als zwei Gründe entwickelt zu bekommen, die einen anderen als einen rhetorischen Eindruck machen. Der eine davon war ein gewisses Mißtrauen gegen das Verhalten der sogenannten geistlichen Abtheilungen bei den Regierungen. Ich muß mit Bedauern wahrnehmen, daß diese Behörden auf dem Lande sich kein Wohlwollen zu erwerben gewußt haben in höherem Maße, als es der Fall ist. Man glaubt von ihnen, sie seien nicht immer schonend für einzelne Rechtsverhältnisse, sie schrieben und maßregelten zu viel. Das liegt ja auf einem anderen Gebiete, auf dem der inneren Organisation. Aber damit, glaube ich, hat dieses Gesetz Nichts zu thun, denn die Selbständigkeit der Provinzialregierungen in Bezug auf die Anstellung und die Absetzung von Schulinspectoren können wir aus financiellen Gründen nicht von einer gewissen Centralisation freilassen; der Finanzminister muß wissen, wie stark die Ansprüche sind, die an ihn gestellt werden, er muß also eine gewisse Controle haben, und diese Finanzfrage schließt eine selbständige Bewegung der Abtheilungen aus. Und dann möchte ich doch die Herren

(nach rechts)

auf jener Seite bitten: wenn Sie solche Klagen haben, so lernen Sie doch von Ihren Gegnern auf dieser Seite*),

(nach links)

bringen Sie sie hier öffentlich zur Sprache und schweigen Sie nicht mit zu viel Wohlwollen über Mißbräuche, die Sie als solche erkennen; die Regierung wird Ihnen dankbar sein, wenn Sie gerechten Klagen gegen geistliche Abtheilungen der Regierungen,

---

erhob sich Gelächter, das den Redner veranlaßte, sich gegen die Unterstellung zu verwahren, als ob seine Worte ironisch zu verstehen seien.

*) S. 702a.

die etwa über ihre Befugnisse hinaus maßregeln, in der Presse, 9. 2. 1872. in Anträgen, in Interpellationen Ausdruck geben; ich bitte Sie darum.

Das zweite Motiv, welches ich noch gehört habe und das auch der Herr Abg. Strosser heute geltend gemacht hat, geht dahin, daß man der jetzigen Regierung allenfalls in einem gewissen Grade trauen könne, wenn auch ihr Abfall zum Parlamentarismus, wie es scheint, unweigerlich constatirt ist, aber was könne sie nicht für Nachfolger haben![1]   Da, meine Herren, muß ich bitten, verfallen Sie doch nicht in diesen — ich kann es nicht anders nennen — Fehler, den Sie der Opposition, der regelrechten Opposition sonst vorgeworfen haben, daß man die Regierung wie ein schädliches Thier behandeln müsse, das nicht eng genug angebunden werden könne, das nie Freiheit haben müsse, sich zu bewegen, weil es dieselbe sofort mißbraucht, und thut die jetzige es nicht, dann thut es die folgende, — man muß doch die Regierung immer als eine vernünftige, aus der Ernennung eines Königs von Preußen hervorgehende, in ihrem Bestande mit der Wohlfahrt des Staates auf allen Seiten eng verbundene Körperschaft betrachten, nicht aber als ein gefährliches Wesen, welchem man jeder Zeit so viel Fesseln als möglich anlegt, damit sie ihre Macht nicht mißbrauche, oder wenn sie es nicht thäte, die folgende. Dadurch beschränken Sie die Freiheit der jetzigen Regierung, für das Wohl des Staates, ja für die Sicherheit des Staates nach ihrer Einsicht zu sorgen, in einem Maße, welches die Regierung anzunehmen in der Unmöglichkeit ist. Jeder Tag hat seine eigenen Sorgen, und wenn eine andere Regierung kommt, dann glaube ich nicht, daß diese Regierung in Preußen je so beschaffen sein kann, daß sie mit dem Staate nun abfährt in die gottlose und heidnische Welt, die der Herr Abg. Windthorst uns geschildert hat   sie wird immer eine

[1] Abg. Strosser: „Die Weiterentwickelung (zur vollständigen Trennung der Schule von der Kirche) kann gar nicht ausbleiben, selbst wenn wir annehmen, die Königliche Staatsregierung ... hätte den entschiedenen Willen, nachdem dieser erste Schritt gethan ist, vorläufig ein paar Jahre Halt zu machen. Wir wissen, meine Herren, daß wir Alle nicht unsterblich sind und daß die Minister am wenigsten es sind   jeder folgende Minister wird das einmal betretene Princip thatsächlich weiter zur Geltung bringen können, sobald er die Lust dazu hat" (StB. 690b).

9. 2. 1872. monarchische Regierung bleiben müssen. Stellte sich aber die künftige
Regierung zu weit auf die liberale Seite, so wissen Sie aus der
Erinnerung, daß mit wenig Auflösungen weitgehende Aenderungen
herbeigeführt werden können. Wir haben hier Zeiten gehabt, wo
in Folge von ein, zwei Auflösungen die sehr starke und die Majorität
habende conservative Partei auf 11 bis 12 Mitglieder reducirt wurde,

(Hört! Hört!)

weil der Wind, der von der Regierung ausging, die Segel nach
der anderen Seite hin blähte. Also die Fürsorge gegen eine
Regierung, die so radical und so durchgreifend verführe, deckt Sie
doch nicht hinreichend. Eine Regierung, die sich in diesen modernen
Zeiten der Bewegung rücksichtslos in die Arme wirft, kann ins
Verderben führen und wird ins Verderben führen, aber unwider-
stehlich ist sie zunächst bei preußischen Wahlen. Das möchte ich
die Herren bitten, zu erwägen, und die jetzige Regierung nicht
leiden zu lassen unter einer künftigen, die nicht existirt. Ich bitte
Sie, beschäftigen Sie sich mit Realitäten und nicht mit Gespenstern
der Zukunft, und beweisen Sie uns auch heute das Vertrauen,
welches Sie uns bisher gewährt haben.

(Lebhafter Beifall links.)

Nach einer Rede des Abg. Gneist für den Entwurf sprach von
Seiten der polnischen Fraction der Abg. v. Wierzbinski gegen den-
selben. Zum Schluß äußerte er sein Bedauern darüber, daß der
Ministerpräsident sich über die unfreundliche Haltung der polnischen
Bevölkerung beklagt habe, erklärte aber auch, daß die Polen bis jetzt
keinen Grund gehabt hätten, einer Regierung gegenüber, von der sie
stiefmütterlich behandelt würden, sich freundlich zu benehmen. Fürst
Bismarck erwiderte*):

Ich will nur berichtigen, daß ich mich über die unfreundliche
Haltung der polnischen Bevölkerung gar nicht beklagt habe,
auch gar keinen Grund dazu hätte. Die Bevölkerung ist dankbar
und erkenntlich für eine väterliche und freundliche Regierung, die
sie hat. Ich habe mich über den polnischen Adel beklagt und
über den Beistand, den die Geistlichkeit ihm leistet.

Nach einer Rede des Abg. Grafen Bethusy-Huc wurde ein
Vertagungsantrag angenommen. Zu einer langen persönlichen Be-

---

*) StB. 710 a.

merkung fühlte sich der Abg. Windthorst durch das „Uebermaß von
persönlichen Angriffen" veranlaßt, die in Sonderheit der Ministerprä=
sident gegen ihn richten zu müssen geglaubt habe, um durch Ver=
dächtigungen seine Loslösung vom Centrum herbeizuführen. Er be=
kannte offen seine Anhänglichkeit an die hannoversche Königsfamilie,
leugnete aber entschieden, in der Centrumsfraction unausgesprochene
Sonderpläne zu verfolgen. Denn trotz seiner Treue gegen das welfische
Haus sei er auch eingedenk des Satzes der heiligen Schrift: „Du sollst
unterthan sein der Obrigkeit, die Gewalt über dich hat", stehe voll
und ganz auf dem Boden der Verfassung, die er interpretire, wie jeder
andere Unterthan der Krone. Da bei der weitverzweigten geheimen
Polizei, die der Ministerpräsident unterhalte, doch schon irgendwo und
irgendwie Etwas hätte zu Tage kommen müssen, wenn ihm wirklich
Etwas zur Last fiele, so könnten die unbewiesenen Verdächtigungen nur
den Zweck haben, ihn einzuschüchtern mittels eines Terrorismus, der
das freie Wort unterdrücke. Sie zu qualificiren, unterlasse er, da er
unbedingt der discretionären Gewalt des Präsidenten unterliege, deren
Umfang hinsichtlich der Minister bekanntlich nicht ganz klar sei.

Der Präsident v. Forckenbeck bemerkte zu dem letzteren Punkte:
„Eine Aeußerung des geehrten Herrn Redners kann ich nicht mit Still=
schweigen übergehen. Er hat gesagt, die discretionäre Gewalt des
Präsidenten gegenüber dem Ministertische sei nicht klar. Ich weiß, daß
diese Gewalt bestritten worden ist, aber sämmtliche Präsidenten des
preußischen Abgeordnetenhauses seit Existenz der Verfassung und mit
ihnen ich, haben sie behauptet, und ich halte sie als eine klare seit . . .
Aber, meine Herren, diese discretionäre Gewalt kann ich nur ausüben,
. . . wenn mir ein klarer Grund und Boden unter den Füßen liegt . . ."

Hierauf Fürst Bismarck*):

Ich gehe auf die eben angeregte Principienfrage über die
Disciplinargewalt nicht anders ein, als daß ich nur constatire, daß
ich die Ansicht des Herrn Präsidenten nicht theile, aber wohl
gemeinten Erinnerungen von ihm, in Anerkennung seiner Haltung,
die er den Debatten gegenüber überhaupt beobachtet, als den=
jenigen eines erfahreneren Freundes, mich sehr gern fügen werde,
ohne dem Könige und seinen Ministern das Princip zu vergeben,
das er berührt hat ¹).

Dem Herrn Abg. Windthorst habe ich auf seine die persön=
liche Bemerkung recht weit ausdehnende Ausführung Nichts zu er=

---

*) StB. 714 a.
¹) Vgl. Bd. II, 125. 126. 174 ff.

9. 2. 1872. widern, nur dringend die Bitte zu wiederholen, daß er uns den confessionellen Frieden dadurch erleichtern möge, daß er sich und seine Bestrebungen von der Fraction, die er jetzt führt, trennt [1]). Kann er einen anderen Preis dafür finden, über den wir uns verständigen können,

(Heiterkeit.)

so [*]) unterschätze ich seinen Einfluß nicht, und wenn ich nur gewiß wäre, daß die Trennung nicht bloß eine formale, sondern eine durchgreifende wäre, so könnte ich ein recht hohes Opfer dafür bringen.

Im Uebrigen will ich nur erwähnen, daß ich meines Erachtens weder verdächtigt noch beschuldigt habe. Ich habe mich, glaube ich, im Ganzen mit einer Sanftmuth ausgedrückt, neben der die Aeußerungen des Herrn Vorredners doch noch eher den Charakter eines Terrorismus gegen meine Redefreiheit haben, wie umgekehrt.

---

29. Sitzung des Hauses der Abgeordneten
Sonnabend 10. Februar 1872.

10. 2. 1872.   Der Abg. v. Mallinckrodt, der in der 29. Sitzung des Ab-geordnetenhauses zuerst das Wort nahm, beschäftigte sich im ersten Theil mit einer Kritik der im bisherigen Verlauf der Debatte zu Gunsten des Gesetzentwurfs gethanen Aeußerungen; im zweiten Theile wandte er sich zu einer Kritik der Reden des Fürsten Bismarck, so-weit sie sich auf die Centrumspartei bezogen und ihre Beziehungen zu den fremden Elementen, die sich ihr zugesellt. Er wies die Bezeich-nung des Abg. Windthorst als des geschäftsführenden Mitgliedes der Partei zurück, da das Centrum überhaupt keine einheitliche Spitze habe, sondern von einem Vorstande von acht Mitgliedern geleitet werde, von denen keines im Besonderen das Recht des Vorsitzes habe. Uebrigens sei das Centrum stolz darauf, in seiner Mitte ein so hervorragendes

---

[*]) S. 714b.
[1]) Abg. Windthorst: „Ich erkläre meines Theils, daß ich sofort aus der Centrumsfraction treten will, wenn der Ministerpräsident den Anfang der Ver-söhnung damit macht, diesen Gesetzentwurf, den ich veranlaßt haben soll, zurück-ziehen" (StB. 713b).

Mitglied zu haben, wie den Abgeordneten für Meppen. „Meine 10. 2. 1872.
Herren, man hat eine Perle annectirt und wir haben die Perle in
die richtige Fassung gebracht." (Sehr gut! im Centrum. Große anhaltende Heiterkeit.) Weder von ihm, noch von den protestantischen
Welfen, die sich dem Centrum als dem Vertreter wahrhaft conservativer Gedanken angeschlossen hätten, werde sich das Centrum trennen
lassen, auch nicht um den Preis des Friedens, den der Minifterprä-
sident bei einer Trennung in Aussicht gestellt habe. Denn so sehr
das Centrum den Frieden wünsche, so müsse es doch erst statt Worten
Thaten sehen, ehe es die Waffen abgebe. Dem vom Ministerpräsidenten verlesenen Wahlaufruf aus dem „Katolik" stellte er einen
Artikel der Provinzialcorrespondenz vom 7. Februar gegenüber, in
welchem von dem mächtigen Eindruck berichtet werde, den die Rede des
Ministerpräsidenten vom 31. Januar in den weitesten Kreisen hervorgerufen habe, und der von Verdächtigungen des Centrums strotze. Der
dritte Theil seiner Rede beschäftigte sich mit dem Gesetze, das er als
im Widerspruch mit der Verfassung stehend charakterisirte, da Art. 112
den Stillstand der Gesetzgebung bis zum Erlaß des Unterrichtsgesetzes
anordne und Art. 26 [1]) das Unterrichtsgesetz über das ganze Gebiet
des Unterrichtswesens fordere, die Ordnung eines einzelnen Punktes
mithin verfassungswidrig sei. Fürst Bismarck entgegnete[*]):

Der Herr Vorredner hat sich so persönlich an mich gewandt
in dem ersten Theile[**]) seiner Aeußerungen, gerade in dem Moment, als ich diesen Saal betrat, daß ich genöthigt bin, doch mit
einigen Worten meine gestrigen Aeußerungen wiederum richtig zu
stellen gegen die altbekannte Gewohnheit einer gewissen Schule,
die Aeußerungen des Gegners, sei es auch nur durch einige Aus-
lassungen, so zurecht zu legen, wie man sie als unmotivirt oder
als unberechtigt darstellen kann.

Gerade als ich eintrat, tadelte der Herr Vorredner den Ausdruck, den ich in Bezug auf den Herrn Abgeordneten für Meppen
gebraucht hatte, nämlich „das geschäftsführende Mitglied dieser
Fraction"; er suchte zu widerlegen, daß er das sei. Dieser Ausdruck ist nicht von meiner Erfindung, er stammt von dem Herrn

---

[*]) StB. 721 b.
[**]) S. 722 a.
[1]) Art. 26: Ein besonderes Gesetz regelt das ganze Unterrichtswesen.
Art. 112: Bis zum Erlaß des im Art. 26 vorgesehenen Gesetzes bewendet es
hinsichtlich des Schul- und Unterrichtswesens bei den jetzt geltenden gesetzlichen
Bestimmungen.

Abgeordneten für Meppen, der mich bekanntlich den für die Majorität
geschäftsführenden Minister nannte, wie ich ihn gestern den für
die Majorität dieser Fraction geschäftsführenden Abgeordneten[1]). Die
Verhältnisse sind ganz analog; wenn der Herr Abgeordnete nicht
das geschäftsführende Mitglied ist, so könnte ich auch bestreiten,
daß ich es für das Ministerium wäre. Die Fraction hat acht
Mitglieder zum Vorstand, das Ministerium hat auch gerade acht
Mitglieder.

(Heiterkeit.)

Die sind auch Alle vollständig gleich berechtigt; ich habe meinen
Collegen gar Nichts zu befehlen, und wenn sie[*]) meiner Meinung
folgen, so ist es, weil sie[*]) sie für die bessere anerkennen, wie
es mir eben so oft passirt, daß ich die eines meiner Collegen für
die bessere anerkenne. Ich habe damit nur bezeichnen wollen —
und der Herr Vorredner bestätigte mir meine persönliche Auf=
fassung —, daß der Herr Abgeordnete für Meppen in seiner
Fraction an Begabung, an politischem Blick so ungewöhnlich her=
vorragt, daß er jeder Zeit sicher weiß, wohin die Führung ge=
richtet ist, und welches Ziel erstrebt wird. Ich will wünschen, daß
dies auch allen seinen Collegen immer klar werde. Ich habe durch
meine gestrigen Aeußerungen versucht, das Meinige zur Aufklärung
der Situation beizutragen, und ich freue mich, daß mir das in
gewissem Maße gelungen ist; die Schlußerklärung des Herrn Ab=
geordneten für Meppen gestern hat mir dazu verholfen und die
Rede des Herrn Vorredners auch. Er nannte den Abgeordneten
für Meppen eine[**]) Perle. Ich theile dies in seinem Sinne voll=
ständig; für mich aber hängt der Werth einer Perle sehr von ihrer
Farbe ab, ich bin darin etwas wählerisch.

(Heiterkeit.)

Der Herr Abgeordnete hat mir ferner in den Mund gelegt,
ich hätte als Bedingung für den Frieden das Ausscheiden eines
Mitgliedes gestellt. Nun, meine Herren, ich habe, glaube ich, Be=
dingungen gar nicht gestellt, ich habe bloß versucht, uns gegenseitig
den Dienst zu erweisen, daß wir die Situation klar legen, und ich

---

[*]) StB.: Sie.
[ ]) StB.: seine.
[1]) S. o. S. 256 Anm. 1.

habe Ihnen gesagt, wir würden den für den Staat erforderlichen 19. 2. 1872. Frieden zwischen der geistlichen Gesetzgebung der katholischen Kirche und der weltlichen des Staates leichter herbeiführen können, wenn Sie sich von alle den heterogenen Elementen frei halten wollten, deren Träger Sie vielleicht jetzt unwillkürlich geworden sind. Sie sind in die eigenthümliche Lage gerathen, daß sich eine Anzahl staatsfeindlicher Elemente, die den preußischen Staat zum Theil sogar offen negiren, an Sie anschließen, vielleicht in der Voraus= setzung, die ja vielleicht unberechtigt ist, daß auf diesem Wege der Staat am wirksamsten geschädigt werden könnte, — darüber kann man ja verschiedener Meinung sein. Aber die Thatsache ist die, daß Sie gewöhnlich zusammenstimmen mit Elementen, die sich ganz offen gegen den Bestand des preußischen Staates erklärt haben und deren Einzelne unter Ihnen Aufnahme gefunden haben. Die Meinung, ob der Herr Abgeordnete für Meppen noch heute mit seinen Sympathien in einem anderen Lager als dem preußischen sei, habe ich gestern nur als eine zweifelhafte hingestellt; ich habe den Herrn Abgeordneten nicht zu der Partei der Welfen an*) und für sich gezählt, ich habe nur gesagt, er hätte uns im Zweifel ge= lassen, ob er sich von solchen Bestrebungen bereits losgesagt habe. Er hat diesen Zweifel nachher vollständig und zu meiner Befriedi= gung gehoben.

Der Herr Abgeordnete hat ferner meine Aeußerung   wie der stenographische Bericht erweisen wird — nicht ganz richtig wiedergegeben in Bezug auf die Redaction des unter dem für ein politisches Blatt eigenthümlichen Namen „Der Katolik" in Ober= schlesien erscheinenden Blattes[1]. Ich habe ausdrücklich gesagt: ich weiß nicht, ob der Redacteur ein Priester ist; aber ich habe nicht nachher es plötzlich gewußt, sondern ich habe nachher — nicht plötz=

---

*) S. 722b.

[1] Abg. v. Mallinckrodt: „Es ist von Seiten des Herrn Ministerprä= sidenten auf „publicistische Klopffechter" hingewiesen worden, und es ist dann eines Blattes Erwähnung gethan, was in Königshütte erscheint. Der Herr Ministerpräsident bemerkte: ob es ein Geistlicher ist, der das Blatt redigirt, ich weiß es nicht; aber im Verlauf der Rede schien er es doch mit einem Male zu wissen, denn er meinte, so einem Manne könne das Amt nachher nicht fehlen. Nun, ich kann ihm mittheilen, daß es kein Geistlicher ist, sondern es ist ein ehemaliger Lehrer" (StB. 719a). Vgl. damit oben S. 261.

10. 2. 1872. lich, sondern stets — gewußt, daß diese Redaction und die Ver=
breitung dieses Blattes von der katholischen Geistlichkeit in Schlesien
wesentlich begünstigt wird, — und darüber liegen uns die Be=
schwerden vor.

(Bewegung.)

Und das ist mit eines der Motive, die uns berechtigen, Jhnen
solche Vorlagen zu machen, daß diese Tendenzen dort sich eines
geistlichen Schutzes erfreuen. Wenn der Herr Vorredner dabei diesen
sogenannten „Katolik" mit seinem Aufhetzen der Armen gegen die
Reichen, — namentlich gegen die „andersgläubigen" Reichen, mit
seiner Erinnerung an „den Schweiß und Blut der Armen, von der
der andersgläubige Reiche sich nähre", neben die Provinzialcorrespon=
denz gestellt hat [1], so freut es mich, daß er einen besseren Ver=
gleich nicht hat auftreiben können auf dem Gebiete der officiösen
Presse; ich habe geglaubt, wenn er ein schwereres Vergehen gegen
Sitte und Gesetz hätte auftreiben können als dies, welches er uns
vorgetragen hat, so würde er es gewiß gewählt haben. Als er
sagte, er wolle Etwas aus der Provinzialcorrespondenz lesen, so
war ich etwas in Sorge, was kommen könnte; es ist dies ein Blatt,
das ich zwar zu lesen für meine Pflicht halte, aber selbst dazu finde
ich nicht immer Zeit; ich bin deshalb mit dem Inhalt nicht immer
vertraut, war aber erstaunt, als nur in ganz wohlgesetzten Worten
eine Meinung ausgesprochen wurde, von der ich, ob ich sie theile,
hier gar nicht zu erklären habe, aber die doch Jemand haben kann:
daß es eine Partei gebe, die gewisse Ziele, die sie heute noch nicht
für gut finde kundzugeben, auf Umwegen erreichen will. Jch weiß
kaum, wie man das höflicher und schicklicher ausdrücken will, als
in dem Artikel der Provinzialcorrespondenz, den der Herr uns
vorgelesen hat [2].

---

[1] Abg. v. Mallinckrodt: „Aber etwas Anderes ist es mit einem Local
blättchen, ein Anderes ist es mit der Provinzialcorrespondenz" (StB. 719a).
[2] Der von dem Abg. v. Mallinckrodt hervorgehobene Abschnitt des
Artikels der Provinzialcorrespondenz lautet: „Um die Wirkung der gewichtigen
Rede abzuschwächen, haben die Vertreter dieser Partei sich bemüht, dieselbe als
einen herausfordernden Angriff gegen die katholische Kirche und Bevölkerung
darzustellen, während die wirkliche Bedeutung derselben in der mahnenden Ab=
wehr gegen politische Bestrebungen beruht, welche unter dem Deckmantel des
religiösen Glaubens ganz andere Ziele verfolgt. Also nicht gegen den Glauben,

Ich habe ferner auch nicht behauptet, daß das Centrum und die polnische Fraction hier ostensibel zusammenwirkten; ich habe sogar angedeutet, daß das nicht stattfände, — ich unterdrückte den Gedanken, daß es mit einer gewissen Sorgfalt aus Rücksicht auf die deutsche Bevölkerung, der der Herr Vorredner den Vorzug giebt, vermieden würde, aber ich habe hervorgehoben, daß es im Lande geschehe, daß wir zu unserem Bedauern gefunden hätten, daß katholische Geistliche, und nicht bloß polnischen Ursprungs, sich mit den nationalpolnischen Bestrebungen des polnischen Adels ver= bünden, um die Entwickelung des Unterrichts der deutschen Sprache zu hemmen. Und sie hat darin Bundesgenossen gefunden, soweit die Stellen hinaufreichten, die mit Geistlichen besetzt wurden, — bis in eine ziemlich hohe Stelle, die ich hier als zu persönlich nicht bezeichne. Es ist das ein um so bedenklicherer und für die Regie= rung unerwünschterer Standpunkt, als sie sich der merkwürdigen Beobachtung nicht verschließen kann, daß die Geistlichkeit, auch die römisch=katholische, in allen Ländern eine nationale ist, — nur Deutschland macht eine Ausnahme. Die polnische Geistlichkeit hält zu den polnischen Nationalbestrebungen, die italienische zu den italienischen; selbst in der unmittelbaren Nähe von Rom, soweit die Majorität des Klerus in Betracht kommt, sehen wir nicht, daß der italienischen Regierung von Seiten der italienischen Geistlichkeit antinationale Schwierigkeiten bereitet werden; im Gegentheil, wir haben von Anfang an gesehen, daß*) sie einer gewissen Förderung eines Theils der Geistlichkeit sich erfreute, die**) bis hoch hinauf den nationalen Bestrebungen der Italiener günstig war. Wir haben

---

nicht gegen die Ueberzeugung von Millionen unserer katholischen Landsleute konnte irgend eine Aeußerung des Ministerpräsidenten gerichtet sein, sondern lediglich gegen das Verhalten der politischen Partei, welche im Reichstage und in der Presse den katholischen Namen zu politischen Zwecken mißbraucht. Die Hoffnung und das Vertrauen mußten aber schwinden, als die vermeintlich katholische Partei nicht nur in die Gemeinschaft, sondern unter die Leitung von Männern trat, deren politische Bedeutung und Wirksamkeit vor Allem auf der ausgesprochenen Feindschaft gegen den preußischen Staat und gegen das neue Deutsche Reich beruht, und als die Vertreter dieser Gemeinschaft in der Presse sich zur wirksamen Bekämpfung der preußischen und deutschen Regierung mit den Gegnern aller staatlichen wie aller sittlichen Ordnung verbanden.

*) S. 723a.

*) „sich erfreute, die" fehlen im StB.

10. 2. 1872. gesehen, daß in Frankreich der Franzose stets höher steht in der
eigenen Selbstschätzung des Geistlichen, als der Geistliche. Wir
haben ein sehr eclatantes Beispiel davon unter anderen erlebt
während der Friedensverhandlungen, wo Se. Heiligkeit der Papst
den französischen Bischöfen ausdrücklich und durch das Organ eines
bestimmten Bischofs, das ich bezeichnen kann, empfahl, für den
Frieden thätig zu sein. Der Papst, so monarchisch auch die Kirche
jetzt organisirt ist, fand aber hier kein Gehör; der französische
Patriot überwog den französischen Geistlichen in den betheiligten
Personen. Wir haben Aehnliches in Spanien und anderwärts;
nur in Deutschland ganz allein, da ist die eigenthümliche Erscheinung, daß die Geistlichkeit einen — und ich komme hier auf ein
Thema, wenn ich es auch nur oberflächlich berühre, was der Herr
Vorredner in meinem Register vermißte [1] — einen mehr internationalen Charakter hat. Ihr liegt die katholische Kirche, auch
wenn sie der Entwickelung Deutschlands sich auf der Basis fremder
Nationalität entgegenstellt, näher am Herzen, als die Entwickelung
des Deutschen Reiches, womit ich nicht sagen will, daß ihr diese
Entwickelung fernläge, aber das Andere steht ihr näher.

(Abg. Windthorst: Beweise!)

Beleidigung kann ich darin nicht finden.

(Ruf im Centrum und rechts: Beweise!)

Ach, meine Herren, greifen Sie doch in Ihren eigenen Busen!

(Andauernde Heiterkeit.)

Der Herr Vorredner hat nun ferner an Reden erinnert, die
ich vor 23 Jahren, im Jahre 1849, gehalten habe [2]. Ich könnte

---

[1] Der Abg. v. Mallinckrodt vermißte eine Reihe von Punkten, die
der Ministerpräsident gegen das Centrum anzuführen vergessen hätte, darunter
„einen Hinweis auf die Beziehungen zur Internationalen" (StB. 720a).

[2] Abg. v. Mallinckrodt: „Ich habe kürzlich ... Gelegenheit gehabt,
der wirklich schönen Rede Erwähnung zu thun, die der Herr Abg. v. Bismarck
im Jahre 1849 zur Vertheidigung der wesentlich christlichen Gesichtspunkte und
Interessen des Staates gegen liberalisirende Bestrebungen von oppositioneller
Seite gehalten hat." Gemeint ist die Rede vom 15. November 1849, Bd. I,
155 ff. Weiter hatte der Abg. v. Mallinckrodt darauf hingewiesen, daß der
Abg. v. Bismarck im Januar 1849 für das Amendement v. Klein-Retzow
gestimmt habe: „Die Organe der betreffenden Religionsgesellschaften nehmen mit
Rücksicht auf die confessionellen Verhältnisse an der örtlichen Leitung der Volks-
schule Theil."

diese Bezugnahme einfach mit der Bemerkung abfertigen, daß ich
in 23 Jahren, namentlich wenn es die besten Mannesjahre sind,
Etwas zuzulernen pflege, und daß ich überhaupt, ich wenigstens,
nicht unfehlbar bin.

(Bewegung.)

Aber ich will weiter gehen. Was in jenen meinen Aeußerungen an lebendiger Erkenntniß und Bekenntniß zu dem lebendigen
christlichen Glauben liegt, dazu bekenne ich mich noch heute ganz
offen und scheue dieses Bekenntniß weder vor der Oeffentlichkeit,
noch in meinem Hause an irgend einem Tage; aber gerade dieser
mein lebendiger, evangelischer christlicher Glaube legt mir die Verpflichtung auf, für das Land, wo ich geboren bin, und zu dessen
Dienst mich Gott geschaffen hat, und wo ein hohes Amt mir übertragen worden ist, dieses Amt nach allen Seiten hin zu wahren;
und wenn die Fundamente des Staates von den Barricaden und
der republicanischen Seite angegriffen werden, so habe ich es für
meine Pflicht gehalten, auf der Bresche zu stehen, und werden sie
von Seiten angegriffen, die eher berufen waren und noch immer
sind, die Fundamente des Staates zu befestigen und nicht zu erschüttern, so werden Sie mich auch da zu jeder Zeit auf der Bresche
finden. Das gebietet mir das Christenthum und mein Glaube!

(Lebhaftes Bravo!)

---

30. Sitzung des Hauses der Abgeordneten

Dienstag 13. Februar 1872.

Noch in der 29. Sitzung trat nach Beendigung der Generaldiscussion das Haus in die Specialdiscussion ein. § 1 des Gesetzes
wurde in der Fassung der Regierungsvorlage, jedoch in Verbindung
mit dem Amendement des Abg. v. Bonin mit 188 gegen 158 Stimmen in folgendem Wortlaut angenommen:

Unter Aufhebung aller in einzelnen Landestheilen entgegen
stehenden Bestimmungen steht die Aufsicht über alle öffentlichen
und Privatunterrichts- und Erziehungsanstalten dem Staate zu.

Demgemäß handeln alle mit dieser Aufsicht betrauten Behörden und Beamten im Auftrage des Staates.

§ 2 der Regierungsvorlage dagegen fand unter Ablehnung des als Erſatz eingebrachten Amendements v. Rauchhaupt in ſeinen einzelnen Abſätzen mit Ausnahme von Alinea 3 („diejenigen Perſonen, welchen die bisherigen Vorſchriften die Inſpection über die Volksſchulen zu-wieſen, ſind verpflichtet, dies Amt gegen die etwaigen bisherigen Dienſt-bezüge im Auftrage des Staates fortzuführen oder auf Erfordern zu übernehmen") die Zuſtimmung der Mehrheit.

Als § 3 wurde auf den Antrag des Abg. v. Bonin hinzu-gefügt:

Unberührt durch dieſes Geſetz bleibt die den Gemeinden und deren Organen zuſtehende Theilnahme an der Schulaufſicht, ſo-wie der Art. 24 der Verfaſſungsurkunde vom 31. Januar 1850.

Die namentliche Abſtimmung über das ganze Geſetz ergab die Annahme mit 197 gegen 171 Stimmen, darunter die Mehrzahl der conſervativen Stimmen.

Bei der zweiten Berathung des Geſetzes in der 30. Sitzung des Hauſes der Abgeordneten am 13. Februar 1872 trat der Abg. v. Rauch-haupt zu Gunſten ſeines in der letzten Sitzung abgelehnten Antrags[1] ein, der der Staatsregierung die volle Freiheit der Action gebe, wo das Staatsintereſſe in Frage ſtehe. Gleichzeitig verſuchte er das Ver-halten der conſervativen Partei, die zwar für das Amendement des Abg. v. Rauchhaupt, ſchließlich aber gegen das ganze Geſetz geſtimmt habe, mit der Haltung der liberalen Partei gegenüber dem Amendement v. Rauchhaupt zu rechtfertigen. Hierzu Fürſt Bismarck[*]:

Ich bin der Meinung, die vielleicht nicht von Allen getheilt wird, daß, wer für das Amendement des Herrn Vorredners ſtimmte, bei der letzten Abſtimmung ebenſowohl für die ſchließliche Regie-rungsvorlage hätte ſtimmen können, ohne ſeinen Principien Etwas zu vergeben.

(Sehr richtig! links.)

Ich[**] bin auch der Meinung, daß, wer für die Regierungs-vorlage ſtimmte, auch wohl für das Amendement Rauchhaupt für den Augenblick hätte ſtimmen können. Das Amendement Rauch-

---

*) StB. 743a.
**) S. 743b.
[1] Die Ernennung der Kreisſchulinſpectoren gebührt dem Staate. Die Localſchulinſpection der Volksſchule wird von dem Ortsgeiſtlichen — welcher dieſen Auftrag jedoch zu übernehmen nicht verpflichtet iſt — im Auftrage des Staates wahrgenommen. Dieſer Auftrag kann durch Beſchluß der Bezirks-regierung, unter Beſtätigung des Miniſters der geiſtlichen ꝛc. Angelegenheiten, zurückgezogen und an andere geeignete Perſönlichkeiten übertragen werden."

haupt gab der Regierung, was sie für den Augenblick braucht, er- 13. 2. 1872.
füllte das Bedürfniß, gab der Regierung in ihrer Nothwehr das
zur Vertheidigung der Sicherheit des Staates nöthige Mittel gegen
Angriffe, welche jetzt schon auf diesem Gebiete stattfinden, von denen
sie aber in der Zukunft noch mehr bedroht ist. Auch der Herr
Vorredner schien vorauszusetzen, daß man sich einigermaßen gewundert habe, daß diejenigen, die für sein Amendement stimmen
konnten, die also durch Principien, durch irgend einen tiefer liegenden
principiellen, auf Mißverständniß über die Tragweite des Gesetzes
beruhenden Gegensatz von der Auffassung der Regierung nicht mehr
getrennt waren, daß die nachher nicht mehr für das Gesetz stimmen
konnten. Ich muß sagen, es hat das allerdings eine große Verwunderung erregt. Der Herr Vorredner hat als Erklärung dafür
nur ein einziges Motiv gegeben, welches indessen doch kaum mehr
ein sachliches ist, sondern rein auf einen gewissen Fractionspatriotismus
sich zurückführen läßt; es war der Ursprung, nicht der Inhalt
der letzten Fassung, welche die eine Fraction abhielt, dafür zu
stimmen; der Herr Vorredner erklärte ziemlich offen: weil es aus
der anderen Partei gekommen war. Hätte man also vielleicht Jemand finden können, der die ähnlichen Amendements, die von der
liberalen Seite kommen, aus den mittleren Parteien gestellt hätte,
so wäre vielleicht die gegenseitig gesteigerte Empfindlichkeit weniger
mächtig gewesen. Ich kann diesen Vorwurf, oder ich will lieber
sagen, diese Ermahnung, doch gegenseitige Fractionseifersucht und
Empfindlichkeit nicht auf Kosten der Vorlagen Platz greifen zu
lassen, an alle Seiten des Hauses gleichzeitig richten, ich kann das
Suchen des Compromisses, den wir Alle brauchen, nicht genug empfehlen; aber ich glaube, daß die conservative Seite im Ganzen
nach ihrem früheren Verhältniß doch noch eher in der Lage gewesen wäre, dem dringenden Bedürfniß, dem von der Regierung
offen als unabweislich erklärten Bedürfniß mit Aufopferung der
Fractionseifersucht zu Hilfe zu kommen, als es von der anderen
Seite verlangt werden konnte. Die conservative Partei würde dadurch nur im Sinne der geringen Zahl von Vorjahren, die sie in
früheren Jahren in diesem Saale hatte, gehandelt haben — es
waren elf, für deren Unterstützung ich stets dankbar gewesen bin
und es war nicht die Schuld derselben, daß sie nicht härter uns

13. 2. 1872. Gewicht fiel; aber wenn Sie*) das Erbe der damaligen Politik wirklich fortgesetzt und aufgenommen hätten, so würden Sie jetzt, nun Sie stärker sind, mit uns gegangen sein — die Elf hätten mit der Regierung gestimmt, das versichere ich Sie!

Der Abg. Lasker gab die Gründe an, die die liberale Partei bewogen hätten, gegen das Amendement v. Rauchhaupt zu stimmen. Es sei aus bloßer Compromißsucht hervorgegangen und nur in der letzten Stunde zusammengezimmert, um den Bruch innerhalb der conservativen Partei zu verhüten. Es muthe dem Staate zu, gesetzlich die Aufsicht in der Schule in erster Linie den Geistlichen zu übertragen, lasse aber die Frage, wem das oberste Aufsichtsrecht gebühre, ob dem Staate oder der Kirche, im Unklaren. Des Weiteren tadelte er die Haltung der conservativen Partei, der schon die politische Vernunft hätte gebieten müssen, die Staatsregierung in einer so wichtigen Angelegenheit nicht im Stiche zu lassen, und die nur darauf ausgehe, der Regierung eine möglichst große „moralische Schlappe" beizubringen. Fürst Bismarck bemerkte dazu**):

Wenn ich nochmals das Wort ergreife, so geschieht es deshalb, weil einige Sätze in den Aeußerungen des Herrn Vorredners mich zu der Besorgniß veranlaßt haben, als könnte meine vorige Aeußerung dahin mißverstanden werden, die Regierung beabsichtige etwa noch jetzt auf ein Compromiß auf der Basis des Rauchhauptschen Amendements hinzuwirken.

(Bravo! links.)

Das liegt uns fern, meine Herren! Hauptsächlich um aufzuklären, weshalb wir von Seiten der Regierung dem Amendement nicht entgegengetreten, weshalb das einzige Mitglied des Cabinets, welches zugleich Mitglied des Hauses ist¹), sogar für dieses Amendement stimmte, habe ich gesagt: die Regierung ist der Meinung gewesen, daß dieser Mittelweg ihr vor der Hand praktisch genügen würde. Zu Principien uns***) gerade bei dieser Gelegenheit zu bekennen, hatten wir nicht das Bestreben, wir verlangten nach einer praktischen Waffe zur Abwehr — Principien sind in dieser Frage mehr trennend als bindend. Wir haben uns mit dem Mindesten be-

---

*) StB.: sie.
**) StB. 745b.
***) S. 746a.
¹) Der Minister des Innern, Graf Friedrich zu Eulenburg.

gnügt, wodurch wir nach dem englischen Sprichwort die beiden
Enden hätten zusammenbringen können [1]. Wir glaubten, daß dies
der Fall sein würde, es ist uns nicht gelungen. Wir sind nun zu
einem Abschluß durch Abstimmung gelangt, und wir werden auf
diesem Boden festhalten und dabei beharren.

(Beifall.)

Der Herr Vorredner hat gesagt, es sei ihm und den Seinigen
undenkbar gewesen, daß in einer Frage von dieser principiellen
und von uns für die Sicherheit des Staates wichtig erklärten Frage,
in einer Frage von der Bedeutung die bisherige conservative Partei
der Regierung offen den Krieg erklärt hat. Ich will mir diesen
letzten Ausdruck nicht aneignen, aber ich darf das wohl bestätigen,
daß es mir auch undenkbar gewesen ist, daß diese Partei die Regie
rung in einer Frage im Stiche lassen werde, in welcher die Regie
rung ihrerseits entschlossen ist, jedes constitutionelle Mittel zur An
wendung zu bringen, um sie durchzuführen.

(Hört! Hört! rechts; lebhafter, anhaltender Beifall, andauernde Erregung.)

————

In einer persönlichen Bemerkung, die sich an die Rede des Abg.
Lasker knüpfte, protestirte der Abg. v. Mallinckrodt dagegen, daß
ihm die Aeußerung in den Mund gelegt werde: „Erst wenn der
Staat die Waffen ablege, würde die Kirche sie ablegen." Er habe
allerdings von einem Kampfe gesprochen, aber nicht von einem Kampfe
der Kirche gegen den Staat, sondern von einem Kampfe des Staats
ministeriums gegen das Centrum. Der Ministerpräsident aber habe
von einem Frieden mit dem Centrum und nicht mit der Kirche geredet.
Zur Berichtigung bemerkte Fürst Bismarck[*]:

Der Herr Redner, der sich soeben setzte, hat eine Aeußerung,
oder vielmehr die Tendenz mancher Aeußerungen von mir gerade
im umgekehrten Sinne angeführt, als ich sie ausgesprochen habe,
– ich weiß nicht, ob in Folge eines lapsus linguae [2], oder in
Folge eines allgemeinen Mißverständnisses. Er hat gesagt, ich hatte

————

[*] StB. 746 b.
[1] Die englische Redensart to make both ends meet bedeutet: alles
zusammennehmen, um mit genauer Noth auszukommen.
[2] Verstoßen der Zunge, d. h. eines Versprechens.

erklärt, ich hätte den Frieden nicht mit der Kirche, aber mit dem
Centrum erstrebt. Meine Herren, ich appellire an die stenographi=
schen Berichte und an das Zeugniß der ganzen Versammlung. Es
ist gerade umgekehrt. Ich habe auszuführen gesucht, daß wir mit
der Kirche Frieden wollen, Frieden haben müssen, daß aber das
Centrum uns diesen Frieden erschwert, weil es durchsetzt ist
und sich verbündet mit anderen Bestrebungen, mit denen der Friede
für den Staat viel schwerer herbeizuführen ist, wie mit der Kirche
einer so großen Anzahl seiner Angehörigen.

In der Specialdiscussion zu § 2 des Gesetzentwurfs kam der Abg.
A. Reichensperger (Koblenz) auf den Vorwurf „antinationaler Ten=
denzen“ und des „Internationalismus“ zurück, den der Ministerprä=
sident gegen die gesammte deutsche Geistlichkeit erhoben habe; er wies
denselben als ungerecht zurück und erinnerte daran, wie die Geistlich=
keit in schweren Tagen im Großen und Ganzen für die Regierung und
die conservativen Interessen eingetreten sei und noch zuletzt im Kriege
überall geholfen habe, wo sie habe helfen können. Fürst Bismarck
entgegnete*):

Ich habe das Unglück, daß ich viel häufiger das Wort er=
greifen muß, als mir lieb ist, weil die Herren, die vor mir sitzen
und sich vorzugsweise an den Debatten betheiligen, gerade für meine
Aeußerungen von dem guten Gedächtniß, was sie sonst zu haben
pflegen, vollständig im Stiche gelassen werden. Ich habe noch nie
gefunden, daß ich von ihnen genau citirt worden wäre; ich will
nicht zurückkommen darauf, daß Herr v. Mallinckrodt vorhin auch
am Schluß[1]) noch ungenau citirt; ich wollte die Kette der persön=
lichen Bemerkungen nicht verlängern, aber der Eine setzt sich, der
Andere steht auf, und die Citate sind nie genau. Der Herr Ab=
geordnete, der eben sprach, hatte Aeußerungen, die ich neulich[2]) in
Bezug auf die nationale Stellung der Geistlichen verschiedener
Nationen that, dadurch eine ganz andere Färbung gegeben, daß er
sie verallgemeinert hat. Er hat es so dargestellt, als hätte ich

---

*) StB. 754a.
[1]) Einer persönlichen Bemerkung auf die eben mitgetheilte Bemerkung des
Ministerpräsidenten.
[2]) S. o. S. 277.

allen katholischen Geistlichen deutscher Nation den Patriotismus
vollständig abgesprochen, als hätte ich die deutschen Geistlichen in
die vierte Nummer classificirt und ihnen die anderen vorgezogen.
Er hat wiederum meinen stenographischen Bericht nicht vor sich
gehabt, er liegt hier, ich werde Ihnen nachher aufsuchen, was ich
gesagt habe, ich mag Sie jetzt nicht damit aufhalten, im Gedächtniß aber habe ich, und dafür rufe ich Ihr Zeugniß an, gesagt zu
haben, daß solche Symptome, wie sie bei uns vorkommen, solche
einzelnen Erscheinungen bei anderen Nationalitäten eben gar
nicht vorkommen. Wir haben es zu*) thun mit, und ich sprach
von der deutschen Geistlichkeit im Allgemeinen, nicht von der
preußischen, . . . mir ist heute z. B. eine Sammlung von Aeußerungen klerikaler bayrischer Blätter zugegangen, wie ich sie doch
bei französischen katholischen Geistlichen gegen das eigene Vaterland, bei polnischen katholischen Geistlichen gegen die eigene Nationalität noch heute für ganz unmöglich halte; das Auftreten des
Bayrischen Volksblattes, des Volksboten, der Donauzeitung und
wie sie alle heißen mögen, die den Franzosen ganz offen als ihren
einzigen Beschützer bezeichneten, ihren einzigen Retter in der Noth
in Deutschland, welche die Deputation, welche dem Deutschen Kaiser
entgegenkam, in ihrer rohen Weise damit beleidigten, daß sie hofften,
der Kaiser würde sie als Spucknapf benutzen u. dgl., — das sind
Alles Symptome der Parteinahme gegen die nationalen Institutionen,
die in klerikalen deutschen Blättern vorkommen, wie sie - ich
wiederhole es — in Frankreich und Polen ähnlich nicht möglich
gewesen wären. Ich citirte noch das Beispiel von französischen
hochgestellten Kirchenfürsten, welche die Ermahnung des Papstes,
zum Frieden mit dem Deutschen Reich mitzuwirken, aus dem
nationalen Gesichtspunkt ablehnten, und knüpfte**) daran den Wunsch,
daß ähnlich auch bei uns das Nationalgefühl erstarken möge.
Hauptsächlich aber wandte sich mein Tadel und mein Bedauern
gegen diejenigen Geistlichen deutscher Nationalität***), die sich selbst
dazu hergeben, und ihre amtliche Stellung als Schulinspectoren

---

*) S. 754 b.
**) StB.: knüpften.
***) StB.: Confession.

und höhere Schulbeamten dazu benutzt haben, die deutsche Sprache als gesetzlichen Unterrichtsgegenstand widerrechtlich zu verkürzen, anstatt ihr die gesetzliche Stellung im Unterricht einzuräumen. Zu dergleichen wäre ein Pole und ein Franzose nicht im Stande. Der evangelische Pole, der vielleicht das Deutsche für den Träger der evangelischen Sache hielte, wird nie seine Nationalität so weit vergessen, daß er confessionell die deutsche Sprache fördert. Ich sprach von Ausnahmen bei uns und bin sehr fern davon, einen so großen zahlreichen Stand in dieser Allgemeinheit verurtheilen zu wollen, wie der Herr Vorredner mir das untergeschoben hat; aber diejenigen deutschen Geistlichen, die nationaler denken, kommen eben wenig zum Wort; sie sind eingeschüchtert, sie sind vielleicht die Zahlreicheren, aber nicht die Mächtigeren; es wird ihnen nicht erlaubt, frei zu reden, da könnte Bann und Excommunication hinterherkommen.

(Oho! rechts.   Sehr wahr! links.)

Der Herr Vorredner hat ferner mit klaren Worten der Regierung Undankbarkeit für die Unterstützung vorgeworfen, welche die katholische Partei dem Staate früher geleistet hatte; er hat dabei namentlich an diejenige erinnert, die nach 18 geleistet worden ist. Ja, meine Herren, die Spuren der Dienste, die man sich damals gegenseitig geleistet hat, beschäftigen uns ja eben heute;

(Heiterkeit.   Sehr gut! links.)

Sie finden sie protokollirt in den Artikeln 23 und 24 der Verfassung¹); und so uninteressirt waren Ihre damaligen Dienstleistungen nicht, daß Sie sich rein der Staatsregierung gewidmet hätten; man kann Ihnen nicht Schuld geben, daß Sie Ihre eigenen Interessen darüber vergessen hätten. Wenn Sie in diesem Verhältnisse mit dem Staat geblieben wären, aus dem der Staat Sie nicht verdrängt hat, — das wäre etwas Anderes; aber verlangen

---

¹) Art. 23 der Verfassung s. o. S. 254 Anm. 1. — Art. 24 lautet: Bei der Einrichtung der öffentlichen Volksschulen sind die confessionellen Verhältnisse möglichst zu berücksichtigen. Den religiösen Unterricht in der Volksschule leiten die betreffenden Religionsgesellschaften. Die Leitung der äußeren Angelegenheiten der Volksschule steht der Gemeinde zu. Der Staat stellt, unter gesetzlich geordneter Betheiligung der Gemeinden, aus der Zahl der Befähigten die Lehrer der öffentlichen Volksschule an.

Sie doch nicht, daß die Staatsregierung gegen Sie von einer über= 13. 2. 1872.
fließenden Dankbarkeit beseelt sein soll für Ihr Verhalten seit dem
französischen Kriege, seit der Herstellung einer protestantischen Kaiser=
dynastie!

(Bravo! links.)

Das Schulaufsichtsgesetz wurde hierauf vom Abgeordnetenhause
definitiv in namentlicher Abstimmung mit 207 gegen 155 Stimmen
in der oben S. 279 f. mitgetheilten Fassung angenommen.

---

13. Sitzung des Herrenhauses
Mittwoch 6. März 1872.

Das Schulaufsichtsgesetz, wie es aus der Berathung des Ab= 6. 3. 1872.
geordnetenhauses hervorgegangen war, wurde vom Herrenhause einer
aus 15 Mitgliedern bestehenden Commission zur Vorberathung über
wiesen, erhielt aber durch diese eine völlig andere Fassung, die weder
der Regierungsvorlage, noch den Beschlüssen des Abgeordnetenhauses
entsprach.

In dem Berichte, den die Commission erstattete, waren die gegen
die Annahme des Gesetzentwurfs in der Fassung des Abgeordneten=
hauses zu erhebenden Bedenken in folgenden sieben Punkten zusammen
gefaßt:

1. Die Regierung behauptet, schon jetzt im Besitz des Rechts zu
sein, und wird darin durch ein Erkenntniß des Obertribunals
unterstützt, einen pflichtvergessenen Geistlichen der Schulaufsicht
zu entheben.

2. Die Trennung der Staatsaufsicht der Elementarschule vom geist=
lichen Amte der betreffenden Gemeinde ist auf alle Weise zu ver=
meiden und nur in den äußersten Nothfällen zu vollziehen, weil
dadurch ein unheilbarer Zwiespalt in die davon betroffenen Ge=
meinden gebracht wird.

3. Der Entwurf entzieht der Kirche die Geltendmachung ihres Rechts
an der Schule und verletzt Art. 15 und Art. 24 der Verfassungs=
urkunde.

4. Durch dasselbe würde gleichzeitig die Stellung des Patrons, be=
ziehungsweise der Gerichtsobrigkeit zur Schule zweifelhaft.

5. Der Gegenstand läßt sich nicht wohl unabhängig vom Erlaß des
Unterrichtsgesetzes ordnen.

6. Die Kirche wäre darüber in ihren Organen zu hören.

6. 3. 1872.

7. Ein derartiges Gesetz würde in seiner nothwendigen Consequenz für die Schule, die Kirche und den Staat die unheilvollsten Folgen nach sich ziehen.

Demnach hatte der Entwurf, der von der Commission in der 13. Sitzung des Herrenhauses am 6. März 1872 zur Annahme vorgelegt wurde, folgenden Wortlaut:

§ 1.

Die Aufsicht über alle öffentlichen und Privatunterrichts- und Erziehungsanstalten steht dem Staate zu.

Demgemäß handeln die mit dieser Aufsicht betrauten Behörden und Beamten im Auftrage des Staates.

§ 2.

In der Regel haben die Superintendenten, Erzpriester und Decane das Amt eines Kreisschulinspectors zu verwalten. In besonderen Fällen können jedoch die vorgesetzten Behörden auch einen anderen Geistlichen derselben Kirchengemeinschaft, insofern es nöthig ist, auch einen Nichtgeistlichen damit beauftragen.

Die Localschulinspection der Volksschule wird von dem Ortsgeistlichen im Auftrage des Staats wahrgenommen.

Der den Kreis- und den Localschulinspectoren ertheilte Auftrag kann, sofern sie die ihnen obliegenden Pflichten nicht erfüllen, durch Beschluß der vorgesetzten Behörde zurückgezogen und an andere Geistliche derselben Kirchengemeinschaft, sofern es nöthig ist, auch an Nichtgeistliche übertragen werden.

§ 3.

Unberührt durch dieses Gesetz bleibt die den Schulvorständen unter der Aufsicht des Staats zustehende Leitung der Volksschule und die Berechtigung des Patrons, beziehungsweise der Gerichtsobrigkeit, des Ortsgeistlichen, sowie der Gemeinde und ihrer Organe zu denselben.

In gleicher Weise bleibt die Leitung des religiösen Unterrichts in der Volksschule durch die Organe der betreffenden Religionsgesellschaften unberührt.

In der Generaldiscussion wies Cultusminister Dr. Falk das verfassungsmäßige Recht der Regierung zur Einbringung der Vorlage nach und sprach für die Annahme des Gesetzentwurfs nach den Beschlüssen des Abgeordnetenhauses.

Für die Beschlüsse der Commission des Herrenhauses beziehungsweise gegen das ganze Gesetz erklärten sich die Herren v. Wedell, Graf Galen, v. Waldow-Steinhöfel, Graf Bninski; für das Gesetz in der Fassung der Vorlage die Herren Graf Münster, Frhr.

v. Manteuffel, Hasselbach und Bürgermeister Kohleis (Posen). 6. 3. 1872.
Nach dem Letzteren nahm der Ministerpräsident Fürst Bismarck das
Wort*):

Ich habe, ehe ich dem vorvorigen Redner, dem Herrn Grafen
Bninski, auf die Wendung antwortete, die er speciell an mich gerichtet hat, abgewartet, daß die Lage der Acten durch einen angesehenen Vertreter aus derselben Provinz[1] vervollständigt würde,
und daran anschließend richte ich meine Worte zunächst vorzugsweise an den vorvorigen Herrn Redner, und gebe ihm sehr gern
zu, daß die Art, wie er die Bestrebungen des polnischen Adels
dargestellt hat[2], sehr verschieden ist von der, wie ich sie geschildert
habe. Aber ich kann auch hinzufügen, daß der Herr Graf Bninski
sehr verschieden ist von der großen Mehrzahl seiner Landsleute, in
seiner ganzen ruhigen, gemäßigten und loyalen Anschauung und
seiner Stellung. Von ihm bin ich überzeugt, daß er nur auf dem
Wege des Gesetzes und des Rechtes dasjenige, was ihm am Herzen
liegt, erstreben wird. Ich habe indessen die Ueberzeugung nicht
von Allen. Daraus, daß er das Wort ergriffen hat, habe ich den
Schluß gezogen, daß augenblicklich die sanftere Stimmung in dem
Lager, für das er gesprochen hat, vorherrscht. Wir hören den
raueren Sturm des Zorns gewöhnlich aus anderem Munde, wenn
er nach den Zwecken, die im Allgemeinen verfolgt werden, angebracht ist.

Es kann indessen nicht meine Absicht sein, hier bei Gelegenheit dieses Gesetzes den oft in diesen oder anderen Räumen ge-

---

*) StB. 202 b.

[1] Herr Kohleis war erster Bürgermeister in Posen und erklärte das Gesetz
für den Osten für dringend nothwendig.

[2] Graf Bninski bezeichnete die von dem Ministerpräsidenten im Abgeordnetenhause gegebene Charakteristik des polnischen Adels als unrichtig und
charakterisirte selbst die Bestrebungen desselben in folgender Weise: „Wir nehmen
die Wohlthaten der Civilisation, der regelmäßigen Rechtspflege, der Freiheit,
die uns die Preußische Verfassung gewährt, mit Dank an, gewähren dafür als
Gegenleistung unsere Habe und Blut, wir bemühen uns, so viel es möglich ist,
aber nur auf gesetzlichem Wege, unsere Sprache, unsere Nationalität, welche
uns Gott gegeben, zu erhalten und zu kräftigen, wobei uns verbriefte Rechte
zur Seite stehen. Unsere Zukunft legen wir in Gottes Hände und erlauben
uns nicht, seinem Willen vorzugreifen, weder durch die Absicht, den preußischen
Staat zu zersetzen, noch die Grenzen des künftigen polnischen Reichs zu bestimmen" (StB. 199 b).

6. 3. 1872.   führten Streit über die Stellung des polnischen Elements im preußischen Staate in allen den Specialitäten, in denen sie berührt worden ist, von Neuem aufzunehmen. Die Acten darüber liegen öffentlich vor; der Proceß ist noch in der Schwebe, und durch Reden wird er nicht geschlichtet werden; er wird auf dem Wege der Gesetzgebung und der Aufklärung geschlichtet werden. Um Letzteres zu erreichen, ist es für die Königliche Staatsregierung vor allen Dingen Bedürfniß, daß die Erlernung der deutschen Sprache in den polnischen Landestheilen auf breiteren und gesicherteren Grundlagen betrieben werde, nicht bloß in Posen, sondern auch in Oberschlesien und Westpreußen. Der Herr Graf Bninski ist der Meinung gewesen, daß dies in ausreichendem Maße geschehe. Ja, wenn die Gesetze, welche jetzt darüber bestehen, überall befolgt würden, dann wäre es möglich, daß es so weit käme, aber doch auch noch nicht wahrscheinlich, denn die jetzt bestehenden Gesetze geben eine Zwiespältigkeit der Vorgesetzten, des Schulaufsehers; die Hierarchie geht nach oben aus einander. Aber dem Gesetze äußerlich zu genügen, ist außerordentlich leicht. Schulinspectoren, die ihre Aufgabe ernst nehmen, überzeugen sich z. B., daß die polnisch geborenen Kinder in den höheren Classen das Wenige, was bei der Prüfung verlangt wird, vorlesen, und dabei von keinem Worte dessen, was sie zu lesen scheinen, wissen, was es bedeutet, sondern es ist ihnen ad hoc zur Prüfung beigebracht. Die Vorgesetzten dieser Lehrer, welche polnische Kinder zu unterrichten haben, sind bei Weitem in der Mehrzahl Geistliche. Höher hinauf können wir Aenderungen treffen und werden sie treffen; wir haben mit diesen Aenderungen gewartet auf das Schulgesetz 21 Jahre. Es ist der Anlauf genommen worden, so umfassende Gesetze wie das Schulgesetz und ähnliche zu machen. Sie sehen gegenwärtig im Abgeordnetenhause die Schwierigkeit mit einem solchen. Wir können über so umfassende, ich möchte sagen, verfassunggebende Gesetze zwar unter Umständen uns mit diesem hohen Hause verständigen, auch unter Umständen mit dem anderen Hause, aber die Verständigung zwischen beiden Häusern zu Stande zu bringen, wird schwerer werden. Deshalb ist die Regierung zu der Ueberzeugung gelangt, daß sie zur Abstellung dringender Nothstände, auf die ich nachher zurückkommen werde, mit einem kürzeren Gesetz, wo es nicht

nöthig*) ist, die Uebereinstimmung aller drei Factoren über einen 6. 3. 1872. so weiten Umfang von Ideen, wie in einem Unterrichtsgesetz, her= beizuführen, vorläufig mit einem kürzeren Gesetz, wenn Sie wollen, mit einem gewissen Nothstandsgesetz, Abhilfe zunächst zu versuchen.

Der Herr Graf Bninski hat, wie viele Redner auch in dem anderen Hause vor ihm und wahrscheinlich auch in diesem, um den Eindruck und die Stimmung zu schildern, auf die eingegangenen Petitionen wiederum einen erheblichen Accent gelegt[1]. Meine Herren! In allen katholischen Bezirken ist es bei dem Ansehen, dessen sich die Geistlichkeit erfreut, außerordentlich leicht, Petitionen zu Stande zu bringen, auch wenn man nicht lauter Petitionen mit unterkreuzten Unterschriften annehmen will. Aber noch viel leichter ist es in den polnischen Bezirken, wo die Leute an eine gute Disciplin gewöhnt sind. Es ist so leicht, daß es mir z. B. neuerlich nachgewiesen ist, daß zur Zeit des Reichstages die Petitionen für Seine Heiligkeit den Papst von den deutschen Mitgliedern des Centrums bestellt und abbestellt wurden. Es hat mir beispiels= weise eine neuerliche polizeiliche Beschlagnahme von Papieren einige Briefe zu Gesicht gebracht, von welchen die Polizei nothwendig hielt, die höchsten Behörden in Kenntniß zu setzen, um ihnen Leit= faden und Anknüpfungspunkte bei etwa späteren Untersuchungen auf anderem Felde zu geben. Es fand sich darunter ein Brief eines hervorragenden Mitgliedes der Centrumspartei an einen hoch= gestellten und neuerdings vielgenannten Canonicus, Priester in Posen, in dem ihm, wenn ich mich recht erinnere, gesagt wurde: „Schicken Sie uns jetzt keine Petitionen mehr an den Reichstag."

Dasselbe wurde gleichzeitig von einem vielgenannten deutschen Bischofe in französischer Sprache ebenfalls nach der Provinz Posen hin ausgesprochen: „Hören Sie jetzt auf mit Petitionen, im Reichs= tage hilft das doch Nichts, da führt es nur zu unangenehmen Discussionen." „Aber setzen Sie ja," sagt der erste Briefsteller, „demnächst die Petitionen in regelmäßigen Zwischenräumen fort,

---

*) S. 263a.

[1] Graf Bninski führte zur Bekräftigung seiner Erklärung, daß die Bestrebungen des polnischen Adels von den anderen Schichten der Bevölkerung getheilt würden, die 100 000 Unterschriften an, welche die Petitionen gegen den Entwurf in den polnischen Landestheilen erhalten hätten (StB. 266a).

6. 3. 1872. richten Sie dieselben aber nicht an den Reichstag, sondern richten
Sie sie direct an die Fürsten, dort macht es immerhin mehr
Eindruck." Der Briefsteller sagt: „Wenn wir auch von den deutschen
Fürsten Nichts zu erreichen hoffen, so steht doch früher oder später
mit Sicherheit in Aussicht, daß die katholischen Mächte zu Gunsten
Sr. Heiligkeit einschreiten werden, und dann werden die deutschen
Fürsten nicht wagen, dieses Einschreiten zu hindern, wenn sie durch
die Petitionen den Eindruck bekommen, daß die katholische Be-
völkerung damit sehr unzufrieden sein würde."

Es ist also hier ein leichter Versuch der Anlehnung an fremde
Mächte, wenn ihre politischen, ja vielleicht kriegerischen Interessen
andere sein sollten als die Deutschlands, das Ausland durch starke
Petitionen in der Bevölkerung zu unterstützen, ein Versuch, der bei
einigen weiteren Entwickelungen und bei einer mißtrauischeren
und proceßsüchtigeren Regierung, wie die unserige, wohl mit dem
Richter in Berührung führen könnte, wenn er sich weiter entwickelt.

Das führe ich nur zur Erläuterung der Bedeutung an, die
solche Petitionen haben können. Ich bin überzeugt, wenn die
Herren noch mehrere brauchen, so werden sie auch noch mehr bestellen können, wenn sogar deutsche katholische Parteigenossen, die
ganz entfernte Provinzen bewohnen oder entfernte Bischofssprengel
haben, im Stande sind, solche Petitionen in der Provinz Posen
nach Belieben zu bestellen und abzubestellen. Daß übrigens der
erste Redner aus der Provinz Posen[1] gegen dieses Gesetz gestimmt
ist, dazu liegen in seiner Nationalität, in seiner Confession manche
Gründe, die ich achte. In letzter Beziehung kann man, bei der
anderen Stellung des Priesters zur Person seines Beichtkindes,
bei katholischen Politikern menschlicher Weise unmöglich ganz denselben
Maßstab anlegen, wie bei evangelischen. Minder verständlich ist
mir die fast leidenschaftliche Art, mit der ein großer Theil der
evangelischen Mitglieder, und zwar vorzugsweise solcher, welche
früher den conservativen Gang, in dem die Regierung sich noch
immer befindet, mit ihr getheilt haben, — schwerer verständlich ist
mir die harte Feindschaft dieser Herren gegen das Gesetz. Einige

---

[1] Graf Bninski.

derselben finden das Gesetz nicht nöthig, Andere halten es sogar 6. 3. 1872. für schädlich.

Ich wende mich zuerst zu denjenigen Herren, die das Gesetz*) nicht nöthig finden, und ich möchte die Herren bitten, zu erwägen, daß darüber die Regierung sich doch auch ein Urtheil bilden muß, was sie zum sicheren Fortbestehen des Staates, was sie, wenn sie die Verantwortung für die Sicherheit des Staates nicht bloß in diesem Augenblick, sondern wenn sie sie**) auch für die künftige Generation oder für die Zukunft der jetzigen Generation tragen soll, was sie dafür nöthig hält oder nicht. Das sind die Herren aber nicht in der Lage zu beurtheilen; könnten sie das besser beurtheilen wie wir, so könnten wir ihnen nicht schnell genug diese Plätze einräumen. Wenn mein verehrter Landsmann Herr v. Waldaw mir sein Urtheil mit kühler Festigkeit als für jede rednerische Begabung unerschütterlich gegenüberstellt und sagt, es ist nicht nöthig¹), und acht Minister nach langen und wiederholten Prüfungen der Frage sind anderer Meinung und Se. Majestät der König theilt deren Ansicht, und sie machen eine Vorlage und sagen, es sei nöthig, so lassen wir das Publicum darüber urtheilen, wer diese Frage besser zu beurtheilen weiß, wer diese Dinge besser verstehen muß, der Herr Redner oder die Regierung. Diese Art der Kritik kann ich nicht anders benennen als Ueberhebung, ich kann es mir nicht gefallen lassen, daß die Herren Redner solche Argumente hier gebrauchen! Es ist das eine geringschätzige Behandlung, wie sie die Regierung nicht verdient, wenn man mit solchen Argumenten kommt und sagt: Du verstehst das nicht, Du gehst leichtsinnig darüber hin, — oder wenn andere Redner derselben Partei vor meiner Ankunft gesagt haben, diese Gesetzvorlage sei so unerklärlich, daß man ihr nothwendig den Hintergedanken unterschieben müsse: wenn die Re-

---

*) S. 203 b.

**) StB.: was sie.

¹) v. Waldaw-Steinhöfel: „Ich bin der Meinung, daß die Position, die ein jeder Einzelne zu diesem Gesetze genommen hat, so fest ist, daß durch die Reden, die hier gehalten werden, Keiner von der einen zu der anderen Seite herübergeführt wird" (StB. 196 a. Herr v. Waldaw-Steinhöfel war Pommer, daher die Bezeichnung desselben als Landsmann; denn wenn Fürst Bismarck auch in Schönhausen geboren war, so betrachtete er sich doch immer als einen Pommern, da er seine ganze Jugendzeit in Pommern verlebt hat.

6. 3. 1872. gierung den gebotenen Compromiß nicht annehme, dann müsse sie die uneingestandene Absicht haben, mit der conservativen Partei zu brechen[1]. Keine Regierung hat je ein Interesse, mit einer conservativen Partei zu brechen, aber die Partei besorgt das mitunter selbst.

(Bravo! Heiterkeit.)

Wir haben vor vier Jahren ähnliche grundlose, ich will nicht sagen, muthwillig heraufbeschworene Zwistigkeiten gehabt[2]. Herr v. Waldow sprach vorher von dem Drängen der Parteien[3]: uns hat Niemand gedrängt! Wenn wir in der That von irgend einer Partei uns drängen ließen, so hätte das Niemand gethan, als die damalige conservative Partei, die Alles gethan hat, um die Regierung dahin zu drängen, daß sie ihre Anlehnung mehr nach links suche. Aber wir haben uns nicht drängen lassen und wir werden uns stets nur leiten lassen von unseren Erwägungen über die wohlerwogenen Interessen des Staates, von der Erwägung derjenigen Interessen, die das Wohl des Vaterlandes und der Dienst Sr. Majestät des Königs fordern, und dem gegenüber gibt es nach meinem Erachten nur die Alternative, daß die Herren, die uns die Opposition machten, entweder anderen Einflüssen gehorchten, die momentan stärker sind, als das Bedürfniß, gerade diese Regierung zu stützen, oder wenn man überhaupt d i e s e Regierung will, daß man die Sachen in Wahrheit besser versteht, als sie.

---

[1] Herr v. Wedell: „Die Commission hat dem Gesetzentwurfe in den Vorschlägen ihres Berichts eine Wendung gegeben, welche die Härten, die der Entwurf mit sich bringt, vermeidet und der Regierung meiner vollen Ueberzeugung nach das gibt, was sie braucht. Ich sollte meinen, es sei an der Staatsregierung, darauf einzugehen. Es ist ein Vermittelungsvorschlag, bei dessen Acceptation die Staatsregierung sich Nichts vergibt ... Der Staatsregierung wird kein Opfer angemuthet, während wir bis zur äußersten Grenze unserer Ueberzeugung gegangen sind, ihr die Hand zum Frieden zu bieten, oder soll nur die liberale Partei dabei berücksichtigt werden? Will die Regierung nicht darauf eingehen, ... so kann ich mir nur zwei Gründe denken: entweder die Regierung will mit der conservativen Partei brechen, oder sie hat noch Gründe in petto" (StB. 187b).

[2] Vgl. Bd. III, 118 ff.

[3] Herr v. Waldow: „Haben Sie die Güte, denken Sie mal sechs Jahre zurück, und denken Sie daran, wie sich die Partei, die gegenwärtig die Regierung unterstützt, damals zu ihr stellte. Sie waren die bittersten Feinde. Nun ist die Regierung von dieser Partei zu ihren Zwecken gedrängt worden, oder sie ist ihr auf halbem Wege entgegengekommen" (StB. 195b).

Wenn Letzteres der Fall wäre, so wäre es die Pflicht dieser 6. 3. 1872.
Herren, und sie handelten nicht recht an ihrem Lande, wenn sie
diese Regierung nicht offen angriffen und sich an ihre Stelle setzten;
das sind sie dem Lande schuldig, daß sie ihre bessere Einsicht dem
Lande nicht vorenthalten und nur in ihrem Commissionsbericht
niederlegen.

Bei Gelegenheit des Commissionsberichts erlaube ich mir der
andern Gegner zu erwähnen, die da sagen: das Gesetz ist schädlich.
Nun, meine Herren, Gesetze sind wie Arzneien, sie sind gewöhnlich
nur Heilung einer Krankheit durch eine geringere oder vorübergehende Krankheit. Ein jedes Gesetz hat seine Kehrseite, eine jede
Aenderung von Gesetzen hat etwas Verdrießliches, und die gesetzgebende Gewalt oder die Regierung, welche die Initiative derselben
ergreift, kann in der Regel nur zwischen zwei Uebeln das kleinere
wählen, und als das kleinere Uebel ist ihr im vorliegenden Falle
dasjenige erschienen, welches durch die Verstimmungen, die in dem
Commissionsbericht charakterisirt sind, verursacht wird, das größere
dasjenige, welches die Sicherheit des Staates für die Zukunft gefährdet. Wenn Jemand ein Gesetz nicht will, gleichviel aus welchem
Grunde, so hat er stets das Bedürfniß, die Uebel, die mit diesem
neuen Gesetze wie mit jedem anderen verbunden sind, zu übertreiben*). Von dieser Gewohnheit hat der Commissionsbericht
meines Erachtens einen sehr ausgiebigen, gründlichen, und durch
die Umstände nicht ganz gerechtfertigten Gebrauch gemacht, und ich
weiß nicht, ob es gerade im Interesse der Herren lag, die den
Commissionsbericht zusammengesetzt haben, im Publicum die Meinung zu erwecken, daß die Regierung wirklich ungeschickt und bös-
willig genug wäre, um ein Gesetz vorzulegen, das so weitgreifende
Folgen hätte, wie hier gesagt ist. Im Commissionsbericht heißt es[1]:

„Die Motive stellen in Aussicht, daß die wirkliche Entziehung der Aufsicht der Geistlichen vielleicht nur in wenigen
Fällen eintreten werde. Das ist von unserer jetzigen Staatsregierung in der That zu hoffen, aber sie öffnet durch das
Gesetz die Thore, durch welche die wilden Wasser des Un

---

*) S. 204 a.
[1] StB. HH. Anl. Nr. 63 S. 419 b.

glaubens seiner Zeit von dem entchristlichten Staat aus die
Schulen überfluthen werden."

Solcher Redensarten finden sich mehrere darin. Das ist eben
das Schlimme dieser Art von Rhetorik, dieser Art von Uebertreibungen der Nachtheile, die doch die Regierung auch erwogen
haben muß, daß die Herren sich dabei gewissermaßen zu Mitzeugen,
zu Eideshelfern aller der Beschuldigungen machen, die ungerechter
Weise seit Jahr und Tag in katholischen Blättern vom Bayrischen
Volksfreund bis zur hiesigen Germania herab und von katholischen
Rednern des anderen Hauses [1] gegen die Regierung ausgesprochen
worden sind.   Die Regierung wird da beschuldigt, sie strebe dahin,
den Staat zum Heidenthum zu treiben und die christliche Religion
zu unterdrücken; das Volk kann dem nicht so genau folgen, es setzt
sein Vertrauen auf gewisse Personen, die es vielleicht gewählt hat,
und die hier nun die Aufgabe übernommen haben, dem Volke klar
zu machen, daß die Regierung wirklich so schlimm ist; für das
Volk ist es ganz unmöglich, nachzuweisen, daß die Herren hier
nicht als Mitzeugen für die heidnischen Tendenzen des Staates
aufgetreten seien, so daß sie auf diese Weise der Regierung Lasten
in der öffentlichen Meinung aufbürden, die wohl kaum in der
Absicht dieser Herren liegen können, wenn sie nicht ihrer ganzen
Vergangenheit untreu werden wollen.   Sie haben die Schwere des
Steins, den sie auf die Regierung warfen, nicht ermessen, sie haben
die außerordentliche Wirkung, die ein solcher Stein im Rollen als
Lawine üben kann, nicht ermessen.   Die Herren übertreiben meines
Erachtens in einer ungerechtfertigten und mit dem Charakter einer
conservativen Opposition nicht mehr verträglichen Weise in dem
Commissionsbericht die Uebel, welche sich an dieses Gesetz knüpfen
können, und mit denen die Regierung wohlbedachter Weise das
Land bedrohe.   Solche Uebertreibungen sind höchst bedauerlich,
namentlich wenn sie von Stellen ausgehen, wo ich sonst eine minder
leidenschaftliche Würdigung der Verhältnisse und der Bedürfnisse
der Regierung eines großen Staates gefunden zu haben glaubte.
Die Regierung kann sich auf locale Bedürfnisse, auf Verletzungen
und Verstimmungen in einzelnen Districten, wie sie aus dem Com-

---

[1] Windthorst, v. Mallinckrodt.

missionsberichte hervortreten, nicht einlassen, sie muß das Staats
interesse in seiner Gesammtheit im Großen und Ganzen nach dem
Ueberblicke, den die Stellung der Regierung ihr gewährt, be=
urtheilen.

Der Commissionsbericht selbst eignet sich die beiden Theorien
an, das Gesetz sei nicht nöthig, und es sei im höchsten Grade ge=
meinschädlich; es sei nicht nöthig, weil die Regierung bereits das
Recht habe und schon übe. Wenn die Folgen dieses Gesetzes
wesentlich als local bezeichnet sind, so müßten sie ja da schon ein
getreten sein, wo die Regierung, wie der Herr Cultusminister aus
einandersetzte, mit nicht ganz klarem Bewußtsein der Rechtmäßigkeit
ihre Rechte schon geübt hat. Wie die Herren vom Referat den
Widerspruch aufklären wollen, daß einerseits das Gesetz ein ganz
überflüssiges sei, weil der Zustand, der geschaffen werden solle, schon
bestehe, und andererseits, wenn er geschaffen werde, der Staat
keinen Augenblick länger damit bestehen könne, muß ich dem Herrn
Referenten in seiner Rede überlassen. Der Staat, vom Stand
punkte seiner Verantwortlichkeit für die Gesammtleitung des Unter
richts, und für Sicherheit des Staates in diesem Augenblicke und
in der Zukunft, kann dem Weg, der hier im Referat beobachtet
ist, nicht folgen, er kann seine Stellung nicht herabziehen in das
Niveau einzelständischer Anschauungen, wo das Interesse für ein
Schulpatronat oder für eine Gerichtsobrigkeit*), die gesetzlich auf
gehoben ist, den Schwerpunkt bildet.

Ich verschmähe es, auf diese Ideen überhaupt einzugehen.
Was uns bestimmt hat, dieses Gesetz vorweg zu nehmen aus dem
Unterrichtsgesetze, und gerade jetzt die Geduld nicht mehr zu haben,
die wir hatten, das war die Erwägung, daß wir früher in einem
von ganz Europa beneideten confessionellen Frieden gelebt haben.
Es war das ein Verdienst, welches die preußische Staatsregierung
hatte, auch mit derjenigen Confession, mit welcher für eine evan
gelische Dynastie es am schwierigsten zu leben ist, mit der römisch
katholischen Confession, in einem von dieser unumwunden anerkannten
guten Vernehmen zu leben. Dieser Frieden begann aber minder
sicher für uns zu werden von dem Augenblicke an, wo Preußen

---

*) S. 204 b.

6. 3. 1872. mit seiner evangelischen Dynastie eine stärkere politische Entwickelung nahm. So lange neben Preußen zwei katholische Hauptmächte in Europa waren, von denen jede, einzeln gedacht, für die katholische Kirche eine stärkere Basis zu sein schien als Preußen, das kleinere Land, da haben wir diesen Frieden gehabt; er wurde schon bedenklich und angefochten nach dem österreichischen Kriege, nachdem die Macht, welche in Deutschland eigentlich den Hort des römischen Einflusses bildete, im Jahre 1866 im Kriege unterlag und die Zukunft eines evangelischen Kaiserthums in Deutschland sich deutlich am Horizont zeigte.

Aber man verlor die Ruhe auf der anderen Seite vollständig, als auch die zweite katholische Hauptmacht in Europa[1] denselben Weg ging und Deutschland einstweilen anerkannt die größte Militärmacht und einstweilen, und vielleicht, je nachdem es Gott will, auf längere Zeit hin, die größte Schwertkraft in der politischen Waage wurde, ohne unter einer katholischen Dynastie zu stehen. Ich will den ganzen Causalzusammenhang nicht entwickeln. Gleichmäßig mit dem Wachsen Preußens haben wir die Beeinträchtigung des confessionellen Friedens von Hause aus gespürt, und man hat nach vielen Mitteln gegriffen, um Waffen gegen uns in die Hand zu bekommen.

Wie vom Standpunkte unserer Diplomatie die Sache sich verhält, das will ich Ihnen mit wenigen Worten aus einem Berichte darlegen, der mir gerade mit der heutigen Post hier zuging von einem unserer erfahrensten und angesehensten Gesandten[2]. Der Bericht ist frisch aus diesem Monat und ist mir, während ich hier eben die heutige Post durchsah, unter die Hände gekommen, aber er überhebt mich der eigenen Aeußerung. Der Herr Berichterstatter sagt:

„Wenn ich meine persönliche Meinung aussprechen soll, so gestehe ich, daß ich keinen Augenblick daran gezweifelt habe, daß die in Frankreich gewünschte Revanche durch religiöse Zerwürfnisse in Deutschland vorbereitet werden soll, und nur auf diesem Wege Hoffnung auf Erfolg haben kann.

---

[1] Frankreich.
[2] Wohl von Graf Harry v. Arnim, Botschafter in Paris.

Man will die deutsche Einheit und Kraft auf diesem Wege 6. 3. 1872. lähmen. Ein einflußreicher Theil des katholischen Klerus, der von Rom aus geleitet wird, ist der französischen Politik dienstbar, weil mit ihr die Hoffnungen auf die Restauration im Kirchenstaate zusammenfallen. In Frankreich ist vorüber= gehende Verschmelzung oder vielmehr gegenseitige Dupirung des klerikalen und republicanischen Elements möglich, sobald der Klerus Rache an Deutschland und Wiederherstellung französischer Hegemonie offen auf seine Fahne schreibt, unter welcher Regierungsform es sei. So hofft man wieder zu erstarken, während in Deutschland durch wohlorganisirte Arbeit des von Paris, Rom, Genf, Brüssel geleiteten Klerus kirchliche Zerwürfnisse mit aller Anstrengung vorbereitet werden."

Es ist dies ein an Se. Majestät den König gerichteter amt= licher Bericht. In einem anderen Passus heißt es:

„Man mache sich keine Illusionen darüber, daß gleich= zeitig mit der Revanche gegen Deutschland der Schlag gegen Italien vorbereitet wird, in der Hoffnung, daß Deutschland durch innere religiöse Wirren paralysirt werden soll, und daß das klerikale Element, während es in Deutschland und Polen langsam zersetzend wirkt, in Italien offen das französische Banner aufpflanzt und unter seinem Schutze das Land unter päpstliche, oder vielmehr französische, durch den Papst repräsen= tirte Herrschaft zurückführen soll."

Das sind die Ansichten eines gewiegten und erfahrenen Diplo= maten*), der nicht für den Gebrauch parlamentarischer Debatten diesen Bericht geschrieben hat, sondern der seine auf lange Jahre gegründete Ueberzeugung seinem Könige und Herrn ausspricht. Diese eine Verlesung wird Ihnen einen Lichtstrahl werfen auf die politi= schen Erwägungen, welche die Staatsregierung bei Beurtheilung solcher Maßregeln, wie sie hier vorkommen, zu beachten hat.

Ich will mich auf den Weg der Conjecturalpolitik, auf die Constellationen, unter denen das polnische Element in den Bestand

—————

*) S. 295 a.

6. 3. 1872. theilen, welche Graf Bninski besprach, eine Schwerkraft über seine Anzahl hinaus gewinnen könnte[1]), nicht weiter einlassen.

Es würde mir nicht anstehen, die Eventualitäten genauer aus= zumalen, in denen das der Fall sein könnte. Wenn wir nun die Ueberzeugung haben — sie kann irrthümlich sein —, daß dort Kräfte thätig sind, deren Ideal erst erreicht wird, wenn sie Batail= lone und Schwadronen bilden können, in denen das Commando des Rittmeisters schwächer wirkt, als der Einfluß des Beichtvaters, da stehen die Dinge schon klarer, da heißt es: principiis obsta![2]). Denn es kann nicht die Aufgabe der Regierung sein, Leute nieder= zuschlagen[3]), wir wünschen vielmehr, sie nicht so zu erziehen, daß wir sie niederschlagen müssen, wenn sie erwachsen sind, sondern wir wünschen die Keime des Verderbens nicht in die Kinder gelegt zu sehen. Der Beichtstuhl bleibt ja immer ein Hauptmittel für einen katholischen Geistlichen, der einer anderen nationalen Richtung und einer anderen Ordnung der Dinge anhängt, wie die Regierung, unter der er lebt. Auch die Thätigkeit im Beichtstuhl kann eine solche sein, daß, wenn man Etwas davon erfährt, sie dazu führt, sich einen anderen Schulinspector zu wünschen, damit die Gemüther der Kinder nicht von Hause aus vergiftet werden.

Herr v. Waldow unterscheidet zwischen Kanzel und Schule, aber ein Geistlicher, der einen Holzdiebstahl auf der Kanzel recht= fertigt[4]), wird ihn auch den Kindern empfehlen, oder den Schul=

---

[1]) Graf Bninski las aus dem Buche eines „bekannten Gelehrten" folgenden Satz vor: Die Macht ist gewiß ein Bestandtheil der Größe eines Volkes, die Intelligenz ist ein anderer Bestandtheil dieser Größe; aber die In= telligenz allein mit der Macht verbunden genügt noch nicht, sie vervielfältigt die Macht ins Unendliche, aber sie hebt nicht den moralischen Werth der Macht; erst das Gefühl für das Rechte und die Achtung vor dem Rechte geben dem Charakter eines Volkes die Weihe und vollenden seine Größe (StB. 201a).

[2]) S. Bd. III 390.

[3]) Herr v. Waldow Steinhöfel konnte auch in den „antinationalen Bestrebungen", um deren willen das Gesetz gefordert worden sei, keinen Beweis für seine Nothwendigkeit erkennen; denn fänden solche Bestrebungen statt, so wünsche er der Regierung alle Machtmittel zu geben, sie nicht bloß zurückzu= weisen, sondern sie sofort zu Boden zu schlagen. Mit einem Schulaufsichtsgesetz aber werde man das nicht erreichen (StB. 196a).

[4]) Der Cultusminister Dr. Falk erwähnte einen katholischen Pfarrer, der im Jahre 1869 und 1870 seine Kanzel fast stets gemißbraucht habe; so habe er u. A. in der Predigt von einem säcularisirten — früher im Besitz eines Klosters

lehrer, der den Kindern den Diebstahl anempfiehlt, nicht tadeln, 6. 3. 1872.
sondern ihn ermuthigen; ich wundere mich, daß der Zusammenhang
dem Herrn Redner nicht von selbst beigefallen ist. Ich bin über=
zeugt, daß jenes Ideal unzuverläßiger Recruten, die herangebildet
werden sollen, nie erreicht werden wird; ich bin ganz über=
zeugt, daß es in der deutschen Bevölkerung nie erreicht werden
wird, denn sobald die Leute Deutsch können, sind ihnen durch
die Presse, durch Reden und Verkehr zu viel Quellen der Wahr=
heit offen und zugänglich, sie können sich selbst darüber orientiren,
ob das wahr ist, was man ihnen sagt über die Tendenz der Re=
gierung, über die Unterdrückung der Religion, über die Mißhand=
lung der Kirche; sie werden einerseits den Commissionsbericht lesen,
aber auch eine Menge Schriften, die das Gegentheil sagen. Aber
da, wo sie der deutschen Sprache unkundig sind, liegt die Sache
ganz anders, da sind sie wie hinter einem Vorhange, hinter dem
sie nur erfahren, was die Leute, die beider Sprachen kundig, und
die Gebildeteren für gut finden, ihnen ins Polnische zu übertragen.
Das ist auch sehr viel geschehen, und ich glaube dem Herrn Grafen
Bninski es gern, in den meisten Fällen geschieht es mit Wahrheitsliebe,
aber es sind so viele Fälle bekannt, in denen es nicht mit Wahrheits=
liebe geschieht, sondern in denen, bei Gelegenheit der Wahlen und
bei anderen Gelegenheiten, die übelsten Lügen über die Intentionen
der Regierung verbreitet werden, denen gegenüber wir gar keine
Organe dort haben, die ihnen widersprechen. Graf Bninski deutete
selbst an, man möge polnische Organe der Presse in jenen Gegenden

befindlichen, jetzt dem Staate gehörigen — Walde gesprochen und gesagt, daß
der Staat denselben gestohlen habe. Der Pfarrer habe hinzugefügt: „Mir haben
Leute gesagt, daß sie verfolgt würden, weil sie Holz aus diesem Walde stehlen,
und da habe ich ihnen gesagt, sie sollen sich nur nicht erwischen lassen." Dieser
Geistliche sei in Folge der allgemeinen Amnestie vom 3. August 1870 nicht
strafrechtlich verfolgt worden, aber bereits zum dritten Male schwebten Erörte=
rungen zwischen dem vorgesetzten Bischof und der Regierung wegen illegaler
Aeußerungen desselben Pfarrers von der Kanzel herab. Herr v. Waldaw
äußerte dazu: „Der Herr Cultusminister hat hier einen Fall angeführt, wodurch
er die Nothwendigkeit des Gesetzes beweisen wollte; er hat gesagt, daß ein
Pfarrer mehrfach auf der Kanzel sich Vergehen habe zu Schulden kommen lassen.
Das ist doch nicht in der Schule geschehen, das ist eben auf der Kanzel ge=
schehen und wäre nur ein Argument für den Paragraphen des Strafgesetzbuchs,
der im Reichstag bereits angenommen ist; mit einem Schulaufsichtsgesetz werden
Sie einem Pfarrer den Mund auf der Kanzel nicht schließen." (St.B. 1955a).

6. 3. 1872. schaffen¹). Ich habe selbst längst darauf gedrungen, aber ich herrsche nicht in den inneren Angelegenheiten, und ich glaube, der Rath des Herrn Grafen ist ganz richtig, und es wird das geschehen; aber es fragt sich nur, ob die Leute es lesen werden, ob ihnen die Priester nicht untersagen, dergleichen zu lesen; das muß der Erfolg lehren; jeden Falls aber haben wir dort erfahrungsmäßig und nach den Acten des Cultusministeriums es mit Geistlichen zu thun, die das Er= lernen der deutschen Sprache ausdrücklich verhindern. Nun sagt man, man könnte mit Disciplinargesetzen gegen sie vorgehen. Das ist unrichtig, man kann es nicht, und wenn wir es könnten, so würden wir es gern thun. Aber wer ist denn da der stärkere Vorgesetzte, ist es der weltliche Regierungsrath, an den etwa ap= pellirt wird und der ein beschäftigter Actenmann*) sein wird, oder ist es der nächste geistliche Vorgesetzte, der dem schulaufsehenden Priester unmittelbar in der Nachbarschaft sitzt, ihn genau controlirt, von dem das Vorwärtskommen in der geistlichen Carrière, seine ganze Stellung, seine kirchliche Censur abhängig ist? Dem katholi= schen Priester gegenüber prallt jede weltliche Disciplin vollständig ab, kaum, daß die stramme Disciplin der Armee es ermöglicht, ihn in einen Rahmen zu bringen, dem er sich nicht mit einem Non possumus²) entzieht. Soll also der Cultusminister verant= wortlich sein für die Resultate unserer Erziehung, sollen unsere Nachkommen nicht der jetzigen Regierung mit Recht den Vorwurf machen, den ich den Vorgängern des Herrn Cultusministers 10 und 15 Jahre rückwärts mache, daß sie diese Sache vollständig

---

*) S. 205b.

¹) Graf Bninski: „Der Herr Ministerpräsident hat die Behauptung aufgestellt, daß es für die Eingesessenen ein Bedürfniß sei, daß sie den Staat, in dem sie leben, aus eigenem Urtheil zu beurtheilen wissen ... Um diesen Zweck zu erreichen, hat der Herr Ministerpräsident Vorlagen zu Gunsten der Beförderung der deutschen Sprache auch für die Provinz Posen zugesagt. Mir scheint, der Herr Ministerpräsident würde sein Ziel viel schneller und sicherer erreichen, wenn die Königliche Regierung anstatt der zugesagten Vorlagen alle für die polnischen Unterthanen Sr. Majestät bestimmten Regierungsacte und ein Regierungsorgan, vielleicht die Provinzialcorrespondenz, übersetzen ließe und sie dadurch den Bewohnern direct zugänglich machte" (StB. 201a).

²) „Wir können nicht", die Formel, durch welche die katholische Kirche ablehnt, eine mit kirchlichen Anschauungen nicht verträgliche Forderung des Staates zu erfüllen.

6. 3. 1272.

aus den Augen verloren hatten; sollen wir uns gegen diesen Vor=
wurf sicherstellen, so müssen wir jetzt reden und sagen: diese Ge=
fahr droht und muß vermieden werden. Ausnahmsgesetze halte ich
nicht annehmbar, das ist ein System, auf das die Regierung,
wiederum aus politischen Gründen, ablehnt einzugehen; außerdem
kommen die Fälle, daß man genöthigt ist, einen geistlichen Schul=
inspector zu entheben, ohne ihm ein Verbrechen nachzuweisen, auch
anderswo vor, und selbst wenn man ihm ein Verbrechen, wie An=
reizung zum Diebstahl, nachweisen kann, so wird er nicht immer
seiner Stelle entsetzt, und es gibt unter den achtbarsten Geistlichen
ausgezeichnete Persönlichkeiten, welche ihr geistliches Amt mit vollem
Erfolge und zur vollen Zufriedenheit Aller versehen*), welche aber
doch gerade nicht diejenigen Eigenschaften haben, die erforderlich
sind und hinreichen, um eine Schule zu beaufsichtigen; mitunter
sind sie zu gelehrt dazu, was ich nicht tadelnd sage, ihre Gelehrsam=
keit bringt sie auf eine andere Richtung wie das alltäglich zu Er=
lernende, vielleicht haben sie sich auch nicht gerade die zur Elementar=
schule nützlichen Kenntnisse angeeignet. Wenn die Regierung nach
dieser Richtung hin ihre Pflicht vernachlässigen wollte, so würde
sie sich von Seiten derselben Herren oder vielleicht der Söhne der=
selben Herren, die jetzt der Regierung ihre Aufgabe so außer=
ordentlich erschweren, vielleicht in 10 bis 15 Jahren den erheblichsten
und gerechtfertigtsten Vorwürfen ausgesetzt sehen.

Meine Herren! Wir sind nicht darauf gefaßt gewesen, daß
dieses Gesetz, wie wir es hier vorlegen, in der conservativen Partei
irgend welche Anfechtungen erfahren würde, und ich muß sagen:
man hat die Möglichkeit, es anfechten zu können, von dem Stand=
punkt, von dem es jetzt geschieht, doch erst künstlich hineingelegt
und die Bedeutung dieses Gesetzes nach der Seite hin, von der
es die evangelisch Conservativen anfechten, auf das Allererheblichste
und in Widerspruch mit seiner Tragweite übertrieben. Es ist auf=
gebläht worden nach der evangelischen Seite hin die Frage mit
einer Wichtigkeit, als wollten wir jetzt sämmtliche Geistliche ab=
setzen¹) und schaffen eine tabula rasa²) und wollten mit diesen

---

*) StB.: vorstehen.

¹) D. h. von ihrem Amte als Schulinspectoren.

²) Eigentlich: eine abgewischte Schreibtafel; wir sagen: Reinen Tisch schaffen.

6. B. 1-72. 20000 Thalern, die wir fordern[1]), den evangelischen Staat auf
den Kopf stellen. Wären diese Uebertreibungen nicht geschehen, so
wären die bedauerlichen Streitigkeiten und Reibungen bei diesem
Gesetze vollständig überflüssig gewesen; es hat seine übertriebene
Wichtigkeit erst durch den uns ganz unerwarteten Widerstand der
conservativen Partei evangelischer Confession bekommen, einen[*])
Widerstand, in dessen Genesis ich hier nicht näher eingehen will
— ich könnte es nicht, ohne persönlich zu werden —, der aber für
die Staatsregierung eine tief schmerzliche und für die Zukunft ent=
muthigende Erfahrung bildet. Ich kann indessen, nachdem ich Ihnen
auseinandergesetzt habe, in einer Offenheit, zu der conservative Leute
die Staatsregierung niemals zwingen sollten — Sie sollten mehr
Vertrauen zu uns nach zehnjähriger Regierung haben, Sie sollten
uns etwas mehr aufs Wort glauben in Dingen, die wir verstehen
müssen —, nachdem Sie uns zu dieser Offenheit genöthigt haben,
mit der ich die Genesis dieses Gesetzes und seine Tendenz dargelegt
habe, ... mit anderen Worten, Sie sollten die Nothwendigkeit,
daß unsere bisher nicht deutsch sprechenden Landsleute Deutsch
lernen, anerkennen. Das ist für mich der Hauptpunkt dieses Ge=
setzes, und ich hoffe, daß das Herrenhaus mit einer möglichst großen
Majorität, mit einer Majorität, die der Regierung den dankbaren
Eindruck läßt, daß sie auch in dieser wichtigen Sache, wie sonst,
die Unterstützung des Herrenhauses gehabt hat, die Vorlage der
Regierung so annimmt, wie sie jetzt vorliegt.

(Lebhaftes Bravo!)

In einer „thatsächlichen Berichtigung" erklärte es Herr v. Waldow=
Steinhöfel für das Recht und die Pflicht eines jeden Mitgliedes des
Hauses, seine persönliche Ansicht auszusprechen; von diesem Rechte
glaube er leidenschaftslos Gebrauch gemacht zu haben. Ferner habe
er nicht gesagt, Leute, sondern Bestrebungen sollten niedergeschlagen
werden. Fürst Bismarck erwiderte[**]):

Ich erlaube mir, factisch zu berichtigen, daß ich nicht dem
Herrn v. Waldow, sondern dem Commissionsbericht Leidenschaftlichkeit
vorgeworfen habe; Bestrebungen aber lassen sich doch schwer außer

---

*) StB.: ein.
**) StB. 206a.
1) Zur Anstellung von Schulinspectoren.

Gemeinschaft mit ihren Trägern niederschlagen. Die Träger werden 6. 3. 1872.
immer mitgetroffen.

(Große Heiterkeit.)

Graf Mielzynski fühlte sich als polnischer Edelmann berufen,
im Namen seiner anwesenden Landsleute auf die Worte des Ministerpräsidenten antworten zu sollen. Der Präsident Graf zu Stolberg-
Wernigerode unterbrach den Redner mit der Bemerkung, daß der
Ministerpräsident die im Hause befindlichen polnischen Edelleute nicht
angegriffen, sondern seine übrigens durchaus ruhig gehaltene Erwiderung gegen den Grafen Bninski gerichtet habe. Darauf Fürst Bismarck*):

Ich kann die Sache vielleicht durch eine factische Bemerkung
beschwichtigen. Der Herr Graf Mielzynski will das Wort für „die
Anderen" nehmen. Ich habe nicht behauptet, daß er zu „den
Anderen" gehört, und habe ihm daher keinen Anlaß zu persönlicher
Bemerkung gegeben.

(Große Heiterkeit.)

Präsident: Die Sache beruhte also auf einem Mißverständniß
und halte ich sie für erledigt.

Der Herr Ministerpräsident hat noch das Wort.

Ministerpräsident Fürst Bismarck:

Ich erkläre ausdrücklich, daß ich alle anwesenden Herren in
die Kategorie rechne, in die ich den Herrn Grafen Bninski stelle,
womit ich sagen will, daß sie nicht zu den „Anderen" gehören, in
deren Namen Herr v. Mielzynski sprechen will.

Nach einer Rede des Grafen Krassow für den Commissionsentwurf wurde die Debatte abgebrochen und in der

14. Sitzung des Herrenhauses
Donnerstag 7. März 1872

fortgesetzt. Als Gegner des Gesetzes protestirte Herr v. Kröcher gegen 7. 3. 1872.
die Behauptung des Ministerpräsidenten, daß es Ueberhebung sei, wenn
das Herrenhaus, bezw. die Gegner des Gesetzes in demselben, die Sache
besser verstehen wollten, wie das Ministerium. Er könne diese Theorie
des beschränkten Unterthanenverstandes, welche hiermit reactivirt werde,

---

*) StB. 206 a.

7. 3. 1872. seinerseits nicht acceptiren. Er werde auch in diesem Falle seiner Ueberzeugung folgen und nach seinem Gewissen stimmen. Werde ihm und seinen Freunden diese Freiheit genommen, so wisse er überhaupt nicht, weshalb das Herrenhaus und das Abgeordnetenhaus noch bestehe. Fürst Bismarck, der während der Rede des Herrn v. Kröcher erschienen war, antwortete*):

Es ist mir mitgetheilt worden, daß der Herr, der soeben die Tribüne verläßt, vorher gesagt hat, ich hätte die Theorie von dem „beschränkten Unterthanenverstande" wieder ins Leben gerufen, indem ich behauptete**), die Sache so viel besser zu verstehen, daß eine Mitwirkung der parlamentarischen Körperschaften dabei gar nicht mehr nöthig sein würde. Der Herr Vorredner hat sich auch verwahrt gegen den Vorwurf der Leidenschaftlichkeit[1]. Nun, meine Herren, was seinen Ton äußerlich angenommen anbetrifft, so kann ich ihn einen leidenschaftlichen nicht nennen;

(Heiterkeit.)

aber die Leidenschaft liegt in dem Inhalte, liegt in den Uebertreibungen, in der Uebertreibung der Wirkungen dieses Gesetzes, in der Uebertreibung der Absichten der Regierung, als ob sie 40000 Schulinspectoren mit 20000 Thalern, à Kopf ein halber Thaler, bestellen wollte[2].

(Heiterkeit.)

Die Uebertreibung liegt auch in der Anwendung einer solchen Phrase wie diese von dem „beschränkten Unterthanenverstande".

---

*) StB. 219a.
**) S. 219b.

[1] v. Kröcher: „Ich will nur diejenigen Gründe zusammenstellen, die mich bewegen, gegen die Vorlage zu stimmen. Von einer Leidenschaftlichkeit, von der gestern der Herr Ministerpräsident gesprochen hat, ist mir Nichts bewußt" (StB. 217a).

[2] v. Kröcher: „Was soll nun an die Stelle dieser Selbstverwaltung treten? Die Antwort lautet: Ein Heer von Beamten. Nach § 2 der Vorlage soll der Staat die Schulinspectoren ernennen. Mag er nun die bisher mit dem Amte Betrauten oder mag er Andere auswählen, immer werden in einem Acte viele Tausende neuer unmittelbarer Staatsbeamten creirt. Bei Berathung des Schuldotationsgesetzes ist es zur Sprache gekommen, daß in der preußischen Monarchie etwa 40000 Schullehrer vorhanden seien. Diese Zahl zu Grunde gelegt, mag es etwa 20000 oder 30000 Localschulinspectoren geben, vielleicht mehr, vielleicht weniger. Diese Alle würden also unmittelbare Staatsbeamte, und dazu, ich weiß nicht, wie viel Kreisschulinspectoren" (StB. 218a).

Ich kann in dieser Allgemeinheit ebenso gut die Behauptung dem 7. 3. 1872. Herrn Vorredner gegenüberstellen, daß er auf der Theorie des „beschränkten Regierungsverstandes" sich bewegt. Es ist rhetorische Gewohnheit, sich die Rede des Gegners so zurechtzulegen, wie man sie besser verwerthen kann. Ich habe gestern nur den für Jeden, der sich mit parlamentarischen Dingen genauer beschäftigt, be= kannten Grundsatz der Engländer beleuchten wollen, ob man sagen soll: Men, not measures oder Measures, not men[1], ob man seine Opposition und seine Beurtheilung der Regierungsstellung im Ganzen mehr nach der Gesammtstellung des parteiführenden und regierungsführenden Mitgliedes oder nach jeder einzelnen Maß= regel richten soll; die Praxis aller wirklich parlamentarischen Länder hat sich längst dafür entschieden, daß die Unabhängigkeit des Ur= theils, wenn jedes Mitglied sie für sich über jede einzelne Maß= regel in Anspruch nehme, jedes parlamentarische Zusammenwirken unmöglich macht, und schließlich, namentlich in einer individuell so unabhängigen Nation, wie die Deutschen sind, uns in den „Krieg Aller gegen Alle" führen würde. Es wäre damit irgend ein ge= sicherter Gang einer Regierung nicht möglich, man würde überall, wo man überhaupt parlamentarische Institutionen will — ob die der Herr Vorredner will, ist eine andere Sache, er will jeden Falls das Herrenhaus —, aber wo man die überhaupt will, wird inner= halb jeder Partei, der Hauptrichtung unter den sich kreuzenden Strömungen, der Einzelne sein Urtheil im einzelnen Falle gefangen geben müssen zu Gunsten der Gemeinschaft, zu Gunsten einer Re= gierung, so lange letztere überhaupt und im Allgemeinen in ihrem Sinne ist. Ich habe Höhenmessungen des Verstandes hier gar nicht anstellen wollen, und räume Jedem ein, der es in Anspruch nimmt, daß er caeteris paribus[2] viel klüger ist wie ich; nur übersieht die Regierung in der Lage, in der gerade sie sich befindet, die Sachen besser als diejenigen, die gerade nicht im Re= gierungscentrum sich befinden. Wenn die Herren schon in ihrem*),

---

*) StB.: Ihrem.

[1] Männer, nicht Maßregeln   Maßregeln, nicht Männer; ein geflügeltes Wort aus Goldsmiths Komödie The good-natured man (vgl. Buchmann. Gefl. Worte S. 236).

[2] „Unbeschadet der Gleichheit in allem Uebrigen."

7. 3. 1872. dem Raume nach beschränkteren Gesichtskreise die Dinge mit mehr
Sicherheit beurtheilen wie die Regierung, ja, dann würde diese
Sicherheit und Befähigung zum Urtheil noch außerordentlich zu=
nehmen, wenn sie die Stellung der Regierung einnehmen wollten,
und das nehme ich jeder Zeit in Anspruch gegenüber Denen, die
ihrerseits überhaupt noch mit mir einen politischen Parteistand=
punkt in Anspruch nehmen — ich weiß nicht, ob das mit dem
Herrn Vorredner der Fall ist; aber ich werde nie Jemandem, der
Mitglied irgend einer ausgesprochen regierungsfeindlichen Partei
wäre, dieselben Argumente entgegenhalten; ein solcher will ganz
andere Dinge wie ich und wie die jetzige Regierung, er gehört
einer anderen Partei an.   Wenn ich aber annehme, daß im
Großen und Ganzen die Partei, zu der der Herr Vorredner sich früher
rechnete, früher wenigstens im Ganzen dieselben Ziele wollte, welche
das jetzige Ministerium anstrebte, daß ich im Großen und Ganzen
einen politischen Parteizusammenhang zwischen ihr*) und dem
Ministerium noch zugeben wollte, so bedingt ein solches Verhältniß
nothwendig ein gewisses Vertrauen zu den Staatsmännern, welche
die Führung der Regierung haben, mit der sie auf demselben logischen
Boden sich bewegen, von denselben Prämissen ausgehen, im Großen
und Ganzen nach denselben Zielen streben; wenn da derjenige
gleichgesinnte Mann, der die Regierung führt, der den Ueberblick
über das Ganze hat, dennoch nicht zu derselben Höhe richtiger
Einsicht sich**) erheben kann, wie Jemand, der den größten Theil
des Jahres sich mit Staatsgeschäften nicht beschäftigt, dann, wie
gesagt, ist es die höchste Zeit, daß so ein kurzsichtiger Mann, der
von dem Thurme der Regierung nicht einmal so weit sieht wie
der Andere aus der Ebene, ausscheidet, und die fähigeren Glieder
derselben Partei die Güte haben, ihn zu ersetzen, dann muß in
der Partei im Großen und Ganzen — ich meine nicht die Frac=
tionen — darüber entschieden werden, wer ist unter uns der
Brauchbarste, der Erfahrenste, der Befähigtste, der muß an der
Spitze sein. Und ich wiederhole es, es ist seine Verpflichtung, sich
dem nicht zu versagen, aber ruhig zu sitzen, fruges***) consu-

---

*) StB.: sich.
**) S. 220a.
***) StB.: frugis.

mere[1]), Zeitungen zu lesen, und wenn eine Regierungsmaßregel kommt,
mit bitterer und leidenschaftlicher Kritik der Regierung, deren Ge=
sammtlage man nicht zu beurtheilen im Stande ist, einen Stein
zwischen die Räder zu werfen — das ist kein patriotisches Gewerbe!

Baron v. Senfft=Pilsach bekannte sich in einer thatsächlichen
Bemerkung öffentlich als Theilnehmer an dem Commissionsbericht und
äußerte seinen Schmerz darüber, daß sich der Ministerpräsident über
ihn und seine Freunde so geäußert habe, wie es geschehen sei. Er
schweige dazu und werde sich vor seinem Zorn zurückzuziehen wissen.
Fürst Bismarck erwiderte*):

Ich kann nur erwähnen, daß die Betrübniß über die Sach=
lage eine durchaus gegenseitige ist.

Die Generaldiscussion wurde noch in dieser Sitzung zu Ende ge=
führt, die Specialdiscussion dagegen auf die

15. Sitzung des Herrenhauses
Freitag 8. März 1872

vertagt. An dieser betheiligte sich Fürst Bismarck nur mit einer ge=
legentlichen Bemerkung. Als zur Abstimmung geschritten werden sollte,
erhob sich eine Debatte über die Reihenfolge, in der abzustimmen sein
würde. Der Präsident schlug vor, über den Commissionsvorschlag ab=
zustimmen, doch mit der Maßgabe, daß alle mit Nein abgegebenen
Stimmen als zu Gunsten des vom Abgeordnetenhaus angenommenen
Gesetzentwurfs gezählt würden. Dagegen protestirte Graf Borries:
er verlangte eine doppelte Abstimmung, da er gegen beide Vorschläge
stimmen wolle. In demselben Sinne erklärte sich auch Herr v. Kleist=
Retzow; er verlangte aber für den Fall der Ablehnung des Commis=
sionsvorschlags und der Vorlage des Abgeordnetenhauses eine Ab=
stimmung über die Regierungsvorlage. Hierzu bemerkte Fürst Bis=
marck**):

Ich glaube nicht, daß eine Regierungsvorlage in dieser An
gelegenheit an dieses Haus gelangt ist; es liegt hier die Mit-

---

*) StB. 220a.
**) StB. 247b.
1) Citat aus Horat. Ep. I. 2, 27, das vollständig lautet: Nos numerus
sumus et fruges consumere nati. d. h.: Wir sind Nullen, geboren allein zum
Essen der Feldfrucht.

8. 3. 1872. theilung des Abgeordnetenhauses einstweilen der Verhandlung zu Grunde.

(Zustimmung.)

Bei der Abstimmung wurde die Fassung der Commission verworfen und das Schulaufsichtsgesetz in der vom Abgeordnetenhause beschlossenen Formulirung in namentlicher Abstimmung mit 126 gegen 76 Stimmen angenommen.

Der Landtag, an dessen Verhandlungen sich Fürst Bismarck nicht weiter betheiligte, nahm 'am 10. Juni in beiden Häusern den Antrag auf Vertagung an; in Folge dessen erging noch an demselben Tage eine Königliche Verordnung, welche die Vertagung beider Häuser vom 10. Juni bis zum 21. October verfügte. Am 22. October wieder eröffnet, begann das Herrenhaus die Berathung der Kreisordnung für die sechs östlichen Provinzen, auf deren Zustandekommen der König wie das Ministerium den höchsten Werth legten. Aber so stark war die Abneigung gegen die dem Entwurf zu Grunde liegenden Anschauungen und Principien, daß auch der persönlich ausgesprochene Wunsch des Königs den Geist des Widerspruchs nicht bannen konnte: am 31. October 1872 lehnte das Herrenhaus in namentlicher Abstimmung mit 145 gegen 18 Stimmen die Vorlage ab. In Folge dessen wurden am 1. November 1872 auf Grund einer Allerhöchsten Botschaft die Sitzungen des Landtags durch den Kriegsminister Grafen Roon geschlossen.

IV.

Deutscher Reichstag.

8. April bis 19. Juni 1872.

Eröffnungssitzung des Deutschen Reichstags

Montag 8. April 1872.

Kraft Allerhöchster Ermächtigung vom 4. April eröffnete Fürst 8. 4. 1872. Bismarck die Session des Reichstags mit folgender von ihm verlesenen Rede*):

Geehrte Herren!

Ihre Thätigkeit wird in der bevorstehenden Session in erster Linie durch die Fortführung der im Vorjahre begonnenen gesetzlichen Regelung und Ausbildung der gemeinschaftlichen Einrichtungen des Reiches in Anspruch genommen werden.

Durch ein Gesetz über die Einrichtung und die Befugnisse des Rechnungshofes soll die Controle der Erhebung und der Verwendung der Einnahmen des Reiches definitiv geordnet und die Behörde, welche mit der Handhabung dieser Controle sowie mit der Vorbereitung der durch den Bundesrath und den Reichstag auszusprechenden Entlastung zu betrauen ist, mit den dazu erforderlichen Befugnissen ausgestattet werden.

Der Entwurf eines Militärstrafgesetzbuches für das Deutsche Reich wird Ihnen vorgelegt werden, um die Einheitlichkeit der Heereseinrichtungen auf dem Gebiete des Strafrechts zum Abschluß zu bringen und der bereits gewonnenen Einheit des Strafrechts für das bürgerliche**) Leben, den vom Reichstage geäußerten Wünschen entsprechend, als Ergänzung hinzuzutreten.

Der Entwurf eines zur Regelung der Verhältnisse der Reichsbeamten bestimmten Gesetzes, welcher dem Reichstage bereits vor-

---

*) StB. 1b.
**) S. 2a.

gelegen hat, ist unter Beachtung des Gutachtens der Commission des Reichstags und der inzwischen eingetretenen politischen Veränderungen einer neuen Prüfung unterzogen worden und wird in der danach veränderten Gestalt Ihrer Beschlußfassung unterbreitet werden.

Die einheitliche Regelung der Bierbesteuerung innerhalb der Gebiete, welchen die Abgabe von Bier gemeinschaftlich ist, hat Ihre Thätigkeit schon mehrfach in Anspruch genommen, ohne daß es bis dahin gelungen wäre, die derselben entgegenstehenden Schwierigkeiten zu überwinden.

Eine Ihnen zugehende Gesetzvorlage wegen Erhebung der Brausteuer im Deutschen Reiche hat den Zweck, diese Aufgabe zu lösen und zugleich durch Mitbesteuerung der Malzsurrogate eine dem Interesse der Finanzen sowohl wie des Verbrauchs entsprechende Reform der Braumalzsteuer durchzuführen.

Die erfreuliche Steigerung des Verkehrs und Verbrauchs hat die Möglichkeit geboten, in dem Ihnen vorzulegenden Reichshaushaltsetat für das Jahr 1873 die Einnahme aus den gemeinschaftlichen Verbrauchsabgaben und die Ueberschüsse der Postverwaltung unter Beachtung der bewährten Grundsätze vorsichtiger Veranschlagung höher auszubringen, so daß trotz des in verschiedenen Zweigen der Ausgabeverwaltung hervorgetretenen Mehrbedarfs eine Verminderung der Matricularbeiträge in Aussicht zu nehmen ist.

Ein Nachtrag zum Reichshaushaltsetat für das Jahr 1872 ist bestimmt, neben der Befriedigung einiger anderer nachträglich hervorgetretener Bedürfnisse, die Mittel für Begründung eines statistischen Amtes aufzubringen, welches im Stande sein würde, durch einheitliche wissenschaftliche Bearbeitung der Ergebnisse statistischer Erhebungen im Reiche der Gesetzgebung und Verwaltung, sowie der wissenschaftlichen Erkenntniß der staatlichen und gesellschaftlichen Zustände wesentliche Dienste zu leisten.

Die Verwaltung des Jahres 1871 hat erhebliche financielle Ueberschüsse sowohl bei den Steuern als auch bei der Postverwaltung ergeben. Ueber die Verwendung derselben wird Ihnen ebenso wie über die gesetzliche Regelung der Verwendung und Vertheilung der französischen Kriegsentschädigung eine Vorlage zugehen.

Ueber*) die durch den Krieg mit Frankreich veranlaßten Aus-   S. 4. 1872.
gaben der Staaten des vormaligen Norddeutschen Bundes wird
Ihnen, den Bestimmungen der in den Jahren 1870 und 1871
erlassenen Creditgesetze entsprechend, ein Rechenschaftsbericht erstattet
werden.

Die mit der Regierung des Königreichs Portugal seit Jahren
gepflogenen Verhandlungen haben am 2. März d. J. zum Abschluß
eines Vertrags geführt, welcher nach dem Vorbilde der mit anderen
Staaten abgeschlossenen Handels- und Schifffahrtsverträge die gegenseitigen Verkehrsbeziehungen auf dem Fuße der meistbegünstigten
Nationen regelt und, wie zu hoffen, die Grundlage für die Anknüpfung intimerer und ausgedehnterer Handelsverbindungen zwischen Deutschland und Portugal bilden wird. Der Vertrag wird
Ihnen zur Genehmigung vorgelegt werden.

Ebenso eine mit den Vereinigten Staaten von Amerika ab-
geschlossene Consularconvention und ein mit Frankreich abgeschlossener
Postvertrag, welcher die gegenseitigen postalischen Beziehungen unter
Berücksichtigung der Bedürfnisse des in stetem Wachsthum begriffenen Correspondenzverkehrs regelt.

Die Neuordnung und Befestigung der Verhältnisse von Elsaß-
Lothringen schreitet in erwünschter Weise vor. Die Schäden des
Krieges gehen mit Hilfe der Unterstützung, welche nach dem Gesetz
vom 14. Juni 1871 aus Reichsmitteln gewährt werden darf, allmählich der Heilung entgegen. Die Grundlagen für die deutsche
Verwaltung sind gelegt, die Rechtspflege ist gesichert, und die Universität Straßburg soll am 1. Mai d. J. ins Leben treten. Für
den außerordentlichen Aufwand, welchen die Einrichtung der damit
zu verbindenden wissenschaftlichen Institute erheischt, wird auf die
Hilfe des Reiches gerechnet werden dürfen. Eine Uebersicht der
bisher erlassenen Gesetze und allgemeinen Anordnungen, sowie
über den Gang der Verwaltung des Landes wird, entsprechend
der Vorschrift des Gesetzes vom 9. Juni v. J., Ihnen zugehen.

Sie werden, geehrte Herren, die Befriedigung theilen, mit
welcher die verbündeten Regierungen auf die Ergebnisse des ersten
Jahres des neubegründeten Deutschen Reiches zurückblicken und der

---

*) S. 26.

8. 4. 1872. ferneren staatlichen und nationalen Entwickelung unserer inneren Einrichtungen mit freudiger Zuversicht näher treten.

Mit derselben Genugthuung werden Sie die Versicherung ent= gegennehmen, daß es der Politik Sr. Majestät des Kaisers und Königs gelungen ist, bei allen*) auswärtigen Regierungen das Vertrauen zu erhalten und zu befestigen, daß die Macht, welche Deutschland durch seine Einigung zum Reiche gewonnen hat, nicht nur dem Vaterlande eine sichere Schutzwehr, sondern auch dem Frieden Europas eine starke Bürgschaft gewährt.

4. Sitzung des Deutschen Reichstags
Freitag 12. April 1872.

12. 4. 1872. Bei Erörterung der Consularconvention zwischen Deutschland und den Vereinigten Staaten machte Abg. Frhr. Nordeck v. Rabenau darauf aufmerksam, daß sich in der deutschen Fassung von Art. 10 eine Abweichung von der englischen insofern finde, als die dem eng= lischen Text entsprechenden Worte „oder ein Bürger der Vereinigten Staaten" im deutschen Texte durch ein Versehen der Druckerei aus= gefallen seien. Fürst Bismarck bemerkte dazu**):

Es liegt auf der Hand, daß es sich in dem soeben erwähnten Passus von Art. 10 lediglich um einen Druckfehler, oder vielmehr um eine Auslassung im deutschen Texte handelt.

8. Sitzung des Deutschen Reichstags
Mittwoch 17. April 1872.

17. 4. 1872. Das gleichzeitige Tagen der Ständeversammlungen in Bayern und Württemberg hielt einen Theil der süddeutschen Vertreter von dem Besuche des Reichstags fern: ein großer Theil der preußischen Mit=

---

*) S. 3a.
**) StB. 20b.

glieder war durch die fortdauernden Sitzungen des Preußischen Land= 17. 4. 1872.
tags doppelt in Anspruch genommen. Zur Beseitigung dieses Uebel=
standes brachte der württembergische Abg. Dr. Elben den Antrag ein:

> Der Reichstag wolle beschließen:
>
> > Im Anschluß an den Beschluß des Norddeutschen Reichstags
> > vom 3. April 1868 [1]) den Herrn Reichskanzler aufzufordern,
> > dahin zu wirken, daß in Zukunft ein gleichzeitiges Tagen von
> > Landtagen mit dem Reichstage vermieden werde.

Zu diesem Antrage stellte der Abg. v. Hoverbeck das Amen=
dement:

> Der Deutsche Reichstag wolle beschließen:
>
> > Vor den Schlußworten „vermieden werde" einzuschalten:
> > „womöglich durch Feststellung eines bestimmten Anfangs=
> > termins für die ordentlichen Sessionen des Reichstags".

Der Abg. Graf Preysing nahm an der Fassung des Antrags
ebenso sehr Anstoß wie an der des Amendements, er brachte folgende
Redaction in Vorschlag:

> Der Reichstag wolle beschließen:
>
> > Im Anschluß an den Beschluß des Norddeutschen Reichstags
> > vom 3. April 1868 den Herrn Reichskanzler aufzufordern, dahin
> > zu wirken, daß die Feststellung eines bestimmten Anfangstermins
> > für die ordentliche Session des Reichstags herbeigeführt werde.

Nachdem in der 8. Sitzung des Reichstags am 17. April 1872
die Antragsteller ihre Anträge begründet, der bayrische Bundesraths=
bevollmächtigte Staatsminister Dr. Fäustle das Verfahren der bay=
rischen Regierung mit der zwingenden Nothwendigkeit, das Jahresbudget
1872/73 gesetzlich festzustellen, gerechtfertigt hatte, ergriff der Reichs=
kanzler Fürst Bismarck das Wort[*]):

Ich habe meinerseits den Antrag gern gesehen und bin mit
dem Princip desselben ganz einverstanden, da er nicht die Absicht
ausspricht, ein durch einen zwingenden Act der Gesetzgebung durch=
greifendes und unumstößliches Princip herzustellen, er spricht nur
den Wunsch aus, daß der Reichskanzler sich bemühen möge, daß
ein gleichzeitiges Tagen von Landtagen und Reichstag vermieden
werde. Ich glaube, meine Herren, daß dieser Wunsch, wie soeben
mein bayrischer Herr College bethätigt hat, allen Regierungen
gemeinsam ist, und daß den Regierungen in Zukunft, wenn sie sich
mehr eingelebt haben werden, wenn die Uebergangsstadien mehr

) StB. 706.
[1]) Vgl. Bd. IV 16 ff.

17. 4. 1872. überwunden sind, es auch in ausgedehntem Maße gelingen wird, ihn zu erfüllen. Ich möchte aber davon abrathen, ihm die Natur eines zwingenden, legalen Princips beizulegen; wir müssen da einmal die einzelnen Verfassungen respectiren, die ihrerseits manche bestimmte zwingende Termine aufstellen, zu denen der Landtag zu berufen ist, Termine, an die sich der Reichstag bezüglich seines Zusammentritts doch nicht immer binden und danach geniren kann. Dann fragt es sich: ist jedes gleichzeitige Tagen von Landtagen und Reichstagen unbedingt dermaßen schädlich, daß es auch unter wesentlichen Nachtheilen für die einzelnen Regierungen vermieden werden müsse? Wenn alle deutschen Landtage an demselben Orte zusammenkämen, wie der Reichstag, so ließe sich sehr wohl eine Zeiteintheilung finden, nach der die Abgeordneten gleichzeitig mehreren dieser Körperschaften beiwohnen könnten, namentlich wenn die Körperschaften selbst mit ihren Geschäftsordnungen resp. die Landesregierungen mit ihrer Gesetzgebung einigermaßen nachhelfen, und manche — wie ich glaube — veraltete parlamentarische Traditionen in Bezug auf Beschlußfähigkeit, in Bezug auf die Ueberwindung der Zwischenacte zwischen zwei Sitzungen beseitigen, und die strenge Aufrechthaltung der Beschlußfähigkeit auf diejenigen Acte beschränken wollten, wo das Land wirklich ein ausreichendes Bedürfniß hat, daß mindestens die Hälfte seiner Vertreter zugegen ist. Ich glaube, die Herren könnten ihrerseits auch Etwas dazu thun, sich das Leben leichter zu machen.

(Heiterkeit.)

Die bedauerlichen Vorkommnisse, daß der Reichstag beschlußunfähig gewesen ist, möchte ich doch bitten, nicht auf das Conto dieses Uebelstandes zu schreiben und dadurch denjenigen*), die keine solche Entschuldigung haben für ihr Außenbleiben, ihr Gewissen zu erleichtern; im Gegentheil, es ihnen recht zu erschweren, wäre wünschenswerth. Ich erinnere mich eines Zeitungsartikels, wenigstens bei der letzten Beschlußunfähigkeit, wenn mich mein Gedächtniß nicht täuscht, aus dem hervorging, wie ich glaube, daß eine unverhältnißmäßige Anzahl der Fehlenden der nächsten Umgebung Berlins und dem Sitzungsorte des Reichstags, namentlich der preußischen

---

*) S. 71 a.

Provinz Brandenburg angehörten, die ihrerseits keinen Landtag 17. 4. 1872.
und auch die Reise am nächsten hatten, aber vielleicht deshalb
glaubten, den letzten Moment zum Einschwenken abwarten zu können,
während derjenige, der weiter weg wohnt, doch vorsichtiger in der
Wahl seines Reisetages ist.

Ich kann nur versprechen, daß ich nach wie vor suchen werde,
ein solches paralleles Sitzen zu verhüten, daß ich aber glaube, der
Reichstag werde da nachsichtig sein, wo die Bedürfnisse der einzelnen
Staaten es absolut fordern, und wo die Localitäten der Sitzungen
des Landtages so beschaffen sind, daß ein gleichzeitiges Mitwirken
doch nicht ausgeschlossen ist. Ich habe aus den Mittheilungen des
preußischen Abgeordnetenhauses gesehen, daß eine dringlich wünschens-
werthe Sitzung eben dieses Hauses in diesen Tagen stattfinden
wird, daß der Nachtheil, wenn diese ausfiele, einem strenge aufrecht erhaltenen Principe entsprechend, größer wäre, als aus der
Verständigung der Mitglieder beider Versammlungen, dahin gehend,
daß der Landtag seine Sitzung abhalten kann, hervorgehen könnte.
Ich kann mir, wenn die Erleichterungen eintreten, welche, wie ich
früher andeutete, in der Macht der Parlamente selbst liegen, sogar
denken, daß in der Nähe gelegene Hauptstädte einzelner Länder,
ich will nicht bloß hier hinweisen auf Dessau, sondern auch auf
Braunschweig, Schwerin und Dresden, es möglich machten, in
keiner Versammlung, bei keiner wichtigen Debatte und Entscheidung
zu fehlen, die ja nicht gerade in dieselbe Stunde zu fallen pflegen.
Aber aus dieser Apologie, bitte ich, nicht zu schließen, daß ich
irgendwie die Sache leicht nehme, sondern ich werde bereitwillig
dem Wunsche, den voraussichtlich der Reichstag ausdrücken wird,
entsprechen, mit den übrigen Bundesregierungen rechtzeitig in Verbindung treten über die Zeit, wann der Reichstag berufen werden
soll, und nach Möglichkeit dahin wirken, daß nur solche Gründe,
welche ganz triftig und zwingend für die Einzelstaaten sind, gleichzeitige Sitzungen bedingen werden. Daß der Reichskanzler dabei
auf das Entgegenkommen der übrigen Regierungen rechnen kann,
dafür bürgt Jhnen das Zeugniß des Herrn Vorredners[1].

Was noch die Frage betrifft, die das Amendement des Herrn

---

[1] Staatsministers Jänisle.

17. 4. 1872. v. Hoverbeck berührt, so wäre es auch da durchaus für den Ge=
schäftsbetrieb erwünscht, daß wir die Gewohnheit annehmen, zu
einer bestimmten Zeit regelmäßig zusammen zu kommen, daß diese
Zeit nach den Wünschen und Convenienzen des Reichstages, als
der ersten und bevorrechtetsten parlamentarischen Versammlung, be=
stimmt wird, daß man sich an keine Hindernisse anderer Regierungen
— namentlich werde ich in dem Votum des Reichstages ein starkes
Argument gegen abweichende preußische Wünsche finden — daß
man, sage ich, sich nicht an Hindernisse anderer Regierungen kehrt,
die etwa einen späteren Zusammentritt des Reichstages wünschen,
sondern es diesen überläßt, sich mit ihren Landtagen abzufinden,
wie sie können. Es wäre sehr erfreulich, wenn sich feststellen ließe,
welche im Allgemeinen im Reichstage und im Lande für die Periode
gehalten wird, welche für den Zusammentritt des Reichstages in
der Regel die wünschenswertheste wäre. Ich habe Andeutungen
gehört über Ende Januar, Anfang Februar; das würde ja auch
den Convenienzen der Regierung in Bezug auf die Zeit der Ver=
handlung vollkommen entsprechen. Eine Schwierigkeit liegt in der
Entfernung dieses Zeitpunktes von dem Anfangstermine desjenigen
Budgets, welches zunächst berathen werden muß. Können wir je
dahin kommen, daß wir das Rechnungsjahr*) auf den 1. Juli ver=
legen, so ist diesem Bedenken abgeholfen. Bleibt das aber ein
Ideal nicht der Finanzverwaltung angehöriger Laien, zu denen ich
mich auch rechne, denn mein Ideal ist es auch, dann tritt die
Frage heran, ob nicht im Herbste der Zusammentritt für den Reichs=
tag wünschenswerther ist. Es würde, wie gesagt, erfreulich für die
verbündeten Regierungen sein, wenn sie den Anhaltspunkt irgend
welchen mit Mehrheit formulirten Wunsches des Reichstages und
der Bevölkerung hätten, und die Regierungen würden gerne bereit
sein, danach sich regelmäßig zu richten. Ich sage, in der Regel,
denn einen ganz festen Termin dafür anzusetzen, halte ich für
schwierig. Es kann sein, daß die Vorlagen für den Reichstag aus
irgend welchen Gründen nicht rechtzeitig fertig werden. Es kann
sein, daß dadurch die Nothwendigkeit eintritt, die Masse der parla=
mentarischen Arbeiten, die auf den einzelnen Herren lasten, noch)

---

*) S. 716.

dadurch zu vermehren, daß man eine zweite Reichstagssession in 17. 4. 1872.
demselben Jahre beruft, während man sonst vielleicht mit einer
ausgekommen wäre. Außerdem würde es, wenn ein Gesetz darüber
gemacht sein sollte, eine wesentliche Beschränkung einer derjenigen
Prärogativen des Kaisers sein, die Sr. Majestät nach der Deutschen
Verfassung persönlich zustehen. Aber jedem Wunsche, der die Mehr=
heit des Reichstages für sich hat, mag es Winters=, mag es Herbst=
zeit sein, werden die verbündeten Regierungen und Se. Majestät
der Kaiser, dem die Berufung zusteht, sehr bereitwillig entgegen=
kommen, und ich würde mich freuen, wenn darüber eine Meinung
mit Mehrzahl festgestellt würde, ich würde mir zur Regel machen,
daß danach gehandelt würde, und ich würde Abweichungen nur
dann befürworten, wenn besondere Gründe dafür vorliegen.

(Beifall.)

Von den folgenden Rednern stellte der Abg. Graf Kleist den
Antrag, zu dem Amendement v. Hoverbeck, betreffend die Feststellung
eines bestimmten Anfangstermins, die Worte hinzuzufügen:

"als welcher der Termin zu Anfang Januar oder Februar
sich besonders empfiehlt".

Fürst Bismarck bemerkte dazu[*]):

Ich bin nicht berechtigt, in diesem Hause Anträge zu stellen;
aber da ich gerade dem Ausgange der Discussion über diese Frage,
welche Jahreszeit dem Reichstag im Allgemeinen wünschenswerth
ist, mit großem Interesse entgegensehe, so wäre es mir sehr er=
wünscht gewesen, wenn für den Fall der Ablehnung des Graf[**])
Kleistschen Antrages auch ein anderer Antrag gestellt würde; denn
fällt dieser Antrag, so ginge daraus zwar hervor, daß der Mehr=
heit der vom Grafen Kleist vorgeschlagene Termin nicht erwünscht
ist, es ließe sich aber noch nicht entnehmen, welcher andere. Ich
bin als Reichskanzler, ich möchte sagen, — im Ehrenpunkte dabei
interessirt, Ihnen die Sache so bequem und so nach Wunsch ein
zurichten, wie möglich, um diesen demüthigenden Eindruck los zu
werden, daß bisher der Reichstag in der Concurrenz mit den Land
tagen zu kurz kommt, während ich wünschte, daß die Landtage

---

[*]) StB. 736.
[**]) StB.: Grafen.

17. 4. 1872. klagten, daß ihnen die Abgeordneten nicht zu Hause Stich hielten, sobald der Reichstag zusammentritt.

Da noch weitere, unter sich abweichende Anträge über den geeignetsten Anfangstermin der Reichstagsseſſion eingebracht wurden, die Frage also noch nicht reif zur Entscheidung im Plenum war, so wurden auf Antrag des Abg. Lasker ſämmtliche Anträge der Geſchäftsordnungscommiſſion zur Berichterstattung überwieſen. Ihr Antrag, der den Antrag Elben mit dem Amendement des Frhrn. v. Hoverbeck verſchmolz, wurde vom Reichstag in ſeiner 18. Sitzung am 8. Mai angenommen. Ueber die Feſtſetzung eines beſtimmten Berufungstermins vermochte der Reichstag ſich nicht zu einigen.

11. Sitzung des Deutſchen Reichstags

Dienſtag 23. April 1872.

23. 4. 1872. § 11 des Geſetzentwurfs, betreffend die Rechtsverhältniſſe der Reichsbeamten, lautete: „Ueber die vermöge ſeines Amts ihm bekannt gewordenen Angelegenheiten hat der Beamte Verſchwiegenheit zu beobachten, auch nachdem das Dienſtverhältniß aufgelöst iſt." Dazu beantragte der Abgeordnete Behringer bei Gelegenheit der zweiten Berathung des Entwurfs in der 11. Sitzung des Reichstags, am 23. April 1872, hinter dem Worte „Angelegenheiten" einzuschalten: „welche Geheimhaltung erfordern".

Außer dem Abg. Dr. Wagner trat auch der Abg. Dr. Braun für dieses Amendement ein. Er widersprach dem von dem Unterstaatsſecretär Dr. Achenbach geltend gemachten Einwand, daß es durch Beifügung eines ſolchen Zuſatzes in das ſubjective Ermeſſen des Beamten geſtellt werde, welche Angelegenheiten geheim zu halten ſeien. Offenbar unterliege das den Anordnungen der vorgeſetzten Behörde, und dem entsprechend herrſche ja ſchon jetzt der Brauch, daß bei beſonderen Dingen der Chef durch eine ausdrückliche Verfügung die Geheimhaltung der Sache oder die Secretirung der Acten anbefehle. In anderen Fällen ſei aus der Natur des Gegenstandes ſelbſt ſchon zu erkennen, ob die Geheimhaltung erforderlich ſei oder nicht. Die Sache liege alſo bei Annahme des Amendements einfach ſo: Wenn ein Beamter Dinge ſeines Amtes ausplaudere, die ausdrücklich geheim zu halten geboten werde, ſo werde er beſtraft, desgleichen, wenn er Dinge ausplaudere, die vermöge ihrer Natur Geheimhaltung erforderten, ſo daß er nur dann unbeſtraft bleibe, wenn er über Sachen ſpreche, die

durchaus ungefährlicher Natur seien, und über die dermalen in sämmt= 23. 4. 1872.
lichen deutschen Landen des Deutschen Reiches sämmtliche Beamte,
namentlich in kleinen Städten Abends, wenn sie in ihrer Stammkneipe
beim Stammseidel säßen, zu schwätzen pflegten. Schärfe man un=
bedingte Wahrung des Amtsgeheimnisses in Bezug auf Alles ein,
was der Beamte im Dienst erfahren haben könne, so proclamire man
damit entweder die Nichtbeachtung einer solchen Vorschrift, weil die
Beachtung nicht erforderlich und auch kaum möglich sei, oder man mache
die Beamten am Ende so scheu und ängstlich, wie es ihm in seiner
speciellen Heimath, in Nassau, vorgekommen sei: „Da ging der Hofrath,
welcher der Chef der geheimen Registratur im Ministerium war, eines
Tages in der Rheinstraße spazieren; es fragte ihn ein Handwerksbursche,
ob hier hinaus der Weg nach Mainz gehe, und er antwortete: Lieber
Mann, ich habe Pflichten, fragen Sie lieber einen Anderen." Hierauf
Fürst Bismarck*):

Ich möchte dem Vorredner doch empfehlen, sich von diesem
nassauischen Eindruck zu emancipiren und bei Beurtheilung dieser
Frage nicht die Verhältnisse einer kleinen Stadt, wo man auf der
Kneipe über allbekannte Dinge spricht, als Maßstab anzulegen, sondern
z. B. diejenigen des gesammten Auswärtigen Dienstes. Wenn die
Sache so leicht unschädlich zu machen wäre, wie der Herr Vor=
redner andeutet, daß eine Vorschrift des Vorgesetzten genügte, um
die Plauderhaftigkeit strafbar zu machen, so würde ich als Reichs=
kanzler eine solche Vorschrift für sämmtliche Beamte meines Ressorts
sofort erlassen, sobald dieser Zusatz angenommen wäre, und ich
würde gar kein Papier leiden, auf dem nicht der Trockenstempel
stünde: „Dies ist geheim zu halten." Ich kann einen solchen Zu=
satz, wie er beantragt ist, nachdem ich voraussetze, daß dieses Gesetz
für alle Reichsbeamten gelten soll, für den Auswärtigen Dienst als
annehmbar nicht bezeichnen. Ich würde wenigstens Alles aufwenden,
was in meinem Einflusse steht, um ihn zu verhindern, und darauf
hinwirken, daß dieser Zusatz nicht Gesetz wird, wenn nicht für die
Beamten des Auswärtigen Dienstes eine Ausnahme möglich bliebe,
wenn nicht generelle Vorschriften dafür gegeben werden können,
die den Zusatz illusorisch machen. Ich komme oft gar nicht in die
Lage, dem einzelnen auswärtigen Beamten rechtzeitig sagen zu können,
ob das, was**) er erfahren hat, in amtlicher Eigenschaft zu seere

---

*) StB. 149b.
) S. 150a.

tiren ist oder nicht. Seine Meldung davon geht vielleicht übers Meer und dauert lange, ehe sie an mich gelangt, es ist bis dahin seinem Ermessen überlassen, und er ist gesetzlich gedeckt, wenn er eine Indiscretion begeht. Für eine Gemeindeverwaltung und für Administrationen in kleineren Kreisen mag das vollständig gleichgültig sein und die Geheimhaltung oft bis zur Caricatur getrieben sein; für den Auswärtigen Dienst ist aber dieser Zusatz meiner Ansicht nach nicht annehmbar.

Der Abg. Kanngießer führte aus, es sei bei dem Antrage Behringer und Genossen durchaus nicht die Absicht gewesen, die dienstlichen Vorgesetzten in generellen Instructionen auf Geheimhaltung sämmtlicher Vorkommenheiten innerhalb ihres Ressorts zu beengen. Um dies auch im Gesetz zum Ausdruck zu bringen, schlug er vor, das Behringer'sche Amendement durch folgende Fassung klarer zu stellen: hinter „Angelegenheiten“ statt der Worte: „welche Geheimhaltung fordern“, einzuschalten: „deren Geheimhaltung ihrer Natur nach erforderlich oder von seinem Vorgesetzten vorgeschrieben ist“. Der Reichskanzler Fürst Bismarck bemerkte dazu[*]):

Bei diesem Zusatze, mit dieser Erläuterung, würde die Sache für mich wesentlich anders liegen; so lange aber dieses nicht hinzugefügt ist, bin ich zweifelhaft, ob alle Beamten die Anordnungen, die sich, wenn nicht widersprechen, doch neben dieses Gesetz stellen, und von denen sie über dasselbe hinaus getroffen werden, als gesetzlich durchschlagend erkennen würden, und namentlich, ob alle Gerichte diejenigen Verfolgungen, die wegen Bruch der Amtsverschwiegenheit, auch bei erheblicher Gefährdung der Staatsinteressen, gegen Beamte gerichtet werden könnten, für berechtigt halten würden, wenn nicht die Berechtigung des Vorgesetzten, die Geheimhaltung ausdrücklich vorzuschreiben, auch im Gesetze ausdrücklich erwähnt wird.

§ 11 wurde mit dem Amendement Kanngießer angenommen.

---

*) StB. 150b.

15. Sitzung des Deutschen Reichstags

Mittwoch 1. Mai 1872.

In der 15. Sitzung am 1. Mai 1872 stand zur Discussion ein 1. 5. 1872. vom Abg. v. Hoverbeck und Genossen Namens der Fortschrittspartei eingebrachter Gesetzentwurf, betreffend Abänderung des Gesetzes wegen Erhebung einer Abgabe von Salz vom 12. October 1867, dessen einziger Paragraph lautete:

Die im § 2 des Gesetzes vom 12. October 1867 festgestellte Abgabe von Salz wird vom 1. Januar 1873 an mit einem [1]) Thaler für den Centner Nettogewicht erhoben.

Außerdem beantragten die Antragsteller die Annahme einer Resolution folgenden Wortlauts:

Die gänzliche Aufhebung der Abgabe von Salz ist ebenso eine Forderung der Gerechtigkeit als einer gesunden Finanzpolitik und demgemäß, sobald die Finanzlage es irgend gestattet, in erster Linie durchzuführen.

In seiner Begründungsrede führte der Abg. v. Hoverbeck aus, daß die Salzsteuer die schlechteste aller bestehenden Steuern sei und auf die untersten Volksclassen wie eine schwere directe Kopfsteuer wirke, nach einem System auferlegt, das sich für gebildete Staaten überhaupt nicht zieme und nur mit russischen oder türkischen Arten von Abgaben in Parallele gestellt werden könne. Deckung für den aus der Herabsetzung erwachsenden Ausfall könne der Reichstag dadurch gewinnen, daß er die von den verbündeten Regierungen vorgeschlagene Verminderung der Matricularbeiträge um 7¼ Millionen nicht bewillige. Der Abg. v. Kardorff stimmte zwar mit dem Abg. v. Hoverbeck in der Verwerflichkeit der Salzsteuer überein, machte aber darauf aufmerksam, daß nur die Aufhebung derselben, nicht eine Herabsetzung auf den Preis des Salzes Einfluß haben werde. Jedoch fand er es bedenklich, von den unmittelbaren Einnahmen des Reichs, wie sie jetzt beständen, irgend Etwas zu streichen, ohne daß in den indirecten Steuern irgend ein Ersatz für den Abstrich geboten werde. Er bat demnach den Reichstag, unter Ablehnung des Gesetzentwurfs zu beschließen:

Den Reichskanzler aufzufordern, dem Reichstage in seiner nächsten Session Vorlagen zu machen, inhaltlich deren

1. die Salzsteuer (Abgabe von Salz) vom 1. Januar 1874 ab vollständig aufgehoben, und

2. die Deckung des den eigenen Einnahmen des Reiches hierdurch erwachsenden Ausfalls herbeigeführt wird

---

[1]) Statt wie bisher mit 2 Thalern.

1. 5. 1872.

a) durch Beischaffung entsprechender Mehrbeträge der Tabaks-besteuerung,

b) durch Ueberweisung solcher Stempelgefälle an das Reich, welche sich nach der Natur des Objects, nach der Gemeinsamkeit des betreffenden Rechtsgebietes und nach den Formen des heutigen Verkehrs hierzu eignen.

Der Präsident des Reichskanzleramts, Staatsminister Delbrück, erklärte, daß die verbündeten Regierungen die Aufhebung der Salz-steuer als einen Gegenstand ihrer ernstesten Erwägung betrachteten, einen solchen Verzicht aber nur aussprechen könnten, wenn das Reich aus eigenen, nur ihm zustehenden Steuern Ersatz für den Ausfall erhalte. Eine Anweisung auf erhöhte Matricularbeiträge könne das Reich nicht annehmen, denn es müsse die volle Unabhängigkeit der Finanz-wirthschaft des Reichs von der der Einzelstaaten als künftiges Ziel der Reichsfinanzpolitik festgehalten werden. Als naheliegende Objecte des Ersatzes für die Salzsteuer bezeichnete er eine Aenderung der bestehenden Besteuerung des Tabaks, sowie die Erhebung einer Stempel-steuer, eventuell auch einer Biersteuer, obwohl eine solche nur für die Staaten des vormaligen Norddeutschen Bundes beschlossen werden dürfte. Nachdem der Abg. Grumbrecht in längerer Rede noch ein Mal alle für den Antrag v. Hoverbeck sprechenden Argumente zusammengefaßt, der Abg. Günther gegen die Verweisung an eine Commission und für die Berathung in zweiter Lesung sich ausgesprochen hatte, nahm Fürst Bismarck das Wort*):

Der Herr Präsident des Reichskanzleramts hat den financiellen und technischen Theil der Frage, wie ich glaube, erschöpft, und den politischen, um den es sich für mich heut allein handelt, berührt. Ich halte es aber doch für meine Pflicht, auch persönlich in dieser Sache ein Zeugniß über meine Stellung abzulegen, indem meine Stellung persönlich, als Reichskanzler, eine ganz eigenthümliche ist. Ich bin der Einzige, dem die Verfassung eine Verantwortlichkeit auferlegt für die Ausführung der Gesetze und der Verfassung. Ich komme also in die Lage, ein Gesetz, welches Se. Majestät der Kaiser vollzieht, contrasigniren zu müssen, und ich muß dann in einem solchen Falle mich fragen, ob ich nach meiner Verantwort-lichkeit für den Bestand und die Fortentwickelung des Reiches in der Lage bin, eine solche Contrasignatur zu leisten. Diese Erwä-gung veranlaßt mich, doch über meine Stellung zu diesem und zu ähnlichen Anträgen principiell einen Zweifel nicht zu lassen. Ich

---

*) StB. 233b.

gebe sehr gern zu, daß die Salzsteuer eine von denen ist, deren 1. 5. 1872.
Abschaffung primo loco [1]) wünschenswerth bleibt.   Ob sie allein
in diesem Vordergrunde für die Abschaffung steht, ist eine andere
Frage, die die Herren Finanzminister für sich entscheiden mögen;
für die Stellung des Reichskanzlers ist vor allen Dingen die Er=
wägung eine entscheidende, ob die politische Lage des Reichs ver=
bessert oder verschlechtert wird, und ob die Verantwortung, die ihm
dafür aufliegt, ihn stark genug drückt, um unter Umständen einer
Beseitigung einer Reichssteuer aus politischen Gründen zu wider=
sprechen.   Ich halte die eigenen Einnahmen des Reiches für in so
hohem Grade wichtig, daß ich nicht glaube, daß ein seiner Ver=
antwortung sich bewußter und von dem richtigen Interesse für den
Bestand und die Fortentwickelung des Reiches beseelter Kanzler
jemals seine Zustimmung dazu geben wird, daß die eigenen Ein=
nahmen des Reiches ohne hinlänglichen Ersatz vermindert werden.
Die Anweisung auf andere Steuern ist problematisch, die Anwei=
sung auf Matricularbeiträge kann ich nicht annehmen. Wenn von
Seiten solcher Elemente, die ich als centrifugale bezeichnen möchte,
die Hinweisung auf die Matricularbeiträge bereitwillig entgegen=
genommen wird, als Ersatz für die eigene Reichssteuer, so kann
ich mir das sehr leicht erklären, indem aus einem Reiche, welches
nur auf Matricularbeiträge begründet wäre, in Fällen, die ich nicht
voraussehen und nicht erleben mag, die Freizügigkeit [2]) außer=
ordentlich erleichtert wird.   Man würde seine Sachen beim Aus=
zuge sehr bald mitnehmen können.   Das große Bindemittel einer
starken gemeinsamen Finanzeinrichtung, eines gemeinsamen Finanz=
systems fehlt einem Reiche, welches nur auf Matricularbeiträge
begründet ist.   Daß die Matricularbeiträge ungleich treffen, ist eine
Sache der Gerechtigkeit, aber sie überhaupt zu vermindern, ist
meines Erachtens Aufgabe einer wohlerwogenen Reichspolitik.   Ich
weiß nicht, ob es nicht noch schlechtere Steuern, wie die Salzsteuer
in den einzelnen Ländern gibt, und ich möchte doch dagegen auch
Zeugniß ablegen, daß nicht gerade diese Reichssteuer [*]) — wir

---

*) StB.: Reichssteuern.
[1]) An erster Stelle.
[2]) D. h. die Möglichkeit, aus dem Reiche auszutreten

1. 5. 1872. haben sehr wenig Objecte, die wir im Reiche*) besteuern können, sie sind vertragsmäßig festgestellt —, so gekennzeichnet werde**), als sei**) sie eine höchst ungerechte, und es sei eine unnöthige Bedrückung des armen Mannes, wenn sie auch nur noch einen Tag in dem Maße fortbestände, in dem sie seit Jahren bestanden hat. Es ist jedes Mal die Steuer, die das Reich gerade am meisten braucht, als eine den armen Mann besonders drückende bezeichnet worden. Als man in dem Locale am Dönhofsplatze über die Tabaksteuer sprach, erinnere ich mich, daß die Pfeife des armen Mannes eine sehr große Rolle spielte[1].

(Heiterkeit.)

Wie von Petroleum gesprochen wurde, war es die Beleuchtung des armen Mannes; aber so lange wir noch das Brot und das Fleisch besteuern, muß ich sagen, rechne ich dergleichen Aeußerungen in das Gebiet derjenigen politischen Heuchelei,

(Ruf: Oh, oh! Pfui!)

die man auf politischem Gebiete für erlaubt hält und sich und Anderen concedirt. Meine Herren, Sie sehen, ich nehme mich nicht aus. Ich mache unter Umständen auch davon Gebrauch. Etwas Verletzendes liegt also darin nicht, und in constitutionell ausgebildeteren Staaten geht der Accent, den man unter Umständen auf die Pfeife des armen Mannes legt, als könnte er die Speise leichter als den Tabak entbehren, viel weiter als bei uns; aber ich muß sagen, so lange wir in einem sehr großen Bundesstaate*) noch das Brot und das Fleisch besteuern, haben wir kein Recht, die Salzsteuer auf diese Weise zu brandmarken, als wäre es gerade ein Mangel an Pflichtgefühl, daß die Regierungen sie nicht längst aufgehoben haben. So lange von dem armen Manne, von dem es zweifelhaft ist, ob er nach Ihrer Ansicht seine neun Silbergroschen für das Salz aufbringen kann, — von dem ich aber nicht zugebe, daß er sie vollständig trägt, denn der Abg. Grumbrecht ist uns für seine zwölf Silbergroschen*) jeden Beweis schuldig ge-

---

*) S. 234a.
**) StB.: werden — seien.
[1] S. Bd. IV, 269.
*) Preußen.
*) Abg. Grumbrecht: „Die Berechnung, die in unserem Budget steht,

blieben, ich stelle dem die Behauptung gegenüber, daß er nicht 1. 5. 1872. einmal diese neun Silbergroschen vollständig trägt — aber so lange, sage ich, Sie von dem armen Manne 15 bis 30 Silbergroschen Classensteuer in den letzten Stufen nehmen, so kann er auch für diesen Betrag kein Salz kaufen für das Geld, das Sie ihm in Gestalt der Classensteuer abnehmen. Also, wenn Sie den Leuten bei dem Salze eine Erleichterung geben wollen, ihnen aber dafür das Geld direct aus der Tasche nehmen, ohne sie zu fragen, ob sie satt sind oder nicht, ohne sie zu fragen, ob sie dafür Salz kaufen wollen oder nicht, so kann ich Ihnen das Recht nicht einräumen, die Salzsteuer, als ob sie die allerschlechteste sei, als ob es gewissermaßen eine Schmach für die Regierungen wäre, sie noch weiter bestehen zu lassen, darzustellen. Man muß sich überhaupt, wenn man den Staat ernstlich will, und wenn man in sich das Gefühl der staatlichen Verantwortlichkeit hat, hüten, von irgend einer Steuer, die man heute noch nicht entbehren kann, mit dieser, ich kann wohl sagen, Maßlosigkeit zu sprechen, als wenn es eine ungerechte Bedrückung wäre, daß sie überhaupt noch gezahlt wird. Die Steuern sind alle unangenehm, alle lästig, und haben alle die traurige Eigenschaft, daß erst diejenigen, welche von der großen Masse, von den Armen gezahlt werden, überhaupt dem Finanzminister den Säckel füllen, indem die Reichen nicht zahlreich genug sind, um sie allein decken zu können. Aber es macht mir den Eindruck: so oft wir über eine Steuer verhandeln, ob sie abgeschafft oder eingeführt werden soll, ist gerade immer die, welche das Reich hat oder braucht, diejenige, welche die allerdrückendste ist. Ich möchte das Glaubensbekenntniß ablegen und offen bekennen   ich muß den Muth der Verantwortlichkeit und der Meinung haben   , daß ich die Salzsteuer noch nicht für die schlechteste unter den bestehenden halte, und daß ich für*) das Reich die Matricularbeiträge noch für schlechter halte. und daß ich meinerseits eher für die Erhöhung der Salzsteuer, als für die Erhöhung der Matricularbeiträge stimmen würde, so wie die Sache jetzt steht; denn es ist

daß die Steuer 9½ Sgr. pro Kopf beträgt, ist nicht richtig, sie beträgt in der That 12 Sgr. pro Kopf, denn die Zulage und Anschläge beim Verlaß müssen Sie auch mit berücksichtigen" (StB. 230a).

*) S. 231b.

1. 5. 1872. jeder Staat in der Lage, da zu helfen, wo ihn der Schuh am meisten drückt, wenn er keine Matricularbeiträge zu zahlen braucht, und für die 24 Millionen Preußen, die hier vertreten sind, glaube ich, daß die Abgaben auf Brot, Fleisch, und die Abgaben der letzten Classensteuer noch viel drückender sind, als die Salzsteuer.

Ich möchte dieses Glaubensbekenntniß, das mir Bedürfniß war, doch nicht schließen, ohne an das Gefühl der politischen Verantwortlichkeit, welches jedem Antragsteller beiwohnen sollte, noch zu erinnern. Nach der Verfassung ist allerdings der Kanzler ganz allein verantwortlich, der Kanzler kann aber den Strom nicht aufhalten, wenn die Widerstandsfähigkeit der vereinigten Regierungen gegen eine Vorlage, die sie für nicht richtig, für bedrückend und für politisch gefährlich halten würden, auch nicht so schwach ist, wie der Herr Abg. v. Hoverbeck sie vorhin andeutete[1]. Sie werden dem civium ardor prava jubentium[2] nicht so leicht und rasch unterliegen, als er der Meinung ist. Der Kanzler aber kann dem allein nicht widerstehen; er kann unter Umständen sagen: es ist wider mein Gewissen, zu unterschreiben, und dann tritt die Verfassungsfrage ein, ob Se. Majestät der Kaiser einen Kanzler findet, der bereit ist,
                    (Bewegung.)

zu unterschreiben. Aber ich möchte Sie bitten, meine Herren, daß doch Jeder, der einen solchen Antrag stellt, sich von demselben kanzlerischen Verantwortlichkeitsgefühl für die Fortexistenz unserer mit Mühe begründeten Reichsinstitutionen und deren Consolidirung durchdringen und es nicht allein den Regierungen überlassen möge, Abhilfen zu suchen, der Reichsvertretung aber allein das Recht zu vindiciren, zu tadeln, wegzuschneiden. Bei einem solchen Antrag, wie der zuerst gestellte, der bloß auf den Wegfall einer wesentlichen Steuer ohne Vorschlag irgend eines Ersatzes gestellt wurde, — wundere ich mich nicht, alle Elemente zu sehen, die ich vorher centrifugale Elemente nannte, solche, denen wenigstens eine Be

---

[1] Abg. v. Hoverbeck: „Sprechen wir in diesem Sinne unsere Wünsche mit voller Einmüthigkeit aus, so gibt es keine Macht, auch nicht die der vereinten Regierungen, die dem widerstehen könnte" (StB. 223 b).

[2] Zu deutsch: dem leidenschaftlichen Drängen der Bürger, die Verkehrtes heischen, Citat aus Horatii carm. III, 3, 2.

festigung des Reiches nicht wünschenswerth ist, diese darunter zu 1. 5. 1872.
sehen, habe ich mich nicht gewundert; aber wenn ich die eifrigsten,
hingebendsten Mitarbeiter an dem Zustandekommen, an der Befestigung des Reiches mit unterschrieben gefunden habe, so habe ich
mir gesagt: uns fehlt noch in einem für mich schmerzlichen Maße
das Gefühl der staatlichen Verantwortlichkeit in unserer Gesammt-
vertretung.   (Beifall rechts.)

Der Abg. E. Richter suchte in längerer Rede die Ausführungen
des Reichskanzlers zu widerlegen. Das Versprechen, die Salzsteuer
aufzuheben, sei von der Regierung oft gegeben, doch nie erfüllt
worden; immer habe sie sich dahinter verschanzt, daß die financiellen
Vorbereitungen noch nicht vorhanden seien. Auch jetzt wieder würde
eine Compensation verlangt durch Erhöhung der Tabaksteuer und Einführung der Stempelsteuer, trotzdem der Reichstag vor zwei Jahren
Beides abgelehnt habe. Ueberhaupt sei bei der guten Finanzlage des
Reiches eher eine Steuerentlastung als eine Aufbürdung neuer Steuern
angezeigt. Allerdings müsse das Reich auf eigene Einnahmen gestellt
werden; dies könne aber nur auf dem Wege directer Steuern geschehen, und dem widersetze sich die Regierung aus Furcht vor der
daraus hervorgehenden Stärkung des parlamentarischen Einflusses. „Der
Herr Reichskanzler,“ fuhr er fort, „ist auf die Vorgänge im Preußischen
Landtage zu sprechen gekommen. Ich bin in der That auch der Meinung, daß diese in einem gewissen Zusammenhange mit der heutigen
Stellung des Herrn Reichskanzlers stehen, und daß die Ablehnung des
vorliegenden Gesetzentwurfs mit dazu dienen soll, einen Druck auf die
Majorität des preußischen Abgeordnetenhauses auszuüben, ihm eine
Steuerreform in einer Richtung aufzuzwingen, die das preußische Abgeordnetenhaus bereits ein Mal abgelehnt hat. Der Herr Reichskanzler
hat Recht daran gethan, in den Vorwurf der politischen Heuchelei sich
mit einzubegreifen. Sind wir es denn etwa gewesen, die im preußischen Abgeordnetenhause die gänzliche Aufhebung der Mahl- und Schlacht-
steuer verhindert haben? u. s. w.“ Den Vergleich der Salzsteuer mit
der untersten Classensteuer wies er nicht zurück, aber eine Aufhebung
der Classensteuer sei der Aufhebung der Salzsteuer nicht vorzuziehen,
denn jede directe Steuer erzeuge in dem Zahlenden das Bewußtsein,
politische Pflichten zu haben und politische Rechte zu vertreten. Zum
Schluß wandte er sich noch ein Mal persönlich gegen den Reichskanzler:
„Der Herr Reichskanzler hat hervorgehoben das geschärfte Gefühl der
Verantwortlichkeit, das er an der Spitze der Staatsgeschäfte habe. Ich
bitte aber auch umgekehrt zu bedenken das geschärfte Gefühl der Verantwortlichkeit, das die Volksvertreter haben in allen Fragen, wo es

1. 5. 1872. sich darum handelt, die Steuerlast im Einklange zu halten mit dem Staatsbedarf ... Wenn Sie glauben, daß wir uns nicht in Uebereinstimmung befinden in dieser Frage mit der Mehrzahl unserer Wähler ... nun, dann lösen Sie den Reichstag auf, und fragen Sie die Steuerzahler selbst. Das werden Sie aber schön bleiben lassen u. s. w."
Fürst Bismarck erwiderte[*]):

Ich habe nur das Wort ergriffen, um den Zusammenhang abzulehnen, den der Herr Vorredner zwischen meiner heutigen Aeußerung und meiner Bestrebung im Preußischen Landtage zu finden glaubte. Ich glaube, meine Versicherung wird genügen, daß mir dieser Vergleich fern gelegen hat. Ich stehe überhaupt zu den Verhandlungen im Preußischen Landtage sehr viel kühler als zu den politischen Dingen hier. Ich habe keine andere Absicht gehabt, als diejenige, meine Pflicht als Kanzler hier zu erfüllen und zu verhindern, so viel an mir liegt, daß das Reich arm gemacht werde. Ich will auf die weiteren Argumente, was die Vorzüge der directen und indirecten Steuern betrifft, nicht weiter eingehen; das gehört entweder in den Landtag oder wo anders hin. Ich halte mich an die Vorzüge der eigenen Einnahme des Reichs vor den Matricularbeiträgen, welche letztere ich von meinem Standpunkte, so viel ich kann, verhorrescire; nur das gebe ich dem Herrn Vorredner zu bedenken, daß eine directe Classensteuer die unterste Zahlerstufe doch noch viel directer trifft, als sie die Salzsteuer treffen kann, und daß diese Leute[**]) gar nicht in der Lage sind, sich der ersteren zu entziehen durch irgend ein Mittel.

Das einzige Argument, das der Herr Vorredner dafür angeführt hat, ist, daß er geglaubt hat, erst durch die Besteuerung der unteren Classen das politische Selbstgefühl denselben beibringen zu müssen. Ich glaube, das werden sie Ihnen[***]) wohl erlassen; sie[†]) haben so viel davon, wie Jeder von uns, ohne daß der Herr Vorredner sie zu besteuern oder eine Steuer für sie zu erhalten braucht. Ich verweise nur auf England; so viel mir bekannt, sind dort die unteren Classen direct gar nicht oder beinahe gar nicht

---

[*]) StB. 241 b.
[**]) Fehlt im StB.
[†] StB.: Sie ihnen.
[†) StB.: Sie.

besteuert — die Einkommensteuer wird dort die einzige directe sein, 1. 5. 1872. die vorhanden ist — und an politischem Selbstgefühl hat es dem englischen Volke dennoch niemals gefehlt. Und wenn der Herr Vorredner mit dem Argumente schließt: „Lösen Sie uns doch auf, dann werden Sie finden, daß in der That unsere Wähler damit einverstanden sind, weniger Steuern zu zahlen oder gar keine!" — so glaube ich das sehr gern; ich habe stets zugegeben, daß kein Mensch gern Steuern zahlt, und die Auflösung des Reichstages, eine solche excentrische Maßregel bei einer verhältnißmäßig so unbedeutenden Budgetfrage, wie diese,

(Sehr gut! rechts.)

die nicht von Bedeutung ist, liegt uns ja sehr fern. Der Herr Vorredner weiß sehr gut, daß wir dazu eben nicht schreiten werden. Daß die Steuern jedem Wähler unangenehm sind, liegt auf der Hand; daß ihm Jeder angenehm ist, jeder Abgeordnete, der sagt: „Du zahlst eigentlich zu viel, und ich bin der Mann, der dir eine Steuererleichterung verschafft",

(Heiterkeit und Bravo! rechts.)

ist ohne Zweifel; aber ob es mit der politischen Verantwortlichkeit, die ich Jedem in diesem Saale in demselben Maße, wie ich sie fühle, wünsche, verträglich ist, dieses Moment so sehr in den Vordergrund zu stellen und sich nicht zu fragen, welche Folgen für die Gesammtheit daraus entstehen, dafür der Regierung die Verantwortlichkeit zu überlassen, das gebe ich Ihnen anheim zu bedenken. Ich glaube, meine Herren, daß die Schmeichelei dem Wähler gegenüber, daß die Schmeichelei den unteren Classen gegenüber von mancher Seite übertrieben wird, und daß Sie dort mit Versprechungen freigebig sind, die Sie nicht halten können, weder hier, noch wenn Sie an meiner Stelle stehen.

(Lebhafter Beifall rechts.)

Dem Abg. v. Benda schienen die Erklärungen des Reichskanzlers mit den vorhergehenden des Präsidenten des Reichskanzleramts, Delbrück, in einem entschiedenen Widerspruch sich zu befinden, denn die durch Minister Delbrück geäußerte Hoffnung, daß der Bundesrath auf eine Beseitigung der Salzsteuer in den nächsten zwei Jahren ernstlich Bedacht nehmen werde, sei durch die Aeußerungen des Reichskanzlers sehr abgeschwächt worden.

Fürst Bismarck erwiderte*):

Ich glaube, der Voraussetzung, als wenn hier zwischen dem Herrn Präsidenten des Reichskanzleramts, der hier Namens der verbündeten Regierungen sprach, und meinen Ansichten ein Unter= schied bestanden hätte, doch entgegentreten zu müssen. Es wäre das sonst unter Umständen wohl zulässig, denn die Verfassung gibt dem Reichskanzler die Möglichkeit, auch unabhängig von den ver= bündeten Regierungen eine eigene Ansicht zu haben, indem sie ihm die verfassungsmäßigen Mittel an die Hand gibt, sie geltend zu machen; aber ich möchte meine Ansicht und das Gewicht, welches Einer oder der Andere ihr beilegen kann, ungern dadurch ab= schwächen, daß ich der Deutung Raum lasse, als wenn die ver= bündeten Regierungen, in deren Namen der Herr Präsident des Reichskanzleramts sprach, anderer Ansicht wären. Ich glaube, mein Herr Nachbar hat ganz ebenso, wie ich, das Princip vertreten, daß das Reich nicht wohl thut, eigene Einnahmen anders als gegen vollständigen Ersatz aufzugeben, und wohl thut**), sich auf Matri= cularumlagen für diesen Ersatz nicht anweisen zu lassen. Der Herr Präsident des Reichskanzleramts ebenso, wie ich — ich vielleicht mit etwas weniger scharfer Accentuirung — haben es als etwas Wünschenswerthes bezeichnet, daß die Regierung in die Lage komme, auf die Salzsteuer zu verzichten. Meine Bereitwilligkeit, andere Einnahmequellen ihr substituirt zu sehen, ist eben so groß, wie im Namen der verbündeten Regierungen hier ausgesprochen wurde. Nur möchte ich Sie bitten, einem Reichskanzler nicht zuzumuthen, daß er, so lange er es hindern kann, auf feststehende Reichsein= nahmen verzichtet und sich dafür auf mehr oder weniger***) milde Beiträge der einzelnen Regierungen anweisen läßt.

(Heiterkeit.)

Nach einer Rede des Abg. Loewe zu Gunsten des Gesetzentwurfs wurde der Schluß der Debatte angenommen. — In persönlicher Be= merkung verwahrte sich der Abg. Frhr. v. Hoverbeck dagegen, ein centrifugales Element im Sinne der Aeußerung des Reichskanzlers zu

---

StB. 243a.
*) Fehlt im StB, ist aber wegen des im Infinitivsatz folgenden „nicht" zu ergänzen.
) S. 243b.

sein. „Wenn der Herr Reichskanzler — so schloß er — unter cen- 1. 5. 1372.
trifugalen Elementen diejenigen versteht, die keinen Sinn für die Einheit und Machtstellung des Deutschen Reiches haben, so spreche ich ihm
jedes Recht ab, von mir ein solches Urtheil auszusprechen." Darauf
Fürst Bismarck[*]):

Der Herr Vorredner braucht dies nicht in so erregter Manier
zu thun, denn ich kann ihm die Versicherung geben, daß ich an ihn
nicht gedacht habe; denn die centrifugalen Elemente liegen ganz
wo anders, als auf seiner Seite.

(Große Heiterkeit.)

Auch der Abg. Richter fühlte sich zu einer persönlichen Bemerkung herausgefordert. „Der Herr Reichskanzler hat bemerkt, daß jeder
Abgeordnete den Wählern angenehm sei, der ihnen durch Versprechungen
von Herabsetzung einer Steuer schmeichle. Ich kann nicht annehmen,
daß der Herr Reichskanzler dabei auf mich gezielt hat, denn gerade
mein Verhalten im preußischen Abgeordnetenhause muß ihm gezeigt
haben, daß wir unter Umständen auch Steuererlassen, welche von der
Regierung mit großer Verlockung für die Massen angekündigt werden,
zu widerstehen vermögen, wenn sie unseren Grundsätzen widersprechen.
Ich kann der Aeußerung des Herrn Reichskanzlers auch deshalb eine
persönliche Bedeutung nicht beimessen, weil es überhaupt der parlamentarischen Sitte widersprechen würde, seinem Gegner schlechte Motive
unterzulegen." Fürst Bismarck entgegnete[**]):

Ich kenne die Wahlreden des Herrn Vorredners nicht und
kann ihm deshalb auch nicht persönlich als Ziel vor Augen gehabt
haben. Ich kann ihm versichern: mein Ziel war breiter.

(Große Heiterkeit.)

Der Abg. v. Hoverbeck, durch die Antwort des Fürsten Bismarck noch nicht beruhigt, nahm noch ein Mal zu persönlicher Bemerkung
das Wort: „Ich kann dem Herrn Reichskanzler nur antworten, daß,
wenn er unter dem Ausdruck „centrifugale Elemente" mich nicht gemeint hat, er seine Worte billig besser hätte wählen sollen . . ." Darauf Fürst Bismarck[***]):

Ueber die Wahl meiner Worte bin ich allein Richter; ich
glaube sie richtig gewählt zu haben.

(Bravo! rechts.)

Der Antrag v. Hoverbeck wurde an die Budgetcommission zur
Vorberathung überwiesen.

---

[*]) StB. 245b.
[**]) StB. 246a.
[***]) StB. 246b.

21. Sitzung des Deutschen Reichstags

Dienstag 14. Mai 1872.

14. 5. 1872.   Im April 1872 ernannte Kaiser Wilhelm den Cardinal Fürsten Hohenlohe-Waldenburg-Schillingsfürst zum Botschafter des Deutschen Reiches bei dem päpstlichen Stuhle. Die Wahl sollte, wie Fürst Bismarck in einem vertraulichen Erlaß vom 28. April dem deutschen Botschafter in Paris, Grafen Arnim, mittheilte, einen neuen Beweis liefern, daß die Regierung Sr. Majestät, so viel an ihr liege, den Frieden mit der römischen Kirche zu pflegen bemüht sei, da jedem Unbefangenen einleuchten werde, daß ein Cardinal kein brauchbares Werkzeug zur Vertretung feindlicher Tendenzen gegen den Papst sein würde. Ihre defensive Stellung gegen staatsfeindliche Uebergriffe einzelner Personen oder Parteien innerhalb der katholischen Kirche werde die Regierung um so sicherer zu wahren im Stande sein. Waren mithin die Absichten der deutschen Regierung bei der Wahl dieser Persönlichkeit die lautersten und friedlichsten, so mußte sie die Haltung, die die päpstliche Curie zu dieser Frage einnahm, aufs Höchste befremden. Denn statt der erhofften freudigen Zustimmung erntete sie eine kühle Ablehnung: der Papst ließ dem deutschen Geschäftsträger Herrn v. Derenthall durch den Cardinalstaatssecretär Antonelli am 2. Mai mittheilen, daß er, trotz seiner Empfänglichkeit für den Gedanken Sr. Majestät des Kaisers und Königs, doch bedaure, einen Cardinal der heiligen römischen Kirche, auch wegen der augenblicklichen Verhältnisse des heiligen Stuhles, zur Annahme eines so delicaten und wichtigen Amtes nicht autorisiren zu können. Die päpstliche Entscheidung wurde in Deutschland, namentlich von der überwiegenden Masse der protestantischen Bevölkerung des Landes, als eine dem Oberhaupte des Reiches zugefügte Verletzung gefühlt. Von dem Streit, der in der Presse tobte, blieben auch die Verhandlungen des Reichstags nicht unberührt. Der Abg. v. Bennigsen machte sich zum Dolmetsch der Volksstimmung, indem er in der 21. Sitzung des Reichstags bei Gelegenheit der Berathung des Etats des Auswärtigen Amtes zu Titel 6 Nr. 20: 19350 Thaler für die Gesandtschaft beim päpstlichen Stuhle in Rom unter ausdrücklicher Berufung auf die jüngsten Ereignisse die Frage erörterte, ob nicht dieser Posten in Zukunft abgesetzt werden könnte. Ohne einen directen Antrag auf Absetzung zu stellen, sprach er doch die Hoffnung aus, daß die Regierung jetzt oder künftig selbst die Summe für diese Gesandtschaft am päpstlichen Stuhl für überflüssig erklären werde. Darauf Fürst Bismarck*):

---

*) StB. 355b.

Ich begreife, daß bei dieser Budgetposition der Gedanke ent- 14. 5. 1872.
stehen kann, daß die Kosten für diese Gesandtschaft nicht mehr erforderlich seien, weil es sich nicht mehr um einen Schutz deutscher
Unterthanen in den betreffenden Landestheilen handelt. Ich freue
mich aber doch, daß ein Antrag auf Absetzung dieser Position
nicht gestellt ist, denn er würde der Regierung unwillkommen gewesen sein. Die Aufgaben einer Gesandtschaft bestehen ja einerseits im Schutze ihrer Landsleute, andererseits aber doch auch in
der Vermittelung der politischen Beziehungen, in welchen die Reichsregierung zu dem Hofe, bei dem ein Gesandter accreditirt ist, steht.
Nun gibt es keinen auswärtigen Souverän, der nach der bisherigen
Lage unserer Gesetzgebung berufen wäre, so ausgedehnte, der Souveränität nahe kommende und durch keine constitutionelle Verantwortlichkeit gedeckte Rechte innerhalb des Deutschen Reiches vermöge
unserer Gesetzgebung zu üben. Es ist daher für das Deutsche Reich
von wesentlichem Interesse, wie dasselbe sich zu dem Oberhaupte
der römischen Kirche, welches diese, für einen auswärtigen Souverän so ungewöhnlich umfangreiche, Einflüsse bei uns ausübt, —
wie es sich auf diplomatischem Wege dazu stellt. Ich glaube kaum,
daß es einem Gesandten des Deutschen Reiches nach den jetzt in
der katholischen Kirche maßgebenden Stimmungen gelingen würde,
durch die geschickteste Diplomatie, durch Ueberredung — von com-
minatorischen Haltungen, wie sie zwischen zwei weltlichen Mächten
vorkommen können, kann ja hier nicht die Rede sein   aber ich
will sagen durch Ueberredung einen Einfluß auszuüben, der eine
Modification der von Sr. Heiligkeit dem Papste zu den weltlichen Dingen principiell genommenen Stellung herbeizuführen im
Stande sein würde. Ich halte es nach den neuerdings ausgesprochenen und öffentlich promulgirten Dogmen der katholischen
Kirche nicht für möglich für eine weltliche Macht, zu einem Con-
cordat zu gelangen, ohne daß diese weltliche Macht bis zu einem
Grade und in einer Weise effacirt*) würde, die das Deutsche Reich
wenigstens nicht annehmen kann.

(Sehr wahr!)

———

*) S. 356a.

Seien Sie außer Sorge: Nach Canossa gehen wir nicht —
weder körperlich noch geistig!

(Lebhaftes Bravo!)

Aber nichtsdestoweniger kann sich Niemand verhehlen, daß die
Lage des Deutschen Reiches — ich habe hier nicht die Aufgabe,
die Motive und die Schuld der einen oder der anderen Seite zu
untersuchen, sondern nur die Aufgabe, eine Budgetposition zu vertheidigen —, daß die Stimmung innerhalb des Deutschen Reiches
auf dem Gebiete des confessionellen Friedens eine getrübte ist. Die
Regierungen des Deutschen Reiches suchen emsig, suchen mit der
ganzen Sorgfalt, die sie ihren katholischen wie ihren evangelischen
Unterthanen schulden, nach den Mitteln, um in einer möglichst
friedlichen, in einer die confessionellen Verhältnisse des Reichs
möglichst wenig erschütternden Weise aus diesem jetzigen Zustande
in einen annehmlicheren zu gelangen. Es wird dies ja schwerlich
anders geschehen können, als auf dem Wege der Gesetzgebung, und
zwar auf dem Wege einer allgemeinen Reichsgesetzgebung,

(Bravo!)

zu welcher die Regierungen genöthigt werden, die Beihilfe des
Reichstages in Anspruch zu nehmen.

(Bravo! Hört! Hört!)

Daß aber diese Gesetzgebung in einem für die Gewissensfreiheit durchaus schonenden Wege, in der zurückhaltendsten, zartesten
Weise vorgehen, daß dabei die Regierung bemüht sein muß, sorgfältig alle die unnöthigen Erschwerungen ihrer Aufgaben zu verhüten, die aus unrichtigen Berichterstattungen, aus dem Mangel
an richtigen Formen hervorgehen können, das werden Sie mir zugeben; daß die Regierungen bemüht sein müssen, die Richtigstellung
unseres inneren Friedens auf die für die confessionellen Empfindungen, auch solche, die wir nicht theilen, schonendste Weise herbeizuführen, werden Sie mir zugeben. Dazu gehört vor allen Dingen,
daß auf der einen Seite die römische Curie jeder Zeit nach Möglichkeit gut unterrichtet sei über die Intentionen der deutschen Regierungen, und besser unterrichtet sei, als man es bisher gewesen ist.
Ich halte für eine der hervorragendsten Ursachen der gegenwärtigen
Trübungen auf confessionellem Gebiete die unrichtige, entweder
durch eigene Aufregung, oder durch schlimmere Motive getrübte

Darstellung über die Lage der Dinge in Deutschland und die In=
tentionen der deutschen Regierungen, die an Se. Heiligkeit den Papst
gelangt sind.

Ich hatte gehofft, daß durch die Wahl eines Botschafters, der
von beiden Seiten volles Vertrauen hatte, einmal in Bezug auf
seine Wahrheitsliebe und Glaubwürdigkeit, dann in Bezug auf die
Versöhnlichkeit seiner Gesinnungen und Haltung, daß die Wahl
eines solchen Botschafters, wie sie Se. Majestät der Kaiser in der
Person eines bekannten Kirchenfürsten getroffen hatte, in Rom will=
kommen sein werde, daß sie als ein Pfand unserer friedlichen, ent=
gegenkommenden Gesinnungen aufgefaßt, daß sie als eine Brücke
der Verständigung benutzt werden würde; ich hatte gehofft, daß
man darin die Versicherung erkennen würde, daß wir etwas Anderes,
als das, was ein Se. Heiligkeit dem Papste auch durch die in=
timsten Beziehungen verbundener Kirchenfürst sagen, vortragen und
ausdrücken könnte, nie von Sr. Heiligkeit dem Papste verlangen
würden, daß die Formen immer diejenigen bleiben würden, in
welchen ein Kirchenfürst dem anderen gegenüber sich bewegt, und
daß alle unnöthigen Reibungen in einer Sache, die an sich schwierig
genug ist, verhütet*) würden. Man hat an diese Ernennung manche
Befürchtungen auf evangelischer und liberaler Seite geknüpft, die
meines Erachtens in einer unrichtigen Würdigung der Stellung
eines Gesandten oder Botschafters überhaupt bestehen. Ein Ge=
sandter ist wesentlich doch nur das Gefäß, welches, durch die In=
structionen seines Souveräns gefüllt, erst seinen vollen Werth be=
kommt. Daß aber das Gefäß ein angenehmes, willkommenes sei,
ein solches, welches nach seiner Beschaffenheit, wie man von alten
Krystallen sagte, Gift oder Galle in sich nicht aufnehmen kann, ohne
es sofort anzuzeigen, das ist allerdings wünschenswerth in so delicaten
Beziehungen, wie diese sind. Das hatten wir gehofft zu erreichen.
Leider ist aus Gründen, die uns noch nicht dargelegt sind, diese
Intention der Kaiserlichen Regierung durch eine kurze Ablehnung
von Seiten der päpstlichen Curie verhindert worden, zur Aus=
führung zu gelangen. Ich kann wohl sagen, daß ein solcher Fall
nicht häufig vorkommt. Es ist üblich, daß, wenn ein Souverän

---

*) S. 356b.

14. 5. 1872. seine Wahl zu einem Gesandten, zu einem Botschafter getroffen
hat, er dann aus Courtoisie an den Souverän, bei dem der Ge=
sandte accreditirt werden soll, die Frage richtet, ob dieser ihm
persona grata sei, es ist indes ganz außerordentlich selten der
Fall, daß diese Frage verneint wird, da es doch immer ein Rück=
gängigmachen einer einmal geschehenen Ernennung bedingt; denn
was der Kaiser zu einer solchen Ernennung thun kann, thut er
vorher, ehe er anfragt. Also er hat ernannt, ehe er anfragt, die
verneinende Antwort ist also eine Forderung, das Geschehene zurück=
zunehmen, eine Erklärung: Du hast unrichtig gewählt! Ich bin
seit ziemlich zehn Jahren jetzt Auswärtiger Minister, ich bin seit
21 Jahren in den Geschäften der höheren Diplomatie, und ich
glaube mich nicht zu täuschen, wenn ich sage, es ist dies der einzige
und erste Fall, den ich erlebt,

(Hört! Hört!)

daß eine solche Frage verneinend beantwortet wird. Ich habe
öfter schon erlebt, daß Bedenken ausgesprochen sind gegen Gesandte,
die bereits längere Zeit fungirt hatten, daß ein Hof in vertrau=
licher Weise den Wunsch ausgesprochen hat, daß ein Wechsel in
der Person erfolgen möge; dann aber hatte dieser Hof eine mehr=
jährige Erfahrung im diplomatischen Verkehr mit dieser Person
hinter sich, hatte die Ueberzeugung, daß diese Persönlichkeit zur
Sicherung der von dem Hofe gewünschten guten Beziehungen nicht
geeignet sei, und äußert dann in der vertraulichsten Form, ge=
wöhnlich in eigenhändigem Schreiben von Souverän zu Souverän
mit Erläuterungen, warum dies geschehen -- und dennoch in einer
sehr vorsichtigen Weise; es wird selten oder nie bestimmt gefordert.
Es sind ja in der neuesten Zeit einzelne, wenigstens ein recht
flagrantes Beispiel vorgekommen, daß die Abberufung eines Ge=
sandten gefordert wird, aber, wie gesagt, die Versagung eines neu
zu ernennenden ist mir nicht erinnerlich, daß ich sie schon erlebt
habe. Mein Bedauern über diese Ablehnung ist ein außerordentlich
lebhaftes; ich bin aber nicht berechtigt, dieses Bedauern in die
Farbe einer Empfindlichkeit zu übersetzen, denn die Regierung
schuldet unseren katholischen Mitbürgern, daß sie nicht müde werde,
die Wege aufzusuchen, auf denen die Regelung der Grenze zwischen
der geistlichen und der weltlichen Gewalt, der wir im Interesse

unseres inneren Friedens absolut bedürfen, in der schonendsten und confessionell am wenigsten verstimmenden Weise gefunden werden könne. Ich werde deshalb mich durch das Geschehene nicht ent-muthigen lassen, sondern fortfahren, bei Sr. Majestät dem Kaiser dahin zu wirken, daß ein Vertreter des Reiches für Rom gefunden wird, welcher sich des Vertrauens beider Mächte, wenn nicht in gleichem Maße, doch in einem hinlänglichen Maße, für sein Ge-schäft erfreut. Daß diese Aufgabe durch das Geschehene wesentlich erschwert ist, kann ich allerdings nicht verhehlen.

(Bravo!)

Der Abg. Windthorst unternahm es, das Verfahren der deutschen Regierung in dieser Angelegenheit zu kritisiren und die Hal-tung der päpstlichen Curie zu rechtfertigen. „Es ist,“ sagte er u. A., „gar nicht aufgeklärt, wie es gekommen, daß der Cardinal nicht, wie es in Aussicht gestellt war[1]) selbst gekommen ist, um über dasjenige, was ihm angetragen worden, Bericht zu erstatten und die Befehle seines Dienstherrn einzuholen. Meine Herren, ich glaube meines Theils, daß es Sache des Cardinals gewesen wäre, nicht ohne Weiteres ein solches Amt zu acceptiren, daß es vielmehr seine Pflicht gewesen wäre, vor der Acception seinen Dienstherrn um die Erlaubniß zur Annahme zu befragen. (Heiterkeit.) Ja, meine Herren, der Papst ist der Dienst-herr des Cardinals! (Sehr richtig! im Centrum.) Unzweifelhaft! Er hat von ihm den Titel, er hat ihm geschworen und festen Gehorsam geschworen, er bezieht aus der päpstlichen Casse sein Gehalt. Wenn das nicht das Dienstverhältniß in der besten Form ist, dann weiß ich es nicht! Wenn aber der Beamte eines Staats gefragt wird, ob er von einem anderen Staate eine solche Situation annehmen wolle, dann ist es natürlich und in der Ordnung, daß der Beamte zunächst und vor der Annahme seinen Herrn fragt. Was würden wir urtheilen, wenn der Papst den Generaladjutanten Sr. Majestät zu seinem Nuntius ernennen wollte? (Einige Stimmen: Annehmen! Heiterkeit.) Ja, meine Herren, es ist derselbe Fall, nur umgekehrt, der vorliegende Fall ist nur noch prägnanter; denn ein Cardinal ist doch ganz etwas Anderes wie ein Generaladjutant! (Heiterkeit.)“ Im weiteren Verlauf seiner Rede fragte er, wie es gekommen sei, daß man über

---

[1]) In dem Schreiben des deutschen Geschäftsträgers v. Derenthall an Antonelli vom 25. April 1872: „Se. Eminenz der Cardinal Hohenlohe wird sich unverweilt nach Rom begeben, um sich persönlich zu versichern, ob diese Ernennung dem heiligen Vater angenehm wäre.“

14. 5. 1872. diese ganze Angelegenheit schon lange vor dem 25. April officiell und officiös habe sprechen können, statt sie vertraulich zu behandeln, wie ihre Natur erfordert habe. An Pflichtwidrigkeiten der Beamten könne er nicht glauben; bei wem die Schuld liege, könne er freilich auch nicht sagen, er bedaure nur, daß es so vorgekommen sei, wie es vorgekommen sei. Im Uebrigen dankte er dem Reichskanzler für die freundliche Weise, in der er sich geäußert habe, und sprach den Wunsch aus, es möchten den guten Intentionen der Regierung nicht anderweitige Hindernisse bereitet werden, sondern dem Reichskanzler gelingen, den Weg zur Versöhnung Aller, zur Ordnung der kirchlichen Angelegenheiten zu finden. Fürst Bismarck erwiderte[*]):

Der Herr Redner ist über den Gegenstand, um den[**]) es sich hier handelt, zu meiner Genugthuung, wie aus den letzten wenigen Worten seiner Rede hervorging, mit mir vollständig einverstanden. Wenn ich ihn richtig verstanden habe, so wünscht auch er die Beibehaltung der Gesandtschaft beim römischen Stuhle. Ich könnte mich mit der Constatirung dieses Einverständnisses begnügen, wenn nicht die Art, wie er dasselbe motivirt, mir zu einigen sachlichen Bemerkungen und Rectificationen Anlaß gäbe.

Der Herr Redner hat in Beziehung auf die kürzlich von uns versuchte Ernennung eines Botschafters beim heiligen Stuhle seine Verwunderung darüber ausgesprochen, daß der dazu designirte Cardinal nicht nach Rom gegangen sei, um sich die Antwort zu holen. In der Sache waren indes zwei Antworten zu geben: die eine an Se. Majestät den Kaiser, der durch seine amtlichen Organe bei der römischen Curie anfragt: „Ist Euch das recht?" — die zweite an den Cardinal. Wenn ich richtig berichtet bin, so ist die Antwort an den Herrn Cardinal, das Verbot der Annahme enthaltend, schon sehr viel früher als die Antwort an Se. Majestät den Kaiser erfolgt. Nachdem ich hiervon überzeugt war, schien es mir doch nöthig, daß Se. Majestät der Kaiser an Seiner Seite auch eine Antwort erhalte, und in Folge dessen habe ich späterhin — ich weiß nicht, ob fünf oder acht Tage nach der ersten Anfrage[1])

---

[*]) StR. 360a.
[**]) StR.: von dem.
[1]) Vgl. Schreiben des Geschäftsträgers Herrn v. Derenthall an Cardinalstaatssecretär Antonelli vom 1. Mai 1872, also fünf Tage nach der ersten Anfrage, Staatsarchiv XXII 159 Nr. 4638.

den Wunsch ausdrücken lassen, daß wir auch eine Antwort erhalten möchten. Die haben wir bekommen. Die Actenstücke, die in den Zeitungen gedruckt sind, soviel ich den Abdruck habe sehen können — ich habe nicht nochmal gelesen, was ich kannte — werden authentisch sein; den Artikel, mit dem sie verbrämt sind, kenne ich nicht.

Ich möchte auf die persönliche Kritik Sr. Eminenz des Cardinals, die der Herr Vorredner hier auf der Tribüne aussprach, nicht eingehen; nur auf das Wort „Dienstherr" möchte ich doch mit einem Worte zurückkommen. Der Herr Vorredner ist in der Geschichte gewiß bewandert — soweit sie die kirchlichen Verhältnisse berührt —

(Heiterkeit.)

und da erlaube ich mir die Frage, wer der Dienstherr des Cardinals Richelieu, des Cardinals Mazarin war. Beide Herren haben im Dienste ihres Souveräns, des Königs von Frankreich, recht wesentliche Streitfragen, obwohl sie Cardinäle waren, mit dem römischen Stuhle zu erledigen und zu verfechten gehabt. Also so ganz durchschlagend ist der Vergleich mit einem Generaladjutanten und dem Cardinal doch nicht, obschon ich, wenn es Sr. Heiligkeit gefiele, hier einen Generaladjutanten Sr. Majestät zum Nuntius zu ernennen, Sr. Majestät unbedingt zureden würde, ihn zu acceptiren.

(Große, anhaltende Heiterkeit.)

Der Herr Vorredner hat es bemängelt, daß diese ganzen Verhandlungen früher in die Oeffentlichkeit gelangt wären, als mit der von mir beanspruchten dienstlichen Verschwiegenheit im auswärtigen Dienst verträglich wäre. Ich kann nur actenmäßig nachweisen, daß unsererseits keine Veröffentlichung früher stattgefunden hat, als bis ich von Rom das Telegramm von unserer dortigen Gesandtschaft amtlich erhielt: Die päpstliche Curie macht aus der Ablehnung kein Geheimniß und hat*) dem und dem fremden Gesandten unumwunden Mittheilung davon gemacht.

(Hört! Hört!)

Von dem Augenblicke an war es überflüssig, das Geheimniß

---

*) S. 360 b.

14. 5. 1872. zu bewahren. Ich glaube auch, daß es bis dahin der Presse gegen=
über gewahrt ist. Ich habe Indicien, daß es Rom gegenüber schon
vorher nicht gewahrt worden ist. Wie es so früh ruchbar werden
konnte, darüber hatte ich, als der Herr Vorredner diesen Punkt
berührte, eine leise Hoffnung, er werde mir seinerseits Aufklä=
rung geben,
                         (Heiterkeit.)

wie dieses Dienstgeheimniß so früh hat colportirt werden können.
Ich weiß nicht, ob die Sache etwa die Entwickelung nehmen kann,
daß auf sein Zeugniß darüber dermaleinst zurückgegriffen werden
wird. Sollte es mir aber gelingen, die Quelle der Indiscretion
zu entdecken, so kann ich nach den mir mündlich zugekommenen
Indicien versichern, daß ich auf das Zeugniß des Herrn Vorredners
vor Gericht provociren würde.

Der Herr Vorredner fragt: „Wie ist es zugegangen, daß das
sofort bekannt geworden ist?" Ja, dieselbe Frage gebe ich ihm
zurück und bin überzeugt, er weiß mehr davon, als ich.

(Bewegung.)

Der Herr Vorredner hat in mehr als einer Beziehung meine
Absichten, die ich vorhin andeutete und die ja nicht die der ver=
bündeten Regierungen sind, sondern die ich nur als meine persön=
lichen bezeichnen kann ..., da ich aber eine Persönlichkeit von
Einfluß in diesen Sphären bin, so ist es immerhin von Interesse,
bei dieser Discussion meine Ansichten kundzugeben und den Nach=
weis zu liefern, inwieweit man sich etwa diametral entgegenarbeitet
oder nicht. Der Herr Vorredner hat die Hoffnung ausgesprochen,
daß man durch Vertrag zu einer Regelung der bei uns streitigen
Angelegenheiten gelangen werde, und hat auch, wenn ich ihn richtig
verstanden habe, Andeutungen über das Bestehen von Verträgen
gemacht, die ich nicht ganz begründet finden kann. Es ist schon
oft ein Streit gewesen, ob man bestimmten Einrichtungen einen
vertragsmäßigen Charakter beilegen kann oder nicht*). Aber ich
bin ein Feind aller Conjecturalpolitik und aller Prophezeiungen —
das wird sich ja finden —, nur das kann ich dem Herrn Vorredner
versichern, daß wir gegenüber den Ansprüchen, welche einzelne Unter=

---

*) Im StB. stehen die Worte „oder nicht" nach „Charakter".

thanen Sr. Majestät des Königs von Preußen geistlichen Standes 14. 5. 1872.
stellen, daß es Landesgesetze geben könne, die für sie nicht ver=
bindlich seien, daß wir solchen Ansprüchen gegenüber die volle ein=
heitliche Souveränität mit allen uns zu Gebote stehenden Mitteln
aufrecht erhalten werden

(Bravo)!

und in dieser Richtung auch der vollen Unterstützung der großen
Majorität beider Confessionen sicher sind.

(Lebhaftes Bravo!)

Die Souveränität kann nur eine einheitliche sein und muß es
bleiben: die Souveränität der Gesetzgebung! und wer die
Gesetze seines Landes als für ihn nicht verbindlich darstellt, stellt
sich außerhalb der Gesetze und sagt sich los von dem Gesetz!

(Sehr gut! Sehr richtig!)

Ich habe dem Herrn Vorredner als Minister in dieser Be=
ziehung weiter Nichts zu sagen; als evangelischer Christ aber habe
ich ihm noch zu sagen: wenn er glaubt, daß die Trennung der
evangelischen Kirche vom Staate für die evangelische*) Kirche tödt=
lich sei [1]), so muß ich ihm, was ich seiner ganzen Haltung nach
voraussehen konnte, entgegnen, daß ihm zu meinem Bedauern der
wahre Begriff des Evangeliums noch nicht aufgegangen ist!

Die Position für den Gesandtschaftsposten beim Papste wurde be=
willigt. An demselben Tage erging ein vertraulicher Erlaß Bismarcks
an die Vertreter des Deutschen Reichs bei den fremden Mächten, durch
welchen sie veranlaßt wurden, bei den betreffenden Regierungen vertrau=
liche Verhandlungen der Mächte über die bei einer künftigen Papst=
wahl einzunehmende Haltung und die Bedingungen anzuregen, von
denen sie eventuell die Anerkennung einer Wahl abhängig machen
würden. Dies der Wortlaut:

Vertraulich.   Berlin, den 14. Mai 1872.

Die Gesundheit des Papstes Pius IX. ist nach allen uns zu
kommenden Berichten eine durchaus befriedigende und keine Sym

---

*) S. 361 a.
[1]) Abg. Windthorst: „Die Schwierigkeit, das Verhältniß zwischen Staat
und Kirche zu lösen, liegt nicht sowohl in der katholischen Kirche und in ihren
Verhältnissen, diese Schwierigkeit liegt vielmehr darin, daß die evangelischen
Kirchen so eng und fest mit den Staatsverhältnissen verwachsen sind, und daß
die Lösung dieses Bandes kaum möglich ist, ohne die evangelische Kirche schwer,
tief, vielleicht tödtlich zu treffen" (StB. 359a).

ptome einer baldigen Aenderung darbietende. Ueber kurz oder lang aber muß eine neue Papstwahl immer eintreten; und der Zeitpunkt entzieht sich der menschlichen Berechnung und Voraussicht. Die Stellung des Oberhauptes der katholischen Kirche ist für alle Regierungen, innerhalb deren Länder diese Kirche eine anerkannte Stellung hat, von solcher Bedeutung, daß es geboten scheint, sich die Folgen eines Wechsels in der Person des Papstes rechtzeitig zu vergegenwärtigen. Es ist schon früher anerkannt worden, daß die Regierungen, welche katholische Unterthanen haben, dadurch auch ein großes und unmittelbares Interesse an einer Papstwahl haben, sowohl an der zu wählenden Persönlichkeit selbst, als besonders auch daran, daß die Wahl von all den Garantien in formaler und materieller Beziehung umgeben sei, welche es den Regierungen möglich machen, sie als eine gültige und allen Zweifel ausschließende auch für sich und den Theil der katholischen Kirche in ihren Ländern anzuerkennen. Denn daß die Regierungen, ehe sie dem durch Wahl constituirten Souverän, der berufen ist, so weitgreifende, in vielen Stücken nahe an die Souveränität grenzende Rechte in ihren Ländern auszuüben, diese Rechte factisch zugestehen, verpflichtet sind, gewissenhaft zu erwägen, ob sie die Wahl anerkennen können, darüber scheint mir kein Zweifel sein zu können. Ein Papst, welchem die Gesammtheit oder die Mehrzahl der europäischen Souveräne aus formalen oder materiellen Gründen glaubte die Anerkennung versagen zu müssen, würde so wenig denkbar sein, wie es denkbar ist, daß ein Landesbischof in irgend einem Lande Rechte ausübte, ohne von der Staatsregierung anerkannt zu sein. Dies galt schon unter der früheren Ordnung der Dinge, wo die Stellung der Bischöfe noch eine selbständigere war und die Regierungen nur in seltenen Fällen in kirchlichen Dingen mit dem Papste in Berührung kamen. Schon die im Anfange dieses Jahrhunderts geschlossenen Concordate haben directere, gewissermaßen intimere Beziehungen zwischen dem Papst und den Regierungen hervorgerufen; vor Allem aber hat das vaticanische Concil und seine beiden wichtigsten Bestimmungen über die Unfehlbarkeit und über die Jurisdiction des Papstes die Stellung des Letzteren auch den Regierungen gegenüber gänzlich verändert, und das Interesse der Letzteren an der Papstwahl aufs Höchste gesteigert, damit aber ihrem Rechte, sich darum

zu kümmern, auch eine um so festere Basis gegeben. Denn durch
diese Beschlüsse ist der Papst in die Lage gekommen, in jeder einzelnen Diöcese die bischöflichen Rechte in die Hand zu nehmen und
die päpstliche Gewalt der bischöflichen zu substituiren. Die bischöf-
liche Jurisdiction ist in der päpstlichen aufgegangen; der Papst
übt nicht mehr, wie bisher, einzelne bestimmte Reservatrechte aus,
sondern die ganze Fülle der bischöflichen Rechte ruht in seiner
Hand. Er ist im Princip an die Stelle jedes einzelnen Bischofs
getreten, und es hängt nur von ihm ab, sich auch in der Praxis
in jedem einzelnen Augenblicke an die Stelle desselben gegenüber
den Regierungen zu setzen. Die Bischöfe sind nur noch seine Werkzeuge, seine Beamten ohne eigene Verantwortlichkeit; sie sind den
Regierungen gegenüber Beamte eines fremden Souveräns geworden,
und zwar eines Souveräns, der vermöge seiner Unfehlbarkeit ein
vollkommen absoluter ist — mehr als irgend ein absoluter Monarch
in der Welt. Ehe die Regierungen irgend einem neuen Papste
eine solche Stellung einräumen und ihm die Ausübung solcher
Rechte gestatten, müssen sie sich fragen, ob die Wahl und die Person
desselben die Garantien darbieten, welche sie gegen den Mißbrauch
solcher Gewalt zu fordern berechtigt sind. Dazu kommt noch, daß
gerade unter den jetzigen Verhältnissen nicht mit Sicherheit zu erwarten steht, daß auch nur die Garantien, mit welchen in früherer
Zeit ein Conclave umgeben war, und welche es selbst in seinen
Formen und seiner Zusammensetzung darbot, zur Anwendung kommen werden. Die vom römischen Kaiser, von Spanien und Frankreich geübte Exclusive hat sich oft genug als illusorisch bewiesen.
Der Einfluß, welchen die verschiedenen Nationen durch Cardinäle
ihrer Nationalität im Conclave ausüben konnten, hängt von zu
fälligen Umständen ab. Unter welchen Umständen die nächste Papstwahl stattfinden, ob dieselbe nicht vielleicht in übereilter Weise versucht wird, so daß die früheren Garantien, auch der Form nach,
nicht gesichert wären — wer wollte das voraussehen?

Aus diesen Erwägungen scheint es mir wünschenswerth, daß
diejenigen europäischen Regierungen, welche durch die kirchlichen
Interessen ihrer katholischen Unterthanen und durch die Stellung
der katholischen Kirche in ihrem Lande bei der Papstwahl interessirt
sind, sich rechtzeitig mit den dieselbe betreffenden Fragen beschäf-

14. 5. 1872. tigen und womöglich sich unter einander über die Art und Weise verständigen, wie sie sich derselben gegenüber verhalten wollen, und über die Bedingungen, von welchen sie eventuell die Anerkennung einer Wahl abhängig machen würden.

Eine Einigung der europäischen Regierungen in diesem Sinne würde von unermeßlichem Gewicht und vielleicht im Stande sein, im Voraus schwere und bedenkliche Complicationen zu verhindern.

Ew. ꝛc. ersuche ich daher ergebenst, die Regierung, bei welcher Sie beglaubigt zu sein die Ehre haben, vertraulich zu fragen, ob sie geneigt sein möchte, zu einem Ideenaustausch und einer eventuellen Verständigung mit uns über diese Frage die Hand zu bieten. Die Form, in welcher dies geschehen könnte, würde dann leicht gefunden werden, wenn wir vorerst der Bereitwilligkeit sicher sind.

Ich ermächtige Ew. ꝛc., diesen Erlaß vorzulesen, bitte Sie aber, einstweilen denselben noch nicht aus der Hand zu geben, und die Sache überhaupt mit Discretion zu behandeln.

(gez.) v. Bismarck.

Zu Titel 3 der fortdauernden Ausgaben für den Etat des Auswärtigen Amtes erhob der Abg. Frhr. von Hoverbeck Einspruch gegen die Einsetzung von 4500 Rthlrn. im Ordinarium als Miethsentschädigung für die während des Umbaus des Grundstückes Wilhelmstraße 75 nothwendige Benutzung des ersten Stockes des Deckerschen Gebäudes. Wenn er auch die Verwendung als solche nicht tadeln wollte, so erschien es ihm doch richtiger, die Summe nicht im Ordinarium, sondern im Extraordinarium bis zur Vollendung des Umbaus zu bewilligen. Fürst Bismarck bemerkte dazu*):

Ich bin mit dem Herrn Vorredner ganz einverstanden und habe kein Bedenken, wenn es gewünscht wird, daß die Position in das Extraordinarium übertragen würde, jedenfalls sie als künftig wegfallend zu bezeichnen, wenn der Bau vollendet ist.

An den weiteren Verhandlungen des Reichstags nahm Fürst Bismarck, der am 18. Mai zu längerem Urlaub nach Varzin abreiste, nicht Theil, am 19. Juni wurden die Sitzungen auf Grund einer Allerhöchsten Botschaft vom 18. Juni ohne besondere Feierlichkeit durch den Präsidenten des Reichskanzleramts, Staatsminister Delbrück, geschlossen.

*) StB. 364a.

V.

Preußischer Landtag.

12. November 1872 bis 20. Mai 1873.

Der Landtag, der nach Ablehnung der Kreisordnung durch das Herrenhaus, am 1. November 1872 geschlossen worden war (s. o. S. 310), wurde gleichzeitig für den 12. November 1872 zu einer neuen Session berufen und an diesem Tage im Auftrage des Königs durch den Kriegsminister v. Roon in einer

Sitzung beider Häuser

mit folgender Rede eröffnet*):

Erlauchte, edle und geehrte Herren von beiden Häusern
des Landtags!

Se. Majestät der Kaiser und König haben mich zu beauftragen geruht, den Landtag der Monarchie in Allerhöchst Ihrem Namen zu eröffnen.

Da**) die Hoffnung gescheitert ist, die Reform der Kreisverfassungen, nach Wiederaufnahme der im Juni vertagten Session, zum Abschluß zu bringen, hat die Regierung Sr. Majestät es für geboten erachtet, die in dieser Beziehung fruchtlos gebliebene Session zu schließen, um in einer neuen jene wichtige und dringende Aufgabe zur Lösung zu bringen und Ihnen neben denjenigen Gesetzentwürfen, welche Ihnen bereits in der eben verflossenen Session zugegangen sind, andere gesetzgeberische Aufgaben von Bedeutung zu unterbreiten.

Sie wissen bereits aus der früheren Vorlage des Staatshaushaltsetats für 1873, daß die Finanzlage Preußens eine durchaus befriedigende ist, daß nicht allein die Mittel vorhanden sind, um den auf dem Gebiete der gesammten Staatsverwaltung hervor

---

*) StB. AH. 1a, HH. 1a.
**) StB. AH. 1b, HH. 1b.

12. 11. 1872. getretenen Ausgabebedürfnissen in weitem Umfange gerecht zu werden, sondern auch, um erhebliche Summen zur Bildung von Provinzial= fonds, zur Gewährung von Wohnungsgelderzuschüssen an Staats= beamte und zur außerordentlichen Tilgung von Staatsschulden zur Verfügung zu stellen.

Zugleich gestattet die Finanzlage, an der Absicht festzuhalten, den weniger wohlhabenden Einwohnerclassen eine umfassende Steuer= erleichterung zu Theil werden*) zu lassen: ein Gesetzentwurf wegen Abänderung**) des Gesetzes vom 1. Mai 1851, betreffend die Ein= führung einer Classen= und classificirten Einkommensteuer, wird Ihnen unverzüglich zugehen.

Es werden Ihnen Vorlagen gemacht werden, welche bestimmt sind, die Beziehungen des Staates zu den Religionsgesellschaften nach verschiedenen Richtungen hin klarzustellen.

Vor Allem werden Sie wiederum mit der Umgestaltung der bisherigen Kreiseinrichtungen befaßt werden.

Die Regierung Sr. Majestät ist fest durchdrungen von der Nothwendigkeit, die Reform, deren Ausführung durch die Bereit= stellung der dazu erforderlichen Geldmittel erleichtert wird, als Grundlage der Lösung mannigfacher anderer Aufgaben des Staates ins Leben zu rufen.

Es wird Ihnen ein Entwurf der Kreisordnung vorgelegt***) werden, in welchem unter Festhaltung der†) wesentlichen Grund= lagen des früheren Entwurfs eine Reihe von solchen Veränderungen vorgeschlagen ist, deren Nothwendigkeit oder Zweckmäßigkeit sich aus den bisher stattgefundenen eingehenden Berathungen ergeben hat.

Die Regierung Sr. Majestät hofft zuversichtlich, eine allseitige Vereinbarung über diesen Entwurf zu erreichen, und ist entschlossen, die Durchführung der bedeutsamen Aufgabe durch alle Mittel, welche die Verfassung der Monarchie an die Hand giebt, zu sichern.

Im Namen Sr. Majestät des Kaisers und Königs erkläre ich den Landtag der Monarchie für eröffnet.

*) StB. AH. 2 a.
**) StB. HH. 2 a.
***) StB. AH. 2 b.
†) StB. HH. 2 b.

Fürst Bismarck hatte sich schon am 18. Mai d. J. nach Varzin begeben und blieb dort zunächst bis zum 3. September. Der Besuch der Kaiser von Rußland und Oesterreich am Hofe zu Berlin in den Tagen vom 5. bis 11. September nöthigte ihn zu einer kurzen Unter= brechung seines Urlaubs, doch kehrte er am 19. September nach Varzin zurück, um sich, dem dringenden Rathe der Aerzte folgend, noch einige Monate der Ruhe zu gönnen. Aber das ließ sich nicht vermeiden, daß neben den Angelegenheiten der auswärtigen Politik auch die großen Fragen der inneren, speciell preußischen Politik, die damals das öffent= liche Interesse in Anspruch nahmen, an den „Eremiten von Varzin" herantraten. Zu alledem kam noch eine Krisis innerhalb des Ministe= riums. Sie war hervorgerufen durch die Opposition des Herrenhauses in der Frage der Kreisordnung (s. o. S. 310). Daß solcher Wider= stand gegen ein vom König selbst befürwortetes, vom Abgeordnetenhaus angenommenes Gesetz nicht geduldet werden dürfe, darüber waren die Minister wohl einig, aber über die Mittel, durch die der Widerstand gebrochen werden sollte, gingen ihre Meinungen aus einander. Fürst Bismarck hatte schon seit längerer Zeit eine Reform des Herrenhauses befürwortet, da das Herrenhaus nach der ganzen Geschichte seiner Ent= stehung nur eine Interessenvertretung der altständischen Gesellschaft dar= stellte und der Gesetzgebung auf dem socialen wie auf dem kirchlich= politischen Gebiete schon seit der Neugestaltung Deutschlands wiederholt hemmend und hindernd entgegengetreten war. Aber sein Gedanke fand innerhalb des Ministeriums nur bei Graf Roon freundliche Aufnahme, die anderen Minister scheuten vor einer radicalen Umbildung zurück und brachten einen sogen. Pairsschub in Vorschlag, d. h. eine Ver= mehrung der Mitglieder des Herrenhauses durch königliche Ernen= nung, um dadurch die bisherige oppositionelle Majorität in eine Minorität umzuwandeln. Fürst Bismarck gerieth durch den Wider= stand, den seine Vorschläge fanden, in eine schwierige Lage: sollte er als Ministerpräsident die verfassungsmäßige Verantwortung für Maßregeln übernehmen, die er nicht billigen konnte? Angesichts dieser Frage ergriff ihn eine tiefe Entmuthigung, die durch das Gefühl körperlicher Ermattung noch verstärkt wurde, das die Krankheit in ihm hervorrief. In dieser Stimmung schrieb er am 13. November an den König als Antwort auf einen huldreichen Brief desselben folgender= maßen:

Varzin, 13. November 1872.

Allergnädigster König und Herr,

ich bin sehr niedergeschlagen darüber, daß ich auf Ew. Majestät huldreiches Schreiben vom 9. c. nicht sofort nach Berlin kommen und mich Ew. Majestät in der schwebenden Krisis zur Verfügung

stellen konnte, um so mehr, als ich gegen Ende des Monats glaubte,
daß ich bald so weit hergestellt sein würde. Ich befand mich seit
meiner Rückkehr von Berlin in fortschreitender Zunahme der Kräfte
und ließ mich dadurch und durch das Interesse zur Sache in Wider=
spruch mit den dringenden Mahnungen des Arztes verleiten, auf
Graf Eulenburgs wiederholte Aufforderungen einzugehen, indem
ich durch Eingaben an Ew. Majestät, durch Correspondenzen mit
den Ministern und mit Gliedern des Herrenhauses auf den Gang
der Dinge zu wirken suchte. Es ist das auf diesem Wege und aus
der Ferne gewiß sehr gewagt, da mir die aufklärende Discussion
und die Kenntniß der Gegengründe fehlt und ebenso die ausreichende
Arbeitshilfe. Ich hoffte aber, daß es nur wenige Tage dauern
werde, bis die Geschäfte wieder in ein ruhigeres Fahrwasser ge=
langten. Dieser Versuch hat mich aber leider zu rasch überführt,
wie mein Arzt Recht hat und wie gering der Vorrath meiner neu=
gesammelten Kräfte war. Ich bin sehr entmuthigt darüber, denn
meine Einwirkung auf die Geschäfte wird eher eine störende ge=
wesen sein, und die wenigen Tage der Arbeit und der Gemüths=
bewegung, welche nervenkranke Reizbarkeit damit verbindet, haben
hingereicht, mir die Ermattung meiner geistigen Arbeitskraft wieder
klar zu machen. Ich fürchte, daß ich verbrauchter bin, als ich mir
selbst eingestehen mag, und diese Sorge, sowie das Gefühl der
Beschämung darüber, daß ich in so wichtigen Momenten nicht auf
meinem Posten und zu Ew. Majestät Dienst bin, drücken mich
nieder, wenn ich mir auch sage, daß ich mich in Demuth dem
Willen Gottes zu ergeben habe, der meiner Mitwirkung nicht be=
darf und meinen Kräften ihre Schranke zieht. Meine Unruhe findet
ihr Gegengewicht in dem Vertrauen, welches Ew. Majestät am
Schlusse aussprechen, und welches ich von Herzen theile, daß Gottes
Gnade, die Ew. Majestät Regierung bisher gesegnet hat, auch
weiter helfen werde. Der Weg, den Ew. Majestät im Conseil ge=
billigt haben, kann ebenso gut wie der von mir vorgeschlagene zu
denselben Zielen führen, wenn nur kein Bruch mit dem jetzigen
Abgeordnetenhause dazwischen kommt und wenn meine Collegen
unter sich einig bleiben. Das werden sie Ew. Majestät zu Liebe
thun, wenn auch bisher manche Anzeigen der Differenzen bis hierher
erkennbar wurden. Ich fürchte, daß meine Correspondenzen mit

den Einzelnen unter ihnen, je nachdem sie Fragen an mich richteten,
die Elemente der Verstimmung gelegentlich vermehrt haben, und
daß Mißverständnisse mir gegenüber dadurch entstanden sind, daß
der Inhalt meiner Berichte nur Denen, an die sie gerichtet waren,
vollständig bekannt wurde. Ich habe daher Roon gebeten, mich
nur dann zuzuziehen, wenn Ew. Majestät besonders befehlen, und ihn
benachrichtigt, daß ich mit den einzelnen Collegen nicht mehr correspondiren würde.

Auf diese Weise wird meine Heranziehung, so lange mir Gott
nicht zu besseren Kräften hilft, allein in Ew. Majestät gnädige und
nachsichtige Hand gelegt sein. Meine Hoffnung und meine Bitte
zu Gott ist, daß mir bald wieder vergönnt sein möge, unter Ew. Majestät Auge selbst wieder meine Pflicht zu thun und die Beruhigung
wieder zu gewinnen, die in der Arbeit liegt.

v. Bismarck.

Nachdem Fürst Bismarck für die Dauer seines Urlaubs die
Leitung des Ministeriums ganz dem Grafen Roon, als dem im Range
ältesten Staatsminister, überlassen hatte, entwickelten sich die Dinge in
Berlin schnell bis zu einer vollständigen Krisis. Graf Roon hatte
nur mit schwerem Herzen der Majorität des Ministeriums seine Ueberzeugung geopfert und principiell in einen „Pairsschub" gewilligt. Aber
er wünschte, daß von einem Mittel, das in seinen Wirkungen so
zweifelhaft war, nur ein mäßiger Gebrauch gemacht werde, und erklärte sich deshalb in der Sitzung des Staatsministeriums vom 30. November, in der die neuen Ernennungen berathen wurden, gegen die
von den Ministern Graf Itzenplitz und Graf Eulenburg aufgestellte
größere Liste zu Gunsten einer geringeren Zahl. Bei der Abstimmung
blieb er in der Minorität. Ohne sich erst noch einmal mit dem stell-
vertretenden Premierminister, der, durch dringende Geschäfte in Anspruch
genommen, die Ministerberathung vor Schluß der Sitzung hatte verlassen müssen, ins Vernehmen zu setzen, legten darauf die Minister
Graf Itzenplitz und Eulenburg die größere Liste dem Könige zur
Genehmigung vor, die noch an demselben Tage ertheilt wurde „mit
schwerem Herzen", wie der König in einem Handbillet dem Grafen
Roon mittheilte. Roon, durch das Vorgehen seiner Collegen tief verletzt, bat zunächst um Urlaub und reichte am 8. December ein moti-
virtes Abschiedsgesuch an den König ein. Von diesem Schritte machte
er auch dem Fürsten Bismarck als leitendem Minister amtliche Mittheilung, die dieser in außeramtlicher Form mit folgendem, die innere
Krisis beleuchtenden Schreiben beantwortete:

Varzin, 13. December 72.

Lieber Roon,

auf Ihren amtlichen Brief vom 10. antworte ich jetzt nicht, sondern melde Ihnen nur, daß ich morgen in Berlin einzutreffen hoffe. Ich reise, nicht weil ich mich gesund fühle, sondern weil ich für Pflicht halte, die Situation mit Sr. Majestät und mit Ihnen mündlich zu besprechen.

Mein Gefühl sagt mir seit Monaten, daß ich die alte Gesund= heit nicht wieder erlange und also auch den alten Geschäftskreis nicht wieder übernehmen kann. So lange der König es befiehlt, will ich ihm als Auswärtiger Minister gern weiter dienen, da ich die mehr als zwanzigjährige Erfahrung in der europäischen Politik und das Vertrauen fremder Höfe nicht auf einen Anderen übertragen kann. Aber die Auswärtigen Angelegenheiten der stärksten Groß= macht nehmen einen vollen Mannesdienst in Anspruch, und es ist eine unerhörte Anomalie, daß der Auswärtige Minister eines großen Reichs daneben die Verantwortung für die innere Politik desselben tragen soll. Mein Gewerbe ist ein solches, in dem man viele Feinde gewinnt, aber keine neuen Freunde, sondern die alten verliert, wenn man es zehn Jahre lang ehrlich und furchtlos betreibt ... Das muß ich tragen, wenn ich Auswärtiger Minister bleiben und der König mich noch schneller aufreiben will, als ich ohnehin zu Grunde gehe. Im Innern habe ich den Boden, der mir annehm= bar ist, verloren durch die . . . Desertion der conservativen Partei in der katholischen Frage. In meinen Jahren und mit der Ueber= zeugung, nicht lange mehr zu leben, hat der Verlust aller alten Freunde etwas für diese Welt Entmuthigendes, was bis zur Läh= mung geht, wenn die Sorge um meine Frau dazutritt, wie das seit Monaten verstärkt wiederkehrt. Meine Federn sind durch Ueber= spannung erlahmt; der König als Reiter im Sattel weiß wohl kaum, daß und wie er in mir ein braves Pferd zu Schanden ge= ritten hat. Die Faulen halten länger aus, aber ultra posse nemo obligatur. Ich glaubte es noch einige Monate bis zu mündlicher Verständigung hinhalten zu können. Aber Ihr Brief vom 10., lieber Roon, hat meinen Entschluß zur Reise gebracht. Ich kann des Königs preußischer Ministerpräsident nicht bleiben; will Se. Majestät mich als Reichskanzler und Auswärtigen Minister behalten, so will ich versuchen, diesen Zweig weiter zu besorgen. Die Verantwortung für Collegen, auf die ich nur bittweisen Einfluß habe, und die Verantwortung für solche Ansichten und Willensmeinungen Sr. Majestät, die ich nicht theilen kann, vermag ich in meiner deprimirten Gemüthsverfassung nicht mehr durchzufechten. Die meine Bestrebungen kreuzenden Einflüsse sind mir zu mächtig, und die . . . Ueberhebung und politische Unbrauchbarkeit der Conservativen hat meine Freudigkeit im Kampfe seit letztem Frühjahr gebrochen. Mit den Conservativen ist Nichts zu machen, sie folgen den Rednern wie K.[1] und den Intriganten wie B.[2], gegen sie mag ich nicht. Der König muß also m. E. neue, im Parteiwesen nicht verbrauchte Leute an die Spitze bringen und mich in Frieden auf mein diplomatisches Altentheil oder gänzlich ziehen lassen. In diesem Sinne werde ich übermorgen mein partielles Abschiedsgesuch Sr. Majestät vortragen. Das Zeugniß gegen das Ministerium, welches in Ihrem Abschiedsgesuch liegt, hat meinen seit Monaten keimenden Entschluß schnell gereift.

Wir werden, wenn Gott uns Leben gibt, uns der großen Zeit, die wir gemeinsam durcharbeiteten, als alte Freunde gern erinnern und behäbigeren Nachfolgern mit weniger aufreibendem Diensteifer wohlwollend nachblicken. In herzlicher und unwandelbarer Freundschaft

Ihr

v. Bismarck.

Das Ergebniß der Besprechungen mit dem König war, daß das Abschiedsgesuch des Grafen Roon nicht angenommen wurde, wohl aber die Bitte des Fürsten Bismarck um Enthebung von dem Amte des Ministerpräsidenten Erhörung fand. Auf einen Bericht des Fürsten vom 20. December, der die in den vorangegangenen Unterredungen erörterten Gründe noch ein Mal zusammenfaßte, erging an ihn am 21. December 1872 folgende Cabinetsordre:

Auf Ihren Antrag in dem Bericht vom 20. December will Ich Sie von dem Präsidium Meines Staatsministeriums hierdurch entbinden. Sie behalten den Vortrag bei Mir in den Angelegenheiten des Reichs und der Auswärtigen Politik und sind im

---

[1] v. Klein-Retzow.
[2] v. Bodelschwingh.

Falle der Behinderung an der persönlichen Theilnahme an einer Sitzung des Staatsministeriums befugt, Ihr Votum in den die Interessen des Reichs berührenden Angelegenheiten unter Ihrer Verantwortlichkeit durch den Präsidenten des Reichskanzleramts, Staatsminister Delbrück, abgeben zu lassen. Der Vorsitz im Staatsministerium geht an den ältesten Staatsminister über.

Wilhelm.

Demgemäß übernahm am 21. December Graf Roon den Vorsitz im Staatsministerium, wenn auch zunächst nur vorläufig, denn der abschließenden Ordnung mußte die Erwägung der Frage vorangehen, wie dem Grafen Roon in seiner Stellung als Kriegsminister eine Entlastung gewährt werden könne, da er die Geschäfte eines Ministerpräsidenten neben der Sorge für das Kriegsministerium, zu dessen Leitung er sich ohnehin bei der Abnahme seiner Kräfte nicht mehr recht geschickt erachtete, nicht übernehmen zu können glaubte. Als geeigneten Stellvertreter in dem Amte des Kriegsministers bezeichnete Graf Roon den Generallieutenant v. Kameke, und nachdem der Vorschlag die Genehmigung des Königs gefunden hatte, wurde die Neubildung des Ministeriums mit der folgenden an Roon gerichteten Cabinetsordre vollzogen:

„Nachdem Ich den Reichskanzler Fürsten v. Bismarck auf seinen Antrag von der Stellung als Präsident Meines Staatsministeriums entbunden habe, finde Ich Mich bewogen, Ihnen diese Stellung zu verleihen; Sie gleichzeitig von der des Kriegsministers zu entheben, vermag Ich jedoch nicht, indem Ich Werth darauf lege, daß Sie, als Kriegsminister und „Vorsitzender des Ausschusses für Landheer und Festungen", mit der oberen Leitung und Vertretung der Armeeangelegenheiten auch ferner vertraut bleiben. Da Ich gleichwohl ermesse, daß es Ihnen, bei dem Ihnen nunmehr übertragenen Vorsitze im Staatsministerium und der daraus für Sie erwachsenden Geschäftsvermehrung, nicht möglich sein würde, die Pflichten als Kriegsminister in dem bisherigen Umfange zu erfüllen, so finde Ich Mich gleichzeitig veranlaßt, den Chef des Ingenieurcorps und der Pioniere und Generalinspecteur der Festungen, Generallieutenant v. Kameke, mit dem Titel und dem Range eines Staatsministers zum Mitgliede des Staatsministeriums zu ernennen mit der Bestimmung, den Geschäften des Kriegsministeriums in Uebereinstimmung mit Ihnen verantwortlich vorzustehen und Sie als Kriegsminister überall, wo es nöthig, ebenso zu vertreten. Indem Ich vertraue, daß die von Mir hiermit angeordnete Einrichtung Ihnen die in Ihrer Doppelstellung als Ministerpräsident und Kriegsminister unentbehrliche Erleichterung gewähren wird, gebe ich Ihnen auf, Mir über die zweckmäßige, einer gedeihlichen Geschäftsführung entsprechende Theilung der Geschäfte zwischen Ihnen und dem Generallieutenant v. Kameke behufs Meiner Genehmigung zu berichten. Dabei muß Ich aber darauf hinweisen, wie es im Interesse eines prompten Geschäftsganges liegt, daß der nunmehrige Staatsminister Generallieutenant v. Kameke autorisirt werde, Sie, den Kriegsminister, in allen Geschäften mit voller Wirkung zu vertreten, so daß Recurse gegen seine, in Verwaltungsangelegenheiten ergangenen Entscheidungen nur an Meine Person zu richten sein werden. An das Staatsministerium und den Generallieutenant v. Kameke habe Ich in vorstehendem Sinne direct verfügt.

Berlin, den 1. Januar 1873.

(gez.) Wilhelm.

(gegengez.) v. Roon.

An demselben Tage erhob der König seinen getreuen Waffenmeister zum Generalfeldmarschall, dem Fürsten Bismarck aber übersandte er zum Danke und Lohne für eine zehnjährige treue Verwaltung der Stelle eines Ministerpräsidenten die brillantenen Insignien des Schwarzen Adlerordens mit folgendem Handschreiben:

Berlin, den 1. Januar 1873.

Sie wissen, mit wie schwerem Herzen Ich Ihren Wunsch erfüllt habe, indem Ich Sie von dem Vorsitz Meines Staatsministeriums entband. Aber Ich weiß, welche geistige und körperliche Anstrengung die zehn Jahre dieser Stellung von Ihnen verlangten und will deshalb nicht länger anstehen, Ihnen eine Erleichterung zu bewilligen.

Zehn inhaltschwere Jahre liegen hinter uns, seit Sie Meiner Berufung, an die Spitze der preußischen Verwaltung zu treten, Folge leisteten. Schritt für Schritt hat Ihr Rath und Ihre That Mich in den Stand gesetzt, Preußens Kraft zu entwickeln und Deutschland zur Einigung zu führen. Ihr Name steht unauslöschlich in der Geschichte Preußens und Deutschlands verzeichnet, und die höchste Anerkennung ist Ihnen von allen Seiten gerecht zu Theil geworden. Wenn Ich genehmige, daß Sie die mit sicherer Hand geführte Verwaltung Preußens niederlegen, so werden Sie mit derselben doch unter Fortführung der politischen Aufgaben Preußens in Verbindung mit denen der Deutschen Reichskanzlerstellung im engsten Zusammenhang bleiben.

Durch die Verleihung der brillantenen Insignien Meines hohen Ordens vom Schwarzen Adler will Ich Ihnen bei diesem Anlaß einen erneuten Beweis Meiner höchsten Anerkennung und nie erlöschenden Dankbarkeit geben!

Mögen die Ihnen gewährten geschäftlichen Erleichterungen die Kräftigung Ihrer Gesundheit sichern, die Sie erhoffen und Ich wünsche, damit Sie lange noch dem engeren und dem weiteren Vaterlande und Mir Ihre bewährten Dienste leisten können.

Ihr

treuergebener dankbarer König

Wilhelm.

Die Ernennung Roons zum Ministerpräsidenten rief in liberalen Kreisen lebhafte Beunruhigung hervor. Man wußte, daß er sein Abschiedsgesuch eingereicht hatte, weil er in der Frage des Pairsschubs anderer Meinung gewesen war, als die Mehrheit der Minister, und hatte unverhohlen der Freude Ausdruck gegeben, daß der trotz seiner großen militärischen Leistungen noch immer übelberufene Conflictsminister auf dem Punkte stand, auszuscheiden. Als er nicht bloß im Amte blieb, sondern sogar an die Spitze der Geschäfte berufen ward, fürchtete man einen entschlossenen Bruch mit den Principien des Liberalismus, die noch jüngst in der Kreisordnung von der Regierung zur Geltung gebracht worden waren, und die Rückkehr zu ultraconservativen Grundsätzen, als deren Verkörperung Roon der liberalen Partei galt. Trotzdem, daß sowohl Graf Eulenburg als Graf Roon dem preußischen Abgeordnetenhause die bündigsten Versicherungen gaben, daß das Ministerium trotz des Wechsels im Präsidium ein Ministerium Bismarck bleiben werde, daß Roon in allen politischen Ansichten mit dem Fürsten Bismarck sich einig wisse und nur aus diesem Grunde sich zur Uebernahme des Präsidiums bereit erklärt habe, machte doch der Abg. Lasker die Veränderungen innerhalb des Ministeriums bei der Berathung des Etats des Auswärtigen Ministeriums in der

33. Sitzung des Hauses der Abgeordneten

Sonnabend 25. Januar 1873

zum Gegenstand einer besonderen Interpellation.

Davon ausgehend, daß der Etat des Ministeriums der Auswärtigen Angelegenheiten seit dem Uebergange der meisten Geschäfte desselben auf das Auswärtige Amt des Reichs so zwerghaft zusammengeschrumpft sei, daß der Etat dieses Ministeriums beinahe noch unter dem des Landwirthschaftlichen Ministeriums stehe, gab er der Meinung Ausdruck, daß die Minister in Preußen mit Unrecht meist allzusehr nach der Bedeutung des von ihnen vertretenen Ressorts beurtheilt würden. Im Gegentheil sei das Verwaltungsressort nach der bisher in Preußen gültigen Regierungsweise beinahe Nebensache für den Chef

des betreffenden Ministeriums, jeder Minister sei Staatsminister und 25. 1. 1873.
nehme als solcher an den höchsten Acten der Staatsregierung Antheil.
Diese von ihm vertretene Anschauung werde durch die Thatsache unter=
stützt, daß an der Spitze des für Preußen gänzlich zwerghaften Aus=
wärtigen Ministeriums jetzt ein Mann stehe, der diesen Dimensionen
nicht ganz angepaßt sei und deshalb wohl kaum ausschließlich durch die
Sorge für sein Ressort in Anspruch genommen werde. Da jedoch die
Frage über das Verhältniß des Auswärtigen Ministers zum Gesammt=
ministerium, die die öffentliche Aufmerksamkeit beschäftige, noch nirgends
beantwortet sei, so richte er an den Herrn Minister der Auswärtigen
Angelegenheiten die Anfrage: ob er sich richtig in der Auffassung be=
wege, daß innerhalb des preußischen Ministeriums das Ressort des ein=
zelnen Staatsministers die politische Stellung desselben nicht begrenze,
dagegen die Theilnahme als Staatsminister jedes einzelne Mitglied
verpflichte, mit voller Verantwortlichkeit, namentlich für die Acte der
hohen Politik einzutreten und demgemäß auch Fürsorge zu treffen, daß
die in dem Ministerium selbst einheitlich vereinbarte Politik von jedem
einzelnen Staatsminister vertreten werde. „Es würde mir,“ so schloß
er, „zu großer Genugthuung gereichen, wenn diese Gelegenheit das
Land darüber aufklären möchte, daß auch fortan dem preußischen Staats=
ministerium der Beistand und die Energie des Auswärtigen Ministers
und Reichskanzlers nicht fehlen werde.“ Fürst Bismarck erwiderte
sofort*):

Der Herr Vorredner hat meiner Ueberzeugung nach vollkommen
Recht, wenn er annimmt, daß jedes Mitglied des Staatsministeriums
nach zwei Seiten aufzufassen ist: ein Mal nach der Verwaltung seines
Ressorts, das zweite Mal nach seiner politischen Anschauung als
Mitglied des Staatsministeriums, nach seiner Mitverantwortlichkeit
für die Gesammthandlungen des Staatsministeriums, und ich kann
dieser Auffassung eine Illustration durch Erwähnung der Dis=
cussionen geben, die im Schooße des Ministeriums über die Frage
stattgefunden haben, ob das Landwirthschaftliche Ministerium als
solches überhaupt beizubehalten sein werde oder nicht.

Es hat sich dabei die Majorität des Staatsministeriums
und ich glaube das gesammte Staatsministerium dahin aus=
gesprochen, daß, wenn auch diejenigen Geschäfte, die bisher mit
dem Landwirthschaftlichen Ministerium verbunden sind, einen politisch
thätigen Mann nicht überall ausreichend beschäftigen, und wenn
vielleicht aus dem Grundsatz der gerechten Arbeitsvertheilung eine

*) StB. 764a.

25. 1. 1873. Verstärkung des Ressorts des landwirthschaftlichen Ministeriums wünschenswerth wäre, es doch für das Gesammtministerium von großer Wichtigkeit sei, daß Se. Majestät eine Ministerstelle vergeben könne, die unter Umständen, auch wenn sie gar kein Ressort hat, wenn ein Minister ohne Portefeuille wäre, durch ihre politische Stellung, durch ihre Mitwirkung in den politischen Fragen, das Ministerium in seinen Arbeiten unterstützen könne*). Ich erwähne, daß in England meines Wissens eine größere Anzahl von Ministern**) ohne Ressort, die eben nur vor dem Publicum die Mitverantwortlichkeit für die politische Leitung der Geschäfte tragen, vorhanden ist.

Es ist sogar bei uns der eigenthümliche Fall, daß der Präsident des Staatsministeriums, obschon ihm ein größeres Gewicht der moralischen Verantwortlichkeit wie jedem anderen Mitgliede ohne Zweifel zufällt, doch keinen größeren Einfluß als irgend einer seiner Collegen auf die Gesammtleitung der Geschäfte hat, wenn er ihn nicht persönlich sich erkämpft und gewinnt. Unser Staatsrecht verleiht ihm keinen. Wenn er diesen Einfluß gewinnen will, so ist er genöthigt, ihn durch Bitten, durch Ueberreden, durch Correspondenzen, durch Beschwerden beim Gesammtcollegium — kurz und gut durch Kämpfe zu gewinnen, welche die Leistungsfähigkeit des Einzelnen in sehr hohem Maße in Anspruch nehmen. Die Mittel sind schwach, die Aufgabe ist groß und die Last, die zu bewegen ist, wenn es gilt, einen anders denkenden Collegen zu überzeugen, ist oft mit der Wirkung der Bitte und Ueberredung allein nicht zu bewältigen. Dieser Umstand erhöht die Wichtigkeit des Moments, welches der Herr Vorredner accentuirte: daß in dem Staatsministerium jedes Mitglied die gleiche politische Bedeutung als Staatsminister in Anspruch nimmt und in der That in gleicher Weise wie der Ressortminister für die Gesammtleitung der Politik verantwortlich ist. Nur ist es demjenigen, der einem bestimmten Ressort nicht angehört, durchaus nicht möglich und nicht gegeben, die Thätigkeit dieses Ressorts in ihren Specialitäten, in ihren Wirkungen so genau zu controliren, daß man sagen könnte, jeder Minister ist jeder Zeit für jede Handlung seiner Collegen verant-

---

*) S. 764b.
**) StB.: Ministerien.

wortlich; es vergehen darüber oft Jahre, ehe ein Minister sich über=
zeugt, daß die Thätigkeit eines seiner Collegen Resultate hat, für
deren Gewinn er die Mitverantwortung nicht tragen will. Wenn
der Herr Vorredner mein Erscheinen hier heute dahin deutete, daß
es meine Absicht gewesen sei, über meine Stellung zum Staats=
ministerium nach meiner Niederlegung des Präsidiums Auskunft
zu geben, so möchte ich das doch nicht als absolut richtig an=
erkennen [1]). Auch wenn mein Ressort noch kleiner im Budget wäre,
als es jetzt ist, so würde ich es doch für meine Pflicht gehalten
haben, soweit meine Gesundheit es erlaubt, persönlich zu dessen
Vertretung zu erscheinen.

Was die Motive des Wechsels in der Vertheilung der Ge=
schäfte im Staatsministerium betrifft, über die der Herr Vorredner
eine volle Beruhigung vermißt, so erlaube ich mir vor allen Dingen
festzustellen, daß solche Motive im Ganzen immer einfacher liegen,
als das Gerücht und die Presse gern annimmt. Wenn man sie
einfach nimmt, wie sie liegen, so fällt die Möglichkeit, darüber eben
zu schreiben und zu conjecturiren. Es ist bekannt, daß der Ge=
schäftsumfang, der mir oblag, ein so vielseitiger und ausgedehnter
war, wie es kaum je in einem ähnlichen Verhältnisse in einem
Staat von ähnlicher Größe, in einem Reiche von ähnlicher Be=
deutung, als das Deutsche, der Fall gewesen ist. Im Anfang der
Periode der Cumulation dieser Geschäfte hielt ich es fast für un=
möglich, einen Theil derselben abzutrennen, ohne das Ganze zu
gefährden. Es kam dazu, daß meine Arbeitskraft eine stärkere
war, als sie schließlich geblieben ist. Es kam dazu, daß ich gerade
in dem Auswärtigen Amte, welches ich vorzugsweise als meine
specielle Aufgabe betrachte, eine Hilfe hatte, deren ich gern bei
dieser Gelegenheit gedenke, — es war der verstorbene Geheimrath
Abeken [2]), der seitdem verschieden ist. Ich habe mich nach und nach
überzeugen müssen, daß es ganz unmöglich ist, diesen bedeutenden

---

[1]) Abg. Lasker fand eine Bestätigung seiner Ansicht in dem Erscheinen
des Ministers, da er die Vertretung des Etats seines Ministeriums recht wohl
einem Rathe dieses Ministeriums hätte übertragen können, wenn er nicht hätte
über die Stellung des Auswärtigen Ministeriums zum Gesammtministerium
Zeugniß ablegen wollen.

[2]) Heinrich Abeken, gest. 8. August 1872.

Umfang der Geschäfte, der mir oblag, auch nur in der Weise zu
übersehen, daß ich jeder Zeit mich darüber entschließen kann, ob ich
die Verantwortung für das Einzelne tragen will oder nicht. Ge=
wöhnlich, und in allen größeren Staaten wenigstens, nimmt die
Aufgabe eines Auswärtigen Ministers die volle Arbeitskraft eines
Mannes in Anspruch, und es dürfte in*) keinem großen Staate
den Fall geben, daß man von dem Träger der auswärtigen Ge=
schäfte auch nur eine anhaltende und eingreifende Mitwirkung in
den inneren Angelegenheiten erwartet. Die auswärtigen Geschäfte
des Deutschen Reiches sind, Dank sei es unseren guten Beziehungen
zu allen Regierungen, im Augenblick friedliche, aber diesen Frieden
nach allen Seiten hin zu wahren und zu pflegen, ist eine Aufgabe,
die die Arbeit eines Mannes erfordert. Wenn ich daneben in der
Stellung eines Kanzlers des Deutschen Reiches erhebliche Aufgaben
der inneren Verwaltung habe, außerdem die Verwaltung, die Ver=
antwortlichkeit wenigstens für die Verwaltung eines Reichslandes,
welches manchem Königreich an Bedeutung gleich kommt, so ist ja
auch dieser Geschäftsumfang zu bestreiten eigentlich nur möglich
durch die ausgedehnte, sichere und zuverlässige Unterstützung, die
ich nach so vielen Seiten hin in diesen Dingen finde. In der
ganzen Reichsverfassung ist es nun aber sehr viel leichter, wenn
ich zu einem Punkte komme, wo es mir zweifelhaft wird, ob ich
für die Thätigkeit des hoch und ministermäßig gestellten Beamten,
für die ich die Verantwortung mit zu tragen habe, diese Verant=
wortung ferner übernehmen will¹), ... so kann ich im Reiche
Rechenschaft und Aufklärung über die Sache fordern, ich kann Be=
richt erfordern und kann wenigstens mein Veto, mein Inhibitorium
sofort einlegen, kurz, ich bin berechtigt, im äußersten Falle zu ver=
fügen, was man so unabhängigen Charakteren gegenüber, oder
dem Maße von Unabhängigkeit des Charakters gegenüber, welches
mit großer Tüchtigkeit verbunden zu sein pflegt, sehr schwer und
selten thut. Ich halte mich im Ganzen immer nur verantwortlich
für die im großen Durchschnitt richtige Wahl der Personen, nicht

---

*) S. 765a.

¹) Der Redner ist aus der Construction gefallen. Statt „so kann ich im
Reiche" 2c. müßte grammatisch ein Infinitivsatz folgen, abhängig von „ist es
leichter".

für jede einzelne Handlung der Personen. Außerdem, wenn ich diese Verantwortung gefährdet fühle, bin ich in der Lage, bestimmt zu sagen: dies will ich nicht, und bestimmte Forderungen zu stellen, was einstweilen zu geschehen hat.

Ganz anders und viel mühevoller ist die Aufgabe eines preußischen Ministerpräsidenten, der einen hohen Ehrenposten, eine große Verantwortung hat und sehr wenig Mittel, dieser Stellung seinen Collegen gegenüber irgend welchen Nachdruck zu geben, und wenn gegen seine Einflüsse sich innerhalb eines Ressorts ein passiver Widerstand entwickelt, den die einzelnen Beamten dieses Ministeriums unterstützen, so habe ich darüber die Erfahrung, daß man gewissermaßen im Sande ermüdet und seine Ohnmacht erkennt.

(Hört! hört! links.)

Wenn ich mir also die Wahl stellen mußte, meinen Geschäftskreis zu verkleinern, so konnte ich darüber nach einer zehnjährigen Erfahrung nicht zweifelhaft sein, daß die Stellung des preußischen Ministerpräsidenten diejenige war, die meine Arbeitskraft — sagen wir Nerven zum Arbeiten, denn zum Arbeiten gehören Nerven — am meisten in Anspruch nahm. Es ist ja im Ganzen nicht die Arbeit, die den Menschen körperlich in der Friction, in der wir in parlamentarischen Staaten leben, aufreibt, sondern es ist das ununterbrochene Gefühl der Verantwortlichkeit für große Dinge und für Interessen, die Einem am Herzen liegen wie die eigenen, aber die doch zugleich die Interessen von 25 oder 40 Millionen sind. Wenn man geringe und weniger würdige Dinge mit hohen vergleichen kann, so möchte ich sagen: ein verantwortlicher Staatsmann an der Spitze eines Staates ist in der Lage wie Jemand, der etwa an der Börse ununterbrochen solche Geschäfte macht, die weit über sein Vermögen gehen, deren Verlust er nicht decken kann, wenn er sie verliert, und bei denen außer dem directen und materiellen Verlust eigene Ehre und Ruf, die Wohlfahrt des ganzen Landes auf dem Spiele stehen. Das Gefühl, fortwährend handeln zu sollen in einer Weise, oder die Handlungen Anderer billigen oder mißbilligen zu sollen unter Umständen, wo man sich sagen muß, die Billigung oder*) Mißbilligung kann der Ausgangspunkt,

*) S. 765b.

der Krystallisationspunkt einer Entwickelung sein, deren weitere oder
letzte Folgen Niemand mehr beherrscht, — wen dies Gefühl der fort=
während en, angespannten Verantwortlichkeit nicht angreift, der hat
eben kein Pflichtgefühl und kein Herz für sein Land. Wer dies hat,
den wird es bis zu einem gewissen Maße packen und verbrauchen.

Wenn ich also die Wahl getroffen habe beim Einsehen der
Nothwendigkeit, daß ich das preußische Ministerpräsidium los sein
wollte, so war es in dem Gefühl, daß in diesem Ressort die Mittel,
einen Einfluß zu üben, im allergrößten Mißverhältniß mit der
moralischen Verantwortlichkeit, welche die öffentliche Meinung an
die Stellung eines Ministerpräsidenten knüpft, stehen,

(Hört! Hört!)

daß mir die größte Erleichterung zu Theil wurde; — denn ich
glaube, weit über die Hälfte meiner Geschäfte kommen aus diesem
Ressort — und zugleich die geringste Einbuße an Einfluß. Daß
ich auf diesen Einfluß ganz verzichten wollte und verzichten könnte,
so lange ich die Ehre habe, Sr. Majestät des Kaisers Reichskanzler
zu sein, daran ist ja gar nicht zu denken. Ich will gleich ent=
wickeln, warum dazu eine Zusammengehörigkeit mit dem preußischen
Ministerium eigentlich gar kein absolut nothwendiges Erforderniß
sein würde. Meine äußere Stellung zum preußischen Ministerium
könnte noch mehr gelockert werden, als sie ist, die Geschäfte
bleiben doch unzertrennlich. Der Reichskanzler, wenn er die Haupt=
bedingung seiner Aufgabe überhaupt erfüllen soll, muß derjenige
Beamte sein, auf den Se. Majestät der Kaiser das höchste Ver=
trauen zu diesem Zwecke setzt. Hat er das Vertrauen des Kaisers,
so ist doch unmöglich anzunehmen, daß Se. Majestät der König
von Preußen in dieser Eigenschaft in seinem preußischen Mini=
sterium eine Politik gestatten werde, die dem als Reichskanzler mit
dem Kaiserlichen Vertrauen beehrten Beamten die Wirksamkeit im
Reich unmöglich machte. Es kann der König von Preußen und sein
Ministerium ganz unmöglich gegen die Politik des Reichskanzlers
eine Stellung nehmen, es ist vielmehr eine gegebene Nothwendigkeit,
daß sie unterstützt wird. Man könnte ja eher noch das Erforderniß
aufstellen, daß der Reichskanzler Mitglied des Ministeriums eines
anderen bedeutenden Bundesstaats sei, denn in Preußen ist der
Personalzusammenhang der Königlich preußischen und der Kaiser=

lichen Krone doch ohnehin gegeben und unzertrennbar. Aber auch 25. 1. 1873. der Zusammenhang zwischen dem Reichskanzler und dem preußischen Ministerium*) würde dadurch ja in keiner Weise gestört werden, daß der Erstere vollständig aufhört, Mitglied des preußischen Ministeriums zu sein. Wie ist denn der Geschäftsbetrieb im Bundesrathe? Die Factoren, welche den Haupteinfluß auf die Vorbereitung der Vorlagen für den Reichstag haben, sind die Ausschüsse des Bundesraths. In jedem dieser Ausschüsse hat, wenn Se. Majestät der Kaiser es nicht ausdrücklich anders befiehlt, ein preußischer Minister, der betreffende Minister des preußischen Ressorts, den Vorsitz, oder dieser Vorsitz wird ausgeübt durch einen der höchsten Vertrauensbeamten des Ministeriums. In der Sitzung des Bundesraths findet sich wieder das preußische Ministerium in seiner Majorität zusammen und arbeitet dort und in seinen Ausschüssen unter Vorsitz des Reichskanzlers mit den übrigen Ministern. Die Bänder, die beide Organisationen an einander befestigen, sind also viel stärker, als man äußerlich anzunehmen pflegt und als unsere deutsche Presse zu meinem Erstaunen angenommen hat in der ganzen Discussion dieser Frage.

Wenn der Reichskanzler also, um ernannt zu werden und um in seinem Amte zu bleiben, nothwendig das Vertrauen Sr. Majestät des Kaisers haben muß, in Folge dessen Sr. Majestät dem Könige von Preußen und seinem Ministerium keine persona ingrata¹) sein wird, so hat der Reichskanzler nach der Verfassung außerdem Mittel des Einflusses**) und der Macht, die die Frage, ob der Zusammenhang nothwendig ist, und durch welche Mittel er gesucht und befördert werden kann, dem preußischen Ministerium eben so nahe, ja fast noch näher legen***), wie dem Reichskanzler. Wenn der Reichskanzler sich des Vertrauens der Mehrheit der Regierungen, die im Bundesrath vertreten sind, versichert, wenn er dabei das Vertrauen der Mehrheit des Reichstages zu gewinnen weiß — und das wird für ihn ein ebenso nothwendiges Bedürfniß sein, da er nach der Verfassung derjenige Beamte ist, der den Vorsitz im Bundesrath führt und als der Vertreter der Bundesregierungen

---

*) StB.: Minister.
**) S. 766 a.
***) StB.: liegen.
¹) Ungern gesehene Persönlichkeit.

vorzugsweise vor dem Reichstage die Dinge zu vertreten hat ,
wenn er diese Eigenschaften in sich vereinigt, so ist dadurch eine
Lage gegeben, bei der Sie viel eher sich im preußischen Ministerium
erkundigen können: „Verliert Ihr auch nicht die Fühlung mit dem
Reichskanzler?" als daß Sie Veranlassung haben, den Reichskanzler
zu fragen: „Verlierst Du auch nicht die Unterstützung des preußischen
Ministeriums?"   Der Reichskanzler kann ein Gewicht durch andere
Elemente gewinnen, welches viel stärker ist, als die Disposition
über die 17 preußischen Stimmen, und daß ihm die entgehen
sollten, so lange er der Hauptvertrauensmann Sr. Majestät des
Kaisers ist, ist ja eigentlich kaum denkbar; auch dann, wenn er sie
nicht selber führte und instruirte, so wird er doch immer in der
Lage sein, Sr. Majestät dem Könige von Preußen als Stimm=
führender für Preußen, so lange er es bleibt, Vortrag zu halten
und, wenn er es nicht mehr wäre, Sr. Majestät dem Kaiser als
dessen Kanzler und Hauptvertrauensbeamter, denn das muß er sein,
wenn er seinen Platz erfüllen soll, Vortrag über diese Dinge zu
halten, und es ist sehr unwahrscheinlich, daß, wenn der Reichs=
kanzler gegen die Neigung, eine divergirende Neigung der preußischen
17 Stimmen bei Sr. Majestät dem Kaiser Protest einlegte, es
factisch ausführbar sein würde, diese 17 Stimmen, die gegen den
Willen Sr. Majestät des Kaisers nicht abgegeben werden können,
gegen den Willen des Reichskanzlers — es kann ja ein Mal vor=
kommen, aber nicht dauernd, das ist meiner Ansicht nach nicht
möglich — abzugeben*). Dies würde immer zu einem Wechsel
in der Person des Reichskanzlers oder zu einem Wechsel in den
Personen des preußischen Ministeriums führen müssen. Ich kann
deshalb nach dieser ganzen Situation die Anfrage des Herrn Vor=
redners dahin beantworten, daß mein Bleiben in dem jetzigen
preußischen Cabinet, in der Eigenschaft als Mitglied, wenn auch
nicht Vorsitzender, doch beweist, daß mein Entschluß sich nicht ge=
ändert hat, dieses preußische Ministerium gerade in derselben Weise
mit meinen Kräften zu unterstützen, als ob ich sein Vorsitzender
wäre, vielleicht in einer besseren, indem ich das Odium, welches der
Vorsitz und die Einwirkung immer gelegentlich hat, nicht mehr be=

---

*) StB.: abgegeben werden.

sitze. Darüber kann ich die ganz bestimmte Versicherung geben, daß das mein Wille und meine Absicht ist, nur mit etwas weniger Arbeit als früher, und ich muß leider sagen, mit etwas weniger unfruchtbarer Arbeit wie früher. Mein Gewicht im Ministerium wird dadurch, daß ich von den formellen Arbeiten und von der formalen Verantwortlichkeit erlöst bin, immer nach wie vor darauf basiren, ob es mir dauernd gelingt, das Vertrauen der Mehrheit meiner Collegen mir zu bewahren, und Sie können ganz gewiß darauf rechnen — und darin steht mein Entschluß ganz fest — daß, wenn dieser Wechsel in den Personalverhältnissen des Ministeriums einen Wechsel in der Richtung und in einer meiner früheren Politik feindlichen Richtung bedeutet hätte, keine Macht der Welt mich hätte bewegen können, meine Antecedentien von zehn Jahren zu verleugnen, und, nur etwa um Auswärtiger Minister zu bleiben, diesem selben Cabinet anzugehören, und so lange ich diesem angehöre, können Sie mit Sicherheit darauf rechnen, ist das der Beweis, daß dieser Weg, diese Richtung in der Hauptsache nicht verlassen wird, wenn ich mich auch um die Details zu meiner großen Erleichterung weniger zu bekümmern haben werde.

Was*) den Etat des Auswärtigen Ministeriums selbst betrifft, so glaube ich, es würde Ihnen nicht nur aus dem nationalen Gesichtspunkte erleichtert, diesen Positionen zuzustimmen, sondern es würde auch eine viel richtigere und sachlichere Bezeichnung sein, wenn man den Titel dieses Ministeriums wechselte und es beispielsweise statt „Auswärtiges Ministerium" „Ministerium für die Reichsangelegenheiten" nennte oder „für die deutschen Angelegenheiten", wie man will. Die Bearbeitung des Zusammenhanges des preußischen Staates mit dem Deutschen Reiche, der Stimmenabgebung Preußens im Deutschen Reiche ist immer — wir haben bisher keinen anderen Ausdruck dafür — für Preußen territorial eine äußere Angelegenheit, insofern als dies Verhältnisse berührt, die die preußischen Grenzen überschreiten. Ich kann nicht anders sagen, als daß mir dieser Ausdruck ein unwillkommener ist und ich ihn mit einem gewissen Widerwillen gebraucht habe, weil ich gewohnheitsmäßig dafür halte, daß Auswärtige Angelegenheiten in

*) S. 766b.

Deutschland nie andere sein sollten, wie solche*) jenseits der deutschen Grenzen;

(Bravo!)

und es wäre vielleicht nützlich, obschon ich nicht weiß, ob es ausführbar sein wird — sehr wesentlich ist es allerdings nicht, es ist eine Form —, wenn man die Rubrik, die Ueberschrift dieses Ministeriums dahin ändern wollte, wogegen ich meinerseits Nichts einzuwenden hätte. Es muß meines Erachtens, mag es nun der Reichskanzler sein oder ein Anderer, im preußischen Ministerium einen Minister geben, dessen Aufgabe es vorzugsweise ist, den Zusammenhang mit dem Reich innerhalb des preußischen Ministeriums zu cultiviren und sich von jedem Particularismus, auch dem des Ressorts, frei zu halten. Diese Aufgabe, mit der nach altem Herkommen die Instruction der Gesandten verbunden ist, fällt augenblicklich dem preußischen Minister der Auswärtigen Angelegenheiten zu, weil wir einen anderen Titel dafür nicht haben, und weil der augenblicklich zugleich Reichskanzler und preußischer Bevollmächtigter im Bundesrathe ist. Aber auch selbst wenn diese Eigenschaften noch getrennt werden sollten und der Reichskanzler gar nicht mehr Mitglied des preußischen Ministeriums bliebe, was ihn, wie ich mir vorhin zu entwickeln erlaubte, seines Zusammenhangs mit Preußen wesentlich berauben, seine Stellung aber innerhalb der deutschen Reichsgliederung wesentlich freier und annehmbarer hinstellen würde — selbst wenn das geschähe, würde es immer einen Minister für die Deutschen Angelegenheiten im preußischen Ministerium zweckmäßiger Weise geben müssen, der das Ressort hat, die preußischen Stimmen zu instruiren, mag nun diese Instruction eine ganz selbständige, nach Befehl Sr. Majestät von dem Minister ohne Zuziehung seiner Collegen ertheilte sein, wie es in allen denjenigen Fällen der Fall sein wird, wo überhaupt ein Ressort selbständig handelt, indem der Minister die Solidarität der übrigen Minister nicht zu verlangen hat, oder mag er genöthigt sein, wenn die Sache wichtig genug ist, wenn sie zurückgreift auf die inneren Verhältnisse Preußens, sich durch Majoritätsbeschluß seiner Collegen in Stand zu setzen, daß er instruiren kann. Es wird immer einen

***

*) Fehlt im StB.

solchen Minister geben müssen. In diesem Sinne möchte ich Sie bitten, den Etat der Auswärtigen Angelegenheiten hier aufzufassen und ihn nicht als einen particularistischen Ueberrest speciell preußischer Politik zu betrachten, sondern ihn als diejenige Maschinerie anzusehen, vermittelst deren Preußen seinen Contact und seine Beziehungen mit dem Reiche nicht nur, sondern auch vor der Entscheidung des Reiches mit den einzelnen Gliedern des Reiches zu erhalten und zu pflegen sucht. Daß ich dies, so lange ich eins dieser bedeutenden Aemter behalte, ganz in der Weise und durchaus in der Richtung thun werde, die in früheren Jahren Ihre Billigung gehabt hat, das versichere ich hiermit nochmals ausdrücklich, und davon wollen Sie überzeugt sein!

(Bravo!)

Der Abg. Virchow fühlte sich beunruhigt durch die Bemerkung des Fürsten Bismarck, es könne wohl einmal der Fall eintreten, daß der Reichskanzler aus einem anderen deutschen Staate genommen würde und als solcher einen solchen Einfluß auf die Abstimmungen des preußischen Ministeriums, auf dessen Politik und Zusammensetzung ausüben müsse und könne, daß darüber gar kein Zweifel sei, es werde stets eine vollkommene Harmonie existiren. Denn wenn das preußische Volk jemals dahin käme, annehmen zu müssen, daß der Reichskanzler allein die ganze Politik des preußischen Ministeriums zu bestimmen habe, daß er die Minister gegen ihre Ueberzeugung nach seinem Willen zu stimmen, den König wider seinen Willen Minister seiner Richtung zu nehmen zwänge, so werde ein Mißtrauen erwachsen, das ein solches System in sich unhaltbar mache. Er habe daher immer die von dem Reichskanzler früher vertretene Ansicht getheilt, daß der preußische Ministerpräsident immer zugleich Reichskanzler sein müsse, und bedaure daher sehr, daß sich innere Dissonanzen im preußischen Ministerium herausgestellt hätten, die den Reichskanzler veranlaßt hätten, sein Ministerpräsidium niederzulegen. Aus dieser Erfahrung schien ihm hervorzugehen, daß die Auffassung, die der Reichskanzler bisher von der Stellung des preußischen Ministerpräsidenten gehabt habe, eine nicht ganz correcte gewesen sei; nach seiner Meinung wäre es an der Zeit gewesen, die innere Consolidation des preußischen Ministeriums dadurch zu erreichen, daß man zum parlamentarischen Regiment überging und das Ministerium aus einer Zahl nach gleichen Zielen strebender, dieselben Ansichten verfolgender Männer bildete. Er habe erwartet, daß der Ministerpräsident sich in Folge dieser Katastrophe etwas mehr zu den Meinungen der liberalen Partei bekehren und ein Gesetz über die Organisation des Staats

ministeriums vorlegen würde, durch welches künftighin Willkürlichkeiten
der einzelnen Minister verhindert werden könnten, die dem Willen des
Ministerpräsidenten entgegengingen. Die Verweisung auf englische Vorbilder fand Virchow unzutreffend. „Wenn seine neuen Collegen aus
der Majorität dieses Hauses hervorgegangen wären, getragen von der
Majorität eben dieses Hauses oder meinetwegen der Landesvertretung
überhaupt, wenn es unmöglich wäre, in das Ministerium auf einem
anderen Wege zu kommen als auf dem Wege durch das Parlament,
da ließe man sich viele Besonderheiten gefallen, weil die Personen, die
ins Ministerium berufen werden, ja eben Personen sind, die der Majorität angehören, und in ihrer Stellung die Majorität stärken. Davon
ist aber bei uns gar nicht die Rede. Im Gegentheil, meine Herren,
was uns beunruhigt, ist vielmehr ein Act — ich will es dem Herrn
Reichskanzler offen sagen —, der seine persönliche Stellung betrifft und
in welchem wir nicht eine Annäherung an englische, sondern eine solche
an russische Vorbilder zu sehen glauben. Das ist der neue Adlatus-
minister, den er sich gewählt hat und der allerdings eine so neue Erscheinung bei uns ist, daß in unserem ganzen bisherigen Staatsrechte
dafür keine Parallele gefunden werden kann." Der Staatsminister
Delbrück befinde sich ganz außerhalb der Competenz des Landtags, sei
nur dem Reichskanzler verantwortlich und doch wieder in seiner Abstimmung innerhalb des Ministeriums frei, da ihn der Reichskanzler
nicht für jeden einzelnen Fall instruiren könne. An den Landtag
trete unter den veränderten Verhältnissen die Frage heran, ob nicht
die Regierung aufzufordern sei, im Wege der Gesetzgebung eine wirkliche, sichere Ordnung der höchsten Verwaltungsämter in Preußen endlich herbeizuführen. Der Landtag habe ein Recht darauf, die Motive
für die nicht bloß in den Personen, sondern auch in der Organisation
der obersten Verwaltungsämter eingetretenen Veränderungen kennen zu
lernen, um eventuell durch seine Beschlüsse auf die Ordnung der Verhältnisse mit einzuwirken. Fürst Bismarck erwiderte*):

Der Herr Vorredner hat zunächst vor seinem in die Zukunft
blickenden Auge sich das Gespenst eines den preußischen Staat ver-
gewaltigenden, aber nicht preußischen Reichskanzlers aus anderen
Staaten deutscher Nation gedacht. Ich glaube, dies ist eben ein
Gespenst, und die Fähigkeit, es zu sehen, beruht auf einem stärker
gefärbten Anfluge von Particularismus, als ich dem Herrn Vorredner bisher zugetraut hätte.
(Heiterkeit.)
Die Frage, wie die Machtstellung zwischen dem Reiche und

---

*) StB. 768b.

den einzelnen Staaten sein soll, ist eine, die durch die Reichsver=
fassung festgestellt ist, und durch die weitere gesetzgebende Thätig=
keit des Reiches, die Competenzerweiterungen, zu denen das Reich
ermächtigt ist, mit der Zeit ihre Erledigung finden wird und kann;
und sollte dabei die Befürchtung eintreten, daß die Reichsregierung
so mächtig wird, daß ein so starker Staat wie Preußen, fünf Achtel
des ganzen Reiches, anfängt sich vor dem überwiegenden Einfluß
des Reiches zu fürchten? — Ich habe immer geglaubt, das wäre
eins von den Idealen, denen der Herr Abgeordnete entgegenstrebt.

(Heiterkeit.)

Landsleute sind wir Deutsche doch Alle, und ich bekämpfe in
diesen Dingen das Betonen der Scheidung zwischen Deutsch und
Preußisch; der Reichskanzler, möge er nun ein Preuße oder ein
Bayer sein — uns steht er nicht als Preuße oder Bayer, uns steht
er nur als Deutscher gegenüber: und das Deutsche in dem Kanzler
mehr und mehr zu accentuiren, dazu erachte ich eine gewisse Los=
lösung, eine Herausschälung des Kanzlers aus der ganzen Vege=
tation nöthig, die sich im preußischen amtlichen Leben nothwendig
bei ihm angesetzt haben muß.

(Große Heiterkeit.)

Ich glaube, daß dieser Gedanke noch weiter befolgt werden
muß, wenn wir zu einer richtigen Reichseinheit kommen wollen.
Die Einheit der Interessen Preußens und des Reiches und der
Schutz für die Preußische Verfassung liegt in der Einheit Sr. Ma=
jestät des Kaisers und des Königs; daß beide Organismen bisher
auch einen gemeinsamen Ministerpräsidenten gefunden haben, das
war der Anfang, kann aber für die Dauer kaum festgehalten
werden. Ein Reichskanzler und ein Ministerpräsident, dem die
Sachen durch Neuheit der Zustände und durch das Entgegenkommen
mehrerer Parteien, wenn nicht aller, so sehr erleichtert werden wie
mir, der so sehr den Vortheil hat des frischen Eindrucks der Er=
eignisse in einer Allen willkommenen Neubildung, wird sich auch so
leicht nicht wieder finden. Es wird vielleicht später fähigere, besser
geschulte, arbeitsfähigere Leute geben als ich, aber sie werden nicht
getragen sein von der Neuheit der Ereignisse, ja *) man wird ihnen

---

*) StB.: in.

mehr Schwierigkeiten machen, und es wird ihnen noch schwerer gemacht werden, einen solchen Umfang der Geschäfte zu bewältigen, wie er mir bisher obgelegen hat, wenn er mit dem vollen und ehrlichen Gefühl der Verantwortlichkeit in die Geschäfte eingehen will, wie ich es gethan habe.

(Zustimmung.)

Der Herr Vorredner hat mich in einer Beziehung nicht verstanden: ich habe von Dissonanzen, von solchen, wie man sie unter dem Wort gewöhnlich versteht, nicht gesprochen, sondern nur von dem Uebermaß der Geschäfte, die auf mir lasten; Dissonanzen, die mich zum Ausscheiden veranlaßten, haben gar nicht stattgefunden. Ich habe mich innerhalb des Ministeriums bei den letzten durch Abstimmung zur Entscheidung gebrachten Fragen jeder Zeit, wie ich glaube, auf Seiten der Majorität befunden, und es ist auch nicht der Grund, daß ich irgendwo überstimmt worden wäre, daß Beschlüsse*) mir zuwider gefaßt worden wären, wenn ich auch vielleicht nicht Alles durchsetzen konnte, was ich wünschte — ich bin darin vielleicht auch zu sanguinisch und zu rasch —, wenigstens nicht mit dem Aufwande von Mitteln, die mir bei meiner sonstigen Thätigkeit als Ueberschuß verbleiben.

Ob es nützlich ist, dem preußischen Staate eine andere Verfassung, auch in dieser Beziehung mehr der englischen ähnlich, zu geben, und ich glaube, der Herr Vorredner erstrebt einen solchen Zustand**) — wir sind demselben auch näher gekommen, wenn ich auch nicht glaube, daß wir ganz zu demselben gelangen werden, dazu sind die Nationen in ihrer ganzen Zusammensetzung zu verschieden. Es kann ja sein, daß man es für wünschenswerth hält, daß das preußische Ministerium anders organisirt werde, daß unser Staatsrecht geändert werde, daß unserem Ministerpräsidenten mindestens die Befugnisse, wie sie etwa der Präsident eines Regierungscollegiums hat, das Inhibiren, das Veto auf Königliche Entscheidung hin, beigelegt wird, das Alles ist aber bisher nicht vorhanden, und ich kann so rasch die Dinge nicht ändern, wie meine Kräfte verbraucht werden, ich muß meine Aenderungen richten nach den Dingen,

---

*) S. 769a. — StB.: Beschlüsse, die zc.
**) Der Satz ist abgebrochen; zu ergänzen ist etwa: „läßt sich schwer sagen".

wie sie bis jetzt liegen. Der richtige Ausdruck der jetzigen Sachlage wäre eigentlich der, daß man den Titel des Ministerpräsidenten, der Nichts weiter bedeutet, ganz fallen ließe und lediglich
nach dem Princip ginge, daß von den gleichberechtigten acht Ministern jeder Zeit der älteste Minister den Vorsitz führt. Soll aber
der Titel des Ministerpräsidenten irgend Etwas sich der „Idee, die
man sich von seinem Ansehen und seinem Einflusse macht, Näherndes
gewinnen, dann erfordert es nach der heutigen Lage einen solchen
Aufwand von faux-frais [1]) an Arbeiten und Beeinflussen und Ueberreden der übrigen Ressorts, daß derjenige, der Ministerpräsident
ist, gar nichts Anderes nebenher thun kann, und immer nach dem
Ende eines jeden Tages sich sagen muß, daß er hinter den Aufgaben, die er sich gestellt hat, zurückgeblieben ist. So gering sind
die Mittel: man muß entweder die collegiale Verantwortlichkeit
rein festhalten und sich nicht daran kehren, wer Ministerpräsident
ist, und diesem nicht das Geringste an größerer Verantwortlichkeit,
keine höhere Verantwortlichkeit zuweisen als jedem anderen Staatsminister, oder man muß diesen, wenn man ihn stärker als die
Anderen zur Verantwortung ziehen will, also neben dem jedesmaligen Ressortminister in erster Linie, mit anderen Mitteln ausstatten, womit ich immer nicht behaupten will, daß Einer auf die
Dauer gleichzeitig die Stellungen als Reichskanzler und als preußischer Ministerpräsident zu seiner eigenen Befriedigung versehen wird.

Der Herr Vorredner hat bedauert, daß das Ministerium nicht
bei dieser Gelegenheit eine Modification und Vervollständigung erfahren hat. Meine Herren, ich glaube, das wäre sehr unzweckmäßig gewesen, und ich habe nach Kräften zu verhindern gesucht,
daß eine Aenderung einträte. Der Herr Vorredner meinte, es
wäre eine ganz gewaltig einschneidende*) Aenderung, dann ist meine
Arbeit der ersten vierzehn Tage nach meiner Rückkehr verfehlt gewesen. Ich habe mich bemüht, dahin zu wirken, daß wo möglich
gar keine Aenderung stattfinde. Der jetzige Ministerpräsident ist
mein ältester College insofern, als er vor mir in dem Ministerium
bereits war, er ist ein Freund von meiner frühesten Jugend her,

---

*) StB.: einschreitende.
[1]) Neben-, bezw. Unkosten.

zwischen uns ist volle Offenheit und gegenseitiges Vertrauen. Ich bin vollständig überzeugt, daß er seinerseits das Ministerium nicht weiter führen möchte, wenn er die Weiterführung um den Preis eines politischen Bruches mit mir erkaufen sollte, das volle Vertrauen habe ich zu ihm, dies habe ich zu wenigen anderen Leuten

(Heiterkeit.)

außerhalb des jetzigen Ministeriums, meine Herren -

(Erneute Heiterkeit.)

ich*) glaubte, es handle sich um Vervollständigung von außerhalb her.

Nehmen Sie also an, Se. Majestät hätten einen neuen Minister-präsidenten von außenher ernannt, ich wüßte nicht, wer das aus denjenigen Kreisen, mit denen ich überhaupt bisher habe enger zusammenleben können, sein sollte, es müßte nothwendig ein mehr oder weniger Fremder sein, und dann war ich nicht sicher, wie die Dinge weiter geführt worden wären. Nehmen Sie einmal an, daß in dieser Periode, in der ich zu den Geschäften zurückkehrte, eins**) von den bisherigen Mitgliedern des Ministeriums aus-geschieden wäre — der Minister der Landwirthschaftlichen Ange-legenheiten[1]) hat es aus Gesundheitsrücksichten gethan — nehmen Sie an, daß Jemand aus politischen Rücksichten, die man einem Anderen vielleicht doch immer untergeschoben haben würde, aus-schiede, so würde es immer den Anschein gehabt haben, als ob dieses Ausscheiden eine Censur des Verhaltens der Königlichen Re-gierung und der darin bleibenden übrigen Collegen enthielte; war***) gewissermaßen ein Protest mit Abreise mit dem Aus-scheiden verbunden: lag nicht in solchem stummem Protest entweder ein Zeugniß gegen die zurückbleibenden Collegen oder ein Symptom für die ganz unberechtigte Voraussetzung, daß Se. Majestät in Bezug auf gewisse Regierungsmaßregeln anderen Sinnes geworden sei? Beides könnte man annehmen, je nachdem auf der einen Seite oder anderen Seite ein Austritt aus dem Cabinet stattfand.

Ich habe es daher für meine angelegentlichste Aufgabe ge-

---

*) S. 769 b.
**) StB.: einer.
***) StB.: sei.
[1]) v. Selchow, er war am 13. Januar 1873 durch den bisherigen Ober-präsidenten der Provinz Posen, Grafen Otto v. Königsmarck-Cleßnitz, ersetzt worden.

halten, den jetzigen Personalbestand des Cabinets über diese Krisis 25. 1. 1873.
hinüberzuführen, so daß aus einem Ausscheiden keine Rückschlüsse
auf Meinungsverschiedenheiten, sei es zwischen Sr. Majestät und
den Räthen der Krone, sei es innerhalb des Ministeriums, ge=
macht werden konnten. Gerade Angesichts der wichtigen Aufgaben,
die Ihnen, meine Herren, vorliegen, schien es mir von der höchsten
Wichtigkeit, das bisherige Ministerium diesen Aufgaben in mög=
lichster Geschlossenheit entgegenzuführen, und ich glaube, wir werden
die Wirkung davon in den Resultaten bei den Abstimmungen
nicht zu bereuen haben.

Die Vervollständigung des Ministeriums aus der Majorität
der Kammer, — ja, meine Herren, das ist sehr viel leichter gesagt,
als gethan. Um das zu thun, muß man eine mehr oder weniger
constante Majorität haben. Wo liegt die Majorität, dieses Ar=
canum des constitutionellen Systems? Das war in England
sehr leicht zu sehen; so lange es nur zwei Parteien gab, Whigs
und Tories, war es ein einfaches Rechenerempel: man zählte nach,
und wer die Majorität hatte, setzte sich in den Besitz der Ver=
waltung. Das ist auch in England nicht mehr thunlich; und das
halte ich für das wesentliche Motiv, warum die englische Regie=
rung in ihrer inneren Verwaltung nicht mehr dieselbe constante
Energie nach bestimmten Richtungen verfolgen kann, wie früher.
Es gibt jetzt wenigstens fünf Fractionen, mit denen gerechnet
werden muß, von denen man schon die Vertreter mehrerer zu=
sammengreifen muß, um überhaupt zu einer Majorität zu gelangen,
eine Majorität, die schwankend wird, indem gewöhnlich nur eine,
oft auch keine dieser Fractionen, mit dem ganzen Bestande des
Ministeriums von Herzen einverstanden ist. Man kommt sehr viel
leichter an die Grenze des gemeinsamen Territoriums, auf dem
sich ein solches Coalitionsministerium überhaupt nur behaupten
kann; das Gebiet wird ein sehr viel engeres. Wir sind meines
Erachtens bisher überhaupt nicht in der Lage, ein Parteiministe=
rium bei uns in Preußen bilden zu können. Das Ministerium
muß einen vorwiegend gouvernementalen — gestatten Sie mir nach
meiner ganzen Herzensauffassung den Ausdruck Königlichen
Charakter tragen!

(Bravo! rechts.)

Sowie wir in Parteiministerien hineingerathen, so werden*) die Gegensätze geschärft. Der König allein und die Emanation, die von ihm und Seiner politischen Auffassung ausgeht, bleibt parteilos, und in dieser Stellung über den Parteien, auf dieser Höhe der Krone, muß, meines Erachtens, die Regierung in Preußen gehalten werden. Es kann nothwendig sein, nach dem gouverne= mentalen Gefühl Sr. Majestät und der Regierung, mit einer Partei zu gehen und in anderen Fällen mit einer anderen. In England wird ein solcher Wechsel gewöhnlich durch einen Ministerwechsel charakterisirt; sollen reactionäre Maßregeln getroffen werden, so übernimmt die liberale Partei das Ruder, aus der richtigen Vor= aussetzung, daß sie die nöthigen Grenzen nicht überschreiten wird; sollen liberale Maßregeln getroffen werden, so tritt vorzugsweise die conservative Partei ans Ruder,

(Heiterkeit.)

aus derselben Rücksicht. Bei uns sind meines Erachtens die Partei= gegensätze noch zu schroff, und das staatliche Gefühl, das Gefühl, daß jedes Individuum für die Regierung und für gute Regierung des Staats, auch wenn sie außerhalb und unabhängig von der eigenen Partei erfolgt, verantwortlich bleibt, das ist bisher nicht in dem Maße, wie in England, ausgebildet, wenn ich auch nicht leugne, daß wir in den letzten zwanzig Jahren hierin immense Fortschritte gemacht haben, und daß wir auf dem besten Wege sind, daß Niemand unter uns mehr sagt: es soll nach meiner Meinung geschehen, ob auch der Staat darüber zu Grunde geht. Jeder fängt an, der Nothwendigkeit der Forexistenz der geordneten Regierung des Staates Rechnung zu tragen, wenn er nicht etwa einer Partei angehört, die grundsätzlich diesen Staat, wie er ist, negirt, weil er nach ihrer Meinung überhaupt nicht existiren sollte.

Ich muß nun, obschon ich mich durch den Herrn Vorredner habe verleiten lassen, länger zu reden, als ich glaubte, noch eine Frage erwähnen, nämlich die Frage des**) Adlatus, was er eine russische Einrichtung nannte¹), was aber doch hier nicht zutrifft.

---

*) S. 770a.
**) StB.: der.
¹) S. Vorbemerkung.

Ich mußte dem Herrn Vorredner längere Zeit zuhören, bis ich 25. 1. 1873 mich überzeugte, daß mein Verhältniß zu dem Herrn Präsidenten des Reichskanzleramts in dieser Natur aufgefaßt wurde.

Ich glaubte, es wäre nur von der neuen Einrichtung im Kriegsministerium [1]) die Rede, die eben darin ihren Grund hat, daß Jemand außerhalb der Geschäfte des Ministerpräsidiums ein so umfangreiches Ressort nicht bewältigen kann. Was aber mein Verhältniß zum Herrn Minister Delbrück betrifft und die Erlaub= niß, die ich durch Allerhöchste Ermächtigung erhalten habe, mich auch in meiner Abstimmung unter Umständen durch ihn vertreten zu lassen, so kann ich erst vorausschicken, daß ich glaube, in der Lage zu sein, Alles, was dieser mein College für mich etwa ab= stimmen sollte, zu ratihabiren, aber selbst, wenn ich das nicht thäte, so ist ja die Abstimmung im Staatsministerium noch gar nicht der entscheidende und definitive Act, durch welchen sich ein Minister an eine Maßregel bindet, das ist erst die Contrasignatur. Wenn im Staatsministerium 5 gegen 3*) abgestimmt ist, und es ist zu Protokoll genommen, und dieses Protokoll ist von Allen unter= schrieben, so bleibt nichtsdestoweniger jedes Mitglied der Majorität in der Lage, seine Collegen von Neuem zu berufen und zu sagen, ich habe mich damals geirrt, ich habe dieses oder jenes Novum erfahren, ich habe Dieses oder Jenes nicht gewußt, meine Abstim= mung nehme ich zurück, sie gilt nicht, und ich kann den Act, der aus dieser Abstimmung hervorgehen wird, nicht contrasigniren. Erst wenn er Letzteres gethan hat, wenn er seine Unterschrift zu der Sr. Majestät des Königs gesetzt hat, erst dann ist der verfassungs= mäßige Act vollzogen, erst dann übernimmt der Minister seine Verantwortlichkeit. Es würde außerordentlich unbequem sein, wenn irgend ein Minister einen zu häufigen Gebrauch von diesem formellen Rechte machte, und die anderen würden schließlich sagen**), wir wünschen eine Aenderung in diesem Geschäftsgang oder in dieser Person. Aber das Recht kann meines Erachtens keinem Minister verwehrt werden, daß er vor der Contrasignatur sagt,

---

*) StB.: 8.

**) S. 770 b.

[1]) Dem Ministerpräsidenten und Kriegsminister Grafen Roon war der Generallieutenant v. Mamele beigegeben worden, s. o. die Einleitung S 358.

25. 1. 1873. an diese Abstimmung will ich nicht gebunden bleiben. Durch welches Mittel ich nun meine Abstimmung abgebe, hat eigentlich mit der Uebernahme der Verantwortlichkeit durch die Contrasignatur Nichts zu thun, ich könnte es ja schriftlich thun; wir sind nicht in der Lage, einen Abwesenden zu präcludiren, wenn ein schriftliches Votum vorliegt — es würde Nichts helfen, er würde sagen, ich contrasignire nicht —, das ist keine Anforderung, zu der Jemand körperlich gezwungen werden kann. Und so würde in den seltenen Fällen, wenn der zu meiner Vertretung ermächtigte und mit mir im vollsten Einverständniß und im Besitz meines vollsten Vertrauens befindliche College, wenn der — in einer wichtigen Sache wird es nicht vorkommen — in einer unwichtigen sich zu Etwas verstanden hätte, was ich in keiner Weise verantworten könnte, so würde die Möglichkeit ja gar nicht ausgeschloßen sein, daß ich vor der Unter= schrift sagte, das kann ich nicht ratihabiren. Indessen, das kommt nicht vor, denn gewöhnlich sind die Dinge, auf die man Werth legt, doch vorher vollständig in Frage formulirt, und man hat sein Ja oder Nein zu sagen, und wenn Meinungsverschiedenheit zwi= schen uns wäre, zwischen Herrn Minister Delbrück und mir, so würde ich noch zweifelhaft sein, ob er die Sache nicht besser ver= standen hat, als ich, und würde unter Umständen seinem Urtheil mich fügen.

Ich kann nur zum Schluß wiederholen, daß der Herr Vorredner die Wirkungen der Personalveränderung, die stattgefunden hat, überschätzt hat; und ich ergreife gern diese Gelegenheit, meinerseits dahin zu wirken, daß dieser Ueberschätzung nicht weiter Raum ge= geben wird, daß namentlich die wunderlichen Sachen in den Zei= tungen, als wenn ich das Opfer irgend einer Intrigue gewesen und hinausgedrängt wäre, widerlegt werden. Ich habe Se. Ma= jestät den König sehr lange bitten müssen, ehe mir diese Erleichte= rung gewährt wurde; ich habe den jetzigen Ministerpräsidenten sehr lange bitten müssen, daß er sein Abschiedsgesuch zurücknahm, und Se. Majestät der König hat durch ein Wort, das auf einen Soldaten nie seinen Eindruck verfehlt, diese meine Bitte verwirk= licht, und ich bin herzlich erfreut, daß er sich dazu verstanden hat, diese arbeits= und mühevolle und, wie ich fürchte, auf die Dauer wenig dankbare Stellung in seinem Alter zu übernehmen, und ich möchte Sie bitten, die Unterſtützung, die Sie dem Miniſterium 25. 1. 1873. unter meinem Präſidium gewährt haben, ihm auch unter dem jetzigen Präſidium nicht zu verſagen, denn es iſt in der That kein anderes!

(Bravo!)

15. Sitzung des Herrenhauſes
Montag 10. März 1873.

Der Cultusminiſter Dr. Falk brachte mittels Schreibens vom 10. 3. 1873. 18. November 1872 im Abgeordnetenhauſe einen erſten kirchenpolitiſchen Geſetzentwurf ein, betreffend die Grenzen des Rechts zum Gebrauche kirchlicher Straf- und Zuchtmittel; ihm folgten am 8. Januar 1873 drei weitere Entwürfe, betreffend die Vorbildung und An- ſtellung der Geiſtlichen, den Austritt aus der Kirche, die kirchliche Disciplinargewalt und die Errichtung eines König- lichen Gerichtshofes für kirchliche Angelegenheiten[1]). In der Commiſſion, der dieſe Geſetzentwürfe zur Vorberathung überwieſen wurden, wurden Bedenken laut, ob die Geſetzentwürfe mit Art. 15 und 18 der Preußiſchen Verfaſſung[2]) vereinbar ſeien. Die Commiſſion hielt es deshalb für ihre Aufgabe, dieſe Vorfrage in geſonderte Be- rathung zu ziehen, deren Ergebniß der Antrag war, dem Art. 15 fol- gende abgeänderte Faſſung zu geben:

Die evangeliſche und die römiſch-katholiſche Kirche, ſowie jede andere Religionsgeſellſchaft ordnet und verwaltet ihre Angelegen- heiten ſelbſtändig, bleibt aber den Staatsgeſetzen und der geſetzlich geordneten Aufſicht des Staats unterworfen. Mit der gleichen Maßgabe bleibt jede Religionsgeſellſchaft im Beſitz und Genuß der für ihre Cultus-, Unterrichts- und Wohlthätigkeitszwecke beſtimmten Anſtalten, Stiftungen und Fonds,

---

[1]) S. dieſelben im Anhange zu dieſer Abtheilung, S. 412 ff.

[2]) Art. 15: Die evangeliſche und die römiſch-katholiſche Kirche, ſowie jede andere Religionsgeſellſchaft ordnet und verwaltet ihre Angelegenheiten ſelbſtändig und bleibt im Beſitz und Genuß der für ihre Cultus-, Unterrichts- und Wohl- thätigkeitszwecke beſtimmten Anſtalten, Stiftungen und Fonds.

Art. 18: Das Ernennungs-, Vorſchlags-, Wahl- und Beſtätigungsrecht bei Beſetzung kirchlicher Stellen iſt, ſoweit es dem Staate zuſteht und nicht auf dem Patronat oder beſonderen Rechtstiteln beruht, aufgehoben.

Auf die Anſtellung von Geiſtlichen beim Militär und an öffentlichen An- ſtalten findet dieſe Beſtimmung keine Anwendung.

19.3.1873. und dem Art. 18 als Alinea 3 zuzufügen:

> Im Uebrigen regelt das Gesetz die Befugnisse des Staates hinsichtlich der Vorbildung, Anstellung und Entlassung der Geistlichen und Religionsdiener und stellt die Grenzen der kirchlichen Disciplinargewalt fest.

Das Abgeordnetenhaus nahm diese Abänderungen am 4. Februar 1873 mit 215 gegen 110 Stimmen und am 27. Februar definitiv an. Im Herrenhause wurden die vier kirchenpolitischen Gesetzentwürfe am 19. Februar einer Commission von 20 Mitgliedern überwiesen, die Vorlage wegen der Verfassungsänderungen dagegen gelangte in der 15. Sitzung am 10. März zur Vorberathung im Hause. Nachdem sich Oberbürgermeister Gobbin und Professor Dr. Tellkampf für den Gesetzentwurf, Graf Landsberg-Gemen und Velen und Frhr. v. Zedlitz-Neukirch dagegen ausgesprochen hatten, nahm Fürst Bismarck das Wort*):

> Der Herr Vorredner hat sich darüber beklagt, daß der „Liberalismus“ — ich bediene mich der Kürze wegen seines Ausdrucks — in den letzten Jahren Fortschritte gemacht hat [1]. Ja, meine Herren, ich habe Ihnen das im vorigen Jahre bei einer analogen Discussion, in der wir uns hier befanden, vorhergesagt [2], daß dies wahrscheinlich der Fall sein werde; es ist auch möglich, daß er noch mehr Fortschritte macht. Worin liegt denn das? Doch wesentlich in der Desorganisation des Gegengewichts bei der

---

*) StB. 212 a.

[1] Frhr. v. Zedlitz-Neukirch: „Meine Herren! Lassen Sie mich noch einige Worte hinzufügen über die Stellung, die der Liberalismus zu diesen Vorlagen einnimmt. Da ist es doch zunächst eine höchst interessante Erscheinung, daß — während bisher die Verfassungsurkunde immer von dieser Seite dargestellt wurde als ein ... noli me tangere — jetzt ... bei dem wichtigsten Paragraphen dieser Verfassungsurkunde eine schmähliche Umänderung mit Bereitwilligkeit der Regierung entgegengetragen wird. Der Liberalismus hat auf den Lippen nur schöne Worte. Zu denen gehört auch das Wort „unbedingte Glaubensfreiheit und Gewissensfreiheit“. Aber die Erfahrungen der letzten Jahre zeigen uns doch, daß hinter diesen schönen Worten andere Ziele versteckt sind, und dieses Ziel besteht nur darin, zu der Herrschaft zu gelangen. Auf dem politischen Gebiete hat die nationalliberale Partei in den letzten Jahren ja schon manche Position erobert; es geht ihr aber wahrscheinlich nicht rasch genug, und deshalb soll auch das starke Bollwerk der Kirche angegriffen werden. Es soll der Liberalismus in die Kirche hineingetragen werden, damit die Kirche dadurch unterworfen wird der Herrschaft des omnipotenten liberalen Staates“ (StB. 211 b).

[2] Man vgl. oben die Reden vom 13. Februar und 6. März 1872.

conservativen Partei; es liegt wesentlich darin, daß die Regierung 10. 3. 1873. und namentlich ich, ihr früherer Vertreter, sich in der Voraussetzung, daß die conservative Partei mit Vertrauen auf sie blickte, getäuscht hat. Diese Enttäuschung darüber, die bei der Verhandlung über das Schulaufsichtsgesetz stattfand, mußte nothwendig [*]) — ich habe Ihnen das vorhergesagt — auf die gesammte Entwickelung unseres Staatslebens einwirken. Damals hat die conservative Partei denjenigen Vertretern der Regierung, die glaubten, in ihrem Vertrauen zu stehen, in einer hochpolitischen Frage ein durchschlagendes Mißtrauensvotum gegeben, und das Vertrauen ist eine zarte Pflanze; ist es zerstört, so kommt es so bald nicht wieder. Darauf ist die conservative Partei, geführt von, wie ich glaube, gut meinenden, aber eifrigeren Führern, als mit sachlichen Erfolgen verträglich ist, in sich zur Zersetzung gekommen; in Verhandlungen, denen ich nicht beigewohnt habe, ist es in diesem Hause dahin gekommen, daß das Haus seine eigenen Beschlüsse cassirt und die Regierung dadurch in eine Sackgasse gedrängt hat. Diejenigen, auf die die Krone oder — ich will mich parlamentarischer ausdrücken — das Ministerium Sr. Majestät des Königs glaubte in Unterstützung des staatlichen Gedankens rechnen zu können, haben diese Unterstützung nicht nur nicht gewährt, sondern in einer Form versagt, daß die Regierung auch ferner nicht mehr darauf rechnen kann. Wie dürfen Sie dafür die Regierung und ihre Vorlagen anklagen? Wir leben nicht in einer Verfassung, in der Se. Majestät nach voller Willkür ohne Rücksicht auf die verfassungsmäßige Gestaltung des Landtages Seine Politik führt. Sie, meine Herren, haben wesentlich dazu beigetragen, mich, der ich glaubte, die Geschäfte an der Spitze einer conservativen Partei von einiger Bedeutung und einigem Gewicht führen zu können, herauszudrängen aus meiner darauf berechneten Stellung im Ministerium [1]. Sie haben die Voraussetzungen, unter denen ich glaubte, an der Spitze des Ministeriums bleiben zu können, zerstört. Machen Sie doch nun für Ihr eigenes Werk, welches Ihr eigener Uebereifer geschaffen hat, Ihr eigener Anspruch, allein Ihre persönliche Ueberzeugung in staatlichen Fragen, welche für die Regierung Cabinets

---

) S. 212b.

[1]) Als Ministerpräsident.

fragen sind, für maßgebend zu halten — machen Sie dafür nicht
die Regierung Sr. Majestät verantwortlich, und beklagen Sie sich
nicht über Dinge, die ein wesentlicher Theil von Ihnen und der
conservativen Partei im anderen Hause meiner Meinung nach ver=
schuldet hat!

Der Herr Vorredner hat ferner dieselbe Bahn betreten, die
im anderen Hause von den Gegnern der Vorlage betreten worden
ist, nämlich diesen Vorlagen einen confessionellen, ich möchte sagen,
einen kirchlichen Charakter zu geben[1]. Die Frage, in der wir
uns befinden, wird meines Erachtens gefälscht, und das Licht, in
dem wir sie betrachten, ist ein falsches, wenn man sie als eine
confessionelle, kirchliche betrachtet. Es ist wesentlich eine politische;
es handelt sich nicht um den Kampf, wie unseren katholischen Mit=
bürgern eingeredet wird, einer evangelischen Dynastie gegen die
katholische Kirche, es handelt sich nicht um den Kampf zwischen
Glauben und Unglauben, es handelt sich um den uralten Macht=
streit, der so alt ist wie das Menschengeschlecht, um den Machtstreit
zwischen Königthum und Priesterthum, den Machtstreit, der viel
älter ist, als die Erscheinung unseres Erlösers in dieser Welt, den
Machtstreit, in dem Agamemnon in Aulis mit seinen Sehern lag,
der ihm dort die Tochter kostete und die Griechen am Auslaufen
verhinderte, den Machtstreit, der die deutsche Geschichte des Mittel=
alters bis zur Zersetzung des Deutschen Reiches erfüllt hat unter
dem Namen der Kämpfe der Päpste mit den Kaisern, der im
Mittelalter seinen Abschluß damit fand, daß der letzte Vertreter
des erlauchten schwäbischen Kaiserstammes unter dem Beile eines
französischen Eroberers auf dem Schafott starb, und daß dieser fran=
zösische Eroberer im Bündniß mit dem damaligen Papste stand[2].
Wir sind der analogen Lösung der Situation nahe gewesen, über=

---

[1] Frhr. v. Zedlitz=Neukirch: „Sollten die kirchlichen Vorlagen an=
genommen werden, so werden wir uns darauf vorbereiten müssen, daß heftige
Kämpfe entbrennen, deren Tragweite, deren Ausdehnung und Ende wohl Nie=
mand voraussehen kann ... Auf dem politischen Gebiete sind wir bisher mit
Compromissen durchgekommen ... bei dem Kampf auf religiösem Gebiete hört
die Zeit der Compromisse auf ... Mit dem Schwerte des Wortes Gottes wird
die evangelische Kirche in den Kampf hineinzuziehen, und ich zweifle nicht, daß
die Kirche Gottes den Sieg davon tragen wird" (StB. 212a).

[2] Karl von Anjou, Papst Clemens IV. Conradins Hinrichtung 1268.

jetzt immer in die Sitten unserer Zeit.   Wenn der französische 16. 3. 1873.
Eroberungskrieg, dessen Ausbruch mit der Publication der vati=
canischen Beschlüsse coincidirte, erfolgreich war, so weiß ich nicht,
was man auch auf unseren kirchlichen Gebieten in Deutschland von
den gestis Dei per Francos [1]) zu erzählen haben würde.   Aehn=
liche Pläne haben vorgelegen vor dem letzten Kriege mit Oester=
reich, ähnliche Pläne haben vorgelegen vor Olmüh [2]), wo ein ähn=
liches Bündniß bestand gegenüber der Königlichen Macht, wie sie
in unserem Lande besteht, auf einer Basis, die von Rom nicht
anerkannt wird.   Es ist meines Erachtens eine Fälschung der
Politik und der Geschichte, wenn man Se. Heiligkeit den Papst
ganz ausschließlich als den Hohenpriester einer Confession oder
die katholische Kirche als Vertreter des Kirchenthums überhaupt
betrachtet.   Das Papstthum ist eine politische*) Macht jeder Zeit
gewesen, die mit der größten Entschiedenheit und dem größten
Erfolge in die Verhältnisse dieser Welt eingegriffen hat, die diese
Eingriffe erstrebt und zu ihrem Programm gemacht hat.   Die
Programme sind bekannt.   Das Ziel, welches der päpstlichen Ge=
walt, wie den Franzosen die Rheingrenze, ununterbrochen vorschwebte,
das Programm, das zur Zeit der mittelalterlichen Kaiser seiner
Verwirklichung nahe war, ist die Unterwerfung der weltlichen
Gewalt unter die geistliche, ein eminent politischer Zweck, ein
Streben, welches eben**) so alt ist wie die Menschheit; denn so lange
hat es auch, sei es kluge Leute, sei es wirkliche Priester gegeben,
die die Behauptung aufstellten, daß ihnen der Wille Gottes ge=
nauer bekannt sei, als ihren Mitmenschen, und daß sie auf Grund
dieser Behauptung das Recht hätten, ihre Mitmenschen zu beherrschen;
und daß dieser Satz das Fundament der päpstlichen Ansprüche auf
Herrschaft ist, ist bekannt.   Ich brauche hier an alle die hundert Mal
erwähnten und kritisirten Actenstücke nicht zu erinnern: sie sind
nicht nur publici juris [3]), sondern auch Jedem, der einen ober=

---

*) S. 213a.
**) StB.: aber.
[1]) Gesta Dei per Francos   Thaten Gottes durch die Hand der Fran
zosen ist Titel eines Sammelwerkes von Bongars, das die Quellen zur Ge
schichte der Kreuzzüge enthält.
[2]) Im Jahre 1850.
[3]) Oeffentlichen Rechts, d. h. Gemeingut.

flächlichen Einblick in die Weltgeschichte hat, bekannt. Der Kampf des Priesterthums mit dem Königthum, der Kampf in diesem Falle des Papstes mit dem Deutschen Kaiser, wie wir ihn schon im Mittelalter gesehen haben, ist zu beurtheilen wie jeder andere Kampf: er hat seine Bündnisse, er hat seine Friedensschlüsse, er hat seine Haltpunkte, er hat seine Waffenstillstände. Es hat friedliche Päpste gegeben, es hat kämpfende und erobernde gegeben; es hat ja sogar einen friedlichen König von Frankreich gegeben, wenn auch Ludwig XVI. in die Lage gekommen ist, Kriege zu führen; also selbst bei unseren französischen Nachbarn fanden sich Monarchen, die weniger Vorliebe für den Krieg, mehr Vorliebe für den Frieden hatten*). Es ist auch in den Kämpfen der päpstlichen Macht nicht immer der Fall gewesen, daß gerade katholische Mächte die Bundes= genossen ausschließlich des Papstes gewesen wären; auch haben die Priester nicht immer auf Seiten des Papstes gestanden. Wir haben Cardinäle als Minister von Großmächten gehabt zu einer Zeit, wo diese Großmächte eine stark antipäpstliche Politik bis zur Gewaltthat durchführten. Wir haben Bischöfe gegen päpstliche Interessen in dem Heerbann der Deutschen Kaiser gefunden. Also dieser Machtstreit unterliegt denselben Bedingungen, wie jeder andere politische Kampf, und es ist eine Verschiebung der Frage, die auf den Eindruck auf urtheilslose Leute berechnet ist, wenn man sie darstellt, als ob es sich um Bedrückung der Kirche handelte. Es handelt sich um Vertheidigung des Staates, es handelt sich um die Abgrenzung, wie weit die Priesterherrschaft und wie weit die Königsherrschaft gehen soll, und diese Abgrenzung muß so ge= funden werden, daß der Staat seinerseits dabei bestehen kann. Denn in dem Reiche dieser Welt hat er das Regiment und den Vortritt.

Wir sind in Preußen nicht immer vorzugsweise Gegenstand dieses Kampfes gewesen, wir sind längere Zeit nicht als die Haupt= gegner in diesem Kampfe von Seiten der römischen Curie be= trachtet worden. Friedrich der Große lebte vollständig in Frieden mit der römischen Kirche, während der damalige Kaiser¹) des über=

---

*) StB.: haben.
¹) Joseph II.

wiegend katholischen österreichischen Staates im heftigsten Kampfe 10. 3. 1873. mit der katholischen Kirche begriffen war. Also die Frage ist ziemlich unabhängig von der confessionellen, das will ich nur hieran nachweisen. Ich kann in diesem Sinne anführen, daß es wesentlich der durch und durch streng evangelische, man darf fast sagen, in seinem Glauben antikatholische König Friedrich Wilhelm III. war, der im Wiener Congreß auf die Herstellung der weltlichen Herrschaft des Papstes drang und sie durchsetzte; nichtsdestoweniger ist er im Kampf mit der katholischen Kirche aus dieser Welt geschieden. Wir haben dann in den Verfassungsparagraphen, die uns gegenwärtig beschäftigen, einen modus vivendi, einen Waffenstillstand gefunden, der geschlossen wurde in einer Zeit, wo der Staat sich hilfsbedürftig fühlte und glaubte, diese Hilfe bei der katholischen Kirche, wenigstens theilweise in Anlehnung zu finden. Es war wohl wahrscheinlich die Erscheinung, daß in der Nationalversammlung von 1848 alle die Kreise mit überwiegend katholischer Bevölkerung, ich will nicht sagen royalistische, aber doch Freunde der Ordnung gewählt hatten*), was in den evangelischen Kreisen nicht der Fall gewesen war. Unter diesen Eindrücken hat man damals diesen Compromiß in dem Machtstreit zwischen dem weltlichen und dem geistlichen Schwerte geschlossen**), wie schon die nächste Zeit zeigte, wohl in dem Irrthum in Bezug auf die praktischen Consequenzen davon. Denn es war nicht die Anlehnung an die Wähler, welche Leute der Ordnung gewählt hatten, sondern es war das Ministerium Brandenburg***) und die Königliche Armee, welche die Ordnung wieder herstellte, der Staat war schließlich doch genöthigt, sich selber zu helfen, der Schutz, der hier von Seiten der verschiedenen Kirchen gewährt werden konnte, hat ihn nicht herausgerissen. Damals entstand aber der modus vivendi, unter dem wir eine Anzahl Jahre in einem friedlichen Verhältniß gelebt haben. Allerdings war dieser Frieden doch nur durch eine ununterbrochene Nachgiebigkeit des Staates erkauft, indem er seine Rechte bezüglich der katholischen Kirche ganz rückhaltlos in die

---

*) StB.: hat.

**) S. 213b.

***) StB.: Ministerium in Brandenburg.

Hände einer Behörde gelegt hatte, die zwar ursprünglich eine Behörde sein sollte zur Wahrnehmung der Königlich preußischen Rechte
gegenüber der katholischen Kirche, die aber schließlich factisch eine
Behörde geworden ist im Dienste des Papstes zur Wahrnehmung
der Rechte der Kirche gegenüber dem preußischen Staat. Ich
meine natürlich die katholische Abtheilung im Oberkirchenrath [1],

(Heiterkeit.)

ich wollte sagen im Cultusministerium. Wer die Dinge etwas
näher gekannt hat, der hat schon früher gleich mir der Besorgniß
sich hingegeben, daß dieser Friede nicht von Dauer sein würde.
Indessen bei meiner Abneigung gegen jeden inneren Kampf und
gegen jeden Streit der Art habe ich doch diesen Frieden mit allen
seinen Nachtheilen dem Kampfe vorgezogen und habe mich meinerseits dem Kampfe versagt, während ich von anderen Seiten schon
vielfach dazu gedrängt wurde. Es hat vielleicht kaum einen Moment
gegeben, wo man, abgesehen von allem Uebrigen, wenn die Regierung nicht angegriffen worden wäre, geneigter war zu einer
Verständigung mit dem römischen Stuhl, als gerade am Schluß
des französischen Krieges. Es sind darüber im anderen Hause
Unwahrheiten mit ziemlicher Entschlossenheit und gänzlicher Sach-
unkunde behauptet worden. Jedem, der mit uns in Frankreich
gewesen ist, ist bekannt, daß unsere sonst naturgemäß guten Verhältnisse zu Italien während des ganzen Krieges, ich will nicht
sagen einer Trübung, aber doch einer Verstimmung unterlagen,
die bis zum Schluß des Friedens blieb. Es war die ganze Haltung
von Italien, in welcher nach unserer Ansicht die Liebe zu den
Franzosen stärker war, als das eigene Interesse des Landes; sonst
hätte Italien mit uns seine Unabhängigkeit gegen Frankreich vertheidigen müssen. Es war das eine sehr auffallende Erscheinung
für uns, und es entstanden Zweifel, welche von den verschiedenen
Einflüssen für die Regierung Italiens die maßgebenden bleiben
würden. Es war nur eine Thatsache, daß uns unter Garibaldi
italienische Streitkräfte gegenüber standen, deren Abmarsch aus
Italien, wie wir glaubten, mit mehr Nachdruck hätte verhindert
werden können. Es war eine glücklicher Weise jetzt überwundene

---

[1] Der Oberkirchenrath ist eine protestantische Behörde.

Verstimmung zwischen der italienischen und deutschen Politik vorhanden. Es war also sehr weit davon entfernt, daß eine Vorliebe für Italien von Einfluß auf unsere damalige Politik gewesen wäre.

Aber als wir uns noch in Versailles befanden, überraschte es mich einigermaßen, daß an katholische Mitglieder parlamentarischer Körperschaften die Aufforderung erging, sich darüber zu erklären, ob sie einer confessionellen Fraction, wie wir sie heut zu Tage als die Centrumspartei kennen, beizutreten entschlossen seien, und ob sie sich dazu verstehen wollten, in der Reichspolitik dafür zu stimmen und darauf zu dringen, daß diese Paragraphen, um die es sich heute handelt, in die Reichsverfassung übertragen würden. Mich erschreckte dieses Programm damals noch nicht so sehr — in dem Maße friedliebend war ich —, ich wußte, von wem es ausging; theils von einem hochgestellten Kirchenfürsten [1], der ja die Aufgabe hat, für die päpstliche Politik zu thun, was er kann, und der eben dahin seine Aufgabe erfüllte, und theils von einem hervorragenden Mitgliede der Centrumspartei, dem früheren preußischen Bundestagsgesandten [2] v. Savigny, wurde diese Bewegung vorzugsweise eingeleitet [3], von Letzterem glaubte ich nicht, daß er seinen Einfluß in regierungsfeindlicher Richtung geltend machen werde. Ich habe mich darin vollständig getäuscht. Ich führe nur die Gründe an, warum ich damals dieser Sache nicht die Bedeutung beilegte, daß ich nicht nach Deutschland zurückgekommen wäre, ohne überzeugt zu sein, daß [*] es sich mit dieser Partei und ihren Bestrebungen nicht auch leben ließe. Als ich jedoch hier war, sah ich erst, wie stark die Organisation dieser Partei der gegen den Staat kämpfenden Kirche geworden war; ich sah die Fortschritte, welche die Thätigkeit der katholischen Abtheilung im Cultusministerium in der Bekämpfung der deutschen Sprache in den polnischen Landesgebieten gemacht hatte. Es tauchte in Schlesien, wo das bisher nie der Fall gewesen, eine polnische Partei unter wesentlich geistlicher Begünstigung und thatsächlichem Schutz kirchlicher Bestrebungen auf; aber auch das wäre an sich noch nicht das Entscheidende gewesen:

---

*) S. 214 a.

[1]) Bischof Ketteler von Mainz.

[2]) Im Jahre 1866.

[3]) S. o. Einleitung zu Abtheilung III.

was mich zuerst auf die Gefahr aufmerksam machte, das war die
Macht, die die neugebildete Fraction sich erworben hatte. Es
wurden Abgeordnete in ihren Wahlkreisen, wo sie angesessen und
angesehen und seit lange stets gewählt waren, auf Decret von
Berlin her abgesetzt, und die Wahl neuer Vertreter vorgeschrieben,
die in den Wahlkreisen nicht einmal dem Namen nach bekannt
waren; das geschah nicht in einem, das geschah in mehreren Wahl=
kreisen; man hatte eine so straffe Organisation und solche Macht
über die Gemüther gewonnen, wie man sie bedurfte, wenn man
das Programm des vorhin erwähnten Kirchenfürsten, des Bischofs
von Mainz, wie er es in seinen Druckschriften kundgegeben hat,
verwirklichen wollte. Wohin ging dieses Programm? Lesen Sie
nach; es sind diese Druckschriften, geistreich geschrieben und angenehm
zu lesen, in Jedermanns Händen; es ging dahin, in dem preußi=
schen Staate einen staatlichen Dualismus, durch Errichtung eines
Staats im Staat, einzuführen, die sämmtlichen Katholiken dahin
zu bringen, daß sie für ihr Verhalten im politischen wie im Privat=
leben ihre Leitung ausschließlich von dieser Centrumsfraction
empfingen. Wir kämen dadurch zu einem Dualismus der schlimmsten
Art. Es läßt sich in einem Reich, wo die Verhältnisse dazu ge=
geben sind, in dualistischer Verfassung regieren; der österreichisch=
ungarische Staat zeigt es uns. Aber dort ist kein confessioneller
Dualismus; hier handelt es sich aber um Herstellung zweier con=
fessioneller Staaten, die in einem dualistischen Kampf zu einander
zu stehen haben würden, von denen der höchste Souverän des einen
ein ausländischer Kirchenfürst ist, der in Rom seinen Sitz hat, ein
Kirchenfürst, der durch die neuesten Aenderungen in der Verfassung
der katholischen Kirche mächtiger geworden ist, als er es früher
war. Wir hatten also, wenn dieses Programm sich verwirklichte,
anstatt des bisherigen geschlossenen preußischen Staates, anstatt
des zu verwirklichenden Deutschen Reiches, zwei parallel neben
einander laufende staatliche Organismen: den einen mit seinem
Generalstabe in der Centrumsfraction, den anderen mit seinem
Generalstabe in dem leitenden weltlichen Princip und in der Re=
gierung und der Person Sr. Majestät des Kaisers. Diese Situation
war eine vollständig unannehmbare für die Regierung; es war ihre
Pflicht, den Staat gegen die Gefahr desselben zu vertheidigen.

Sie hätte diese Pflicht verkannt und vernachlässigt, wenn sie ruhig 16. 3. 1873. zugewartet hätte bei den erstaunlichen Fortschritten, die sich bei näherer Prüfung der Sache, zu der man früher nicht veranlaßt war, ergaben, die man aber inzwischen auf Kosten des staatlichen Princips gemacht hatte, und, wenn die Regierung nach dieser Seite die Hände ruhig in den Schooß gelegt hätte, weiter gemacht haben würde. Sie war aber genöthigt, den Waffenstillstand, wie er 1848 in den Verfassungsartikeln vorbereitet war, zu kündigen und einen neuen modus vivendi zwischen der weltlichen und priesterlichen Gewalt herzustellen. Der Staat kann die Situation nicht bestehen lassen, ohne zu inneren Kämpfen getrieben zu werden, die seinen Bestand erschüttern. Die ganze Frage liegt darin: sind diese Paragraphen in dem Sinne, wie die Regierung Sr. Majestät dafür Zeugniß davon ablegt, dem Staate gefährlich, oder sind sie es nicht? Sind sie es, dann erfüllen Sie eine conservative Pflicht, wenn Sie gegen die Aufrechterhaltung dieser Paragraphen stimmen. Halten Sie dieselben für vollständig ungefährlich, so ist das eine Ueberzeugung, die die Regierung Sr. Majestät nicht theilt, und sie kann mit diesen Verfassungsartikeln die Geschäfte nicht ihrer Verantwortung entsprechend weiter führen, sie muß das Denen überlassen, welche diese Paragraphen für ungefährlich halten. In ihrem Kampfe zur Vertheidigung des Staates wendet sich die Regierung an das Herrenhaus mit der Bitte um Beistand und Hilfe zur Befestigung des Staates und zu seiner Vertheidigung gegen Angriffe und gegen Unterwühlungen, die seinen Frieden und seine[*] Zukunft gefährden. Wir haben das Vertrauen, daß uns dieser Beistand bei der Mehrheit des Herrenhauses nicht fehlen wird.

(Lebhaftes Bravo!)

Graf Landsberg-Velen als Mitglied der Centrumspartei protestirte gegen den Ausdruck: „Die Centrumsfraction mit ihrem Souveran in Rom". Alle Preußen angehörigen Mitglieder der Fraction sähen in dem König von Preußen ihren einzigen Souveran, als dessen treue Unterthanen sie sich fühlten. Das Programm der Centrumspartei sei allein: zu wirken für Freiheit, Wahrheit und Recht. Fürst Bismarck erwiderte in thatsächlicher Bemerkung[**]:

---

*) S. 214b.
**) StB. 214b.

Thatsächlich wollte ich bemerken: Was das staatsrechtliche Verhältniß anbelangt, so ist ja gar kein Zweifel, daß juristisch auch die Centrumsfraction in Sr. Majestät dem Kaiser ihren Souverän erkennt, aber ich hatte mit dem Ausdruck sagen wollen, daß sie thatsächlich einer anderen Macht und anderen Einflüssen folgt. Ich kann mich auch hierüber auf die Schriften und Thatsachen berufen, die von den einzelnen Führern dieser Partei ausgegangen sind, und ich erlaube mir noch, daran zu erinnern, daß in den Andeutungen des Parteiprogramms, das zuerst nach Versailles kam, und ich kann auch die Zeugen nennen, die dieses Programm theils angenommen, theils abgelehnt haben, daß darin von der Vertretung des Papstes und von den Interessen des Papstes als Souverän in seiner Kirche und in seinem Lande die Rede war. Uebrigens glaube ich, daß uns diese Frage nicht weiter führt. Was das Centrum ist, wissen wir Alle. Ich glaube, daß es in eine starke Opposition mit Rom sich niemals setzen wird, selbst nicht die neuevangelischen Mitglieder, die ihm beigetreten sind, während sie doch eine starke Opposition mit ihrem gesetzlichen und äußerlichen Souverän niemals scheuen. Das zeigen die vorliegenden Kämpfe. Die Tendenz meiner Rede war im Wesentlichen nicht, so weit in die Vergangenheit hineinzusteigen, als ich es habe thun müssen, um meine Ueberzeugung zu documentiren, daß es sich nicht um kirchliche, sondern um politische Kämpfe handelt, die unter kirchlicher Bemäntelung in einem falschen Lichte erscheinen; wenn man diesen Kämpfen einen kirchlichen Charakter beilegt, so geschieht es für den Eindruck im Lande — so war es auch bei dem Schulaufsichtsgesetze, aber die Erfahrung widerspricht dem — und Sie werden auch in Zukunft den Beweis dafür schuldig bleiben, daß die Kirche durch einen höheren Bildungsgrad ihrer Diener gefährdet wird.

Die Debatte dauerte auch nach der Rede des Fürsten Bismarck noch fort: Dr. Baumstark sprach für, die Grafen Borries und zur Lippe gegen die Vorlage, dann wurde die Discussion vertagt und in der

16. Sitzung des Herrenhauses
Dienstag 11. März 1873

fortgesetzt. Wiederum wurden lange Reden für und wider das Gesetz[1] 11. 3. 1873.
gehalten, so daß die Generaldiscussion sich Stunden lang hinzog. Nach=
dem sie endlich geschlossen und die Specialdiscussion eröffnet worden
war, trat der Wunsch einer abermaligen Vertagung hervor, während
von anderer Seite der Antrag auf Schluß der Discussion gestellt wurde.
Zu dem letzteren Antrag nahm auf die Frage des Präsidenten Grafen
Otto v. Stolberg=Wernigerode: Wünscht Jemand das Wort für
den Schluß der Discussion? Fürst Bismarck das Wort*):

Als Mitglied dieses Hauses für den Schluß der Discussion
aus dem einzigen Motive, daß meines Erachtens sich über die
Sache Nichts mehr sagen läßt, was nicht schon mehrfach wieder=
holt gesagt worden wäre, und daß derjenige, der die Redefreiheit
weiter benutzt, um dasjenige, was gesagt ist, zu wiederholen, meines
Erachtens auch die Verantwortung für die Eindrücke trägt, welche
diese Debatte, auf diese Weise verlängert, in dem Lande machen muß.

Die Art. 15 und 18 wurden bei der Abstimmung mit Mehrheit
in der vom Abgeordnetenhaus beschlossenen abgeänderten Form, das
Gesetz als Ganzes in namentlicher Abstimmung in der 17. Sitzung des
Herrenhauses am 13. März mit 93 gegen 63, und bei der zweiten
Abstimmung in der 21. Sitzung am 4. April mit 87 gegen 53 Stimmen
angenommen[2].

22. Sitzung des Herrenhauses
Sonnabend 5. April 1873.

Die vier kirchenpolitischen Gesetzentwürfe gelangten nach ihrer An= 5. 4. 1873.
nahme im Abgeordnetenhause an das Herrenhaus. Die mit der Vor=

---

*) StB. 252a.

[1] Für das Gesetz sprachen außer den beiden Ministern v. Roon und
Falk die Mitglieder des Hauses Wever, v. Rath, Professor Dr. Schulze und
Graf Rittberg; gegen dasselbe Baron v. Senfft=Pilsach, Graf Galen, v. Kleist=
Retzow.

[2] In der chronologischen Folge der Reden würden hier die im Reichstag
gehaltenen Reden vom 24. und 26. März 1873 einzuschalten sein, die in Band VI
abgedruckt werden.

5. 4. 1873. berathung beauftragte Commission begann ihre Sitzungen am 26. März,
aber trotz fleißiger Arbeit war man am 4. April noch nicht mit der
Berathung des ersten dieser Gesetze zu Ende gekommen. Es lag das
wesentlich an der Zusammensetzung der Commission, die aus zehn Geg=
nern und zehn Freunden der Gesetze gebildet war. So kam es, daß
bei jeder Abstimmung zehn gegen zehn Stimmen standen, und es mußte
fast wie ein Wunder erscheinen, daß überhaupt bei diesem oder jenem
Paragraphen eine Mehrheit sich fand und nicht jeder Paragraph mit
Stimmengleichheit abgelehnt wurde. Was auf diese Weise von der
Vorlage übrig blieb, konnte nur ein „Trümmerhaufen", nimmermehr
ein auf logischen Unterlagen aufgebautes Gesetz sein, und wie diesem
ersten, so wäre es vermuthlich auch den drei übrigen Entwürfen ge=
gangen. Um der Verschleppung der ganzen kirchenpolitischen Gesetz=
gebung zu begegnen, stellten die Herren v. Bernuth, Graf Rittberg,
Herzog von Ratibor und Hobrecht am 3. April den Antrag:

Das Herrenhaus wolle beschließen:

Unter Aufhebung des Beschlusses vom 19. Februar er. die
Vorberathung der Gesetzentwürfe, betreffend die Vorbildung und
Anstellung der Geistlichkeit, über die kirchliche Disciplinargewalt,
über die Grenzen der kirchlichen Straf= und Zuchtmittel und über
den Austritt aus der Kirche, im ganzen Hause vorzunehmen.

Am 5. April, in der 22. Sitzung des Herrenhauses, stand dieser
Antrag zur Schlußberathung. Nachdem Professor Dr. Schulze den=
selben als Referent aufs Wärmste befürwortet, Herr v. d. Marwitz
als Correferent eben so dringend die Ablehnung empfohlen hatte, er=
öffnete der Präsident die Debatte. Der erste Redner, Herr v. Bernuth,
stellte noch ein Mal alle Gründe zusammen, die für eine Behandlung im
Plenum sprachen, der nächste, Graf v. d. Schulenburg=Beetzendorf,
benutzte die gebotene Gelegenheit, um über die kirchenpolitischen Gesetze
im Allgemeinen, den sogenannten Pairsschub vom 30. November 1872
und des Reichskanzlers nationalliberale Anwandlungen zu sprechen.
Eine Notiz in der Provinzialcorrespondenz, worin einem Theile der
Commission die Absicht untergelegt wurde, durch Verschleppung die Be=
schlußfassung in der laufenden Session unmöglich zu machen, „in Ver=
bindung mit dem Umstande, daß der Fürst Reichskanzler neulich in
seiner Eigenschaft als Mitglied des Hauses in die Geschäftsordnung des
Hauses eingegriffen habe", veranlaßte ihn übrigens zu der Annahme,
daß der Antrag nicht aus der Initiative der Antragsteller hervor=
gegangen, sondern von der Regierung bestellt worden sei in der Ab=
sicht, die Commission zu beseitigen. Fürst Bismarck entgegnete[*]):

Da ich entschlossen bin, mich an die Sache, von der hier die
Rede ist, zu halten, und ich, eben erst eintretend, voraussetze, daß

---

[*]) StB. 351 a.

es die Uebertragung der Verhandlungen aus der Commission in 5. 4. 1875.
das Plenum bezüglich der kirchlichen Gesetze sei, so enthalte ich
mich, auf alle diejenigen Anregungen des Herrn Vorredners*),
die sich an meine Person richteten, einzugehen, die meines Erachtens außerhalb der Sache lagen, über die wir hier verhandeln,
und will**) nur die eine hervorheben**), von der ich hörte, als
ich eintrat, und die daran anknüpfte, daß ich mich neulich in eine
Geschäftsordnungsdebatte des Hauses als Mitglied desselben ein-
gemischt hätte; es ist das eine Einmischung, die mir ja jeder Zeit
freisteht, wie Jedem von Ihnen und dem Herrn Vorredner, und
ich finde den Ausdruck nicht ganz glücklich gewählt in Bezug auf
die Ausübung meiner berechtigten Thätigkeit als Mitglied dieses
Hauses. Wenn der Herr Redner aber daraus mit der ihm eigenthümlichen sprungweisen Schlußfolge, die dem Zuhörer überläßt,
die Mittelglieder seiner Schlußfolge selbst auszufüllen, darauf kommt,
daß ich diesen Antrag inspirirt haben sollte, so muß ich dem
Herrn Redner überlassen, den Zusammenhang, den er zwischen
diesen beiden Vorgängen findet, bei einer anderen Gelegenheit zu
entwickeln. Ich kann nur versichern, daß ich wahrscheinlich nicht
früher als die meisten Mitglieder von dem Antrage Kenntniß erhalten habe, darüber befragt worden bin, nachdem er gedruckt war,
und darauf sowohl als Mitglied dieses Hauses wie als Mitglied
der Königlichen Regierung meine Ansicht geäußert habe, daß mir
jeder Schritt willkommen sei, der die Verhandlungen über den
vorliegenden Gegenstand zu beschleunigen geeignet ist, indem ich
mich der Besorgniß nicht verschließen kann, daß, wenn die geschäftliche Behandlung in dem bisherigen Maße von Schnelligkeit im
Ausschusse weiter geht, wir eine Sitzung beider Häuser des Landtages bis tief in den Sommer, ja möglicher Weise bis zum Erlöschen der Mandate im anderen Hause in Anspruch nehmen müssen.
Denn die Königliche Regierung, werden Sie mir zugeben, kann
durch keine Verspätung der Verhandlungen im Herrenhause sich
abhalten lassen, die uns vorliegenden Gesetze in beiden Häusern
des Landtages zur verfassungsmäßigen Beschlußfassung zu führen;

---

*) Die Worte „des Herrn Vorredners" stehen im StB vor „einzugehen"
**) „will" und „hervorheben" fehlen im StB.

5. 4. 1873. und sollte es bis in den September dauern, so werden Sie uns
auf dem Posten finden: wir werden nicht zu ermüden sein! Sollte
demnächst das eine oder das andere der Häuser nicht beschlußfähig
bleiben, so würde das die gesetzgeberische Thätigkeit der Regierung
eben auf ein anderes Gebiet lenken müssen, als auf dasjenige, mit
dem wir uns in diesem Augenblick beschäftigen. Man kann nicht
leugnen, und es ist vorher allseitig zugestanden worden, daß die
Verhandlungen im Plenum schneller gehen, als im Ausschuß, und
deshalb würde ich mich freuen, wenn der Antrag zur Annahme
gelangte, und wenn die Entscheidung, sie mag dem Einzelnen will=
kommen oder unwillkommen sein, doch nicht länger hinausgeschoben
wird, als nach unserer Geschäftsordnung und nach unseren ver=
fassungsmäßigen Einrichtungen nöthig ist. Wir befinden uns jetzt
unmittelbar vor dem Osterfeste, die Reichstagssitzungen werden bald
nach dem Feste wieder beginnen. Die Sitzungen dieses Hauses be=
züglich der Elaborate, welche wir von der Commission zu erwarten
haben, werden, meiner Rechnung nach, im April nicht zu Ende
sein können, und wenn sie in Bezug auf jedes der Gesetze sich in
demselben Tempo vorwärts bewegt, wie es bei diesem einen der
Fall ist, so glaube ich, daß das Herrenhaus bis Ende Mai noch
mit diesen Gesetzen beschäftigt sein wird. Werden sie hier voll=
ständig in der Form angenommen, wie im Abgeordnetenhause, so
würden damit die Sitzungen ihrem Schlusse entgegengehen. Werden
sie hier amendirt und müssen an das andere Haus zurück, so ist
damit die Fortdauer der Session beider Häuser im Juni noch ge=
sichert, selbst wenn die Sache schleuniger geht, als bisher. Wenn
sie aber sich nicht beschleunigt, so kann zu meinem Bedauern —
denn wir Alle werden im Sommer der Erholung bedürftig sein —
Niemand das Ende dieser Sitzungen mit Sicherheit berechnen. Ich
würde es deshalb als Erleichterung der politischen Situation be=
trachten, wenn das schnellere Verfahren*) adoptirt würde, und
enthalte mich jeder Motivirung, die lediglich auf persönlicher Ab=
schätzung basirt wäre; ich halte mich lediglich an das Sachliche,
wir kommen schneller zu dem Ziel, welches doch wahrscheinlich das=
selbe bleiben wird, denn ich glaube, die Meisten von uns sind bei

---

*) S. 351b.

diesen Gesetzen, welche die heiligsten und wichtigsten Interessen des 5. 4. 1873. Individuums sowohl wie des Landes berühren, mit sich vollständig einig und auch der langathmigsten Beredtsamkeit unzugänglich).

Der Antrag v. Bernuth wurde schließlich in namentlicher Abstimmung mit 74 gegen 38 Stimmen angenommen.

25. Sitzung des Herrenhauses
Donnerstag 24. April 1873.

Am 24. April begann das Herrenhaus die Vorberathung des 24. 4. 1873. Gesetzentwurfs, betreffend die Vorbildung und Anstellung der Geistlichen. Als Gegner desselben trat auch Herr v. Gruner, vormals Unterstaatssecretär im Auswärtigen Amt, auf. Er warnte seine liberalen Parteigenossen vor Annahme der kirchenpolitischen Vorlagen der Regierung, die an die Stelle des großen Princips der Freiheit ein System bureaukratischer Controle und bureaukratischer Einmischung setzen und Preußen in kirchlichen Dingen in die Zeit des entschiedensten Absolutismus zurückwerfen würden. Die ganze Gesetzgebung könne er nicht anders als reactionär nennen. Sie stehe im offenen Widerspruch mit der neutralen Haltung, die die Regierung bis zur Mitte des Jahres 1871 in allen kirchlichen Fragen beobachtet habe, und die sie nur verlassen habe, um die Opposition des Centrums und der an dasselbe sich anschließenden streng katholischen Elemente durch eine schärfere staatliche Controle zu unterwerfen. Die Opposition, die sich auf Ueberzeugung gründe, sei nothwendig für einen wahrhaft constitutionellen Staat: würden die Liberalen selbst helfen, unter Aufhebung alter freiheitlicher Principien einer solchen Opposition den Boden zu nehmen, so würden sie selbst den „Todtenschein des constitutionellen Lebens" unterschreiben und in der letzten Consequenz zu einer persönlichen Dictatur mit parlamentarischen Formen gelangen. Nachdem der Cultusminister Falk und Oberbürgermeister Gobbin diesen Ausführungen widersprochen hatten, erging sich Graf Krassow in lauten Klagen über die Gesetze, die ein auffallendes Mißtrauen gegen die Kirche athmeten, ihre Autorität untergrüben und dem Socialismus mit seiner auf Vernichtung aller weltlichen und kirchlichen Autorität gerichteten Tendenzen die Wege bahnen würden. Der Staat werde übrigens der leidende Theil sein, denn nach längerer oder kürzerer Zeit würden die Kirchengesetze dasselbe Schicksal haben, wie die Wöllner'schen Religionsedicte, und die Folge davon werde eine Schädigung des staatlichen Ansehens sein. „Die jetzige liberale Richtung," so schloß er, „ist ausgegangen vom Absolutismus auf staatlichem Gebiet und Territorialismus auf kirchlichem Gebiet und hat sich nach und nach entwickelt zu dem, was sie jetzt ist; eine ge= schichtliche Richtung aber, die auf einem gewissen Punkte ihrer Ent= wickelung mit ihrer Vergangenheit bricht, zeigt, daß sie auf dem Höhe= punkt ihrer Entwickelung angekommen ist und in rückgängiger Bewegung sich befindet. Also ich glaube, daß wir auch in Bezug auf unsere staatliche Entwickelung auf einem Wendepunkt angekommen sind, dessen Tragweite ich nicht vorherzusehen wage, denn ich maße mir keine Pro= phetengabe an." Hierauf Fürst Bismarck[*]:

Es ist nicht meine Absicht, meine Herren, generell in die Dis= cussion einzugehen, die Sie beschäftigt. Ich bin nur durch einen speciellen Anlaß angemuntert worden, in die Generaldiscussion einzugreifen. Ich würde meines Erachtens nur das schon über= große Material an Prophezeiungen, Vermuthungen und Behaup= tungen ganz beweisloser Art über die Wirkung der Gesetze ver= mehren können. Der Herr Vorredner hat damit geschlossen, er maße sich keine Prophetengabe an, ich lege ihm auch keine bei;

(Heiterkeit.)

nichtsdestoweniger hat sich doch die ganze Rede in Schilderung der Befürchtungen bewegt, deren Verwirklichung er durch diese Gesetze prophezeit. Ich bin zu lange in der praktischen Politik, um mich mit Conjecturalpolitik sehr viel zu beschäftigen; es ist ein anderer Anlaß, aus dem ich das Wort nehme.

Bevor ich eintrat, hat ein Mitglied gesprochen, aus dessen früherer Zugehörigkeit zum Auswärtigen Amte falsche Schlüsse ge= zogen werden könnten. Man könnte glauben, daß dieses verehrte Mitglied mit unserer Politik und mit den Tendenzen unserer aus= wärtigen Politik bekannter wäre, als er ist, und man könnte die Schlüsse, die er zieht, für richtiger und zutreffender halten, als sie nach meinem durch langjährigen Verkehr gebildeten Urtheil sein können.

Der Herr Redner hat sehr richtig angegeben, daß in dem Verhalten der auswärtigen Politik namentlich und der Staats= regierung im Ganzen mit dem Jahre 1870 bis 1871 — ich weiß nicht, welche Epoche — eine ziemlich auffällige Aenderung ein=

---

[1] StB. 4436.

getreten sei. Er hat aber daraus, wenn ich recht berichtet bin, 24. 4. 1873.
die ganz verkehrte Schlußfolge gezogen, nämlich diejenige: weil
die Staatsregierung einen unerwartet neuen Feldzugsplan gefaßt
habe, so müsse dieser Plan längst fertig und vorbereitet gewesen
sein [1]). Aus der Plötzlichkeit des Wechsels hat er geschlossen, daß
die Absicht, zu wechseln, schon lange vorhanden gewesen ist. Wie
man auf eine so verkehrte Schlußfolge kommen kann, begreife ich
nicht. Gerade die Plötzlichkeit des Wechsels beweist meines Erachtens für die Friedfertigkeit der Regierung, für den Willen
namentlich des Auswärtigen Amtes, in der auswärtigen Politik,
soweit sie in Beziehung mit Rom zur Wirkung kommt, den confessionellen Frieden zu erhalten. Der Wechsel erklärt sich einfach
aus dem Princip der Nothwehr. Wenn[*]) ich in einer friedlichen
Beschäftigung von einem Gegner, von dem ich gehofft, friedlich
mit ihm leben zu können, plötzlich angefallen werde, plötzlich den
Staat in seinen Fundamenten bedroht sehe, dann muß ich mich
natürlich wehren. Jede Nothwehr hat etwas Unvorhergesehenes
und Plötzliches, und ich bedaure, daß der Herr Vorredner, von
dem ich spreche, in seiner langjährigen Beschäftigung im Auswärtigen Ministerium sich über diese ganz unwiderlegliche Wahrheit nicht Klarheit verschafft oder die Elemente, um sich Klarheit
zu verschaffen, nicht gewonnen hat, daß er nicht das Erbe seines
Vaters [2]) in der Weise angetreten hat, daß er politische Erschei-

---

[*]) S. 444 a.

[1]) v. Gruner: „Ich glaube, es ist eine Ehrenpflicht ..., anzuerkennen,
daß ... bis zur Mitte des Jahres 1871 die Kirchenpolitik, die Herr v. Bismarck
befolgt hat, eine solche war, daß er dadurch die Dankbarkeit des Landes ...
erworben hat. ... Mit einem Male im Sommer 1871 änderte sich die Scene.
Es folgte die Kriegserklärung gegen das Centrum im anderen Hause und ... in
gewissem Sinne gegen die katholische Kirche. Man suchte damals nach den
Motiven, die maßgebend gewesen wären; man dachte an Motive der auswärtigen
Politik. Jetzt sind wir über die Sache klar, wir wissen, daß wir uns darin
geirrt haben ... Der Grund ist die Reugestaltung, die oppositionelle Stellung
der Centrumspartei, und ich möchte sagen, die naturgemäße Grundlage, welche
die streng katholischen Elemente für diese Stellung bieten" (StB. 435 a 435 b).
-- Vgl. übrigens die berichtigende Bemerkung des Herrn v. Gruner u. S. 403.

[2]) Justus v. Gruner, geb. 28. Februar 1777, gest. 8. Februar 1820,
Mitarbeiter des Frhrn. vom Stein und des Grafen Hardenberg, 1811 Geh. Staatsrath an der Spitze der gesammten Verwaltung der höheren Polizei in Preußen,
später (1813) mit der Verwaltung des Großherzogthums Berg, sowie 1814 mit

24. 4. 1873. mungen richtig beurtheilt. Es ist, glaube ich, bekannt, daß gerade ich in meiner ganzen politischen Behandlung confessioneller Fragen bis an die äußerste Grenze der staatlich möglichen Versöhnlichkeit gegangen bin.

Ich erinnere Sie an einzelne Symptome, daß beispielsweise in Commissionsverhandlungen ich der Anklage nicht entging, daß ich die Jesuiten in stärkerem Maße begünstigte, als für einen preußischen Minister zulässig sei. Ich habe das gethan — es ist eben die Probe gewesen — ich habe den Kampf auf diesem Gebiete so lange gescheut und so lange zu vermeiden gesucht, daß ich fürchte, er ist fast zu spät von uns aufgenommen worden, daß ich die Friedfertigkeit, mit der ich verfahren bin, zu der ich gerathen habe, zu bereuen in manchen Stunden Grund habe. Es hat Niemand gegeben, der von den Würdenträgern der katholischen Kirche in dieser seiner Versöhnlichkeit vertrauensvoller anerkannt worden ist; und diese Herren haben mir die Ehre erzeigt, sehr offen und vertrauensvoll mit mir zu sprechen, und haben dargethan, daß sie mich für einen vollkommen friedliebenden und den confessionellen Frieden so hoch anschlagenden Staatsmann gehalten haben, daß ich manche Uebel, die mit meiner Nachgiebigkeit verbunden waren, darüber nicht achtete. Ich kann mich auf das Zeugniß mancher Herren Bischöfe selbst berufen, daß es ganz richtig ist, wie es Herr v. Gruner gesagt hat, daß von mir sich Niemand der That versehen kann, ich würde jemals confessionelle Streitigkeiten vom Zaune brechen[1]. Wenn ich dennoch dazu gekommen bin, so muß es in mir sehr starke Ueberzeugung gewesen sein, daß durch die Thätigkeit, nicht der katholischen Kirche, sondern der nach weltlicher Priesterherrschaft strebenden Partei innerhalb der katholischen Kirche, eine Politik getrieben wurde, welche die Grundlagen unseres Staates in einer Weise anfaßte, resp. erschütterte oder bedrohte, daß ich als Minister die Verantwortlichkeit für längeres Zuwarten nicht mehr tragen konnte. Weil ich auch in diesem

---

dem Generalgouvernement des Mittelrheins betraut, seit 1816 Gesandter in der Schweiz.

[1] v. Gruner wies auf „die correcte Erklärung" hin, die Fürst Bismarck über seine neutrale Stellung zu den Dogmen der katholischen Kirche in seiner Rede vom 30. Januar 1872 abgegeben habe.

Stadium alles confeſſionell Verletzende vermeide, und weil es 24. 4. 1873. außerordentlich ſchwer iſt, dieſe Dinge zu berühren, ohne daß Einem ſtets die Volte geſchlagen wird, daß, wenn man eine Partei meinte, man die ganze Inſtitution der katholiſchen Kirche meinte, ja das Kirchliche überhaupt*) — es iſt das ſehr ſchwer zu unterſcheiden, da bei der außerordentlichen Geſchloſſenheit der katholiſchen Kirche nur eine ſehr genaue Kenntniß und Beobachtung der Verhältniſſe den**) Nachweis ermöglicht***), daß dort Unterſtrömungen ſind, die mit der chriſtlichen Inſtitution der katholiſchen Kirche gar Nichts zu thun haben — und ich fürchte da verletzend zu wirken. Ich mache nur aufmerkſam auf die Thatſache, die Herr v. Gruner, ich glaube gegen ſeinen Willen, zu meiner Freude bezeugte, daß bis zum Jahre 1871, bis zur Bildung der Centrumspartei und bis zur ſyſtematiſchen Herſtellung der hetzenden Capellanspreſſe in ganz Deutſchland, bis zur Bildung einer polniſchen Partei in Schleſien, bis zu dem Mißbrauch der Kirchengewalt zu national= polniſchen Zwecken unter der Mitwirkung der Geiſtlichen, daß bis zu dieſer Zeit eine wohlwollende, verſöhnliche Stimmung geherrſcht hat, dies Zeugniß des Herrn v. Gruner, über deſſen Gegnerſchaft ich jedes Mal von Neuem überraſcht bin, wenn ſie ſich kund thut, nehme ich mit Dank an. Es wird damit zugleich die Behauptung widerlegt, während er umgekehrt damit ſie hat ſtützen wollen, wie es ſcheint, daß die auswärtige Politik, ſobald der Sieg über Frank= reich erfochten wäre, eine feindliche Tendenz gegen den Papſt und eine freundliche für Italien, eine feindliche für die Unabhängigkeit der päpſtlichen Herrſchaft zu Rom angenommen hätte. Dies Zeug= niß coincidirt†) mit einem anderen Zeugniß, welches ich geſtern Abend geleſen habe, mit dem ſogenannten Tagebuch der franzöſi= ſchen Regierung aus der Kriegs= und Belagerungszeit, wo aus einem, wie ich glaube, unverdächtigen††) Munde nochmals alle die Lügen widerlegt werden, zu deren Organen ſich Manche ge=

---

*) Der Satz iſt abgebrochen.
**) StB.: für den Nachweis.
***) Fehlt im StB.
†) Der StB. iſt hier verderbt. Die Worte „Dies Zeugniß‟ fehlen, nach „hätte‟ iſt ein Komma geſetzt und darauf folgen die Worte: „hatte coincidirt‟
††) S. 444 b.

macht haben, die es nicht hätten thun sollen, als wäre von deutscher
Seite Italien aufgemuntert worden, sich plötzlich Roms zu bemächtigen und gewaltthätig gegen die dortige päpstliche Herrschaft
einzugreifen.

Wir haben uns absolut enthalten, in den italienischen Angelegenheiten mitzuwirken und mitzureden, und glaubten diese
Enthaltung dem deutschen Volke und dem deutschen Interesse,
namentlich den Interessen der evangelischen Majorität der deutschen
Bevölkerung schuldig zu sein. Wir konnten für die Wünsche unserer
katholischen Mitbürger, mochten sie berechtigte oder unberechtigte
sein, einen Krieg auf Kosten des Ganzen nicht führen, und sie
selbst, wenn sie allein zu entscheiden gehabt hätten, würden ihn
auch nicht geführt haben. Ich will das, was in den sogenannten
Tagebüchern der französischen Regierung auch wieder hervorgehoben
ist, und was ich schon bei anderer Gelegenheit zur Widerlegung
dieser Unwahrheiten gesagt habe, wiederholen, daß wir gerade um
jene Zeit in Spannung mit der italienischen Regierung waren,
weil wir glaubten, sie hätte das Vorgehen Garibaldis mit mehr
Energie verhindern können, als sie es in der That gethan hat,
daß wir sehr lange getheilter Ansicht waren, ob Garibaldi als
Soldat zu behandeln sei, wenn er in unsere Gewalt geriethe.
Diese Frage hat keine praktische Entscheidung gefunden, weil es
Garibaldi gelungen ist, unserer Einschließung sich zu entziehen, und
Sie sehen aus diesem unwiderleglichen Bericht des Feindes, der
uns im Ganzen billiger beurtheilt, als alte Freunde, Sie sehen,
wie dreist diese Erfindung gewesen ist, wir hätten mit Garibaldi
Beziehungen gehabt, um die damalige Stellung des Papstes zu
erschüttern. Ich habe das bei anderer Gelegenheit schon dargelegt
im anderen Hause und auch hier[1]); ich habe aber nicht dieselbe
Zeit zu Wiederholungen, wie Andere.

(Heiterkeit.)

Ich verweise darauf, wo ich die Genesis meiner Ueberzeugung,
daß zur Nothwehr für den gefährdeten Staat die Regierung
gezwungen sei, entwickelt habe*), wo ich dargelegt habe, daß die

---

*) Beide Worte fehlen im StB.
[1]) S. o. S. 388.

Regierung und Se. Majestät der König mit ihr die Ueberzeugung haben, daß der Staat in seinen Fundamenten bedroht und gefährdet ist von zwei Parteien, die beide das gemeinsam haben, daß sie ihre Gegnerschaft gegen die nationale Entwickelung in internationaler Weise bethätigen, daß sie Nation und nationale Staatenbildung bekämpfen. Gegen diese beiden Parteien müssen meines Erachtens alle diejenigen, denen die Kräftigung des staatlichen Elements, die Wehrhaftigkeit des Staats am Herzen liegt*), gegen Die, die ihn angreifen und bedrohen, zusammenstehen, und deshalb müssen sich alle Elemente zusammenschaaren, die ein Interesse haben an der Erhaltung des Staats und an seiner Vertheidigung theils gegen diejenigen, welche offen sagen, was sie an die Stelle des Staates setzen wollen, theils gegen diejenigen, welche einstweilen den Staat untergraben, sich aber noch vorbehalten, was sie an seine Stelle setzen wollen — gegen diese Gegner müssen sich alle treuen**) Anhänger des Königs, müssen sich alle treuen**) Anhänger des preußischen Staates, in dem wir leben, zusammenschaaren. Wenn ich mich nicht täusche, so zeigen schon die kommenden Wahlen die Symptome, daß alle Parteien, welche ohne Nebenzwecke, ohne Zorn und ohne Verstimmung den Staat als solchen wollen, sich um uns schaaren und von ihrer Phalanx die Parteien ferne halten, von denen sie mit mir überzeugt sind, daß sie mit Wissen und unwissentlich Feinde dieses Staates sind. Daß sich in diesem Kampfe das Herrenhaus auf Seiten des Staates und der Regierung befinden wird, das bezweifle ich nicht, aber schmerzlich ist es, wahrzunehmen, in diesem Kampf die Träger so mancher Namen, deren Vorfahren in glorreicher Weise zur festen Begründung unseres Staates beigetragen haben, nicht auf der Seite zu finden, auf der ich sie vermuthete, nämlich auf der Seite des preußischen Staates, den wir vertheidigen gegen Bedrohungen und Untergrabungen!

(Beifall.)

Herr v. Gruner erwiderte darauf: „Ich bedaure, daß der Herr Reichskanzler vorhin nicht zugegen war. Es würde sonst einfach ein Mißverständniß vermieden worden sein. Ueber die auswärtige Politik des Fürsten Reichskanzlers habe ich nicht ein Wort gesagt. Was

---

*) „am Herzen liegt" Ergänzung des Herausgebers.
**) StB.: treue.

nun die Kirchenpolitik des damaligen Herrn Ministerpräsidenten von dem Augenblicke seines Eintritts in die Geschäfte an bis zur Mitte des Jahres 1871 anlangt, so habe ich ausdrücklich mit der höchsten Anerkennung von der Richtung gesprochen, die der Fürst Reichskanzler in jener Zeit der Leitung der Geschäfte gegeben hat. Wenn nun aber der Fürst Reichskanzler gesagt hat, ich hätte die Supposition ausgesprochen, die plötzliche Frontveränderung, die damals stattgefunden, wäre schon längst in der Absicht des Fürsten gewesen und nur jetzt erst an den Tag getreten, so bin ich vollkommen mißverstanden worden."

Graf Brühl fühlte sich zu der Erklärung veranlaßt, daß Fürst Bismarck so viel Verletzendes gesagt habe, wie er etwas Aehnliches in diesem Hause noch nicht gehört habe: „Er hat es ausgesprochen," fuhr er fort, „daß er die katholische Kirche . . . auf denselben Boden stellt mit den internationalen communistischen Bestrebungen. Meine Herren! Diesen Vorwurf verdient die katholische Kirche nicht, ich weise ihn auf das Entschiedenste zurück. Der Herr Minister der Auswärtigen Angelegenheiten hat es heute wiederholt, daß der Umschwung seiner Gesinnungen gegen die katholische Kirche von dem Tage sich herschreibe, wo die sogen. Centrumsfraction eine kräftige Organisation gefaßt hat, die mit der Politik des Herrn Reichskanzlers nicht übereinstimmte. Der Herr Minister der Auswärtigen Angelegenheiten hat daraus den Schluß gezogen, daß diese Centrumsfraction und diejenigen Katholiken, die mit ihr übereinstimmen und mit ihr gehen, Feinde des Staates sind. (Fürst Bismarck: Ja!)

Ich danke für dieses „Ja". Ich erkläre mich für einen der treuesten Unterthanen Sr. Majestät des Kaisers, ich erkläre mich aber auch für einen treuen Unterthan der katholischen Kirche, und ich habe die feste Ueberzeugung, daß es wohl möglich ist, Beiden zu dienen. Ich habe aber allerdings die Ueberzeugung gewonnen, daß es nicht möglich ist, seiner Kirche treu zu dienen, indem man die Politik des Ministers der Auswärtigen Angelegenheiten unterstützt, und ich glaube, daß man sehr wohl die Krone und den preußischen Staat unterstützen kann, wenn man die jetzige Politik des Herrn Ministers der Auswärtigen Angelegenheiten auf das Kräftigste bekämpft." Er leugnete weiter die Nothwendigkeit der Gesetze, focht die Argumentation Seitens der Regierung an, die immer behaupte, mit diesen Gesetzen nur der Hierarchie und nicht der Kirche den Krieg zu erklären, thatsächlich aber der Kirche den Frieden mit dem Staate auf Grund dieser Gesetze unmöglich mache. Er bestritt, daß das Verhältniß zwischen Kirche und Staat durch die Bildung einer verhältnißmäßig kleinen Partei in einer oder zwei par-

lamentarischen Körperschaften anders geworden sei, und warnte die Regierung vor einem Kampfe mit der Kirche, deren Rechte älter seien als
die des Staates, die bestehen könne auch unter dem schwersten Drucke
des Staates, während dieser ohne die Kirche dem Untergang geweiht
sei. Fürst Bismarck erwiderte*):

Ich habe nicht geglaubt, daß die Vorsicht, mit der ich mich
ausgedrückt, so schnell ihre praktische Rechtfertigung erhalten würde,
wie durch den Herrn Vorredner. Die hohe Versammlung wolle
sich erinnern, daß ich sagte: ich will auf die einzelnen Details
nicht eingehen, weil es bei dem festen organischen Gefüge der
katholischen Kirche immer möglich bleibt, die — der Herr Vorredner
nennt sie selbst — verhältnißmäßig kleine, aber verhältnißmäßig
sehr einflußreiche Partei, die ich, wenn ich nicht irre, als die Partei
der weltlichen Priesterherrschaft bezeichnete, mit der Gesammtheit
der katholischen Kirche zu identificiren¹). Nachdem ich eben mich verwahrt gegen diese Identification, war es mir außerordentlich lieb,
daß ich dieses beliebte Manöver nicht mit dem harten Ausdrucke
bezeichnete, der mir ursprünglich auf der Zunge schwebte, da es
unmittelbar darauf von dem verehrten Vorredner ausgeführt wurde,
und ich bin daher erfreut darüber, daß ich die Sache nur sachlich
besprochen habe. Aber ich glaube, Ihnen Allen und auch dem
Herrn Vorredner, wenn er darüber nachdenkt, wird es erinnerlich
sein, daß ich mich ausdrücklich verwahrte gegen das übliche Manöver,
sobald Jemand gegen eine herrschsüchtige Partei in der katholischen
Priesterschaft spricht, zu sagen, er hat die katholische Kirche ge-
lästert; dieses Manövers hat sich der Herr Vorredner mit großer
Lebhaftigkeit bedient, und ich verwahre mich dagegen! Ich bin genöthigt, diesem meinem Protest dieselbe Oeffentlichkeit zu geben,
die der Herr Vorredner seiner Verschiebung der Begriffe und, wie
ich annehme, der unbewußten Entstellung meiner Rede gegeben hat.
Der Herr Vorredner hat es ferner als etwas Unglaubliches aufgestellt, daß man die Centrumspartei für Feinde des Vaterlandes
halten sollte²). Ich bin überzeugt, daß es in dieser Partei Viele
gibt, die bei dem, was sie thun, gerade nichts Staatsfeindliches

*) StB. 446 b.
¹) S. die Vorbemerkung.
²) S. die Vorbemerkung.

denken; ich bin auch überzeugt, daß der Herr Vorredner in seiner Gesinnung*) sehr weit entfernt ist, den Staat so bewußt und absichtlich schädigen zu wollen, wie die entgegengesetzte internationale Partei es thut. Aber die Wirkungen der Politik Beider sind dieselben, sie mögen sich jetzt darüber klar sein oder nicht. Diejenigen, die ich die herrschsüchtige, friedenstörende Partei innerhalb der Priesterschaft nenne, sind sich klar über das, was sie wollen. Sie haben öffentlich erklärt: „Sie wollen den Krieg, Sie sollen ihn haben." Sie sprechen das Wort „Bürgerkrieg" gelassen aus in ihren Privatunterredungen. Sie sind die Feinde des Staates, und ich habe Recht, sie als solche zu bezeichnen. Die Centrumspartei in ihren Wirkungen ist eine Breschbatterie, angeführt gegen den Staat; die Artilleristen, die sie leiten, die Ingenieure, die sie erbauten, sie wissen genau, was sie beabsichtigten. Die Bildung der Centrumspartei — das habe ich bei einer früheren Gelegenheit[1]) die Mobilisirung gegen den Staat genannt — die Bildung einer confessionellen Partei im Staate war die Rüstung gegen den Staat und zwar zu einer Zeit, wo, wie die Herren selbst einräumen, die Lage der katholischen Kirche in Preußen so günstig war, wie sie irgend sein konnte und nach dem Zeugniß des Herrn Vorredners gewesen ist. Zu der Zeit also bildete sich eine confessionelle Partei, über deren Zwecke wir hinreichende Aufklärungen in der Publicistik gehabt haben, nämlich aus den Katholiken im Staat einen gesonderten Staat zu machen, eine Art von Dualismus, mit dem**) sich die Uebrigen abzufinden haben. Das einzige Gegenmittel wäre eine confessionelle Gesammtpartei aller Nichtkatholiken*). Zu diesem Mittel brauchen wir nicht zu schreiten; denn der Herr Vorredner hat kein Recht, im Namen der gesammten Katholiken zu sprechen. Sehen Sie auf andere Versammlungen hin. Wie viele Katholiken halten sich denn zu den Anschauungen des Herrn Vorredners? In den Parlamenten noch mehr als im Lande, denn die Wahlen, die vom Generalstab der Fraction geleitet werden und deshalb die Empfehlungen der Geistlichkeit für sich haben, liefern

---

*) S. 447a.
**) StB.: der.
[1]) Rede vom 30. Januar 1872, s. o. S. 233.
*) S. o. S. 221.

zur Farbe der Eiferer erheblich mehr*), als im großen Leben außerhalb der Parlamente nach Verhältniß vorhanden sind. Der Herr Vorredner sprach ohne jeden Auftrag, wenn er im Namen der katholischen Kirche sprach. Es ist außerordentlich bequem, wenn man politische Zwecke hat und man kann vorschieben: „Ich spreche im Namen der katholischen Kirche". Aber dieses Manöver ist durchsichtig und zieht auch bei den Katholiken nicht mehr. Und in so fern, wie ich es schon vorhin angab, klage ich die bewußten Gründer der Centrumspartei an: zu einer Zeit, wo tiefer confessioneller Friede im Lande war, da haben sie diesen Zündstoff des Zerwürfnisses und Kampfes sorgfältig gesammelt, in der Absicht, sich einer erheblichen Macht im Staate zu bemächtigen, die für oder gegen die Regierung nach dem Willen der Fractionsleiter den Ausschlag gegeben hätte, 70 bis 80 Stimmen wo möglich auf 140 zu bringen. Wenn man das mit Erfolg organisiren kann, ist man der Herr im Staate; der Staat aber thut wohl, daß er sich vorsieht, auf daß der König Herr im Staate bleibe und nicht die Centrumspartei!

Graf Brühl bestritt in einer „thatsächlichen Berichtigung", gesagt zu haben, daß er im Namen der katholischen Kirche spreche. Er sei sich bewußt, nur im eigenen Namen gesprochen zu haben. Hierauf Fürst Bismarck**):

Ich berufe mich nur auf die stenographischen Berichte!

─────────

In langer Rede bekämpfte darauf Herr v. Kleist-Retzow die kirchenpolitischen Gesetze, die in das innerste Leben der Kirche, und auch der evangelischen Kirche, eingriffen und unter allen Christen dieser Kirche, die sich noch kirchliches Bewußtsein bewahrt hatten, Schmerz und Entsetzen hervorriefen. Nicht sachliche, sondern persönliche Erwägungen seien Quelle und Grund dieser Gesetze: der omnipotente Staat wolle nicht leiden, daß die Kirche fernerhin eine Macht über die Gewissen habe, sondern wolle sich diese Macht dienstbar machen. Den Vorwurf des Reichskanzlers, daß die conservative Partei durch ihre Opposition beim Schulaufsichtsgesetz selbst an dieser Gesetzgebung Schuld sei, glaubte er zurückweisen zu müssen: die conservative Partei habe

─────────

*) StB.: mehrere.
**) StB. 117a.

sich nicht von dem leitenden Staatsmann, an dessen Seite sie seit dem
Jahre 1848 für König und Vaterland gekämpft habe, losgerissen,
sondern umgekehrt habe sich Fürst Bismarck von der conservativen
Partei losgerissen und dadurch einen Bruch hervorgerufen, der blutige
Wunden hinterlassen habe in Herzen, die mit wahrhafter Liebe ihm
entgegenschlügen und für ihn so gern eintreten möchten. Fürst Bismarck
erwiderte*):

Eine Wendung in der Rede des Herrn Vorredners veranlaßt
mich zu einer thatsächlichen Berichtigung. Derselbe sagt, ich hätte
mich von der conservativen Partei losgerissen. Ich bestreite ein=
mal das Factum der Trennung, zweitens die richtige Darstellung
der Operation, insoweit die Trennung stattgefunden hatte. Zwischen
der conservativen Partei in ihrem Großen und Ganzen und mir
glaube ich, daß noch heute die vollständigste Uebereinstimmung und
die engste Fühlung besteht, und ich wenigstens bin fest entschlossen
und bestrebt, sie aufrecht zu erhalten**). Der Herr Vorredner
verwechselt, wie es einem Parteiführer wohl leicht passirt, seine
Fraction in diesem Hause mit der conservativen Partei; die Be=
deutung, die er selbst in der Fraction mit Recht zu haben glaubt,
hindert ihn in der Uebersicht dessen, was außer ihm noch die große
conservative Partei ist und darstellt; mit anderen Worten: er über=
schätzt die Bedeutung des Theiles im Verhältniß zum Ganzen. Ich
habe mich nicht von der conservativen Partei losgerissen, ich bin
mit der conservativen Partei einig geblieben; eine Fraction,
die früher der großen conservativen Partei mit angehörte, hat sich
unter der Leitung beredter, einflußreicher Führer und aus Fractions=
zwang von der conservativen Partei getrennt; sie hat im Kampfe
die Regierung in einem entscheidenden Moment zu meinem Be=
dauern im Stich gelassen. Darauf, daß dieß geschah, hat die ge=
fährliche Gabe der Beredtsamkeit, mit der Gott den Herrn Vor=
redner begabt hat, einen erheblichen Einfluß gehabt, und es ist
mir lieb, daß ich die Verantwortlichkeit, die er seinerseits für die
Zerstörung der früheren Beziehungen unseres Staatslebens zu tragen
hat, nicht mit ihm zu theilen habe. Bezeichnend für die ganze
Anschauungsweise des Herrn Vorredners und seiner Fractions=

*) StB. 451 a.
**) S. 451 b.

genossen ist der Ausdruck „losgerissen". Das Kleine reißt sich von dem Größeren los, das Bewegliche von der Basis, ein angewachsenes Schaalthier von dem Schiff. Er betrachtet als Basis und als conservative Partei seine Fraction; von der hat sich, nach seiner Meinung, Se. Majestät mit der Königlichen Staatsregierung losgerissen und schwimmt nun steuerlos in dem Meere umher. Diese außerordentliche Ueberschätzung der Richtigkeit der eigenen persönlichen Ansichten ist ja gerade das staatszerstörende Element, verbunden mit dieser Unfähigkeit, sich unterzuordnen, mit diesem außerordentlichen Ueberfluß an Zeit, um nachzudenken über das, was die Regierung thut, und über die Kritik, die daran zu üben, während man den Beruf nicht hat und nicht fühlt, seinerseits für die Vertheidigung des Staates gegen dessen Feinde einzutreten, sich aber Monate lang zu Hause mit den Waffen oppositioneller Kritik ladet und ausrüstet, dann hierher kommt, die Regierung abzukanzeln. Dieselben Prophezeiungen, die bei dem Schulaufsichtsgesetz, wie Alle gehört haben — ich möchte dem Vorredner und dem Herrn Grafen Krassow rathen, ihre früheren Prophezeiungen bei Gelegenheit des Schulgesetzes nochmals durchzulesen, mit der Wirklichkeit zu vergleichen und dann zu fragen, ob sie den Muth vielleicht, ob aber sie das Recht haben, unbeirrt weiter zu prophezeien.

Die Berathungen über die vier kirchenpolitischen Gesetze wurden in den folgenden vier Sitzungen des Herrenhauses fortgesetzt — doch ohne die fernere Theilnahme des Fürsten Bismarck. Am 1. Mai standen sie insgesammt zur Schlußberathung und wurden theils mit geringen Aenderungen, theils unverändert mit großer Mehrheit angenommen.

Der Schluß des Landtags erfolgte in einer

Schlußsitzung beider Häuser des Landtags
Dienstag 20. Mai 1873

durch den Ministerpräsidenten Grafen Roon mit folgender Rede [*]:

----

[*] StB. HH. 659a.

Erlauchte, edle und geehrte Herren von beiden Häusern des
Landtags!

Mit dem von Sr. Majestät dem Kaiser und König befohlenen
Schlusse des Landtags der Monarchie erreicht die gegenwärtige
Session ihr Ende.

Wir können auf dieselbe mit großer Genugthuung blicken.

Reich an mühsamer Arbeit, aber auch an werthvollen Resul=
taten auf fast allen Gebieten der Gesetzgebung, nimmt sie einen
hervorragenden Platz in der Reihe der Sessionen des Preußischen
Landtags ein.

Die Reform der inneren Verwaltung, seit Jahren erstrebt,
aber durch tiefgehende Meinungskämpfe aufgehalten, ist in ihrem
ersten und grundlegenden Theile zum Abschlusse gelangt. Schon
jetzt scheint sich die Erwartung zu erfüllen, daß bei der Ausführung
derselben die zuvor streitenden Kräfte gemeinsam und patriotisch
Hand anlegen werden, um das Werk segenbringend für das Land
zu gestalten.

Nicht minder lebhafte Kämpfe haben die Berathung der wich=
tigen Gesetze begleitet, durch welche die Beziehungen des Staates
zu den großen Kirchengemeinschaften*) klarer und fester als bisher
geregelt worden sind; die Regierung Sr. Majestät beharrt in dem
festen Vertrauen, daß diese Gesetze den wahren Frieden unter den
Angehörigen der verschiedenen Bekenntnisse fördern und die Kirche
dahin führen werden, dem lauteren Dienste des göttlichen Wortes
allein ihre Kräfte zu weihen.

Dank der glücklichen Finanzlage des Staats und der Bereit=
willigkeit der Häuser des Landtages ist durch den Staatshaushalts=
etat den Bedürfnissen der Bevölkerung und der Verwaltung nach
allen Seiten hin reichere Befriedigung als seither gewährt worden.
Die Gesetze über die Umgestaltung der Classensteuer, die anderweite
Regelung der Erbschaftssteuer und die Aufhebung oder Ermäßigung
gewisser Stempelabgaben werden, neben einer beträchtlichen Er=
leichterung, namentlich der weniger bemittelten Bevölkerungs=
schichten, eine gerechtere Vertheilung der Steuerlasten sichern.

Durch die erhebliche Verbesserung der Lage der Staatsbeamten

---

*) StB. HH. 659 b.

gewinnt die ersprießliche Entwickelung des Staatswesens eine erneute Bürgschaft.

Die von Ihnen der Staatsregierung ertheilte Ermächtigung zur Ausführung einer umfassenden Erweiterung des Eisenbahnnetzes wird dem in erfreulichem Aufschwunge begriffenen Verkehrsleben und der Vertheidigungsfähigkeit des Landes in allen seinen Theilen zu Statten kommen.

Meine Herren! Die gegenwärtige Session ist voraussichtlich die letzte einer Legislaturperiode, welche inmitten einer denkwürdigen, für Preußen und Deutschland hochbedeutungsvollen Zeit begann und welcher es vorbehalten war, die reichen Erfolge und Früchte jener Epoche auch für die besonderen Aufgaben der preußischen Monarchie zu verwerthen. Wenn die Arbeiten dieser Legislatur auf allen Gebieten der Gesetzgebung einen erfolgreichen Verlauf gehabt haben, so ist dies vor Allem dem Geist des vertrauensvollen Zusammenwirkens zwischen Staatsregierung und Landesvertretung zu danken, welcher durch die erhebenden Ereignisse jener gewaltigen Zeit mächtig belebt und gestärkt worden ist.

Je erfreulicher die Früchte sind, welche das Walten dieses Geistes in der nunmehr beendigten Legislaturperiode gebracht hat, desto berechtigter ist die Hoffnung, daß das preußische Volk bei den bevorstehenden Wahlen der künftigen Landesvertretung sich von demselben patriotischen Sinne leiten lassen werde, von dem Sinne fester und vertrauensvoller*) Gemeinschaft mit der Regierung Sr. Majestät zur allseitigen Förderung des wahren Wohles und Gedeihens unseres Vaterlandes.

Im Allerhöchsten Auftrage Sr. Majestät des Kaisers, unseres Allergnädigsten Königs und Herrn, erkläre**) ich die Session des Landtages der Monarchie für geschlossen.

---

*) StB. HH. 660 a.
**) StB. 660 b.

Anhang.

---

1. Entwurf eines Gesetzes über die Grenzen des Rechts zum Gebrauche kirchlicher Straf- und Zuchtmittel.

Regierungsvorlage.

§ 1.

Kein Religionsdiener ist befugt, Straf- oder Zuchtmittel anzudrohen, zu verhängen oder zu verkünden, welche weder dem rein religiösen Gebiete angehören, noch lediglich die Entziehung eines innerhalb der Kirche oder Religionsgesellschaft wirksamen Rechts oder die Ausschließung aus den letzteren betreffen.

§ 2.

Kein Religionsdiener ist befugt, gesetzlich zulässige Straf- oder Zuchtmittel zu verhängen oder zu verkünden wegen Vornahme einer Handlung, zu welcher die Staatsgesetze oder die von der Obrigkeit innerhalb ihrer Zuständigkeit erlassenen Anordnungen verpflichten.

Ebensowenig ist er befugt, der-

Beschlüsse des Hauses der Abgeordneten.

§ 1.

Keine Kirche oder Religionsgesellschaft ist befugt, andere Straf- oder Zuchtmittel anzudrohen, zu verhängen oder zu verkünden, als solche, welche dem rein religiösen Gebiete angehören oder die Entziehung eines innerhalb der Kirche oder Religionsgesellschaft wirkenden Rechts oder die Ausschließung aus der Kirchen- oder Religionsgesellschaft betreffen.

Straf- oder Zuchtmittel gegen Leib, Vermögen, Freiheit oder bürgerliche Ehre sind unzulässig.

§ 2.

Die nach § 1 zulässigen Straf- oder Zuchtmittel dürfen über ein Mitglied einer Kirche oder Religionsgesellschaft nicht deshalb verhängt oder verkündet werden,

1. weil dasselbe eine Handlung vorgenommen hat, zu welcher die Staatsgesetze oder die von der Obrigkeit innerhalb ihrer

Regierungsvorlage.

artige Straf- oder Zuchtmittel anzudrohen, zu verhängen oder zu
verkünden, um dadurch zur Unterlassung einer der vorbezeichneten
Handlungen zu bestimmen.

§ 3.

Kein Religionsdiener ist befugt,
gesetzlich zulässige Straf- oder Zuchtmittel zu verhängen oder zu verkünden, weil öffentliche Wahl- oder
Stimmrechte in einer bestimmten
Art ausgeübt oder weil sie nicht
ausgeübt worden sind.

Ebensowenig ist er befugt, derartige Straf- oder Zuchtmittel anzudrohen, zu verhängen oder zu
verkünden, um dadurch eine bestimmte Art der Ausübung oder
die Nichtausübung öffentlicher Wahl-
oder Stimmrechte herbeizuführen.

§ 4.

Kein Religionsdiener ist befugt,
gesetzlich zulässige Straf- oder Zuchtmittel unter Bezeichnung der davon
betroffenen Person öffentlich bekannt
zu machen.

§ 5.

Wer den Vorschriften der §§ 1
bis 4 zuwider handelt, wird mit

**Beschlüsse des Hauses der
Abgeordneten.**

gesetzlichen Zuständigkeit erlassenen Anordnungen ver-
pflichten,

2. weil dasselbe öffentliche Wahl-
oder Stimmrechte in einer bestimmten Richtung ausgeübt
oder nicht ausgeübt hat.

§ 3.

Ebensowenig dürfen derartige
Straf- oder Zuchtmittel angedroht,
verhängt oder verkündet werden:

1. um dadurch zur Unterlassung
einer Handlung zu bestimmen,
zu welcher die Staatsgesetze
oder die von der Obrigkeit
innerhalb ihrer gesetzlichen
Zuständigkeit erlassenen Anordnungen verpflichten;

2. um dadurch die Ausübung
oder Nichtausübung öffentlicher Wahl- und Stimmrechte
in bestimmter Richtung herbeizuführen.

§ 4.

Die Verhängung der nach diesem
Gesetz zulässigen Straf- und Zuchtmittel darf nicht öffentlich bekannt
gemacht werden.

Eine auf die Gemeindemitglieder
beschränkte Mittheilung ist nicht
ausgeschlossen.

Die Vollziehung oder Verkündigung derartiger Straf- oder Zuchtmittel darf auch nicht in einer be-
schimpfenden Weise erfolgen.

§ 5.

Geistliche, Diener, Beamte oder
Beauftragte einer Kirche oder Re-

Regierungsvorlage.

Geldstrafe bis zu 1000 Thalern oder mit Gefängniß bis zu zwei Jahren bestraft.

Daneben kann auf Verlust der Fähigkeit zur Bekleidung öffentlicher Aemter, einschließlich der Kirchenämter, auf die Dauer von ein bis fünf Jahren erkannt werden.

Der Versuch ist strafbar.

§ 6.

Zu den Religionsdienern im Sinne dieses Gesetzes gehören alle Personen, welche in der evangelischen, der römisch-katholischen Kirche oder in einer anderen Religionsgesellschaft als deren Organe, als Geistliche oder als Beamte thätig sind.

Beschlüsse des Hauses der Abgeordneten.

ligionsgesellschaft, welche den Vorschriften dieses Gesetzes (§§ 1 bis 4) zuwider Straf- oder Zuchtmittel androhen, verhängen oder verkünden, werden mit Geldstrafen bis zu 200 Thalern oder mit Haft oder mit Gefängniß bis zu einem Jahre und in schwereren Fällen mit Geldstrafen bis zu 500 Thalern oder mit Gefängniß bis zu zwei Jahren bestraft.

§ 6

fällt weg.

(Neuer) § 6.

Die besonderen Disciplinarbefugnisse der Kirchen- und Religionsgesellschaften über ihre Diener und Beamten und die darauf bezüglichen Rechte des Staats werden durch dieses Gesetz nicht berührt.

Insbesondere findet das dem Staat in solchen Gesetzen vorbehaltene Recht der Entlassung von Kirchendienern wegen Verletzung der öffentlichen Ordnung unabhängig von den in § 5 enthaltenen Strafbestimmungen statt.

---

2. Entwurf eines Gesetzes, betreffend den Austritt aus der Kirche.

Regierungsvorlage.

§ 1.

Wer mit bürgerlicher Wirkung aus der Kirche, welcher er bisher angehörte, austreten will, hat dies in Person vor dem Richter seines Wohnorts zu erklären.

Beschlüsse des Hauses der Abgeordneten.

§ 1.

Der Austritt aus einer Kirche mit bürgerlicher Wirkung erfolgt durch Erklärung des Austretenden in Person vor dem Richter seines Wohnorts.

Regierungsvorlage.

Dieselbe Form ist von denjenigen zu beobachten, welche bei ihrem Uebertritt zu einer anderen Kirche von den Lasten des bisherigen Verbandes befreit werden wollen.

§ 2.

Die in diesem Gesetze dem Richter beigelegten Verrichtungen werden im Bezirke des Appellationsgerichtshofs zu Köln durch den Friedensrichter, im Gebiete der ehemals freien Stadt Frankfurt a. M. durch die zweite Abtheilung des Stadtgerichts daselbst wahrgenommen.

§ 3.

Der Richter hat über die Austrittserklärung ein Protokoll aufzunehmen und, sofern es beantragt wird, eine Bescheinigung anzufertigen.

Abschrift des Protokolls ist dem Vorstande derjenigen Kirchengemeinde, welcher der Erklärende bisher angehört hat, zuzustellen.

§ 4.

Die Austrittserklärung befreit von den auf dem Parochialverbande

Beschlüsse des Hauses der Abgeordneten.

Rücksichtlich des Uebertritts von einer Kirche zur anderen verbleibt es bei dem bestehenden Recht.

Will jedoch der Uebertretende von den Lasten seines bisherigen Verbandes befreit werden, so ist die in diesem Gesetz vorgeschriebene Form zu beobachten.

Fällt hier weg, vgl. § 7.

§ 2.

Der Aufnahme der Austrittserklärung muß ein hierauf gerichteter Antrag vorangehen. Derselbe ist durch den Richter dem Vorstande der Kirchengemeinde, welcher der Antragsteller angehört, ohne Verzug bekannt zu machen.

Die Aufnahme der Austrittserklärung findet nicht vor Ablauf von vier Wochen und spätestens innerhalb sechs Wochen nach Eingang des Antrags zu gerichtlichem Protokoll statt. Abschrift des Protokolls ist dem Vorstande der Kirchengemeinde zuzustellen.

Eine Bescheinigung des Austritts ist dem Ausgetretenen auf Verlangen zu ertheilen.

§ 3.

Die Austrittserklärung bewirkt, daß der Ausgetretene zu Leistungen,

beruhenden persönlichen Verpflichtungen zu Abgaben und Leistungen
an die bisherige Kirchengemeinde
oder an deren Diener und Beamte.

Leistungen, welche nicht auf dem
Parochialverbande beruhen, insbesondere Abgaben und Leistungen,
welche entweder kraft besonderen
Rechtstitels auf bestimmten Grundstücken haften, oder von allen Grundstücken eines gewissen Bezirks ohne
Unterschied des Besitzers an bestimmte Kirchen, Pfarreien oder
andere kirchliche Stellen zu entrichten sind, werden durch die Austrittserklärung nicht berührt.

§ 5.

Wird die Austrittserklärung im
ersten Halbjahre des Kalenderjahres
abgegeben, so erlöschen die im ersten
Absatz des § 4 bezeichneten Verpflichtungen mit dem Jahresschluß.
Wird sie im zweiten Halbjahre des
Kalenderjahres abgegeben, so erlöschen diese Verpflichtungen mit
dem 30. Juni des folgenden Jahres.

§ 6.

Personen, welche vor dem In-
krafttreten des gegenwärtigen Gesetzes ihren Austritt aus der Kirche
nach den Vorschriften der bisherigen Gesetze erklärt haben, sollen
vom Tage der Gesetzeskraft dieses
Gesetzes zu anderen als den im
zweiten Absatz des § 4 bezeichneten
Abgaben und Leistungen nicht ferner
herangezogen werden.

welche auf der persönlichen Kirchen-
oder Kirchengemeindeangehörigkeit
beruhen, nicht mehr verpflichtet wird.

Diese Wirkung tritt mit dem
Schlusse des auf die Austrittserklärung folgenden Kalenderjahres
ein. Zu den Kosten eines außerordentlichen Baues, dessen Nothwendigkeit vor Ablauf des Kalenderjahres, in welchem der Austritt
aus der Kirche erklärt wird, festgestellt ist, hat der Austretende bis
zum Ablauf des zweiten auf die
Austrittserklärung folgenden Kalenderjahres ebenso beizutragen, als
wenn er seinen Austritt aus der
Kirche nicht erklärt hätte.

Leistungen, welche nicht auf der
persönlichen Kirchen- oder Kirchengemeindeangehörigkeit beruhen, insbesondere Leistungen, welche entweder kraft besonderen Rechtstiteln
auf bestimmten Grundstücken haften,
oder von allen Grundstücken des
Bezirks, oder doch von allen Grundstücken einer gewissen Classe in dem
Bezirk ohne Unterschied des Besitzers zu entrichten sind, werden
durch die Austrittserklärung nicht
berührt.

§ 4.

Personen, welche vor dem In-
krafttreten des gegenwärtigen Gesetzes ihren Austritt aus der Kirche
nach den Vorschriften der bisherigen
Gesetze erklärt haben, sollen vom
Tage der Gesetzeskraft dieses Gesetzes zu anderen als den im dritten
Absatz des § 3 bezeichneten Leistungen nicht ferner herangezogen
werden.

§ 7.

Ein Anspruch auf Stolgebühren
und andere bei Gelegenheit bestimmter Amtshandlungen zu ent-
richtende Leistungen kann gegen
Personen, welche der betreffenden
Kirche nicht angehören, nur dann
geltend gemacht werden, wenn die
Amtshandlung auf ihr Verlangen
wirklich verrichtet worden ist.

§ 5

gleichlautend.

§ 8.

Für die Bescheinigung des Austritts aus der Kirche (§§ 1 bis 3)
ist eine Schreibgebühr von 5 Sgr.
zu erheben. Daneben ist die tarif-
mäßige Stempelabgabe für Atteste
zu entrichten.

Alle übrigen auf Grund dieses
Gesetzes bei den Gerichten ergehenden Verhandlungen und Verfügungen sind kosten- und stempelfrei.

§ 6.

Als Kosten des Verfahrens werden nur Abschriftsgebühren und
baare Auslagen in Ansatz gebracht.

§ 7

gleichlautend mit § 2 der Regierungsvorlage.

§ 9.

Was in den §§ 1 bis 8 für den
Austritt aus der Kirche bestimmt
ist, findet auch für den Austritt
aus solchen Religionsgemeinschaften,
welchen Corporationsrechte gewährt
worden sind, Anwendung.

§ 8.

Was in den §§ 1 bis 6 von den
Kirchen bestimmt ist, findet auf alle
Religionsgemeinschaften, welchen
Corporationsrechte gewährt sind,
Anwendung.

§ 10.

Die nach § 3 des Gesetzes über
die Verhältnisse der Juden vom
23. Juli 1847 — Gesetzsammlung
S. 263 — den jüdischen Grund-
besitzern obliegende Verpflichtung,

§ 9.

Die Verpflichtung jüdischer Grund-
besitzer, zur Erhaltung christlicher
Kirchensysteme beizutragen, wird mit
dem Eintritt der Gesetzeskraft dieses
Gesetzes auf den Umfang derjeni-

zur Erhaltung christlicher Kirchensysteme beizutragen, wird mit dem
Eintritt der Gesetzeskraft dieses Gesetzes auf den Umfang derjenigen
Leistungen beschränkt, welche nach
dem zweiten Absatz des § 4 des
gegenwärtigen Gesetzes den aus der
Kirche ausgetretenen Personen zur
Last bleiben.

§ 11.

Alle dem gegenwärtigen Gesetze
entgegenstehenden Bestimmungen
werden hierdurch aufgehoben.

gen Leistungen beschränkt, welche
nach dem dritten Absatz des § 3
des gegenwärtigen Gesetzes den aus
der Kirche ausgetretenen Personen
zur Last bleiben.

§ 10

gleichlautend mit § 11 der Regierungsvorlage.

§ 11.

Der Justizminister und der Minister der geistlichen Angelegenheiten
sind mit der Ausführung dieses
Gesetzes beauftragt.

---

3. Entwurf eines Gesetzes über die Vorbildung und Anstellung der Geistlichen.

Regierungsvorlage.   Beschlüsse des Hauses der Abgeordneten bez. des Herrenhauses.

I. Allgemeine Bestimmungen.

§ 1.

Ein geistliches Amt darf in einer der christlichen Kirchen nur einem
Deutschen übertragen werden, welcher seine wissenschaftliche Vorbildung
nach den Vorschriften dieses Gesetzes dargethan hat und gegen dessen
Anstellung kein Einspruch von der Staatsregierung erhoben worden ist.

§ 2.

Die Vorschriften des § 1 kommen zur Anwendung, gleichviel, ob
das Amt dauernd oder widerruflich übertragen werden oder nur eine
Stellvertretung oder Hilfsleistung in demselben statthaben soll. Ist
Gefahr im Verzuge, so kann eine Stellvertretung oder Hilfsleistung
einstweilen und vorbehaltlich des Einspruchs der Staatsregierung an-
geordnet werden.

§ 3.

Die Vorſchriften des § 1 kommen (vorbehaltlich der Beſtimmungen
des § 26) [1]) auch zur Anwendung, wenn einem bereits im Amte (§ 2)
ſtehenden Geiſtlichen ein anderes geiſtliches Amt übertragen oder eine
widerrufliche Anſtellung in eine dauernde verwandelt werden ſoll.

II. Vorbildung zum geiſtlichen Amte.

§ 4.

Zur Bekleidung eines geiſtlichen Amts iſt die Ablegung der Ent
laſſungsprüfung auf einem deutſchen Gymnaſium, die Zurücklegung eines
dreijährigen, theologiſchen Studiums auf einer deutſchen Staatsuniverſi=
tät, ſowie die Ablegung einer wiſſenſchaftlichen Staatsprüfung erfor=
derlich.

§ 5.

Der Miniſter der geiſtlichen Angelegenheiten iſt ermächtigt, mit
Rückſicht auf ein vorangegangenes anderes Univerſitätsſtudium als das
der Theologie, oder mit Rückſicht auf ein an einer außerdeutſchen
Univerſität zurückgelegtes Studium (oder mit Rückſicht auf einen ſonſtigen
beſonderen Bildungsgang) von dem vorgeſchriebenen dreijährigen Stu=
dium an einer deutſchen Staatsuniverſität einen angemeſſenen Zeitraum
zu erlaſſen.

§ 6.

Das theologiſche Studium kann in den bei Verkündigung dieſes
Geſetzes in Preußen beſtehenden, zur wiſſenſchaftlichen Vorbildung der
Theologen beſtimmten kirchlichen Seminaren zurückgelegt werden, wenn
der Miniſter der geiſtlichen Angelegenheiten anerkennt, daß dieſes Stu=
dium das Univerſitätsſtudium zu erſetzen geeignet ſei.

Dieſe Vorſchrift findet jedoch nur auf die Seminare an denjenigen
Orten Anwendung, an welchen ſich keine theologiſche Facultät befindet,
und gilt nur für diejenigen Studirenden, welche dem Sprengel an
gehören, für den das Seminar errichtet iſt.

Die im erſten Abſatz erwähnte Anerkennung darf nicht verweigert
werden, wenn die Einrichtung der Anſtalt den Beſtimmungen dieſes
Geſetzes entſpricht und der Miniſter der geiſtlichen Angelegenheiten den
Lehrplan derſelben genehmigt.

[1]) Die in runde Klammern geſetzten Worte ſind Zuſätze bezw. Abände
rungen des Abgeordnetenhauſes; die Zuſätze bezw. Abänderungen des Herren
hauſes ſtehen in eckiger Klammer.

Regierungsvorlage.

Beschlüsse des Hauses der Abgeordneten bez. des Herrenhauses.

§ 7.

Während des vorgeschriebenen Universitätsstudiums dürfen die
Studirenden einem kirchlichen Seminare nicht angehören.

§ 8.

Die Staatsprüfung hat nach zurückgelegtem theologischen Studium
Statt. Zu derselben darf nur zugelassen werden, wer den Vorschriften
(dieses Gesetzes) über die Gymnasialbildung und theologische Vorbildung
vollständig genügt hat. Die Prüfung (ist öffentlich und) wird darauf
gerichtet, ob der Candidat sich die für seinen Beruf erforderliche Bildung,
insbesondere auf dem Gebiete der Philosophie, der Geschichte, der
deutschen Literatur und der classischen Sprachen [1] erworben habe.

Der Minister der geistlichen Angelegenheiten trifft die näheren
Anordnungen über die Prüfung.

§ 9.

Alle kirchlichen Anstalten, welche der Vorbildung der Geistlichen
dienen (Knabenseminare, Klerikalseminare, Prediger= und Priesterseminare, Convicte ꝛc.), stehen unter Aufsicht des Staates.

Die Hausordnung und das Reglement über die Disciplin in diesen
Anstalten, der Lehrplan der Knabenseminare und Knabenconvicte, sowie
derjenigen Seminare, für welche die im § 6 bezeichnete Anerkennung
ertheilt ist, sind dem Oberpräsidenten der Provinz von dem Vorsteher
der Anstalten vorzulegen.

Die Anstalten unterliegen der Revision durch Commissarien, welche
der Oberpräsident ernennt.

§ 10.

An den im vorstehenden Paragraphen gedachten Anstalten darf
als Lehrer oder zur Wahrnehmung der Disciplin nur ein Deutscher
angestellt werden, welcher seine wissenschaftliche Befähigung nach Vorschrift des § 11 dargethan hat und gegen dessen Anstellung kein Einspruch von der Staatsregierung erhoben worden ist.

§ 11.

Zur Anstellung an einem Knabenseminar oder Knabenconvicte ist
die Befähigung zur entsprechenden Anstellung an einem preußischen
Gymnasium, zur Anstellung an einer für die theologische wissenschaftliche Vorbildung bestimmten Anstalt die Befähigung erforderlich, an

---

[1] Die Worte „und der classischen Sprachen" hat das Abgeordnetenhaus
gestrichen.

|

einer deutschen Staatsuniversität in der Disciplin zu lehren, für welche die Anstellung erfolgt.

Kleriker und Predigtamtscandidaten müssen die für Geistliche vorgeschriebene Vorbildung besitzen.

§ 12.

Für die Erhebung des Einspruchs gegen die Anstellung finden die Bestimmungen entsprechende Anwendung, welche die Erhebung des Einspruchs gegen die Anstellung von Geistlichen regeln (§§ 15—17).

§ 13.

Werden die in den §§ 9—11 enthaltenen Vorschriften oder die von Aufsichts wegen getroffenen Anordnungen (die innerhalb ihrer gesetzlichen Zuständigkeit getroffenen Anordnungen der Staatsbehörden) nicht befolgt, so ist der Minister der geistlichen Angelegenheiten ermächtigt, bis zur Befolgung die der Anstalt gewidmeten Staatsmittel einzubehalten oder die Anstalt zu schließen.

Unter der angegebenen Voraussetzung und bis zu dem bezeichneten Zeitpunkte können Zöglinge der Knabenseminare und Knabenconvicte von dem Besuche der Gymnasien und von der Entlassungsprüfung ausgeschlossen und den im § 6 erwähnten Anstalten die ertheilte Anerkennung entzogen werden. Diese Anordnungen stehen dem Minister der geistlichen Angelegenheiten zu.

[Zusatz des Herrenhauses: Nach Errichtung eines Königlichen Gerichtshofes für die kirchlichen Angelegenheiten kann über die Gesetzmäßigkeit der nach diesem Paragraphen getroffenen Anordnungen und Verfügungen innerhalb 30 Tagen bei dem gedachten Gerichtshofe Berufung eingelegt werden. Durch Einlegung derselben wird die Vollstreckung der angefochtenen Anordnung oder Verfügung nicht aufgehalten. Der Gerichtshof kann jedoch bestimmen, daß bis zur endgültigen Entscheidung die Vollstreckung unterbleibe.]

§ 14.

Knabenseminare und Knabenconvicte dürfen nicht mehr errichtet und in die bestehenden Anstalten dieser Art neue Zöglinge nicht mehr aufgenommen werden.

(Im Fall der Aufnahme neuer Zöglinge ist der Minister der geistlichen Angelegenheiten zur Schließung der betreffenden Anstalt befugt.)

III. Anstellung der Geistlichen.

§ 15.

Die geistlichen Oberen sind verpflichtet, diejenigen (denjenigen) Candidaten, denen (dem) ein geistliches Amt übertragen werden soll, dem Oberpräsidenten (unter Bezeichnung des Amtes) zu benennen.

Dasselbe gilt bei Versetzung eines Geistlichen in ein anderes geistliches Amt oder bei Umwandelung einer widerruflichen Anstellung in eine dauernde.

Innerhalb 30 Tagen nach der Benennung kann Einspruch gegen die Anstellung erhoben werden.

Die Erhebung des Einspruchs steht dem Oberpräsidenten zu.

Gegen die Einspruchserklärung kann innerhalb 30 Tagen bei dem Minister der geistlichen Angelegenheiten Beschwerde erhoben werden, bei dessen Entscheidung es bewendet.

§ 16.

Der Einspruch findet statt, wenn dafür erachtet wird, daß der Anzustellende aus einem Grunde, welcher dem bürgerlichen oder staatsbürgerlichen Gebiete angehört, für die Stelle nicht geeignet sei, insbesondere wenn seine Vorbildung den Vorschriften dieses Gesetzes nicht entspricht.

Die Gründe für den Einspruch sind anzugeben.

Der Einspruch ist zulässig:

1. wenn dem Anzustellenden die gesetzlichen Erfordernisse zur Bekleidung des geistlichen Amtes fehlen;

2. wenn der Anzustellende wegen eines Verbrechens oder Vergehens, welches das Deutsche Strafgesetzbuch mit Zuchthaus oder mit dem Verluste der bürgerlichen Ehrenrechte oder dem Verluste der öffentlichen Aemter bedroht, verurtheilt ist oder sich in Untersuchung befindet;

3. wenn gegen den Anzustellenden Thatsachen vorliegen, welche die Annahme rechtfertigen, daß derselbe den Staatsgesetzen oder den innerhalb ihrer gesetzlichen Zuständigkeit erlassenen Anordnungen der Obrigkeit ent-

Regierungsvorlage.

Beschlüsse des Hauses der Abgeordneten bez. des Herrenhauses.

gegenwirken oder den öffentlichen Frieden stören werde.

Die Thatsachen, welche den Einspruch begründen, sind anzugeben. Gegen die Einspruchserklärung kann innerhalb 30 Tagen bei dem Königlichen Gerichtshofe für die kirchlichen Angelegenheiten, und, so lange dessen Einsetzung nicht erfolgt ist, bei dem Minister der geistlichen Angelegenheiten Beschwerde erhoben werden [Berufung eingelegt werden. H.H.].

Die Entscheidung ist endgültig.

§ 17.

Die Uebertragung eines geistlichen Amtes, welche der Vorschrift des § 1 zuwiderläuft (oder welche vor Ablauf der im § 15 für die Erhebung des Einspruchs gewährten Frist erfolgt), gilt als nicht geschehen.

§ 18.

Jedes Pfarramt ist innerhalb eines Jahres vom Tage der Erledigung (wo gesetzlich oder observanzmäßig ein Gnadenjahr besteht, vom Tage der Erledigung der Pfründe an) gerechnet, dauernd zu besetzen. Die Frist ist vom Oberpräsidenten im Falle des Bedürfnisses auf Antrag angemessen zu verlängern.

Nach Ablauf der Frist ist der Oberpräsident befugt, die Wiederbesetzung der Stelle durch Geldstrafen bis zum Betrage von 1000 Thalern zu erzwingen. Die Androhung und Festsetzung der Strafe darf wiederholt werden, bis dem Gesetze genügt ist.

Außerdem ist der Minister der geistlichen Angelegenheiten ermächtigt, bis dahin Staatsmittel einzubehalten, welche zur Unterhaltung der Stelle oder desjenigen geistlichen Oberen dienen, der das Pfarramt zu besetzen oder die Besetzung zu genehmigen hat.

§ 19.

Die Errichtung von Seelsorgeämtern, deren Inhaber unbedingt abberufen werden dürfen, ist nur mit Genehmigung des Ministers der geistlichen Angelegenheiten zulässig.

Die Succursalpfarreien im Bereiche des französischen Rechts gelten mit dem Ablauf von sechs Mo-

Die Bestimmungen des § 18 beziehen sich auch auf die sogen. Succursalpfarreien des französischen

naten nach Verkündigung dieses
Gesetzes den Inhabern als dauernd
verliehen.

Rechtes mit der Maßgabe, daß die
in Absatz 1 des § 18 vorgeschrie=
bene Frist vom Tage der Publi=
cation dieses Gesetzes an zu laufen
beginnt.

§ 20.

Anordnungen und Vereinbarungen, welche die durch das Gesetz
begründete Klagbarkeit der aus dem geistlichen Amtsverhältnisse ent=
springenden vermögensrechtlichen Ansprüche ausschließen oder beschränken,
sind unverbindlich (nur mit Genehmigung der Staatsbehörde zulässig).

§ 21.

Die Verurtheilung zur Zuchthausstrafe, die Aberkennung der
bürgerlichen Ehrenrechte und der Fähigkeit zur Bekleidung öffentlicher
Aemter hat den Verlust des geistlichen Amtes (die Erledigung der
Stelle, die Unfähigkeit zur Ausübung des geistlichen Amtes und den
Verlust des Amtseinkommens) zur Folge.

IV. Strafbestimmungen.

§ 22.

Ein geistlicher Oberer, welcher den §§ 1 bis 3 zuwider ein geist=
liches Amt überträgt oder die Uebertragung genehmigt, wird mit Geld=
strafe von 200 bis zu 1000 Thalern bestraft.

Dieselbe Strafe trifft denjenigen, welcher der Vorschrift das § 19,
Absatz 1 zuwiderhandelt.

§ 23.

Wer geistliche Amtshandlungen in einem Amte vornimmt, welches
ihm den Vorschriften der §§ 1 bis 3 zuwider übertragen worden ist,
wird mit Geldstrafe bis zu 100 Thalern bestraft.

Dieselbe Strafe trifft denjenigen, der geistliche Amtshandlungen
in einem von ihm nicht dauernd verwalteten Pfarramte vornimmt,
nachdem er von dem Oberpräsidenten benachrichtigt worden ist, daß das
Zwangsverfahren behufs Wiederbesetzung der Stelle in Gemäßheit der
Vorschrift in § 18, Absatz 1 eingeleitet sei.

§ 24.

Wer geistliche Amtshandlungen vornimmt, nachdem er in Folge
gerichtlichen Strafurtheils das geistliche Amt (die Fähigkeit zur Aus=
übung des geistlichen Amtes) verloren hat (§ 21), wird mit Geldstrafe
bis zu 100 Thalern bestraft.

Regierungsvorlage.   Beschlüsse des Hauses der Abge=
                                       ordneten bez. des Herrenhauses.

V. Uebergangs= und Schlußbestimmungen.

§ 25.

Ausländer, welchen vor Verkündigung dieses Gesetzes ein geist=
liches Amt (§ 2) oder eines der im § 10 erwähnten Aemter an kirch=
lichen Anstalten übertragen worden ist, haben

bei Verlust desselben innerhalb sechs Monaten die Reichsangehörigkeit zu erwerben.	bei Vermeidung der Folgen des § 21 innerhalb sechs Monaten die Reichsangehörigkeit zu erwerben. Der Minister der geistlichen An= gelegenheiten kann mit Rücksicht auf die besonderen Bedürfnisse des einzelnen Falles diesen Zeitraum verlängern.

§ 26.

Die Vorschriften dieses Gesetzes über den Nachweis wissenschaft=
licher Vorbildung und Befähigung finden keine Anwendung,

wenn vor Verkündung dieses Ge= setzes angestellte Personen in ein Amt gleicher Art versetzt oder zu dieser Zeit widerruflich verwaltete Aemter an ihre Inhaber dauernd übertragen werden sollten. In anderen Fällen ist der Mi= nister der geistlichen Angelegen= heiten ermächtigt, diejenigen Per= sonen, welche vor Verkündung dieses Gesetzes in ein Amt getreten sind, oder in ihrer Vorbildung zum geistlichen Amte vorgeschritten waren, den in diesem Gesetze vor= geschriebenen Nachweis der Vor= bildung ganz oder theilweise zu erlassen.	auf Personen, welche bereits [1]) vor Verkündung dieses Gesetzes im geist= lichen Amte angestellt sind oder vor dem 1. Januar 1873 [1]) die Fähig= keit zur Anstellung im geistlichen Amte erlangt haben. Außerdem ist der Minister der geistlichen Angelegenheiten ermäch= tigt, denjenigen Personen, welche vor Verkündung dieses Gesetzes in ihrer Vorbildung zum geistlichen Amte vorgeschritten waren, den in diesem Gesetze vorgeschriebenen Nach= weis der Vorbildung ganz oder theilweise zu erlassen. Der Minister der geistlichen An= gelegenheiten ist auch ermächtigt, Ausländer von den Erfordernissen des § 4 dieses Gesetzes zu dis= pensiren.

---

[1]) Die Worte „bereits" und „vor dem 1. Januar 1873" strich das
Herrenhaus.

§ 27.

Die in den §§ 4 und 8 dieses Gesetzes vorgeschriebene Staats=
prüfung kann mit der theologischen Prüfung verbunden werden, insofern
die Einrichtung dieser letzteren Prüfung und die Bildung der Prüfungs=
commissionen Behörden zusteht, deren Mitglieder sämmtlich oder theil=
weise vom Könige ernannt worden.

§ 28.

Die Vorschriften dieses Gesetzes über das Einspruchsrecht des
Staates (§§ 1, [3], 10, 12, 15 und 16) finden in den Fällen keine
Anwendung, in welchen die Anstellung durch Behörden erfolgt, deren
Mitglieder sämmtlich vom Könige ernannt worden.

§ 29.

Soweit die Mitwirkung des Staates bei Besetzung geistlicher
Aemter auf Grund des Patronats oder besonderer Rechtstitel ander=
weit geregelt ist, behält es dabei sein Bewenden.

Desgleichen werden die bestehenden Rechte des Staats bezüglich
der Anstellung von Geistlichen beim Militär und an öffentlichen An=
stalten durch das vorliegende Gesetz nicht berührt.

§ 30.

Das gegenwärtige Gesetz tritt
nicht vor dem Gesetz, betreffend die
Abänderung der Art. 15 und 18
der Verfassungsurkunde vom 31. Ja=
nuar 1850, in Kraft [1]).

§ 30.

Dieses Gesetz tritt mit dem Tage
seiner Verkündung in Kraft.

Der Minister der geistlichen An=
gelegenheiten ist mit der Ausfüh=
rung desselben beauftragt.

§ 31.

Der Minister der geistlichen An=
gelegenheiten ist mit der Ausfüh=
rung dieses Gesetzes beauftragt.

---

[1]) Vom Herrenhaus gestrichen.

4. Entwurf eines Gesetzes über die kirchliche Disciplinargewalt und die Errichtung des Königlichen Gerichtshofes für kirchliche Angelegenheiten.

Regierungsvorlage.   Beschlüsse des Hauses der Abge=
                           ordneten bez. des Herrenhauses.

I. Allgemeine Bestimmungen.

§ 1.

Die kirchliche Disciplinargewalt (über Kirchendiener)[1] darf nur von deutschen kirchlichen Behörden ausgeübt werden.

§ 2.

Kirchliche Disciplinarstrafen, welche gegen die Freiheit oder das Vermögen gerichtet sind, dürfen nur nach Anhörung der Beschuldigten verhängt werden.

Der Entfernung aus dem Amt (Entlassung, Versetzung, Sus= pension, unfreiwillige Emeritirung u. s. w.) muß ein geordnetes pro= cessualisches Verfahren vorausgehen.

In allen diesen Fällen ist die Entscheidung schriftlich unter Angabe der Gründe zu erlassen.

§ 3.

Die körperliche Züchtigung ist als kirchliche Disciplinarstrafe (oder Zuchtmittel) unzulässig.

§ 4.

Geldstrafen dürfen den Betrag von 30 Thalern oder wenn das einmonatliche Amtseinkommen höher ist, den Betrag des letzteren nicht übersteigen.

§ 5.

Die Strafe der Freiheitsentziehung (§ 2) darf nur in der Ver= weisung in eine Demeritenanstalt bestehen.

Die Verweisung darf die Dauer von drei Monaten nicht über= steigen

und nicht wider den Willen des   und die Vollstreckung derselben wider
Betroffenen vollstreckt werden.   den Willen des Betroffenen weder
                                        begonnen noch fortgesetzt werden.

Die Verweisung in eine außerdeutsche Demeritenanstalt ist un= zulässig.

---

[1] Die in runde Klammer gesetzten Worte bezeichnen die Zusätze bezw. Abänderungen des Abgeordnetenhauses.

Regierungsvorlage. | Beschlüsse des Hauses der Abgeordneten bez. des Herrenhauses.

§ 6.

Die Demeritenanstalten sind der staatlichen Aufsicht unterworfen. Ihre Hausordnung ist dem Oberpräsidenten der Provinz zur Genehmigung einzureichen.

Er ist befugt, Visitationen der Demeritenanstalten anzuordnen und von ihren Einrichtungen Kenntniß zu nehmen.

Von der Aufnahme eines Demeriten hat der Vorsteher der Anstalt unter Angabe der Behörde, welche sie verfügt, binnen 24 Stunden dem Oberpräsidenten Anzeige zu machen. Ueber sämmtliche Demeriten ist von dem Vorsteher ein Verzeichniß zu führen, welches die Namen derselben, die gegen sie erkannten Strafen und die Zeit der Aufnahme und Entlassung enthält. Am Schluß jedes Jahres ist das Verzeichniß dem Oberpräsidenten einzureichen.

§ 7.

Von jeder kirchlichen Disciplinarentscheidung, welche auf eine Geldstrafe von mehr als 20 Thalern, auf Verweisung in eine Demeritenanstalt für mehr als 14 Tage oder auf Entfernung aus dem Amte (§ 2) lautet, ist dem Oberpräsidenten gleichzeitig mit der Zustellung an den Betroffenen Mittheilung zu machen.

Die Mittheilung muß die Entscheidungsgründe enthalten.

§ 8.

Der Oberpräsident ist befugt, die Befolgung der in den §§ 6 und 7 (§§ 5 bis 7) enthaltenen Vorschriften und der auf Grund derselben von ihm erlassenen Verfügungen durch Geldstrafen bis zum Betrag von 1000 Thalern zu erzwingen.

Die Androhung und Festsetzung der Strafe darf wiederholt werden, bis dem Gesetze genügt ist.

(Außerdem kann die Demeritenanstalt geschlossen werden.)

§ 9.

Eine Mitwirkung des Staates bei Vollstreckung kirchlicher Disciplinarentscheidungen findet nur dann statt, wenn dieselben von dem Oberpräsidenten nach erfolgter Prüfung der Sache für vollstreckbar erklärt worden sind. Die Vollstreckung erfolgt im Verwaltungswege.

Eine Vollstreckung kirchlicher Disciplinarentscheidungen im Wege der Staatsverwaltung findet nur dann statt, wenn dieselben von dem Oberpräsidenten nach erfolgter Prüfung der Sache für vollstreckbar erklärt worden sind.

II. Berufung an den Staat.

§ 10.

Gegen Entſcheidungen der kirchlichen Behörden, welche eine Disciplinarſtrafe verhängen, ſteht die Berufung an die Staatsbehörde
(§ 32) offen:

1. wenn die Entſcheidung von einer durch die Staatsgeſetze aus-
   geſchloſſenen Behörde ergangen iſt,
2. wenn die Vorſchriften des § 2 nicht befolgt worden ſind,
3. wenn die Strafe geſetzlich unzuläſſig iſt,
4. wenn die Strafe verhängt iſt:
   a) wegen einer Handlung (oder Unterlaſſung), zu welcher die
      Staatsgeſetze oder die von der Obrigkeit innerhalb ihrer Zu-
      ſtändigkeit erlaſſenen Anordnungen verpflichten,
   b) wegen Ausübung oder Nichtausübung eines öffentlichen Wahl-
      und Stimmrechts,
   c) wegen Gebrauchs der Berufung an die Staatsbehörde (§ 32)
      auf Grund dieſes Geſetzes.

§ 11.

Die Berufung findet außerdem ſtatt, wenn

1. die Entfernung aus dem kirchlichen Amte (§ 2, Abſatz 2) als
   Disciplinarſtrafe oder ſonſt wider den Willen des davon Betroffenen ausgeſprochen worden iſt und die Entſcheidung

für eine willkürliche erachtet	der klaren thatſächlichen Lage wider-
wird;	ſpricht oder die Geſetze des Staats
	oder allgemeine Rechtsgrundſätze
	verletzt.

2. nach erfolgter vorläufiger Suspenſion vom Amt das weitere
   Verfahren ungebührlich verzögert wird.

§ 12.

Die Berufung ſteht Jedem zu, gegen welchen die Entſcheidung
ergangen iſt, ſobald er die dagegen zuläſſigen Rechtsmittel bei der
vorgeſetzten kirchlichen Inſtanz ohne Erfolg geltend gemacht hat.

Liegt ein öffentliches Intereſſe vor, ſo ſteht die Berufung auch dem
Oberpräſidenten zu, jedoch erſt dann, wenn die bei den kirchlichen Be-
hörden angebrachten Rechtsmittel ohne Erfolg geblieben ſind, oder die
Friſt zur Einlegung derſelben verſäumt iſt.

§ 13.

Die Berufung iſt bei dem Königlichen Gerichtshof für kirchliche
Angelegenheiten ſchriftlich anzumelden.

Die Frist zur Anmeldung beträgt in den Fällen des § 10 (und
§ 11, Absatz 1) für den durch die Entscheidung Betroffenen vier Wochen.

Sie beginnt mit Ablauf des
Tages, an welchem die Entscheidung amtlich zu seiner Kenntniß
gelangt ist. In den Fällen des
§ 11 und für den Oberpräsidenten
(§ 12 Abs. 2) ist die Berufung
an keine Frist gebunden.

Sie beginnt mit Ablauf des
Tages, an welchem die Entscheidung mit Gründen ihm zugestellt ist.

In den Fällen des § 11 Abs. 2
ist die Berufung an keine Frist gebunden.

Für den Oberpräsidenten beträgt
die Frist, wenn ihm die Entscheidung als endgültige amtlich mitgetheilt ist, drei Monate, andern-
falls ist derselbe an keine Frist
gebunden.

§ 14.

Durch Einlegung der Berufung wird die Vollstreckung der angefochtenen Entscheidung aufgehalten. Der Gerichtshof ist jedoch befugt,
die vorläufige Vollstreckung zu gestatten. Anderenfalls kann die Ein-
stellung der Vollstreckung von dem Gerichtshofe durch Geldstrafen bis
zum Betrage von 1000 Thalern erzwungen werden (§ 8, Absatz 2).

§ 15.

Die Berufung ist innerhalb 14 Tagen nach der Anmeldung
schriftlich zu rechtfertigen. Diese Frist kann auf Antrag verlängert
werden.

§ 16.

Die Anmeldung und die Rechtfertigungsschrift wird der kirchlichen
Behörde zur Abgabe einer schriftlichen Erklärung und Einreichung der
Acten innerhalb vier Wochen zugefertigt. Die Einreichung der Acten
kann erzwungen werden, geeigneten Falls durch Geldstrafen bis zum
Betrage von 1000 Thalern (§ 8, Absatz 2).

§ 17.

Der Gerichtshof trifft die zur Aufklärung der Sache erforderlichen
Verfügungen. Die Beweisverhandlungen sind unter Zuziehung eines
vereideten Protokollführers aufzunehmen.

§ 18.

Die Entscheidung erfolgt auf Grund mündlicher Verhandlung in
öffentlicher Sitzung.

Regierungsvorlage.   Beschlüsse des Hauses der Abge-
                                     ordneten bez. des Herrenhauses.

Die Oeffentlichkeit kann durch Beschluß des Gerichtshofs ausgeschlossen oder auf bestimmte Personen beschränkt werden.

§ 19.

Zu den Verhandlungen (§§ 17 und 18) sind der Berufende und
die kirchliche Behörde zuzuziehen. Dieselben können sich durch einen
Advocaten oder Rechtsanwalt vertreten lassen. Im Fall ihres Aus-
bleibens wird nach Lage der Verhandlungen erkannt.

Außerdem ist der Minister der geistlichen Angelegenheiten zu benachrichtigen, welcher einen Beamten mit seiner Vertretung beauftragen
kann. Hat der Oberpräsident die Berufung eingelegt, so übernimmt
der von dem Minister bezeichnete Beamte die Vertretung des Berufenden.

§ 20.

In dem Termin zur mündlichen Verhandlung gibt ein von dem
Vorsitzenden des Gerichtshofs aus der Zahl seiner Mitglieder ernannter
Referent eine Darstellung der Sache, wie sie aus den bisherigen Verhandlungen hervorgeht. Hierauf werden die (wird der Berufende oder
dessen Vertreter, sowie der) Vertreter der kirchlichen Behörde und des
Ministers der geistlichen Angelegenheiten mit ihren Vor- und Anträgen
gehört.

§ 21.

Bei der Entscheidung hat der Gerichtshof, ohne an positive Be-
weisregeln gebunden zu sein, nach seiner freien, aus dem ganzen Inbegriff der Verhandlungen und Beweise geschöpften Ueberzeugung zu
entscheiden. In dem Urtheil ist entweder die Verwerfung der Berufung oder die Vernichtung der angefochtenen Entscheidung auszusprechen.

Das mit Gründen versehene Urtheil wird in der Sitzung, in
welcher die mündliche Verhandlung beendet worden ist, oder in einer
der nächsten Sitzungen verkündet und eine Ausfertigung desselben (dem
Berufenden oder dessen Vertreter, sowie) der kirchlichen Behörde und
dem Minister der geistlichen Angelegenheiten zugestellt.

§ 22.

Ueber die mündliche Verhandlung wird ein Protokoll aufgenommen,
welches die Namen der Anwesenden und die wesentlichen Momente der
Verhandlung enthalten muß.

Das Protokoll wird von dem Vorsitzenden und dem (vereideten)
Protokollführer unterzeichnet.

§ 23.

Wird die angefochtene Entscheidung vernichtet, so hat die kirchliche
Behörde die Aufhebung der Vollstreckung zu veranlassen und die Wirkung
der bereits getroffenen Maßregeln zu beseitigen.

Der Oberpräsident ist befugt, die Befolgung der von ihm des=
halb erlassenen Verfügungen durch Geldstrafen bis zum Betrage von
1000 Thalern zu erzwingen (§ 8, Absatz 2).

(Gegen diese Verfügungen steht der kirchlichen Behörde die Be=
schwerde bei dem Gerichtshofe für kirchliche Angelegenheiten offen.)

III. Einschreiten des Staats ohne Berufung.

§ 24.

Kirchendiener, welche die auf ihr Amt oder ihre geistlichen Amts=
verrichtungen bezüglichen Vorschriften der Staatsgesetze oder die in dieser
Hinsicht von der Obrigkeit innerhalb ihrer (gesetzlichen) Zuständigkeit
getroffenen Anordnungen (so schwer) verletzen (daß ihr Verbleiben im
Amte mit der öffentlichen Ordnung unverträglich erscheint), können auf
Antrag der Staatsbehörde durch gerichtliches Urtheil aus ihrem Amt
entlassen werden.

(Die Entlassung aus dem Amte hat die rechtli.. .anfähigkeit zur
Ausübung des Amtes, den Verlust des Amtscin' ..m.ens und die Er=
ledigung der Stelle zur Folge.)

§ 25.

Dem Antrage muß eine Aufforderung an die vorgesetzte kirchliche
Behörde vorausgehen, gegen den Angeschuldigten die kirchliche Unter=
suchung auf Entlassung aus dem Amte einzuleiten. Steht der An=
geschuldigte unter keiner kirchlichen Behörde des Deutschen Reichs, so
ist derselbe zur Niederlegung seines Amtes aufzufordern.

Die Aufforderung erfolgt schriftlich unter Angabe des Grundes
von dem Oberpräsidenten der Provinz.

§ 26.

Wird der Aufforderung nicht binnen gesetzter Frist Folge gegeben
oder führt die kirchliche Untersuchung nicht binnen gesetzter Frist zur
Entlassung des Angeschuldigten aus dem Amt, so stellt der Oberpräsident
bei dem Gerichtshof für kirchliche Angelegenheiten den Antrag auf Ein=
leitung des Verfahrens.

§ 27.

Auf das Ersuchen des Gerichtshofs hat das Gericht höherer In=
stanz, in dessen Bezirk der Angeschuldigte seinen amtlichen Wohnsitz

hat, einen etatsmäßigen Richter mit Führung der Voruntersuchung zu beauftragen. Bei der Voruntersuchung kommen die entsprechenden Bestimmungen der Strafprozeßgesetze zur Anwendung.

Die Verrichtungen der Staatsanwaltschaft werden durch einen von dem Minister der geistlichen Angelegenheiten ernannten Beamten wahrgenommen.

§ 28.

Der Gerichtshof kann mit Rücksicht auf den Ausfall der Voruntersuchung das Verfahren einstellen. In diesem Fall erhält der Angeschuldigte Ausfertigung des darauf bezüglichen, mit Gründen auszufertigenden Beschlusses.

§ 29.

Wird das Verfahren nicht eingestellt, so ist der Angeschuldigte unter Mittheilung der von dem Beamten der Staatsanwaltschaft anzufertigenden Anschuldigungsschrift zur mündlichen Verhandlung vorzuladen. Derselbe kann sich des Beistandes eines Advocaten oder Rechtsanwaltes als Vertheidigers bedienen.

Außerdem ist der Minister der geistlichen Angelegenheiten zu benachrichtigen.

§ 30.

Für das Verfahren finden die Bestimmungen der §§ 17, 18, 20, 21, 22 sinnentsprechende Anwendung.

In dem Urtheil ist entweder die Freisprechung oder die Entlassung des Angeschuldigten aus den von ihm bekleideten kirchlichen Aemtern auszusprechen.

§ 31.

Kirchendiener, welche Amtshandlungen vornehmen, nachdem sie in Gemäßheit des § 30 aus ihrem Amt entlassen worden sind, werden mit Geldstrafe (Geldbuße) bis zu 100 Thalern (im Wiederholungsfalle bis zu 1000 Thalern) bestraft.

IV. Königlicher Gerichtshof für kirchliche Angelegenheiten.

§ 32.

Zur Entscheidung der in den §§ 10 bis 23 und 21 bis 31 (30) bezeichneten (sowie der anderweitig durch Gesetz zugewiesenen) Angelegenheiten wird eine Behörde errichtet, welche den Namen

„Königlicher Gerichtshof für kirchliche Angelegenheiten"
führt und ihren Sitz in Berlin hat.

Regierungsvorlage.   Beschlüsse des Hauses der Abge-
                              ordneten bez. des Herrenhauses.

§ 33.

Der Gerichtshof besteht aus elf Mitgliedern. Der Präsident und wenigstens fünf andere Mitglieder müssen etatsmäßig angestellte Richter sein. Die mündliche Verhandlung und Entscheidung in den einzelnen Sachen erfolgt durch sieben Mitglieder. Der Vorsitzende und wenigstens drei Beisitzer müssen zu den richterlichen Mitgliedern gehören.

Die Geschäftsordnung, insbesondere die Befugnisse des Präsidenten und die Reihenfolge, in welcher die Mitglieder an den einzelnen Sitzungen Theil zu nehmen haben, wird durch ein Regulativ geordnet, welches der Gerichtshof zu entwerfen und dem Staatsministerium zur Bestätigung einzureichen hat.

(Durch Plenarbeschlüsse des Gerichtshofes können auch die in diesem Gesetz gegebenen Vorschriften des Verfahrens ergänzt und deren sinngemäße Anwendung auf andere durch Gesetz dem Gerichtshofe über-wiesene Angelegenheiten geregelt werden.)

§ 34.

Die Mitglieder des Gerichtshofes werden vom Könige auf den Vorschlag des Staatsministeriums und zwar die bereits in einem Staatsamte angestellten für die Dauer ihres Hauptamts, die anderen Mitglieder auf Lebenszeit ernannt.

Für die Rechte und Pflichten der Mitglieder des Gerichtshofs sind die für die Mitglieder des Obertribunals bestehenden Vorschriften maßgebend.

§ 35.

Der Gerichtshof entscheidet endgültig mit Ausschluß jeder weiteren Berufung.

§ 36.

Die Justiz- und Verwaltungsbehörden haben den an sie ergehenden Ersuchen des Gerichtshofs Folge zu geben. Die Beschlüsse und Ent-scheidungen des Gerichtshofs sind im Verwaltungswege vollstreckbar.

Behändigungen erfolgen nach den für das Verfahren bei dem Obertribunal bestehenden Bestimmungen[1]).

§ 37.

Für das Verfahren werden nur baare Auslagen in Ansatz gebracht.

Ueber die Verpflichtung zur Zah-lung der Kosten des Verfahrens entscheidet der Gerichtshof nach

---

[1]) Vom Abgeordnetenhaus gestrichen.

Regierungsvorlage.

Beschlüsse des Hauses der Abge=
ordneten bez. des Herrenhauses.

freiem Ermessen. Als Kosten wer=
den nur baare Auslagen in Ansatz
gebracht.

(V. Schlußbestimmungen.)

(§ 38.)

(Das Erforderniß staatlicher Bestätigung kirchlicher Disciplinarentscheidungen und der Recurs wegen Mißbrauchs der kirchlichen Dis=
ciplinarstrafgewalt an den Staat treten, soweit solche im bisherigen
Rechte begründet sind, außer Kraft.)

(§ 39.)

(Das gegenwärtige Gesetz tritt nicht vor dem Gesetz, betreffend
die Abänderung der Art. 15 und 18 der Verfassungsurkunde vom
30. Januar 1850, in Kraft)[1].

---

[1] Vom Herrenhaus gestrichen.

Perſonen-Regiſter.

Sach-Register.